PÁGINA 46

EN RUTA

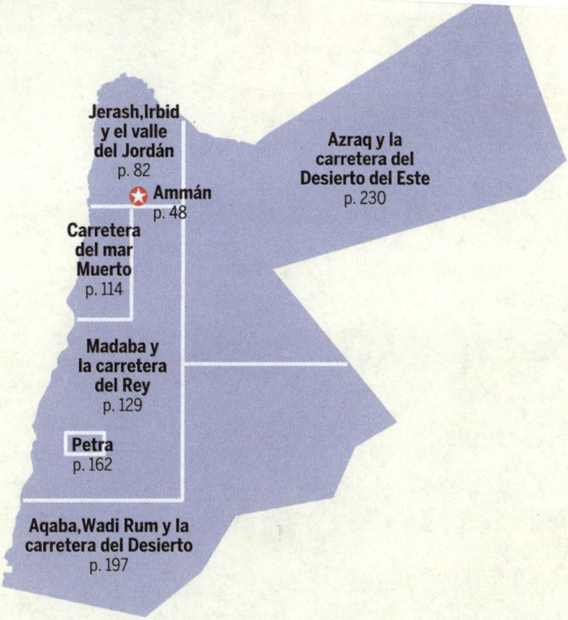

PÁGINA 305

GUÍA DE SUPERVIVENCIA

INFORMACIÓN PRÁCTICA DE FÁCIL CONSULTA

EDICIÓN ESCRITA Y DOCUMENTADA POR

Jenny Walker

bienvenidos a Jordania

Antiguo atractivo

Jordania ha acogido visitantes desde que las caravanas de camellos recorrían la legendaria carretera del Rey cargadas de incienso y especias. Mercaderes nabateos, legionarios romanos, ejércitos musulmanes y fervientes cruzados han atravesado esta tierra dejando a su paso monumentos espectaculares. A su vez, estos monumentos han atraído a una nueva ola de visitantes que desde principios del s. XIX han quedado fascinados por este legado o han salido en busca de los orígenes de su fe.

Jordania, por lo tanto, no es ajena al turismo, y hay muchas maneras de disfrutar de una visita, ya sea en un corto viaje organizado o un circuito de interés arqueológico especializado, contratando un guía beduino al llegar o simplemente recorriendo el país al azar en un coche de alquiler. Solo se precisa una planificación mínima y un presupuesto modesto para visitar los principales lugares de interés, aunque se recomienda reservar habitación en los principales destinos en temporada alta, durante el mes de abril.

Maravilla del mundo

Por sus reducidas dimensiones y gran diversidad, Jordania recompensa incluso las visitas más cortas con puntos de interés y actividades de categoría. Petra, la antigua ciudad nabatea encerrada en el corazón de las escarpaduras de arenisca, es la joya

2010 WALLACEFSK/GETTY IMAGES ©

En la encrucijada de la historia durante más de 2000 años, el reino de Jordania atesora antiquísimos monumentos y un espectacular paisaje desértico.

(Izda.) Puesta de sol en Petra (p. 164);
(abajo) Beduino con un *oud* o laúd árabe.

TIM BARKER/LONELY PLANET IMAGES ©

de la corona entre las numerosas riquezas del país. El paso del angosto desfiladero llamado Siq hasta el Tesoro, el monumento más emblemático de Petra, es sublime y dejará una impresión indeleble hasta en el más saturado viajero. Se precisarán dos días como mínimo para aprovechar al máximo la visita, puesto que los distintos monumentos están muy dispersos y hay que andar bastante para verlos todos.

Cierto sabor oriental

Petra es un motivo más que suficiente para visitar Jordania, pero no el único. Además de sus muchos otros monumentos históricos y bíblicos, siempre espectaculares, el país ofrece fantásticos paisajes desérticos, un mar salado en el punto más bajo del planeta, tierras del interior sembradas de flores primaverales y aldeas que conservan las tradiciones del pasado.

La tolerancia es indispensable para acoger infinitas oleadas de visitantes, y Jordania ha cultivado al máximo esta virtud, absorbiendo en los últimos tiempos cientos de miles de refugiados de Palestina e Iraq, además de acomodar un creciente número de turistas a menudo insensibles ante los valores conservadores jordanos. El país se enfrenta a muchos retos, sobre todo en el campo de la modernización y el desarrollo urbanístico, pero sigue siendo uno de los países que mejor permiten hacerse una idea de Oriente Próximo.

› Jordania

Umm Qais
Evocadoras ruinas adornadas de flores silvestres (p. 103)
Jerash
Las ruinas romanas más interesantes de la región (p. 84
Wadi Jadid
Remoto valle de antiguos dólmenes (p. 144)
Monte Nebo
Vista de la Tierra Prometida de Moisés (p. 142)
Madaba
Ciudad de mosaicos en la carretera del Rey (p. 131)
Mukawir
Espectacular escenario de la danza de Salomé (p. 144)
Mar Muerto
El punto más bajo de la Tierra (p. 116)
Azraq
Castillos del desierto y cúpu para el placer (p. 236)
Karak
Castillo de los cruzados con u inquietante historia (p. 148)
Reserva de la Biosfera de Mujib
Cascadas en el paraíso de los amantes de la aventura (p. 126)
Reserva de la Biosfera de Dana
Oasis en bancales entre colinas desérticas (p. 154)
Petra
La antigua ciudad de visita obligada (p. 162)
Mar Rojo
Jardines de coral de clase mundial (p. 29)
Wadi Rum
El mágico desierto de Lawrence de Arabia (p. 213
34°E
35°E
33°N
32°N
MAR MEDITERRÁNEO
LÍBANO
Río Jordán
Quneitra
Altos del Golán
Haifa
Mar de Galilea
Fiq
Ezra'a
Suweida
Der'a
Umm Qais
Irbid
Ramtha
Bosra
Jebel Druze (1735m)
Jabir
Salkhad
Netanya
Río Jordán
Valle del Jordán
Aljun
Mafraq
Umm al-Jimal
Jerash
Río Zarqa
Cisjordania
Zarqa
Qasr al-Hallabat
TEL AVIV
Suweileh
Salt
AMMÁN
Qasr al-Azraq
Ramallah
Wadi Jadid
Qusayr Amra
Azraq
JERUSALÉN
Mt Nebo (820m)
Suweimeh
Madaba
Qasr Kharana
Gaza
Mar Muerto
Machaerus (Mukawir)
Dhab'a
Dhiban
Reserva de la Biosfera de Mujib
Ariha
Wadi Mujib
Península de Lisan
Qatrana
ISRAEL Y LOS TERRITORIOS PALESTINOS
Karak
Mu'tah
Safi
Wadi Hasa
Fifa
Tafila
Reserva de la Biosfera de Dana
Qadsiyya
Qasr al-Bint
Bayir
Jebel Atafia (1641m)
El Néguev
Shobak
Jebel al-Adhriyat (986m)
Wadi Araba
Wadi Musa
Udruh
Jebel Haroun
Petra
Al-Jafr
Ma'an
Qa'al Jafr
EGIPTO
Ras an-Naqb
Jebel 'Atrah (1382m)
Quweira
Ar-Rashidiyyah
Eilat
Rum
Jebel Rum (1754m)
Wadi Rum
Diseh
Aqaba
Jebel al-Khash
Ad-Durra
Jebel Umm Adani (1830m)
Al-Mudawwara
SINAÍ
Haql
Golfo de Aqaba (Mar Rojo)
Nuweiba

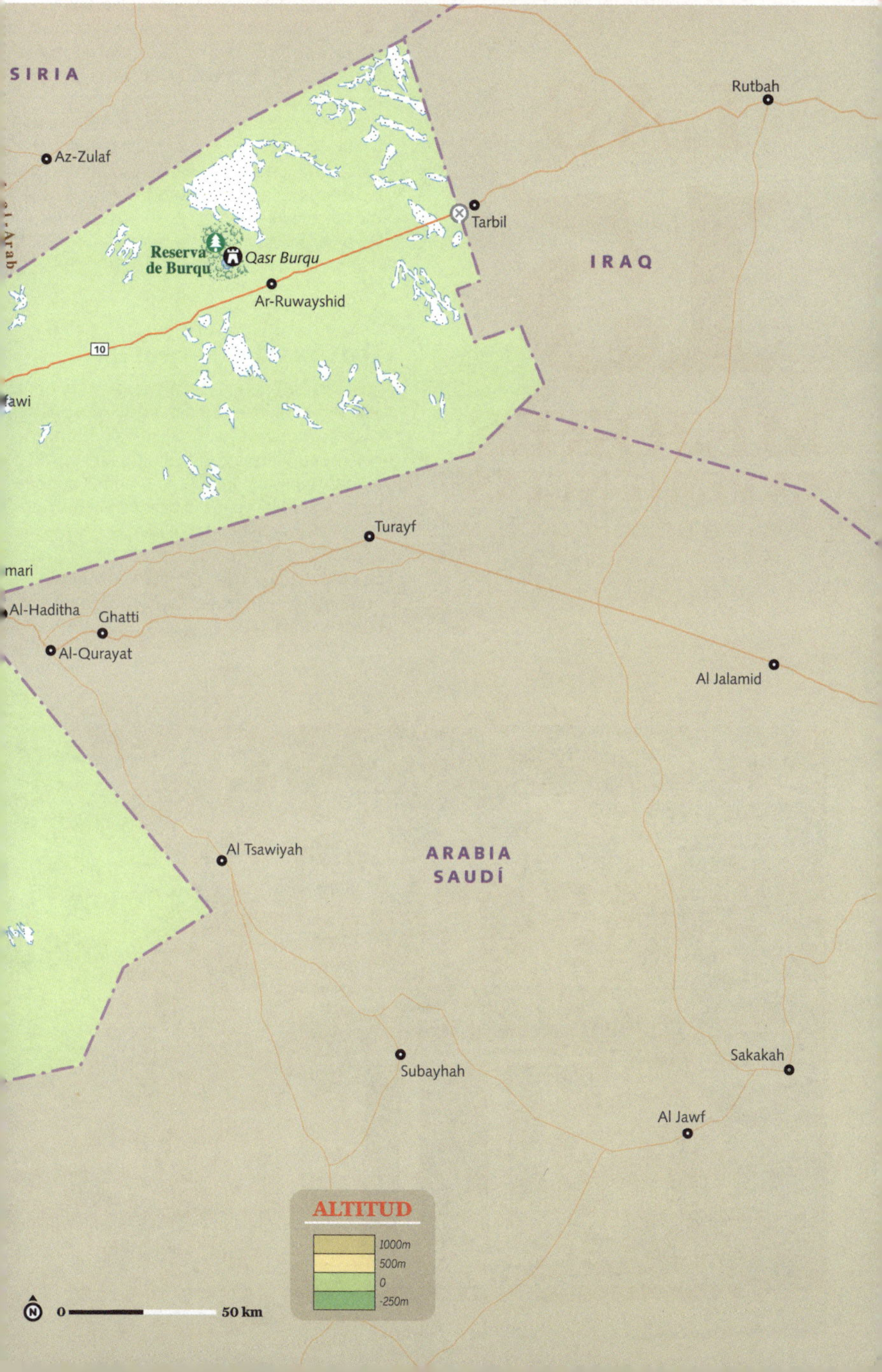
SIRIA
Az-Zulaf
Reserva de Burqu
Qasr Burqu
Ar-Ruwayshid
Tarbil
Rutbah
IRAQ
10
fawi
mari
Turayf
Al-Haditha
Ghatti
Al-Qurayat
Al Jalamid
Al Tsawiyah
ARABIA SAUDÍ
Subayhah
Sakakah
Al Jawf
ALTITUD
1000m
500m
0
-250m
0
50 km

LAS 15 MEJORES EXPERIENCIAS

Petra

1 Desde que el explorador suizo Jean Louis Burckhardt redescubrió este espectacular enclave en 1812, la antigua ciudad nabatea de Petra (p. 162; infografía en pp. 14-15) ha sido un justificado imán para los visitantes. Es sin duda el atractivo más apreciado de Jordania y cuando el sol se pone entre el laberíntico paisaje de tumbas, fachadas esculpidas, pilares y paredes de arenisca dorada, solo el corazón más insensible podría resistirse a su magia. Para hacer justicia a esta maravilla, conviene dedicarle un par de jornadas.

Ruinas del Imperio

2 Aquí se encuentran algunas de las ruinas romanas más importantes fuera de Roma. Cualquier país se enorgullecería de contar con monumentos como la Ciudadela (p. 51) o el Teatro romano (p. 53) de Ammán, aunque incluso ellos se vean eclipsados por las ruinas de Jerash, increíblemente bien conservadas (p. 85). Este antiguo emplazamiento romano cobra vida con las carreras de cuadrigas comentadas por un centurión adornado con plumas rojas.

1

HUW JONES /LONELY PLANET IMAGES ©

JOHN ELK III/LONELY PLANET IMAGES ©

3

4

El desierto de Lawrence

3 No fue tan solo la sublime visión de Wadi Rum (p. 212), con sus relucientes acantilados de arenisca y dunas de lívidos colores, lo que impresionó a Lawrence de Arabia al recorrer a lomos de un camello las tierras de los beduinos. También le impresionó el estoicismo de la gente que soportaba las inimaginables penurias de la vida en el desierto. Hoy en día, se puede tener un atisbo de este estilo de vida tradicional, aunque con muchas más comodidades, alojándose en uno de los campamentos beduinos dispersos en el desierto.

El mar Muerto

4 Flotar en el mar Muerto (p. 116) es una de las experiencias naturales más extraordinarias del mundo. El alto contenido en sal casi impide la natación en estas aguas viscosas situadas a 415 m bajo el nivel del mar. La experiencia suele acompañarse con un baño de barro, una sesión de solárium y un tratamiento de balneario en uno de los modernos palacios hedonistas a orillas del mar.

Castillos de los cruzados

5 Como tierra fronteriza en la batalla entre musulmanes y cristianos, el este del Mediterráneo está salpicado de castillos. En Jordania, hay ejemplares bien conservados en Ajlun (p. 94) y en Shobak (p. 159), pero el mejor es el de Karak (p. 148), que domina los montes semiáridos atravesados por la carretera del Rey. Aunque es fácil sentirse impresionado por las murallas de esta enorme construcción, la imaginación ayuda a escuchar los agónicos gritos de los desgraciados lanzados desde lo alto del parapeto por el sádico Renauld de Chatillon.

HUW JONES/LONELY PLANET IMAGES ©

La historia hecha a mano de Madaba

RICHARD I'ANSON/LONELY PLANET IMAGES ©

6 Durante siglos, Madaba (p. 131), al principio de la antigua carretera del Rey, ha sido crucial para las caravanas de mercaderes, las legiones de ejércitos que ampliaban las fronteras de sus imperios y los peregrinos en busca de la Tierra Prometida. La mejor evidencia de este rico pasado es quizá su magnífica colección de mosaicos, una tradición artesana perpetuada por la excepcional escuela de mosaicos de la ciudad (p. 135).

NPR/IMAGEBROKER ©

Buceo con damiselas

7 Nadie ignora que el mar Rojo presenta algunos de los paisajes submarinos más espectaculares del mundo. El tramo de costa jordana de este mar, a lo largo del golfo de Aqaba, no es muy extenso, pero en sus aguas se encuentran arrecifes intactos, pecios de naufragios y jardines de corales caleidoscópicos. El buceo entre peces damisela, tortugas y caballitos de mar será una experiencia inolvidable, fácilmente asequible en los centros de buceo y en la animada ciudad marinera de Aqaba (p. 199).

Entrar en contacto con el alma

8 Para muchos, Jordania es mucho más que un simple destino turístico: es un centro de peregrinación. Abundan en efecto los enclaves vibrantes de espiritualidad en un país marcado por el valle del Jordán, donde Juan bautizó a Jesús (en Betania más allá del Jordán, p. 111), y Wadi Araba (p. 128) donde, según la Biblia, las ciudades de Sodoma y Gomorra provocaron la ira de Dios. Pero es quizá en el monte Nebo, (p. 142), con sus sublimes vistas de la Tierra Prometida, donde más se siente su cualidad de 'tierra santa'.

Paseos por el lado salvaje

9 Jordania cuenta con una sorprendente abundancia de excelentes rutas de senderismo, como las que atraviesan la Reserva Forestal de Ajlun (p. 96) al norte del país, los aventureros circuitos sobre las cascadas de Wadi Mujib (p. 126), y una miríada de rutas ganaderas en la región de Petra (p. 162) y Wadi Rum (p. 212) donde guías beduinos acompañan a los visitantes. La Reserva de la Biosfera de Dana (p. 154) ofrece algunos de los recorridos más apasionantes en plena naturaleza, con sus lagartos color turquesa, sus esquivos íbices, los huertos en bancales y los alojamientos ecológicos.

ːxplorando los castillos ·lel desierto

ːO En las llanuras del este se encuentran los "castillos del desierto", un conjunto ·e construcciones destinadas al placer de ɔs antiguos omeyas, con palacios, baños y ·abellones de caza. Aunque la visita requiera ·ierta planificación, esta región está llena de ·orpresas, que incluyen los picantes frescos ·e Qusayr Amra (p. 240), el reducto invernal ·e Lawrence en Azraq (p. 237), el último refu- ·io del oryx de Arabia en la Reserva Natural de ·haumari (p. 238) y un insólito lago en medio ·el desierto, en Burqu (p. 248).

Floreciente belleza

11 Alfombras de amapolas escarlata extendidas en el desierto; cintas de adelfas en los *wadis;* la sorpresa de un aleteo de pétalos aterciopelados en un lirio negro a lo largo de la carretera del Rey: Jordania exhibe algunos de los espectáculos florales más magníficos de la región. Uno de los más sublimes puede verse en las ruinas romanas de Umm Qais (p. 103) en el extremo norte del país, en una tarde de abril: brazadas enteras de margaritas, cardos, malvas amarillas y rosas compiten por un lugar bajo el sol entre los muros derruidos.

10

IML IMAGE GROUP LTD/ALAMY ©

11

LYLE SCOTT NASH/GETTY IMAGES ©

La carretera del Rey

12 La carretera del Rey (p. 129) sigue las huellas de los nabateos (su legendaria ciudad de Petra se encuentra al final de esta), los romanos (cuya avanzadilla militar de Umm ar-Rasas ha sido declarada Patrimonio Mundial por la Unesco) y los cruzados (con sus impresionantes castillos de Karak y Shobak). Otras huellas menores incluyen las de Salomé en su danza de los siete velos en la desolada cumbre de Mukawir (p. 144).

Milagrosa Mujib

13 El agua potable escasea en Jordania y se ha convertido ya en un tema muy importante en el diálogo político con los países vecinos. El estudio de varios proyectos, como el canal marítimo 'del Rojo al Muerto' y un conducto desde los acuíferos de Wadi Rum hasta Ammán, es cada vez más urgente. Un motivo más para valorar la importancia de los milagrosos manantiales de la Reserva de la Biosfera de Mujib (p. 126). El otro motivo es el curso del agua que forma, a través de un espectacular *wadi*, una serie de pozas deliciosas, un paraíso para el viajero en busca de aventuras.

12

KIM BRIERS/SHUTTERSTOCK ©

TIM BARKER/LONELY PLANET IMAGES ©

JENNY WALKER ©

La mano de la hospitalidad

14 A pesar de sus modestas dimensiones, los distintos pueblos que viven en Jordania comparten un sentido tradicional de la responsabilidad ante los visitantes. Puede sonar como algo anticuadamente romántico, pero el visitante pronto se dará cuenta de que se trata de un rasgo intrínseco de su cultura. Ya sea el té de menta brindado por palestinos, el pan y la sal por los beduinos, o una ensalada de granadas por los chechenos de Azraq, los contactos del visitante con los jordanos serán uno de los elementos más inolvidables de su viaje.

Wadi Jadid

15 Wadi Jadid ("nuevo valle" en árabe, p. 144) no tiene en realidad nada de nuevo. Este tranquilo valle en medio de la nada es típicamente jordano: corderos pastando, pastores trotando montados de lado en sus barrigones asnos en medio de los cardos, o el aroma de la salvia bajo el ardiente sol de verano. De hecho, solo destaca por los antiguos dólmenes de la Edad del Bronce que salpican sus bancales. Erigidos entre el 5000 y el 3000 a.C., estos impresionantes monumentos justifican el esfuerzo necesario para localizarlos.

Petra

CIRCUITO A PIE

Pese a ser espléndido, el Tesoro no es el punto y aparte de la visita a Petra que mucha gente imagina. En cierta forma, solo es un punto y coma, un lugar en el que descansar tras el esfuerzo que requiere el Siq, antes de explorar otros extraordinarios puntos de interés y maravillas.

Incluso si el programa es apretado o preocupa perder el autobús, hay que dedicar dos horas para hacer este circuito a pie. Las ilustraciones muestran los puntos clave de la ruta, que serpentea por Wadi Musa desde el **Siq** 1, se detiene en el **Tesoro** 2 y pasa por las tumbas del **Siq Exterior** 3, más ancho. Con decisión y calzado resistente se asciende al **Altar de los Sacrificios** 4 para disfrutar de una magnífica panorámica a vista de pájaro de Petra. Se vuelve a la **calle de las Fachadas** 5 y al **teatro** 6. Se suben los escalones frente a la **tumba de la Urna** 7 y la cercana **tumba de la Seda** 8: estas Tumbas Reales son especialmente majestuosas a la luz dorada de la puesta de sol.

Si a alguien le amedrenta semejante caminata, que no se preocupe. Hay burros que facilitan los ascensos empinados y puestos de beduinos donde tomar un reconfortante té. Si las fuerzas flaquean, siempre hay camellos para regresar al Tesoro.

CONSEJOS PRÁCTICOS

» **Glorioso amanecer** A partir de las 7.00 en verano y de las 8.00 en invierno, la luz del sol se desliza por la fachada del Tesoro.

» **La ciudad rosa** La puesta de sol (a las 16.00 en invierno y a las 17.00 en verano) frente a las Tumbas Reales explica el porqué del sobrenombre de Petra.

» **Homenaje floral** Las adelfas de Petra florecen en mayo.

SAM OWEN

Tesoro
Cuando la luz del sol alcanza su fachada, ilumina las escaleras que hay a ambos lados del Tesoro. Seguramente las hendiduras en la roca se usaron para andamios.

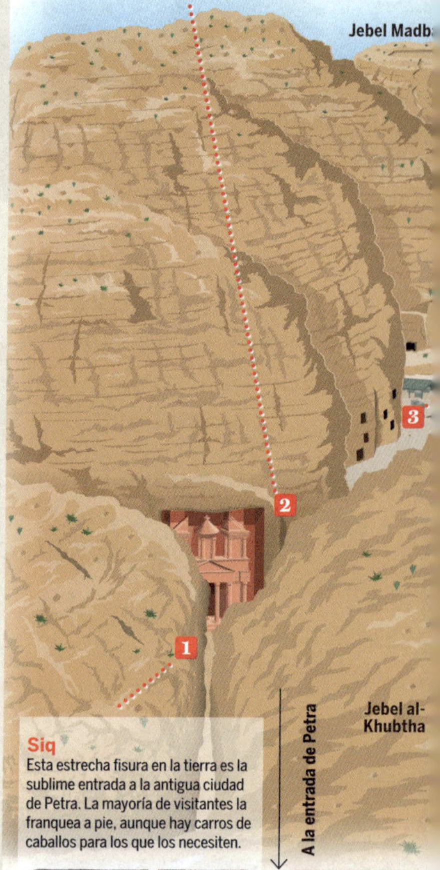

Siq
Esta estrecha fisura en la tierra es la sublime entrada a la antigua ciudad de Petra. La mayoría de visitantes la franquea a pie, aunque hay carros de caballos para los que los necesiten.

SAM OWEN

Un camino diferente
Un excelente paseo conduce del Altar de los Sacrificios al centro de la ciudad de Petra, pasando por la tumba del Jardín.

Altar de los Sacrificios
Imaginar a los antiguos subiendo los escalones ayuda a olvidar el empinado ascenso. La plataforma de la cumbre se utilizaba para quemar incienso y hacer libaciones en honor de dioses olvidados.

SAM OWEN

JENNY WALKER

Siq Exterior
Conviene dedicar un tiempo a las tumbas que hay pasado el Tesoro. Algunas parecen tener sótanos, pero, de hecho, es el suelo del *wadi* que con el tiempo se ha elevado.

Calle de las Fachadas
En los pisos superiores de algunas de estas tumbas hay una pequeña abertura. Se enterraba a los muertos en los áticos para impedir los robos; de poco les sirvió.

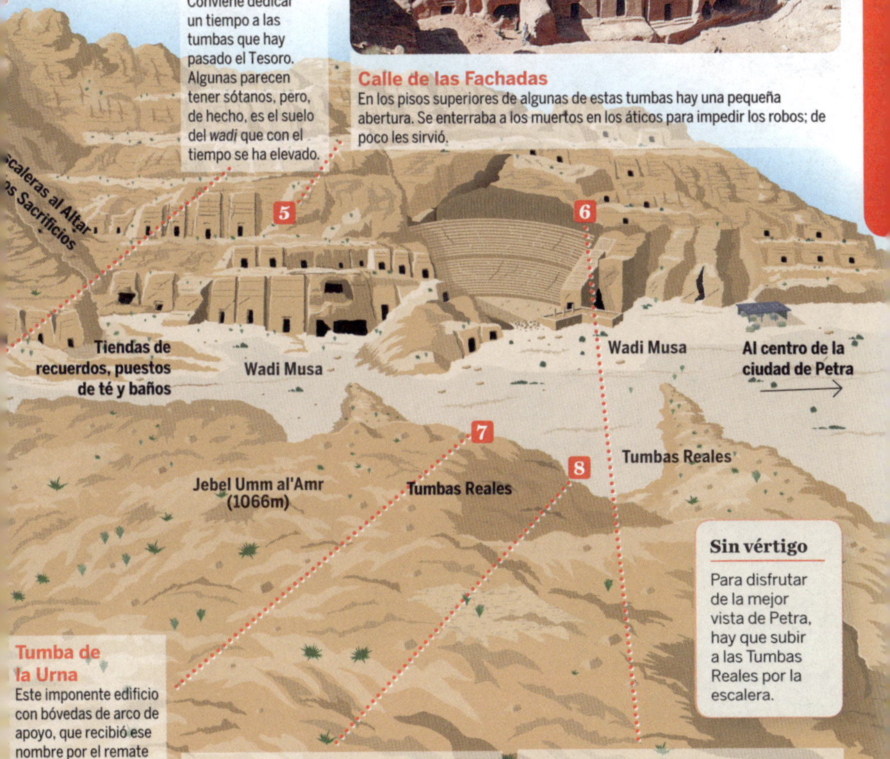

Sin vértigo
Para disfrutar de la mejor vista de Petra, hay que subir a las Tumbas Reales por la escalera.

Tumba de la Urna
Este imponente edificio con bóvedas de arco de apoyo, que recibió ese nombre por el remate en forma de urna que corona el frontón, quizá se construyó para el hombre con toga cuyo busto se encuentra en la abertura central.

Tumba de la Seda
Quizá fuera la colorida belleza de las materias primas de Wadi Musa lo que atrajo a los constructores nabateos. Una belleza evidente en la estriada y erosionada piedra arenisca de la tumba de la Seda.

Teatro
La mayoría de anfiteatros de piedra no están empotrados, pero este está tallado casi por completo en la roca. Encima de la fila de atrás hay restos de tumbas anteriores, cuyas fachadas se sacrificaron en aras de la diversión.

SAM OWEN

SAM OWEN

JENNY WALKER

HUW JONES/LONELY PLANET IMAGES ©

RICHARD I'ANSON/LONELY PLANET IMAGES ©

» (arriba) En carro de caballos por el Siq, Wadi Musa (p. 181).
» (izda.) Teatro romano (p. 53), Ammán.

NPR/IMAGEBROKER ©

NPR/IMAGEBROKER ©

» (arriba) Corales blandos en el Cedar Pride.
» (izda.) Tortuga carey.

lo esencial

Moneda

» Dinar jordano (JOD)

Idioma

» Árabe (además del uso generalizado del inglés)

Cuándo ir

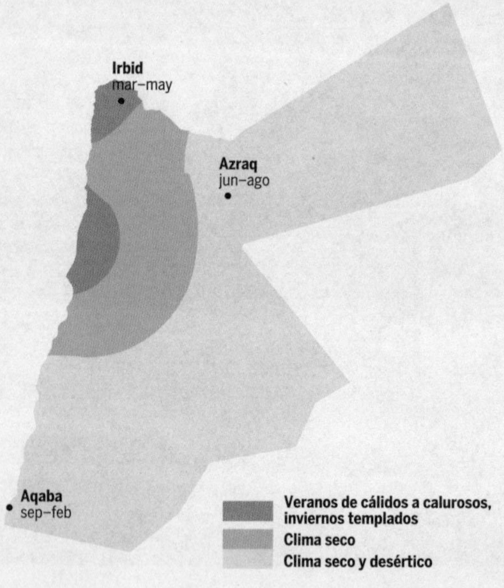

Temporada alta (mar–may)

» El clima es perfecto, con días cálidos y noches frescas.

» El norte de Jordania está tapizado de flores silvestres de principios a mediados de abril.

» Hay que reservar en las zonas más turísticas y los precios son más altos.

Temporada media (sep–feb)

» Es el mejor momento para visitar el mar Rojo; los precios en Aqaba y los alrededores suben en consecuencia.

» El frío nocturno en el desierto, e incluso la lluvia o la nieve, limitan muchas actividades, como la acampada.

Temporada baja (jun–ago)

» En pleno verano el clima del desierto es extremo, con temperaturas agobiantes en todo el país.

» Los precios son más baratos, pero muchos establecimientos están cerrados.

Presupuesto diario

< 40 JOD

» Habitación compartida en pensión económica: 10–40 JOD

» Comida callejera en los mercados: menos de 5 JOD

» Transporte público: 5 JOD

» El Carné Internacional de Estudiante reduce el precio de algunos lugares de interés turístico: 5 JOD

40-120 JOD

» Habitación doble en hotel de precio medio: 40–90 JOD

» Almuerzo y cena en restaurantes locales: 5–10 JOD

» Coche de alquiler: 25 JOD

» Entradas/actividades sin guía: 10 JOD

Más de >120 JOD

» Habitación doble en hotel de 5 estrellas: más de 90 JOD

» Almuerzo/cena bufé: desde 10 JOD

» 4 por 4 de alquiler: 140 JOD

» Salidas con guía: 50 JOD

Dinero
» Hay cajeros automáticos en todo el país y las tarjetas de crédito se pueden usar sin problemas.

Visados
» Necesarios para todos los visitantes, se obtienen al llegar a los aeropuertos internacionales y en casi todas las fronteras terrestres de Jordania.

Teléfonos móviles
» Las tarjetas SIM locales pueden servir para las llamadas internacionales y pueden cargarse con tarjetas de prepago fáciles de conseguir.

Conducción
» El cinturón de seguridad es obligatorio.

Webs
» **Jordan Jubilee** (www.jordanjubilee.com) Práctica web sobre el sur de Jordania.
» **Jordan Tourism Board** (www.visitjordan.com) Excelente web oficial.
» **Lonely Planet** (www.lonelyplanet.es) Información sobre Jordania en nuestro foro de viajeros.
» **RSCN** (www.rscn.org.jo) Reservas en línea de alojamientos y ecoaventuras en reservas naturales.
» **Lugares bíblicos** (www.bibleplaces.com) Puntos de interés bíblico en Jordania.

Tipos de cambio

Argentina	1 ARS	0,15 JOD
Chile	100 CLP	0,15 JOD
EE UU	1 US$	0,71 JOD
Egipto	1 EGP	0,12 JOD
Israel y los Territorios Palestinos	1 ILS	0,18 JOD
Siria	10 SYP	0,11 JOD
Venezuela	1 VEF	0,17 JOD
Zona euro	1 €	0,89 JOD

Para cambios actualizados, véase www.xe.com.

Teléfonos útiles

Prefijo nacional	☎962
Prefijo internacional	☎00
Ambulancia	☎911
Bomberos	☎911
Policía	☎911

Cómo llegar
» **Aeropuerto internacional Queen Alia**
Un autobús exprés circula regularmente entre el aeropuerto y Ammán (véase p. 78)
Taxi – 17 JOD, entre 30 y 40 minutos hasta el centro de Ammán
Alquiler de vehículos – Disponible en el vestíbulo de llegadas
» **Terminal de 'ferries', Aqaba**
Taxi – 8 JOD, 20 minutos hasta el centro de Aqaba
» **Frontera de Wadi Araba (Yitzhak Rabin)**
Taxi – 8 JOD, 15 minutos hasta el centro de Aqaba; 50 JOD, 2 horas hasta Petra

Llevar siempre
- ☐ Permiso de conducción.
- ☐ Visado sirio, en caso de dirigirse hacia el norte (véase p. 38).
- ☐ Visado jordano si se llega desde Israel y los Territorios Palestinos por el puente del Rey Hussein (puente de Allenby) (véase p. 36).
- ☐ Tampones (difíciles de obtener fuera de los centros turísticos).
- ☐ Una sábana hermética para evitar los escorpiones caso de pernoctar en Wadi Rum.
- ☐ Repelente de mosquitos y mosquitera para poder conciliar el sueño si se duerme en acampada o al aire libre (como en la azotea de algunas pensiones).
- ☐ Sombrero, protector solar, gafas de sol, bálsamo labial, mangas largas y protector para la nuca si se viaja en verano.
- ☐ Ropa de abrigo para las frías noches en el desierto entre octubre y abril.

en busca de...

Ruinas romanas

Pilares, frontones y suelos de la antigua Roma esparcidos por toda Jordania hacen de este país uno de los mejores lugares del mundo para contemplar las huellas de aquel poderoso imperio.

Jerash Centuriones modernos entrechocan sus espadas cada día en el hipódromo de las exquisitas y bien conservadas ruinas de Jerash (p. 85).

Umm Qais Con vistas de los Altos del Golán, estas evocadoras ruinas siguen dominando estratégicamente la zona (p. 103).

Pella Una de las 10 ciudades de la antigua Decápolis (p. 107).

La Ciudadela Encaramadas sobre la capital moderna, estas ruinas ofrecen estupendas vistas del centro urbano y su antiguo anfiteatro (p. 51).

Calle con columnas, Petra La presencia de los romanos en la ciudad rosada de Petra se refleja en los detalles: una hoja de acanto esculpida, la tumba de un héroe o columnas derrumbadas en la calle principal (p. 173).

Vistas de la Tierra Prometida

Los peregrinos modernos pueden seguir las huellas de los antiguos profetas en la orilla oriental del río Jordán. Más de 100 enclaves jordanos aparecen en la Biblia.

Betania más allá del Jordán El enclave bíblico más importante de Jordania, donde Elías ascendió a los cielos y Jesús fue bautizado (p. 111).

Monte Nebo Desde aquí, Moisés distinguió por fin antes de morir la Tierra Prometida al otro lado del valle del Jordán con Jericó al fondo (p. 142).

Madaba Famosa por ostentar el mosaico con el mapa más antiguo de Tierra Santa (p. 131).

Castillo de Herodes, Mukawir En lo alto del monte Mukawir el viento conjura el ritmo de la danza de Salomé en este evocador lugar (p. 144).

Cueva de Lot Por haber mirado hacia atrás, la mujer de Lot se convirtió en estatua de sal cerca de aquí (p. 128).

Castillos de los cruzados

El atractivo de los castillos es universal, y en Jordania su abundante presencia es una de las principales bazas del país.

Castillo de Karak Este bastión de los cruzados es el castillo más impresionante de Jordania (p. 148).

Castillo de Shobak Construido por los cruzados en el s. XII, fascinará hasta al viajero más harto de ver ruinas (p. 159).

Qala'at ar-Rabad (castillo de Ajlun) Parte de la cadena de fortalezas de Saladino para defenderse de los cruzados (p. 94).

Castillo de Azraq Al borde de un importante oasis, fue la gélida residencia invernal de Lawrence de Arabia y Sharif Hussein en 1917 (p. 237).

Castillos del Desierto del Este Conjunto de construcciones omeyas que a pesar de conocerse como castillos, son casas de baños, pabellones de caza y palacios (p. 233).

TIM BARKER/LONELY PLANET IMAGES ©

» La sala de audiencias del Palacio Omeya (p. 53), Ciudadela, Ammán.

Baños saludables

En Jordania hay decenas de manantiales de agua caliente, de entre 35°C y 45°C, que contienen potasio, magnesio y minerales.

Hammamat Ma'in Fumarolas de vapor salpican la sulfurosa ladera en este hermoso y famoso manantial cerca de Madaba; apropiado para mujeres solas (p. 124).

Hammamat Burbita y Hammamat Afra Al oeste de la carretera del Rey, cerca de Tafila, cuentan con una serie de piscinas e instalaciones básicas (véase p. 153).

Baños turcos Al-Pasha Baños de vapor, *jacuzzi* y restregado obligatorio en este popular establecimiento de Ammán (p. 62).

Baños turcos de Petra Con una sección aparte para las mujeres (p. 183).

Balnearios del mar Muerto El no va más de los baños y cuidados más lujosos (p. 119).

Flora y fauna

El desierto alberga algunos de los supervivientes más increíbles del mundo, tanto animales como vegetales.

Flores silvestres Abundantes en Jordania a mediados de abril, los mejores espectáculos florales surgen en los montes del norte (p. 103).

Madroños La Reserva Forestal de Ajlun protege esta especie poco común (p. 96).

Observación de aves La Reserva de los Humedales de Azraq alberga aves migratorias y residentes en pleno desierto (p. 238).

Lirio negro La flor nacional de Jordania florece a lo largo de la carretera del Rey en abril (p. 129).

Íbice Esquivas cabras monteses encaramadas a las escarpadas laderas de los *wadis* de la Reserva de la Biosfera de Dana (p. 154).

Oryx Origen del mito del unicornio, este magnífico antílope puede verse en la Reserva Natural de Shaumari (p. 238).

Peces El mar Rojo es famoso por la diversidad de su vida submarina (p. 29).

Artesanías concienciadas

La recuperación de los negocios familiares rurales ayuda a conservar las tradiciones jordanas.

Alfombras tejidas a mano Las alfombras de pelo de cabra ofrecen nuevas perspectivas vitales a las mujeres de Bani Hamida (p. 145).

Bordados palestinos En el Haret Jdoudna Complex de Madaba pueden comprarse muestras del recuperado arte del punto de cruz, que estuvo a punto de extinguirse (p. 140).

Mosaicos Jordania ha estado asociada al arte del mosaico desde hace siglos; en Madaba se puede comprar un árbol de la vida artesanal (p. 140).

Huevos de avestruz pintados Los avestruces solían habitar esta tierra; el arte de sus huevos pintados se ha conservado en Azraq (p. 235).

Productos ecológicos En Wild Jordan, en Ammán, se venden preciosas artesanías ecológicas de las reservas naturales del país (p. 73).

» Guía beduino con camellos, Wadi Rum (p. 220).

Lawrence de Arabia

Jordania es el país de "El-Lawrence", donde el excéntrico inglés participó en la rebelión árabe de 1917-1919.

Wadi Rum El fantasma de Lawrence flota entre "riscos como edificios gigantescos" ahora llamados "siete pilares de la sabiduría" en su honor (p. 212).

Wadi Umran Las palabras "hacia Aqaba" ondean en el viento para quienes recorren este wadi en camello; en Wadi Rum se conseguirá un guía (p. 204).

Ferrocarril de Hejaz El tren de mercancías traquetea por las vías antaño dinamitadas por Lawrence (p. 57).

Dana Las "casas en tablero de ajedrez del pueblo de Dana" ofrecen una perspectiva ideal de la soleada Araba, "fresca y verde, a miles de metros más abajo" (p. 154).

Castillo de Azraq Lawrence presumía de cabalgar entre Aqaba y "la remota Azraq" en tres días; ahora, solo se tarda uno (p. 237).

El oeste Lawrence salió de Azraq "cabalgando hacia el encendido oeste, mientras... bandadas de grullas volaban hacia el ocaso" (p. 238).

Experiencia beduina

Desde hace siglos, los beduinos han inspirado admiración por ser capaces de soportar las penurias de la vida en el desierto. Hoy en día a menudo se ganan la vida compartiendo su estilo de vida tradicional con los visitantes, una experiencia imprescindible.

Acampada bajo pelo de cabra Con un cielo estrellado, un té de menta y una buena historia, un campamento beduino en Wadi Rum o Diseh ofrecerá una noche memorable (p. 224).

Excursión en camello Se pueden contratar excursiones en Wadi Rum y Petra (p. 220).

Probar el 'mensaf' Los alimentos básicos de los beduinos son la leche de camella, los dátiles y el queso de cabra; en el Al-Wadi Restaurant de Petra sirven *mensaf*, un plato tradicional con cordero, arroz y piñones (p. 190).

Paseos por el lado salvaje

En Jordania las excursiones más excitantes recorren dunas de arena, bosques poco comunes y exuberantes barrancos, cascadas y pozas en los cauces de los ríos, secos durante parte del año *(wadis)*. Se recomienda contratar un guía con el transporte, puesto que solo están practicables sin peligro de inundaciones entre mediados de marzo y mediados de octubre. En *Jordan: Walks*, de Taylor y Howard, se describen las rutas en detalle.

Ruta Siq Dura ruta (2 km, 3 h) por el cañón de Wadi Mujib con agua hasta las rodillas (p. 116).

Ruta Wadi Dana Ruta clásica (16 km, 6 h) que ofrece una lección geográfica de ecosistemas y pastos beduinos (p. 155).

Ruta del Profeta Hermosa excursión (8 km, 4 h) entre perales e higueras de Ajlun hasta el lugar donde se supone que nació el profeta Elías (p. 97).

Cañón de Makharas La blanda arena de este recorrido (8 km, 2½ h) ofrece lo mejor de Wadi Rum (p. 214).

Wadi Muthlim Por este cañón tan angosto e inquietante (5 km, 90 min) se entrará en Petra como Indiana Jones (p. 176).

mes a mes

Propuestas destacadas

1 **Festival de Jerash**, julio

2 **Temporada de senderismo**, marzo-abril

3 **Floración silvestre**, abril

4 **Ultramaratón del Mar Muerto**, abril

5 **Distant Heat**, agosto

Enero

Mientras casi toda Jordania tirita bajo cielos gélidos, los enterados se dirigen hacia Aqaba.

Buceo en el mar Rojo

Aqaba, con su cálido sol invernal, acoge el éxodo vacacional anual de los urbanitas del norte. Los meses de invierno, de diciembre a marzo, son perfectos para las aventuras submarinas, con cielos azules y aguas cristalinas.

Abril

Abril es el mes más popular para visitar Jordania. El clima es templado y seco, y los montes semiáridos del norte del país estallan en una magnífica floración hasta la altura de las rodillas.

Excursiones por la naturaleza

Entre finales de marzo y mediados de mayo es el mejor momento para visitar las excelentes reservas de Jordania (p. 299). Entonces florece el lirio negro, flor nacional de Jordania, y los amantes de la naturaleza pueden recorrer angostos *wadis* sin temor a inundaciones.

Jordan Rally

El anual Jordan Rally (www.jordanrally.com) atrae grandes muchedumbres hasta las orillas del mar Muerto. Los mejores pilotos del mundo participan en esta carrera de 1008 km.

Ultramaratón del Mar Muerto

Numerosos atletas y aficionados acuden a esta maratón (www.deadseamarathon.com). La carrera de 50 km empieza en Ammán, a 900 m sobre el nivel del mar, y termina a 400 m bajo dicha cota internacional.

Mayo

Sigue siendo temporada alta para el turismo, aunque aumenta el calor, que suele ser agobiante a finales de mes en los lugares de menor altitud.

Día de la Independencia

El 25 de mayo, los jordanos celebran su día nacional con banderolas y desfiles militares en la capital. Los visitantes siempre se sentirán bienvenidos.

Excursiones a pie y en camello

Aunque el calor arrecie en Petra y Wadi Rum, mayo es el mes ideal para descubrir el desierto. Con días cálidos y noches templadas, pronto se adquiere el ritmo de la vida beduina, levantándose temprano y durmiendo la siesta después de almorzar.

Julio

Junio y julio traen cielos neblinosos y un calor asfixiante, pero también distintos eventos culturales al aire libre.

Festival de Jerash

Entre estas espectaculares ruinas, el evento cultural más apreciado de Jordania (p. 89) permite que la antigua Jerash cobre vida con teatro, recitales de poesía, ópera y conciertos. Celebrado cada año desde 1981, el festival (www.jerashfestival.jo) abarca 17 días, de mediados de julio a mediados de agosto.

Conciertos y teatro tradicionales

En julio y agosto se presentan conciertos y espectáculos tradicionales en el Odeón (p. 55) y el Teatro romano (p. 53) de Ammán, además de en los pueblos de Salt (p. 108) y Fuheis (p. 81).

Agosto

Hasta el 2015, el verano está asociado a fechas señaladas en el calendario islámico. Cada año, las festividades islámicas recaen 11 días antes que el año anterior. Las fechas concretas dependen de la aparición de la luna.

Ramadán

Durante el mes santo del Ramadán, los musulmanes no deben comer, beber ni fumar de sol a sol. Se pueden probar platos y dulces especiales que solo se preparan para esta ocasión.

Eid al-Fitr

Marca el final del Ramadán. Eid al-Fitr es una importante fiesta para los musulmanes. Los horarios de apertura pueden ser caóticos, y hoteles y transportes pueden estar abarrotados; como punto positivo, el visitante puede verse invitado a unirse a la fiesta, una experiencia que no debería perderse.

Distant Heat

Baile anual del desierto. Esta fiesta, que dura toda la noche, (www.distantheat.com) se celebra en Wadi Rum, con la participación de los mejores artistas internacionales de música electrónica y *dance*.

Octubre

Los jordanos suspiran aliviados a finales de septiembre y principios de octubre, cuando baja la temperatura y la tierra abrasada resucita con los primeros chubascos. En los mercados abundan los higos, el maíz y el aceite de oliva fresco.

Eid al-Adha

Marca el final del Haj, la peregrinación anual a La Meca. Esta festividad islámica recaerá en octubre hasta el 2014. Las tiendas cierran y sus propietarios celebran con sus familias estas importantes fechas.

Noviembre

Este mes borrascoso, con vientos y lluvias a menudo intensas, señala el inicio de la temporada de las crecidas repentinas, cuando el agua se precipita por los *wadis* hacia Wadi Araba. No es el mejor momento para el senderismo, pero se pueden visitar los puntos de interés turístico.

Jordan Running Adventure Race

Cubierta en una sola etapa entre Petra y el mar Muerto, por Wadi Rum, esta carrera extrema de 190 km es una nueva adición al calendario deportivo de Jordania. Una ruta más corta, de 80 km, atrae a participantes menos masoquistas.

Flotar en el mar Muerto

Con menos turistas que en primavera, el visitante podrá incluso encontrarse flotando en solitario en el mar Muerto (p. 116) en noviembre. Con el incentivo añadido de las cosechas tempranas de mangos y plátanos del valle del Jordán.

itinerarios

Tanto si se dispone de seis días como de sesenta, estas rutas serán un punto de partida para organizar un viaje inolvidable. Se pueden encontrar consejos de otros viajeros en el foro de www.lonelyplanet.es

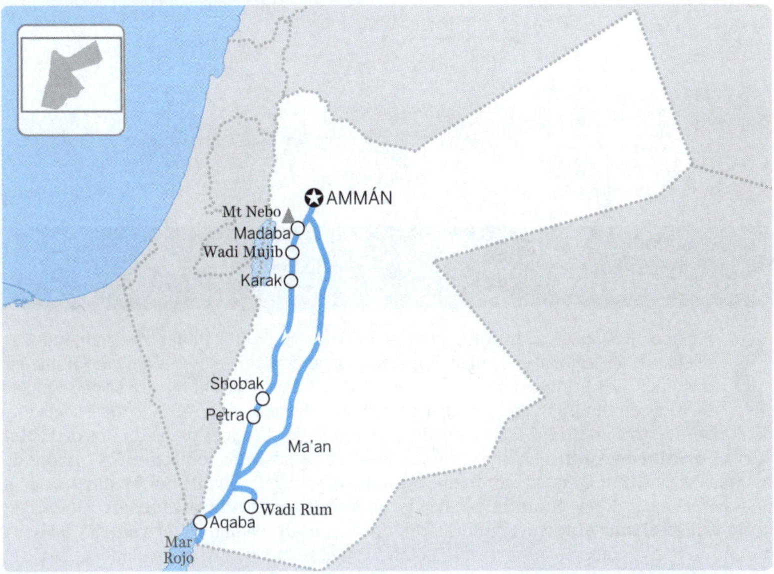

Siete días

De Ammán a Aqaba, ida y vuelta

Gracias a su tamaño relativamente compacto, Jordania es apta incluso para la escapada más corta, sobre todo en coche de alquiler. El primer día se toma el pulso del Oriente Próximo moderno en los zocos y cafeterías de **Ammán.** El segundo día, se reconstruye la historia bíblica en la ciudad de los mosaicos de **Madaba** y se contempla la Tierra Prometida desde el cercano **monte Nebo.** El tercer día se dedica a seguir las caravanas de la historia a lo largo de la antigua carretera del Rey, cruzando el impresionante **Wadi Mujib.** Los castillos de los cruzados de **Karak** y **Shobak** pueden verse de camino a **Petra.**

El cuarto día, temprano, se entra en Petra por el Siq. Al quinto día, tras deslizarse por el angosto Wadi Muthlim, se termina la visita a la ciudad rosada en el emblemático Monasterio. Desde aquí, la animada ciudad costera de **Aqaba** solo está a dos horas de camino. Al sexto día, el polvo del desierto desaparecerá en los espectaculares jardines de coral del **mar Rojo.** El séptimo, regreso a Ammán (solo 4 horas por Ma'an y la carretera del Desierto); si se sale temprano, se puede hacer una pausa para almorzar en una duna de **Wadi Rum.**

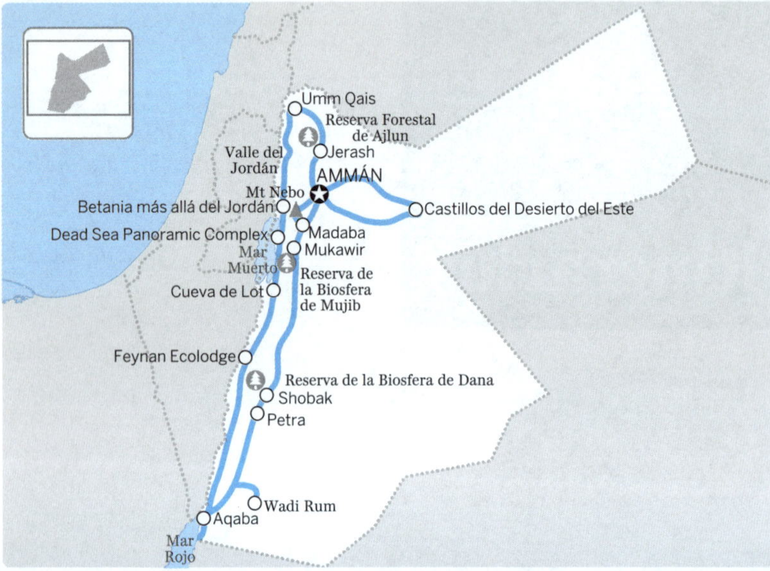

De dos a tres semanas

Toda Jordania

En unos 18 días se podrán recorrer los principales puntos de interés, siguiendo las huellas de los legionarios romanos, artesanos, cruzados, guerreros islámicos y nómadas beduinos. Los primeros dos días transcurren en **Ammán** y el tercero se dedica a las carreras de cuadrigas en las ruinas romanas de **Jerash.** Para ver todo un espectáculo de flores silvestres en primavera, se puede acampar en los bosques de madroños de la **Reserva Forestal de Ajlun** o pasar el cuarto día inmersos hasta las rodillas en los campos de margaritas de **Umm Qais.** El quinto día, descenso al subtropical **valle del Jordán,** con una pausa en el lugar donde Jesús fue bautizado, en **Betania más allá del Jordán.** Río Jordán abajo se llega al **mar Muerto,** donde disfrutar de una noche de lujo en un **'resort'** y un baño temprano por la mañana del sexto día, flotando en el punto más bajo del planeta. Desde el mirador **Dead Sea Panorama** se divisa la orilla occidental, de camino a la **Reserva de la Biosfera de Mujib.** Por la ruta del Siq sin guía, llamada "Petra con agua" se podrá chapotear, nadar y avanzar con dificultad, para secarse luego a lo largo de la carretera del mar Muerto de camino a la **cueva de Lot,** y terminar intercambiando aventuras en la **Feynan Ecolodge** a la luz de las velas.

La segunda semana empieza descansando un par de días en **Aqaba,** sin renunciar a una inmersión en el legendario **mar Rojo.** Con las pilas cargadas, se puede salir de excursión por **Wadi Rum** el décimo día, y pernoctar en un campamento beduino. Las tres noches siguientes se pasan en Wadi Musa; el espectáculo "Petra by Night" será una introducción mágica a la maravilla de **Petra.** La segunda semana termina regresando a Ammán por la carretera del Desierto.

Si se dispone de una semana más, el décimo quinto día se puede salir de Petra en dirección norte por la antigua **carretera del Rey,** con una pausa en el impresionante castillo de **Shobak.** Otra etapa incluirá la **Reserva de la Biosfera de Dana,** mientras que el día 16 puede dedicarse a recorrer pueblos o salir de excursión con un guía. El día 17 se dedica a explorar la carretera del Rey hasta Madaba, con una pausa en Karak y el castillo de Herodes de **Mukawir.** Para comprar recuerdos, se pueden pasar dos días en **Madaba** o visitar las tiendas de artesanías del vecino **monte Nebo.** Si todavía queda energía, se puede dedicar una jornada a **Azraq** y los **castillos del Desierto del Este.**

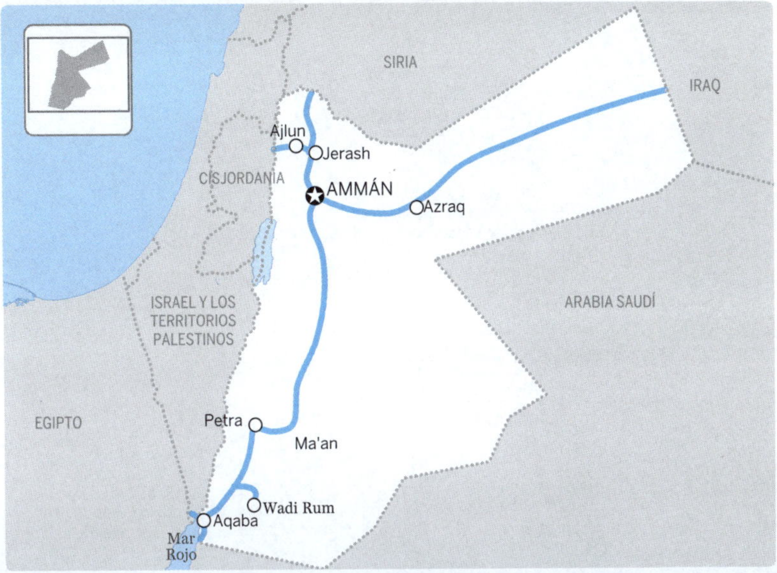

Diez días
De frontera a frontera

Esta ruta de 10 días en transporte público presupone la entrada al país en ferry desde Egipto o en taxi desde Israel y los Territorios Palestinos. En este último caso, hay que estudiar la situación en cuanto a seguridad y visados, para seguir viaje hacia Siria o Iraq (no recomendado cuando se redactó esta guía).

Los dos primeros días pueden servir para aclimatarse en **Aqaba.** Por limitado que sea el acceso al **mar Rojo** en Jordania, los jardines de corales de sus aguas son impecables y no muy visitados. Al tercer día, un autobús mañanero permitirá salir en busca de "El Lawrence" en el magnífico desierto de **Wadi Rum.** A lomos de un camello, con un pañuelo en la cabeza, toca adentrarse en las dunas de arena roja para pernoctar en un campamento beduino.

El cuarto día empieza de madrugada, con los autóctonos, para tomar el microbús hacia **Petra.** Con dos días en la ciudad rosada se podrán visitar los Altos Lugares, aprender a cocinar al estilo jordano en la Petra Kitchen y contemplar la puesta de sol desde el Monasterio.

Al sexto día se sale en dirección norte hacia Ammán, con los autobuses de la carretera del Desierto, pasando por Ma'an. Tras una noche explorando la vida nocturna de la capital, incluido un paseo vespertino por las ruinas romanas, al séptimo día se sube a la Ciudadela, para recuperar luego las fuerzas con la comida callejera más apreciada de la capital, en el Hashem Restaurant.

Caso de dirigirse hacia la frontera iraquí el octavo día, cabe detenerse un par de noches en **Azraq.**

De camino hacia la frontera siria o israelí, el octavo día puede dedicarse a las ruinas romanas de **Jerash** antes de pernoctar en **Ajlun.** Con el semiderruido castillo de Qala'at ar-Rabad, y una reserva natural con fáciles rutas de senderismo, Ajlun es un lugar tranquilo donde pasar el último día en Jordania. A pesar de la cercanía de las fronteras con Siria o Israel y los Territorios Palestinos, hay que prever una demora para cambiar de microbús en Jerash o Irbid.

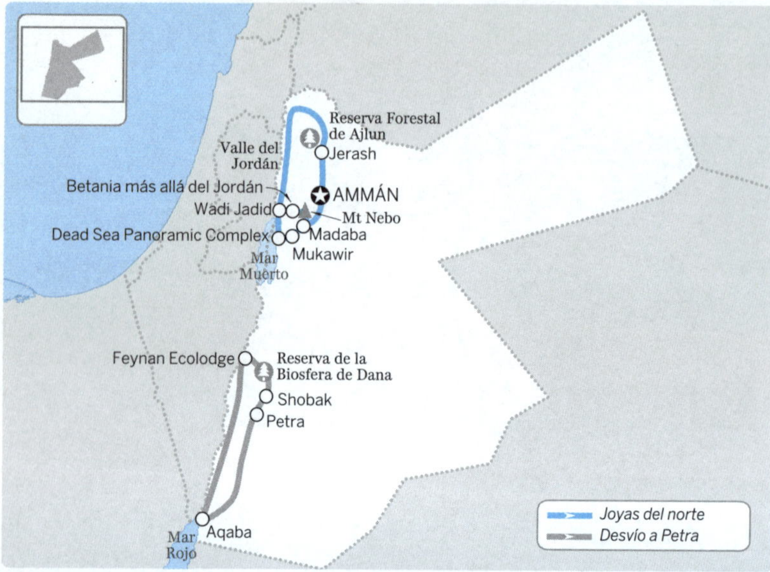

Cuatro días
Joyas del norte

Con un fin de semana largo, la mayoría de los visitantes se dirigen directamente a Petra en un viaje nocturno desde Ammán. Para aprovechar al máximo el tiempo disponible, conviene dejar la ciudad rosada para una visita más larga y centrarse en las joyas del norte de Jordania.

En un coche de alquiler se sale del aeropuerto de Ammán hacia las ruinas romanas de **Jerash.** Al segundo día, se desciende por el **valle del Jordán** pasando por **Ajlun** y el castillo islámico de Qala'at ar-Rabad. Después, se hace una pausa en **Betania más allá del Jordán** y una corta estancia en el punto más bajo de la tierra. Tras visitar los mejores **balnearios** de la región, el tercer día se puede pasar por el **Dead Sea Panoramic Complex** hasta los baños de vapor de Hammamat Ma'in y emprender la pintoresca carretera hasta **Mukawir.** Bordeando el altiplano se llega a la ciudad de los mosaicos de **Madaba,** y al cuarto día se sube al **monte Nebo** o se visitan los dólmenes de **Wadi Jadid** con un guía. Desde Madaba, hay que prever una hora para devolver el coche en el aeropuerto.

Seis días
Desvío a Petra

Muchos viajeros se plantean si vale la pena hacer un esfuerzo para visitar Petra durante un viaje a Israel o Egipto. La respuesta es un rotundo sí. Aunque bastarían tres días para este desvío, la experiencia será mucho más completa con cinco o seis, previendo muchos trayectos en taxi.

El viaje a Petra desde los países vecinos implica siempre una pernoctación en **Aqaba,** una necesidad poco molesta por su abundancia de alojamientos, dinámico ambiente y excelente pescado y marisco. El segundo día se toma el primer autobús hasta Wadi Musa, la localidad más cercana a **Petra.** A mediodía se puede entrar por el Siq, antes de la llegada de los grupos organizados. Tras contemplar la puesta de sol que tiñe de rosa las Tumbas Reales, una velada en el animado Cave Bar del pueblo, concurrido por muchos viajeros. El tercer día, excursión por Wadi Muthlim para terminar la jornada en el Monasterio.

La carretera del Rey llevará hasta **Shobak** al cuarto día, para pernoctar luego en la **Reserva de la Biosfera de Dana.** Una caminata hasta la ecológica **Feynan Ecolodge** ocupará el quinto día, en el que habrá también que prever el viaje de vuelta por la carretera del mar Muerto de regreso a Aqaba el sexto día.

Buceo en el mar Rojo

La mejor inmersión

El 'Cedar Pride' El pecio incrustado de coral de este barco naufragado es el punto más famoso de Jordania para bucear.

El mejor buceo con tubo

Jardín japonés Accesible desde la orilla, y con una pendiente gradual hasta un colorido arrecife, es ideal para bucear con tubo.

El mejor jardín submarino

Gorgonian I Famoso por sus corales abanico de 16 m y corales lechuga grandes como casas.
Gorgonian II Espectaculares corales de fuego, de piedra y corales frambuesa.

El mejor encuentro con tortugas

Power Station Las tortugas frecuentan este lugar de inmersión. No hay que temer a los peces martillo, los ataques de este tipo de tiburón son sumamente raros.

Los mejores 'abrevaderos'

Royal Diving Club Es el lugar idóneo para dejar secar las aletas mientras se remoja el gaznate.
Bedouin Garden Village El intercambio de aventuras submarinas bajo una tienda beduina es el colofón indispensable para cualquier buceador.

Antes de bucear con o sin tubo

Una sobria experiencia

El mar Rojo es un destino legendario entre los entusiastas del submarinismo. Conglomerados coralinos cubren el suelo marino, peces de mil colores pululan por los arrecifes poco profundos y el agua cristalina es de un etéreo azul.

No es ningún secreto que el mar Rojo es uno de los mejores destinos marinos del mundo, pero pocos saben que Jordania cuenta con 27 km de acceso a este país de las maravillas submarinas en el golfo de Aqaba. Los buceadores con y sin tubo que buscan arrecifes impolutos, sobre todo en un entorno sin pretensiones, se verán aquí plenamente colmados.

Gran visibilidad

Rodeado por el desierto en tres de sus lados, el mar Rojo se formó hace unos 40 millones de años, cuando la península Arábiga se desprendió de África. Se trata del único mar tropical casi enteramente rodeado de tierra. Ningún río desemboca en él, y la entrada de agua del océano Índico es escasa, por lo que las mareas son suaves y el agua presenta un alto contenido de sal. También hace mucho viento, por lo que el mar solo está liso unos 50 días de promedio al año. Esta combinación única de elementos propicia una óptima visibilidad bajo el agua.

REALEZA DEL MAR ROJO

El buceo en Jordania goza del favor de las esferas más altas, y el rey Abdalá II es al parecer un ávido buceador. De hecho, se ha creado gracias a su iniciativa el primer arrecife artificial del país, el pecio sumergido del *Cedar Pride*. Embarrancado tras un incendio, este carguero de construcción española fue remolcado en 1986 por la World Wildlife Fund (WWF) y hundido para formar un arrecife artificial. Actualmente reposa tumbado del lado de babor a 25 m de profundidad, es de fácil acceso desde la orilla y se ha acabado convirtiendo en uno de los puntos más apreciados para bucear en el mar Rojo.

Fácil acceso

Los centros de submarinismo del lugar suelen ofrecer alojamiento junto a los mismos puntos de buceo (véase p. 211), lo que resulta muy práctico para los viajeros que prioricen las aventuras submarinas en su visita al sur del país. Quienes prefieran la animada vida social de la ciudad, pueden encontrar transporte a y desde Aqaba sin problemas, y salir de excursión durante el día hacia los puntos de buceo.

Cuándo, dónde y cómo

Cuándo ir

La temperatura del agua es cálida (un promedio de 22,5°C en invierno y 26°C en verano), por lo que será una experiencia agradable todo el año.

Mejores momentos

» **De finales de enero a mediados de mayo** Es la mejor época para los aficionados al buceo. Al final del invierno acuden numerosos habitantes de Ammán de vacaciones, por lo que los precios de los alojamientos suben en Aqaba. La primavera es temporada alta para el turismo internacional, y el momento de mayor actividad de los centros de buceo.

» **Octubre-noviembre** La segunda opción más popular para visitar la zona, pero con la posibilidad de algún día nublado o lluvioso.

A evitar

» **De mayo a septiembre** En la costa suele hacer un calor insoportable en plena canícula, con el riesgo de quemaduras tanto dentro como fuera del agua.

» **De finales de diciembre a finales de enero** Aunque en Aqaba el clima suele ser templado, puede verse azotada por ocasionales tormentas y un frío intenso procedentes del desierto en cualquier momento del invierno.

Dónde ir

El corto tramo de litoral jordano en el golfo de Aqaba se extiende entre Israel y los Territorios Palestinos y Arabia Saudí. Los puntos de inmersión están situados entre el puerto y la frontera saudí. Este tramo de costa está protegido dentro del Parque Marino para la Paz del Mar Rojo, gestionado en cooperación con Israel y los Territorios Palestinos. Los arrecifes están en muy buen estado, y los corales blandos, sobre todo los del *Cedar Pride*, son preciosos.

Hay unos 15 lugares que vale la pena visitar. Casi todos son aptos para el buceo con tubo y para el submarinismo, y son de fácil acceso desde la playa o un embarcadero. Aunque se puede entrar en el agua en cualquier punto de la costa, los buceadores con tubo suelen preferir la playa privada del Royal Diving Club.

Los lugares de inmersión no están señalizados, ni son fácilmente distinguibles desde la carretera. Quienes quieran bucear de forma independiente deberían preguntar antes para orientarse.

Cómo ir

Centros de buceo

Las agencias especializadas en Aqaba o a orillas del mar Rojo organizan inmersiones (aunque muchos hoteles de la zona también ofrecen servicios análogos). Entre los centros de buceo con una consolidada reputación de calidad se incluyen los siguientes:

Aqaba Adventure Divers (plano p. 202; ☎079-5843724; www.aqaba-diving.com) Opera en conjunción con el Bedouin Garden Village.

Aqaba International Dive Centre (plano p. 202; ☎079-7774211; www.aqabadivingcenter.com) Popular, bien equipado y uno de los mejores de Aqaba.

Arab Divers (plano p. 202; ☎03-2031808; www.aqaba-divevillage.com) Muy recomendado, año tras año, por los lectores de Lonely Planet.

Dive Aqaba (plano p. 202; ☎03-2108883; www.diveaqaba.com) Centro muy profesional, conocido por sus excelentes monitores.

Red Sea Diving Centre (plano p. 202; ☎03-2022323; www.aqabascubadiving.com) Uno de los centros de buceo con más solera de Aqaba.

Royal Diving Club (plano p. 33; ☎03-2017035; www.rdc.jo) Unos 12 km al sur de la ciudad, es una de las instituciones más famosas de Aqaba.

Cómo elegir un centro de buceo

» Optar por un centro acreditado, que priorice la seguridad.

» Si se llevan más de tres meses sin bucear, hay que realizar una inmersión de repaso. El coste suele añadirse a los cursos posteriores.

» Comprobar que mangueras, boquillas y válvulas no presenten cortes ni escapes.

» Elegir el traje de neopreno con cuidado: en invierno puede hacer mucho frío en el agua.

» Comprobar la presencia de oxígeno en la embarcación en caso de accidente.

Costes

Con menos de 10 JOD al día se podrá disfrutar entre corales abanico, nadar con sardinas, sostenerse en el agua entre ángeles y flotar entre payasos. La siguiente tabla, basada en los precios del Royal Diving Club, da una idea aproximada de los costes. Con cursillos a precios muy competitivos, Jordania será un lugar ideal para aprender a bucear o mejorar en todos los niveles.

SUBMARINISMO	
Inmersión desde la orilla con una/dos botellas	25/40 JOD
Alquiler equipo completo para una/dos inmersiones	12/15 JOD
Curso PADI en aguas abiertas/material didáctico/certificado	230/50/25 JOD
Cursillo avanzado aguas abiertas/material didáctico/certificado	180/40/25 JOD
Curso primeros auxilios/ material didáctico/ certificado	85/15/25 JOD
Curso salvamento/ material didáctico/ certificado	210/50/25 JOD
Curso instructor de buceo/certificado/ solicitud	550/250/70 JOD

BUCEO CON TUBO	
Alquiler equipo completo	8 JOD/día
Media jornada desde la orilla/día entero en barco	8/25 JOD

BUCEO RESPONSABLE

Las maravillas naturales del mar Rojo son tan magníficas como los esplendores históricos y culturales de Jordania, y precisan el mismo grado de protección. Para contribuir a la conservación de la ecología y belleza de los arrecifes para la posteridad, hay que atenerse a los siguientes consejos:

» No tocar, desplazar o pisar el coral, y no arrastrar el equipo de buceo por el arrecife.

» Minimizar las molestias a los animales marinos. En particular, no montarse en las tortugas ni alimentar a los peces.

» Evitar los grandes movimientos de agua o arena causados por las aletas; podrían afectar gravemente los delicados organismos del arrecife.

» No tirar basura al mar ni dejarla en la arena. Los plásticos en particular son una grave amenaza para la vida marina. Las tortugas suelen confundirlos con las medusas, su alimento favorito.

» Asegurarse de que las embarcaciones están ancladas con boyas, y no con el valioso y frágil coral.

» Practicar y mantener un buen control de la flotabilidad. Los submarinistas que bajan demasiado deprisa pueden causar daños al arrecife al chocar con él.

» Resistirse a la tentación de llevarse un recuerdo submarino, algo que diezma la belleza del arrecife y es ilegal en Jordania.

EL MAR ROJO, LA SÉPTIMA MARAVILLA

¿De dónde debe venir el nombre de Mare Rostrum o mar Rojo? Hay quien opina que lleva ese nombre por las cordilleras de arenisca roja que lo rodean. Otros insisten en que es debido a la floración periódica de unas algas de color pardo rojizo. Pero sea cual sea su origen el mar Rojo es ahora sinónimo oficial de incomparables espectáculos subacuáticos. En 1989, un panel de científicos y conservacionistas seleccionó la sección septentrional de esta masa de agua de 1800 km de largo como una de las Siete Maravillas Submarinas del Mundo.

La experiencia submarina

Qué ver bajo el agua

Según la **Royal Marine Conservation Society of Jordan** (☎06-5676173; www.jreds.org), el golfo cuenta con más de 110 especies de coral duro y 120 de coral blando, que forman arrecifes espectaculares que albergan un millar de especies de peces, así como delfines, moluscos y esponjas. Tortugas verdes protegidas abundan en los lugares de inmersión, visitados en verano por los inofensivos tiburones blancos.

El *Red Sea Fishwatchers Field Guide*, de plástico, servirá para identificar las especies de peces y corales bajo el agua.

Más información

Libros

Diving and Snorkelling Guide to the Red Sea, de Lonely Planet, trata sobre todo de los puntos de inmersión de la costa egipcia, pero también contiene una detallada sección sobre el golfo de Aqaba. Las principales librerías de Aqaba cuentan con una buena selección de obras sobre submarinismo, que incluyen la *Introduction to the Marine Life of Aqaba*. El libro ilustrado de Angelo Mojetta *The Red Sea: Underwater Paradise* es uno de los mejores en su clase, con preciosas fotos de la fauna y flora marinas.

Información en la red

Entre los centenares de referencias en la red sobre la experiencia submarina, se recomiendan los siguientes.

Wind Finder (www.windfinder.com/forecast/aqaba) Información actualizada al día sobre las condiciones climatológicas en la zona.

H2O Magazine (www.h2o-mag.com) Es el sitio web de la revista trimestral de la Red Sea Association for Diving and Watersports, con artículos y temas de actualidad sobre el buceo en la región.

Reef Check (www.reefcheck.org) Organización que trabaja para conservar los arrecifes de coral en el mar Rojo y el resto del mundo.

Salud y seguridad

Peligros del mar

Vale la pena familiarizarse con los principales peligros antes de practicar submarinismo o buceo con tubo.

» **Pez piedra** Especie venenosa con la mala costumbre de permanecer medio sumergido en la arena: conviene llevar los pies protegidos caso de adentrarse andando en el mar. Su picadura exige atención médica inmediata.

» **Pez león** Sus radios son también venenosos. Las lociones de calamina, los antihistamínicos y los analgésicos pueden reducir la reacción y aliviar el dolor. Algunos afirman que lo mejor es la aplicación de orina.

» **Medusas** A veces presentes en enormes grupos, las medusas pueden ser una verdadera plaga en aguas cálidas. Según las especies, su picadura puede ser muy dolorosa. El mejor remedio es aplicar vinagre en el sarpullido.

» **Tiburones** En esta parte del golfo de Aqaba suelen encontrarse tiburones del arrecife, blancos o tiburones punta negra. Los tiburones tigre o los enormes tiburones ballena, que se alimentan de pláncton, solo habitan en aguas más profundas. Los ataques de estos depredadores son sumamente insólitos en esta zona, pero hay que recurrir al sentido común más básico caso de sufrir un grave corte o herida sangrante.

» **Coral** Los cortes causados por el coral son de muy lenta cicatrización. Hay que lavarlos cuidadosamente para evitar la infección.

» **Corona de espinas** Conocida como COTS por sus siglas en inglés, esta especie invasiva de estrella de mar se alimenta del coral y lo destruye. Los buceadores deben informar a su monitor si detectan su presencia.

» **Otros animales a evitar** También hay que ir con cuidado con morenas, erizos de mar, coral de fuego, peces globo y peces ballesta, así como escorpinas.

Consejos de seguridad

Cualquier aventura submarina implica cierto elemento de riesgo, que, sin embargo, puede minimizarse con buena planificación y un poco de sentido común. El listado de "buceo seguro" en este capítulo debe tenerse en cuenta antes de contratar una inmersión. Si es demasiado tarde, el excelente **Princess Haya Hospital** (plano p. 202; ☎03-2014111; Ash-Shrif al-Hussein bin Ali St) de Aqaba está bien equipado para todo tipo de percances relacionados con el submarinismo, como cortes o picaduras venenosas. También cuenta con una **cámara de descompresión** (☎03-2014117), cuyo personal está especializado en el tratamiento de este tipo de accidentes. Los centros de buceo acreditados están equipados con botellas de oxígeno, un botiquín de primeros auxilios y teléfono móvil.

Buceo

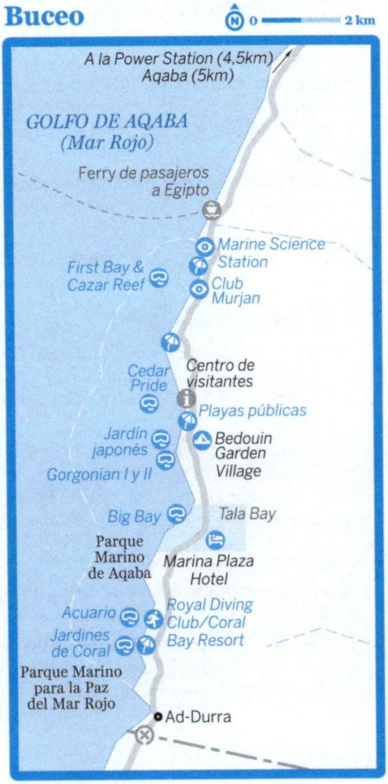

Mejores puntos de inmersión de Jordania

La Power Station

» **Situación:** Unos 500 m al sur de Aqaba
» **Nivel:** Intermedio
» **Acceso:** Desde la orilla o el barco
» Desde un arrecife poco profundo de coral de fuego, una pendiente de arena y coral desciende hasta un acantilado de 200 m, desde los 12 m hasta una estrecha repisa a 40 m.

First Bay

» **Situación:** Al lado de la Marine Science Station aproximadamente
» **Nivel:** Principiante
» **Acceso:** Desde la orilla o el barco
» Es una plataforma poco profunda con lagunas y canales de arena que lleva hasta un arrecife de coral de fuego. Justo al sur está el arrecife Cazar, famoso por sus árboles de coral negro.

'Cedar Pride'

» **Situación:** 5 km al norte del Royal Diving Club aproximadamente
» **Nivel:** Intermedio
» **Acceso:** Desde la orilla o el barco
» Intacto y engalanado con corales blandos, el pecio del *Cedar Pride* es toda una maravilla, con magníficos corales de abanico, estrellas cesta de mar y arcoiris de peces bajo la luz del sol.

Jardín japonés

» **Situación:** 4 km al norte del Royal Diving Club aproximadamente
» **Nivel:** Principiante
» **Acceso:** Desde la orilla o el barco
» Al sur del *Cedar Pride*, presenta grandes formaciones coralinas, también de coral negro. Peces león y peces ángel, y bancos de pargos y peces mariposa habitan en el magnífico arrecife multicolor.

Gorgonian I y II

» **Situación:** 3 km al norte del Royal Diving Club aproximadamente
» **Nivel:** Principiante
» **Acceso:** Desde la orilla o el barco
» Gorgonian I y II reciben su nombre por sus grandes y solitarios corales de abanico. Otras maravillas son los corales lechuga gigantescos y las tortugas que se alimentan de las algas del fondo marino.

LISTADO DE CONTROL

Antes de salir

☐ **¿Seguro contratado?** En caso de accidente, el tratamiento en la cámara de descompresión puede ser costosísimo. Si no se tenía intención de bucear antes de llegar a Jordania, muchos de los mejores centros de buceo pueden ayudar a contratar un seguro.

☐ **¿Está informado el médico de cabecera?** El submarinismo puede afectar el metabolismo, y los viajeros en tratamiento con fármacos deberán a veces adaptar sus dosis.

☐ **¿Se puede consumir alcohol?** El alcohol deshidrata, sobre todo en el seco clima jordano, y aumenta la vulnerabilidad ante los problemas de aeroembolismo.

Durante la inmersión

☐ **¿Cuál es el límite de profundidad?** Las aguas transparentes del mar Rojo y su gran visibilidad a menudo engañan a los submarinistas, que se aventuran demasiado lejos. El límite de profundidad de un buceador aficionado es de 30 m. No hay que superarlo.

☐ **¿Se recordará el aspecto de la embarcación?** En algunos puntos de inmersión pueden coincidir numerosas barcas, cuyo aspecto puede ser muy parecido desde abajo. Se han dado casos en que los buceadores se han quedado atrás porque no se dieron cuenta de que su embarcación se marchaba.

Cuidados posteriores

☐ **¿Se ha esperado 24 horas antes de volar?** Los submarinistas corren un serio peligro de aeroembolismo si vuelan demasiado pronto.

☐ **¿Se ha esperado 12 horas antes de salir de Aqaba?** Como casi todas las salidas de esta ciudad son cuesta arriba, el cambio de altitud puede provocar aeroembolismo. Caso de dirigirse hacia Petra o Wadi Rum, conviene esperar hasta el día siguiente.

Big Bay

» **Situación:** 2 km al norte del Royal Diving Club
» **Nivel:** Intermedio
» **Acceso:** Desde la orilla o el barco
» Hay cuatro puntos de inmersión en Big Bay –**Blue Coral**, **Kalli's Place**, **Moon Valley** y **Paradise**– con arrecifes de corales negros y azules. Muchos regresan al Royal Diving Club nadando un kilómetro.

El Acuario y los Jardines de Coral

» **Situación:** Enfrente del Royal Diving Club
» **NIvel:** Intermedio
» **Acceso:** Desde la orilla o el barco
» En el Acuario hay un espectacular arrecife con una enorme pared de corales de fuego. Al sur están los Jardines de Coral, con abundancia de peces, caballitos de mar y morenas.

Viajar por tierra

Llevar siempre

Visados Si el itinerario incluye Siria o Arabia Saudí, es preciso obtener el visado antes de salir de casa.

La ruta por tierra más sencilla

Siria-Jordania-Israel y los Territorios Palestinos-Egipto En esta dirección, esta ruta evita los problemas relacionados con el sellado del pasaporte en Israel.

Informarse en el consulado

Siria Cuando se redactó esta guía, la escalada de la violencia desaconsejaba entrar en el país.

Iraq La guerra todavía en curso descarta los viajes turísticos.

Arabia Saudí Los requisitos para el visado dificultan la entrada al país, y los frecuentes cambios aconsejan comprobar el estado de la cuestión antes de salir de viaje.

Lugares de interés de fácil acceso desde Jordania

Egipto Monte Sinaí, monasterio de Santa Catalina

Israel y los Territorios Palestinos Jerusalén, Belén

Siria Damasco, Palmira

Arabia Saudí Madein Saleh

Antes de la expedición por tierra

En el corazón de Oriente Próximo

Desde la creación de la carretera del Rey, hace más de 2000 años, Jordania ha gozado de una importancia estratégica en pleno Oriente Próximo. Con su situación política estable, lugares de interés cultural y natural de talla mundial, y fácil acceso, Jordania es pues una opción clara en un viaje por dos o más países de la región. Este capítulo ilustra sobre los principales retos logísticos del viaje por tierra a través de Jordania, para evitar verse detenido en alguna frontera.

En pocas palabras

» **Trámites de entrada** La entrada a Jordania por cualquier frontera o por el puerto de Aqaba no presenta dificultades. Para informarse sobre los visados al llegar desde los países vecinos, véase "Visados" (p. 38).

» **Transporte** Jordania es de fácil acceso por tierra desde cualquiera de sus países vecinos. Casi todos los viajeros entran en autobús o taxi, aunque no hay ningún problema para hacerlo con coche o moto propios (véase p. 329). No se permite entrar con coche de alquiler.

» **Salida de Jordania por tierra** Requiere más planificación debido a ciertos requisitos de visado: si se pretende visitar Siria, sobre todo,

¿QUÉ SIGNIFICA 'POR TIERRA'?

En este capítulo, el término "por tierra" se utiliza para cualquier desplazamiento que no incluya el avión. Se incluye por lo tanto la travesía del golfo de Aqaba en barco, así como la travesía del río Jordán por el puente del Rey Hussein.

conviene leer la información sobre la obtención de visados para otros países de Oriente Próximo (p. 321).

Pasos fronterizos

Elección del mejor paso fronterizo

La siguiente secuencia puede ayudar a planificar un trayecto por tierra:

» Empezar trazando la ruta ideal; para inspirarse, se puede consultar *Itinerarios* (p. 25).

» Familiarizarse sobre el mapa con los pasos fronterizos en este capítulo, y leer las descripciones.

» Consultar la sección de visados de este capítulo para comprobar las restricciones de cada punto de entrada o salida.

» Comprobar si hay medios de transporte disponibles (véase p. 323).

» Enmendar la ruta en consecuencia.

Instalaciones en los pasos fronterizos con Jordania

» **Siria** Oficina de correos y **oficina de turismo** (⏲8.00-17.00 sa-ju, hasta 14.00 vi), lugares donde comer y beber, y casas de cambio.

» **Israel y los Territorios Palestinos** Oficina de correos y **puesto de información turística** (⏲8.00-14.00, vi cerrado), lugares donde comer y beber, tiendas *duty-free* y cambio de divisas. Las fronteras se cierran en la fiesta judía de Yom Kippur y el Año Nuevo islámico (véase p. 317).

Cómo desplazarse a/desde las fronteras jordanas

Las fronteras jordanas están bien servidas en transporte público (véase p. 324).

Si se pretende viajar de Jordania a Israel y los Territorios Palestinos un viernes o sábado, conviene llegar temprano a la frontera, puesto que el transporte público del lado israelí no circula durante el sabbat (entre la puesta de sol del viernes y la puesta de sol del sábado).

Pasos fronterizos de Jordania

Wadi Araba

» **Nombre israelí/palestino** Yitzhak Rabin

» **Horario de apertura** ⏲6.30-22.00 do-ju, 8.00-20.00 vi y sa

» **Detalles del transporte** Véase p. 325

» El paso de Aqaba a Eilat es el más fácil entre Jordania e Israel y los Territorios Palestinos.

Puente del Rey Hussein (Jisr al-Malek Hussein)

» **Nombre israelí/palestino** Puente Allenby

» **Horario de apertura** ⏲8.00-20.00 do-ju (entrada en Jordania), 8.00-14.00 (salidas de Jordania), 8-00-13.00 vi y sa

» **Detalles del transporte** Véase p. 325

» Es la ruta más directa entre Ammán y Jerusalén, pero con importantes retenciones, sobre todo entre las 11.00 y 15.00.

Puente del Jeque Hussein (Jisr Sheikh Hussein)

» **Nombre israelí/palestino** Puente del Jordán

» **Horario de apertura** ⏲24 h

» **Detalles del transporte** Véase p. 325

» Conecta el norte de Jordania con Beit She'an en Galilea, a 6 km.

Ramtha

» **Nombre sirio** Der'a

» **Horario de apertura** 24 h

» **Detalles del transporte** Véase p. 326

» El mejor paso fronterizo en coche propio, también es práctico para viajar entre destinos locales del norte de Jordania y sur de Siria.

Jabir

» **Nombre sirio** Nasib

Pasos fronterizos

» **Horario de apertura** 24 h

» **Detalles del transporte** Véase p. 326 para más información

» Casi todos los desplazamientos entre Ammán y Damasco pasan por aquí. También es práctico para ir al este de Jordania, pasando por Zarqa o Mafraq.

Karama

» **Nombre iraquí** Tarbil

» **Horario de apertura** 24 h

» **Detalles del transporte** Véase p. 324

» El trayecto entre Ammán y Bagdad a través del tristemente famoso "triángulo sunita" sigue siendo peligroso.

Al-Umari

» **Nombre saudí** Al-Haditha

» **Horario de apertura** 24 h

» **Detalles del transporte** Véase p. 325 para más información

» Es el paso fronterizo más utilizado por el transporte público, pero hay que tener en cuenta la dificultad de obtener un visado para Arabia Saudí, incluso de tránsito.

HERMANOS FRONTERIZOS

Que nadie se haga la ilusión de visitar Jerusalén en una jornada desde Ammán. Muchos lectores se quejan de las dificultades para cruzar por el puente del Rey Hussein, sobre todo en el lado israelí, con intrusivas medidas de seguridad, colas caóticas y ofensivos funcionarios, que someten a un exhaustivo interrogatorio sobre los motivos de la visita a Israel.

Al-Mudawwara

- **Nombre saudí** Halat Ammar
- **Horario de apertura** 24 h
- **Detalles del transporte** Véase p. 325
- El menos práctico de los pasos fronterizos saudís, con largas distancias hasta la localidad más cercana a ambos lados de la frontera.

Ad-Dura

- **Nombre saudí** Haql
- **Horario de apertura** 24 h
- **Detalles del transporte** Véase p. 325
- Para los residentes en Arabia Saudí con coche propio un paso fronterizo muy útil.

Visados

Visados para entrar en Jordania

Todas las nacionalidades necesitan visado para entrar en Jordania, pero su obtención es rutinaria en todas las fronteras por tierra, con la excepción del puente del Rey Hussein. Si se pretende entrar en el país desde Israel y los Territorios Palestinos, hay que obtener un visado de entrada sencillo/múltiple (20/60 JOD) en cualquier embajada o consulado jordano. Esta regla rige, sin embargo, solo si se entra en Jordania por este puente por primera vez. Si se vuelve a entrar en Jordania, no es preciso solicitar un nuevo visado, siempre que el visado jordano ya obtenido, o su extensión, sean todavía válidos. Hay que conservar el certificado sellado de salida, y presentarlo al regreso. También hay que volver a entrar por el mismo paso fronterizo, ya que esta opción no se aplica a las demás fronteras jordanas.

Si se entra en Jordania por la ciudad de Aqaba por tierra o mar, el visado es gratuito. Véanse detalles en p. 321.

Visados para otros países de Oriente Próximo

Se puede viajar entre Jordania y sus países vecinos obteniendo los visados correspondientes (véanse detalles importantes en p. 321). El visado para entrar en Siria debe obtenerse antes de llegar a Jordania.

No se podrá entrar en Siria, Iraq ni Arabia Saudí si en el pasaporte consta que se ha visitado Israel y los Territorios Palestinos.

Las direcciones de embajadas y consulados pueden consultarse en p. 317.

Transporte a/ desde Jordania

Jordania está bien conectada con sus países vecinos, aunque cuando se redactó esta guía no se recomendaba viajar a Iraq y Siria. Para más información sobre el viaje hacia los países siguientes, véase el capítulo *Transporte* (p. 323).

Egipto

El viaje a Egipto incluye un corto trayecto en barco. Durante casi todo el año, basta con presentarse en el muelle para comprar el pasaje, pero durante el Haj, cuando Aqaba se ve invadida por miles de peregrinos de regreso de La Meca, el viaje puede ser una experiencia épica.

Es un poco más rápido y barato ir a Egipto por tierra pasando por Israel y los Territorios Palestinos, pero hay que leer el recuadro (p. 39) sobre el estigma del sellado israelí antes de tomar una decisión.

Iraq

Algunos taxis cubren el arriesgado tramo entre Bagdad y la estación de autobuses Abdali en Ammán.

Israel y los Territorios Palestinos

Hay servicio de autobuses entre varias ciudades jordanas e Israel y los Territorios Palestinos. El viaje en autobús directo entre Ammán y Tel Aviv evita el desplazamiento individual a/desde las fronteras, pero sale más caro, y hay que esperar que todos los

EL ESTIGMA DEL SELLADO ISRAELÍ

Nuestro correo desborda de preguntas sobre el famoso "estigma del sellado israelí". Algunas de las más habituales son:

No he oído nunca hablar de este sellado israelí. ¿De qué se trata? Debido a las tensiones entre los países árabes y el estado judío de Israel, cualquier indicio de haber visitado este último país en el pasaporte del visitante (como un sellado de entrada o salida) impide entrar en varios países de la región, incluido Siria.

¿Qué puedo hacer entonces si quiero combinar mi visita a Jordania con un viaje a Israel y Siria? Al entrar o salir de Israel, se puede pedir al personal de inmigración que sellen un papel aparte en lugar del pasaporte.

Entonces ¿no hay problema? Depende del país que se quiera visitar a continuación. Si por ejemplo el pasaporte presenta un sellado de salida de una frontera y otro de entrada una semana más tarde de otra frontera jordana, será obvio para las autoridades sirias que el viajero debe haber pasado este tiempo en Israel y los Territorios Palestinos. Se ha dado el caso de no poder entrar en Siria por no poder explicar un lapso de tiempo según los sellados del pasaporte, como seis semanas en Jordania sin una extensión del visado jordano.

¿Cómo se soluciona pues el problema? Se puede entrar o salir en avión del aeropuerto Ben-Gurion; entrar y salir por el puente del Rey Hussein con un visado múltiple de entrada y pedir a los funcionarios jordanos que sellen un papel aparte en lugar del pasaporte; o visitar Israel y los Territorios Palestinos al final del viaje.

¿El sellado israelí supone un problema para entrar en la mayoría de países árabes? No, no es ningún problema para entrar en Jordania, Egipto, Turquía, Túnez y Marruecos. Oficialmente, Bahréin, Qatar, los Emiratos y Omán prohibirán la entrada si el pasaporte delata haber estado en Israel, pero en realidad casi nunca buscan este ofensivo sellado.

¿En qué países de Oriente Próximo será un problema? Siria, Líbano, Irán, Arabia Saudí, Libia y Yemen. Si el pasaporte presenta un sellado de entrada o salida israelí o jordano, no hay gran cosa que hacer. Si se denuncia la "pérdida" del pasaporte en la embajada del país de origen, en cualquier país de Oriente Próximo, la denuncia será recibida con escepticismo, o incluso rechazada.

viajeros del autobús cumplan con inmigración.

Si se viaja en coche propio desde Israel y los Territorios Palestinos, hay que entrar por los pasos fronterizos del puente del Jeque Hussein o Wadi Araba.

Arabia Saudí

Conseguir un visado, incluso de tránsito, para visitar Arabia Saudí, es realmente difícil; véanse más detalles en p. 321. Para quienes consigan este visado, varias empresas de autobuses circulan entre Jeddah y Riyadh y la estación de autobuses Abdali de Ammán.

Siria

Cuando se redactó esta guía no se recomendaba viajar a Siria debido a la escalada de violencia en todo el país (véase www.maec.es para información actualizada). En tiempos más tranquilos, resulta fácil viajar entre Jordania y Siria. Es más fácil y barato tomar un autobús directo o un taxi entre Ammán y Damasco, en lugar de tener que lidiar con transportes locales y trámites fronterizos de forma independiente.

Si se quiere visitar Siria desde Jordania, hay que asegurarse de obtener un visado sirio antes de llegar a Jordania, ya sea en el país de origen o en Estambul, Ankara o El Cairo.

Otros países de Oriente Próximo

Para otros destinos en Oriente Próximo, los viajeros precisarán tiempo, paciencia, y sobre todo, los visados pertinentes. Casi todos los trayectos por la región implican largas y tórridas jornadas con frustrantes retrasos, por lo que casi todo el mundo opta por el avión.

La compañía JETT ofrece algunos servicios de autobús a El Cairo (25 JOD), Bagdad (28,400 JOD) y Damasco (8 JOD) que salen de las oficinas de autobuses internacionales en Ammán.

Dadas las frecuentes fluctuaciones en el servicio, se recomienda al viajero que se dirija a dichas oficinas con suficiente antelación para informarse sobre horarios y precios concretos.

Viajar con niños

Las mejores zonas

Jerash

A los niños que estudian a los romanos les encantará Jerash, donde centuriones disfrazados reviven su historia.

Mar Muerto

No importa si los niños no saben nadar muy bien, el agua es tan salada que es imposible hundirse.

Karak

Con cantidad de túneles, almenas y pasadizos secretos para explorar, y un museo que explica la historia de los cruzados.

Petra

Los niños apreciarán el trayecto a caballo y las cuevas color caramelo, pero todavía más si primero ven la película *Indiana Jones y la última cruzada*.

Aqaba

Los adolescentes pueden aprender a bucear, mientras los más pequeños chapotean en el mar cálido y tranquilo.

Wadi Rum

Paseos en camello, aventuras en todoterreno, acampadas y *sandboard*.

Reserva Natural de Shaumari

Los jóvenes disfrutarán buscando oryx y avestruces en el safari nocturno.

Jordania para niños

Los jordanos adoran a los niños, por lo que su hospitalidad se extiende todavía más hacia las familias.

Cálida bienvenida

Aunque no abunden las facilidades para niños, excepto alguna trona en un restaurante y alguna instalación para cambiar pañales en los centros comerciales modernos, la gente hará todo lo posible para que la familia se sienta bienvenida, sobre todo en autobuses y tiendas, hoteles y restaurantes.

La vida familiar en Jordania

Las actividades orientadas hacia los niños siguen siendo una novedad en Jordania, puesto que normalmente los niños participan en el ocio y las salidas de los adultos. A los jordanos les encantan las actividades en grupo, por lo que siempre habrá alguien dispuesto a cuidar de los niños. Por todo ello, casi todos los puntos de interés para adultos están también considerados como aptos para niños.

Las visitas culturales son un éxito también para los niños

El foro Thorntree de Lonely Planet rebosa de comentarios positivos sobre la visita a Petra, Jerash, Karak y Wadi Rum con niños, aunque conviene despertar su curiosidad previamente.

Lo más destacado para niños

Experiencias gastronómicas

» **Dulces jordanos** Una delicia para toda la familia con sus pastas empapadas de miel y gigantescas bandejas de *kunafa*, una masa hilada con queso cremoso.

» **Brunch Wild** En el Jordan Café de Ammán, brinda la oportunidad de fomentar la ecología.

Actividades para un día de lluvia

» **Haya Cultural Centre** Incluye un ecomuseo interactivo.

Parques de atracciones

» **Amman Waves** Parque acuático al estilo occidental entre el aeropuerto y Ammán, para todas las edades.

» **Luna Park** Atracciones y diversión para niños.

Antes de partir

Cuándo ir

La primavera es el mejor momento para ir en familia. Hace buen tiempo, las atracciones están abiertas, y la temporada alta turística implica diversiones nocturnas.

Los niños toleran mal el calor extremo del verano (de mediados de mayo a mediados de septiembre), por lo que hay que limitar las actividades a primera hora de la mañana y última de la tarde. Los meses de invierno (de mediados de noviembre a mediados de febrero) pueden ser muy fríos y muchas actividades se suspenden o no resultan agradables. El peligro de crecidas instantáneas en los *wadis* será una preocupación adicional.

Cómo soportar el calor

Las visitas a Petra y Wadi Rum implican largos períodos bajo el sol, y no siempre resulta fácil encontrar sombra. Eso no impide la visita, pero conviene planificarla temprano por la mañana y al atardecer.

Prevenir enfermedades

Para evitar los problemas digestivos, los niños deberían beber solo agua mineral, fácil de conseguir, y evitar la fruta fresca pelada y las ensaladas lavadas.

Se puede conseguir leche fresca y en polvo, pero vale la pena comprobar que los lácteos (leche, crema, yogur y queso fresco) están elaborados con leche pasteurizada. Por desgracia para los niños, conviene evitar los helados en las zonas rurales, donde el suministro eléctrico sufre a menudo altibajos, por lo que muchos productos pueden descongelarse y congelarse de nuevo.

Para la higiene en general las toallitas serán una buena idea si el agua del grifo resulta sospechosa.

Lactancia

Amamantar en público es culturalmente aceptable siempre que se sea razonablemente discreto. Una prenda de ropa extra, como un chal o un jersey, para tapar a madre y bebé, contribuirá a mantener a raya la curiosidad masculina.

Qué llevar

Los pañales desechables no son fáciles de encontrar fuera de Ammán y Aqaba. Hay que estar preparado con bolsas de plástico para no contribuir al omnipresente problema de las basuras en Jordania.

Mosquiteras y repelentes serán útiles en los meses de más calor; la malaria no es un problema en Jordania, pero las picaduras pueden infectarse al rascarlas.

Los asientos infantiles en los coches no abundan en Jordania, por lo que conviene traer uno. Los pavimentos, o su ausencia, serán un reto para los cochecitos, pero los autóctonos parecen superarlo sin problemas.

Los jordanos son tolerantes ante las costumbres occidentales, pero respetarán más a los visitantes si sus hijos visten apropiadamente; este es el caso, sobre todo, con las adolescentes: la ropa provocativa, aunque esté de moda en otros lugares, atraerá desagradablemente la atención.

Control de seguridad

Jordania es en general un país seguro para viajar en familia, con un bajo índice de delincuencia. Cuando se redactó esta guía, reinaba la tranquilidad tras los disturbios de la primavera del 2011, pero vale la pena informarse en el consulado jordano del país de origen antes de salir de viaje.

Más información

Véase el recuadro (p. 66) para más información sobre los puntos de mayor interés para los niños en Ammán. Todo lo relacionado con los viajes en familia podrá consultarse en *Travel with Children* de Cathy Lanigan, publicado por Lonely Planet.

de un vistazo

Por amenas y variadas que sean las ofertas de Ammán, conviene salir de la capital para hacerse una idea cabal del país. La más breve de las visitas bastará para cubrir un circuito por las tierras altas semiáridas del norte, con numerosos monumentos romanos y lugares bíblicos, y alrededor del mar Muerto.

Con un poco más de tiempo, por supuesto, pocos se resistirán a viajar hacia el sur y a Petra. Desde allí resulta fácil explorar las arenas de Wadi Rum o bucear en el mar Rojo.

Quienes quieran vivir más aventuras pueden seguir la legendaria carretera del Rey o visitar el este del país con sus castillos del desierto.

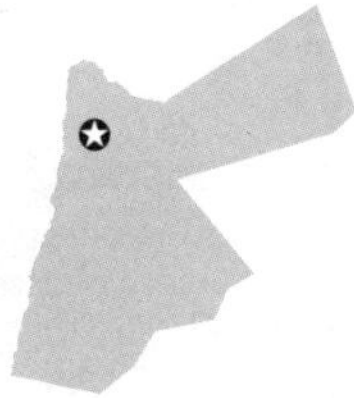

Ammán

Ruinas romanas ✓✓
Oriente Próximo moderno ✓✓
De compras ✓✓

Ruinas romanas
Las ruinas de Jerash, al norte, eclipsan a menudo las de Ammán, y sin embargo, la Ciudadela y el Teatro romano, en el centro, definen el corazón de la ciudad y vale la pena explorarlas.

Oriente Próximo moderno
Sofisticados centros comerciales, atestadas cafeterías y dinámica vida nocturna ponen en entredicho la percepción de Jordania como un país atrasado.

De compras
Los zocos y calles de Ammán están repletos de curiosos recuerdos. Para que las compras beneficien a la población local, conviene buscar las cooperativas de barrio.

p. 48

Jerash, Irbid y el valle del Jordán

Ruinas romanas ✓✓✓
Senderismo ✓✓
Vistas panorámicas ✓✓

Ruinas romanas
Que nadie dude en visitar Jerash: este reducto increíblemente bien conservado del Imperio romano lleva más de dos siglos atrayendo a los visitantes, y es uno de los tres principales puntos de interés en Jordania. También vale la pena visitar las ruinas menores de Umm Qais. Pella encantará a los forofos de la arqueología.

Senderismo
La Reserva Natural de Ajlun es sinónimo de turismo sostenible. Desde aquí, una red de senderos se adentra en el corazón rural del país, pasando por comunidades tradicionales y bosques de madroños.

Vistas panorámicas
Cualquier ruta desde las tierras altas cubiertas de enebros de Jerash, Salt o Umm Qais, hasta el fértil y subtropical valle del Jordán brindará toda una lección de historia natural.

p. 82

Carretera del mar Muerto

Termalismo ✓✓✓
Senderismo ✓✓
Rutas en coche ✓✓✓

Termalismo
Ningún visitante de Jordania debería perderse la extraordinaria experiencia de flotar en el mar Muerto. Las fuentes termales cercanas completarán la oportunidad para mimarse con saludables tratamientos.

Senderismo
La Reserva de la Biosfera de Mujib es ideal para una aventura al aire libre. Pozas presentes todo el año garantizan un remojón, y más adelante por Wadi Araba hay buenos senderos y el incentivo de un gran festín vegetariano en la Feynan Ecolodge.

Rutas en coche
De regreso desde los viñedos de la carretera del Rey, recorrer en coche esta región será una apasionante experiencia.

p. 114

Madaba y la carretera del Rey

Reliquias religiosas ✓✓✓
Artesanías ✓✓✓
Senderismo ✓✓

Reliquias religiosas
El monte Nebo sigue siendo un centro de peregrinación hoy en día. Los castillos de los cruzados en Karak y Shobak, y la ciudad cristiana de Madaba, reflejan la perdurable importancia de este legado a lo largo de los siglos.

Artesanías
En Madaba y alrededores pequeñas industrias rurales producen algunas de las mejores artesanías del país. Los tejidos tradicionales cerca de Mukawir y los mosaicos a lo largo de la carretera del Rey son algunos de los artículos que contribuyen al sustento de las comunidades rurales.

Senderismo
Las mejores rutas pueden emprenderse en Wadi Mujib y la Reserva de la Biosfera de Dana. Hay que contar con que puede nevar en invierno.

p. 129

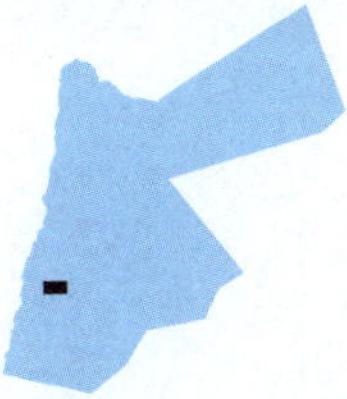

Petra

Ruinas antiguas ✓✓✓
Senderismo ✓✓✓
Paisaje asombroso ✓✓✓

Ruinas antiguas
Ningún superlativo bastará para describir la antigua ciudad de Petra. Hay que asegurarse de tener tiempo suficiente para ver el Tesoro a primera hora de la mañana, almorzar en un Alto Lugar a mediodía, contemplar la puesta de sol desde el Monasterio y recorrer el Siq a la luz de las velas por la noche; en otras palabras, dos días como mínimo.

Senderismo
Con un guía beduino, la historia reciente de Petra cobrará vida. Hay que evitar los tórridos meses de verano. No se puede salir de excursión después de las lluvias de invierno.

Paisaje asombroso
La arenisca de fantásticos colores, las escarpaduras erosionadas por el viento y los *wadis* adornados de adelfas convierten el paisaje rosado de Petra en un digno consorte de la antigua arquitectura.

p. 162

Aqaba, Wadi Rum y la carretera del Desierto

Buceo ✓✓✓
Acampada ✓✓
Paisaje asombroso ✓✓✓

Buceo
Submarinismo, buceo con tubo, o simplemente natación: el golfo de Aqaba jordano permite fácil acceso al magnífico espectáculo subacuático del mar Rojo. Las temperaturas más agradables se registran a principios de la primavera y finales del otoño. Más información en p. 29.

Acampada
Los campamentos son confortables pero puede hacer mucho frío en invierno y un calor agobiante en pleno verano.

Paisaje asombroso
Aunque no se disponga del tiempo para pernoctar allí, vale la pena viajar hasta el centro de visitantes de Wadi Rum. Desde allí se pueden ver los Siete Pilares de la Sabiduría, y comprender al momento por qué es uno de los puntos de mayor interés en Jordania.

p. 197

Azraq y la carretera del Desierto del Este

Arquitectura ✓✓
Flora y fauna ✓✓✓
Viajes remotos ✓✓

Arquitectura
Con casas de baños, pabellones de caza y paradas de caravanas, el Desierto del Este está generosamente salpicado de arquitectura omeya conocida colectivamente como castillos del desierto.

Flora y fauna
El oryx solía habitar en los desiertos de Jordania hasta que se extinguió debido a la caza. Estos magníficos antílopes pueden verse ahora en la Reserva Natural de Shaumari; la visita contribuirá a su reintroducción. El cercano oasis de Azraq permite observar numerosas aves.

Viajes remotos
Pocos alcanzan los eriales negros de Badia, pero quien desee pasar unos días en la animación suspendida del desierto más extremo puede dirigirse a la Reserva de Burqu, que redefine el término "remoto".

p. 230

Atención a estos iconos:

Recomendación del autor

Propuesta sostenible

GRATIS Gratis

En el Índice se muestra la lista completa de los destinos incluidos en este libro.

En ruta

Ammán عمان

06 / 2,8 MILLONES DE HAB. / ALT. 850 M

Sumario »

Los mejores restaurantes

» Hashem Restaurant (p. 66)

» Afrah Restaurant & Coffeeshop (p. 67)

» Wild Jordan Café (p. 68)

» Fakhr El-Din Restaurant (p. 67)

» Romero Restaurant (p. 67)

Los mejores alojamientos

» Jordan InterContinental Hotel (p. 62)

» Hisham Hotel (p. 63)

» Jordan Tower Hotel (p. 61)

» Caravan Hotel (p. 63)

» Palace Hotel (p. 61)

Por qué ir

Capital de Jordania, es una ciudad en la que es fácil disfrutar de un viaje a Oriente Próximo. Cuenta con dos partes diferenciadas: la urbana Ammán occidental, con barrios residenciales, cafés, bares, modernos centros comerciales y galerías de arte; y la sencilla Ammán oriental, en la que se siente el pulso tradicional, conservador e islámico de la capital.

En el corazón se encuentra el caótico y laberíntico 'centro', de visita obligatoria. Al pie de sus colinas, y dominadas por la Ciudadela, se disfruta de unas espectaculares ruinas romanas y la algarabía de la vida jordana, que se entiende mejor en compañía de los lugareños en sus paseos entre la mezquita, el zoco y los cafés.

Si su intensa conurbación se vuelve claustrofóbica, pueden hacerse escapadas a los pueblos de la periferia, recuerdos de que a pesar de miles de años de asentamientos, Jordania sigue siendo un país eminentemente rural.

Cuándo ir

La montañosa ubicación de la capital atrae fuertes vientos en invierno, por lo que el mejor momento para visitarla es de marzo a mayo y de octubre a noviembre.

Si el viajero es capaz de soportar el claustrofóbico calor de mediados de verano, que emana de edificios abarrotados y acecha en callejones sin brisa, se recomienda ir en julio y agosto, para ver el Festival de Jerash. El Teatro romano cobra vida, al igual que la predilección capitalina por pasear por la tarde.

En septiembre, el festival de narraciones de Hakaya aporta una experiencia genuinamente beduina al corazón de la ciudad.

Imprescindible

1. Visitar las ruinas (y museo) de la **Ciudadela** (p. 51), con vistas panorámicas.
2. Admirar la precisión ingeniera del **Teatro romano** (p. 53), el monumento antiguo más espectacular.
3. Ser uno de los primeros visitantes del **Museo Nacional** (p. 55), que abrió en el 2012.
4. Pasear por el **centro** (p. 51) y codearse con la población inmigrante de palestinos, iraquíes y sirios.
5. Ver una exposición en **Darat al-Funun** (p. 55) y tomar un té en sus ruinas.
6. Almorzar en el **Wild Jordan Café** (p. 68) y visitar una reserva en la RSCN.
7. Tomar una copa de vino en los **bares y cafés** (p. 69) de Shmeisani y Abdoun.
8. Hacer cola en el **Hashem Restaurant** (p. 66), y probar su legendario *falafel*.
9. Visitar **Fuheis** (p. 81) para comer en el Zuwwadeh Restaurant y pasear por **Wadi as-Seer** (p. 79).

Historia

A pesar de su linaje, Ammán, tal como se la conoce en la actualidad, es una construcción de mediados del s. xx y es difícil encontrar vestigios bizantinos de Oriente Próximo. Es una ciudad color crema, con erosionados edificios de cemento de poca altura, algunos revestidos con mármol blanco y otros grises, necesitados de reformas.

Lo que no quiere decir que Ammán no tenga historia. De hecho, en la década de 1970 se encontraron en Ain Ghazal, Ammán oriental, los restos de un asentamiento neolítico del 8500 a.C. que ilustran una sofisticada cultura que realizó las primeras esculturas y tallas en piedra caliza y yeso del mundo. En la actualidad se encuentran en el Museo Arqueológico Nacional (p. 51).

También cuenta con Jebel al-Qala'a, emplazamiento de la Ciudadela, una de las partes más antiguas y continuamente habitadas, que data de alrededor de 1800 a.C. La ciudad, posteriormente denominada Rabat en el Antiguo Testamento, fue sitiada por el rey David, que quemó vivos a muchos de sus habitantes en un horno de ladrillos. Sin embargo, Rabat continuó prosperando y proveyó de armas a David para sus guerras.

La herencia egipcia está presente en las empresas o restaurantes llamados Filadelfia, en honor al faraón Tolomeo Filadelfo (283-246 a.C.). Reconstruyó la ciudad durante su reinado, rebautizándola como Filadelfia. Perteneció a la Decápolis romana (véase recuadro, p. 84), antes de formar parte del Imperio romano en tiempos de Herodes, alrededor del 30 a.C. Filadelfia, que significa "ciudad del amor fraternal" se rediseñó con el grandioso estilo romano, con teatro, foro y un templo de Hércules, cuyos restos pueden verse en la actualidad.

La suerte de la ciudad decayó al mismo tiempo que el imperio, aunque recuperó parte de su antiguo esplendor tras la invasión árabe del 636 d.C. A partir del s. x cayó en el olvido, hasta que en 1878 se estableció una colonia de circasianos.

Puede que al ver las tranquilas vías férreas de la estación de trenes no dé esa impresión, pero el ferrocarril de Hejaz favoreció el auge de la ciudad a comienzos del s. xx, por ser una escala de la ruta de peregrinos entre Damasco y Medina (Arabia Saudí). El emir Abdalá estableció en Ammán el cuartel general del nuevo estado de Transjordania en 1921 y dos años más tarde fue declarada capital del reino Hachemita.

Con el transcurso del tiempo acogió oleadas de inmigración (de Palestina y en la última década de Iraq), con lo que se expandió más allá de sus siete colinas y se enfrentó a una ardua escasez de agua, agravada por su escasa planificación urbana.

A pesar de todo sus ciudadanos agradecen poder rehacer sus vidas en un entorno generoso y estable. Algo que demuestra su continua expansión, embellecimiento y proyectos de desarrollo, que suelen tardar más de lo previsto en realizarse. Escasamente perturbada por la Primavera Árabe del 2011, es una vibrante ciudad de mentalidad abierta, famosa por sus instituciones educativas y optimista respecto al futuro.

Peligros y advertencias

A pesar de algunos levantamientos durante la Primavera Árabe del 2011, es una ciudad segura. Sufrió algunas escaramuzas (véase p. 306), por lo que en los lugares turísticos y hoteles se ven guardias de seguridad con detectores de metales. Para muchos es una medida positiva del Gobierno para proteger a los extranjeros.

La delincuencia es prácticamente inexistente y los jordanos se enorgullecen al recordar a los extranjeros que su país es un oasis de paz en una región azotada por los conflictos.

Reservas naturales

En la zona de la capital no hay reservas naturales, pero conviene saber que Ammán es el mejor lugar en el que organizar excursiones a las reservas de la Real Sociedad para la Conservación de la Naturaleza de Jordania (RSCN). El alojamiento ha de reservarse con antelación, pero puede hacerse con facilidad en **Wild Jordan Centre** (plano p. 52; ☎4616523; www.rscn.org.jo; Othman Bin Affan St, centro) de la RSCN, en el centro.

Puntos de interés

Ammán, cuya construcción es en gran parte moderna, posee lugares que evocan imágenes de grandiosos imperios y, repartidos por el paisaje de cemento, espectaculares restos de Filadelfia, en especial las ruinas de Jebel al-Qala'a y el Teatro romano en el centro. Sin embargo, lo más interesante de esta acogedora ciudad es conocer a sus cosmopolitas habitantes, por ejemplo en los zocos del centro o en los cafés y modernos centros comerciales de los barrios de las colinas de Jebel Amman y más allá.

CENTRO

Ciudadela RUINAS

(plano p. 52; ☎4638795; Jebel al-Qala'a; entrada 2 JOD; ⏰8.00-16.00 sa-ju oct-mar, hasta 19.00 sa-ju abr-sep, 10.00-16.00 vi todo el año) La zona conocida como Ciudadela se encuentra en la colina más alta de Ammán, Jebel al-Qala'a (850 m sobre el nivel del mar), donde estaba ubicada la antigua Rabat-Ammon. Los artefactos de la Edad del Bronce demuestran que la colina fue una fortaleza y/o ágora durante miles de años. El recinto está rodeado por 1700 m de murallas.

La taquilla de la Ciudadela está en la calle que lleva a la entrada. Junto a ella suelen congregarse guías multilingües autorizados (hasta 15 JOD/h), con los que se disfruta más la visita.

El único acceso a la Ciudadela es por Al-Malek Ali bin al-Hussein St. Es mejor subir en taxi (1 JOD desde el centro) y guardar fuerzas para la vuelta. Las escaleras conducen desde el este del complejo de la Ciudadela, pasando por un mirador, hasta Hashemi St, frente al Teatro romano. Un buen comienzo para un circuito a pie por el centro.

Templo de Hércules

La atracción más notable de la Ciudadela son dos gigantescas columnas, restos del templo de Hércules romano. En tiempos conectado con el foro (centro), se construyó durante el reinado de Marco Aurelio (161-180 d.C.). Solo son identificables algunas partes del podio y las columnas, visibles desde toda la ciudad. También posee el resto de una mano tallada en piedra, que muestra el nivel de detalle que embellecía el templo en sus días de esplendor. Cerca hay un **mirador** con magníficas vistas del centro.

Museo Arqueológico Nacional

Este modesto museo, al noroeste del templo de Hércules, contiene asombrosos objetos, como las famosas figuras Ain Ghazal del 6500 a.C., que son de las primeras estatuas no empotradas del mundo. Otros objetos de su colección son cráneos de Jericó de 6000 años de antigüedad y joyería del período omeya. También posee una copia de la Estela de Mesha (véase recuadro, p. 55), la famosa tabla encontrada cerca de Wadi Mujib. Entre los hallazgos descubiertos en la propia Ciudadela figuran la cabeza de una estatua de la diosa

ORIENTARSE EN AMMÁN

Al igual que Roma, Ammán se fundó sobre siete colinas, pero en la actualidad se extiende por más de 20. No es una ciudad adecuada para explorar a pie, a excepción del centro, conocido por los lugareños como *il-balad*. En general, es casi imposible encontrar una calle recta y llana y, si la visita es breve, la única manera de orientarse vagamente es familiarizándose con los edificios más conocidos de cada colina *(jebel)*.

La colina principal es Jebel Amman, que alberga varias embajadas y unos cuantos hoteles y restaurantes elegantes. Los *circles* (círculos o grandes rotondas) de esta céntrica zona están numerados del 1 al 8 en sentido oeste desde el centro urbano. En taxi, los nombres de las calles sirven de poco, así que se aconseja dar el número del círculo más próximo adonde se vaya y continuar a pie desde allí, o darle al conductor un punto de referencia cercano, como una embajada o un hotel.

La Jebel al-Hussein, al noroeste del centro, es conocida por albergar el Housing Bank Centre. Este edificio también marca el inicio de la elegante zona de Shmeisani, que posee abundantes restaurantes, tiendas, hoteles de primera clase y algunos locales nocturnos. Otra zona de moda y acomodada es Abdoun, al sur de Shmeisani, que alberga cafés muy en la onda y varias embajadas.

Más cerca del centro está la descuidada zona de Abdali, desde donde salen los autobuses a Siria, con algunos hoteles económicos. Se identifica gracias a la cúpula de la mezquita del Rey Abdalá.

En el extremo oeste está la fastuosa Sweifieh, un área comercial en auge. Más a las afueras, los pueblos, barrios residenciales y campos de refugiados de la ciudad se han ido fusionando hasta devenir en una desperdigada amalgama periférica urbana.

Aunque deberían bastar los planos de esta guía, si se planea quedarse una temporada corta o visitar lugares fuera del centro vale la pena hacerse con un ejemplar de *Maps of Jordan, Amman and Aqaba*, publicado por Luma Khalaf y disponible en casi todas las librerías, que incluye la mayoría de las calles de la ciudad, así como las embajadas y otros puntos de referencia, aunque no los barrios periféricos del sur ni del este.

Centro de Ammán

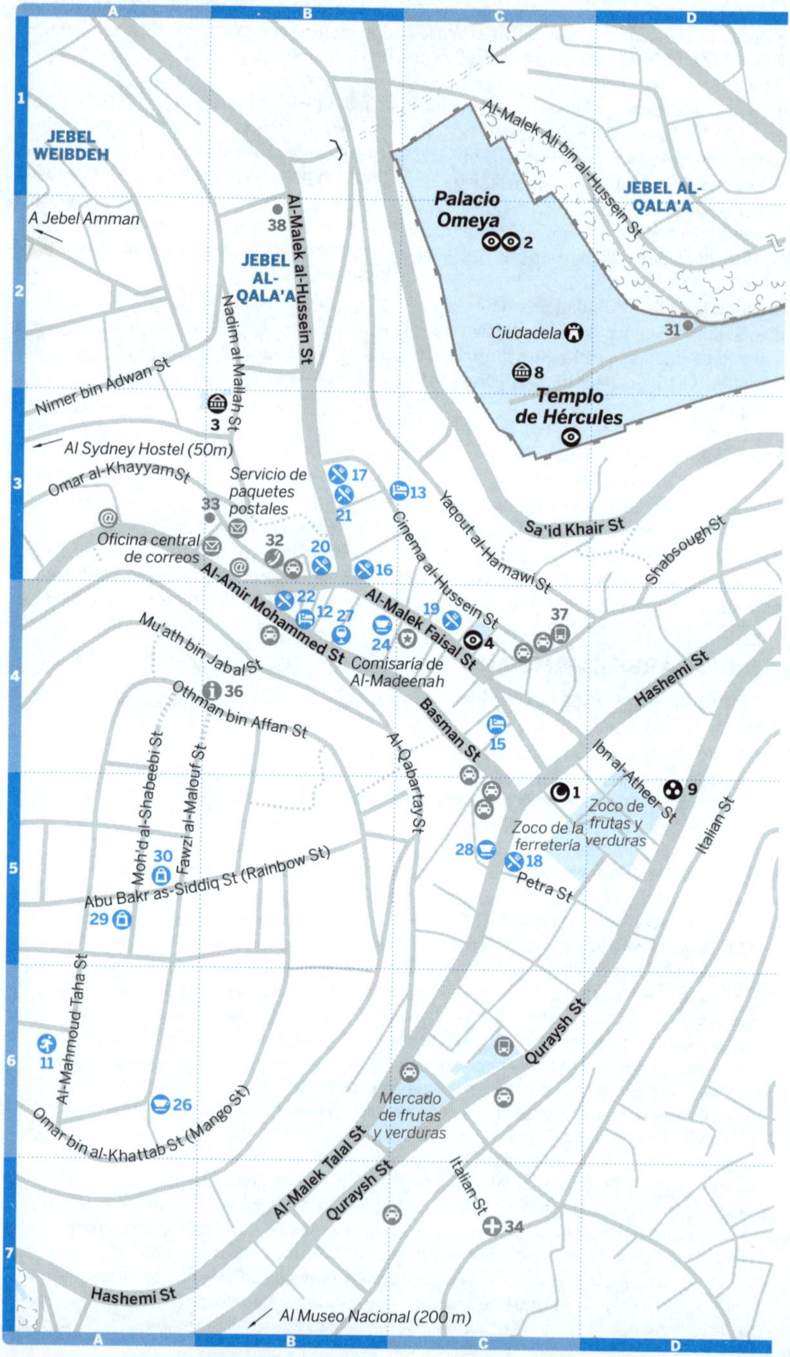

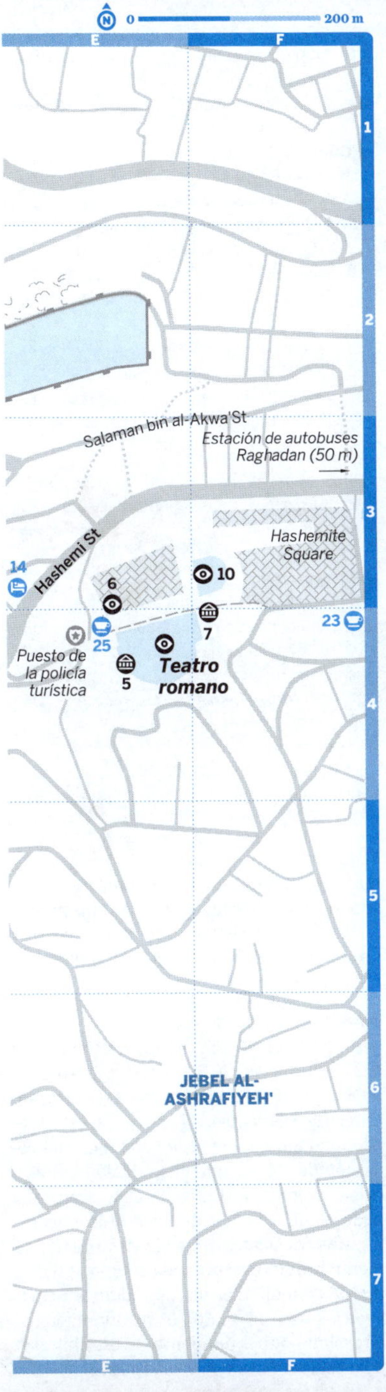

griega Tique y algunas tallas de estilo egipcio. Corren rumores de que la colección va a trasladarse al Museo Nacional (véase recuadro, p. 55), aunque en el momento de redactar esta guía, solo se habían llevado los Manuscritos del Mar Muerto.

Palacio Omeya

Los edificios históricos más impresionantes de la Ciudadela se encuentran cerca del Palacio Omeya, detrás del Museo Arqueológico Nacional. El palacio, que se cree que fue construido por los omeyas hacia el 720, era un extenso complejo de edificios reales y residenciales, y en su día también la casa del gobernador de Ammán. En el 479 fue destruido por un terremoto y jamás se reconstruyó. Si se llega desde el sur, la primera edificación notoria que se ve es la **sala de audiencias,** un edificio con cúpula diseñado para impresionar a los visitantes del palacio real. Es el mejor conservado y tiene forma de cruz, pues se construyó sobre una iglesia bizantina. Tras largos debates sobre si el espacio central estaba cubierto o no, se le dotó de una cúpula, reconstruida por arquitectos españoles.

Un **patio** al norte de la sala conduce hasta una **calle con columnas** de 10 m de ancho, con numerosos arcos y pilares y flanqueada por edificios residenciales y administrativos. Más al norte, la antigua **casa del gobernador** alberga la **sala del trono.**

Al este de la sala de audiencias está la **cisterna omeya,** un enorme hoyo circular con escaleras que llegan hasta el fondo y que otrora suministraba agua al palacio y a las zonas aledañas. El pequeño disco en el centro del suelo sostenía una columna que servía para medir el nivel del agua.

Junto al museo, hacia el sur, está la pequeña **basílica bizantina,** prácticamente destruida por los terremotos. Data de los ss. VI o VII y contiene unos cuantos mosaicos cubiertos de polvo.

Teatro romano . ANFITEATRO ROMANO

(plano p. 52; la entrada incluye el Museo del Folclore y el Museo de Tradiciones Populares, 1 JOD; ⌚8.00-16.00 sa-ju y 9.00-16.00 vi oct-mar, 8.00-19.00 abr-sep) Magníficamente restaurado, es el resto más impresionante de la Filadelfia romana y el principal atractivo para la mayoría de los visitantes. Está cortado en la parte norte de una colina que se utilizó como necrópolis y tiene capacidad para 6000 personas. Se construyó en tres gradas: los gobernantes se sentaban más cerca de la acción, los milita-

Centro de Ammán

Principales puntos de interés
- Teatro romano E4
- Templo de Hércules C3
- Palacio Omeya C2

Puntos de interés
- 1 Mezquita Al-Husseini C5
- 2 Basílica bizantina C2
- 3 Darat al-Funun B3
- 4 Duke's Diwan C4
- 5 Museo del Folclore E4
- 6 Foro E3
- 7 Museo de Tradiciones Populares F4
- 8 Museo Arqueológico Nacional C2
- 9 Ninfeo D5
- 10 Odeón F3

Actividades, cursos y circuitos
- 11 Al-Pasha Turkish Bath A6

Dónde dormir
- 12 Cliff Hotel B4
- 13 Farah Hotel C3
- 14 Jordan Tower Hotel E3
- 15 Palace Hotel C4

Dónde comer
- 16 Afrah Restaurant & Coffeeshop B3
- 17 Al-Quds Restaurant B3
- 18 Cairo Restaurant C5
- 19 Habibah C4
- Habibah .... (véase 17)
- 20 Hashem Restaurant B3
- 21 Jabri Restaurant B3
- 22 Sara Seafood Restaurant B4
- Wild Jordan Café .... (véase 36)

Dónde beber
- 23 Al-Hail Restaurant & Café F4
- 24 Al-Rashid Court Café B4
- 25 Al-Sendabad Coffee Shop E4
- Auberge Café .... (véase 12)
- 26 Books@café A6
- Darat al-Funun Café .... (véase 3)
- 27 Jordan Bar B4
- Orient Bar & Restaurant .... (véase 12)
- Peace Café .... (véase 20)
- Salamon Bar .... (véase 22)
- 28 Shaher's Penthouse Cafeteria C5

De compras
- 29 Bawabet al-Sharq A5
- 30 Jordan River Foundation A5
- Wild Jordan .... (véase 36)

Información
- 31 Taquilla de la Ciudadela D2
- 32 Communication International B3
- 33 Oficina de aduanas B3
- 34 Italian Hospital C7
- 36 Wild Jordan Centre B4

Transporte
- 37 Parada del autobús 26 .... C4
- 38 KLM B2

res ocupaban la sección central y el público estaba en la parte más alta.

El lugar probablemente fue construido en el s. II d.C., durante el reinado de Antonino Pío (138-161). Estos edificios a menudo tenían un significado religioso, y el pequeño santuario que hay por encima de la fila superior de asientos albergaba una estatua de Atenea (hoy en el Museo Nacional de Arqueología), una diosa que jugaba un papel destacado en la vida religiosa de la ciudad.

La restauración integral del teatro se inició en 1957. Por desgracia, se utilizaron materiales distintos a los originales, por lo que el resultado es relativamente inexacto. Aunque por otro lado resulta impresionante, y más desde que en los últimos años se ha empezado a utilizar nuevamente como escenario, en especial en julio y agosto.

El mejor momento del día para tomar fotografías es la mañana, cuando la luz es más suave, aunque las vistas desde los niveles superiores al atardecer también son preciosas. Por la noche el teatro se inunda de luz y proporciona un espectacular telón de fondo al bullicioso centro.

Museo del Folclore — MUSEO

(plano p. 52; ☎4651742; complejo del Teatro romano; ⌚8.00-19.00 sa-ju y 10.00-16.00 vi may-sep, 8.00-17.00 sa-ju y 10.00-16.00 vi oct-abr) Al entrar en el recinto del teatro, a la derecha, está este pequeño museo que acoge una modesta colección de objetos que ilustran la vida tradicional en Jordania. Entre ellos hay una tienda beduina de pelo de cabra con útiles, instrumentos musicales como el *rabab* (típicamente beduino, de una sola cuerda), telares, *mihbash* (molinillos de café), algunas armas y varios trajes, incluido el vestido nacional circasiano. En el momento de escribir esta guía estaba cerrado por reformas.

Museo de Tradiciones Populares MUSEO
(plano p. 52; ☎4651670; complejo del Teatro romano; ⏰8.00-19.00 sa-ju y 10.00-16.00 vi may-sep, 8.00-17.00 sa-ju y 9.00-16.00 vi oct-abr) Este pequeño museo, justo a la izquierda de la entrada del Teatro romano, cuenta con exposiciones de trajes regionales, joyería, máscaras y mosaicos de Jerash.

Foro PLAZA ROMANA
(plano p. 52) La fila de columnas que hay al norte, frente al teatro, es todo lo que queda del foro, que llegó a ser una de las plazas públicas más grandes (unos 100 x 50 m) de todo el Imperio romano. Construida en el año 190, tres de sus lados estaban flanqueados por columnas y el cuarto, por el arroyo Seil Amman, aunque casi todo yace hoy soterrado bajo las calles modernas. El actual proyecto para la plaza, casi acabado, devolverá parte de la grandiosidad que tenía ese espacio público, aunque con estética moderna.

GRATIS **Odeón** ANFITEATRO ROMANO
(plano p. 52; ⏰con luz solar) Este anfiteatro de 500 plazas se encuentra en el lado oriental del foro. Construido en el s. II y con capacidad para 500 personas, acogía eventos musicales. Probablemente estaba cubierto con un techo de madera o con una estructura provisional que protegía a los intérpretes y a los espectadores de las inclemencias meteorológicas. Al igual que su hermano mayor, se utiliza para espectáculos de temporada.

GRATIS **Ninfeo** FUENTE
(plano p. 52; Quraysh St; ⏰con luz solar sa-ju) Esta ornamentada fuente pública del 191 d.C. fue un gran complejo de dos plantas, con surtidores de agua, tallas en piedra y una piscina de 600 m² dedicados a las ninfas. En 1947 una calle cubrió el arroyo y el puente romano cercanos. Las excavaciones empezaron en serio en 1993, pero la restauración aún va para largo. De momento, hay poca cosa que ver, aparte de algunas columnas, un elegante pasaje abovedado y varias hornacinas.

GRATIS **Mezquita Al-Husseini** MEZQUITA
(plano p. 52; Hashemi St) Construida por el rey Abdalá I en 1924 y restaurada en 1987, se encuentra en pleno centro, donde se alzó otra construida en el 640 d.C. Normalmente no admite la entrada de no musulmanes.

GRATIS **Duke's Diwan** MUSEO
(plano p. 52; Al-Malek Faisal St; ⏰amanecer-anochecer) Esta histórica casa construida en 1924

INDISPENSABLE

MUSEO NACIONAL

En el congestionado centro se está llevando a cabo un proyecto de reurbanización, y el contorno de los jardines públicos, miradores panorámicos y calles peatonales que unen la Ciudadela y el Teatro romano empieza a tomar forma. Lo más destacado es el nuevo **Museo Nacional** (plano p. 58; Omar Matar St), de categoría internacional, junto al ayuntamiento. Aunque oficialmente está acabado y algunas de sus más preciadas posesiones, como la parte jordana de los Manuscritos del Mar Muerto, se han llevado allí, seguía cerrado cuando se redactó esta guía.

ha sido oficina de correos, Ministerio de Economía y Hacienda, y hotel. Un importante hombre de negocios jordano, que también es duque de Mukhaybeh, la ha restaurado y amueblado de manera muy fiel a la época. No hay mucho que ver pero procura una interesante imagen con la que figurarse épocas pasadas.

GRATIS **Darat al-Funun** GALERÍA DE ARTE
(Casa de las artes; plano p. 52; ☎4643251; www.daratalfunun.org; 13 Nadim al Mallah St; gratis; ⏰10.00-19.00 sa-ju) En la colina al norte del centro, es un refugio cultural dedicado al arte contemporáneo. El edificio principal incluye una pequeña **galería de arte** donde se muestra el trabajo de artistas locales y árabes en general, una biblioteca y varios talleres para escultores y pintores, tanto autóctonos como invitados. Los horarios de las exposiciones, conferencias, películas y foros de debate público figuran en su sitio web y en *The Jordan Times*.

En la base del complejo, cerca de la entrada, se hallan las ruinas excavadas de una **iglesia bizantina** del s. XI. Los edificios que hay más arriba de la colina son principalmente casas restauradas de la década de 1920; en una de ellas T. E. Lawrence escribió parte de *Los siete pilares de la sabiduría*. También hay un tranquilo café (p. 70) y unos jardines con vistas de la ciudad.

La mejor forma de ir es caminando. Cerca del extremo sur de King Hussein St, bajo el letrero del Riviera Hotel, hay unas escaleras. Al llegar al final de las mismas se gira inmediatamente a la derecha por Nimer bin

Adwan St, se avanza 50 m cuesta arriba y en la bifurcación se toma a la izquierda. La puerta de entrada queda a la derecha, a escasos pasos.

JEBEL AMMAN Y ALREDEDORES

Mezquita del Rey Abdalá MEZQUITA

(plano p. 58; ☎5672155, ext 219; Suleiman al-Nabulsi St, Jebel Weibdeh; la entrada incluye el museo, 2 JOD; ⌚8.00-11.00 y 12.30-14.00 sa-ju) Acabada en 1989 como monumento conmemorativo del difunto rey Hussein a su abuelo, esta mezquita de cúpula azul tiene capacidad para 7000 fieles y otros 3000 en el patio. También alberga una pequeña estancia con capacidad para 500 mujeres, y un recinto cercado mucho más pequeño para uso de la familia real.

La cavernosa y octagonal sala de oraciones está cubierta por una cúpula azul de 35 m de diámetro decorada con inscripciones coránicas. El azul representa el cielo y las líneas doradas los rayos de luz que iluminan los 99 nombres de Alá.

Su **Museo Islámico** contiene una colección de fotografías y efectos personales del rey Abdalá I. También expone fragmentos de alfarería antigua, monedas y grabados en piedra.

Además, es la única mezquita de la capital jordana que recibe abiertamente a los no musulmanes. Los viernes puede visitarse fuera de las horas de oración, pero es mejor llamar para asegurarse. Las mujeres han de cubrirse la cabeza y en la entrada proporcionan pañuelos y *abayas* (largas túnicas negras), con las que cubrir los brazos y piernas desnudos, o los vaqueros. Antes de entrar en la sala de oración hay que descalzarse.

Galería Nacional de Bellas Artes de Jordania GALERÍA DE ARTE

(plano p. 58; ☎4630128; www.nationalgallery.org; Hosni Fareez St, Jebel Weibdeh; entrada 5 JOD; ⌚9.00-17.00 mi-lu) Pequeña pero visualmente

CUANDO LAS ROTONDAS SE CONVIERTEN EN PLAZAS

Con sus innumerables calles de sentido único, escaleras, callejones y *jebels*, Ammán resulta confusa, pero es que, además, los ambiguos nombres de sus calles y círculos pondrían en jaque al explorador más consumado. En esta guía se usan los nombres más habituales, pero si los letreros de las calles, las direcciones indicadas por los lugareños y las preguntas de los taxistas siguen confundiendo, se aconseja recurrir al siguiente listado.

Ya que Al-Malek significa "rey" (king, en inglés), la calle King Faisal a veces figura como Al-Malek Faisal. De igual modo, Al-Malekah significa "reina" (queen) y Al-Emir (o Al-Amir), "príncipe" (prince). Tampoco debe sorprender que a algunos "círculos" *(circles)* les llamen "plazas" *(squares/maidan)*.

Círculos

» 1er círculo – Maidan al-Malek Abdullah
» 2º círculo – Maidan Wasfi al-Tal
» 3er círculo – Maidan al-Malek Talal
» 4º círculo – Maidan al-Emir Gazi bin Mohammed
» 5º círculo – Maidan al-Emir Faisal bin Hussein
» 6º círculo – Maidan al-Emir Rashid bin al-Hassan
» 7º círculo – Maidan al-Emir Talal bin Mohammed
» Círculo del Ministerio del Interior – Maidan Jamal Abdul Nasser
» Círculo de la Ciudad Deportiva – Maidan al-Medina al-Riyadiyah

Calles

» Rainbow St – Abu Bakr as-Siddiq St
» Zahran St – Al-Kulliyah al-Islamiyah St
» Mango St – Omar bin al-Khattab St
» Saqf Sayl St – Quraysh St
» Police St – Suleiman al-Nabulsi St

TÚNEL BAJO AMMÁN

En la Filadelfia romana, la realeza consideraba que mezclarse con el pueblo llano era denigrante. Por lo que para facilitar su acceso a los principales puntos de la ciudad un túnel subterráneo unía directamente la Ciudadela con el Ninfeo y el teatro. La ubicación exacta del mismo y su estado de conservación es un secreto celosamente guardado.

impactante, esta galería es un lugar excelente para familiarizarse con la pintura, la escultura y la alfarería contemporánea de Jordania. Remodelada en el 2005, también reúne obras de arte contemporáneo de Oriente Próximo y en general de todo el mundo musulmán. Las excelentes exposiciones temporales son una buena introducción al arte islámico. Cuenta con cafetería y excelente tienda de regalos.

Su ubicación está señalizada desde Suleiman al-Nabulsi St, enfrente de la mezquita del Rey Abdalá.

OTRAS ZONAS RESIDENCIALES

GRATIS **Museo Militar** MUSEO
(plano p. 58; ☎5664240; ⏲9.00-16.00 sa-ju) Este sencillo monumento conmemorativo a los mártires alberga una interesante colección de documentos que son una crónica de la reciente historia militar de Jordania, de la Rebelión Árabe de 1916 (en la que murieron 10 000 combatientes árabes) a las guerras árabe-israelíes.

El museo está en la carretera a Zarqa, 1 km al este del cruce de la Ciudad Deportiva, en los terrenos de la misma. Se llega en cualquier microbús o taxi colectivo hacia Zarqa, pero hay que asegurarse de que pase por delante de la Ciudad Deportiva (al-Medina al-Riyadiyah). Un taxi desde el centro cuesta unos 6 JOD.

Ferrocarril de Hejaz ESTACIÓN DE TRENES
(plano p. 80; ☎06-4895413; King Abdullah I St; entrada 2 JOD; ⏲amanecer-anochecer) En la actualidad, aparte de algún esporádico tren de mercancías solo la transita la brisa. Se ha especulado sobre la posibilidad de que recupere el servicio de transporte de pasajeros a Aqaba, famoso en Occidente por las hazañas de Lawrence de Arabia. Con todo, merece la pena visitarla, ver su pequeño museo, charlar con el jefe de estación, cuyo abuelo luchó en la Rebelión Árabe, y sentarse en el decorado carruaje real. Está a 2,5 km al este del teatro, en el límite de la zona centro.

Mezquita Abu Darwish MEZQUITA
En la cima de Jebel al-Ashrafiyeh, se construyó en 1961 con filas alternas de piedra blanca y negra. Normalmente no permite la entrada a los no musulmanes. Para llegar se toman los taxis colectivos 25 o 26 desde Italian St, en el centro, o un taxi. Si se va andando conviene saber que es una empinada subida hacia el sureste del centro.

Museo Real de Automóviles MUSEO
(☎5411392; www.royalautomuseum.jo; King Hussein Park; entrada 3 JOD; ⏲10.00-19.00 mi-lu, 11.00-19.00 vi) Los amantes del motor disfrutarán admirando los más de setenta automóviles y motocicletas clásicas de la colección personal del rey Hussein. Está en la periferia noroeste de la ciudad, al norte del 8º círculo. La mejor forma de llegar desde el centro es en taxi.

Actividades

Los hoteles de lujo ofrecen una tarifa diaria al público en general por el uso de sus **piscinas** y otras instalaciones (desde unos 25 JOD).

Ciudad Deportiva NATACIÓN
(plano p. 58; ☎5667181) Este complejo del norte de Ammán cuenta con piscina olímpica. Si no se es socio hay que pagar 15 JOD (taquilla incluida), dependiendo de la hora (conforme avanza el día es más barato). Se advierte a las mujeres que pueden sentirse incómodas. El complejo incluye también canchas de tenis (4 JOD/h).

Bisharat Golf Course GOLF
(plano p. 80; ☎5520334) Este campo de nivel intermedio y nueve hoyos queda 14 km al sur del centro. Está señalizado en la carretera del Desierto, de camino al aeropuerto Queen Alia.

Royal Racing Club CARRERAS DE CAMELLOS
(plano p. 80; ☎5850630) En primavera y verano organiza carreras de caballos y camellos, y ofrece clases de equitación. Saliendo de la carretera del Desierto, de camino al aeropuerto Queen Alia.

Power Hut GIMNASIO
(plano p. 58; ☎5686349; 11 August St, Shmeisani; ⏲5.30-23.00 do-ju y sa, 9.00-18.00 vi) Es uno de los mejores gimnasios de la capital. Un pase de un día/una semana cuesta 10/25 JOD y

Jebel Amman

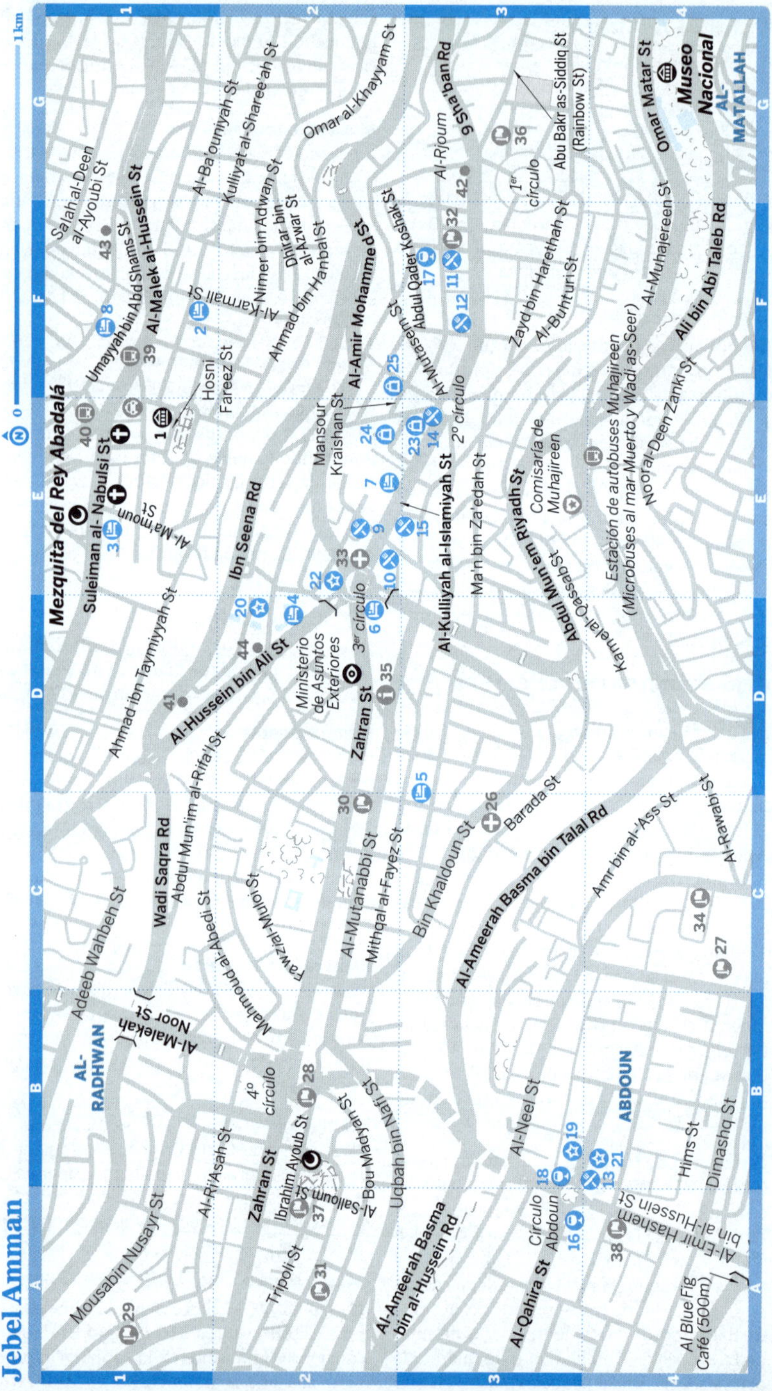
0
1 km
Mezquita del Rey Abadalá
Suleiman al- Nabulsi St
Al-Ma'moun St
Ibn Seena Rd
Al-Hussein bin Ali St
Ahmad ibn Taymiyyah St
Wadi Saqra Rd
Abdul Mun'im al-Rifa'i St
Adeeb Wahbeh St
Al-Malekah Noor St
AL-RADHWAN
Mousabin Nusayr St
Al-Ri'Asah St
Zahran St
4º círculo
Ibrahim Ayoub St
Al-Salloum St
Al-Bou Madyan St
Uqbah bin Nafi St
Tripoli St
Al-Ameerah Basma bin al-Hussein Rd
Mahmoud al-Abedi St
Fawzi al-Mulqi St
Al-Mutanabbi St
Mithqal al-Fayez St
Bin Khaldoun St
Barada St
Al-Ameerah Basma bin Talal Rd
Amr bin al-'Ass St
Al-Rawabi St
Al-Neel St
Círculo Abdoun
Al-Qahira St
ABDOUN
Hims St
Dimashq St
Al-Emir Hashem bin al-Hussein St
Al Blue Fig Café (500m)
Ministerio de Asuntos Exteriores
3er círculo
Zahran St
Mansour Kraishan St
Al-Amir Mohammed St
Al-Kulliyah al-Islamiyah St
Ma'n bin Za'edah St
Abdul Mun'em Riyadh St
Kamal al-Qassab St
Comisaría de Muhajireen
Estación de autobuses Muhajireen (Microbuses al mar Muerto y Wadi as-Seer)
Noor al-Deen Zanki St
Ali bin Abi Taleb Rd
Al-Muhajereen St
Al-Buhturi St
Zayd bin Harethah St
2º círculo
Al-Mutaseem St
Abdul Qader Koshak St
Sha'ban Rd
Al-Rjoum
1er círculo
Abu Bakr as-Siddiq St (Rainbow St)
Omar Matar St
Museo Nacional
AL-MATALLAH
Omar al-Khayyam St
Ahmad bin Hanbal St
Dhitar bin al-Azwar St
Nimer bin Adwan St
Kulliyat al-Sharee'ah St
Al-Ba'ouniyah St
Al-Karmali St
Hosni Fareez St
Umayyah bin Abd Shams St
Al-Malek al-Hussein St
Salah al-Deen al-Ayoubi St

Jebel Amman

Principales puntos de interés
- Mezquita del Rey Abdalá E1
- Museo Nacional G4

Puntos de interés
- 1 Galería Nacional de Bellas Artes de Jordania E1

Actividades, cursos y circuitos
- Club Olympus .... (véase 4)

Dónde dormir
- 2 Canary Hotel F1
- 3 Caravan Hotel E1
- 4 Grand Hyatt Amman D2
- 5 Hisham Hotel D3
- 6 Hotel Le Royal D2
- 7 Jordan InterContinental Hotel E2
- 8 Toledo Hotel F1

Dónde comer
- 9 Abu Ahmad Orient Restaurant E2
- 10 Bonita Inn E2
- 11 Fakhr El-Din Restaurant F3
- 12 Haboob Grand Stores F3
- 13 Noodasia B4
- 14 Reem Cafeteria E3
- 15 Romero Restaurant E3

Dónde beber
- 16 Big Fellow Irish Pub A3
- 17 Grappa F3
- Living Room .... (véase 15)
- 18 Tche Tche Café B3

Ocio
- Cine Le Royal .... (véase 6)
- 19 Galleria B3
- 20 Grand Zara Cinema D2
- 21 Harir Lounge B4
- JJ's .... (véase 4)
- 22 Kanabayé E2

De compras
- 23 Al-Alaydi Jordan Craft Centre E3
- 24 Al-Burgan E2
- 25 Artisana F2
- Oriental Souvenirs Store .... (véase 22)

Información
- 26 Al-Khalidi Medical Centre C3
- 27 Embajada del Reino Unido C4
- 28 Embajada de Holanda B2
- 29 Embajada de Egipto A1
- 30 Embajada de Francia C2
- 31 Embajada de Alemania A2
- 32 Embajada de Iraq F3
- 33 Jacob's Pharmacy E2
- 34 Embajada del Líbano C4
- 35 Ministerio de Turismo y Antigüedades D2
- 36 Consulado de Arabia Saudí G3
- 37 Embajada de Siria A2
- Comisaría de policía turística .... (véase 35)
- 38 Embajada de Yemen A4

Transporte
- 39 Estación de autobuses Abdali F1
- 40 Autobús Airport Express E1
- 41 Emirates D1
- 42 Firas Car Rental G3
- 43 Gulf Air F1
- Royal Jordanian Airlines .... (véase 7)
- Trust International Transport (oficina de reservas) .... (véase 39)
- 44 Turkish Airlines D2

permite disfrutar de una amplia selección de máquinas, pesas, clases de *spin* y *taebo*, de la sauna y de la sala de vapor.

Club Olympus GIMNASIO
(plano p. 58; ☎4651234; Grand Hyatt Amman, Al-Hussein bin Ali St, 3er círculo, Jebel Amman; ⏰6.00-22.00) Cobra 25 JOD por el uso durante un día de su gimnasio, piscinas cubiertas y exteriores, *jacuzzi* y sauna.

Strikers BOLERA
(plano p. 80; ☎5200200; Kempinski Amman, Abdul Hamid Shouman St, Shmeisani) Ofrece pistas de diez bolos, al igual que **Jordan Bowling Centre** (☎5512987; Makkah al-Mukarramah Rd) en Mecca Mall, en los barrios del noroeste. La forma más fácil de llegar es en taxi.

Circuitos

Los principales hoteles para mochileros (Cliff, Farah, Jordan Tower y Palace) ofrecen distintas excursiones de un día desde Ammán; los más solicitados son a los castillos del desierto, a Jerash y a Ajlun y/o Umm Qais. Los precios varían según los participantes y paradas, aunque un viaje de un día en la región suele costar de 15 a 25 JOD por persona. Solo salen si hay un mínimo de tres personas, pero los hoteles suelen ofrecer a los clientes listas en las que inscribirse y no hay que buscar el resto de pasajeros. También hay viajes de un día

Shmeisani

a Madaba, el monte Nebo y el mar Muerto. Los cuatro hoteles también montan excursiones a destinos más alejados como Petra, la garganta de Wadi Mujib, Karak, Shobak y la Reserva Natural de Dana.

Son una forma excelente de visitar destinos clave si se dispone de poco tiempo, pues el transporte público es poco frecuente y nada práctico. Sin embargo, no intentan ofrecer un circuito guiado. Hay que asegurarse de qué tipo de circuito se va a hacer antes de reservarlo, para evitar malos entendidos.

Fiestas y celebraciones

En julio y agosto, el Odeón y el Teatro romano a veces acogen conciertos, obras de teatro y otros espectáculos. La oficina del Ministerio de Turismo, cerca del 3er círculo, es la mejor fuente de información, aunque también se puede consultar los periódicos en inglés. Para más información sobre el Festival de Jerash, el evento cultural más afamado de Jordania (normalmente asequible en una excursión de un día desde Ammán), véase p. 89.

El **proyecto cultural Hakaya** (☎5687557; www.hakaya.org/en) conecta organizaciones y personas de todo el Mediterráneo que creen en el poder de la narración para conseguir un cambio cultural positivo. Ofrece actos durante todo el año.

Dónde dormir

Si se está de visita en la capital, es mejor alojarse en Jebel Amman, donde hay muchos establecimientos de precio medio y alto cerca del centro, o en el mismo centro, donde están la mayoría de las opciones económicas. Los hoteles de cinco estrellas compiten con otros de la región y están bien de precio. Las opciones de precio medio cuentan con wifi, aire acondicionado y TV por satélite, y suelen estar en barrios residenciales tranquilos, lejos

Shmeisani

de las bulliciosas calles principales. Los hoteles económicos del centro varían mucho en limpieza e instalaciones, pero los recomendados en esta guía ofrecen ropa de cama limpia, al menos un ventilador y cuentan con una dirección cordial y experimentada. La mayoría organiza conexiones para continuar el viaje. Todos incluyen desayuno, a menos que se indique lo contrario.

CENTRO

Jordan Tower Hotel HOTEL $
(plano p. 52; ☎4614161; www.jordantoweramman.com; 48 Hashemi St; dc masculino y femenino 9 JOD, i/d/tr con baño 20/32/38 JOD; ❄@📶) Una maravillosa adición al alojamiento en el centro, este cálido y acogedor hotel (probablemente el único en el que no se puede fumar) está regenteado por un jordano y su mujer británica. Las habitaciones son luminosas y cómodas, con TV de pantalla plana, aunque los baños son pequeños. La ubicación es inmejorable: no se puede estar más cerca de los puntos de interés. Con unas fantásticas vistas del anfiteatro romano desde la terraza (donde los fumadores pueden dar unas caladas), un acogedor *majlis* para relajarse frente a la TV y una alegre, hogareña y amplia zona de recepción-salón, es el lugar en el que descansar antes de hacer un viaje por Jordania. La atenta dirección ofrece viajes de día muy populares y opciones de transporte desde unos 15 JOD. Los circuitos incluyen conductores que hablan inglés y hay salidas diarias a los destinos más populares.

Palace Hotel HOTEL $
(plano p. 52; ☎4624326; www.palacehotel.com.jo; Al-Malek Faisal St; i/d/tr 14/20/25 JOD, i/d/tr con baño 25/30/40 JOD; @❄📶) Lleva años ofreciendo alojamiento económico y su emplazamiento, en King Faisal St, es inmejorable. Algunas de las básicas y espaciosas habitaciones cuentan con balcones desde los que disfrutar del ajetreo de la calle con más carácter del centro. Su atractivo salón es un popular lugar de reunión. Los clientes apuntan su nombre en las listas de viajes de un día y de transporte para continuar el viaje.

Farah Hotel HOTEL $
(plano p. 52; ☎4651443; www.farahhotel.info; Cinema al-Hussein St; dc de 4-6 camas 6 JOD, i/d/tr 14/20/27 JOD, i/d/tr con baño 22/30/39 JOD; @📶) Firme favorito entre los viajeros, es el único hotel del centro con jardín sombreado. Sus árboles y estar junto a una calle principal confieren a este establecimiento bien regentado un ambiente hogareño y sereno diferente al de sus vecinos de la calle

BAÑOS CON LOS FORZUDOS DE LOS 'HAMMAM'

Si se está dolorido después de subir y bajar las colinas, no hay nada como visitar un *hammam* (baños turcos). Los fornidos y musculosos empleados (hombres o mujeres, dependiendo del sexo) podrían reciclarse como luchadores de sumo. El arte de la exfoliación es uno de sus muchos talentos.

En gran medida creación otomana, sin duda basada en la obsesión romana por los baños comunales, los baños turcos han existido durante siglos como lugares de reunión social y limpieza ritual en todo Oriente Próximo. Los de Ammán, a pesar de ser instituciones modernas, pertenecen a esa masoquista tradición. ¿Parece exagerado? Entonces se recomienda una visita a **Al-Pasha Turkish Bath** (plano p. 52; ☎4633002; www.pashaturkishbath.com; Al-Mahmoud Taha St; ⊙9.00-2.00, última reserva 24.00) para replantearse esta magnífica experiencia de Oriente Próximo.

La tortura comienza con una visita a la sala de vapor, en la que mientras se toma un *karkade* (té dulce de hibisco) helado uno se escalda con las gotas de agua hirviendo del vapor condensado en el techo. El siguiente suplicio es el *jacuzzi*, que prepara el cuerpo con chorros de agua para el restregado.

Con lo que solo puede describirse como un estropajo, el empleado restriega toda la zona visible del cuerpo. Por unos pocos dinares más incluso hacen los callos con precisión quirúrgica. A menudo solo propician una sádica aceleración del aporreo, machaqueo y guantazos, acompañados de risitas sardónicas.

Tras de cinco a 10 minutos (que parecen una eternidad) se pasa a las losas de mármol para un masaje con aceite de oliva. Si se opta por uno de lodo, hay que estar preparado para los pellizcos del masajista, que comprueba de esa forma si se sigue respirando bajo la armadura de barro.

No hay que dejar que la perspectiva de que le amedrenten a uno disuada de esta experiencia. Lo más extraño es que en cuanto se sale de las vaporosas piscinas de agua turbia y se descansa en las losas de mármol o cuando el aire exterior acaricia la piel recién restregada y masajeada, uno se siente tan rejuvenecido que hace una reserva para volver.

El servicio completo cuesta unos 28 JOD. Normalmente las mujeres pueden entrar durante el día, pero las noches son solo para hombres. Hay que reservar con antelación porque, aunque no se crea, es una actividad muy popular. También se recomienda llevar un bañador discreto. El mejor modo de llegar al Al-Pasha es por Abu Bakr as-Siddiq St (Rainbow St) desde el 1er círculo; es la quinta calle a la derecha. Los taxistas saben que está cerca de la escuela para chicas Ahliya.

principal. Su terraza ofrece buenas vistas del centro y los propietarios llevan muchos años facilitando circuitos y transporte. Cuenta con una excelente seguridad y las mujeres que viajen solas se sentirán muy cómodas. Servicio wifi (2 JOD) gratis tras una estancia de tres días.

Cliff Hotel HOTEL $

(plano p. 52; ☎4624273; Al-Amir Mohammed St; i/d/tr/c 8/10/12/15 JOD, desayuno 1,50 JOD; wifi) Este veterano para presupuestos ajustados ofrece habitaciones básicas y oscuras, pero cuenta con un luminoso salón que sirve de lugar de reunión. Las duchas compartidas son de agua caliente. Muy popular entre los viajeros más jóvenes, en verano ofrece colchones en la terraza.

Sydney Hostel HOTEL $

(Fuera de plano p. 52; ☎4641122; sydney_hostel@yahoo.com; 9 Sha'ban St; dc 7 JOD, i/d/tr 15/25/33 JOD; aire acondicionado, @, wifi) No está tan convenientemente ubicado como otras opciones del centro y carece del ambiente social de otros refugios para viajeros, pero cuenta con grandes habitaciones, toda una novedad por su precio. Posee una gran zona común alrededor de la recepción.

JEBEL AMMAN Y ALREDEDORES

Jordan InterContinental Hotel HOTEL $$$

(plano p. 58; ☎4641361; www.intercontinental.com; Al-Kulliyah al-Islamiyah St; h desde 140 JOD; aire acondicionado, @, wifi, piscina) El abuelo de los hoteles de lujo de Ammán lleva alojando dignatarios extranjeros desde la fundación de Jordania. En la actualidad continúa atrayendo a una interesante mezcla de huéspedes distinguidos, como militares de Iraq en viaje de descanso y la realeza del Golfo. Aunque no es el hotel más moderno ni el más caro de la ciudad, su encantador ambiente de otra época no tiene rival en la capital. Gran favorito para bodas, con percusión tradicional, excelentes restaurantes jordanos y libaneses, y tiendas de calidad de artesanía y antigüedades, es tan buen lugar como cualquiera para introducirse en la cultura de la ciudad.

Caravan Hotel HOTEL **$**
(plano p. 58; ☎5661195; caravan@go.com.jo; Al-Ma'moun St; i/d/tr/c 22/28/33/38 JOD; @) Casi frente a la mezquita del Rey Abdalá, es toda una institución entre los viajeros, en una tranquila bocacalle junto al centro. Sus grandes y limpias habitaciones poseen un luminoso aspecto, baños y duchas. Es un negocio familiar y se nota en el ambiente. El propietario, Abu Charl, es el padre del propietario del popular Mariam Hotel de Madaba. Gracias a sus 45 años de experiencia ayudando a los viajeros, ofrece un completo servicio de transporte, con conductores que hablan inglés. Un taxi a la estación de autobuses norte cuesta 3 JOD.

Hisham Hotel HOTEL **$$**
(plano p. 58; ☎4644028; www.hishamhotel.com.jo; Mithqal al-Fayez St; i/d desde 65/76 JOD; ❄@📶) Este encantador hotel en una sombreada zona de embajadas es una opción excelente si se busca algo alejado del ajetreo de la ciudad, pero a corta distancia del centro. Sus habitaciones son cómodas, con TV de pantalla plana, minibar y realzadas con detalles y toques personales. Su familiar ambiente, atractiva decoración y el alegre bar Seven Barrels lo convierten en un frecuente refugio entre los viajeros entendidos.

Toledo Hotel HOTEL **$$**
(plano p. 58; ☎4657777; www.toledohotel.jo; Umayyah bin Abd Shams St; i/d/tr desde 70/80/90 JOD; ❄@📶🏊) Este hotel de estilo morisco ofrece una experiencia de calidad en la cúspide del sector de precio alto. Sus modernas habitaciones con iluminación suave y tenue poseen comodidades orientadas a hombres de negocios, y sus baños son muy espaciosos. Sin embargo, su gran atractivo es su decorado vestíbulo, con azulejos de estilo marroquí, arcos de herradura y wifi gratis.

Hotel Le Royal HOTEL **$$$**
(plano p. 58; ☎4603000; www.leroyal.com/amman; Zahran St, 3er círculo; h desde 140 JOD; ❄@📶🏊) No hay nada más ostentoso en la ciudad que este enorme faro en lo alto de Jebel Amman, en la actualidad el edificio más alto de la capital. Favorito entre los jeques de visita y ministros del petróleo, no es un lugar íntimo, pero impresiona. Las opulentas habitaciones tienen detalles decorativos de Oriente Próximo, aunque la parte más apreciada del complejo es el galardonado spa de salud y belleza, el más grande de la ciudad.

Grand Hyatt Amman HOTEL **$$$**
(plano p. 58; ☎4651234; www.hyatt.com; Al-Hussein bin Ali St, 3er círculo; h desde 130 JOD; ❄@📶🏊) Este enorme y sofisticado complejo alberga cientos de habitaciones, suites y apartamentos, además de restaurantes, bares, discotecas, piscinas e incluso un centro comercial. Gran parte del hotel se construyó con piedra arenisca de Jerusalén, un toque de distinción entre la exagerada extravagancia general.

Canary Hotel HOTEL **$**
(plano p. 58; ☎4638353; canary_h@hotmail.com; 17 Al-Karmali St; i/d 24/32 JOD; @) En la sombreada zona de Jebel Weibdeh, este acogedor hotel tipo B&B parece estar a cientos de kilómetros del caos del centro. Sus habitaciones son más cómodas que lujosas, aunque todo está impecable, incluidos los baños. Cuenta con un agradable jardín enfrente.

OTRAS ZONAS RESIDENCIALES

AlQasr Metropole Hotel HOTEL **$$$**
(plano p. 60; ☎5689671; www.alqasrmetropole.com; 3 Arroub St, Shmeisani; i/d 100/110 JOD; ❄@📶) En el límite entre las categorías de precio medio y alto, por sus instalaciones aunque no por su precio, es lo más parecido a un hotel-*boutique*, con unos sensacionales cuadros contemporáneos en el vestíbulo. Instalado en el moderno Shmeisani, solo cuenta con 70 habitaciones, todas artísticamente diseñadas con suelos de madera, molduras en el techo e iluminación tenue. Cuenta con una excelente gama de restaurantes y bares, como el Vinaigrette.

Kempinski Amman HOTEL **$$$**
(plano p. 60; ☎5200200; www.kempinski.com; Abdul Hamid Shouman St, Shmeisani; h desde 210 JOD; ❄@📶🏊) Opción más elegante y sofisticada de Ammán, este hotel de estilo europeo se encuentra como en casa en Shmeisani y ofrece habitaciones inmaculadas, mobiliario de diseño y baños realmente regios. Cuenta

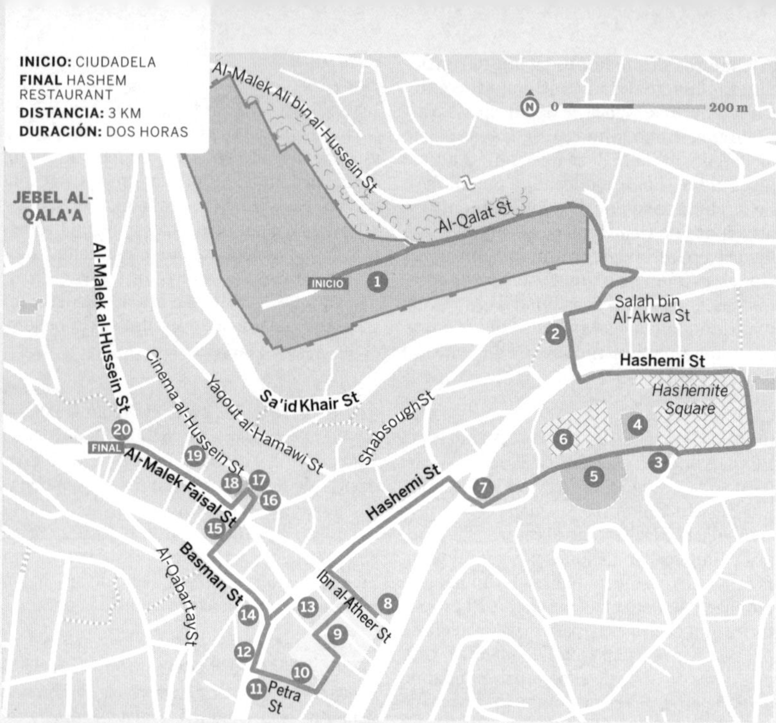

Circuito a pie
Ammán

Una buena forma de conocer los puntos de interés de Ammán, en su mayoría en el centro, es a pie. Si se pasea por el foro junto a los lugareños o uno se adentra por las estrechas calles de los zocos, se descubre que el centro es el corazón de la ciudad. Este paseo es mejor por la mañana (perfecta para hacer fotografías) o a primera hora de la tarde, cuando los zocos están más animados.

Se comienza en la **1 Ciudadela**. Las columnas del templo de Hércules permiten comprender las raíces filadélficas de la ciudad y comprobar su expansión más allá de las siete colinas originales.

Se sigue Al-Qalat St rodeando las murallas de la Ciudadela. Un tramo de escaleras (junto a un colegio con una bandera) conduce a Salah bin Al-Akwa St; es el atajo que utilizan los lugareños para ir al centro. A la derecha, un **2 mirador** ofrece vistas del anfiteatro romano. Otras empinadas escaleras llevan al centro, pasando por Ammán Panorama Art Gallery, una cooperativa de cuatro artistas jordanos.

Se avanza por la concurrida calle principal al pie de las escaleras (Hashemi St), se cruza la renovada Hashemite Sq y se sube a la colina a la izquierda del teatro. Hay un café, **3 Hail Restaurant & Café**, muy popular entre los lugareños que fuman narguiles, en especial por la noche. Se disfruta de la vista de la Ciudadela y el batiburrillo de fachadas que flanquean la calle principal, en su mayoría de mediados del s. XIX a mediados del s. XX. Se siguen las escaleras que hay frente al café y se pasa por una tienda de recuerdos de camino al complejo del teatro.

El edificio de la derecha es el **4 Odeón**, un bonito anfiteatro que todavía se utiliza para actuaciones esporádicas. Sin embargo, el cercano **5 Teatro romano,** que parece extenderse indefinidamente por la colina, lo eclipsa. Se camina entre el teatro y las columnas romanas, que son lo único que queda del **6 foro**, cuya plaza recién renovada proporciona a los locales un lugar en el que dar su apreciado paseo vespertino. Se toma un mapa en la **7 oficina de información**

turística antes de ir al centro. En las aceras los vendedores callejeros iraquíes ofrecen monedas de la época de Saddam Hussein y les encanta hablar sobre su reciente inmigración a Jordania.

Se cruza la calle hasta Hashemi St, se pasan tiendas de frutos secos, perfumerías y un establecimiento de accesorios para mezquitas, como medias lunas de latón para los minaretes. Se gira a la izquierda en el semáforo y se llega al 8 **Ninfeo**. Hace falta mucha imaginación para evocar ese complejo de fuentes romanas a partir de sus ruinas y mucha más para figurarse el arroyo que fluía cerca y que ahora discurre bajo la calle.

Uno se arma de valor y se interna en el 9 **zoco de frutas y verduras** que hay enfrente. Si se encuentra un espacio en el que no recibir empujones, se recomienda cerrar los ojos y escuchar la voz de los vendedores. No es necesario hablar árabe para entender las gangas que ofrecen, entremezcladas con improperios de malhumorados clientes. Los pegajosos montones de dátiles saudíes, pistachos iraníes y olivas sirias de esta parte del zoco posibilitan hacer un viaje por todo Oriente Próximo. Lo mejor son los puestos de coliflores jordanas, coles de distintos tamaños y zanahorias de cultivo ecológico, que recuerdan que no todo el mundo está obsesionado con regular los tamaños y los colores.

Se tuerce a la izquierda en la tienda amarilla, se pasan tahonas de pan sin levadura, y después, a la derecha, se atraviesa el 10 **zoco de la ferretería,** donde venden hervidores de aluminio y cazos gigantescos. Se tuerce a la derecha hacia Petra St (pronunciado "Betra", el árabe no distingue entre la "p" y la "b") y se olfatea; el delicioso aroma a especias molidas y café tostado, que es casi mejor que su sabor. A ambos lados hay los tradicionales 11 **puestos de medicina árabe**, que se reconocen por los caimanes secos colgados, bandejas de estrellas de mar y cajones de hierbas y henna.

Se gira a la derecha hasta Quraysh St y se pasa por una 12 **tienda de keffiyehs,** en un hueco de escalera reconvertido y, cuatro tiendas más adelante, por la 13 **mezquita Al-Husseini**. Los viernes, a la hora del almuerzo, cientos de hombres salen de ella tras el sermón semanal y algunos se detienen en las tiendas cercanas para comprar rosarios o una copia del Corán. En el recinto de enfrente, los artesanos esperan su siguiente encargo, sentados con las piernas cruzadas, detrás de sus herramientas.

Se cruza la calle y se entra en la 14 **tienda de recuerdos Al-Afghani**. Todo milímetro cuadrado está lleno de juegos de ajedrez, sellos antiguos, relojes-radio de plástico con forma de mezquita y otros tesoros muy apreciados por los visitantes jordanos.

Torciendo a la izquierda se llega a Basman St, se ven delicados ejemplos de bordados palestinos y se tuerce a la derecha hasta unas escaleras, justo en la casa n.º 22. El 15 **zoco de las mujeres** echa por tierra toda idea preconcebida sobre las puritanas mujeres árabes: en las callejuelas la atrevida lencería islámica se agita transparente sobre las puertas. No es de extrañar que el 16 **zoco del oro**, donde se espera que los hombres gasten parte de su salario, esté enfrente, al otro lado de King Faisal St (Al-Malek Faisal St). Un brazalete de oro de 21 quilates es un buen recuerdo de un zoco árabe y como solo se cobra el peso y no el trabajo también es una buena inversión. Una compra más barata es una bolsa en el 17 **puesto de cacahuetes de Abu Ahmed**, un negocio familiar instalado hace décadas.

Se continúa por King Faisal St, con su grandioso paseo central con palmeras Washington, y se llega al 18 **Duke's Diwan**, que merece una visita rápida por sus recortes amarillentos de periódicos relacionados con el pasado glorioso de Ammán. En la actualidad la ciudad experimenta una renovación y los establecimientos antiguos de King Faisal St destacan por sus carteles en inglés. Por ejemplo, pasado el decorado Arab Bank, un cartel indica 19 **Habibah**, una tienda de dulces eternamente popular, con bandejas de latón de *kunafa* (postre de trigo hilado con almíbar). Unos pasos más allá por King Faisal St se llega al legendario 20 **Hashem Restaurant**, un establecimiento familiar turco desde 1956. La fila para entrar lo dice todo: si es tan larga en un local con tan mala apariencia, merece la pena hacerla. Y es verdad. No hay ni que elegir, se espera el lote completo: *falafel, hummus,* judías, pan, cebollas, hojas y té. No hay mejor forma de acabar un paseo por el centro.

con una amplia oferta de bares y restaurantes de categoría y una impresionante lista de entretenimientos, como bolera, cine y centro lúdico para los niños.

Ocean Hotel HOTEL **$$$**
(☎5517280; www.oceanhotel.com.jo; Shatt al-Arab St, Umm Utheima; i/d desde 77/100 JOD; ❄@📶) Ubicado en los barrios residenciales occidentales, lejos del bullicio del centro, es una buena opción si se busca paz y tranquilidad, y el sabor de la vida diaria en la parte pudiente de la capital. La mejor forma de llegar es en taxi. Las habitaciones son más cálidas y acogedoras que elegantes y lujosas, pero su opulento vestíbulo, con alfombras orientales eleva el hotel a la categoría de lujo. El servicio wifi cuesta 3 JOD/h o 10 JOD/día. Alberga el cavernoso y casi legendario Diwan al-Sultan Ibrahim Restaurant, considerado como uno de los mejores restaurantes libaneses de la ciudad.

Le Meridien HOTEL **$$$**
(plano p. 60; ☎5696511; www.lemeridien.com; Al-Malekah Noor St, Shmeisani; h desde 120 JOD; @❄🏊) Para aquellos para los que la primera impresión es vital, Le Meridien es grandioso y con estilo. A pesar de que está orientado principalmente a clientes en viajes de negocios, es más asequible que la competencia, pero consigue atraer huéspedes por sus impecables habitaciones y servicio de talla mundial. Al igual que otros hoteles de la categoría de lujo, cuenta con gimnasio, piscinas y *spa*.

Dónde comer

Ammán ofrece una amplia gama de opciones para comer. Las económicas se localizan en el centro y, en menor medida, en Jebel Amman, mientras que los restaurantes de cocina árabe y mediterránea de primera categoría lo hacen en Jebel Amman, Shmeisani y en los barrios del oeste. Si apetece buscar un establecimiento para cenar como los lugareños, hay que pasear por Rainbow St en Jebel Amman, Culture St en Shmeisani o Waqalat St, alrededor del 7º círculo en Swafei y entrar en el restaurante que más atraiga.

Cabe destacar que en muchos *pubs* y bares de Ammán también tienen cocina; para más detalles, véase p. 69. A pesar de que abundan las tiendas de alimentación, los grandes supermercados están ubicados en los barrios residenciales más pudientes y alejados.

CENTRO

👍 **Hashem Restaurant** 'FALAFEL' **$**
(plano p. 52; Al-Amir Mohammed St; menú completo 3 JOD; ⌚ 24 h) Hasta que no se come en este local no se conoce bien el *falafel*. Para tomarlo como los lugareños hay que meter unas hojas de menta, ponerse una rodaja de cebolla entre los dientes y no tocar los hirvientes cuencos de cobre con judías. Este legendario

AMMÁN PARA NIÑOS

Aunque Ammán no es exactamente la ciudad más atractiva para los niños, estos se sentirán bien recibidos, incluso en un restaurante tarde por la noche. Véase p. 41 para hacerse una idea de cómo atiende las necesidades de los niños este país tan acogedor con las familias.

Amman Waves PARQUE ACUÁTICO
(plano p. 80; ☎4121704; www.ammanwaves.com; Airport Rd; adultos/niños 14/8 JOD; ⌚10.00-19.00) Este parque acuático de estilo occidental está a unos 15 km al sur de la ciudad, en la carretera al aeropuerto. Los adultos deben respetar las normas locales y vestir ropa de baño adecuada (se desaconsejan los Speedo y los bikinis).

GRATIS **Haya Cultural Centre** CENTRO CULTURAL
(plano p. 60; ☎4637341; Ilya Abu Madhi St, Shmeisani; ⌚ 9.00-18.00 sa-ju) Especialmente ideado para los niños, este centro incluye una biblioteca, un parque infantil, un museo ecológico interactivo y un castillo inflable, además de organizar actividades y representaciones infantiles de forma regular.

Luna Park PARQUE DE TRACCIONES
(plano p. 60; ☎5698925; Khaled bin al-Walid Rd, Shmeisani; entrada 3 JOD; ⌚10.00-22.00) Ofrece atracciones y diversiones para los niños. Tiene una sucursal en los jardines del Rey Abdalá (plano p. 60).

restaurante regentado durante medio siglo por una familia turca es tan popular entre lugareños y visitantes que hay una dura competencia por las mesas, muchas de las cuales están en una callejuela. Si se quieren evitar las colas hay que ir pronto. A media tarde es un excelente lugar en el que tomar un té con menta y ver cómo el centro se retira para la siesta.

Afrah Restaurant & Coffeeshop ORIENTE PRÓXIMO **$$**
(plano p. 52; ☎4610046; Al-Malek Faisal St; platos principales desde 5 JOD; ⏲9.00-1.00) En este popular y nuevo restaurante en pleno centro se disfruta más del ambiente que de la comida. Apretadas en todo los rincones de los renovados pisos superiores de esta casa típica sus mesas se llenan rápidamente por la tarde, en especial las que tienen vistas desde los balcones a King Faisal St. En varios nichos y colgados del techo hay antiguas cafeteras, bandejas de latón y otros cachivaches orientales. Todas las noches ofrece música pop árabe en directo a eso de las 21.00. Se accede por una empinada escalera en un callejón junto al Farah Hotel.

Sara Seafood Restaurant MARISCO **$**
(plano p. 52; ☎4561115; Al-Malek al-Hussein St; platos de pescado desde 5 JOD; ⏲10.00-1.00) Todo un éxito entre los lugareños, este nuevo restaurante no parece gran cosa desde el exterior y su entrada no es nada atractiva (junto al Cliff Hotel), pero sirve el mejor marisco del barrio. Cuenta con un pequeño balcón que da a la ajetreada King Hussein St o mesas más tranquilas en el interior. Ofrece una impresionante gama de ensaladas, preparadas en la microtienda que hay frente a la entrada y prepara comida para llevar.

Al-Quds Restaurant BEDUINA **$**
(Jerusalem Restaurant; plano p. 52; ☎4630168; Al-Malek al-Hussein St; pasteles desde 800 fils, platos principales desde 6 JOD; ⏲7.00-22.00) Está especializado en dulces y pasteles, pero cuenta con un amplio y asequible restaurante en la parte trasera, en el que probar platos típicos jordanos. Su especialidad es el *mensaf,* un plato beduino de cordero sobre un lecho de arroz, y el *maqlooba* aparece a menudo en su carta.

Cairo Restaurant ORIENTE PRÓXIMO **$**
(plano p. 52; ☎4624527; Al-Malek Talal St; comidas 2-5 JOD; ⏲6.00-22.00) Recomendado por muchos viajeros, este sencillo restaurante sirve buena comida local a precio económico. La mayoría de los lugareños opta por el estofado de cordero y cabeza de cabra hervida, pero quizá se prefiera el *shish tawooq,* con trozos de pollo a la brasa, suficiente para dos personas.

Habibah POSTRES **$**
(plano p. 52; Al-Malek al-Hussein St; pasteles desde 500 fils) Esta legendaria tienda es una buena apuesta para probar dulces y pasteles de Oriente Próximo. Hay una sucursal en Al-Malek Faisal St.

Jabri Restaurant POSTRES **$**
(plano p. 52; ☎4624108; Al-Malek al-Hussein St; pasteles desde 800 fils, platos principales 4-6 JOD; ⏲8.00-20.00 sa-ju) Al igual que Habibah, es famoso por su baklava y otras delicias dulces locales.

JEBEL AMMAN Y ALREDEDORES

Romero Restaurant ITALIANA **$$$**
(plano p. 58; ☎4644227; www.romero-jordan.com; Mohammed Hussein Haikal St; platos principales 10-18 JOD) Este excepcional establecimiento no es un puesto de *pizzas.* Reverenciado por los lugareños, fue fundado por inmigrantes italianos hace medio siglo en una elegante casa tradicional y está decorado con mobiliario de época, arañas de luces venecianas y cuenta con una buena chimenea en invierno. Con mesas íntimas escondidas en los más inesperados rincones, serviciales camareros, una buena carta de vinos y suculenta pasta casera, este romántico establecimiento es el lugar ideal en el que hacer una celebración. Se recomienda reservar, incluso entre semana en invierno está lleno de animados grupos de amigos. Está frente a InterCon.

Fakhr El-Din Restaurant ORIENTE PRÓXIMO **$$$**
(plano p. 58; ☎4652399; Taha Hussein St; platos principales 8-15 JOD) Decorado con gusto y con manteles blancos de lino almidonados, este lujoso restaurante está instalado en una casa de la década de 1950 y cuenta con un bonito jardín. Durante 10 años, un millón de clientes lo han visitado en busca de lo que su propietario describe como "genuina cocina y hospitalidad árabe". Su gama de platos de carne cruda, como el filete de cordero, son un interesante añadido a los favoritos de Oriente Próximo. Está frente al Grappa, por si apetece una copa después de cenar.

INDISPENSABLE

WILD JORDAN CAFÉ

No hay que visitar la oficina de reservas de la RSCN sin parar a tomar un bocado en el maravilloso y ecologista **Wild Jordan Café** (plano p. 52; ☎4633542; Othman Bin Affan St; ⏰11.00-24.00; platos principales 7-12 JOD; 📶). Se centra en productos locales, sanos *wraps*, ensaladas de cultivo ecológico y hierbas locales. Sus batidos son una alternativa ante el omnipresente café de todas las cafeterías. Sus paredes de cristal y la terraza ofrecen vistas a la Ciudadela y la zona del centro, una buena forma de ver en perspectiva los principales puntos de interés de Ammán. Se recomienda entrar en la **Wild Jordan Nature Shop,** que vende jabones de aceite de oliva y pendientes artesanos de plata cuyos beneficios se reparten entre las comunidades que los fabrican. También hay que tomar un folleto del circuito a pie por el centro, que indica algunos lugares poco conocidos.

Blue Fig Café DE FUSIÓN $$
(Fuera de plano p. 58; ☎5928800; Al-Emir Hashem bin al-Hussein St; platos principales 4-8 JOD; ⏰8.30-1.00) Si uno se pregunta dónde van los modernos de Ammán para no tomar siempre su cocina, la respuesta es este hipermoderno restaurante de cristal y acero junto al círculo Abdoun. Ofrece una amplia e imaginativa mezcla de platos del mundo de la fusión (como té verde de Kioto y crema tostada con sabor a menta) y crea su propio ambiente con seductoras músicas del mundo y alguna esporádica lectura de poesía árabe.

Abu Ahmad Orient Restaurant ORIENTE PRÓXIMO $$
(plano p. 58; ☎3522520; 3er círculo; platos principales 5-11 JOD; ⏰12.00 -24.00) Excelente restaurante libanés con una terraza arbolada y bulliciosa en verano. Sus platos estándar son las carnes a la brasa, pero su especialidad son los *mezze* fríos y calientes; se recomienda el *buraik* (pastel de carne o queso) o el *yalenjeh* (hojas de parra rellenas).

Bonita Inn ESPAÑOLA $$$
(plano p. 58; ☎4615060; junto a Al-Kulliyah al-Islamiyah St; platos principales 12-25 JOD; ⏰12.00-24.00) Si se busca algo que no sea comida de Oriente Próximo, este restaurante español es uno de los favoritos de los lugareños. Se recomienda la auténtica paella valenciana y el gazpacho. Está instalado en una casa típica de Jebel Amman (frente a InterCon), que aporta un acogedor encanto al local.

Reem Cafeteria *SHAWARMA* $
(plano p. 58; ☎4645725; 2º círculo; shawarma 1,50 JOD) En Ammán hay cientos de puestos de *shawarma* del tamaño de una caja de zapatos, pero pocos en los que los clientes hagan cola en la calle a las 3.00. Incluso se rumorea que la familia real ha ido a comprar un kebab a última hora de la noche.

Haboob Grand Stores SUPERMERCADO $
(plano p. 58; ☎4622221; Al-Kulliyah al-Islamiyah St; ⏰7.00-24.00) Entre el 1er y 2º círculos, es un práctico lugar en el que avituallarse para un *picnic*. A veces cierra los viernes.

OTRAS ZONAS RESIDENCIALES

Vinaigrette DE FUSIÓN $$$
(plano p. 60; ☎5695481; AlQasr Metropole Hotel, 3 Arroub St, Shmeisani; platos principales 8-15 JOD) Situado en el último piso de AlQasr y con la misma temática que el hotel-*boutique,* ofrece cocina pionera de fusión de Oriente Próximo y *sushi* y ensaladas para gastrónomos; uno puede prepararse su propia ensalada y combinado de *sushi* o dejar que lo hagan los camareros. Una apacible música de *jazz* complementa las soberbias vistas de la ciudad.

La Terrasse JORDANA $$$
(plano p. 60; ☎5601675; 11 August St, Shmeisani; platos principales 10-25 JOD; ⏰13.00-1.00) Este favorito de Shmisani ofrece deliciosos platos locales y sopas en un acogedor y relajado comedor en un piso superior. La carta de vinos es amplia, con marcas de Jordania y Túnez (de 30 a 40 JOD la botella). La mayoría de las noches, después de las 22.30, cantantes y músicos árabes suben a un pequeño escenario, lo que lo convierte en un lugar muy popular.

Diwan al-Sultan Ibrahim Restaurant ORIENTE PRÓXIMO $$
(☎5517383; Ocean Hotel, Shatt al-Arab St, Umm Utheina; platos principales 10-15 JOD; ⏰12.00-24.00) Es un restaurante muy recomendado por lugareños y expatriados por la calidad de su comida libanesa. Su especialidad es el pescado fresco y sus distintas opciones están expuestas en hielo. Uno de sus pescados ente-

ros (30 JOD) es una buena forma de celebrar una fiesta.

Kan Zeman BUFÉ JORDANO $$$

(plano p. 80; ☎4128391; bufé de cena 23 JOD; ⌚19.30-24.00) Ubicado en una histórica posada con techo abovedado, se anima todas las noches cuando la música tradicional invade sus antiguos salones. Unos talleres instalados en los antiguos establos venden cristal, alfombras y joyería, entre otros recuerdos. Está orientado principalmente a los circuitos de grupos, y como queda a unos 15 km al sur del 8º círculo, en el pueblo de Al-Yadoudeh, 3 km al este de la carretera del Desierto, solo merece la pena si se está por la zona. Un taxi desde el centro cuesta unos 15 JOD.

Safeway outlet SUPERMERCADO $$

(plano p. 60; ☎5685311; Nasser bin Jameel St, Shmeisani; ⌚24 h) Situado unos 500 m al sudoeste del cruce de la Ciudad Deportiva.

C-Town Shopping Centre SUPERMERCADO $$

(☎5815558; Zahran St, Sweifieh; ⌚7.00-24.00) Tiene una sucursal cerca del 7º círculo, y otra en **Shmeisani** (plano p. 60; Abdul Hameed Sharaf St; ⌚7.00-24.00).

Dónde beber

Ammán cuenta con una animada vida nocturna. Las zonas que se recomiendan son Jebel Amman, Shmeisani y los barrios residenciales occidentales, donde hay abundantes cafés y bares modernos, además de algunos locales nocturnos y salas de música abiertas hasta altas horas de la noche. Si se busca una auténtica experiencia local, los bares del centro ofrecen grandes sorpresas, pero solo se recomiendan a los hombres. Aparte de ellos, la vida nocturna se limita a los restaurantes. Casi todos los bares sirven algún tipo de comida.

Bares

En el centro, en los callejones cerca de la mezquita de Al-Husseini, se encuentran varios bares frecuentados casi exclusivamente por hombres.

PARA HOMBRES

Orient Bar & Restaurant BAR

(plano p. 52; ☎4636069; junto a Al-Amir Mohammed St, centro; cerveza desde 3 JOD; ⌚11.00-hasta tarde) También conocido como Al-Sharq, este bar ofrece varios tipos de cerveza, licores y el *arak* local (para los más valientes). Si se ha bebido más de la cuenta, hay que tener cuidado al bajar las escaleras.

Otros locales muy frecuentados son **Salamon Bar** (plano p. 52; ☎5902940; junto a Al-Amir Mohammed St, centro; ⌚12.00-24.00) y **Jordan Bar** (plano p. 52; ☎5796352; junto a Al-Amir Mohammed St, centro; ⌚10.00-24.00). Estos establecimientos son pequeños y están llenos de humo, pero, al menos, son auténticos.

TAMBIÉN PARA MUJERES

Living Room COCTELERÍA

(plano p. 58; ☎4655988; Mohammed Hussein Haikal St, Jebel Amman; bebidas 3-5 JOD, platos principales 6-10 JOD; ⌚13.00-1.00) Esta mezcla de *lounge*, bar de *sushi* y estudio es tan discreto que resulta fácil pasarlo por alto. Ofrece comida de bar de calidad, buena música y delicioso té helado con hierba de limón y menta. Los no abstemios disfrutan de su oferta de cócteles bien preparados, servidos deliciosamente fuertes.

Grappa BAR

(plano p. 58; ☎4651458; Abdul Qader Koshak St, Jebel Amman; cerveza 4-5 JOD; ⌚18.00-1.30) Los elegantes bancos de madera y fotografías en blanco y negro de las paredes aportan un ambiente en la onda a este rústico bar, pero lo que realmente atrae a su concurrida clientela son sus enormes ventanas con vistas y la terraza.

Big Fellow Irish Pub *PUB*

(plano p. 58; ☎5934766; círculo Abdoun, Jebel Amman; bebidas 2-4 JOD; ⌚12.00-2.00) Este local parece un *pub* irlandés e incluso huele como uno de ellos, pero la música árabe que suena en su interior le recuerda al viajero dónde se encuentra.

Rovers Return *PUB*

(☎5814844; Ali Nasouh al-Taher St, Sweifieh; bebidas 3-5 JOD, comidas 5-8 JOD; ⌚13.00-hasta tarde) Este popular y agradable *pub* inglés cercano al 7º círculo está forrado de madera y ofrece un animado ambiente. Entre los sencillos platos hay un genuino *fish and chips* y rosbif con salsa. Se entra por la parte de atrás del edificio: hay que buscar el letrero rojo de "Comfort Suites".

Blue Fig Café BAR

(Fuera de plano p. 58; ☎5928800; Al-Emir Hashem bin al-Hussein St; platos principales 4-8 JOD; ⌚8.30-1.00) Otro agradable local en el que disfrutar de la noche, con clientela elegante, ambiente agradable y música en directo varias veces a la semana.

Cafés

Algunos de los cafés del centro son un refugio perfecto para escribir un diario, *twittear* a un amigo, fumar un perfumado narguile, conocer a lugareños y jugar a las cartas o al *backgammon,* o ver pasar a la gente. El primer grupo de cafés listados son solo para hombres; las mujeres, aunque pueden entrar, quizá se sientan incómodas.

PARA HOMBRES

Auberge Café CAFETERÍA

(plano p. 52; Al-Amir Mohammed St, centro; ⌚10.00-24.00) Un piso por debajo del Cliff Hotel este descuidado local jordano es muy popular entre los lugareños. Hay que abrirse paso entre una nube de humo para llegar al balcón, con vistas a la calle principal. Conviene saber que para sentarse casi hay que pelearse con los clientes.

Peace Café CAFETERÍA

(plano p. 52; ☎079 5297912; Al-Amir Mohammed St, centro; ⌚9.00-24.00) No hay que fijarse en los sucios escalones que conducen a este básico tugurio para fumadores. Si se consigue una de las dos mesas del balcón con vistas a la calle, se está en uno de los mejores miradores del centro. Al igual que el Auberge Café, hay que imitar a los lugareños, fumar un narguile (2,50 JOD) y ver pasar a la gente.

TAMBIÉN PARA MUJERES

La docena de cafés del centro, cercanías de Hashemite Sq y Hashemi St atraen a lugareños y turistas por igual, en especial en verano. Los sitios a los que ir por la noche están cerca del círculo Abdoun, donde hay abundantes cafés modernillos. Es mejor preguntar a algún lugareño, pues las modas cambian en esta parte de Ammán.

Al-Rashid Court Café CAFÉ

(plano p. 52; ☎4652994; Al-Malek Faisal St, centro; té o café desde 3 JOD; ⌚10.00-24.00 sa-ju, 13.00-23.00 vi) El balcón del primer piso es el lugar ideal en el que pasar una tarde contemplando el caos de la zona del centro, aunque la competencia por los asientos es dura. También conocido como Eco-Tourism Café, es uno de los mejores locales para que los novicios intenten fumar un narguile (2 JOD). Aunque no se ven mujeres locales, están acostumbrados a las turistas. Para encontrarlo hay que buscar las banderas del mundo de su fachada principal; la entrada está en una bocacalle.

Books@café CAFÉ

(plano p. 52; ☎4650457; Omar bin al-Khattab; platos principales 5-12 JOD; ⌚10.00-24.00) Al entrar en este establecimiento quizá se necesiten gafas de sol, las paredes retro con motivos florales y cortinas de cuentas de colores psicodélicos son divertidas, aunque un deslumbrante regreso a la década de 1970. Es una típica y elegante cafetería, y su sabrosa comida del mundo es mucho menos interesante que los enrollados jóvenes jordanos sentados en los sofás de los rincones o enfrascados en un libro. Su librería cuenta con títulos de Lonely Planet.

Darat al-Funun Café CAFÉ

(plano p. 52; Nimer bin Adwan St, centro; tentempiés desde 1 JOD; ⌚10.00-19.00 sa-ju) Instalado en un centro cultural, es un tranquilo lugar en el que escapar del centro, gracias a que está rodeado de un jardín y las ruinas de una iglesia bizantina. Lawrence de Arabia escribió parte de *Los siete pilares de la sabiduría* en la casa de al lado, así que quién sabe qué espíritus creativos rondan la zona. Cerrado durante Ramadán.

Shaher's Penthouse Cafeteria CAFÉ

(plano p. 52; Sahat al-Malek Faysal al-Awal St, centro; café 3 JOD; ⌚9.30-23.00) Este bonito café tiene un comedor interior con decoración tradicional y una terraza exterior con vistas a la calle. Hussein, el músico residente, entretiene a los clientes con el *oud* (laúd) o el violín.

Al Hail Restaurant & Café CAFÉ

(plano p. 52; ☎78-6702270; Hashemite Sq, centro; ⌚9.00-24.00) Un vaso de té con menta (3 JOD) va acompañado de quizá la mejor vista de la Ciudadela de todo el centro. Es un local sin pretensiones a pesar del decorativo pozo del jardín delantero, y es muy popular entre los lugareños por la noche, cuando el cercano teatro está iluminado.

Al-Sendabad Coffee Shop CAFÉ

(plano p. 52; ☎4632035; Hashemite Sq, centro; ⌚10.00-24.00) A unos 150 m al oeste del Teatro romano, ofrece buenas vistas de la ciudad (aunque no del teatro). En verano tiene asientos en la azotea.

Tche Tche Café CAFÉ

(plano p. 58; ☎5932020; círculo Abdoun, Jebel Amman; tentempiés 1-3 JOD; ⌚10.00-23.00) Para encontrar sitio en este luminoso y concurrido café, que pertenece a una cadena con locales en todo Oriente Próximo, hay que llegar pronto. Lejos de ser un café tradicional, es todo un éxito entre las mujeres jordanas, que acuden a fumar narguiles y disfrutar del pop árabe.

Wild Jordan Café CAFÉ
(plano p. 52; ☎4633542; Othman Bin Affan St; ⌚11.00-24.00; platos principales 7-12 JOD; 📶) Ofrece los mejores tés, cafés y tentempiés de cultivo ecológico de la capital.

☆ Ocio

Cines

Hay varios multicines donde se proyectan estrenos recientes. El precio de las entradas varía. La programación se anuncia en los periódicos en inglés (véase p. 74). Conviene saber que los cines del centro poco recomendables normalmente programan películas árabes, indias y tailandesas subtituladas en árabe, que pueden no tener interés para los visitantes occidentales. Los cines listados están en modernos complejos y proyectan películas occidentales.

Cinema City CINE
(☎5527948; Mecca Mall) Alejado del centro, es mejor ir en taxi.

Cine Le Royal CINE
(plano p. 58;☎4603022; 3er círculo, Jebel Amman) En el complejo de Le Royal Hotel.

Galleria CINE
(plano p. 58; ☎5934793; círculo Abdoun, Jebel Amman)

Grand Zara Cinema CINE
(plano p. 58; ☎4613260; 3er círculo, Jebel Amman) En el Zara Centre, detrás del Grand Hyatt, con varias sucursales de restaurantes de comida rápida.

Books@café (plano p. 52; ☎4650457; Omar bin al-Khattab, centro) ofrece sesiones de cine los lunes. Hay varios centros culturales que proyectan películas extranjeras (comprobar en los medios de comunicación en inglés).

Exposiciones y música

Varios centros culturales extranjeros organizan seminarios, exposiciones y recitales de música. Darat al-Funun (p. 55) organiza recitales de música clásica y tradicional. La Galería Nacional de Bellas Artes de Jordania (p. 56) a veces ofrece exposiciones temporales de arte contemporáneo.

En el **taller y galería** (☎0777-888007 o 079-6796391909) de Hassan Ali Hassan Kanaan, en el centro, se puede disfrutar del exquisito arte de la caligrafía árabe viendo trabajar a un maestro. Hay que llamar para concertar cita.

Los espectáculos se anuncian en los periódicos en inglés.

Locales nocturnos

En los clubes y salones de los hoteles de lujo se disfruta de un ambiente internacional más permisivo con los jordanos que quieren soltarse el pelo. El precio de la entrada depende de la noche y el espectáculo, pero suele ser unos 15 JOD. Los lugareños se visten de punta en blanco y esperan que los visitantes hagan un esfuerzo también.

Algunos de los locales nocturnos con mayor reputación son:

JJ's LOCAL NOCTURNO
(plano p. 58; ☎4651234; Grand Hyatt Amman, Al-Hussein bin Ali St, Jebel Amman; ⌚20.30-hasta tarde lu-sa) La discoteca del Grand Hyatt es donde disfruta la noche la gente con más *glamour* de Ammán. La música varía mucho dependiendo de los gustos del DJ, aunque siempre es actual e innovadora.

Harir Lounge LOCAL NOCTURNO
(plano p. 58; ☎5925205; círculo Abdoun, Jebel Amman; ⌚13.00-1.00, hasta 3.00 sa y do) Vistoso salón y restaurante en un piso superior, es el lugar en el que lucir las mejores galas, sobre todo si uno quiere sentirse como en casa entre la gente guapa local.

Kanabayé LOCAL NOCTURNO
(plano p. 58; ☎4642830; 3er círculo, Jebel Amman) Tranquilo local para tomar una copa, los sofás (*kanabayé* en árabe) y la seductora iluminación confieren a este salón-bar un ambiente elegante y sexy. En un intento por atraer una clientela internacional entendida, mezcla todas las noches de pop árabe a salsa.

Deportes

La mayoría de los lugareños siguen religiosamente el fútbol. Los dos equipos más importantes de la capital son el Wahadat (sus seguidores suelen ser palestinos) y el Faisaly (animado principalmente por el resto de la población). Los partidos se juegan normalmente los viernes en el **Estadio Internacional de Ammán** (plano p. 60), junto a la Ciudad Deportiva, en Shmeisani.

DE PRIMERA MANO

SU EXCELENCIA NAYEF HMEIDI AL-FAYEZ, MINISTRO DE TURISMO Y ANTIGÜEDADES

Su excelencia, el ministro de Turismo y Antigüedades, está orgulloso de su país y su patrimonio. Aunque señala su ascendencia beduina y tribal, que describe como raíces de la cultura jordana, también hace hincapié en el moderno papel que desempeña Jordania en el escenario internacional. En esta entrevista, Nayef Al-Fayez identifica los elementos que hacen de Jordania un destino único, y describe el equilibrio entre patrimonio y progreso que debe mantenerse para salvaguardar el futuro del país.

¿Con tanto patrimonio cómo convence a los turistas de que en Jordania no solo hay ruinas? Jordania es un país muy moderno, como puede verse en Ammán, pero siempre muestra un vínculo entre el pasado y el presente. Ese vínculo es la gente, la parte más maravillosa de nuestro país. La hospitalidad jordana es legendaria y he leído muchas historias sobre visitantes que han redescubierto su confianza en la gente después de haber tratado con nuestras comunidades. El turismo es un puente entre culturas y recibimos a los visitantes como "huéspedes de Dios".

Con un transporte público limitado a los destinos clave y altos precios de entrada a los parques nacionales y Petra, ¿sería justo decir que Jordania intenta captar a los turistas más adinerados? Jordania está abierta a todo el mundo. Somos un país pequeño y dependemos mucho del turismo, es un pilar importante de nuestra economía y, dados los tesoros que poseemos, tiene potencial para ser el número uno. Tenemos planes de transporte programado para turistas y ofrecemos autobuses JETT a los principales destinos, pero al igual que todos los gobiernos nuestra principal obligación es transportar a los ciudadanos a precios asequibles. Por eso subvencionamos el transporte público. Sin embargo, trabajamos con el sector privado para instalar un transporte con salidas garantizadas, que beneficie a todos nuestros visitantes.

El 2011 fue muy duro, pues los problemas en los países vecinos tuvieron impacto en el turismo. ¿Qué medidas se han tomado para asegurar a los turistas que Jordania es un país seguro? Oriente Próximo está compuesto por 22 países muy diferentes. La Primavera Árabe no ha sido una cuestión sobre problemas fronterizos o centrada en los extranjeros. Jordania es llamada la "Suiza de Oriente Próximo" por su estabilidad. Algunos estudios demuestran que en los últimos seis meses es más seguro que el país de muchos visitantes. No debería culparse a Jordania por su situación geográfica.

¿Cómo convencer a los turistas de que Jordania es un destino en sí mismo que merece la pena visitar en vez de una simple parada entre Egipto y Siria? Hemos creado el Departamento de Turismo de Jordania para resaltar el valor del país como destino por sí mismo. Hay un gran interés por las visitas de dos semanas porque Jordania no solo es Petra. Por ejemplo, Wadi Rum fue declarado Patrimonio Mundial por la Unesco y, por supuesto, la Biblia es la guía a todos los lugares de Tierra Santa en Jordania. Los períodos de estancia han aumentado y estamos seguros de que continuarán haciéndolo conforme los visitantes conozcan todo lo que podemos ofrecerles.

Con los problemas de agua que sufre el país, ¿cómo equilibran la demanda del turismo y las cuestiones medioambientales? Nuestra responsabilidad es conservar nuestro patrimonio y recursos naturales, y el Ministerio de Medio Ambiente se ocupa de ese asunto. De hecho, somos el país que menos agua consume en la región y organizamos campañas para concienciar a los niños sobre cuestiones medioambientales. Los jóvenes son el futuro y es vital que conozcan y estén orgullosos de su patrimonio.

¿En qué forma pueden cooperar los visitantes a la hora de forjar un futuro sostenible para el turismo en Jordania? Lo más importante es integrarse con las comunidades locales; si la gente se da cuenta del valor del turismo, se esforzarán por preservar su patrimonio. Pero también los visitantes disfrutan relacionándose con los jordanos. De eso trata el futuro de nuestro turismo, de compartir culturas.

De compras

Jordania posee una rica tradición artesana y varios centros de artesanía de calidad donde comprar artículos hechos a mano y antigüedades en Rainbow St y cerca del InterContinental Hotel. Muchas de estas tiendas están regentadas por cooperativas de mujeres dedicadas a ayudar a las comunidades más vulnerables y a la conservación del medio ambiente. No hay que asumir que si se ve algo que gusta mientras se viaja por Jordania se encontrará algo similar en Ammán, pues mucha de la artesanía está muy localizada. Véase p. 288 para hacerse una idea de lo que se puede comprar, consejos sobre dónde comprar artículos de comercio justo que favorecen a las comunidades locales y sobre cómo regatear, impuestos y compra de antigüedades.

La moda de los centros comerciales se está extendiendo por Ammán. El más grande es **Mecca Mall** (5527948; Makkah al-Mukarramah Rd) en los barrios residenciales del noroeste, que cuenta con cine, bolera, sala de videojuegos y docenas de restaurantes. **Abdoun Mall** (5920246; Al Umawiyeen St, Zahran) es una versión más reducida pero con el mismo concepto. Hay muchos más, como el **City Mall** (5868500), en las afueras de la ciudad.

Hay varias librerías que venden publicaciones en inglés y al menos un quiosco con mapas, guías y periódicos en todos los hoteles de lujo. Para una mayor selección de material de lectura se recomienda **Books@café** (plano p. 52; 4650457; Omar bin al-Khattab, centro).

Jordan River Foundation ARTESANÍA
(plano p. 52; 4613081; www.jordanriver.jo; Bani Hamida House, Fawzi al-Malouf St, Jebel Amman; 8.30-19.00 sa-ju, 10.00-17.00 vi) Esta tienda, que apoya causas justas vendiendo artesanía de calidad, se ha convertido en toda una institución. Su sala de exposición muestra alfombras tejidas a mano de Bani Hamida y exquisitos bordados de estilo palestino. Sus cojines, bolsos de camello, velas, bordados, cestas (de Wadi Rayan, en el valle del Jordán) y productos del mar Muerto la convierten en un excelente lugar en el que comprar regalos. Solo las piezas de más calidad se muestran en la sala de exposición.

Wild Jordan ARTESANÍA
(plano p. 52; 4633718; Othman bin Affan St, centro; 10.00-22.00) La tienda de la naturaleza del Wild Jordan Centre vende bonitos productos hechos en las reservas naturales de Jordania, como joyería de plata, hierbas de cultivo ecológico y mermeladas de Dana, y velas hechas y decoradas por mujeres beduinas, como parte de un proyecto de generación de ingresos en Feynan. Los huevos de avestruz decorados son otra de sus especialidades tradicionales. Todos los beneficios se destinan a los artesanos y a los proyectos de las reservas naturales.

Bawabet al-Sharq ARTESANÍA
(plano p. 52; 4637424; Abu Bakr as-Siddiq St, centro; 9.00-19.00) La "tienda de oriente" ofrece artículos de decoración del hogar de producción local (algunos hechos en la tienda) un tanto *kitsch*. Los beneficios de las ventas se destinan a grupos de mujeres jordanas.

Al-Alaydi Jordan Craft Centre ARTESANÍA
(plano p. 58; /fax 4644555; junto a Al-Kulliyah al-Islamiyah St, Jebel Amman; 9.00-18.00 sa-ju) Repartida en varios pisos, esta amplia sala de exposición vende joyería, cristal de Hebrón, bordados palestinos, kílims, tallas en madera, antiguo menaje para cocina y accesorios para tiendas beduinas.

Al-Burgan ARTESANÍA
(plano p. 58; 4652585; www.alburgan.com; 12 Tala't Harb St, Jebel Amman; 9.30-18.30 sa-ju) Aunque con un surtido menor, el personal es muy entendido y los precios, razonables. Está detrás del hotel Jordan InterContinental.

Oriental Souvenirs Store RECUERDOS
(plano p. 58; 4642820; 3er círculo, Jebel Amman; 8.00-19.00 sa-ju) Esta acogedora y familiar tienda es más rústica que el resto que se ha listado, pero es como una cueva de Aladino.

Artisana RECUERDOS
(plano p. 58; /fax 4647858; Mansour Kraishan St, Jebel Amman; 9.30-18.00 sa-ju) Esta magnífica tienda vende bufandas, botellas de agua bendita del río Jordán y reproducciones de las famosas estatuas de Ain Ghazal, de 6000 años de antigüedad.

Beit al-Bawadi CERÁMICA
(5930070; www.beitalbawadi.com; Fawzi al-Qawoaji St, Jebel Amman; 9.00-18.00 sa-ju) Centro creado para apoyar a artesanos locales, a los que se puede ver trabajando en el sótano. Es ideal para adquirir cerámica de calidad, tanto tradicional como moderna, en algunos casos decorada con caligrafía árabe. Cada pieza cuesta entre 50 y 80 JOD.

Silsal Ceramics CERÁMICA
(☎5931128; Innabeh St, norte de Abdoun; ⏲9.00-18.00 sa-ju) Tiene una pequeña sala de exposiciones de cerámica moderna fantástica. Si se llega por Zahran St desde el 5º círculo, está en el tercer callejón de la derecha.

Información

Urgencias

La policía turística tiene una comisaría en el Ministerio de Turismo y Antigüedades y un pequeño puesto en Hashemi St, cerca del Teatro romano.

Ambulancias (☎911)
Bomberos (☎911)
Policía (☎911)
Policía turística (plano p. 58; ☎4603360, ext. 254; Ministerio de Turismo y Antigüedades, planta baja, Al-Mutanabbi St, Jebel Amman; ⏲ 8.00-21.00)
Policía de tráfico/accidentes (☎911)

Acceso a internet

Ammán cuenta con numerosos cibercafés, en especial en el centro. La mayoría de los hoteles ofrece wifi y uso de ordenadores con acceso a internet por un coste mínimo o sin cargo.

Books@café (plano p. 52; ☎4650457; Omar bin al-Khattab, centro; 2 JOD/h; ⏲10.00-24.00) Muy profesionales, con conexiones rápidas.
Internet Yard (plano p. 52; ☎5509569; dweib@joinnet.com.jo; Al-Amir Mohammed St, centro; 1 JOD/h; ⏲9.30-24.00)
Meeranet (plano p. 60; ☎5695956; Ilya Abu Madhi St, Shmeisani; 2 JOD/h; ⏲24 h)
Welcome Internet (plano p. 52; ☎4620206; Al-Amir Mohammed St, centro; 1 JOD/h; ⏲10.30-1.00)

Medios de comunicación

Jordan Today es un folleto mensual gratuito que incluye un listado de embajadas, compañías aéreas, agencias de viajes y alquiler de vehículos en Ammán y Aqaba, además de restaurantes y programación de espectáculos.

El mensual *Where to Go* incluye una selección práctica con las cartas de los restaurantes de Ammán. Para conseguir ambos se aconseja preguntar en las oficinas de turismo o en los hoteles y restaurantes de primer nivel.

Los periódicos en inglés *The Jordan Times* y *The Star* incorporan carteleras de ocio y números telefónicos de interés.

Asistencia médica

Ammán cuenta con más de veinte hospitales y con algunas de las mejores instalaciones médicas de todo Oriente Próximo. En los periódicos en inglés *The Jordan Times* y *The Star* se listan los hospitales, médicos y farmacias de guardia de toda la capital.

Al-Khalidi Medical Centre (plano p. 58; ☎4644281; www.kmc.jo; Bin Khaldoun St, Jebel Amman) Al suroeste del 3er círculo.
Islamic Hospital (plano p. 60; ☎5101010; junto a Al-Malek al-Hussein St, Jebel al-Hussein)
Italian Hospital (plano p. 52; ☎4777101; Italian St, centro)
Jacob's Pharmacy (plano p. 58; ☎4644945; 3er círculo, Jebel Amman; ⏲9.00-3.00) Una de las farmacias más convenientemente situadas.
Palestine Hospital (plano p. 60; ☎5607071; Al-Malekah Alia St, Shmeisani)
Hospital Universitario (☎5353666; complejo de la Universidad de Jordania, norte de Ammán) Situado a unos 10 km al noroeste del centro. Se toma un microbús o taxi colectivo a Salt desde la estación de autobuses Raghadan o se toma un taxi.

Dinero

Cambiar moneda en Ammán es rápido y fácil ya que hay docenas de bancos en el centro y en Jebel Amman, las dos zonas más frecuentadas por los visitantes. El Arab Bank, el Jordan Gulf Bank y el Housing Bank for Trade & Finance son de los que tienen más cajeros automáticos para Visa y MasterCard, mientras que los del Jordan National Bank y del HSBC permiten sacar dinares con la tarjeta MasterCard y son compatibles con el sistema Cirrus. El Housing Bank tiene un cajero automático en la terminal de llegadas del aeropuerto internacional Queen Alia, una vez pasada la aduana. Aunque hay un banco antes de pasar por inmigración, no siempre está abierto, así que hay que asegurarse de llevar algo de moneda local para comprar el visado jordano.

En Al-Malek Faisal St, en el centro, hay muchas oficinas de cambio. Para cambiar cheques de viaje se recomienda Sahloul Exchange Co (planta baja, Aicco Bldg, Al-Malek Faisal St, centro; ⏲9.00-19.00 sa-ju).

Correos

Hay muchas estafetas de correos repartidas por toda la ciudad (se aconseja preguntar por la más cercana en el hotel donde se esté alojado), así como en el hotel Jordan InterContinental, entre el 2º y el 3er círculo, y en el Housing Bank Centre de Shmeisani.

Si se desea enviar un paquete grande por correo, antes hay que pesarlo en la oficina de paquetería postal, en un callejón detrás de la oficina principal de correos, en el centro (parece una tienda, búsquese la báscula del mostrador). Una vez pesado, el paquete hay

CRUZAR LA CALLE

Nada más llegar a Ammán, uno de los primeros retos tal vez sea el de sortear sus calles. Esto ocurre sobre todo en el centro y en las vías más rápidas de otros puntos de la ciudad, si bien hay que aclarar que los conductores capitalinos lo único que quieren es llegar a su destino lo antes posible, en ningún caso atropellar a nadie. La instalación de nuevos semáforos ha mejorado algo la situación, pero aun así se tendrán más posibilidades de sobrevivir si se siguen unas cuantas 'normas' básicas. En las vías de circulación lenta, la táctica consiste en arriesgarse al máximo para obtener la concesión de los conductores. Puede que un coche esquive al viajero por centímetros, pero esta suele ser una maniobra habitual y calculada con precisión.

Las calles anchas hay que cruzarlas por partes, de carril en carril, pues quien espere que se abra un hueco para cruzarla toda de una vez se pasará allí todo el día. Hay quien incluso llega a parar un taxi para que este bloquee el tráfico en el primer carril. Lo mejor es lanzarse sin dudar, ya que los conductores de Ammán toman sus decisiones basándose en suposiciones más o menos lógicas sobre lo siguiente que hará el peatón. Pero ante todo hay que ser paciente, pues es preferible esperar otro minuto que padecer un accidente. Si todo esto falla, siempre se puede pedir ayuda a alguna viejecita, o seguir su estela.

que llevarlo sin envolver a la cercana oficina de aduanas (en cuyo escudo aparece la palabra inglesa "Customs"), donde se tiene que rellenar una declaración. Luego, se vuelve a la oficina postal de paquetería para embalarlo y abonar el envío.

Oficina principal de correos (plano p. 52; Al-Amir Mohammed St, centro; ⏲7.30-17.00 sa-ju, 8.00-13.30 vi)

Oficina de aduanas (plano p. 52; ⏲8.00-14.00 ju-sa) Frente a la oficina de paquetería postal.

Oficina de paquetería postal (plano p. 52; Omar al-Khayyam St, centro; ⏲8.00-15.00 lu-ju y do, hasta 14.00 sa)

Teléfono

No hay oficina central de teléfonos. Para hacer una llamada local se puede utilizar un teléfono del hotel (se aconseja preguntar antes el precio y la duración mínima de la llamada) o alguna de las numerosas cabinas públicas (para más información, véase p. 319). Las tarjetas telefónicas pueden comprarse en los comercios próximos a las cabinas y en la mayoría de las tiendas de ultramarinos.

Los locutorios del centro son la opción más barata para realizar llamadas nacionales e internacionales.

Communication International (plano p. 52; Nimer Bin Adwan St, centro) cobra 200 fils/min por llamadas a Europa en teléfono móvil.

Información turística

Ministerio de Turismo y Antigüedades (plano p. 58; ☎4603360, ext 254; fax 4646264; planta baja, Al-Mutanabbi St, Jebel Amman; ⏲8.00-21.00) Ubicado al suroeste del 3er círculo, ofrece la información turística más completa y también alberga la comisaría central de la policía turística. El personal es atento y habla inglés correctamente.

Wild Jordan Centre (plano p. 52; ☎4616523; www.rscn.org.jo; Othman Bin Affan St, centro) Proporciona información y reservas de actividades y alojamiento en las reservas naturales de Jordania, incluidas Dana y Wadi Mujib. Está regentado por la Real Sociedad para la Conservación de la Naturaleza (RSCN; véase p. 303). También cuenta con una pequeña tienda de artesanía y cafetería de cultivo ecológico.

Extensión del visado

Si se desea permanecer más tiempo en Jordania hay que obtener una extensión del visado. Se trata de un trámite relativamente sencillo, pero implica algún papeleo; para más detalles véase p. 321.

Comisaría de Al-Madeenah (plano p. 52; ☎4657788; 1er piso, Al-Malek Faisal St, centro) Frente al Arab Bank. Acepta los formularios e inicia el proceso.

Comisaría de Muhajireen (Markaz Amn Muhajireen; plano p. 58; Al-Ameerah Basma bin Talal Rd, centro) Al oeste del centro. Las comisarías abren normalmente para extender los visados de 10.00 a 15.00 de sábado a jueves, aunque es mejor ir por la mañana. Esta comisaría completa todos los trámites.

Cómo llegar y salir

Para más información sobre servicios internacionales a/desde Ammán, véase p. 323.

Avión

Ammán es el principal punto de llegada y salida de vuelos internacionales, a parte de algunos que utilizan Aqaba.

La oficina principal de **Royal Jordanian Airlines** (plano p. 60; ☎5100000; www.rj.com; Al-Malekah Noor St, Shmeisani) tiene una ubicación poco práctica en el Housing Bank Centre (9º piso). Tiene delegaciones más céntricas en el **Jordan InterContinental Hotel** (plano p. 58; ☎4644267) y a lo largo de Al-Malek al-Hussein St.

Royal Wings (☎4895103; www.royalwings.com.jo), filial de Royal Jordanian, está en el aeropuerto Marka, pero es más cómodo reservar y confirmar los billetes en cualquier oficina de Royal Jordanian de la ciudad.

Para información de contacto con las aerolíneas que vuelan a Ammán, véase p. 323.

Autobús, microbús y taxis colectivos

Ammán cuenta con dos estaciones principales de autobuses y microbuses, la estación norte (con servicios a los destinos del norte, a veces llamada Tabarbour) y la estación de autobuses sur (con servicios a los destinos del sur y a veces llamada Wahadat).

Además, hay otras estaciones de autobuses más pequeñas con servicios a destinos específicos como el mar Muerto y autobuses privados de las compañías JETT y Trust.

Los taxi colectivos suelen ser más rápidos, pero no siempre tienen horarios fijos. Salen de las mismas estaciones que los microbuses.

Las salidas son más frecuentes por la mañana y la mayoría de servicios finalizan a la puesta de sol.

PRINCIPALES ESTACIONES DE AUTOBUSES PÚBLICOS

Estación de autobuses norte (Tabarbour) Ubicada en los barrios residenciales del norte, ofrece servicios al norte. Un taxi desde el centro cuesta a partir de 3 JOD. Hay microbuses y taxis colectivos frecuentes que salen entre la 7.00 y las 18.30 a los siguientes destinos: Ajlun (900 fils, cada 30 min, 2 h), Jerash (800 fils, cada hora, 1¼ h) y Madaba (750 fils, cada 10 min de 6.00 a 20.00, 45 min). También hay servicios a Deir Alla (para Pella, 1 h), Fuheis (45 min), Irbid (2 h), Ramtha (2 h), Salt (45 min) y Zarqa (para Azraq, 30 min); todos estos servicios cuestan menos de 1 JOD.

También hay un autobús diario al aeropuerto (3 JOD, cada 30 min de 6.15 a 24.00, 45 min).

Estación de autobuses sur (Wahadat) Casi todos los autobuses y taxis colectivos en dirección al sur salen de esta estación de los barrios residenciales del sur, junto al círculo Oriente Próximo (Duwaar Sharq al-Awsat). Un taxi desde el centro cuesta a partir de 2,50 JOD.

Los microbuses y taxis colectivos a Petra (5 JOD, 4 h) salen hacia Wadi Musa cuando están llenos, desde el extremo del solar entre las 7.00 y las 16.00. Los autobuses a Aqaba (5,50 JOD, 5 h) salen cada dos horas más o menos hasta las 21.00. Hay autobuses regulares a Karak (1,65 JOD, 2 h) hasta las 17.00, Shobak (4 JOD, 2½ h) y Ma'an (2,75 JOD, 3 h). La mayoría de los servicios dejan de funcionar a eso de las 16.00.

Hay tres autobuses diarios a Dana a partir de las 11.00 que van a Qadsiyya (3 JOD, 3 h); si no, se toma un autobús a Tafila (2,55 JOD, 2½ h) y se cambia.

Hay taxis colectivos no muy frecuentes a Karak (3 JOD, 2½ h), Ma'an (6 JOD, 3 h) y aún menos frecuentes a Aqaba (10 JOD, 5 h).

OTRAS ESTACIONES DE AUTOBUSES PÚBLICOS

La **estación de autobuses Abdali** (plano p. 58; Al-Malek al-Hussein St, Jebel Amman) está 20 minutos a pie (2 km colina arriba) del centro; el taxi colectivo 6 o 7 desde el Cinema al-Hussein St pasa al lado. De esta estación salen autobuses con aire acondicionado y taxis colectivos a destinos internacionales, en especial Siria (véase p. 322). Los viernes se transforma en un gigantesco rastro y hay planes para reurbanizar todo el terreno como parte de un ambicioso proyecto de regeneración urbana.

La **estación de autobuses Muhajireen** (plano p. 58) está frente a la comisaría Muhajireen. Los microbuses a Wadi as-Seer salen a menudo durante las horas de luz solar (300 fils, 30 min). También ofrece servicios a Madaba y el monte Nebo (500 fils, 45 min) entre las 6.00 y las 17.00.

También ofrece microbuses al mar Muerto. No hay servicios directos, la ruta implica tomar un microbús a Shuneh al-Janubiyyeh (sur de Shuna, 1 JOD, 45 min) y esperar otro microbús a Suweimah. En Suweimah hay que tomar un taxi o hacer autostop el último tramo. Conviene saber que pocas personas se atreven a hacer esta ruta, ya que es poco fiable y puede dejar tirado en el valle del Jordán. Se recomienda tomar un taxi o hacer un circuito directo al mar Muerto desde uno de los hoteles del centro de Ammán (o el Black Iris Hotel o Mariam HHHotel en Madaba).

La **estación de autobuses Raghadan** (fuera de plano p. 52) se encuentra en el centro de Ammán a pocos minutos a pie al este del Teatro romano. Se utiliza sobre todo para taxis colectivos hacia los barrios residenciales adyacentes, aunque está previsto ampliar el servicio con microbuses a pueblos cercanos.

ESTACIONES DE AUTOBUSES PRIVADOS

La **oficina de JETT** (plano p. 60; ☎5664146; www.jett.com.jo; Al-Malek al-Hussein St, Shmeisani) está unos 500 m al noroeste de la estación de autobuses Abdali. Los pasajeros suben a los autobuses fuera de la oficina. Hay seis diarios a Aqaba (7,5 JOD, 5 h, 7.00, 9.00, 11.00, 14.00, 16.00 y 18.00) y uno al puente King Hussein (7,25 JOD, 1 h, 7.00), para entrar en Israel y los Territorios Palestinos. Hay servicios diarios a Irbid (1,90 JOD, cada 30 min de 6.00 a 19.30, 2 h).

JETT fleta un autobús diario a Petra, especialmente pensado para los que desean visitar dicha ciudad en un día. Este servicio sale a las 6.30 (ida/ida y vuelta 8/16 JOD, 4 h) y deja a los pasajeros junto al centro de visitantes de Petra en Wadi Musa a las 9.30. El autobús de regreso sale a las 16.00, así que hay que recordar que esta opción deja poco tiempo para visitar Petra.

Un autobús semanal de Jett sale hacia Amman Beach, en el mar Muerto (ida 8 JOD) los viernes a las 8.00 y regresa a las 16.00. El servicio se cancela si hay pocos pasajeros.

Trust International Transport (☎5813427) ofrece autobuses diarios a Aqaba (7 JOD, 4 h) de 7.30 a 19.00. Todos los autobuses salen de su oficina, poco prácticamente ubicada en el 7º círculo, junto al centro comercial Safeway. Un taxi a/desde el centro cuesta de 2,50 a 3 JOD. También cuenta con una **oficina de reservas** (plano p. 58; ☎4644627) en la estación de autobuses Abdali. En ocasiones ofrece otros servicios, como a Irbid y Damasco en Siria. En la oficina proporcionan los horarios actualizados.

Hijazi Travel & Tours (☎02-724 0721) ofrece autobuses diarios a Irbid (1,90 JOD, cada 15 o 20 min de 6.00 a 19.00, 1½ h). Los autobuses salen de la estación de autobuses del norte.

Automóvil

El capítulo *Transporte* ofrece información general sobre cómo conducir en Jordania. A continuación se muestra un listado de agencias de alquiler de automóviles dignas de confianza, locales e internacionales. Hay muchas más en los jardines del Rey Abdalá (plano p. 60), donde se encuentran unas 50 agencias.

Avis (plano p. 60; ☎5699420, línea 24 h 777-397405; www.avis.com.jo; jardines del Rey Abdalá, Shmeisani) Tiene oficinas en el aeropuerto, el Hotel Le Royal y el InterContinental.

Budget (plano p. 60; ☎5698131; www.bud

TOMAR UN TAXI EN AMMÁN

Solo los más valientes o temerarios se sentarían detrás de un volante en Ammán, donde la conducción se complica por sus extremadamente complejas calles, que serpentean los contornos de las muchas colinas de la ciudad y aún deprimen más por su denso e impredecible tráfico. Los autobuses son lentos y poco de fiar, y es necesario estar en el lugar adecuado en el momento oportuno para aprovechar un taxi colectivo. Por lo tanto, la mejor forma de desplazarse es la que utilizan los lugareños, tomar un taxi.

La mayoría de conductores de taxis privados utilizan taxímetros, pero algunos pueden negarse a hacerlo o rechazar el servicio. Lo que no significa necesariamente que tengan intención de cobrar más de la cuenta: los taxímetros están regulados por el Gobierno y a menudo no reflejan la realidad que establece el precio de la gasolina y la poca rentabilidad de un negocio en el que se espera en largas colas, en especial en el congestionado tráfico del centro.

Si se van a pasar un par de días en la ciudad se recomienda buscar un taxista que hable inglés y esté acostumbrado a llevar turistas. Estos guerreros del cambio de marchas conocen los atajos y puntos de interés menos famosos de la ciudad y se aseguran de que no se pasen horas en una fila. Dejan y recogen a la hora que se elija y si están haciendo otro servicio cuando se les llama, a menudo envían a un amigo de confianza. Muchos de estos conductores están deseosos de llevar a los visitantes a los alrededores de Ammán, Jerash, el mar Muerto o los castillos del desierto.

En el hotel se puede preguntar por un conductor de confianza o llamar a **Mosa Kanan** (☎079-9966621), un veterano taxista de origen palestino que habla inglés. Con más de 30 años de experiencia y conocimientos de experto en las pautas de viaje de los turistas, muchos viajeros lo recomiendan. También se está en buenas manos con **Shawki Dahier** (☎079-5818993; shawki-drive@yahoo.com) que habla un inglés excelente y tiene una experiencia similar en hacer largos circuitos fuera de la ciudad. Ambos hacen servicios a toda Jordania.

RUTAS DE LOS TAXIS COLECTIVOS

Todos los puntos de salida aparecen en el plano p. 52.

Taxi colectivo 1 De Basman St al 4º círculo.

Taxi colectivo 2 De Basman St al 1er y 2º círculo.

Taxi colectivo 3 De Basman St al 3er y 4º círculo.

Taxi colectivo 4 De la bocacalle cercana de la oficina principal de correos a la Jebel Weibdeh.

Taxi colectivo 6 De Cinema al-Hussein St al círculo del Ministerio del Interior vía la estación Abdali y la oficina nacional e internacional de JETT.

Taxi colectivo 7 De Cinema al-Hussein St a Shmeisani; sube por Al-Malek al-Hussein St, vía la estación Abdali y la mezquita del Rey Abdalá, y recorre Suleiman al-Nabulsi St.

Taxi colectivo 25 y 26 De Italian St, en el centro, hasta lo alto de Jebel al-Ashrafiyeh' y cerca de la mezquita de Abu Darwish.

Taxi colectivo 27 De Italian St al círculo de Oriente Próximo y a la estación Wahadat.

Taxi colectivo 35 De enfrente del hotel Amman Palace; pasa cerca de la comisaría de policía de Muhajireen.

Taxi colectivo 38 Del centro a Makkah al-Mukarramah Rd.

getjordan.com; 125 Abdul Hameed Sharaf St, Shmeisani)

Europcar (plano p. 60; ☎5655581; www.europcar.jo; Isam Al-Ajlouni St, Shmeisani) Con oficinas en el Radisson SAS y en los jardines del Rey Abdalá.

Firas Car Rental (plano p. 58; ☎4612927; 1er círculo, Jebel Amman) Agente de Alamo Car Rental.

Hertz (plano p. 60; ☎5920926, línea 24 h en el aeropuerto 4711771; www.hertz.com; jardines del Rey Abdalá, Shmeisani) Tiene oficinas en el aeropuerto, el Grand Hyatt y el Sheraton.

National Car Rental (plano p. 60; ☎/fax 5601350, línea 24 h 5591731; www.1stjordan.net/national; Le Meridien) También dispone de oficinas en los hoteles Amman Marriott y Sheraton.

Reliable Rent-a-Car (☎5929676; www.rentareliablecar.com; 19 Fawzi al-Qawoaji St, Abdoun)

Cómo desplazarse

A/desde los aeropuertos

El aeropuerto internacional Queen Alia está 35 km al sur de la ciudad. El **autobús Airport Express** (plano p. 58; ☎0880 022006, 4451531) circula entre el aeropuerto y la estación de autobuses norte (Tabarbour) y de camino pasa por los círculos 4º, 5º, 6º y 7º. Este servicio sale cada hora de 7.00 a 23.00, y a la 1.00 y las 3.00, desde el aeropuerto a diario. Desde Ammán funciona de 6.00 a 22.00 cada hora y a las 2.00 y 4.00. Los autobuses Sariyah (3 JOD, 45 min) circulan cada 30 minutos de 6.15 a 24.00. En el aeropuerto, los autobuses salen de enfrente del vestíbulo de llegadas de la terminal 2. El billete se saca en la taquilla que hay en la puerta.

Hay sucursales de **Avis** (☎5699420) y **Hertz** (☎4711771) y otras agencias de alquiler de automóviles. Las que no disponen de oficina en el aeropuerto contactan con los clientes allí u organizan la recogida en el aeropuerto.

La forma más rápida y sencilla de llegar al aeropuerto es en taxi (de 20 a 25 JOD desde el centro).

Para llegar al aeropuerto Marka, se puede tomar un taxi colectivo en la estación Raghadan (200 fils).

Autobús

Los autobuses 26, 27, 28, 41 y 43 son útiles para llegar al centro, si se tiene suficiente paciencia como para esperar y se sabe suficiente árabe para hablar con el conductor. Los billetes cuestan unos 70 fils.

Para ir al 7º círculo, se puede tomar el autobús nº 41 o cualquier otro que vaya a Wadi as-Seer.

Taxi

TAXIS PRIVADOS

Los taxis privados son de color amarillo. Hay muchos, se pueden parar en la calle y son baratos. Por ejemplo, un taxi del centro a Shmeisani cuesta 2,50 JOD y 3 JOD a Tabarbour. Para desplazamientos más largos por la ciudad es mejor acordar un precio por horas (cuando se redactó esta guía el precio estándar era de 10 JOD).

TAXIS COLECTIVOS

Son de color blanco, hacen rutas específicas y no pueden salir de los límites de la ciudad. Cuestan desde 350 fils por persona y normalmente se paga el trayecto completo, independientemente de donde se apee uno. Después de las 20.00 las tarifas aumentan un 25%.

En horas punta (8.00-9.00 y 17.00-18.00) se pueden producir importantes atascos. Los taxis hacen cola y normalmente salen del pie de una colina, se toma el último y toda la fila retrocede un espacio.

ALREDEDORES DE AMMÁN

A excepción del centro, descubrir vestigios de la antigüedad no es una tarea fácil, ya que la ciudad se construyó en gran parte en el s. XX. Sin embargo, no hay que ir mucho más allá de sus límites para encontrar recuerdos históricos del ilustre pasado del país. De hecho, en las afueras hay ruinas romanas, puntos de referencia bíblicos, iglesias bizantinas y estructuras otomanas, todo ello con los hermosos paisajes de las calles de Ammán como telón de fondo. Cada uno de los lugares recomendados a continuación se puede visitar en una excursión de medio día desde Ammán.

Wadi as-Seer e Iraq al-Amir وادي السير y عراق الأمير

En contraste con la árida meseta de los alrededores de Ammán, al oeste de la capital se encuentra el fértil Wadi as-Seer, un valle surcado por varios ríos, bordeado de cipreses y salpicado de aromáticos huertos y olivares. En primavera, y más concretamente en abril y mayo, este valle es el escenario de una espectacular floración silvestre, incluida la flor nacional jordana, el lirio negro.

El pueblo homónimo, de origen principalmente circasiano, en la actualidad forma parte de la extensa zona oeste de Ammán. Sin embargo aún se tiene la sensación de estar en una comunidad diferente, sobre todo por los edificios de piedra otomanos y la mezquita del centro del pueblo. Sin embargo, los principales atractivos de la zona están bajando el *wadi* (valle).

A unos 4 km pasado Wadi as-Seer, de camino al pueblo de Iraq al-Amir, se ve un antiguo **acueducto romano** (plano p. 80). Poco después del acueducto, si se mira a lo alto de la colina de la izquierda se ve una fachada excavada en la roca. Conocida como **Ad-Deir** (monasterio; plano p. 80), seguramente servía como ornamentado palomar medieval.

Si se continúan otros 6 km se llega a las cuevas de **Iraq al-Amir** (cuevas del príncipe). Están organizadas en dos niveles; el nivel superior forma una larga galería (parcialmente dañada por un terremoto en 1999) por la pared del acantilado. Las 11 cuevas sirvieron en su día de establos, pero hoy los lugareños las usan como refugio para las cabras y para almacenar pienso. Unos escalones llevan hasta las cuevas desde la carretera asfaltada; cerca de la entrada hay una antigua inscripción en hebreo.

Enfrente a las cuevas se encuentra el pueblo de Iraq al-Amir, que acoge el **poblado de artesanos de Iraq al-Amir** (plano p. 80; ⌚8.00-16.00, cerrado vi), donde se puede comprar cerámica, tejidos, alfombras y artículos de papel. El proyecto fue fundado por la Noor al-Hussein Foundation y da trabajo a muchas mujeres de la región. Los beneficios revierten en la comunidad.

Unos 700 m más adelante, visible desde las cuevas, se erige el pequeño pero impresionante **Qasr al-Abad** (palacio del esclavo; gratis; ⌚con luz solar). A pesar de su aspecto y de su nombre, seguramente se trata más de una villa fortificada que de un fuerte militar. Se desconoce la fecha de su construcción, aunque se cree que lo erigió Hyrcanus, de la poderosa familia judía Tobiad, entre el 187 y el 175 a.C. Aunque nunca se completó, en gran parte ha sido reconstruido y sigue siendo impresionante.

En su construcción se emplearon algunos de los bloques más grandes hallados en estructuras antiguas de Oriente Próximo (el mayor mide 7 x 3 m). El espesor de los mismos, de solo unos 20 cm, hizo que la estructura sucumbiera ya en el año 362 a un seísmo. Actualmente, lo más interesante es su emplazamiento y los grabados de animales en los muros exteriores, como la fuente-pantera de la planta baja, las erosionadas águilas en las esquinas o la leona con cachorros en la planta superior de la parte de atrás.

Por una propina de 1 JOD el guarda abrirá al visitante el interior del palacio y un pequeño museo que incluye bocetos del aspecto

Alrededores de Ammán

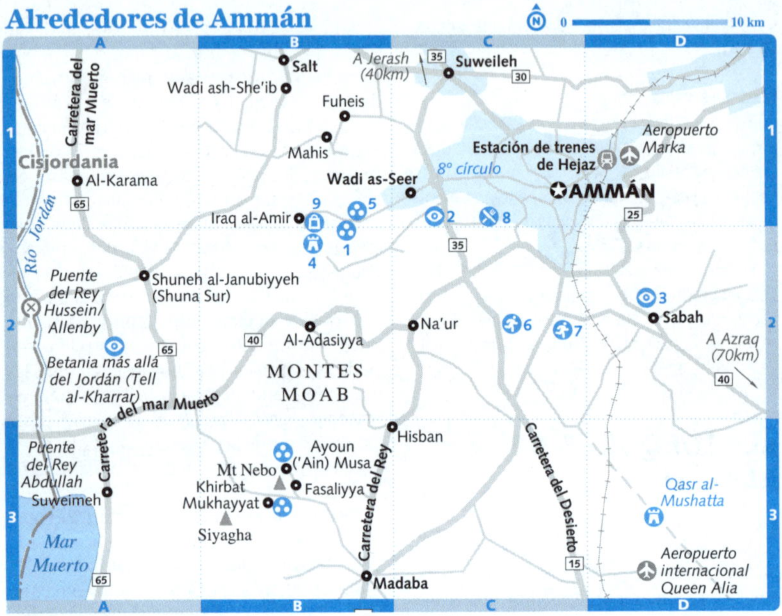

Alrededores de Ammán

Puntos de interés

1 Ad-Deir (monasterio) B2
2 Amman Waves C1
3 Cueva de los Siete Durmientes (Ahl al-Kahf) D2
4 Qasr al-Abad B2
5 Acueducto romano B1

Actividades, cursos y circuitos

6 Bisharat Golf Course C2
7 Royal Racing Club C2

Dónde comer

8 Kan Zeman Restaurant C1

De compras

Tiendas de artesanía ....(véase 8)
9 Poblado de artesanos de Iraq Al-Amir B1

que debió de tener el complejo en su época. Si no hay nadie, se aconseja preguntar por la *miftah* (llave) en la pequeña tienda contigua a la puerta.

Cómo llegar y salir

Los microbuses tienen salidas regulares desde la **estación de autobuses Muhajireen** (plano p. 58; Al-Ameerah Basma bin Talal St, Amman) al pueblo de Wadi as-Seer (300 fils, 30 min) y con menos frecuencia de la estación de autobuses Raghadan (fuera de plano p. 52), en el centro. Desde Wadi as-Seer, se puede tomar otro microbús hasta las cuevas o recorrer a pie los 10 km, casi todos colina abajo. La señal que indica el acceso al poblado de artesanos de Iraq al-Amir está frente a la escalera que lleva a las cuevas. Otra opción es tomar el autobús nº 26 desde Shabsough St, en el centro de Ammán, hasta la última parada y desde allí, un taxi o un autobús a Wadi as-Seer. Desde las cuevas hay un agradable paseo cuesta abajo hasta el *qasr*, que luego deberá subirse.

En automóvil, hay que dirigirse hacia el oeste desde el 8º círculo y seguir la carretera principal, que acaba serpenteando por el pueblo de Wadi as-Seer.

Cueva de los Siete Durmientes (Ahl al-Kahf)
أهل الكهف

La leyenda de los "siete durmientes" tiene varios paralelismos en la literatura. En ella se cuenta que siete niños cristianos, perseguidos por el emperador romano Trajano, se ocultaron en una cueva y en ella durmieron durante 309 años. Pues bien, esta es una de las varias localizaciones que afirman ser dicho lugar (aunque la más famosa está en

Éfeso, Turquía). En la **cavidad principal** (plano p. 80; gratis; ⏲8.00-18.00), también llamada Ahl al-Kahf (cueva de la gente), hay ocho pequeñas tumbas selladas, y por un pequeño orificio en una de ellas se ve un espeluznante osario. Por encima y por debajo de la cueva quedan restos de dos mezquitas. Unos 500 m al oeste de la misma hay un gran **cementerio bizantino,** cuyas tumbas, por desgracia, están llenas de basura.

La cueva queda a la derecha de una gran mezquita nueva que hay en el pueblo de Rajib, junto a la carretera Ammán-Sabah. Los autobuses de Ammán a Sabah pasan a 500 m de la mezquita; se pueden tomar en la estación de autobuses Wahadat (menos de 500 fils, 15 min). Otra alternativa es tomar un microbús en Quraysh St, en el centro de la capital, y pedirle al conductor que pare en "al-Kahf", donde se puede cambiar a otro a Sabah. Aunque la forma más sencilla de llegar hasta allí es tomar un taxi (unos 8 JOD por trayecto).

Fuheis فحيص

☎06 / 5000 HAB. / ALT. 1050 M

15 km al noroeste de Ammán, este agradable pueblo es famoso por su fruta y, por extraño que parezca, su producción de cemento. Construido alrededor del 2000 a.C., tiene una población mayoritariamente cristiana, con varias **iglesias** ortodoxas y católicas. Sin embargo, la principal razón para visitarlo es para comer o cenar en su famoso restaurante.

La cocina jordana del **Zuwwadeh Restaurant** (☎4721528; platos principales 6-14 JOD; ⏲10.00-24.00) es deliciosa, en especia el *fatteh* (pan frito) con hummus, carne o pollo y piñones; el "*fatteh* para bodas" lleva también tomate y cardamomo. Se puede elegir entre mesas a la sombra en el exterior o un íntimo comedor interior, y la mayoría de las noches ofrece actuaciones en directo de *oud* (laúd) en el piso superior (después de las 19.00). Muy popular entre los lugareños y expatriados entendidos de Ammán, el ambiente es animado y cálido, a lo que contribuye en gran manera su jovial y solícito personal.

ℹ Cómo llegar y salir

Se llega fácilmente en microbús desde la estación de autobuses Abdali (plano p. 58) en Ammán (500 fils, 40 min). También está conectado con Wadi as-Seer, lo que facilita visitar ambos destinos en un viaje de un día desde Ammán. Si se cena en el restaurante es mejor reservar un taxi de regreso a Ammán por unos 10 JOD.

La parada de microbuses del antiguo barrio de Al-Rawaq (también conocido como *il-balad)* está cerca del Zuwwadeh Restaurant, en una rotonda con un san Jorge matando al dragón.

Jerash, Irbid y el valle del Jordán

جرش & إربد & الشمال

Sumario »

Los mejores alojamientos

» Hadrian Gate Hotel (p. 92)
» Olive Branch Resort (p. 92)
» Biscuit House B&B (p. 97)
» Qalet al-Jabal Hotel (p. 95)

Los mejores restaurantes

» Lebanese House (p. 93)
» Umm Qais Resthouse (p. 106)
» Pella Rest House (p. 108)
» Bethany Touristic Restaurant (p. 112)

Por qué ir

Sería de esperar que el lejano norte de Jordania, con sus excepcionales ruinas romanas, referencias bíblicas, animadas ciudades y compleja orografía fuese parada habitual de todo viaje al país, sin embargo, la región recibe relativamente pocos visitantes en comparación con Petra y el sur. Para los interesados, esta es una excelente noticia, pues significa que es perfectamente posible disfrutar de yacimientos épicos como el de Jerash (antigua Gerasa) sin las multitudes normalmente asociadas a un destino de su calibre.

Aunque muchos de sus lugares de interés pueden recorrerse en una excursión de un día desde Ammán, esta antigua y populosa región, salpicada de olivares, pinares y ruinas de las ciudades de la Decápolis romana, merece una visita más larga. La disponibilidad de transporte público y alojamientos agradables lo facilita, y si se va en plena floración primaveral, costará marchar.

Cuándo ir

El mejor momento para visitar la parte norte de Jordania es primavera (de marzo a mediados de mayo), cuando el lirio negro, la flor nacional, aparece a los lados de las carreteras y multitud de flores silvestres tapizan las semiáridas laderas.

Para los ávidos de eventos culturales, los cálidos meses de julio y agosto brindan música y poesía en las ruinas romanas, durante el Festival de Cultura y Arte de Jerash.

De principios de noviembre a enero, cuando el crudo invierno cae sobre los pueblos de las colinas, en el valle del Jordán maduran frutas subtropicales.

Historia

Cuando se viaja por el lejano norte de Jordania, el nombre de Gilead surge de vez en cuando. Ese era el nombre en tiempos bíblicos de la región, delimitada por las erosivas aguas del río Yarmouk al norte y el otrora caudaloso río Jordán al oeste. Las colinas de Gilead llevan habitadas desde la Antigüedad, y en su día acogieron la Decápolis romana. Estas 10 ciudades-estado, fundadas en su mayoría durante el período helenístico, florecieron junto a las fronteras con los territorios griegos y semíticos. Los romanos convirtieron estas ciudades, abanderadas de la cultura romana en los remotos límites del imperio, en poderosos centros comerciales.

Si el viajero se pregunta dónde están esos enclaves hoy en día, lo más probable es que se encuentre justo encima de ellos. El norte de Jordania es la zona más densamente poblada del país, y acoge el importante centro urbano de Irbid, así como docenas de pueblos y aldeas que en su mayoría han sepultado muchas ciudades antiguas. Con un poco de investigación *amateur* es fácil distinguir los *tells* (montículos formados por los restos de sucesivos asentamientos) y los restos arqueológicos de la Decápolis desperdigados por las colinas de Gilead. Si no se tiene tiempo ni inclinación por semejante trabajo detectivesco, basta con dirigirse a Umm Qais (Gadara), Pella y, sobre todo, Jerash, donde sus columnas, anfiteatros y suelos de mosaico ofrecen suficientes pistas como para evocar toda la pompa y el esplendor del pasado romano.

Reservas naturales

En el norte de Jordania hay dos, y ambas engloban excepcionales bosques. La **Reserva Forestal de Ajlun** (p. 96) es la más preparada para el turismo de las dos, pues cuenta con excelentes senderos y alojamientos. La **Reserva Forestal de Dibeen** (p. 93) es un popular destino de *picnics* el fin de semana.

Peligros y advertencias

La región tiene frontera con Israel y los Territorios Palestinos al oeste y con Siria al norte. Dado que las relaciones entre los tres países son muy delicadas, se recomienda actuar con discreción cuando se viaje alrededor de los valles del Yarmouk o el Jordán. Hay muchos puntos de control, sobre todo en la convergencia de ambos valles, en las proximidades con Umm Qais, por lo que es imprescindible llevar el pasaporte y, si se va al volante, el carné de conducir y los documentos del alquiler. Se desaconseja hacer senderismo y

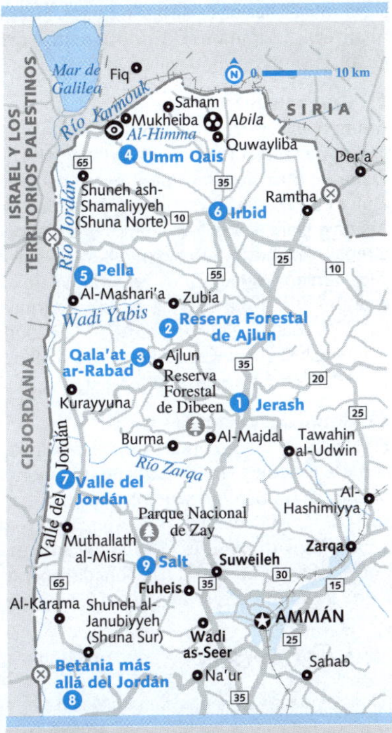

Imprescindible

1. Recorrer las calles columnadas de **Jerash** (p. 85), una ciudad romana de provincias excelentemente conservada.
2. Caminar por los senderos de la **Reserva Forestal de Ajlun** (p. 96) a la sombra de madroños.
3. Visitar el espectacular castillo de **Qala'at ar-Rabad** (p. 94), una de las construcciones islámicas más impresionantes de Jordania.
4. Disfrutar de vistas panorámicas a tres países desde las ruinas de basalto de **Umm Qais** (p. 103).
5. Recorrer la historia jordana en el complejo arqueológico de **Pella** (p. 107).
6. Visitar las exposiciones del **Museo de Arqueología y Antropología** (p. 99), situado en el vibrante campus de la Universidad de Yarmouk, en Irbid.
7. Viajar al subtropical **valle del Jordán** (p. 103) y degustar fruta de temporada.
8. Coger agua del río Jordán en **Betania** (p. 111), donde se cree que fue bautizado Jesús.
9. Pasear entre las casas tradicionales de la ciudad comercial de **Salt** (p. 108) y descubrir el porqué de su nombre.

sacar fotografías cerca de las fronteras, lo que incluye las instantáneas del río Jordán cerca de los puestos de vigilancia.

Cómo llegar y salir

Ammán es la puerta de acceso al norte, por lo que casi todo el transporte público procedente de otras regiones pasa por la capital, aunque hay conexiones directas de Madaba y Aqaba a Irbid. Por cuatro fronteras del norte circula transporte público que lleva a Israel y los Territorios Palestinos y a Siria. Véase el capítulo *Viajar por tierra* para más información. En coche, se puede entrar en la región por Jerash si se proviene de Ammán, o por el valle del Jordán desde el mar Muerto.

Cómo desplazarse

En comparación con otras zonas de Jordania, el norte está bien comunicado en transporte público. Hay microbuses que conectan la mayoría de las ciudades y pueblos y que recorren a intervalos irregulares el valle del Jordán. Conviene tener paciencia a la hora de esperar a que los autobuses se llenen y olvidarse de intentar acordar un 'precio justo'; es improbable que un viaje por el norte cueste más de 1 JOD. Conducir por la región requiere dotes de navegación, pues es frecuente que una carretera rural acabe convirtiéndose en un camino cerrado debido a un *wadi* infranqueable.

JERASH Y ALREDEDORES

A menudo llamada la "Pompeya de Asia", las ruinas de Jerash (Gerasa en tiempos romanos) son uno de los mayores atractivos de Jordania y uno de los mejores ejemplos de ciudad romana de provincias de Oriente Próximo. Extraordinariamente bien conservada durante siglos por el aire seco del desierto, Jerash comprende una colección de arcos de triunfo, dos anfiteatros, un hipódromo en el que se celebraban carreras de carros a diario, templos y un espectacular foro columnado.

LA DECÁPOLIS

Las ciudades romanas comerciales de las actuales Jordania, Siria e Israel y los Territorios Palestinos adoptaron el nombre colectivo de Decápolis en el s. I d.C. Pese a la etimología del término, parece que estaba formada por más de 10 urbes, posiblemente 18. Esta liga de ciudades sirvió para unir las posesiones romanas y para potenciar el comercio regional. En Jordania, los principales centros de la Decápolis fueron Filadelfia (Ammán), Gadara (Umm Qais), Gerasa (Jerash), Pella (Taqabat Fil) y, posiblemente, Abila (Qweilbeh) y Capitolias (Beit Ras, cerca de Irbid).

Roma facilitó el crecimiento de la Decápolis otorgando a las ciudades un cierto grado de autonomía política, siempre bajo su esfera protectora. Cada urbe funcionaba más bien como una ciudad-estado con jurisdicción sobre la zona circundante e incluso con su propia divisa.

Pese a que disfrutaron de una semiautonomía, las ciudades eran visiblemente romanas y se construyeron según un plano en retícula y con costosos monumentos públicos. Una red de calzadas facilitaba el transporte de mercancías entre ellas, y los surcos de las ruedas de los carros aún se pueden ver en los empedrados de Umm Qais y Jerash. El llamado "culto imperial", que consistía en la veneración obligatoria del emperador, ayudó a unificar los centros de la Decápolis a la vez que garantizaba que sus residentes no olvidasen la generosidad de sus benefactores romanos.

Al pasear hoy en día por las calles de las ciudades en ruinas, es fácil imaginar cómo era la vida allí hace dos mil años: el bullicioso centro, repleto de tiendas y mercaderes, estaba rodeado de fuentes e impresionantes fachadas pintadas. Los nichos vacíos albergaban estatuas, los edificios estaban forrados de mármol y adornados con tallas de pavos reales y conchas, y los templos presentaban tejados de teja al estilo toscano.

El término "Decápolis" cayó en desuso cuando el emperador Trajano anexionó Arabia en el s. II d.C., aunque las ciudades siguieron manteniendo los vínculos entre ellas durante 400 años más. La conquista del Levante por los omeyas en el 641 provocó su desaparición. Los intereses políticos, religiosos y comerciales se trasladaron a Damasco y las ciudades de la Decápolis quedaron marginadas hasta tal punto que nunca pudieron recuperarse.

Aunque las ruinas son sin duda alguna el principal reclamo de la zona, Jerash (que también incluye una próspera ciudad moderna) y sus alrededores ofrecen mucho más. En Ajlun (o Aljoun), por ejemplo, hay un gran castillo, senderos, parajes para hacer un *picnic* y cientos de sitios en los que venden fruta fresca de los huertos cercanos. Por ello, aunque suela visitarse en una excursión de un día desde Ammán, la región cuenta con suficientes atractivos como para merecer, al menos, quedarse una noche.

Jerash جرش

☎02 / 123 190 HAB. / ALT. 618 M

Al llegar a la ciudad moderna de Jerash, con sus calles provincianas y pequeños huertos, no hay nada en ella que sugiera un pasado ilustre. Pero al cruzar el límite de la ciudad antigua, marcado por el imponente arco de Adriano, queda claro que en otros tiempos no fue un lugar atrasado, sino una ciudad de enorme riqueza e importancia. Pero ¿cómo pudo Jerash, que nunca estuvo en una gran ruta comercial, llegar a ser tan notable? La respuesta yace en la tierra. Todas las carreteras que llevan a Jerash están, en cualquier época del año, jalonadas de los característicos puestos de fruta de la zona. Higos, manzanas, ciruelas, bayas y, más especialmente, aceitunas, crecen prodigiosamente en las colinas circundantes y los excedentes agrícolas ayudan a las comunidades locales a prosperar al igual que en otros tiempos.

Jerash está partida en dos por un profundo y cultivado *wadi*. Hoy en día, como en época romana, el grueso de la población vive en el lado este. La ciudad amurallada de la parte oeste del *wadi,* embellecida con majestuosos monumentos, baños y fuentes públicas, estaba reservada a las actividades administrativas, comerciales, cívicas y religiosas. Ambos lados estaban unidos por pasarelas y rutas procesionales, y unas espléndidas puertas marcaban la entrada. En la actualidad el acceso a las ruinas de esta ciudad fortificada se hace por la puerta más meridional, conocida como puerta de Adriano o Arco del Triunfo.

Aunque perduran otras ciudades que albergan tesoros arquitectónicos similares, los restos de la antigua Gerasa son famosos por su fantástico estado de conservación. Quedan suficientes estructuras intactas como para que arqueólogos, historiadores e incluso el visitante medio puedan recomponer la vida bajo el dominio del emperador.

Historia

Aunque estaba habitada ya en el Neolítico y fue constituida como ciudad durante el reinado de Alejandro Magno (333 a.C.), Jerash es en gran medida una obra romana y, de hecho, es fácil distinguir entre las ruinas los restos bien conservados de todas las infraestructuras clásicas romanas: foro, cardo máximo, hipódromo y ninfeo. Para refrescar la memoria y recordar términos técnicos y artísticos clave como frontispicio o pórtico, véase el recuadro de p. 344.

Tras la conquista de la región por el general romano Pompeyo en el 64 a.C., Gerasa pasó a formar parte primero de la provincia romana de Siria y después de la Decápolis. Durante los siguientes dos siglos floreció el comercio con los nabateos (fundadores de Petra) y la ciudad se enriqueció enormemente gracias a la agricultura y la minería del hierro. En el s. I d.C. fue remodelada siguiendo un trazado en retícula, con una calle principal columnada de norte a sur (el cardo máximo, uno de los principales puntos de interés del yacimiento) atravesada por dos calles perpendiculares.

En el 106 d.C., bajo gobierno del emperador Trajano, se reestructuró de nuevo, y el arco del triunfo del extremo sur (a través del cual se accede ahora al lugar) fue construido en el 129 con motivo de la visita del emperador Adriano. Gerasa alcanzó su cenit a principios del s. III, cuando obtuvo el rango de colonia y contaba con entre 15 000 y 20 000 habitantes.

La ciudad entró en declive tras el devastador terremoto del 747, y su población se redujo tres cuartos. Después, al margen de una breve ocupación por parte de una guarnición de cruzados en el s. XII, permaneció completamente deshabitada hasta la llegada de los circasianos rusos en 1878. Pronto se descubrió la importancia arqueológica del lugar, lo que dio lugar al inicio de obras de excavación y restauración y al resurgimiento de una nueva ciudad en el lado oriental de las ruinas.

Puntos de interés

Los restos de Jerash cubren una inmensa extensión y al principio pueden parecer abrumadores, sobre todo porque no hay ningún tipo de señalización. Para ayudar a las ruinas a cobrar vida conviene contratar un guía (20 JOD) en la taquilla. Otra opción es visitar las principales construcciones en el orden en que figuran más abajo. Toda la ruta, caminando sin prisas y dejando tiempo para sentarse en

Jerash

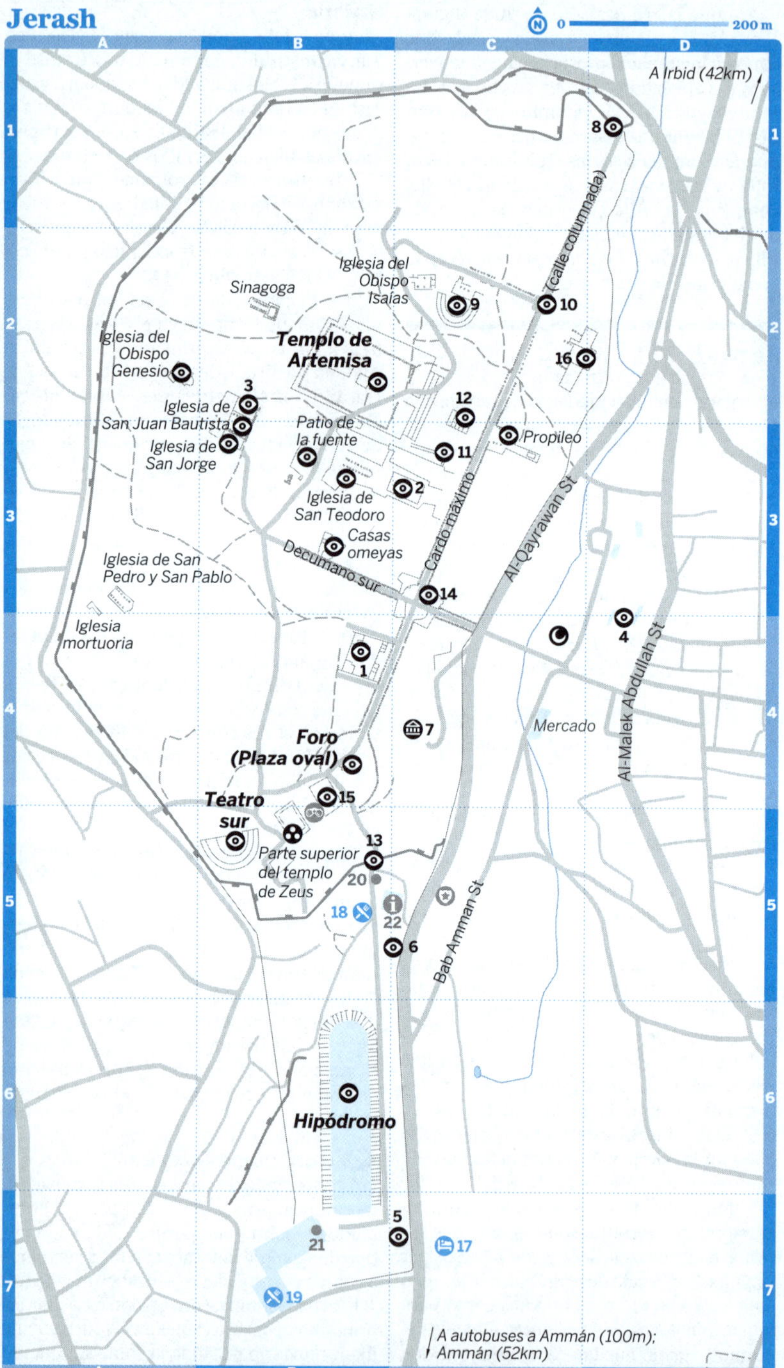

0
200 m
A Irbid (42km)
Iglesia del Obispo Isaías
Sinagoga
(calle columnada)
Templo de Artemisa
Iglesia del Obispo Genesio
Iglesia de San Juan Bautista
Iglesia de San Jorge
Patio de la fuente
Propileo
Iglesia de San Teodoro
Casas omeyas
Decumano sur
Cardo máximo
Al-Qayrawan St
Iglesia de San Pedro y San Pablo
Iglesia mortuoria
Al-Malek Abdullah St
Mercado
Foro (Plaza oval)
Teatro sur
Parte superior del templo de Zeus
Bab Amman St
Hipódromo
A autobuses a Ammán (100m); Ammán (52km)

Jerash

Principales puntos de interés

	Foro (Plaza oval)	B4
	Hipódromo	B6
	Teatro sur	B5
	Templo de Artemisa	B2

Puntos de interés

1	Ágora *(macellum)*	B4
2	Catedral	C3
3	Iglesia de San Cosme y San Damián	B2
4	Baños orientales	D4
5	Arco del triunfo de Adriano	C7
6	Oficina del Festival de Jerash	C5
7	Museo	C4
8	Puerta norte	D1
9	Teatro norte	C2
10	*Tetrapylon* norte	C2
11	Ninfeo	C3
12	Propileo (entrada al templo de Artemisa)	C2
13	Puerta sur	B5
14	*Tetrapylon* sur	C3
15	Templo de Zeus	B4
	Galería abovedada	(véase 15)
16	Baños occidentales	C2

Dónde dormir

17	Hadrian Gate Hotel	C7

Dónde comer

18	Jerash Rest House	B5
19	Jordan House Restaurant	B7

De compras

	Tiendas de recuerdos	(véase 21)

Información

20	Taquilla	B5
21	Taquilla (entrada al complejo)	B7
22	Centro de visitantes	C5

una columna caída y disfrutar de las vistas, lleva como mínimo entre 3 y 4 h. No obstante, aquí también se recomiendan dos itinerarios más cortos.

La entrada al complejo está al sur de la antigua ciudad, cerca del arco de Adriano. La **taquilla** (6351272; entrada 8 JOD; 8.00-16.30 oct-abr, hasta 19.00 may-sep) se encuentra en la zona de tiendas de recuerdos, donde también se sitúa una oficina de correos y una cafetería. Hay que conservar la entrada, pues la piden en la puerta sur.

Arco de Adriano — ENTRADA MONUMENTAL

Nada como caminar bajo el arco del triunfo de Adriano, de 13 m de alto y situado en la entrada al yacimiento, para hacerse una idea de la pompa y esplendor de Roma. Se desaconseja evitar cruzarlo y subir por la cuesta de al lado, pues entonces uno se pierde el fantástico encuadre de la ciudad que se divisa desde los escalones del arco, desde donde se puede admirar el surtido de columnas y muros de tonos miel, unas delicadamente talladas con hojas de acanto, otros sólidos y funcionales, que se extiende hasta las lejanas colinas, tal y como pretendieron los arquitectos romanos.

Construido para conmemorar la visita del emperador Adriano, el arco era originariamente el doble de alto y descansaba sobre tres enormes puertas de madera.

Hipódromo — ESTADIO

Después de pasar el arco es posible que se oiga el golpeteo de cascos de caballos y el chirrido de ruedas de madera. Lo más probable es que se trate de una de las dos representaciones diarias que se hacen de las carreras de cuadrigas que se celebraban en el hipódromo de la izquierda (véase recuadro en p. 88). El espectáculo, una aventura sueco-jordana, se ha convertido en uno de los puntos culminantes de la visita al yacimiento y no hay que perdérselo. Comienza con el desfile de 40 legionarios romanos (fuerzas especiales jordanas) que realizan diferentes ejercicios militares, como la formación en tortuga o el uso de la catapulta, y continúa con una lucha de gladiadores con tridentes, redes y *gladius* (espadas) y una carrera de cuatro carros que dan siete vueltas alrededor de la *spina* central del hipódromo.

Aunque no se llegue a tiempo para ver el espectáculo, vale la pena sentarse en las gradas e imaginar el clamor de la multitud. Construido entre los ss. I-III d.C., este antiguo estadio deportivo (244 x 50 m) estuvo rodeado por palcos con capacidad para 15 000 espectadores, 30 veces más que su actual aforo, y acogió principalmente competiciones atléticas y carreras de cuadrigas. Recientes excavaciones han descubierto restos de establos, talleres de cerámica e indicios de que los invasores sasánidas también lo usaron para jugar al polo a principios del s. VII.

INDISPENSABLE

SALUDAR A LAS TROPAS EN LA CARRERA DE CUADRIGAS DE JERASH

Para entender cómo y por qué los romanos consiguieron conquistar tan fácilmente Oriente Próximo, solo hay que visitar las espectaculares ruinas de Jerash.

La respuesta no está en los restos desperdigados por el yacimiento, sino en la novedosa representación que se celebra dos veces al día en el hipódromo. Después de 1500 años de ausencia, el espectáculo ha regresado al campo gracias a la **Roman Army & Chariot Experience** (www.jerashchariots.com; entrada 12 JOD; ⌚ espectáculo 11.00 y 14.00 sa-mi, 11.00 vi), que recrea carreras de cuadrigas de la manera más fiel posible, incluidas las órdenes en latín.

Los visitantes se ríen con la animada conversación del maestro de ceremonias, un tal Adam Al-Samadi, también conocido como Gaius Victor. Vestido de legionario romano con un casco con plumas, permanece erguido como un auténtico centurión. "Saluden a las tropas", insta con un rudo acento inglés mientras se remanga la túnica y levanta una lanza a los veteranos del Ejército jordano, ataviados con su nuevo uniforme de la Sexta Legión Romana.

"Estos hombres", dice Gaius imperiosamente a la populosa audiencia de las gradas, "no querían morir en un campo de batalla dejado de la mano de Dios. Querían volver a casa con sus mujeres y amantes en la civilizada Roma y cobrar sus pensiones". Por eso, sostiene, los soldados romanos eran los mejores del mundo: "Iban al grano, sin contemplaciones. Ocho minutos de lucha y, después, hombres frescos para los siguientes ocho minutos de guerra".

Un grupo de soldados arrastran los pies en formación, clavan en el suelo sus relucientes escudos y avanzan por el estadio como un plateado tanque humano, inmunes a las lanzas de la población indígena, cubierta con pieles, y casi más vulnerable a las risas de los espectadores. "Gaius Victor", le pregunto después del espectáculo: "¿Qué es lo que empuja a un erudito como usted a hacer un trabajo como este?" "Llámelo pan y circo", dice, "eso es lo que tenía contenta a la gente con los romanos y creo que es lo que nos sigue hacienda felices hoy en día".

La respuesta suena bastante convincente, pero entonces sus ojos se nublan y añade: "Sabes, ese momento de la actuación cuando digo «Saluden a las tropas», cuando veo que lo hacen detrás de mí, me provoca una emoción que no puedo explicar". Hay que olvidarse de los disciplinados ejércitos y de la ordenada organización del trabajo y las provisiones. La población local cayó rendida ante la magia de Roma. Al ver cómo un soldado suena la corneta desde lo alto del Arco del Triunfo de Jerash, con su manto escarlata mecido por el viento y la bandera de Jordania hondeando en el cielo, es fácil entender por qué.

Jenny Walker

Puerta sur ENTRADA MONUMENTAL

Caminando 200 m desde el hipódromo se llega a la puerta sur, que probablemente fue erigida en el 130 d.C. y que en origen fue una de las cuatro entradas de la ciudad amurallada. De camino se puede ver que la ciudad romana, antes y ahora, está partida por el Wadi Jerash, en cuyo lado este se extiende la mayor parte de la zona residencial.

El centro de visitantes (véase p. 93) queda a la derecha, antes de llegar a la puerta, y allí se puede contratar un guía o tomar un refresco en el único restaurante del yacimiento antes de entrar en la ciudad propiamente dicha. La muralla mide 3,5 km de largo, presenta 3 m de espesor y encierra 1 km² de ciudad.

Al pasar bajo la puerta sur hay que mirar hacia arriba: al igual que en el arco de Adriano, las columnas ostentan elaboradas decoraciones con hojas de acanto y antaño sostuvieron tres puertas de madera. El arco enmarca el primer indicio del esplendor que se despliega más adentro: las columnas del foro parecen más y más profusas según se van aproximando.

Galería abovedada MUSEO

Por muy tentador que resulte ir directo al foro, se recomienda girar hacia el corredor abovedado que hay debajo del patio del templo de Zeus. Cuando los ojos se acostumbran a la penumbra se ve una magnífica colección de columnas, frontispicios y sillares con uvas, granadas y hojas de acanto talladas. Este es un buen sitio para entender la diferencia entre los tres órdenes clásicos: dórico, jónico y corintio. Pero lo que realmente vale la pena es la galería: el legado de Roma permanece porque fue construido para perdurar.

Foro PLAZA ROMANA

Las escaleras que hay en el exterior de la galería llevan a uno de los principales reclamos de Jerash. Independientemente de la luz y del tiempo, el foro, con sus esbeltas columnas dispuestas en torno a una inusual plaza de forma oval, siempre resulta impresionante. Este inmenso espacio (90 m de largo y 80 m de ancho máximo) situado en el centro de la ciudad conectaba la vía principal (el cardo máximo) con el templo de Zeus y servía como plaza de mercado y como centro de la vida social y política de la ciudad. Hoy en día sigue atrayendo multitudes, además de familias jordanas que comen al aire libre y vigilantes que dormitan entre las columnas.

¡Y qué columnas! Construido a mediados del s. I d.C., el foro está rodeado por 56 impresionantes columnas jónicas hechas con cuatro sólidos cortes de piedra que parecen el doble por las sombras que proyectan. La plaza en sí es igual de espectacular, con su pavimento de piedra caliza de gran calidad. Las losas, cuyo tamaño aumenta a medida que se alejan del centro, crean una sensación de vórtice que atrae la mirada al punto central. Para apreciar bien el fenómeno se necesita una vista aérea que se puede obtener subiendo los escalones del templo de Zeus.

Templo de Zeus TEMPLO

Erigido en el 162 d.C. sobre los restos de otro templo romano, estaba precedido de una monumental escalinata que conducía a la parte superior desde el *temenos* (patio sagrado). Ahora las lagartijas toman el sol en las grietas del pavimento, inconscientes de los sacrificios sagrados que allí solían celebrarse. El templo, en la cima de la colina, domina la ciudad. Pese a la erosión y los terremotos, se conserva lo suficiente de este bello edificio como para calibrar su antigua importancia.

Un sendero lleva del *temenos* al templo pasando por una bien recibida hilera de árboles. Se puede hacer una pausa aquí para observar el panorama del foro y el pequeño pinar en el que se sitúa el museo del yacimiento. Caminando desde los árboles hacia el templo se ven los intrincados frisos de motivos florales y figurativos que excavaron unos arqueólogos franceses.

Teatro sur ANFITEATRO ROMANO

Está a pocos pasos del templo. Al entrar por la puerta de madera que hay entre los arcos nada hace presagiar que detrás del sencillo exterior se esconda un tesoro. Pero de repente, uno aparece en las gradas de arriba del teatro y no puede evitar quedarse impresionado. Construido entre el 81 y el 96 d.C., en su día podía acoger a 5000 espectadores dispuestos en dos pisos de asientos, de los que solo se conserva uno, y es un teatro casi perfecto.

Conviene sentarse en la fila 30 de las 32 que hay (escrito en números griegos) para así ver que el decorado escenario es solo un primer plano del telón de fondo que forma la antigua y la moderna Jerash. Al atardecer, la luz se funde con la superficie del escenario. Durante el **Festival de Arte y Cultura de Jerash** (véase recuadro en p. 92), el teatro demuestra ser un auditorio tan digno como lo fue hace 2000 años.

Decumano sur CALLE

Si el calor es sofocante o se está cansado de tanta ruina, se puede bajar desde el teatro hacia el foro y salir por donde se entró. La puerta de Adriano está 10 min a pie. Si aún quedan fuerzas, se puede seguir la senda que va desde el teatro hacia el templo de Artemisa. De camino se ve una doble columnata a la derecha formada por el decumano sur, la principal vía este-oeste. Al final de esta línea de visión hay una mezquita moderna, un oportuno recordatorio de que los jordanos han abrazado diferentes religiones a lo largo de la historia, una diversidad de culto que siguen tolerando hoy en día.

Pero la tolerancia no siempre fue un hecho, tal y como se puede comprobar si se sube por el camino de la izquierda hacia lo que podría llamarse la "colina de las iglesias", donde se hallan varias iglesias en ruinas.

Iglesia de San Cosme y San Damián IGLESIA

Cuando el cristianismo se convirtió en religión oficial durante el mandato del emperador Constantino, en el 324 d.C., todos los monumentos romanos que estaban mancillados por las denominadas prácticas paganas se abandonaron rápidamente. Estos edificios fueron desmantelados para conseguir materiales de construcción, pues las ciudades romanas competían entre sí para erigir majestuosas iglesias y catedrales en nombre del Señor. Como testimonio de la presencia bizantina en Jerash, se han descubierto 15 iglesias entre las ruinas, pero se piensa que en la zona había muchas más.

La iglesia de San Cosme y San Damián (un complejo con cuatro columnas bulbosas y un grueso muro exterior) es una de las mejor conservadas. Fue consagrada en el 533 en memoria de estos dos hermanos, ambos doctores, que dedicaron su vida a los pobres y necesitados y fueron martirizados bajo el gobierno de Diocleciano. La iglesia atesora los mosaicos en mejor estado de conservación de Jerash. Desde lo alto del muro de contención se ven claramente figuras zoomorfas, diseños geométricos y símbolos médicos. Algunos de estos mosaicos se muestran ahora en el Museo de las Tradiciones Populares (p. 55) de Ammán.

Subiendo por la colina, justo antes de llegar al gran templo que aparece delante, se aconseja sentarse en el sarcófago de piedra que hay allí y disfrutar de las vistas. Es uno de los mejores puntos panorámicos de Jerash, pues muestra todas las ruinas desde la puerta norte hasta la de Adriano.

Templo de Artemisa — TEMPLO

Si tiene la suerte de visitar Jerash en un día parcialmente nublado, el viajero se llevará una gran sorpresa, pues los pilares de arenisca del magnífico templo de Artemisa relucen como barras de oro líquido cada vez que el sol se abre hueco entre las nubes. Es un espectáculo mágico, y magia, en el sentido estricto de la palabra, fue exactamente lo que los arquitectos de esta joya debieron de intentar captar en el diseño del templo.

Dedicado a Artemisa, diosa de la caza y la fertilidad, e hija de Zeus, el templo, que con todo merecimiento es uno de los edificios más fotografiados de la ciudad antigua, fue construido entre el 150 y el 170 d.C. y estuvo flanqueado por 12 columnas corintias profusamente decoradas (11 siguen en pie). La estructura es especialmente impresionante, puesto que se tuvieron que erigir grandes cámaras al norte y al sur para salvar el desnivel del terreno. Estuvo totalmente cubierto de reluciente mármol, y los nichos albergaban preciadas estatuas de Artemisa.

Desafortunadamente el edicto de Teodoro del 386 d.C., que permitía el desmantelamiento de templos paganos, condujo a la desaparición de este otrora majestuoso edificio que fue desmontado para construir nuevas iglesias. Los bizantinos contribuyeron a su deterioro al convertirlo en un mero taller artesanal para elaborar utensilios de cocina. En el s. XII el templo renació como fortificación árabe, aunque fue arrasado por los cruzados.

Se puede bajar por el **propileo,** el monumental vestíbulo del templo construido en el 150 d.C. y que originalmente estaba flanqueado de tiendas. Desde aquí hay 20 min de paseo por el cardo máximo hasta la puerta de Adriano. Para hacerse una idea de la extensión total de Jerash, se puede ir hacia la puerta norte, donde esperan una o dos sorpresas más.

Teatro norte — ANFITEATRO ROMANO

Justo debajo del templo de Artemisa, medio escondido en la colina, se sitúa el bello y pequeño teatro norte. Construido hacia el 165 d.C. y ampliado en el 235, probablemente se usaba para acoger reuniones del gobierno en vez de representaciones artísticas. Contaba con 14 filas de asientos y dos pasillos abovedados que conducían a la parte delantera, además de cinco corredores interiores con arcos que llevaban a las filas superiores.

Como muchos de los grandes monumentos de Jerash, fue destruido por los terremotos y, después, parcialmente desmantelado por bizantinos y omeyas para sus proyectos constructivos. No obstante, recientemente ha sido restaurado y aún tiene aforo para 2000 personas. Se recomienda sentarse en las filas de abajo, donde muchos de los asientos tienen inscritos los nombres de los delegados que votaban en el consejo comunal. Puede que no se usase para espectáculos, pero el diseño de los detalles rezuma ritmo, como los nichos curvos y las veneras invertidas, o las exuberantes tallas de músicos y bailarinas en la base de la escalera. Se aconseja salir del escenario por la izquierda, hacia la puerta norte.

Puerta norte — ENTRADA MONUMENTAL

Erigida en torno al 115 d.C., constituye un impresionante punto y aparte en el límite norte de las ruinas. Fue un encargo de Claudio Severo, responsable asimismo de la construcción de la carretera de Pella, y aún constituye un buen, aunque descuidado, marco del cardo máximo, que se despliega en toda su gloria a lo largo de la ciudad amurallada.

Quien llegue a la puerta norte se merece una palmadita en la espalda, pues pocos visitantes caminan hasta tan lejos. La buena noticia es que hay 35 min de paseo cuesta abajo hasta la puerta de Adriano. Si se quiere disfrutar de los muchos monumentos que hay de camino, se necesita al menos 1 h.

Cardo máximo CALLE

El magnífico y columnado cardo máximo de Jerash es recto en el sentido en que solo una vía romana puede ser recta, ignorando todas las curvas y desniveles naturales del paisaje, que podrían haber sugerido un trazado más serpenteante. Es uno de los grandes reclamos de la ciudad, y la oportunidad de pasear por sus 800 m de largo desde la puerta norte hasta el foro recompensa el esfuerzo.

Construida en el s. I con alcantarillado, fue rediseñada y remodelada varias veces y lleva el sello que prueba que fue la principal calle de la ciudad: las rodadas que miles de carros fueron dejando en las losas originales. Las 500 columnas que en su día bordeaban la vía se levantaron a diferentes alturas para ajustarse a las fachadas de los edificios que se alzaban detrás. Aunque la mayoría de las que quedan se restauraron y ensamblaron en la década de 1960, permiten hacerse una excelente impresión de la antigua espectacularidad de la calle.

Hay varios edificios de interés a ambos lados del cardo máximo en diversos estados de restauración y ruina. De norte a sur, entre los más destacados están el **'tetrapylon' norte** (arco con cuatro entradas), construido sobre la intersección del **decumano norte** (una de las dos calles principales que van de este a oeste). Fue reconstruido en el 2000, y probablemente fue diseñado como puerta de acceso al teatro norte.

Baños occidentales (y orientales) BAÑOS PÚBLICOS

Junto al cruce, en el lado este del cardo máximo, se encuentran los restos de los **baños occidentales,** un fantástico complejo de baños de agua caliente *(calidarium),* templada *(tepidarium)* y fría *(frigidarium)* que fue arrasado por un terremoto. En tiempos romanos, los baños públicos tenían el papel de club social (como muchos baños modernos jordanos hoy en día) y atraían a diferentes personas que se reunían para intercambiar noticias y cotilleos y disfrutar de música, charlas y actuaciones. Datan del s. II d.C. y son uno de los primeros ejemplos de sala cuadrangular rematada por una cúpula.

Los **baños orientales** están fuera de la ciudad amurallada, al otro lado del *wadi,* en la parte moderna de Jerash.

Ninfeo FUENTE

Después de la escalera que lleva al templo de Artemisa, en el lado oeste del cardo máximo, está el elegante ninfeo, la principal fuente ornamental de la ciudad y dedicada a las ninfas del agua. Levantada hacia el 191 d,C., esta estructura de dos pisos estaba laboriosamente decorada, con una fachada de losas de mármol en la parte baja y otra enlucida en la superior, todo rematado por media cúpula. El agua caía por la fachada hasta una gran pila y salía a borbotones por siete cabezas de león que la conducían a los desagües de la calle.

Aunque hace mucho que el agua no mana del ninfeo, esta estructura bien conservada sigue siendo un lugar destacado de Jerash. Varias columnas corintias bellamente esculpidas siguen enmarcando la fuente, que cuenta con una preciosa pila de granito rosa en la base que probablemente añadieron los bizantinos. En su día el conjunto estuvo coronado por una semicúpula con forma de concha, de la que aún se distinguen los elaborados capiteles de la base del techo.

Catedral IGLESIA

Junto al ninfeo, una complicada escalera sube desde el cardo máximo hasta la única catedral de la ciudad. En realidad, es poco más que una modesta iglesia bizantina construida en la segunda mitad del s. IV en el antiguo emplazamiento de varios templos. En su máximo apogeo era una inmensa basílica de tres naves con un magnífico pórtico ricamente ornamentado con tallas de mármol.

'Tetrapylon' sur MONUMENTO

En la intersección con el **decumano sur,** esta estructura de cuatro pilares se conserva en buen estado. Cerca, en el lado oeste del cardo máximo, está el **ágora** o **'macellum',** donde los ciudadanos se congregaban para mantener reuniones públicas en torno a una fuente central.

Museo MUSEO

(☎6312267; gratis; ⌚8.30-18.00 oct-abr, hasta 17.00 may-sep) Antes de dar por finalizada la exploración de la ciudad antigua se aconseja visitar el pequeño museo que hay encima del foro. Alberga una selección reducida pero valiosa de objetos del yacimiento, como mosaicos, vidrios, joyas de oro y monedas halladas en una tumba próxima al arco de Adriano. Casi igual de interesante es la vista que ofrece la colina de Jerash, la antigua y la moderna, desplegada a ambos lados del *wadi.*

MERECE LA PENA

FESTIVAL DE ARTE Y CULTURA DE JERASH

Si se está en Jordania en pleno verano, vale la pena asistir a una representación en uno de los anfiteatros romanos. Desde 1981, la antigua ciudad de Jerash acoge anualmente este festival (www.jerashfestival.jo), bajo el patrocinio de la reina Noor. Los espectáculos se celebran en los teatros norte y sur y en la plaza oval de Jerash, en el Centro Cultural Real de Ammán y en otros lugares como Umm Qais y el monte Nebo. También hay una programación infantil en el Haya Cultural Centre de Ammán.

El festival tiene lugar entre mediados de julio y mediados de agosto durante 17 días, e incluye una ecléctica gama de actuaciones, como obras de teatro, lecturas de poesía, ópera y conciertos de formaciones internacionales. El programa se publica en inglés en el *Jerash Daily*, la hoja informativa oficial diaria del festival, y en los periódicos anglófonos de Ammán.

Las entradas cuestan unos 10 JOD para los eventos en Jerash, y 30 JOD para los más formales de Ammán y otros puntos. Como los espectáculos cambian cada año, conviene informarse en internet de los emplazamientos y las taquillas. También hay una **oficina del festival** junto al centro de visitantes de la puerta sur, aunque solo está abierta durante el festival. Varias empresas de autobús, como JETT, ofrecen servicios especiales a Jerash, lo que resulta muy práctico teniendo en cuenta que el transporte público suele dejar de funcionar a última hora de la tarde.

Dónde dormir

Mucha gente visita Jerash haciendo una excursión desde Ammán, lo cual es posible con un circuito, pero bastante complicado usando el transporte público, a menos que se madrugue mucho. Lo ideal es quedarse a pasar la noche. El mejor momento para explorar la ciudad moderna de Jerash, que engloba las ruinas de los baños orientales, es después de la puesta de sol, cuando retoma su pulso vital. Al haber solo un hotel en el centro de la ciudad y otro alojamiento en las inmediaciones, es importante reservar con antelación. Si se tiene vehículo propio, Ajlun, a 20 min en coche, ofrece más alojamientos.

Olive Branch Resort HOTEL **$$**
(☎6340555; www.olivebranch.com.jo; i/d/tr incl. desayuno desde 35/50/60 JOD; acampar con tienda propia/de alquiler 11/14 JOD;) A 7 km de Jerash, en la carretera de Ajlun, este hotel rural está situado en una zona elevada, pintoresca y tranquila entre olivares y pinares. Las habitaciones son amplias e incluyen rarezas como una bañera en el dormitorio, pero los balcones privados con vistas al campo compensan. Sirven comida típica, como cenas a base de kebab y desayunos de *labneh*, en el jardín junto a la piscina o en un modesto restaurante con vistas panorámicas. Se puede acampar en el recinto. Un taxi desde Jerash cuesta 3 JOD. En coche, hay que ir desde Jerash hacia Ajlun durante 5 km, girar a la derecha, subir la cuesta durante 1 km y girar a la derecha en la curva de la carretera. Está señalizado, pero de noche no se ve bien.

Hadrian Gate Hotel HOTEL **$$**
(☎077-7793907; i/d/tr/ático desde 25/40/50/70 JOD;) Regentado por el siempre amable y hospitalario Ismail Khasim y su hijo Walid, el único hotel de Jerash ofrece una espectacular ubicación con vistas a las ruinas y a dos pasos de la puerta de Adriano. El desayuno se sirve en las terrazas de la azotea con vistas panorámicas al templo de Artemisa al oeste y a los huertos de Jerash al este. Las inmaculadas habitaciones privadas comparten baño y son muy sencillas. El ático con baño privado y aire acondicionado es más amplio.

Dónde comer

La Jerash moderna es una ciudad bulliciosa con varios mercados al aire libre y el obligatorio puñado de puestos de kebab y *falafel*. También cuenta con uno de los restaurantes mejor valorados de Jordania, la Lebanese House. Hay una hilera de restaurantes sencillos en la calle principal, frente al centro de visitantes, y varios junto a la entrada a las ruinas, pero dentro del yacimiento solo hay un sitio donde comprar un refresco.

Lebanese House LIBANESA **$$**
(☎6351301; principales 4-9 JOD; ⏲12.00-23.00;) Apodado "Umm Khalil", este extenso restau-

rante, que ha servido a más de 5 millones de comensales desde 1977, es un tesoro nacional. Si es suficientemente bueno para el rey Hussein, Kofi Annan y Richard Gere, también lo será para el viajero. Se recomienda comer almendras frescas mientras se esperan los chisporroteantes *mezzes* y el pan recién horneado y, en caso de indecisión, pedir una comida normal (15 JOD) o la especial de la casa (22 JOD), una selección de los mejores platos. La calidad es bastante alta, en línea con su lema: "Una buena reputación vale más que el dinero". Los comedores interior y exterior se llenan de familias locales a partir de las 21.00. Está a 5-10 min a pie del centro de Jerash.

Jerash Rest House BUFÉ **$**

(☎6351437; bufé 5 JOD; ⏲12.00-17.00) El único restaurante que hay dentro de las ruinas es una parada bien recibida por los cansados visitantes. Está cerca de la puerta sur y atrae mareas de turistas, pero el servicio es rápido y eficiente, aunque no siempre amable. El apetitoso bufé de almuerzo insta más a echar una siesta que a volver a explorar el yacimiento.

Jordan House Restaurant BUFÉ **$$**

(☎07778675; bufé 6 JOD; ⏲8.00-21.00) Este acogedor establecimiento situado a la entrada de las ruinas sirve un completo bufé entre las 11.00 y las 17.00. Es un buen sitio para tomar un café turco antes de enfrentarse a la visita y un refresco de limón y menta con el almuerzo al regresar.

ℹ Información

Libros y planos

Editado por la Autoridad Turística de Jordania, el folleto gratuito *Jerash* incluye un plano, algunas fotografías y una recomendable ruta a pie. Puede conseguirse en el centro de visitantes de Jerash y en el Ministerio de Turismo y Antigüedades de Jordania (p. 75).

Quienes estén particularmente interesados en la historia de Jerash deberían hacerse con una de estas tres guías de bolsillo: *Jerash: The Roman City; Jerash: A Unique Example of a Roman City;* o la más completa y amena *Jerash*. Las tres se venden en las librerías de Ammán. *Jerash*, de Iain Browning, contiene más información histórica.

Información turística

Junto a la puerta sur, el **centro de visitantes** cuenta con reconstrucciones y descripciones de muchos edificios de Jerash y con un buen plano en relieve de la ciudad antigua. Hay lavabos en la entrada (en medio del complejo de tiendas de recuerdos), en la Jerash Rest House y en el centro de visitantes.

Se necesitan al menos 3 h para verlo todo, por lo que conviene llevar agua en abundancia, sobre todo en verano. Se desaconseja caminar por el yacimiento a mediodía entre abril y septiembre, pues hay poca sombra. Se puede dejar gratis el equipaje mientras dura la visita en la Jerash Rest House y contratar un guía (20 JOD) en la taquilla que hay frente a la puerta sur.

ℹ Cómo llegar y salir

Jerash se encuentra unos 50 km al norte de Ammán, bien señalizada, sobre todo a partir del 8º círculo. Quienes conduzcan deben saber que la ruta puede estar muy congestionada en las horas punta de la mañana y la tarde.

De la estación de autobuses del norte (Tabarbour) de Ammán salen autobuses y microbuses públicos (800 fils, 1¼ h) regularmente hacia Jerash, aunque pueden tardar hasta 1 h en llenarse. Para reducir el tiempo de espera se recomienda llegar pronto, sobre todo si se quiere hacer una excursión de un día.

La estación de autobuses y taxis colectivos de Jerash está 15 min a pie al suroeste de las ruinas, en el segundo semáforo, detrás del edificio grande blanco. Por unos pocos fils se puede tomar un microbús del centro de visitantes a la estación. Desde aquí salen numerosos microbuses que circulan regularmente a Irbid (1 JOD, 45 min) y Ajlun (600 fils, 30 min) hasta las 16.00. Se puede intentar parar el autobús de Ammán en el cruce principal, frente al yacimiento, para no tener que caminar hasta la estación.

El transporte se reduce significativamente después de las 17.00. A veces hay taxis colectivos hasta las 20.00 (hasta más tarde durante el Festival de Jerash) que salen de la estación, pero no hay que darlo por seguro.

Un taxi privado entre Ammán y Jerash cuesta 18-25 JOD/trayecto si se regatea con determinación. Un taxi de Jerash a Irbid cuesta 14-20 JOD.

Reserva Forestal de Dibeen

متنزة دبين الوطني

Creada en el 2004, esta pequeña zona (unos 8 km²) de bosque de pino de Aleppo y roble es una **reserva natural** (☎02-6370017; ⏲todo el año). Gestionada por la Real Sociedad para la Conservación de la Naturaleza de Jordania (RSCN), Dibeen es una clara muestra de los bosques que en su día cubrían gran parte de la frontera norte del país y que ahora solo representan el 1% de la extensión total de Jordania. Pese a su reducido tamaño, está considerado un importante enclave de biodiversidad, pues protege 17 especies animales en peligro de extinción (incluida la ardilla persa) y varios tipos de orquídeas poco comunes.

Puesto que Dibeen sigue siendo en gran parte un proyecto en curso, las instalaciones son todavía limitadas en comparación con otras reservas de la RSCN. Cuenta con algunos **senderos** cortos y señalizados, pero no cartografiados. En marzo y abril, un manto de anémonas rojas tapiza los prados que se extienden a los pies de las colinas de pinares, cuyas cimas a veces aparecen nevadas. La mayoría de las sendas son pequeñas pistas para vehículos o caminos pedregosos, y algunas continúan hasta más allá de los límites del parque. Muchos lugareños se acercan de *picnic* los viernes, y entonces la basura puede ser un problema.

El parque se está viendo afectado por la construcción de un hotel de siete estrellas financiado por un emiratounidense, y está previsto que las obras se completen en el 2015. Actualmente no hay ningún alojamiento en la reserva.

El único modo práctico de acceder al parque es en coche. Hay que seguir las indicaciones desde Jerash, aunque es fácil perderse, y dirigirse hacia los bosques de las colinas que se ven al pasar por las cercanas aldeas. Al final uno se tropieza con la entrada.

Ajlun عجلون

☎02 / 94 458 HAB. / ALT. 744 M

Aunque parezca un sitio burdo y rústico, Ajlun (o Ajloun) se edificó sobre una antigua ciudad-mercado y atesora una mezquita de 600 años. No obstante, la mayoría de los visitantes no vienen para conocer esta pequeña y caótica urbe y sus pocos lugares de interés, sino para visitar el impresionante castillo encaramado a lo alto de una colina próxima, desde donde domina el territorio circundante desde hace casi un milenio.

Al estar cerca del yacimiento bíblico de Mar Elias, de una de las mejores reservas naturales de Jordania y de Jerash (30 min en microbús, 20 min en coche), y contar con alojamientos, Ajlun es un buen sitio para explorar la zona y disfrutar de un gratificante circuito de fin de semana desde Ammán.

Puntos de interés

Qala'at ar-Rabad (castillo de Ajlun) CASTILLO

(Entrada 1 JOD; 8.00-16.00 oct-abr, hasta 19.00 may-sep) Esta histórica fortaleza fue construida en la cima del monte 'Auf (1250 m) entre 1184 y 1188 por 'Izz ad-Din Usama bin Munqidh, un general y sobrino de Saladino. En 1214 se amplió y se le añadió una nueva puerta en la esquina sureste. En su día, contaba con siete torres y con un foso de 15 m de profundidad.

Desde su posición, el castillo domina el valle del Jordán y tres *wadis* que se despliegan desde él –Kufranjah, Rajeb y Al-Yabes–, lo que lo convertía en un importante enclave estratégico de la cadena defensiva contra los cruzados y en el contrapunto al fuerte que estos tenían en Belvoir, en el mar de Galilea (lago Tiberíades), en lo que ahora es Israel y los Territorios Palestinos. Qala'at ar-Rabad formaba parte de un frente de puestos defensivos que permitían transmitir mensajes entre Damasco y El Cairo en un solo día mediante palomas mensajeras y fuegos.

Una vez desaparecida la amenaza cruzada, el castillo fue destruido por los invasores mongoles en 1260 e inmediatamente después reconstruido por los mamelucos. En el s. XVII sirvió de cuartel a una guarnición otomana y después lo ocuparon los lugareños. Fue 're-descubierto' por el viajero J. L. Burckhardt, quien también acababa de tropezarse con Petra. Los terremotos de 1837 y 1927 le causaron graves daños, aunque desde entonces se está llevando a cabo una lenta pero continuada restauración.

Justo después de la puerta principal hay un práctico, y único, panel con información en inglés.

La fortaleza está a una dura ascensión a pie de 3 km desde el centro, aunque de vez en cuando pasa algún microbús (100 fils aprox.). También se puede ir en taxi desde Ajlun (1-2 JOD/trayecto). Un viaje de ida y vuelta en taxi desde Ajlun (7-10 JOD) con unos 30 min para echar un vistazo es dinero bien gastado. El **centro de visitantes** y la taquilla están a 500 m cuesta abajo de la entrada del castillo. Cuenta con una pequeña maqueta del castillo y con aseos limpios.

GRATIS **Mar Elias** YACIMIENTO ARQUEOLÓGICO

(8.00-19.00 abr-oct, hasta 16.00 nov-mar) Este poco visitado **yacimiento arqueológico,** considerado lugar de nacimiento del profeta Elías, es la excusa perfecta para explorar la campiña que rodea Ajlun. No es un sitio para nada espectacular, pero merece la pena acercarse por su valor religioso e histórico.

Se cree que Elías, que aparece tanto en el Corán como en el Antiguo Testamento, nació en torno al 910 a.C. en el pueblo de Lesteb, junto a Mar Elias. El profeta murió no muy lejos, en Wadi al-Kharrar (véase p. 112) antes de, supuestamente, subir al cielo en un carro de fuego. En época bizantina el lugar se convirtió en centro de peregrinación bajo la dirección del cercano obispado de Pella. En 1999, las excavaciones sacaron a la luz un complejo eclesiástico del s. VII.

Desde el aparcamiento, una escalera conduce hasta las ruinas de la iglesia más antigua, en cuyo ábside crece un árbol. Los cimientos de la principal iglesia, de planta de cruz, son fáciles de distinguir y están decorados con bellos mosaicos. También se puede echar un vistazo a las cámaras mortuorias que hay detrás, a la derecha, de la iglesia, y a una capilla más antigua con baldosas lisas blancas que queda al sur. Unas cisternas y fragmentos de mampostería conforman el resto del yacimiento.

No hay transporte público al yacimiento. Desde Ajlun, hay que girar a la derecha en el Qalet al-Jabal Hotel, subir por la colina durante 1 km, girar a la izquierda en el cruce y continuar cuesta abajo durante 2,7 km. En el cruce/puesto militar, girar a la derecha y seguir otros 1,8 km hasta ver un cartel que indica a la izquierda (el camino de la derecha lleva a Ishfateena y a la Reserva Forestal de Aljun). Después de 1 km, súbanse 400 m por un camino sin asfaltar hasta llegar al yacimiento (un total de 8,3 km desde Ajlun).

Si se quiere seguir hasta la Reserva Forestal de Ajlun, se debe retroceder hasta el cruce, a 1,4 km del yacimiento, y tomar el camino de la izquierda hacia Ishfateena. Después de 1,6 km se llega a la carretera principal. Allí hay que girar a la derecha y 5 km después aparece la señal de la reserva a la izquierda, 300 m antes de la carretera principal Irbid-Ajlun.

También se puede llegar a Mar Elias a pie por la espectacular Ruta del Profeta, que conecta el yacimiento con la Reserva Forestal de Ajlun.

Dónde dormir y comer

En la carretera que sube al castillo hay dos hoteles, ambos ideales para ver cómo se pone el sol tras las murallas del castillo.

Qalet al-Jabal Hotel HOTEL $

(☎6420202; www.jabal-hotel.com; i/d/tr desde 28/38/48 JOD) A 1 km del castillo, este pequeño y concurrido hotel cuenta con un precioso jardín de jazmines, parras y rosas. Los propietarios hacen hasta su propio vino. La decoración está un poco anticuada y los muebles son sencillos, pero muchas habitaciones ofrecen vistas panorámicas. Conviene pedir una con balcón para disfrutar de la puesta de sol. Su principal atractivo es la terraza al aire libre, también abierta a los no huéspedes, en la que se sirven platos cocinados a fuego lento.

Ajlun Hotel HOTEL $

(☎6420524; i/d incl. desayuno desde 25/35 JOD) A solo 500 m del castillo, es una opción práctica para visitarlo pronto por la mañana. Cuenta con un cómodo salón en el vestíbulo, pero las habitaciones son muy básicas. Las de la última planta tienen unas fantásticas vistas al paisaje.

Dentro del castillo de Ajlun hay algunos sitios para tomar una bebida y un tentempié. Para algo más sustancioso, tanto el **Abu-Alezz Restaurant** (comidas 2-3 JOD) como el **Al-Raseed** (comidas 2-3 JOD), cerca de la principal rotonda, en Ajlun, sirven cocina jordana, incluido pollo, *hummus* y *shawarma*. También se puede comprar comida en las muchas tiendas de alimentación de Ajlun, completar las raciones con la fruta recién recogida de los numerosos puestos de carretera y comer al aire libre en las colinas circundantes.

Información

Al sur de la rotonda principal de Ajlun, el Housing Bank cambia dinero y tiene cajero automático. La **oficina de turismo** (☎/fax 6420115) estaba cerrada cuando se escribió esta guía.

Cómo llegar y salir

Ajlun está 75 km al noroeste de Ammán y 30 km al noroeste de Jerash. El castillo se ve claramente desde casi todos los puntos de la zona. Tanto si se conduce como si se va a pie, hay que tomar la carretera señalizada (Al-Qala'a St) que se dirige al oeste desde la rotonda principal del centro de Ajlun.

Desde el centro salen regularmente microbuses hacia Jerash (600 fils, 30 min por una carretera panorámica) e Irbid (1 JOD, 45 min). Desde Ammán, hay microbuses que salen cada 30 min de la estación del norte (900 fils, 2 h).

Reserva Forestal de Ajlun

محمية عجلون الطبيعية

Situada en las tierras altas de Ajlun, esta pequeña (solo 13 km²) pero importante **reserva natural** (☎02-6475673; ⊙todo el año) fue creada por la Real Sociedad para la Conservación de la Naturaleza de Jordania (RSCN) en 1988 para proteger los bosques de roble, algarrobo, pistacho y madroño. La reserva también actúa como refugio de especies animales amenazadas, como el corzo (que estaba al borde de la extinción y ha sido recuperado a través de programas de cría en cautividad), el jabalí, la garduña, el turón, el chacal, la hiena y el lobo gris.

La RSCN ha trabajado duro para desarrollar infraestructuras turísticas dentro de la reserva, como unas cabañas de madera perfectas para una escapada romántica. Por supuesto, el auténtico atractivo de la reserva es su buena **red de senderos,** que incluye diferentes rutas para todos los niveles. El paisaje de colinas ondulantes y bosques mixtos resulta precioso. Aunque no se complete ninguna de las rutas aquí propuestas, vale la pena internarse en el bosque y comenzar la Ruta del Corzo solo para ver los madroños con su característica corteza de intenso color fresa.

Puntos de interés

La RSCN financia varios proyectos comunitarios para ayudar a desarrollar nuevas fuentes de ingresos para la población local de la reserva y alrededores. Estos proyectos a pequeña escala pero de gran valía incluyen tres talleres de jabón de aceite de oliva, objetos estampados con serigrafía y platos tradicionales jordanos que pueden adquirirse en la tienda Nature Shop de la reserva. Los tres edificios pueden visitarse gratuitamente y están a menos de 10 min en coche de la reserva (hay que seguir las señales desde la carretera principal, cerca de la reserva). También se puede llegar a ellos a pie por un sendero. Conviene hacerse con un plano en el centro de visitantes antes de ponerse en marcha.

The Soap House — TALLER DE ARTESANÍA

(Aldea de Orjan; ⊙9.00-16.00) Las mujeres del lugar muestran el arte de elaborar todo tipo de jabones con propiedades curativas usando ingredientes naturales y un 90% de aceite de oliva virgen. La granada es una de las varias fragancias exóticas.

House of Calligraphy — TALLER DE ARTESANÍA

(⊙9.00-16.00) No hay que ser un experto en lingüística para apreciar el dinamismo de la escritura árabe. Reafirmando su herencia islámica, el objetivo de las mujeres de este taller es enseñar cultura árabe al visitante, que tiene la oportunidad de usar un cálamo para escribir su nombre en árabe.

The Biscuit House — TALLER DE ARTESANÍA

(Aldea de Orjan; ⊙9.00-16.00) En esta rústica cocina industrial se preparan deliciosas exquisiteces jordanas que se comercializan en las Nature Shop de la RSCN. Tiene un café que vende tés de hierbas de cultivo local, patatas fritas en aceite de oliva y galletas de melaza y *tahina*, por lo que resulta tentador quedarse hasta la mañana siguiente, lo que es perfectamente posible en el Biscuit House Bed & Breakfast.

Actividades

Senderismo

Es importante organizar el transporte de regreso en el centro de visitantes de la reserva antes de emprender cualquiera de las siguientes rutas, salvo la del Corzo y la de la Jara. La mayoría de ellas requiere la compañía de un guía (véase "Información", p. 98)

Ruta del Corzo — EXCURSIONISMO

(⊙todo el año) Esta ruta de 2 km que se hace en 1 h y no necesita guía es ideal para quien solo esté un día en la zona. Empieza cerca de los alojamientos y pasa por una colina con una piedra de prensar uva de 1600 años y cientos de flores silvestres (en abril) antes de acabar junto a un cercado con corzos.

Ruta de la Casa del Jabón — EXCURSIONISMO

(⊙todo el año) Esta excursión de 7 km y 3 h hay que hacerla con guía y combina una visita al madroño más antiguo de la reserva con vistas panorámicas desde el Mirador del Águila, a 1100 m. Bajando desde allí, el sendero pasa por bosques perennes y lleva al taller en el que varias mujeres elaboran jabón natural de aceite de oliva.

Ruta de las Casas — EXCURSIONISMO

(⊙todo el año) Caminata guiada de 3 h y 7 km que enlaza los tres talleres artesanales de la RSCN: la Soap House, la House of Caligraphy y la Biscuit House. Se recomienda parar en esta última para tomar un café y unas delicias caseras, y reservar tiempo para visitar todos los talleres.

AMOR A LA TIERRA

Viendo la pasión que desprenden por su lugar de trabajo, localizar un guía en una de las seis reservas naturales gestionadas por la Real Sociedad para la Conservación de la Naturaleza de Jordania (RSCN) es bastante fácil. Y ello no sorprende si se tiene en cuenta que, como parte de la clarividente apuesta de la RSCN en favor de la implicación de la población local, casi todos los guardabosques han nacido y crecido cerca.

Se aconseja contratar a Majid, un guarda forestal de Ajlun que ama los bosques de roble perenne porque jugó en ellos cuando era pequeño, y que recuerda cómo los ancianos del lugar talaban madera de madroño para construir casas y las abuelas usaban su fruto para asentar el estómago. También había cacerías de corzo y jabalí, las mismas especies que ahora ayuda a reintroducir y proteger.

Aunque la caza está prohibida en los parques, las comunidades locales siguen teniendo un interés personal en una tierra que consideran propia. Seis de las aldeas que rodean Ajlun están implicadas en el mantenimiento de la reserva: "Nuestras familias quieren proteger el empleo de sus hijos", dice Majid, "así que apoyan la reserva de buen grado y la hacen funcionar en beneficio de toda la comunidad".

Naturalmente no todo el mundo está igual de comprometido y la reserva afronta problemas como la tala ilegal de madera para obtener valiosos aceites y algún que otro intento de caza furtiva. La parte inteligente de la filosofía de la RSCN es que a los aldeanos no les pueden prohibir explotar los recursos de su tierra sin que se les ofrezca una fuente de ingresos alternativa. En Ajlun, por ejemplo, una ruta guiada ofrece al visitante la posibilidad de conocer a las jaboneras de la zona. Estas mujeres emprendedoras hacen sus productos ecológicos con recursos naturales en una industria artesanal de bajo impacto y los venden a precios justos en la tienda de la Reserva de Ajlun.

Cada reserva se enfrenta a desafíos diferentes (extracción de agua en Mujib y Azraq, sobrepastoreo en Dana), pero la historia del desarrollo sostenible y sensible con la cultura es la misma. Como afirmó Chris Johnson, director de Wild Jordan (división de *marketing* de la RSCN), esta es una "increíble relación entre paisaje y población" que está asegurando la pervivencia de las viejas áreas silvestres de Jordania para las generaciones futuras, como los hijos de Majid.

Ruta de Orjan EXCURSIONISMO
(1 abr-31 oct) Esta ruta rural de 12 km y 6 h que zigzaguea a lo largo de un arroyo entre chopos y huertos requiere un guía. Los olivos de la parte final son de época romana.

Ruta de la Jara EXCURSIONISMO
(1 abr-31 oct) Caminata panorámica de 4 h y 8 km que incluye tramos muy empinados y que se debe hacer con guía. Pasa por valles de espeso arbolado, crestas rocosas y olivares, y ofrece unas impresionantes vistas a Cisjordania.

Ruta del Profeta EXCURSIONISMO
(todo el año) Esta ruta guiada de 5 h y 8,5 km se abre camino entre huertos de higueras y perales y acaba en el yacimiento de Mar Elias, donde se cree que nació el profeta Elías. En Wadi Shiteau la senda se interna en un denso bosque de robles y madroños.

Ruta del Castillo de Ajlun EXCURSIONISMO
Si se organiza con antelación, se puede continuar caminando desde Mar Elias durante otros 9,5 km a través del Wadi Al-Jubb hacia el castillo de Ajlun; otras 4 h por un terreno empinado y agreste. Hay burros que ayudan bastante a completar la ardua subida final hacia el castillo.

Dónde dormir y comer

Biscuit House Bed & Breakfast B&B $$
(6475673; i/d incl. desayuno 49/70 JOD) Llegar a esta casa rural de Orjan, donde un riachuelo, olivares y viejos olmos contrastan agradablemente con las secas y polvorientas colinas de Ajlun, es toda una experiencia. Este maravilloso B&B está en un exuberante *wadi* con huertos al que se accede por un camino muy empinado pero uniforme más o menos transitable en coche. La estrella del lugar es el desayuno, preparado por las mujeres de la cooperativa que gestiona una cocina comercial que elabora productos para las tiendas Nature Shop de Wild Jordan (RSCN). El tomillo, las aceitunas, el queso y la mermelada

son de origen local. La Biscuit House está a 1,5 km de la Soap House, en la carretera principal de Orjan.

Ajlun Reserve Tented Bungalow TIENDAS DE LUJO, BUNGALÓ $$
(☎6475673; i/d/tr/c incl. desayuno 60/70/80/90 JOD) La reserva engloba lujosas tiendas de campaña encaramadas a una plataforma de madera estilo "casita del árbol" y luminosos y alegres bungalós de lona (abierto de 1 abr-31 oct). Ambos están a un corto paseo del bloque de baños, que incluye aseos de compostaje y duchas termosolares. En verano hay que llevar repelente de mosquitos.

Ajlun Reserve Cabin CABAÑA $$$
(☎6475673; i/d/tr/c incl. desayuno desde 91/103/113/124 JOD) Dentro de la reserva también hay cabañas rústicas con baño privado y una terraza que da al bosque. Un maravilloso refugio para quien busque un sitio donde relajarse.

Si se solicita, se sirven comidas (almuerzo y cena) bajo el toldo del **restaurante de la azotea** (comidas 13 JOD) que hay junto al centro de visitantes. También se puede hacer una barbacoa en las parrillas de uso público. La azotea ofrece unas vistas fantásticas a la cima nevada del Jebel ash-Sheikh (monte Hermón; 2814 m), en la frontera sirio-libanesa. La nieve suele hacer acto de presencia en la reserva entre diciembre y febrero.

Información

En la entrada a la reserva hay un modesto **centro de visitantes** (amanecer-anocher) con personal atento que proporciona información y mapas de la reserva y de su flora y fauna. También se encuentra una tienda que vende artesanía de producción local.

Se recomienda reservar el alojamiento y las comidas a través del Wild Jordan Centre de Ammán de la RSCN (véase p. 75). También conviene reservar si se tiene previsto hacer una caminata guiada. Estas requieren un mínimo de cuatro personas y cuestan a partir de 10 JOD/pers., según la ruta.

Cómo llegar y salir

Se puede llegar a la reserva desde Ajlun (9 km) en taxi por 5-7 JOD. En el centro de visitantes los reservan. En vehículo propio, hay que tomar la carretera de Ajlun a Irbid, girar a la izquierda de la gasolinera a 4,8 km de Ajlun en dirección al pueblo de Ishfateena, girar a la derecha a 300 m del cruce y seguir las indicaciones durante 3,8 km hasta la reserva, que está junto a la aldea de Umm al-Yanabi.

IRBID Y ALREDEDORES

Las remotas colinas del norte de Jordania reciben pocas visitas aparte de algún que otro trotamundos con rumbo a Damasco, en Siria. Es una pena, porque las ondulantes lomas y los verdes valles de la región acogen pintorescas aldeas, caminos rurales invadidos por cabras y omnipresentes olivares entre cuyos centenarios troncos se esparcen restos de épocas olvidadas.

Y después, por supuesto, está Irbid, una próspera ciudad universitaria que los viajeros suelen pasar por alto pese a que alberga algunos tesoros nacionales. En esta zona del país densamente poblada, Irbid es un lugar clave para tomarle el pulso a la Jordania moderna.

Todos los microbuses de todos los pueblos van a Irbid, de donde salen conexiones para casi cualquier punto del país. En coche, desde Irbid se puede hacer una excursión al lejano campo de batalla de Yarmouk o a las ruinas de la ciudad de la Décapolis de Umm Qais.

Irbid إربد

☎02 / 751 634 HAB. / ALT. 582 M

La segunda mayor urbe de Jordania es una gran ciudad universitaria. Sede de la Universidad de Yarmouk, considerada uno de los centros de estudios más elitistas de Oriente Próximo, Irbid es en muchos aspectos más animada y progresista que Ammán. El campus, situado al sur del centro urbano, alberga calles peatonales arboladas repletas de restaurantes y cafeterías.

Los historiadores y los arqueólogos la han identificado como Arbela, una ciudad de la Decápolis. En la zona se han encontrado enterramientos que sugieren que estaba poblada desde la Edad del Bronce. Sin embargo, aparte del *tell* que hay en el centro, se conservan pocos testimonios de tal antigüedad.

Puntos de interés

Universidad de Yarmouk UNIVERSIDAD
(☎7211111; www.yu.edu.jo) El recinto de la mayor universidad de Jordania, fundada en 1977, alberga dos **museos** y acoge a más de 22 000 estudiantes procedentes de todo Oriente Próximo. Los visitantes pueden pasear por el

campus, donde es fácil entablar conversación con los estudiantes.

GRATIS **Museo de Arqueología y Antropología** MUSEO
(7211111; 10.00-13.45 y 3-16.30 do-ju) Este interesante museo presenta exposiciones de todos los períodos de la historia jordana en orden cronológico. La colección comienza con estatuillas neolíticas de 9000 años halladas cerca de la actual Ammán, cubre las edades del Bronce y el Hierro, continúa a través de las ocupaciones de mamelucos y otomanos y concluye con unas muestras más modernas sobre la vida de los beduinos. Uno de los mayores reclamos del museo es la reconstrucción de una farmacia y una herrería árabes tradicionales. También vale la pena visitar la contigua sala de numismática, con fascinantes muestras sobre la historia del dinero a lo largo de los últimos 2600 años.

GRATIS **Museo de Historia Natural de Jordania** MUSEO
(7211111; 8.00-17.00 do-ju) Exhibe diferentes animales disecados, como aves e insectos, además de rocas de la región. Puede que no sea del gusto de muchos, pero al menos es un buen sitio para identificar algunas de las especies jordanas más difíciles de encontrar. Está en el enorme y verde hangar nº 23.

GRATIS **Museo Dar As Saraya** MUSEO
(245613; Al Baladia St; 8.00-18.00) Este nuevo museo, que ocupa una impresionante villa de roca basáltica situada detrás del ayuntamiento, es una auténtica joya. Construido por los otomanos en 1886, el edificio es un típico caravasar de la ruta de peregrinación siria, con salas dispuestas en torno a un patio interior. Se usó como prisión hasta 1994 y ahora atesora una fantástica colección de objetos que ilustran la larga historia de Irbid. No hay que perderse la almazara del patio y las impresionantes puertas de basalto con cerrojos de 'hierro' tallados en la piedra.

GRATIS **Beit Arar** MUSEO
(Fuera de plano, Al-Hashemi St; 9.00-17.00 do-ju) Creado para acoger eventos culturales, está situado en una magnífica casa de estilo damasceno. Las salas están distribuidas alrededor de un patio adoquinado con piedras volcánicas negras y cuenta con exposiciones de manuscritos y fotografías de Arar, uno de los grandes poetas de Jordania.

Dónde dormir

Hay que decir que el nivel medio de los hoteles de Irbid no es bueno. El punto a favor, sobre todo entre las opciones económicas, es la fantástica acogida y el trato que dispensan.

Al-Joude Hotel HOTEL $
(7275515; fuera de plano, University St; i/d/tr desde 30/35/60 JOD incl. bufé de desayuno;) Cerca del campus de la Universidad de Yarmouk, el único hotel de precio medio de Irbid conoció días mejores, lo que se ve reflejado en sus tarifas bajas. Las habitaciones son amplias y están limpias, pero son ruidosas (sobre todo las que están junto al viejo ascensor). La parte positiva es que no hay que salir a buscar el ambiente nocturno; en una noche normal, medio Irbid acude al popular News Café del hotel o al Al-Joude Garden Restaurant.

Omayah Hotel HOTEL $
(7245955; omayahhotel@yahoo.com; King Hussein St; i/d 20/30 JOD;) Este hotel económico recién reformado ofrece una buena relación calidad-precio, TV vía satélite y grandes ventanales con vistas al corazón de la ciudad. El propietario es amable y solícito y es un buen lugar para mujeres que viajen solas. Las habitaciones de la parte trasera, más tranquilas, son perfectas para quien tenga el sueño ligero y no quiera despertarse con pitidos de cláxon.

Al-Ameen al-Kabeer Hotel HOTEL $
(7242384; Al-Jaish St; dc/i/d desde 8/12/15 JOD) La amable dirección de este céntrico hotel ofrece un servicio personal y atento. Se trata de un hotel económico con habitaciones básicas de cemento y baños compartidos, pero está bien cuidado y siempre tiene agua caliente. Cuando se escribió esta guía, esta empresa familiar se estaba viendo afectada por el descenso del turismo y quizás no consiga capear la última tormenta económica. Conviene llamar con antelación para asegurarse.

Dónde comer

La mitad de los establecimientos de University St se dedican a la restauración. La comida es bastante normalita, pero en realidad el reclamo es el ambiente nocturno. Después de las 21.00, las calles se llenan de grupos de estudiantes que buscan diversión y que parecen encontrarla en el paseo que hay entre las rotondas.

Irbid

Para comprar comida, el **Alia Supermarket** (King Hussein St), cerca del Omayed Hotel, tiene una buena selección de productos locales, incluidas las famosas aceitunas de la región. En la cercana calle del mercado se vende fruta fresca de los huertos del norte.

Al-Joude Garden Restaurant JORDANA **$$**
(Fuera de plano, University St; parrilladas mixtas 6-10 JOD) Estudiantes, padres de visita y familias locales atestan la terraza del Al-Joude Hotel para tomar zumos de fruta recién exprimida y fumar un narguile de fresa. Comer es un pasatiempo totalmente secundario. Si se decide hacerlo, la comida, que es bastante sabrosa, llegará justo cuando se acabe la paciencia. En cuanto aparece la luna, hace fresco, incluso en verano, por lo que proporcionan sobretodos árabes, aunque solo para señoritas, puesto que se supone que los chicos aguantan. Conviene tomar el postre en una de las muchas tiendas de zumos y pasteles de la zona.

Restaurante de la torre del reloj JORDANA **$**
(Al Jaish St; comidas 3-5 JOD; ⌚8.30-21.30) Aunque el nombre de este popular local está escrito en árabe, es fácil localizarlo: está junto a la torre del reloj y tiene un enorme espetón de *shawarma* en la ventana. Hay un comedor familiar en la planta de arriba perfecto para aislarse del ruido de la calle y los típicos platos jordanos son deliciosos. Es un restaurante económico en el que, a diferencia de los del centro, no hay que preocuparse por el dolor de estómago.

ℹ Información

En Irbid hay muchos bancos que cambian divisas, y la mayoría tiene cajero automático. La comisaría de policía está encima de la zona del mercado y ofrece unas fantásticas vistas a la ciudad. En el extremo sur de University St (Shafeeq Rshaidat St), cerca de la Universidad de Yarmouk, hay docenas de cibercafés, la mayoría abiertos durante todo el año.

Oficina de correos (King Hussein St; ⌚7.30-17.00 sa-ju, hasta 13.30 vi)

Royal Jordanian Airlines (☎7243202; esq King Hussein y Al-Jaish Sts)

ℹ Cómo llegar y salir

Unos 85 km al norte de Ammán, Irbid cuenta con tres estaciones de microbús/taxi importantes.

De la estación de autobuses del norte salen microbuses hacia Umm Qais (45 min), Mukheiba (para Al-Himma; 1 h) y Quwayliba (para las ruinas de Abila; 25 min) que cuestan entre 400 fils y 1 JOD.

Irbid

Principales puntos de interés

	Beit Arar	A1
	Museo Dar As Saraya	A1
	Museo de Historia Natural	D2
	Museo de Arqueología y Antropología	C3

Dónde dormir

1	Al-Ameen al-Kabeer Hotel	B2
2	Al-Joude Hotel	C2
3	Omayah Hotel	B2

Dónde comer

	Alia Supermarket	(véase 3)
	Al-Joude Garden Restaurant	(véase 2)
4	Clock Tower Restaurant	B2
	News Café	(véase 2)

Transporte

5	Microbús y servicio de taxi al centro	C2
6	Microbús a estación de buses sur	B2
7	Microbús a la Universidad	A2
8	Microbús a estación de buses oeste	A2
9	Servicio de taxi a la Universidad	A3
10	Servicio de taxis a la estación de autobuses norte	B1
11	Servicio de taxis a la estación de autobuses sur	B2
12	Trust International Transport	D2

De la gran estación de autobuses del sur (estación de autobuses New Amman) salen cada 15-20 min entre las 6.00 y las 19.00 los autocares climatizados de Hijazi (1,90 JOD, 90 min) que llevan a la estación norte de Ammán, a donde también van autobuses y microbuses menos cómodos (menos de 1 JOD, 2 h aproximadamente) y muchos taxis colectivos (1 JOD). En la estación de autobuses del sur se pueden encontrar servicios de microbuses hacia Ajlun (45 min), Jerash (45 min) y la frontera siria por 800 fils aproximadamente.

De la estación de autobuses del oeste (Mujamma al-Gharb al-Jadid), 1,5 km al oeste del centro, salen microbuses con destino a Al-Mashari'a (45 min) que llevan a las ruinas de Pella, al puente Sheikh Hussein (para Israel y los Territorios Palestinos; 45 min) y a Shuneh ash-Shamaliyyeh (Shuna Norte; 1 h) por entre 800 fils y 1,20 JOD.

La compañía **Trust International Transport** (7251878; Al-Jaish St), cerca de la Universidad de Yarmouk, ofrece servicio de transporte regular a Siria.

Cómo desplazarse

Es fácil llegar a las varias estaciones de autobús de Irbid en taxi colectivo (200 fils) y con los microbuses (100 fils) que circulan entre ellas y hacia el centro. Los taxis colectivos y microbuses que llevan a la estación del sur se pueden tomar en Radna al-Hindawi St; los que van a la del norte se dirigen a Prince Nayef St. Para ir a la estación del oeste hay que subir en un autobús en Palestine St, al oeste de la rotonda.

La tarifa estándar de un taxi desde el centro *(al-Bilad)* hasta la universidad (al-Jammiya) es de 500 fils; en Irbid, pocos usan taxímetro. Un microbús desde University St hasta la puerta de la universidad cuesta 200 fils. A pie, se tarda 25 min.

Las calles de un solo sentido y la falta de aparcamiento hacen que conducir en Irbid sea una experiencia estresante.

Abila (Quwayliba)

أبيلا (قويلبا)

Solo 10 km al norte de Irbid, entre los montes gemelos de Tell Abila y Tell Umm-al-Amad, se encuentran las ruinas de la ciudad de la Decápolis de **Abila** (gratis; en las horas de luz solar). Es fácil que un primer vistazo lleve a pensar que el lugar solo es apto para cazadores de reliquias o aspirantes a arqueólogo. De hecho, queda poco de esa otrora gran ciudad, especialmente tras el terremoto del 747 d.C., que contribuyó sobremanera a hacer de Abila un campo de piedras.

En la actualidad, gran parte de la ciudad permanece sin excavar y no está preparada para los visitantes. No se necesita un guía para encontrar el **teatro** romano-bizantino o los restos desperdigados de **columnas** procedentes de mercados, templos y baños.

No obstante, si el viajero quiere vivir una auténtica experiencia al estilo Indiana Jones y tiene una linterna, puede explorar las sobrecogedoras **catacumbas** excavadas en las colinas que rodean el yacimiento. Estuvieron llenas de cadáveres, pero los saqueadores de tumbas las han ido dejando vacías a lo largo de los siglos. Sin embargo, los espectaculares **frescos** que adornan muros y techos se conservan intactos y aumentan el dramatismo del lugar.

El yacimiento está cerca del pueblo de Quwayliba, 15 km al norte de Irbid. De la estación del norte de Irbid salen autobuses hacia Quwayliba (menos de 1 JOD, 25 min). Hay que pedir al conductor que pare en las ruinas.

Campo de batalla de Yarmouk

Si se tiene coche y curiosidad por saber por qué todas las carreteras que salen de Irbid parecen llevar al campo de batalla de Yarmouk, hay que seguir las indicaciones del noreste hacia la aldea de Saham Al Kfarat. Se trata de un lugar de gran relevancia para los árabes musulmanes, pues fue allí donde, el 12 de agosto del 636 d.C., un ejército de 40 000 árabes salió victorioso de una batalla contra 125 000 soldados bizantinos. El campo, en el que aquel día murieron 4000 musulmanes y 80 000 de sus adversarios, es una especie de centro de peregrinación.

La carretera señalizada que proviene de Irbid no lleva al campo de batalla en sí sino a un espectacular mirador sobre el río Yarmouk que marca la frontera con Siria. La ofensiva tuvo lugar en el valle que se extiende debajo, pero desde esta posición ventajosa es fácil entender cómo los disciplinados, motivados, ágiles y homogéneos árabes, unidos por la fe y un buen liderazgo, fueron capaces de imponerse a los grupos de mercenarios bizantinos. Estos últimos, que no creían en la contienda, carecían de estrategia y orden, y portaban una pesada armadura que los dejó en desventaja, algo fácil de entender en un caluroso día de agosto viendo las abruptas y abrasadas laderas que hay frente al mirador, que cuenta con una placa explicativa y un monumento.

No se puede acceder en transporte público al mirador. En coche, está a 30 min de Irbid; hay bastante distancia entre una indicación y otra. A medio camino entre el mirador e Irbid hay un atajo señalizado que lleva a Umm Qais.

EL VALLE DEL JORDÁN

Este fértil valle, que forma parte del Gran Valle del Rift africano, tuvo una gran importancia en época bíblica y hoy en día es considerado la principal zona de producción alimentaria de Jordania.

Los veranos calurosos y secos y los inviernos cortos y suaves propician que cada año se puedan obtener dos o tres cosechas, siempre que no haya restricciones de agua. Los principales cultivos son los tomates, pepinos, melones y cítricos, muchos de los cuales crecen en invernaderos.

El Jordán se alimenta de varias fuentes, sobre todo de la cordillera del Antilíbano en Siria, y desagua en el mar de Galilea (lago Tiberíades), 212 m por debajo del nivel del mar, antes de desembocar en el mar Muerto. Su longitud actual es de 360 km, aunque en línea recta, desde su cabecera hasta la desembocadura, solo hay 200 km.

Fue en este valle donde hace unos 10 000 años el hombre empezó a cultivar la tierra y abandonó el estilo de vida nómada por el sedentario. Se construyeron aldeas y primitivos sistemas de riego y, hacia el 3000 a.C., la producción del territorio se exportaba a las regiones vecinas, al igual que hoy en día.

El Jordán es venerado por los cristianos, principalmente porque Jesús fue bautizado en sus aguas por Juan Bautista en Betania más allá del Jordán. Siglos antes, Josué cruzó con los ejércitos israelitas el Jordán cerca de Tell Nimrin (la Beth Nimrah bíblica), un hecho que marca la transición simbólica del desierto a la tierra de leche y miel:

"Mas los sacerdotes que llevaban el arca de la alianza del Señor estuvieron en medio del Jordán como en tierra seca hasta que todo el pueblo hubo acabado de pasar el Jordán; y todo Israel pasó en seco."
Josué 3,17

Desde 1948, el río Jordán marca la frontera entre Jordania e Israel y los Territorios Palestinos, del mar de Galilea al río Yarbis. En el territorio que va desde allí hasta el mar Muerto se estableció en 1967 la línea de alto el fuego entre ambos países. Actualmente marca la continuación de la frontera oficial con los Territorios Palestinos.

Durante la guerra de 1967 con Israel, Jordania perdió Cisjordania y la población de la orilla este del valle pasó de los 60 000 habitantes de antes de la guerra a los 5000 de 1971. En la década de 1970 se construyeron carreteras nuevas y pueblos con todo tipo de servicios y la población ha aumentado hasta los 100 000 habitantes.

EL VALLE DEL JORDÁN

Cuando Moisés contempló la Tierra Prometida desde el monte Nebo, seguramente no fueron las colinas áridas que rodean el mar Muerto lo que le dio esperanzas para el futuro, sino la gran franja verde que se extiende desde la costa norte hacia las lejanas montañas. El río Jordán favorece la presencia de asentamientos humanos en la zona desde la Antigüedad, pues riega una tierra fértil que aún hoy se presta al desarrollo de actividades agrícolas.

El contraste entre las laderas de olivos y el ecosistema subtropical del valle es impactante, al igual que la alta presencia de policías en la frontera con Israel y los Territorios Palestinos, que se extiende a lo largo del río Jordán. El valle ha sido escenario de luchas y enfrentamientos durante siglos y sigue siendo una zona delicada, pues las disputas sobre el territorio dan lugar a pugnas por el agua (véase p. 300).

Aunque las fricciones políticas dan miedo, visitar la zona no conlleva absolutamente ningún peligro, y de hecho cuenta con numerosos lugares de interés, como las ruinas romanas de Umm Qais en el norte y el que se considera lugar de bautismo de Jesús, en Betania más allá del Jordán. El valle en sí, con grandes plantaciones de plátanos, papayas, patatas, tomates y berenjenas y huertos de productos para la venta local, merece una visita, sobre todo cuando sus numerosos framboyanes están en plena floración. Al atardecer, las colinas circundantes adoptan un fantástico color rosa y las garcetas revolotean sobre los cañaverales, ajenas a la presencia de la frontera. Por cierto, el único sitio en el que en realidad se puede ver el río Jordán es Betania, puesto que las demandas de irrigación han reducido este otrora gran río a un mero arroyo oculto entre los campos.

Las localidades del valle están bien comunicadas en trasporte público. No obstante, si se tiene coche resulta más fácil hacer excursiones desde el fondo del valle (a una altitud menor de cero) hasta lugares de interés situados por encima del nivel del mar, como las ruinas de Pella o la bulliciosa localidad de Salt. Se tarda aproximadamente 1 h y media en recorrer todo el valle, y hay alojamiento en Umm Qais, en el extremo norte, en Pella, en el medio, y en el mar Muerto, en el sur. También se puede visitar la zona en un circuito desde Ammán y Jerash. No hay que olvidar el pasaporte, pues lo piden en los numerosos puestos de control policial.

Al-Himma (Mukheiba)
الحمى (مخيبا)

☎02 / >5000 HAB. / ALT. -130 M

A quien acabe de visitar el mirador del campo de batalla de Yarmouk (véase p. 102), quizá le apetezca bajar hasta las fuentes termales de Al-Himma, en el pueblo de Mukheiba. En la confluencia de los ríos Yarkmouk y Jordán uno puede hacerse una buena idea de cómo fue el campo de batalla, aunque el acceso al lugar exacto actualmente está restringido. Los montes, casi todas escarpaduras, hasta los que tuvieron que subir los ejércitos enfrentados, parecen mucho más empinados desde aquí, lo que hace que la victoria musulmana resulte aún más impresionante.

En tiempos romanos y bizantinos, al-Himma acogía el complejo de baños de Gadara, famoso en todo el imperio por su suntuoso diseño y arquitectura. Hoy en día la mayor parte de las ruinas se encuentra al otro lado de la frontera, en los Altos del Golán, bajo ocupación israelí, y la encarnación moderna de los baños no ha resistido el descenso del turismo de la última década.

Mukheiba, 10 km al norte de Umm Qais, es el punto más septentrional de la parte jordana del valle del Jordán. Se puede llegar a esta localidad fronteriza de ambiente tenso por una carretera panorámica (con retenes) con vistas a los altos del Golán en Siria y al lago Tiberíades (mar de Galilea) en Israel y los Territorios Palestinos. El transporte público no es regular y la localidad no es un buen sitio para quedarse tirado.

Umm Qais (Gadara) أم قيس

☎02/ >5000 HAB. / ALT. 310 M

> Al llegar a la otra orilla, a la región de los gadarenos, le fueron al encuentro dos endemoniados que salían de los sepulcros, tan furiosos que nadie podía transitar por aquel camino. En ese momento se pusieron a gritar diciendo: "¿Qué tenemos que ver contigo, Hijo de Dios? ¿Has venido aquí antes de tiempo para atormentarnos?" Había lejos de ellos una gran piara de cerdos que pacían. Los demonios le rogaban diciendo: "Si nos expulsas, envíanos a la piara de cerdos". Les respondió: "Id". Y ellos salieron y se fueron a los cerdos. Entonces toda la piara corrió con ímpetu por la pendiente hacia el mar y pereció en el agua.
>
> *Mateo 8,28-32*

Umm Qais (Gadara)

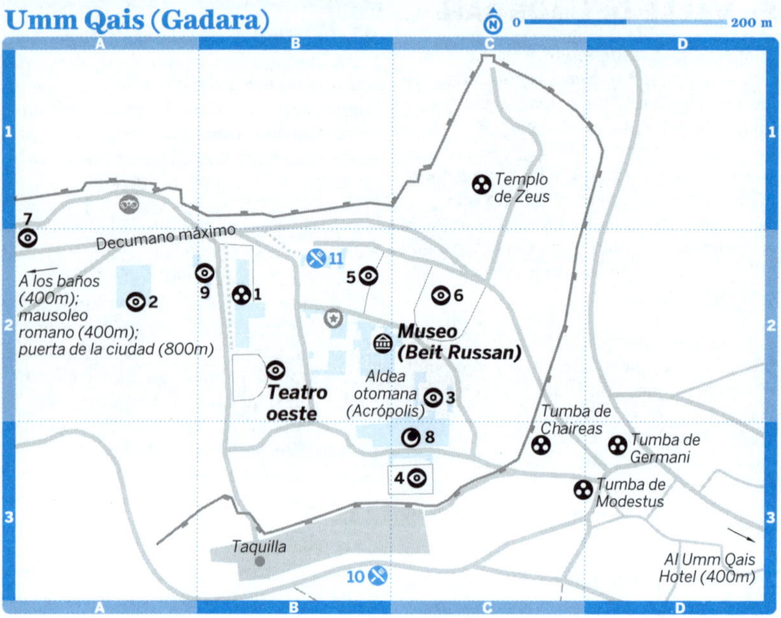

Umm Qais (Gadara)

Principales puntos de interés

Museo (Beit Russan)	B2
Teatro oeste	B2

Puntos de interés

1 Basílica	B2
2 Baños	A2
3 Beit Heshboni	C2
4 Beit Malkawi	C3
5 Escuela femenina	B2
6 Teatro norte	C2
7 Ninfeo	A2
8 Mezquita otomana	C3
9 Tiendas	B2

Dónde comer

10 Shine Cottage Grilling	B3
11 Umm Qais Resthouse	B2

En la esquina noroeste de Jordania, en las colinas que dominan el valle del Jordán, se sitúan las ruinas de la ciudad de la Decápolis de Gadara (la actual Umm Qais). Aunque el yacimiento es menos interesante que el de Jerash, resulta especialmente sorprendente por la yuxtaposición de los restos romanos y de una aldea otomana abandonada. Es especialmente recomendable visitar Umm Qais en primavera, cuando una explosión de flores silvestres engalana las piedras caídas.

Umm Qais también es famosa porque, según la Biblia, Jesús realizó aquí uno de sus grandes milagros: sacar los demonios de dos hombres y enviárselos a una piara de cerdos. Por ello Gadara es, desde el primer milenio, un centro de peregrinación cristiana, aunque hay un lugar israelí, en la orilla este del lago Galilea, que reclama haber sido el auténtico escenario del prodigio.

El sitio tiene unas vistas espectaculares a tres países (Jordania, Siria e Israel y los Territorios Palestinos) que abarcan los altos del Golán, la cima nevada del monte Hermón y el mar de Galilea (lago Tiberíades). A lo largo de la última década, Umm Qais se ha convertido en punto de reunión de palestinos nostálgicos, muchos de los cuales son ahora ciudadanos jordanos (véase p. 283), deseosos de vislumbrar su tierra natal. En el popular restaurante Resthouse las familias se congregan e intercambian historias de Tierra Santa.

Historia

La antigua ciudad de Gadara estuvo bajo dominio de diferentes e importantes pueblos, como los ptolemaicos, los selyúcidas, los judíos y, desde el 63 a.C., los romanos, que la transformaron en una de las grandes urbes de la Decápolis (véase p. 84).

Herodes el Grande recibió Gadara después de una victoria naval y la gobernó hasta su fallecimiento en el 4 a.C., pese al descontento de la población local, que lo intentó todo para que dejase de contar con el favor de Roma. A su muerte, la ciudad volvió a gozar de cierta autonomía como parte de la provincia romana de Siria y prosperó por diferentes motivos hasta el s. VII cuando, al igual que otras ciudades de la Decápolis, perdió sus relaciones comerciales y se convirtió en poco más que una aldea.

Durante el período otomano fue parcialmente reconstruida y muchas estructuras de esa época, erigidas con la típica piedra negra de basalto de la región, se conservan en buen estado junto a las ruinas romanas.

En 1806, Gadara fue 'descubierta' por exploradores occidentales, pero las excavaciones no empezaron hasta principios de la década de 1980. Gracias a la financiación alemana, se ha llevado a cabo un considerable trabajo de restauración, pero muchos restos siguen enterrados.

Puntos de interés

Teatro oeste — ANFITEATRO

La primera construcción de interés que se ve al entrar por el sur es este teatro de basalto bien restaurado e imponente que tuvo un aforo de 3000 personas. El otro teatro de este tipo, el **teatro norte,** está cubierto de hierbas y fue despojado de sus piedras de basalto por los lugareños, que las reutilizaron en otros edificios.

Basílica — RUINAS

Se necesita un poco de imaginación para reconstruir la siguiente estructura: un **patio columnado** cuya parte oeste albergó una fila de **tiendas** de las cuales aún se conservan los armazones. Más interesantes son los restos de la **iglesia** del s. VI, que cuenta con un inusual sanctasanctórum octogonal que se puede distinguir gracias a los restos de las columnas de basalto que lo delimitaban. Fue destruida por los terremotos en el s. VIII.

Decumano máximo — CALLE

La vía principal del yacimiento, que aún conserva su enlosado, conectaba Gadara con otras ciudades vecinas como Abila y Pella. En su apogeo, llegaba hasta la costa del Mediterráneo.

Baños — BAÑOS PÚBLICOS

Al oeste, por el decumano máximo, se llega a este descuidado complejo de baños del s. IV que en otros tiempos tuvo que ser un impresionante conjunto de fuentes (como el cercano **ninfeo**), estatuas y termas de los que, tras varios seísmos, queda muy poco.

Mausoleo romano — TUMBA

El decumano máximo continúa hacia el oeste durante 1 km y conduce a varias ruinas de menor interés, como **baños, mausoleos** y **puertas.** Arqueólogos japoneses e iraquíes están excavando la zona. La basílica construida sobre uno de los mausoleos romanos es más interesante. Se puede echar un vistazo a la tumba subterránea a través de un agujero que hay en el suelo de la basílica. El sarcófago de Helladis que allí yacía se puede ver en el Museo de Antropología y Arqueología de Irbid.

GRATIS Museo — MUSEO

(☎7500072; ⌚8.00-18.00 sa-ju, hasta 16.00 vi) Este modesto museo ocupa Beit Russan, la antigua residencia de un dignatario otomano construida en torno a un elegante y apacible patio con higueras. El principal mosaico expuesto, que data del s. IV y fue hallado en una tumba, pone cara a personajes ilustres de los primeros cristianos. Otra pieza destacada es la estatua de mármol blanco sin cabeza de la diosa helena Tique, que fue encontrada en la primera fila del teatro del oeste.

Aldea otomana — RUINAS

Se trata de las ruinas de una aldea otomana de los ss. XVIII y XIX que rodea el museo. Dos de sus casas, **Beit Malkawi** (actualmente utilizada como oficina por los grupos de arqueólogos) y la cercana **Beit Heshboni,** permanecen intactas. La **mezquita** y los restos de la **escuela femenina** también merecen una visita somera si se decide pasear por los callejones en ruinas.

Dónde dormir y comer

No hay mucha gente que haga noche en Umm Qais, sobre todo desde que se puede acceder fácilmente a las ruinas en una excursión de un día desde Jerash o Irbid. No obstante, quedarse permite recorrer todo el valle del Jordán al día siguiente.

Umm Qais Hotel — HOTEL $

(☎7500080; www.umqaishotel.com; i/d/tr incl. desayuno desde 15/30/40 JOD) Con habitaciones modestas encima de una panadería (de donde proviene el pan del desayuno) situadas a dos pasos de las ruinas, este hotel de gestión familiar compensa la falta de atractivos con una cordial hospitalidad. Si el turismo se recupera, abrirán una cafetería en la azotea. Ofrece platos jordanos caseros cocinados por la dueña bajo petición y organiza excursiones de medio día por la zona por 3 JOD (mínimo 4 pers.).

Umm Qais Resthouse JORDANA **$$**
(☎7500555; comidas 5-10 JOD; ⏰10.00-19.00, hasta 22.00 jun-Sep; ✎) Sin duda, una de las mejores partes de la visita al yacimiento de Umm Qais es la pausa para tomar una menta con limón o una ensalada de tabulé en la Umm Qais Rest House, encaramada a una pequeña colina en medio de las ruinas. Tiene unas vistas impresionantes a Galilea, el Golán y los picos nevados del Líbano, por lo que es el sitio perfecto para almorzar o cenar pronto. Ocupa una antigua casa otomana, es parte del famoso consorcio de restaurantes de categoría de Jordania y ofrece un fantástico menú de temporada a base de productos frescos, carnes y vinos de producción local. En primavera, la terraza al aire libre está rodeada de bonitas y "apetitosa" flores.

Shine Cottage Grilling CAFETERÍA **$**
(⏰9.00-21.00) Un pequeño café al aire libre con unas vistas fabulosas desde la terraza y la única oportunidad de tomar un refresco en un sitio informal cerca de las ruinas. Está frente al aparcamiento.

Información

El modo más sencillo de acceder a la antigua **Gadara** (entrada 3 JOD; ⏰24 h) es por el extremo oeste del aparcamiento. En el yacimiento hay pocas indicaciones, así que se recomienda hacerse con el folleto de Umm Qais en la taquilla. *Umm Qais: Gadara of the Decapolis* (3 JOD), publicado por Al-Kutba, ofrece información más completa. Se pueden contratar guías (10 JOD) en la taquilla.

Hay aseos en la Umm Qais Resthouse. La policía turística está entre el museo y esta última.

Cómo llegar y salir

La localidad de Umm Qais y las ruinas, 200 m al oeste, están 25 km al noroeste de Irbid y 110 km al norte de Ammán. De la estación del norte de Irbid salen microbuses regulares (800 fils; 45 min). No hay transporte directo desde Ammán.

Con vehículo propio, se puede bajar a la carretera del valle del Jordán pasando por el pueblo de Adasiyyeh. Hay microbuses que recorren esporádicamente esta carretera hacia Shuneh ash-Shamaliyyeh, pero si se depende del transporte público para ir a Pella, es más fácil retroceder e ir vía Irbid.

LA FRUTA PROHIBIDA DEL VALLE DEL JORDÁN

Este es un país fronterizo, una tierra disputada en la que los nombres en sí (Altos del Golán, Cisjordania) ya proyectan una larga sombra sobre los campos de cebollas y tomates. En este año de sequía, el Sr. Abu Eiad mira el cielo despejado y afirma con un profundo estoicismo: "Es la voluntad de Dios". Dice que es feliz. Con dos esposas, cuatro hijos y dos hijas ¿cómo no iba a serlo? También deja ver que tiene otros motivos para sonreír. Oculta entre las limas y los limoneros de su parcela, el agua mana hacia un bello valle de color verde esmeralda. Nada que ver con los campos cubiertos de plástico de sus vecinos, algunos resecos como el cuero viejo, otros artificialmente verdes bajo una capa de polietileno.

Unas piedras conducen el arroyo, un día hacia el huerto y el otro hacia el patatal, y el exceso se desvía para ayudar a los vecinos. La esposa de Abu Eiad quiere ayuda para aplicar las nuevas tecnologías a la empresa, pero viendo este jardín del edén, con sus orondas frutas orgánicas y sus brillantes berenjenas, cuesta imaginar que exista algo que pueda mejorar su fórmula ganadora.

"Haz una foto", insiste Abu Eiad, que está de pie a dos pasos del río Jordán y del policía armado de la frontera, que por suerte está mirando al otro lado. Pero la cámara no está enfocando la frontera, sino a los dos agricultores que, situados a ambos lados de la estrecha franja de juncos, arrancan los hierbajos de sus canteros de cebollas, lo mismo que otros *fellaheen* (agricultores de subsistencia) llevan haciendo en el valle del Jordán desde hace siglos.

Pella (Taqabat Fahl) بيلا

Las ruinas de la antigua Pella (Taqabat Fahl), una de las 10 ciudades de la legendaria Decápolis romana, se encuentran en medio del valle del Jordán. Aunque menos espectacular que Jerash, Pella es mucho más importante para los arqueólogos, pues contiene restos que revelan que estuvo continuamente habitada durante 6000 años. De hecho, desde el punto de vista histórico, está considerado el yacimiento más significativo de Jordania. Presidida por un gran *tell* y rodeada de valles que forman una fértil cuenca, Pella acogió civilizaciones desde la Edad de Piedra hasta el período islámico medieval.

Muchas de sus ruinas están desperdigadas a la espera de ser excavadas, así que, para sacarle todo el jugo al yacimiento hay que caminar y recurrir a la imaginación. A diferencia de Jerash, que abruma con su monumental magnificencia, Pella es más difícil de visualizar, pero su maravillosa ubicación, por encima del valle del Jordán, recompensa incluso la visita más breve.

Historia

Pella ya estaba habitada hace un millón de años por cazadores y recolectores que seguían manadas de animales a través de los bosques y sabanas de la Edad de Piedra. Hacia el 5000 a.C., surgieron aldeas agrícolas neolíticas permanentes en torno al *tell* que llamaron la atención a los egipcios, que dejaron constancia de la existencia del lugar en textos escritos en el II milenio a.C.

Pella prosperó gracias a su posición estratégica en las rutas comerciales entre Arabia, Siria, Egipto y el Mediterráneo. El hallazgo en el yacimiento de objetos lujosos, como esculturas de marfil y joyas de oro, sugieren que Pella fue un asentamiento floreciente en las Edades del Bronce y el Hierro.

En el período griego, el asentamiento recibió el nombre de Pella en honor al pueblo natal de Alejandro Magno. Los judíos la arrasaron en el 83 a.C., pues sus habitantes no querían adoptar sus costumbres. Veinte años después, las legiones del emperador romano Pompeyo desembarcaron en el Levante y la reconstruyeron junto a las ciudades vecinas de la Decápolis. Pella adoptó el estilo de vida romano y disfrutó de una era de estabilidad económica y autonomía política. Tenía poder incluso para acuñar su propia moneda.

Pella (Taqabat Fahl)

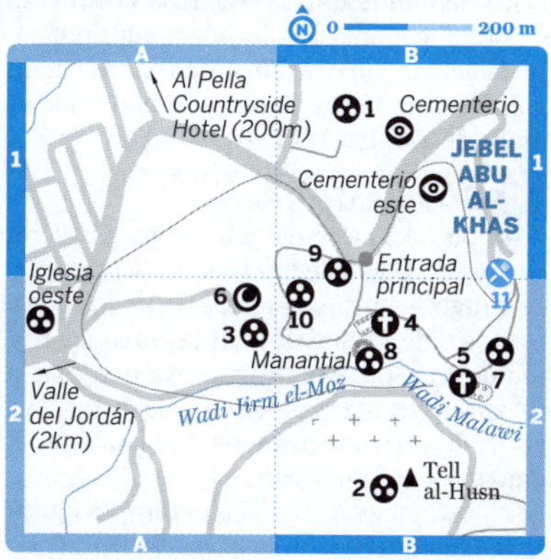

Pella (Taqabat Fahl)

Puntos de interés

1 Asentamiento abasí B1
2 Fuerte bizantino B2
3 Templo cananeo A2
4 Iglesia bizantina del complejo cívico (Iglesia del medio) B2
5 Iglesia Este B2
6 Mezquita mameluca A2
7 Ninfeo (baños) B2
8 Odeón (teatro) B2
9 Puerta romana B1
Templo romano .... (véase 2)
10 Asentamiento omeya B2

Dónde comer

11 Pella Rest House B1

Los cristianos perseguidos por el Ejército romano en el 66 d.C. en Jerusalén huyeron a Pella. Aunque posteriormente regresaron a la Ciudad Santa, dejaron huella, lo que unos siglos más tarde contribuyó a que la ciudad adoptase el cristianismo.

La ciudad alcanzó su máximo apogeo durante la época bizantina, y hacia el año 451 ya contaba con su propio obispado. En este período tenía una población de 25 000 habitantes, y hay pruebas de que formaba parte de una próspera ruta comercial que cubría la mayor parte de Asia Menor y el norte de África.

Pella quedó prácticamente destruida tras el terremoto que asoló toda la región en el 747. Sus últimos ocupantes fueron los mamelucos, en los ss. XII y XIV. Aunque la ciudad vivió un breve renacimiento, la derrota de los mamelucos a manos de los otomanos obligó a sus habitantes a huir, poniendo fin a más de 6000 años de asentamiento continuado. En la actualidad, las ruinas de Pella se hallan a pocos kilómetros de la moderna localidad árabe de Taqabat Fahl.

Puntos de interés

A los pies del principal montículo, a la derecha según se accede por la entrada principal, se sitúan los últimos restos de una **puerta romana** de la ciudad y, en la cima, las ruinas de un **asentamiento omeya** que incluía tiendas, viviendas y almacenes. La pequeña y cuadrangular **mezquita mameluca,** al oeste, data del s. XIV. En la ladera sur de la colina se ve el recientemente excavado **templo cananeo,** que fue construido hacia el 1270 a.C. en honor al dios Baal.

La estructura principal, una de las mejor conservadas de Pella, es la **iglesia bizantina del complejo cívico** (o **iglesia del medio**), que fue erigida sobre un conjunto cívico romano anterior del s. V d.C. y modificada varias veces en los siglos posteriores. Al lado está el **odeón,** un pequeño teatro con capacidad para 400 espectadores que acogía actuaciones musicales y que hoy está muy deteriorado. Al este de la iglesia del complejo cívico yacen los restos de un **ninfeo** romano.

Subiendo la colina, hacia el suroeste, está la **iglesia este,** del s. V, con una fantástica ubicación sobre la ciudad. Desde allí, un sendero baja hasta Wadi Malawi y luego asciende por el **Tell al-Husn,** con restos de tumbas en la ladera y de un **fuerte bizantino** y un **templo romano** en la cima, además de unas bonitas vistas al valle del Jordán.

Fuera del yacimiento más importante, 200 m al norte de la entrada principal, se encuentran las ruinas de un pequeño **asentamiento abasí.** También hay algunos **restos paleolíticos** (a 4 km), unos **baños romanos** y un **puente de piedra** (a 3 km) a los que se llega por la carretera que hay después del desvío hacia la Pella Rest House.

Allí se puede preguntar cómo llegar a los escombros de un **templo helenístico** situado en lo alto de Jebel Sartaba, al sureste, desde donde se ve Jerusalén en un día claro. Se tardan 2 h a pie en ir y volver.

Dónde dormir y comer

Pella Countryside Hotel B&B **$**
(079-5574145, 077-6184337; dheebjawahreh575@hotmail.com; i/d desde 30/40 JOD incl. desayuno)
Este encanto de B&B tiene unas preciosas vistas al campo desde su salón compartido y siete habitaciones cómodas con baño privado y adornos de estilo rústico. Es un buen sitio para relajarse un par de noches y los propietarios organizan *picnics* en las colinas circundantes. De febrero a mayo florecen los lirios negros, la flor nacional de Jordania, en el jardín. Está señalizado en la carretera del yacimiento.

Pella Rest House JORDANA **$$**
(079-5574145; comidas 8-10 JOD; 8.30-19.00)
Es famoso por sus excepcionales vistas a Pella y el valle del Jordán: Israel y los Territorios Palestinos quedan a la derecha de las torres de comunicación, Cisjordania a la izquierda y los altos de Jenin y Nablus en el medio. Lo que no hay que perder de vista es la apetitosa carta, que cede el protagonismo a la cocina regional e incluye el conocido como pescado de San Pedro del Jordán.

Información

La entrada al **yacimiento** (8.00-18.00), que es gratuita, puede efectuarse por varios puntos, incluida la Pella Rest House, en la colina.

La guía *Pella* (3 JOD), publicada por Al-Kutba y disponible en las principales librerías de Jordania, contiene información detallada.

Cómo llegar y salir

De la estación de autobuses del oeste de Irbid salen microbuses a Al-Mashari'a (800 fils; 45 min), pero hay que bajar antes de llegar, en el cruce. Pella está a una dura caminata de 2 km colina arriba desde el desvío señalizado, aunque de vez en cuando, si ven que hay visitantes que van a las ruinas, suben microbuses. Hay microbuses y taxis colectivos que circulan regularmente de la estación norte de autobuses de Ammán a Deir Alla (800 fils; 1 h), cerca del cruce de Pella.

Con vehículo propio, se pueden visitar las ruinas en una excursión de un día desde Irbid, Jerash o Ammán. Para explorar las panorámicas carreteras secundarias a Ajlun (25 km) se necesitan dotes de navegación, pero vale la pena porque permite adentrarse en la vida rural.

Salt السلط

05 / 70 000 HAB. / ALT. 814 M

Haciendo una excursión por el valle del Jordán, en cualquier dirección, vale la pena desviarse durante 30 min por las colinas para visitar la antigua y característica ciudad de Salt. Una parte interesante de la visita es la ascensión a un mirador e hito, a 10 min del fondo del valle, que indica el nivel del mar (véase la explicación de la ruta en p. 118). En cualquier otro lugar del planeta, a esta altitud uno estaría emergiendo en busca de aire.

La ciudad en sí está situada en un estrecho valle encajonado entre empinadas laderas. Durante la dominación otomana, Salt fue el centro administrativo de la región, pero perdió peso en favor de Ammán, la nueva capital de Transjordania. Por ello, nunca experimentó la oleada de modernización que vivió la capital, lo que le ha permitido conservar gran parte de su encanto histórico. Hoy en día, su centro es prácticamente un museo al aire libre de arquitectura otomana.

Pocos viajeros extranjeros visitan Salt, que sigue siendo uno de los secretos mejor guardados de la zona del valle del Jordán. La ayuda multimillonaria que Japón concedió a la ciudad en el 2004 se está invirtiendo en la conservación de muchos edificios antiguos de la ciudad y en la creación de instalaciones turísticas. Aunque faltan infraestructuras, resulta conmovedor ver que sus habitantes han cuidado su patrimonio arquitectónico en un país en el que el hormigón es la norma.

Historia

Aunque es perdonable pensar que la ciudad debe su nombre al condimento, se cree que Salt deriva del término griego *saltus,* que significa "bosques" (desaparecidos de la zona hace mucho tiempo), o de *sultana,* la uva que otrora abundaba en la región.

La construcción de sus característicos edificios de piedra caliza comenzó a finales del s. XIX gracias a la llegada de mercaderes de Nablus. Durante varias décadas, Salt prosperó en paralelo al desarrollo de nuevas rutas comerciales entre la ciudad y la cercana Palestina.

Tras la creación de Transjordania, el emir eligió Ammán como capital debido a la proximidad del ferrocarril y, casi de la noche a la mañana, Salt entró en declive. La guerra con Israel la separó del puerto de Haifa en 1948 y, más tarde, de su socio comercial, Nablus, en 1967. Desde entonces, Salt es poco más que una población rural en el valle del Jordán.

Puntos de interés y actividades

La ciudad conserva algunos excelentes ejemplos de **arquitectura otomana** (véase recuadro, p. 110) que datan de finales del s. XIX y principios del XX. Muy pocos de estos refinados edificios de piedra están abiertos al público, pero vale la pena echar un vistazo a sus elegantes fachadas. Las escaleras llevan a lo alto de Jebel al-Qala'a, que tiene unas vistas fantásticas.

Salt

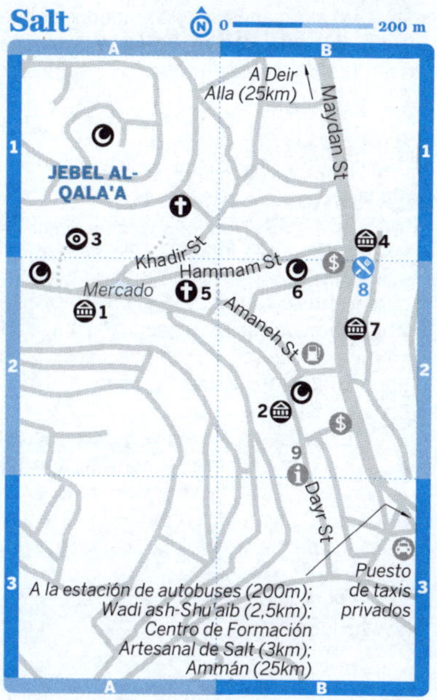

Salt

Puntos de interés

1 Beit Abu Jaber A2
Beit Mismar .... (véase 9)
2 Beit Muasher B2
3 English Hospital A1
4 Casa de Muhammed al-Bashir B1
5 Iglesia ortodoxa A2
6 Mezquita otomana B2
7 Museo Arqueológico de Salt B2

Dónde comer

8 Al-Salam Restaurant B2

Información

9 Oficina de turismo B2

Museo Arqueológico de Salt MUSEO

(☎3555651; entrada 1 JOD; 8.00-18.00 may-oct, hasta 16.00 nov-abr) Este maravilloso y reducido museo ocupa un edificio otomano bien restaurado y explica la historia del valle del Jordán con excelentes carteles en inglés. Las salas de la planta baja se centran en el vidrio y la cerámica, con piezas de hace 5000 años y otras de los períodos romano, bizantino

DESCUBRIR SALT A PIE

Salt es uno de esos sitios que realmente compensa explorar a pie, pues solo se puede acceder a gran parte de su casco antiguo por escaleras y lo mejor de la zona comercial está concentrado en calles peatonales. La siguiente ruta de 3 km y unos 90 min describe un círculo por las callejuelas de Salt que permite ver sus bazares y su arquitectura otomana.

Desde la estación de autobuses se sube por Dayr St, se pasa por la impresionante entrada de la **Beit Mismar** y por las preciosas columnas del balcón de la **Beit Muasher,** dos majestuosas y vetustas mansiones otomanas. Se sigue por la misma calle pasando por los muros curvos de la iglesia ortodoxa y se llega a la recientemente restaurada **Beit Abu Jaber,** que acoge un pequeño museo de historia local. Después se cruza la plaza y se sube por la escalera que hay a la derecha de la mezquita y se rodea la entrada al antiguo **English Hospital** (en la puerta verde se ven las letras "EH"). Desde aquí se puede subir colina arriba para disfrutar de las vistas a la ciudad y bajar por una escalera.

Otra opción es regresar a la plaza y tomar **Hammam St,** el callejón con más ambiente de Salt, y pasar por la ornamentada **mezquita otomana** hasta el cruce con Maydan St. Al otro lado de la calle se encuentra la entrada columnada de la **casa de Muhammed al-Bashir,** construida entre 1890 y 1910 y que ahora alberga una cafetería tradicional (tiene un árbol enfrente). La siguiente puerta es la de la Beit al-Sulibi, que data de entre 1920 y 1930.

La ruta incluye una pausa para comer en el **Al-Salam Restaurant** y acaba en el **museo arqueológico.**

e islámico, la mayoría provenientes de la zona, pero también de Deir Alla y Tell Nimrin (desde donde se cree que Josué guió a los israelitas a través del Jordán hacia la Tierra Prometida). En la planta superior hay algunos ejemplos de trajes típicos, muestras sobre actividades agrícolas tradicionales y fragmentos de mosaicos de iglesias de las inmediaciones de Salt.

Centro de Formación Artesanal de Salt TALLER DE ARTESANÍA
(☎3550279; Nageb al-Daboor district; ⏲8.00-15.00 do-ju) Los visitantes pueden ver cómo se manufacturan tejidos, cerámica, mosaicos y otras artesanías en esta cooperativa de mujeres situada a 3 km de la ciudad. Está especializada tanto en la enseñanza como en la producción, y tiene una sala en la que expone los objetos acabados. Un taxi desde el centro cuesta 1-2 JOD; hay que pedir al conductor que vaya a la Escuela Islámica Balkhar (Bejanib Maddaris al-Balkhar al-Islamiy). El desvío está en el semáforo de un puente, a 2 km de Salt por la carretera a Ammán.

Wadi ash-Shu'aib EXCURSIONISMO
Si se tiene coche propio, vale la pena explorar este refrescante valle que toma su nombre del profeta Jetro (Shu'aib en árabe). Se pueden hacer caminatas y hay cuevas interesantes. Está 2,5 km al sureste de Salt.

Dónde comer

En Salt no hay alojamientos, pero sí varios locales sencillos para comer. El extremo norte de Maydan St está lleno de cafeterías típicas repletas de hombres que toman té y fuman narguile. En la misma calle y junto a la estación de autobuses hay varios restaurantes básicos que sirven kebab, aunque el mejor establecimiento de cocina árabe de la ciudad es el **Al-Salam Restaurant** (☎3552115; Maydan St; comidas 3-5 JOD; ⏲7.00-22.30 sa-ju), que prepara pollo al horno y buenos platos de *shish* kebab.

Información

La servicial **oficina de turismo** (☎3555652; Dayr St; ⏲8.00-15.00 do-ju) está algo más arriba de la impresionante residencia antigua de Beit Mismar, pero encontrarla abierta en el horario indicado es todo un milagro.

Cómo llegar y salir

La estación de autobuses está en la carretera principal, al sur del centro. Hay microbuses a Salt (800 fils, 45 min) desde la estación de autobuses norte de Ammán, vía la Universidad de Jordania, y taxis colectivos esporádicos desde Raghadan. De Salt salen microbuses con bastante regularidad que bajan al valle del Jordán y llevan a Shuneh al-Janubiyyeh (Shuna Sur; 800 fils, 45 min). También hay microbuses a Wadi as-Seer (600 fils, 30 min) y Fuheis (600 fils, 30 min), que junto a Salt pueden visitarse en una excursión de un día desde Ammán. Un viaje en taxi desde Ammán cuesta 10-15 JOD.

El trayecto entre el valle del Jordán y Salt, ya sea por la carretera al sur de Deir Alla o desde Shuna Sur, es espectacular. Esta ruta de 30 min serpentea por campamentos beduinos hasta las laderas de coníferas azotadas por el viento del Parque Nacional de Zay (poco más que un merendero municipal) y ofrece muchas vistas panorámicas del valle del Jordán.

Shuneh al-Janubiyyeh (Shuna Sur) الشونة الجنوبية

05 / 6000 HAB. / ALT. -240 M

Al ser nudo del transporte público al valle del Jordán, al puente del Rey Hussein y al mar Muerto, esta localidad está bien comunicada en microbús con la estación de autobuses Muhajireen de Ammán (800 fils, 45 min) y con Madaba (600 fils, 45 min) y Salt (500 fils, 45 min). También salen con frecuencia microbuses a Suweimeh, a 3 km de los *resorts* del mar Muerto.

El lugar cuenta con unos pocos restaurantes básicos y tiendas de alimentación. Se puede contratar un taxi, si se encuentra, por unas horas para ir de Shuneh al-Janubiyyeh a lugares como Betania más allá del Jordán (15 JOD) y Amman Beach (15 JOD).

Betania más allá del Jordán (Al-Maghtas) المغطس

> Entonces llegó Jesús desde Galilea al Jordán y se presentó a Juan para que lo bautizara.
>
> *Mateo 3,13*

> Estas cosas sucedieron en Betania, al otro lado del Jordán, donde Juan estaba bautizando.
>
> *Juan 1,28*

Independientemente de las creencias de cada uno, es difícil no conmoverse al ver este montón de ruinas de nombre tan largo e insólito que yacen al final del valle del Jordán, cerca del mar Muerto. Aquí fue, según los arqueólogos, donde Juan Bautista predicó y bautizó a Jesús, donde se reunieron los primeros cinco apóstoles y donde, por lo tanto, se cimentaron las bases de la primera fe cristiana. Eligieron este lugar lleno de buenos auspicios porque muchos creían que fue aquí desde donde el profeta Elías (nacido en Mar Elias, al norte de Jordania) ascendió a los cielos en un tornado:

> Y mientras iban conversando por el camino, un carro de fuego, con caballos también de fuego, los separó a uno del otro, y Elías subió al cielo en el torbellino.
>
> *(2 Reyes 2,11)*

Aunque después Juan fue decapitado por Herodes en el Maqueronte (véase p. 144) y Jesús crucificado en Jerusalén, su encuentro en este punto del fértil valle del Jordán marcó un nuevo y esperanzador comienzo. Por ello, no es de extrañar que se convirtiera en uno de los primeros centros de peregrinaje, y que aún perdure.

Historia

El nombre de Betania procede del arameo *Beit Anniya* (casa en el cruce). Al detenerse en este punto, junto al casi estancado río, Israel y los Territorios Palestinos están al alcance de la mano. En torno a la intersección se construyeron iglesias, hospedajes y un camino (s. VI) para que los peregrinos interrumpieran su viaje entre Jerusalén y el monte Nebo. Actualmente quedan pocos indicios visibles de la primera ruta de peregrinación, pero la sensación de cruce de caminos sigue siendo perturbadoramente evidente. Tal y como afirmó la viajera Nathalie Ollier: "Para los visitantes cristianos de ambos lados del agua resulta difícil orar mientras están siendo vigilados por guardias armados judíos y musulmanes que velan para que no crucen la frontera".

El aire de confrontación permanente que rezuma el lugar lo ilustra a la perfección el mapa-mosaico de Madaba, en el que una gacela se gira hacia un león (solo identificable por su cola) en una persecución implacable. Están corriendo por el valle del Jordán hacia el mar Muerto, justo por encima del sitio en el que el apóstol Juan bautizó a Jesús, y quizá simbolicen la lucha humana que desde hace siglos se mantiene en este conmovedor trozo de tierra.

El yacimiento ha sido localizado hace relativamente poco tiempo. En 1899 se descubrieron algunas ruinas, pero los restos de varias iglesias, cuevas, pozos y varias piscinas bautismales no se desenterraron hasta la desactivación de las minas llevada a cabo tras el tratado de paz de 1994 entre Israel y los Territorios Palestinos. Tras muchas discusiones, los estudiosos identificaron el lugar donde estaba la misión de Juan Bautista y donde se bautizó a Jesús a partir de las descripciones bíblicas y de los relatos de los peregrinos de los ss. III-X. El papa Juan Pablo II santificó el lugar con una misa al aire libre en la primavera del 2000.

Puntos de interés

Tell Elias RUINAS

El servicio de enlace en autobús hace una breve parada en Tell Elias, donde se cree que Elías ascendió al cielo. Es un lugar significativo para los peregrinos de las tres religiones "de libro", aunque no tiene mucho que ver. El arco reconstruido señala la ubicación de una capilla de peregrinos de los ss. V-VI en la que el papa Juan Pablo II autentificó el lugar del bautismo en marzo del 2000. El cercano oratorio rectangular del s. III es uno de los lugares de culto cristiano conocidos más antiguos y data del período en el que este credo era ilegal. El autobús continúa hacia una piscina bautismal moderna de agua filtrada del Jordán (el río está bastante contaminado).

Manantial de Juan Bautista ARROYO

El circuito sigue a pie (sombrero y agua imprescindibles en verano) hasta uno de los varios lugares en los que se cree que Juan llevaba a cabo sus bautizos, la mayoría de ellos con agua del Wadi al-Kharrar y no del Jordán. El sendero discurre entre matorrales de taray y *argul* (cerezo silvestre) y, en verano, de rosas amarillas de Jericó.

Lugar del bautismo de Jesús RUINAS

El principal yacimiento arqueológico incluye los restos de tres iglesias, una sobre otra. Una escalera baja hasta el nivel original del agua y un edificio indica el lugar en el que probablemente tuvo lugar el bautismo de Jesús. En los ss. V-VI se erigieron iglesias bizantinas para señalar el emplazamiento que fueron reconstruidas in situ tras unas grandes inundaciones. De ellas solo se conservan restos de los mosaicos originales.

Río Jordán RÍO

El sendero pasa por una iglesia griega ortodoxa con el tejado dorado que lleva, bajo la atenta mirada de los guardias fronterizos, al río, que es poco más que una acequia de agua estancada. No invita a meterse, pero uno puede bautizarse en el Jordán si lleva un sacerdote. Al otro lado del río, y de la frontera, hay otro complejo bautismal israelí que le hace la competencia. Es el único sitio en el que los civiles pueden tocar el agua del Jordán, pues el resto del río discurre por tierra de nadie militarizada.

Otros puntos de interés

Los circuitos suelen regresar por la casa de María Egipcíaca, una 'pecadora arrepentida' que vivió y murió en esta casa de dos estancias del s. IV. La senda sigue hacia la izquierda y una escalera de madera lleva hasta una ermita rupestre de dos habitaciones excavadas en la roca blanda.

La colina de detrás atesora la presunta cueva de Juan Bautista, un monasterio del s. V (construido en torno a ella) y el monasterio de Rhotorios, que presenta un suelo de mosaico con inscripciones en griego. En los s. III-IV los peregrinos se bañaban en las piscinas recubiertas de yeso. En los primeros años del cristianismo, la figura de Juan era más popular que la de Jesús, y este era el más importante de los dos lugares de peregrinación.

Dónde comer

Bethany Touristic Restaurant PESCADO $$$

(☎079 6076060; pescado 12 JOD; ⊙10.00-24.00) Anexo a una próspera piscifactoría, está especializado en tilapia (*talloubi* en árabe), conocido en la zona como pez del bautismo. El pescado se fríe o asa con pimientos dulces y cilantro fresco. Está muy concurrido los fines de semana, sobre todo al atardecer, cuando el sol se pone sobre la lejana Jerusalén. Está señalizado en la carretera, a medio camino entre el yacimiento del bautismo y la carretera principal Ammán-mar Muerto. Cuando se escribió esta guía, era el único sitio para comer cerca de Betania.

Información

La entrada al **yacimiento** (adultos/niños menores 10 años 12 JOD/gratis; ⊙8.00-16.00 nov-mar, hasta 18.00 abr-oct) incluye un circuito guiado de 1 h y un servicio de traslado en autobús que sale cada 30 min hacia al complejo principal, cerca de la conflictiva frontera con Israel y los Territorios Palestinos. Conviene hacerse con un folleto y un plano en la puerta principal, donde también están los aseos y unas pocas tiendas de recuerdos afectadas por el reciente descenso del turismo. En primavera hay una plaga de mosquitos, por lo que se recomienda llevar repelente.

Cómo llegar y salir

El yacimiento está cerca de Shuna Sur, en el extremo sur del valle del Jordán. Desde Ammán, hay que seguir las señales de "Baptism Site" (lugar del bautismo) por la principal carretera al mar Muerto. Los circuitos de los hoteles económicos de Ammán y Madaba suelen incluirlo en las excursiones de un día al mar Muerto (50 JOD aprox. para un máximo de 4 pers.). Llegar en transporte público es complicado. Hay que tomar el microbús a Suweimah y pedir bajar en el cruce de Al-Maghtas. El mar Muerto queda a la izquierda y el sitio del bautismo a la derecha. Ningún transporte público cubre los 5 km que quedan hasta el centro de visitantes. Si se pretende caminar o hacer autostop hay que llevar mucha agua.

Carretera del mar Muerto الطريق البحر الميت

Sumario »

Los mejores alojamientos y restaurantes

» Mövenpick Resort & Spa (p. 122)

» Dead Sea Marriott (p. 122)

» Mujib Biosphere Reserve (p. 126)

» Panorama Restaurant (p. 123)

» Feynan Ecolodge (p. 125)

Los mejores balnearios

» Zara Spa (p. 120)

» Anantara Spa (p. 120)

» Dead Sea Marriott Spa (p. 120)

» Evason Ma'In Hot Springs Six Senses Spa (p. 126)

Por qué ir

No hay muchos lugares en la tierra donde andar bajo el nivel del mar, pero uno de ellos es la orilla del mar Muerto; de hecho, es el punto más bajo del planeta. Por si eso no fuera incentivo suficiente, están sus aguas: flotar en el intensamente salado elemento es una de las experiencias acuáticas más extraordinarias. Además, un par de noches en un balneario de la zona, con lujosos masajes y tratamientos terapéuticos, confirmarán que su visita se impone una vez en el país.

Los atractivos del mar Muerto no son ningún secreto, pero la región ofrece más que los de la serie de hoteles de cinco estrellas en el norte. En Wadi Mujib se encuentra una pequeña y hermosa reserva natural apta para las aventuras al aire libre, y todo Wadi Araba es especialmente magnífico cuando se pone el sol.

Cuándo ir

Abrasadoramente cálido y húmedo entre mayo y octubre, y frío entre diciembre y enero, el mejor momento para disfrutar de los placeres del mar Muerto es febrero y noviembre, perfectos para bañarse y cenar al aire libre. En plena temporada alta, los complejos turísticos ofrecen espectáculos en directo.

Los aventureros deberían ir en primavera: el Ultramaratón del Mar Muerto ofrece actividad física en una costa más famosa por el sol que por las carreras y las excursiones por el Wadi Mujib están exentas del peligro de inundaciones.

Imprescindible

1. Descender hasta el **mar Muerto** (p. 116), para flotar en el punto más bajo de la tierra, antes de escalar hasta las alturas para un cóctel en un lujoso balneario.
2. Relajar cuerpo y mente en un famoso **balneario del mar Muerto** (p. 119), con la aplicación de barros utilizados con fines cosméticos desde tiempos de Herodes.
3. Situar el mar Muerto en un contexto histórico y geográfico en el informativo **Dead Sea Panoramic Complex** (p. 123).
4. Retozar en las aguas de **Hammamat Ma'in** (p. 124), uno de los oasis termales de la región.
5. Transitar desde las tierras altas hasta las tierras bajas por la **carretera del mar Muerto** (p. 118) con las mejores vistas de Jordania.
6. Chapotear avanzando por las pozas del cañón de la **Reserva de la Biosfera de Mujib** (p. 126), al acecho para divisar algún íbice.
7. Probar un tomate recién cosechado antes de explorar los montes en arco iris de **Wadi Araba** (p. 128).

Historia

La antigüedad de una región que ha soportado el empeño humano durante miles de años se detecta fácilmente. A lo largo de la carretera, manantiales de agua dulce sustentan abundante vida (como en Wadi Mujib) en fuerte contraste con el desértico paisaje circundante. En temporada, hileras de tomates rojo sangre y lustrosas berenjenas surcan la tierra agostada, demostrando la inesperada fecundidad de una región que a efectos prácticos se asemeja tanto al desierto.

Desmintiendo su nombre, incluso el mar Muerto ha contribuido al devenir de la civilización humana. Conocido en tiempos antiguos como el Mar Asfaltites, producía el betún que los nabateos recogían y vendían a sus vecinos para los procesos de embalsamado en una incipiente industria del petróleo.

Hoy en día, al recorrer la carretera del mar Muerto, tan próximo a Israel y los Territorios Palestinos, es enseguida evidente que el petróleo, aunque de otro tipo, sigue definiendo el territorio. Controles policiales, puestos fronterizos, miradas recelosas a través del valle del Rift: es un territorio disputado, dividido en dos, tanto en sentido geológico como histórico y político. Aunque se intente flotar en paz en un balneario del mar Muerto, costará no ser consciente de que esta calma ha tenido un alto precio. Para más información sobre la historia de la región del mar Muerto, véase p. 258.

Reservas naturales

Uno de los parques naturales más deliciosos de Jordania, la **Reserva de la Biosfera de Mujib** (p. 126) está casi contiguo a los *resorts* del mar Muerto. Por desgracia, es uno de los motivos que preocupan en cuanto a la viabilidad de la reserva a largo plazo, puesto que el agua que corre por el *wadi* se desvía para cubrir la demanda del turismo. Sea cual sea el futuro de la reserva, de momento la zona ofrece cascadas, barranquismo y la posibilidad de avistar algún esquivo íbice.

La carretera del mar Muerto es también un camino de acceso secundario a la espectacular **Reserva de la Biosfera de Dana** (p. 154) y al **Feynan Ecolodge** (p. 125) el único alojamiento en el Wadi Araba. La entrada principal de la Reserva de la Biosfera de Dana, sin embargo, es a través del pueblo de Dana, por la carretera del Rey. Véase más información sobre la reserva en p. 154 .

Peligros y advertencias

La cercanía de Israel y los Territorios Palestinos implica numerosos controles policiales en la zona. Hay que tener a mano el pasaporte, carné de conducir, contrato de alquiler y *ruksa* (documentación del coche) en cualquiera de las carreteras cerca o a lo largo de la carretera del mar Muerto.

Hay pocas gasolineras en las proximidades y pocos alojamientos (excepto en los *resorts* del mar Muerto y en los parques nacionales de Wadi Mujib y Wadi Dana). Es por lo tanto esencial llenar el depósito en cada gasolinera; el riesgo de quedarse colgado es muy real.

Hay muy poca sombra en el mar Muerto y a lo largo de la carretera, por lo que hay que llevar sombrero y abundante agua, sobre todo en verano, cuando las temperaturas pueden alcanzar los 50°C.

Los viernes y días festivos, hoteles y zonas públicas se llenan de gente; a algunos les parecerá positivo, pero otros pueden detestar los niveles habituales del ruido en Jordania.

ℹ Cómo llegar y salir

El acceso más fácil a la carretera del mar Muerto es por carretera desde Ammán, pero otros puntos de acceso incluyen Madaba, Karak y Wadi Mousa, que se prestan como base para explorar la región. Aunque la carretera del mar Muerto (Hwy 65) termine en Aqaba, no hay gran cosa que ver o hacer en sus tramos meridionales, y ningún transporte público. Solo se puede llegar a los *resorts* con una frustrante y poco fiable combinación de minibuses y taxis, pero la forma más realista de visitar la zona son los viajes organizados.

ℹ Cómo desplazarse

El coche es la única manera, prácticamente, de explorar la carretera del mar Muerto (Hwy 65). Bordea la orilla de dicho mar, entre los montes Moab y los distantes acantilados de Judea en la orilla occidental, y ofrece una interesante alternativa a la carretera del Desierto entre Ammán y Aqaba.

Si el tiempo no apremia, hay algunas **carreteras espectaculares** (p. 118) que conectan la carretera del mar Muerto con la carretera del Rey.

Mar Muerto البحر الميت

☎05 / 5000 HAB./ ALT. 400 M

Sería un pecado venir a Jordania y perderse el mar Muerto. A 400 m bajo el nivel del mar, este extraordinario cuerpo de agua de un intenso color azul está en el punto más bajo de la tierra. La extrema salinidad del agua no tiene nada que ver con el hecho de que se encuentre bajo el nivel del mar, sino más bien con el alto índice de evaporación. Esta salinidad lo convierte en un hábitat casi intolerable para cualquier forma de vida, excepto las más microscópicas, y lo único vivo que podrá verse serán unos cuantos turistas boyantes.

Las sales y minerales del mar Muerto han sido explotadas desde tiempos antiguos por sus propiedades dermatológicas, aunque no siempre parezcan tan agradables. Al nadar en este mar, algunos descubrirán algún corte que no habían advertido (no hay que afeitarse antes de la visita), y si les entra agua en los ojos, sufrirán unos minutos de agonía. De hecho, "nadar" es mucho decir, sería más apropiado decir flotar o hacer el muerto, puesto que la densidad del agua dificulta los movimientos de natación.

La mejor manera de visitar el mar Muerto es alojarse en alguno de los balnearios de lujo en el extremo norte del mar. Aquí se puede disfrutar de un tratamiento termal, contemplar el sol hundiéndose en el agua y brindar ante las luces nocturnas de Jerusalén, que se encienden a 1200 m por encima de Cisjordania.

Otra posibilidad es venir al mar Muerto en una excursión de un día desde Ammán o Madaba.

Historia

El mar Muerto ha recibido muchos nombres a lo largo del tiempo, incluido el lógico "mar de Sal", y el menos halagüeño de "mar Apestoso"; un pegote de barro de este mar en la cara revelará al momento el porqué de este nombre. Un viajero griego, Pausanias, fue quien le dio su nombre actual, al observar que la alta salinidad del agua impedía el desarrollo de la vida. Esta alta salinidad es debida a la falta de salida del mar y a las altas temperaturas veraniegas que evaporan el agua más rápidamente de lo que se renueva. El mar mengua también cada año debido al riego intensivo de valle del Jordán. Todo ello, unido a la fábrica de potasa en la orilla sur, hace temer a muchos ecologistas la muerte inminente de este extraordinario cuerpo de agua.

Actividades

La gente acude al mar Muerto para aprovechar sus propiedades minerales, ya sea con un baño o con una estancia en un lujoso balneario. La única actividad adicional serán los paseos a camello o caballo. Los beduinos traen sus monturas magníficamente enjaezadas a la cornisa situada entre los *resorts*, donde recorren al paso la distancia entre los puestos de té. El paseo de cinco minutos o unas fotos costarán unos 2 JOD.

Natación

Aunque en principio se pueda entrar en el agua desde cualquier punto de la orilla, en la práctica sorprendentemente costará llegar al mar a menos de alojarse en uno de los *resorts*. Esto es debido, sobre todo, al progresivo retroceso de la orilla. En segundo lugar, después de un baño en el mar Muerto, la capa de sal que queda en la piel resulta incómoda y conviene lavarse lo antes posible. En tercer lugar, hay que tener en cuenta la falta total de privacidad, con la carretera que sigue de cerca la línea de la costa, al igual que la policía fronteriza. Estos tres motivos aconsejan bañarse en los *resorts* y playas privadas del mar Muerto, con duchas de agua dulce, y donde no se encuentran rocas peligrosas al entrar en el agua. Las siguientes playas privadas se reseñan de norte a sur.

Al-Wadi Resort NATACIÓN

(Adultos/niños 25/18 JOD; ⏲9.00-18.00 sa-ju, hasta 19.00 vi) Esta playa privada ofrece distintos juegos acuáticos, como olas artificiales y toboganes, en un agradable entorno ajardinado. Hay dos restaurantes (10.00-17.00), uno de ellos con tentempiés y el otro con una carta árabe. Los niños se miden al entrar: ¡los que miden menos de 95 cm entran gratis! Está a unos 500 m al norte del Convention Centre, al principio de la hilera de *resorts*.

Amman Beach NATACIÓN

(☎3560800; adultos/niños 15/10 JOD; ⏲9.00-20.00) El nombre completo de este establecimiento público es **Amman Beach Tourism Resort, Restaurant & Pools.** La playa, 2 km al sur de la hilera de *resorts*, está regentada por el ayuntamiento de Ammán para mayor accesibilidad pública al mar Muerto. Es un bonito parque y la playa está limpia, con parasoles, duchas de agua dulce y mucho sabor local, por lo que es un lugar estupendo para charlar con alguna familia jordana.

También hay varias piscinas, un **restaurante** (bufé 12 JOD; ⏲11.00-17.00), puestos de bebidas, canchas de baloncesto y un parque de atracciones adjunto. Los jordanos suelen bañarse vestidos, aunque los extranjeros no deberían sentirse incómodos con un traje de baño discreto. Las mujeres solas, en pantalón corto y camiseta, pueden atraer más atención

CONDUCCIÓN BAJO CERO

Las serpenteantes carreteras que conectan las tierras altas con las bajas (a menudo bajo el nivel del mar) son sensacionales, sobre todo en coche propio, que permite pararse para admirar las vistas panorámicas. Serpentean a través de bancales plantados con cebollas y montes tachonados de corderos, y bordean comunidades de beduinos nómadas, con sus tiendas negras y cabras domésticas, antes de entrar en espiral en un desierto pintado, de color bermellón con el mineral de hierro, o verde oliva con los óxidos del cobre, y festoneado con jardines colgantes. Aquí se indican las mejores rutas. No todas las carreteras aparecen indicadas en los mapas, pero todas están en buen estado, aptas para los turismos normales (cuidado con las curvas muy cerradas) y casi siempre con las señales de "Dead Sea" o "Wadi Araba". Hay que llevar siempre encima el pasaporte, por los numerosos puestos de control en las carreteras del valle del Jordán y mar Muerto.

De Salt al mar Muerto

1½ h, 23 km de bajada y 60 km a lo largo del valle del Jordán

Variado trayecto por una transitada carretera de pinos de Aleppo, madroños de corteza roja y jardines de malvarrosas al principio del verano, que dejan paso a tamariscos y acacias. Los frenos pueden dejarse enfriar en el mojón que indica el nivel del mar, para disfrutar mientras tanto de las vistas del fértil valle del Jordán, iluminado con los árboles de fuego, en flor en el mes de mayo.

Se siguen las señales hacia el Parque Nacional de Zay y Dayr 'Alla por la Hwy 30 desde Salt. Un desvío de 14 km (bien indicado) lleva al Mountain Breeze Country Club para una pausa y un té. La humedad y el calor aumentan al acercarse al mar Muerto.

Del monte Nebo a los 'resorts' del mar Muerto

30 min, 21 km

Fácil trayecto, entre flores silvestres y chumberas, que atraviesa pastos beduinos antes de descender hasta un colorido desierto semiárido, con espectaculares vistas del mar Muerto.

El descenso se inicia a la izquierda de la entrada del monte Nebo. Al cabo de 14,5 km, se gira a la izquierda para ir a los *resorts*, o a la derecha para ir a Betania.

De Madaba al Dead Sea Panoramic Complex

50 min (media jornada con paradas), 30 km más 5 km de ida y vuelta a Hammamat Ma'in

Es la mejor ruta alrededor del mar Muerto, a través de avenidas barridas por el viento de abetos y enebros, viñedos y olivares, y a lo largo de un *wadi* decorado con adelfas en flor. No hay que perderse la empinada bajada de la sulfurosa ladera hasta Hammamat Ma'in (p. 124). Tras recuperar fuerzas en el bien llamado Panorama Restaurant (p. 123), se siguen

de la deseada. La Amman Beach es el punto de llegada del Ultramaratón del Mar Muerto de cada año en abril. Más detalles en la p. 23.

O Beach NATACIÓN
(☎3492000; www.obeach.net; adultos/niños 20/17 JOD; ⏲9.00-18.00) Esta excelente playa privada de lujo, al pie de una serie de bancales ajardinados y piscinas infinitas, será ideal para disfrutar del mar Muerto a todo confort y sin tener que pagar por una noche en los hoteles vecinos. Entre semana hay varios paquetes con descuentos (adultos/niños 15/12 JOD). Para gozar de una experiencia todavía más relajante, hay zonas VIP por 30 JOD adicionales (solo parejas) con camas *king size*. Las toallas son gratuitas. También hay varios tratamientos termales y masajes, además de varios bares y restaurantes, y un bufé los fines de semana.

Aparte de estas playas, algunos *resorts* permiten la entrada durante el día en temporada baja. El Mövenpick cobra 40 JOD para acceder a las piscinas, la playa y el bufé (solo parejas y familias) y 50 JOD adicionales para entrar en el balneario. El Marriott cobra 60 JOD (35 JOD solo entrada; 25 JOD la comi-

las señales hacia Hammamat Ma'in desde la carretera del Rey, 1 km al sur de Madaba. La carretera, a veces llamada "Dead Sea Parkway", está mal indicada en casi todos los mapas. Hay que emplear las marchas cortas caso de dar un rodeo hasta Hammamat Ma'in. Luego, se sigue hasta los *resorts* del mar Muerto (7 km), Betania (25 km) o Ammán (60 km).

De Karak a Safi

30 min, 40 km

Es una ruta fácil a lo largo del *wadi* de paredes verticales, con amplias vistas de la fábrica de potasa. Un rodeo permite visitar la Cueva de Lot (p. 128).

El mejor momento para recorrer esta ruta es a media tarde, cuando el sol en declive dora la piedra arenisca. Hay que seguir las indicaciones desde la carretera del Rey en Karak hacia Mazra'a o "Dead Sea" por la Hwy 50. En la carretera del mar Muerto se gira a la izquierda para ir a Safi.

De Tafila a Fife

40 min, 26 km

A través de los bosques de cipreses, las formaciones rocosas labradas por los elementos y los oasis de palmeras, se llega a los campos de tomateras de Fifa.

Conviene reservar algo más de tiempo para esta ruta, es una verdadera lección de geografía sobre los hábitats a distintas altitudes. Se sale por la Hwy 60 desde el centro de Tafila, y se siguen las señales hacia Wadi Araba; cuidado con las curvas cerradas.

De Pequeña Petra a Wadi Araba

1,15 h (media jornada con paradas), 45 km más 2 km de ida y vuelta a Pequeña Petra, y 20 km de ida y vuelta al Feynan Ecolodge

Este fantástico trayecto empieza en lugares nabateos como la Roca del Elefante, y un rodeo por el Siq de Pequeña Petra (p. 193). En el Siq Umm Al-Alda pueden verse prensas de vino y depósitos labrados en la roca, y decorados con antiguos algarrobos. Tras pasar por el paisaje de un verde psicodélico alrededor de un proyecto de reciclaje de aguas, pueden verse unos restos neolíticos (alambrada a mano izquierda de la carretera) en Shkarat Msaiad. La carretera de montaña serpentea luego a través de magníficas rocas multicolores antes de deslizarse hacia Wadi Araba, salpicado de campamentos beduinos, acacias y dunas de arena.

Después de Umm Sayhoun se llega a Pequeña Petra. Se gira a la derecha hacia Hesha y Bayder y enseguida a la izquierda, siguiendo las señales hacia Wadi Araba. La carretera, ausente en la mayoría de los mapas, no está numerada, y sin ser impracticable está en bastante mal estado. En el cruce de Wadi Araba, se gira a la derecha hacia Qurayqira para alojarse en el Feynan Ecolodge (p. 125) o a la izquierda hacia la carretera del mar Muerto. Aqaba está a 130 km desde el cruce de esta carretera.

da). El Dead Sea Spa Hotel cobra 30 JOD con un tentempié y una bebida. En el The Holiday Inn se pagan 25 JOD entre semana y 45 JOD los fines de semana y festivos.

Baños de barro

En casi todas las playas hay pozas de barro junto al mar, donde el visitante puede autoadministrarse un baño de barro completo. El barro se deja sobre la piel mientras se toma el sol durante 5 o 10 minutos, y luego se lava en el mar. La piel se tensa y suaviza, dejando una sensación fresca y revitalizada.

Tratamientos de balneario

Muchos acuden al mar Muerto por los tratamientos terapéuticos de sus balnearios. Los bajos niveles de rayos UVA y altos niveles de oxígeno son buenos para la salud, y el barro de este mar contiene altas concentraciones de minerales, como calcio y magnesio, benéficos para las alergias e infecciones bronquiales. El acre bromo potencia la relajación; el yodo alivia ciertas dolencias glandulares; y el betún, rejuvenece la piel. Muchas de estas propiedades del mar Muerto se venden en preparados como jabones, champús y lociones, tanto en

INDISPENSABLE

ATREVERSE A LOS LUJOS DE UN BALNEARIO EN EL MAR MUERTO

No se puede venir al mar Muerto sin probar un balneario. Incluso los viajeros más correosos, para quienes dormir en una cama blanda es una muestra de debilidad, se sentirán recompensados al sucumbir a esta experiencia. Sus precursores son de alta alcurnia: Herodes y Cleopatra, ni uno ni otra con fama de debiluchos, se remojaron los pies en estas aguas. O sea que hay que quitarse las botas por un día, ponerse un mullido albornoz, y atreverse a entrar en el vestíbulo de mármol de una blancura aséptica en uno de los placenteros establecimientos del mar Muerto.

La **experiencia en un balneario** (desde unos 30 JOD) suele empezar con un té de menta y una bolsa para guardar las pertenencias (nada que ver con una clorada piscina municipal). Luego, te acompañan a los vestidores con espejos, jabones y champús y más toallas de las que puede utilizar un cuerpo mortal. Este es el punto de no retorno: los silenciosos asistentes acompañan entonces al usuario a lo largo de pasillos de mármol hasta los opulentos baños.

Todos los balnearios ofrecen distintas bañeras con varios grados de salinidad. Suele haber un piscina para los pies y un baño en un *jacuzzi* con azulejos de Damasco. Las piscinas al aire libre asaltan al visitante con una variedad de potentes chorros de agua. Lo mejor son las pequeñas bañeras que burbujean al sentarse, y deberían ser solo para adultos.

Este tipo de lujo es un deporte extremo, y al llegar a la piscina infinita del balneario, el visitante estará tan seducido por el ambiente que no tendrá la energía para probar las saunas o los chorros tropicales, y mucho menos el gimnasio. Le bastará tumbarse bajo una adelfa junto a la piscina, saborear un zumo de zanahoria fresco, y preguntarse por qué se había resistido tanto a probar esta experiencia.

los establecimientos del mar Muerto como en las tiendas turísticas de toda Jordania.

Para un sencillo masaje, y unos cuantos cuidados, se puede fácilmente reservar una hora o dos.

Anantara Spa BALNEARIO
(☎3568888; www.spa.anantara.com/deadsea; Kempinski Ishtar Hotel; ⏲10.00-22.00) Lo mejor es el Royal Hammam Ritual (130 JOD, 90 min), anunciado como "pura felicidad para cuerpo y mente". Incluye masajes, exfoliaciones y envolturas corporales aplicadas con el tradicional vigor al estilo jordano.

Zara Spa BALNEARIO
(☎3491310; www.zaraspa.com; Mövenpick Resort y Spa; ⏲8.30-20.30) Es uno de los más grandes de Oriente Próximo y ofrece toda una serie de comodidades y tratamientos en un hermoso entorno; el precio es de 20 JOD para los clientes del hotel y 50 JOD para los no residentes, e incluye acceso al gimnasio, playa privada, piscina, sauna, piscina de pedicura, piscina infinita y piscina de agua a presión. Los servicios extra incluyen un baño de barro (1 h, 60 JOD), flotación en seco, terapia con piedras calientes, *shiatsu* y otros masajes (desde 60 JOD por 50 min). El paquete de un día vale 190 JOD por 3½ horas de tratamientos; el paquete de 3 días, 365 JOD.

Dead Sea Marriott Spa BALNEARIO
(☎3560400; Dead Sea Marriott; ⏲8.30-20.30) La entrada vale 19 JOD para los clientes y 30 JOD para los no residentes en el hotel, con 40 JOD adicionales que dan acceso a la playa, las piscinas y el gimnasio. Incluye una piscina climatizada, una piscina de agua salada del mar Muerto, *jacuzzi* y sauna. Los tratamientos incluyen masajes (74 JOD, 55 min), envolturas corporales, exfoliaciones con sal, fitomascarillas y mascarillas faciales de barro, flotación en seco e hidrobaños. El masaje *loufa* árabe (94 JOD, 75 min) será una experiencia increíble.

Dead Sea Spa BALNEARIO
(☎3561000; www.jordandeadsea.com; Dead Sea Spa Hotel; ⏲8.00-18.00) Se centra en los tratamientos médicos, con un dermatólogo y un fisioterapeuta residentes. El acceso a la playa, las piscinas y el balneario vale 30 JOD los fines de semana y 25 JOD los días laborables, e incluye una sala de *fitness,* un solárium y una piscina de agua salada del mar Muerto. También ofrece un masaje sueco de todo el cuerpo (25 JOD) y un baño de barro (30 JOD).

Dónde dormir y comer

A lo largo de la carretera del mar Muerto, unos 5 km al sur de Suweimeh, hay varios *resorts* de primera clase. Ofrecen hermosos jardines y terrazas escalonados, piscinas con cascadas y playas impolutas en el mar Muerto. Todos cuentan con excelentes restaurantes y miradores para contemplar la puesta de sol sobre los montes de Judea. Es imprescindible reservar los fines de semana (viernes y sábados). El resto del tiempo, suelen ofrecerse descuentos a los clientes de última hora. Por desgracia, no hay ningún alojamiento de categoría económica o de precio medio en la zona. Madaba es la localidad más cercana para encontrar hoteles más baratos, pero el transporte entre esta ciudad y el mar Muerto es tan poco práctico, que se pasará más tiempo en la carretera que en el agua, a menos de apuntarse a un viaje organizado.

Además de los consolidados hoteles reseñados a continuación, está prevista la apertura de un nuevo Hilton y un Crowne Plaza en el 2012.

Mövenpick Resort & Spa CENTRO VACACIONAL **$$$**
(☎3561111; www.moevenpick-hotels.com; h desde 215 JOD; ❄@✍) Este maravilloso refugio de datileras e hibiscos tiene incluso un río que fluye a través del complejo de rústicos apartamentos de dos plantas, con la apa-

INDISPENSABLE

EL MAR MUERTO SE ESTÁ MURIENDO *DR. ALON TAL*

El mar Muerto está en el punto más bajo de la tierra, y seguramente en uno de los más cálidos. La evaporación consiguiente produce una extraordinaria salinidad del 31%, cerca de nueve veces más que la de los océanos. La alta concentración de minerales implica, además de sus propiedades terapéuticas, una gran flotabilidad y fantásticas oportunidades fotográficas, como la de alguien sentado en el agua leyendo un periódico. De hecho, el sistema de sanidad alemán cubre visitas periódicas al mar Muerto para los pacientes de psoriasis.

Por desgracia, ningún otro recurso natural en Oriente Próximo acusa tanto crecimiento demográfico y desarrollo económico como el mar Muerto. Técnicamente, el mar es un "lago terminal" al que desembocan el río Jordán y otras cuencas más áridas. Aunque el folclore local describa al río Jordán como "ancho y profundo", nunca ha sido un río muy caudaloso. Cuando los agricultores israelitas y jordanos empezaron a desviar sus aguas para fomentar una nueva economía agrícola en la década de 1950, su caudal se redujo a un pútrido hilo de agua y el mar Muerto empezó a secarse.

En 1900, el río descargaba 1,2 trillones de litros al año en el mar Muerto, pero los niveles actuales apenas son del 10% del caudal natural. Las industrias de la potasa, muy presentes en la región sur del mar Muerto, exacerban la pérdida de agua al acelerar la evaporación en sus procesos de producción. Este impacto se manifiesta en hundimientos creados cuando el agua infiltrada se lleva las sales subterráneas. Un fenómeno especialmente visible en la orilla occidental del mar (del lado de Israel), donde la tierra se abre literalmente, para tragarse personas, maquinaria agrícola e incluso camiones. Sin embargo, la consecuencia medioambiental más grave es quizá la disminución de 27 m del nivel del agua, y las largas y desalentadoras caminatas que hay que emprender ahora para alcanzar la orilla del menguante mar.

Se han estudiado varias soluciones para la recuperación del mar Muerto. Se descartó la canalización del agua del Mediterráneo, aprovechando el desnivel de ambos mares, debido a su coste prohibitivo. En cambio, se está evaluando seriamente una canalización similar desde el mar Rojo. Apodado el "Conducto de la Paz", el proyecto canalizaría el agua del golfo de Aqaba hasta la orilla sur del mar Muerto, produciendo hidroelectricidad además de alimentar una planta desalinizadora para el suministro de Ammán. Los ecologistas cuestionan esta solución por la posible reacción química de esta aportación de agua artificial y la inestabilidad sísmica de la zona. En cambio, el Banco Mundial ha decidido recientemente que este proyecto de 5.000 millones de US$ era suficientemente serio para justificar un estudio de viabilidad de 15 millones de US$.

El Dr. Alon Tal es profesor en el Departamento de Ecología del Desierto de la Universidad Ben-Gurion de Israel.

riencia de una aldea. Celosías de madera y balcones permiten a los residentes disfrutar de las vistas en privado. El Zara Spa está justificadamente considerado como uno de los mejores en Oriente Próximo. Algunos de sus hitos culinarios incluyen el bufé Al-Saraya, una barbacoa los jueves por la noche y un prodigioso *brunch* los viernes.

Kempinski Hotel Ishtar CENTRO VACACIONAL **$$$**
(☎3568888; www.kempinski.com; i/d desde 200/220 JOD; ❄@≋✐) Dominando la orilla, este grandioso *resort* no escatima nada para situarse como el mejor. Ventanales del suelo hasta el techo prolongan la vista del mar Muerto, un vestíbulo de estilo sumerio da a una espectacular piscina infinita circular, y una serie de instalaciones acuáticas se precipitan hacia el mar. Todas las habitaciones modernas tienen un balcón parcialmente cubierto y una bañera semihundida. El desayuno se sirve con champán y la cocina del restaurante, con elementos tailandeses y mediterráneos, es excelente.

Dead Sea Marriott CENTRO VACACIONAL **$$$**
(☎3560400; www.marriott.com; i/d desde 175/190 JOD; ❄@≋✐) Suelos de mármol pulido, accesorios dorados y espaciosas habitaciones contribuyen a la opulencia general de este centro tan apreciado. Cuenta con cafés con vistas al mar y un restaurante de estilo francés. Dos cines, rápido acceso a internet, un parque de diversiones selvático, una minicascada y una piscina familiar aseguran el entretenimiento de los niños mientras sus padres disfrutan del lujo del balneario.

Holiday Inn Resort Dead Sea CENTRO VACACIONAL **$$$**
(☎3495555; www.ichotelsgroup.com; i/d desde 100/120 JOD; ❄@≋✐) Es uno de los más recientes en la zona, y atraerá a las familias por su fácil acceso al mar Muerto. Está situado en el extremo norte de la serie de hoteles, muy alejado del auge constructor actual.

Dead Sea Spa Hotel CENTRO VACACIONAL **$$**
(☎3561000; www.jordandeadsea.com; h desde 120 JOD; ❄≋) Aunque no tan refinado como sus vecinos, sigue siendo muy agradable. Hay un balneario médico/dermatológico, acceso privado a la playa, una gran piscina y otras con toboganes para niños. A elegir entre las habitaciones del edificio principal o los bungalós.

El complejo tiene vistas al mar desde la planta alta y es el único lugar donde comer cerca del mar Muerto, fuera de los centros vacacionales o playas privadas. No tiene pérdida: está al lado del control policial. No hay tiendas ni otros servicios en la zona, por lo que si se pretende ir de *picnic*, hay que traer todo lo necesario.

ℹ Cómo llegar y salir

Autobús y microbús

Los autobuses JETT ofrecen un servicio solo los viernes desde Ammán (8 JOD ida y vuelta) a las 8.00, con regreso a las 16.00 si hay suficientes pasajeros. El autobús sale de las oficinas de JETT (p. 77) cerca de la estación de autobuses de Abdali. Hay que preguntar allí por los horarios actualizados.

Los microbuses que salen de la estación de autobuses de Muhajireen solo van hasta Suweimeh. Más detalles sobre el transporte entre el mar Muerto y Ammán en p. 76, y en p. 141 entre dicho mar y Madaba.

Automóvil

Desde Ammán, se tarda cerca de una hora en llegar a los hoteles del mar Muerto, por la Hwy 40 y Hwy 65. Otra opción es venir desde Madaba pasando por el monte Nebo (véase recuadro, p. 118).

Autostop

Si se pierde el último autobús a Ammán desde la Amman Beach, se puede intentar hacer autostop. Los viernes y sábados son los mejores días, pero este medio de transporte será arriesgado en verano o en invierno, por el escaso tráfico y las temperaturas extremas. Las mujeres no deberían intentarlo.

Taxi

El taxi de ida y vuelta desde Ammán vale unos 50 JOD con tres horas de espera (tiempo mínimo para que la visita valga la pena), o 15 JOD por trayecto. Desde Shuneh al-Janubiyyeh, los taxis valen 30 JOD, con desvíos hacia Betania y el Dead Sea Panoramic Complex. Si se toma un taxi en Shuneh solo para ir al mar Muerto (10 JOD, según el talento para regatear), hay que tener en cuenta que es muy difícil encontrar un taxi de vuelta desde la playa.

Algunos hoteles económicos en Ammán y Madaba organizan excursiones (véanse p. 59 y 141) que pasan por el monte Nebo, el Dead Sea Panoramic Complex y Hammamat Ma'in.

Termas de Herodes (Zara)

نبع هيرودس

Unos 5 km al sur de Amman Beach, estas termas han sido famosas desde hace siglos, e incluso aparecen indicadas en el mapa de

DATOS BÁSICOS

» El mar Muerto forma parte del Gran Valle del Rift; es el punto más bajo de la tierra, a 408 m por debajo del nivel del mar, y con más de 390 m de profundidad.

» En realidad no es un mar sino un lago alimentado por varios ríos, pero sin salida.

» Es el segundo cuerpo de agua más salado de la Tierra (después del lago Assal en Djibouti) con un contenido de sal del 31%.

» Los egipcios utilizaban el barro del mar Muerto (betún) para los procesos de momificación; el último trozo de este material flotante apareció en 1936.

» La mayoría de minerales del mar Muerto (como el calcio y el magnesio) están presentes en el cuerpo humano y tienen propiedades saludables.

» El mar Muerto tiene 3 millones de años, pero ha disminuido un 30% en los últimos tiempos (medio metro al año) debido a la evaporación y la demanda de la industria de la potasa, uno de los recursos más valiosos de Jordania.

mosaico de Madaba. Cerca de allí, en efecto, se encuentra el antiguo **Callirhöe,** un balneario muy apreciado en tiempos antiguos. Herodes vino aquí en el 4 a.C. en busca de un tratamiento para, en palabras de Josephus, "un escozor insoportable en todo su cuerpo", posiblemente debido a la psoriasis. Poco queda de este yacimiento arqueológico descubierto en 1807, aparte de algunos vestigios de los baños romanos y el antiguo puerto desde el que zarparon los barcos de Herodes. A pesar de la popularidad de este lugar entre los jordanos, especialmente los viernes, cuesta recomendarlo para bañarse en las piscinas termales (poco limpias) o en la playa, muy expuesta y a la vista de la carretera.

El yacimiento está al lado de la estación de policía. Hay que seguir la señal hacia Mukawir y Dhiban por una cuesta arriba de 300 m; las ruinas de Callirhöe están a la izquierda. No hay transporte público.

Dead Sea Panoramic Complex البحر الميت بانوراما

Al caminar entre cactus hasta este **mirador** (entrada 2 JOD por persona; ⌚8.00-22.00), muy por encima del mar Muerto, y contemplar a las rapaces sobrevolando los *wadis* más abajo, costará creer que este lugar esté tan solo al nivel del mar. Este maravilloso complejo de museo y restaurante ofrece vistas alucinantes, sobre todo en días despejados de invierno, cuando los montes de Judea al otro lado del agua parecen estar al alcance de la mano.

Para una excelente introducción a la geología, historia y ecología del mar Muerto, conviene dedicar una hora al **Museo del Mar Muerto** (⌚ 9.00-16.00) y tocar una serie de piedras dispuestas para ello. Al recorrer las carreteras de la zona (véase p. 118) se advertirá la riqueza de motivos, texturas y matices de las rocas. Es especialmente el caso en la llamada Dead Sea Parkway, que se extiende hasta Hammamat Ma'in y Madaba, o más abajo hasta la carretera del mar Muerto. A lo largo del tramo más empinado de la carretera, ricas capas de roca sedimentaria crean murales naturales que incrementan la belleza del trayecto. En el museo se pueden identificar y tocar muestras de este tesoro geológico.

Una corta ruta de senderismo llamada **Zara Cliff Walk** (1,4 km; fácil) bordea el *wadi* y permite observar la fauna y flora local. Los estorninos de Tristram se oyen antes de aparecer a la vista, y en el *wadi* también habitan los hyrax.

Para recuperar fuerzas, hay que probar un *mezze* por lo menos en el **Panorama Restaurant** (☎3245500; principales 10-18 JOD; ⌚12.00-22.00; 🍷) que hace honor con creces a su nombre. Su excelente cocina atrae a muchos comensales los fines de semana. Se puede empezar por las nueces molidas (3 JOD) o el *shanklish* (queso local rebozado con tomillo y mezclado con tomates, cebollas y perejil, 2 JOD) y seguir con chuletas de cordero adobadas (12 JOD) o *sawda dajaj* (hígados de pollo con jarabe de granadina y limón), que serán una comida por sí solos (4 JOD).

El complejo está bien indicado en la carretera del mar Muerto, unos 10 km al sur de los centros vacacionales, y vale la pena detenerse aquí para hacer una pausa durante un circuito entre Madaba, monte Nebo, Betania, el mar Muerto y Hammamat Ma'in, ya sea en coche de alquiler o en taxi (50 JOD) solicitado a Charl en el Mariam Hotel; véase p. 138). No hay transporte público.

MERECE LA PENA

UN PASEO POR EL LADO MOJADO

Caso de encontrarse cerca de Wadi Mujib, se puede emprender la **Ruta Siq**, de 2 km, la más corta de la reserva. A finales de la primavera y en verano serán los momentos ideales, por lo menos para las conocidas como "rutas mojadas" de la reserva. El adjetivo de mojadas es realmente literal, puesto que hay que vadear las numerosas pozas permanentes del *wadi*. Después de las lluvias, el agua puede alcanzar más de 1 m de profundidad, e impedir el acceso al *wadi*.

Conviene dejar atrás los objetos de valor (en una mochila bien cerrada, en la recepción de la reserva), llevar la cámara en una bolsa impermeable, ponerse sandalias de senderismo en lugar de botas de cuero, y enfrentarse sin miedo al torrente de agua, sorprendentemente ruidoso.

Puntos negativos

» Incluso en verano, puede hacer mucho frío por la mañana al vadear entre las paredes del barranco.

» Hay que ignorar a los machotes que afirman que solo es un "ligero chapuzón".

» Hay tres o cuatro puntos donde será preciso contar con la ayuda de alguien para cruzar los rápidos del agua (los excursionistas en solitario deberían pedir un guía).

» Varias rocas u otras obstrucciones enormes y resbaladizos requerirán, con suerte, esfuerzos muy poco elegantes para superarlas, y en el peor de los casos, causarán algún hombro o cadera dislocada.

» En el descenso, saltar ciegamente a una poza profunda requerirá bastante valor.

Puntos positivos

» "Petra con agua", así definió la Ruta Siq el guardia forestal de la reserva, una atinada comparación.

» Preciosos remansos de raíces color verde lima albergan sapos y alguna serpiente.

» El *wadi* está decorado con fantásticas vetas en la roca, labrada y pulida por el agua.

» Sentirse empujado por el agua de poza en poza tiene sus momentos.

» El subidón de adrenalina cuando el agua corre rugiendo entre los pies, en precario equilibrio, es muy excitante.

» El alivio al resurgir fácilmente de los borboteantes calderos de agua casi compensa el miedo al saltar en ellos.

» Por suerte, las imágenes sobrevivirán aunque la cámara no lo consiga.

¿Vale, pues, la pena? Sin duda alguna. Quien esté en buena forma, aunque su elemento más propicio no sea el agua, se sorprenderá por la agradable excitación que produce verse solo en medio de un rápido torrente, saltando por pequeñas cascadas y empujado hacia maravillosas piscinas soleadas en lo que debe ser una de las pequeñas aventuras más accesibles de la región.

Hammamat Ma'in

حمامات ماعين (زرقاء ماعين)

☎05 / ALT. 90 M

Desde cualquier punto de los montes que dominan el mar Muerto, se observarán ocasionales franjas verdes, algún riachuelo iluminado por un destello de sol, o una cortina de helechos a través de un paisaje de roca sulfurosa en desintegración. Más de cerca, se advertirá quizá alguna bocanada de vapor y el silbido del agua subterránea. Estos montes respiran con el sonido de las fuentes termales; unas 60 de ellas supuran bajo la superficie, rompiéndola con varios grados de violencia.

El manantial más famoso es el de **Hammamat Ma'in** (entrada 15 JOD por persona; ⏲9.00-21.00), un espectacular *resort* en Wadi Zarqa Ma'in. El agua, que oscila entre 45 y 60°C, se precipita por la ladera en una serie de cascadas y riachuelos, y se remansa en varias piscinas para los baños públicos. Contiene potasio, magnesio y calcio.

El precio de la entrada permite usar los baños romanos al pie de la cascada más cercana a la entrada y una piscina. Se exhorta a los visitantes a no traerse su propia comida, pero pocos hacen caso. El valle es sumamente popular los viernes de primavera y otoño.

Actividades

Baños termales

Hay dos instalaciones de baños principales abiertos al público. Los **baños romanos** son interiores, limpios y calientes, separados para hombres y mujeres. También hay una pequeña **piscina familiar** junto a una cascada (a la izquierda después de la entrada), de uso restringido para mujeres, familias y parejas.

La gran **piscina,** limpia y de agua fría, cierra hacia a las 16.00. Una cascada envuelta en vapor será un fantástico telón de fondo para tomar el té en la terraza del hotel.

Tratamientos de balneario

El pequeño y exquisito **Six Senses Spa** (☎3245500; www.sixsenses.com; ⌚9.00-20.00) ofrece toda una gama de tratamientos y experiencias. Hay dos piscinas termales que conservan de forma natural los 42°C y una sauna en una cueva (65-70°C) discretamente enterrada en el corazón del *wadi*. Es un lugar precioso para relajarse entre los urogallos que se escabullen entre las rocas y las águilas que se ciernen en las alturas. Además, hay una sauna seca y salas de tratamiento, todas con jardín privado. El uso de las instalaciones cuesta 38 JOD, incluidas las toallas y un té verde. Entre los distintos tratamientos hay un masaje sueco de una hora (83 JOD) y un masaje holístico de 90 minutos (115 JOD). Los clientes del balneario no pagan los 15 JOD de entrada a Hammamat Ma'in.

Senderismo

Hay una **ruta de senderismo** de 8 km desde las termas, a través del Wadi Zarqa Ma'in hasta las Termas de Herodes en la carretera del mar Muerto. La caminata de siete horas, entre moderada y dura, implica negociar pozas profundas, cañaverales y superficies resbaladizas, y el camino está cerrado después de las lluvias. Requiere un guía (130 JOD por persona, mínimo dos personas) que se pide la víspera en la recepción del *resort*. El precio incluye el transporte desde el punto de llegada de la ruta.

Otra pequeña ruta sale de la caseta del guarda de seguridad, más arriba de la cascada principal. Es una caminata fácil, de cerca de hora y media. No es preciso llevar guía, pero hay que informar a la recepción del *resort* antes de salir. Si se prefiere llevar un guía para superar el pequeño tramo empinado, costará 35 JOD por persona, para un mínimo

OASIS EN LA CARRETERA DEL MAR MUERTO

No hay prácticamente ningún hotel ni restaurante en el tramo sur de la carretera del mar Muerto, excepto uno, el extraordinario Feynan Ecolodge.

Propiedad de la Reserva Natural de Dana y de gestión privada (véase p. 154), el **Feynan Ecolodge** (☎2270497; www.feynan.com; Wadi Feynan; i/d 85/95 JOD incl. desayuno y entrada al parque; ⌚1 sep-30 jun; ❄🌶) es el único alojamiento disponible al sur de Wadi Mujib. Las 26 habitaciones de adobe, de extraordinario diseño, cuentan con espejos en *patchwork* y "balcones" integrados en la habitación en lugar de asomados al exterior. Por la noche, el establecimiento solo está iluminado por las velas artesanales (¡se gastan 4000 al mes!), contribuyendo a crear un ambiente reverencial, entre monasterio medieval y fortaleza en el desierto.

En verano hace mucho calor (el aire acondicionado solo funciona con temperaturas extremas) y conviene traer linterna y repelente de mosquitos. El agua caliente (disponible entre 11.00 y 19.00) se obtiene con energía solar. La cena consiste en un delicioso festín vegetariano con platos de patatas, arroz, berenjenas, tomates y judías, aderezados con hierbas locales y servidos con delgado pan árabe. El personal se recluta entre las tribus beduinas de la zona; la comida y otras provisiones son de origen local y parte de los beneficios del turismo se invierten en el mantenimiento de la Reserva de Dana. En medio de un magnífico desierto de mil matices, el Feynan Ecolodge está a 22 km de la carretera del mar Muerto, pasando por el pueblo beduino de Greigra. Se puede aparcar en la oficina, a la entrada de la reserva, y el resto del camino se cubrirá en todoterreno.

Para una parada en el camino, **Beir Mathkour** está a una hora de Aqaba en dirección norte y cuenta con restaurante, tienda de artesanías y gasolinera, con un palmeral.

de dos personas. Por 65 JOD el precio incluirá el desayuno, que cruzará el *wadi* colgado en una cesta, hasta un lugar con sombra y vistas a la cascada principal.

Dónde dormir y comer

Evason Ma'In Hot Springs Six Senses Spa CENTRO VACACIONAL $$$
(3245500; www.sixsenses.com/evason-ma-in; i/d 150/170 JOD;) La nueva dirección de este excelente *resort* lo ha transformado mágicamente en un elegante y lujoso complejo, a la sombra de grandes árboles y profusamente adornado con elementos arabescos. Abundan los rincones íntimos, ya sea en alcobas repletas de mullidos cojines, o en ocultos recovecos entre los jardines. Muchas habitaciones, con suntuosos cuartos de baño, comparten vistas de las humeantes laderas sulfurosas. Los ventanales del fantástico restaurante acercan las cascadas a la mesa, donde se degustan los productos de cultivo orgánico del huerto del hotel en el *wadi*. El hotel organiza excursiones al Holiday Inn para quienes quieran pasar el día en el mar Muerto, pero pocos desearán alejarse del santuario del íntimo balneario del centro vacacional. En la tienda cerca de la entrada de Hammamat Ma'in se pueden comprar algunos tentempiés y refrescos.

Cómo llegar y salir

El *resort* está a 18,5 km de los complejos turísticos del mar Muerto y 27 km de Madaba, y bien señalizado en ambas direcciones. En coche propio, el descenso de 2,5 km hasta Hammamat Ma'in es espectacular, entre vetas verdes, amarillas y rojas, pero muy pronunciado, por lo que hay que circular con marchas cortas.

El taxi desde Madaba costará unos 15 JOD por trayecto, o 25 JOD ida y vuelta con una hora de espera. Otra posibilidad es apuntarse a un circuito Black Iris en Madaba por 28 JOD, con tres horas de espera. No hay transporte público.

Reserva de la Biosfera de Mujib محمية الموجب

Atravesada por la carretera del mar Muerto, esta maravillosa reserva, que abarca desde una altura de 900 m por encima del nivel del mar hasta 400 m por debajo, fue fundada en un principio por la Real Sociedad para la Conservación de la Naturaleza (RSCN) para la cría en cautividad del íbice nubio. Alberga ahora una sorprendente variedad de más de 400 especies de plantas (incluidas varias orquídeas raras), 186 especies de aves y 250 de animales, como lobos sirios, hienas listadas, gatos de las arenas y zorros de Blandford. También es un importante territorio de paso para las aves migratorias de viaje entre África y Europa.

La reserva se enfrenta a varios peligros. El caudal permanente de los *wadis* se ha reducido considerablemente al ser desviado hacia Ammán y los complejos turísticos del mar Muerto. Con la caza ilegal, el pasto excesivo del ganado y las demandas de las empresas mineras para iniciar la extracción de minerales, el futuro del parque parece precario. A pesar de todo, el RSCN trabaja con eficacia para conservar la reserva de 215 km², y es de esperar que el creciente interés del turismo por la reserva, con sus pozas de aguas cristalinas, jardines colgantes y escarpaduras desérticas, incrementará las presiones ante el gobierno para garantizar su protección a largo plazo.

Senderismo

Ruta Siq BARRANQUISMO
(15,50 JOD por persona) La excursión más fácil disponible es un excitante recorrido de 2 km por el barranco que termina en una espectacular cascada (véase p. 124).

Ruta Malaqi BARRANQUISMO
(64 JOD por persona) La ruta de barranquismo más popular en la reserva. Ocupará media jornada, con una tórrida y constante cuesta hasta el *wadi*, una visita a las piscinas naturales de Wadi Hidan y un descenso (a menudo nadando) por el Siq (barranco) El gran final implica 18 m de rápel por la cascada (no apto para quienes no sepan nadar y tengan vértigo). Con poco tiempo, será mejor optar por la **Ruta del Cañón** (42 JOD por persona), también con agua. Las rutas se inician 3 km al sur del centro de visitantes.

Ruta del íbice SENDERISMO
(25 JOD por persona) Esta ruta seca de invierno es de media jornada, con guía, y sube hasta un recinto de íbices nubios en la estación forestal de Raddas, a lo largo de una cresta con vistas del mar Muerto, y una excursión opcional a las ruinas de Qasr Riyash.

Ruta Mujib BARRANQUISMO
(desde 48 JOD) Sale de la estación forestal de Fag'ua, cerca de la carretera del Rey, y es una ruta seca que recorre varios *wadis* hasta la estación forestal de Raddas o el barranco de Wadi Mujib.

EN BUSCA DE SODOMA

Cuánta iniquidad rodea las palabras "Sodoma y Gomorra". El libro del Génesis, (Gn 19,24–25), responsable de la mala reputación de estas dos ciudades terribles, describe la ofensa suprema, cuando los sodomitas pretendieron practicar el sexo con los ángeles enviados por Dios para visitar a Lot. En respuesta, "Jehová hizo llover sobre Sodoma y Gomorra azufre y fuego... y destruyó estas ciudades, y toda la llanura, y todos los moradores de las ciudades, y todo el fruto de la tierra...".

¿Descabellada leyenda de una febril imaginación bíblica? No necesariamente. A lo largo de Wadi Araba hay una importante falla geológica, y es posible que las ciudades fueran engullidas por un hundimiento de la tierra. Otra posibilidad sería un seísmo que liberara grandes cantidades de gas inflamable y betún subterráneos (los "pozos de lodo" mencionados en el Antiguo Testamento), incendiadas por el fuego o un rayo.

Fuera cual fuera el motivo de su destrucción, los arqueólogos se preguntan desde hace tiempo dónde estuvieron las dos ciudades más pecaminosas del mundo. Muchos las sitúan en la orilla sur del mar Muerto, pero también está el yacimiento de la Edad del Bronce en Babh adh-Dhra, al borde del Wadi Karak. Esta ciudad, de cerca de un millar de habitantes, fue destruida en el año 2300 a.C., pero presenta misteriosamente los restos de 20 000 tumbas, que contienen cerca de medio millón de restos mortales. Por ello, encabeza las apuestas sobre su posible identificación con Sodoma. Tanto Babh adh-Dhra como el cercano yacimiento de Numeira, posiblemente Gomorra, están cubiertos por una capa de ceniza de treinta centímetros, algo que sugiere un gigantesco incendio que arrasó ambas ciudades.

¿Desastre natural o ira de Dios? Hay quien opina que son lo mismo.

Dónde dormir y comer

La reserva cuenta con 15 **chalés** (☎07-97203888; i/d/tr 60/71/81 JOD desayuno incl.; ❄) a orillas del mar Muerto. Hay que reservar con antelación, llamando directamente a la gerencia del chalé o al reservar una excursión a través de la RSCN. Los chalés cuentan con dos camas individuales, nevera y patio con sombra que da al mar Muerto. En un módulo aparte hay duchas de agua caliente y fría, y hay duchas de agua dulce en la playa. El pequeño restaurante solo sirve desayunos (7.00-8.30) para los excursionistas. Por 13 JOD, los residentes también pueden encargar almuerzo o cena a base de pollo, ensalada y *mezzes*.

Información

El **centro de visitantes** (☎07-97203888) está junto a la carretera del mar Muerto, a unos 20 km al sur de los complejos hoteleros, al lado de un puente suspendido sobre el Wadi Mujib. En todas las rutas de senderismo y barranquismo, excepto la Ruta Siq, es obligatorio llevar un guía contratado con antelación en el **Wild Jordan Centre** (☎4616523; www.rscn.org.jo; Othman Bin Affan St, Ammán) de la RSCN. Solo se permiten 25 personas al día en cada ruta, y en algunas hay un mínimo de 3 personas por grupo. La Ruta del Íbice es la única en la que están permitidos los menores de 18 años. Los guías proporcionan chalecos salvavidas.

Hay tres rutas con agua (abiertas entre el 1 de abril y el 31 de octubre) y dos secas (1 noviembre a 31 de marzo). El mejor momento es en abril y mayo, aunque febrero y marzo, y octubre y noviembre, sean temporada alta. La región es sumamente cálida y seca casi todo el año, por lo que las excursiones con guía suelen salir temprano por la mañana. En los recorridos con agua, algunos tramos obligan a vadear con el agua hasta el pecho (o nadar), por lo que hay que llevar traje de baño, toalla, calzado que pueda mojarse y una bolsa impermeable para las pertenencias y la cámara. También se recomienda una muda de ropa.

Cómo llegar y salir

No hay transporte público hasta la reserva, así que hay que venir en coche de alquiler o taxi desde Ammán (125 km), los *resorts* del mar Muerto, Madaba o Karak.

Península de Lisan

ليسان شبه جزيرة

Desde Wadi Mujib, la carretera del mar Muerto bordea el resto del litoral hasta que se desvía tierra adentro en la península de Lisan. Esta zona, junto con las aguas poco profundas del Ghor (depresión tectónica) meridional, está ahora dominada por la planta de potasa. Enormes cantidades de cloruro de potasio, calcio y bromuro se extraen del mar Muerto mediante la evaporación solar, dejando montones de residuos de sal a lo largo de la costa. A principios de la era bizantina, esta zona estuvo habitada, como lo demuestran varias ruinas menores que salpican el paisaje.

Los campos al sur de la península de Lisan son sumamente fértiles y producen tomates en cantidades 'bíblicas', además de berenjenas, pepinos y patatas, con plantaciones de plátanos y palmeras datileras. Será interesante visitar la zona durante la cosecha de invierno (enero), cuando los camiones, rebosantes de productos agrícolas, trepan por las carreteras de montaña y dejan un rastro de verduras a su paso.

Cueva de Lot كهف لوط

Pero Lot subió de Zoar y moró en el monte, y sus dos hijas con él; porque tuvo miedo de quedarse en Zoar, y habitó en una cueva junto a sus dos hijas.

Génesis 19,30

Lot, el sobrino de Abraham, aparece repetidamente en los anales de las costas meridionales del mar Muerto. La **Cueva de Lot** (gratis; hen las horas de luz solar), después de la península de Lisán, es donde al parecer vivió con sus hijas tras huir de la destrucción de Sodoma y Gomorra. Su mujer se convirtió en una estatua de sal por girarse a contemplar la ciudad en llamas.

En un episodio de incesto, asombroso incluso en la Biblia, las dos hijas de Lot embriagaron a su padre, se acostaron con él y nueve meses después dieron a luz a sus hijos/nietos Moab y Ben-Ammi, antepasados de los moabitas y amonitas.

La cueva, accesible en 10 minutos por un empinado tramo de escaleras, está rodeada por las ruinas de una pequeña iglesia bizantina (ss. V-VIII), un depósito y algunos mosaicos, excavados por el Museo Británico. Los restos de la cueva se remontan a principios de la Edad del Bronce (3300-2000 a.C.) y una inscripción en la cueva menciona el nombre de Lot.

El **Museo del Punto más bajo de la Tierra**, al pie de la colina, estaba cerrado cuando se redactó esta guía. La cueva está 2 km al noreste de Safi, bien indicada desde la carretera del mar Muerto. El edificio circular del museo se distingue en la ladera de la montaña. Un servicio regular de microbuses conecta Karak y Safi (800 fils, 1 h). Si se llega en transporte público, hay que andar 2 km desde la carretera.

Wadi Araba وادى عربة

Después de Safi, la carretera del mar Muerto entra en el árido paisaje de Wadi Araba, y el desierto recupera pronto su predominio. Alguna duna de arena invade la calzada, las paredes rocosas se pierden en la distancia y el cielo asume su épica cualidad de espacio infinito. Por lo tanto, no hay gran cosa que ver en el tramo final hasta Aqaba, aunque la sensación de "subir" hacia el mar Rojo es muy peculiar. El trayecto puede ser más ameno desviándose hacia la carretera del Rey, por las interesantes carreteras hacia Karak, Tafila o Pequeña Petra (más detalles sobre estas rutas en p. 118).

Madaba y la carretera del Rey مأدبا & الطريق الملوكي

Sumario »

Los mejores alojamientos

» Black Iris Hotel (p. 137)
» Mariam Hotel (p. 138)
» Karak Resthouse (p. 151)
» Dana Guest House (p. 156)

Los mejores restaurantes

» Haret Jdoudna Complex (p. 139)
» Adonis Restaurant (p. 139)
» Ayola Coffeeshop & Bar (p. 139)
» Asa Moses Restaurant (p. 142)

Por qué ir

En las tierras altas del centro, interrumpidas por el impresionante Wadi Mujib, Madaba y los puntos de interés que jalonan la carretera del Rey ocupan el corazón de la antigua Jordania. Con dólmenes prehistóricos en medio de suaves pastos, lugares panorámicos de importancia bíblica, exquisitos mosaicos romanos a lo largo de antiguas rutas comerciales, y castillos de los cruzados bien conservados, siempre hay algo fascinante que ver en toda esta región central.

Con buenos alojamientos, gastronomía típica y posibilidad de emprender aventuras al aire libre, resulta fácil compenetrarse con el campo y la ciudad en una región que sigue siendo sorprendentemente ajena al turismo de masas.

Cuándo ir

Agradables todo el año, los pueblos a mayor altitud de la carretera del Rey suelen cubrirse de nieve en invierno y proporcionan un espectacular telón de fondo a los castillos cruzados. El aire frío aporta una claridad de cristal tallado a los espacios abiertos durante el día y las frías noches invitan a acurrucarse alrededor de una hoguera, auténtica tradición árabe.

La temporada de excursiones se alarga de marzo (cuando los senderos se llenan de flores) al 30 de octubre. Mientras las tierras bajas de Jordania se secan por el calor, las tierras altas ofrecen una relativa frescura, uvas e higos en abundancia, migraciones de aves rapaces y espectaculares puestas de sol.

Imprescindible

1 Reconstruir la historia protocristiana en los mosaicos de **Madaba** (p. 134) y visitar un taller moderno para ver cómo se hacen.

2 Sentarse a la sombra de un antiguo dolmen en **Wadi Jadid** (p. 144).

3 Divisar la Tierra Prometida, que se tardó 2000 años en conseguir y costó muy caro a la región, desde el monumento a Moisés del **monte Nebo** (p. 142).

4 Bailar con el fantasma de Salomé en **Mukawir** (p. 144), antes de desvelar el lugar donde Herodes decapitó a san Juan Bautista.

5 Observar cómo las mujeres de **Bani Hamida** (p. 145) tejen su pasado para dar forma a su futuro.

6 Saborear una vista de águila de **Wadi Mujib** (p. 147) desde el mirador.

7 Escuchar el estruendo de fantasmales cascos en el **castillo de Karak** (p. 148) y el **castillo de Shobak** (p. 159), las ciudadelas de los cruzados más impresionantes de Jordania.

8 Encontrar la paz (y algún íbice) en la **Reserva de la Biosfera de Dana** (p. 154), en una excursión desde las tierras altas templadas hasta el desértico Wadi Araba.

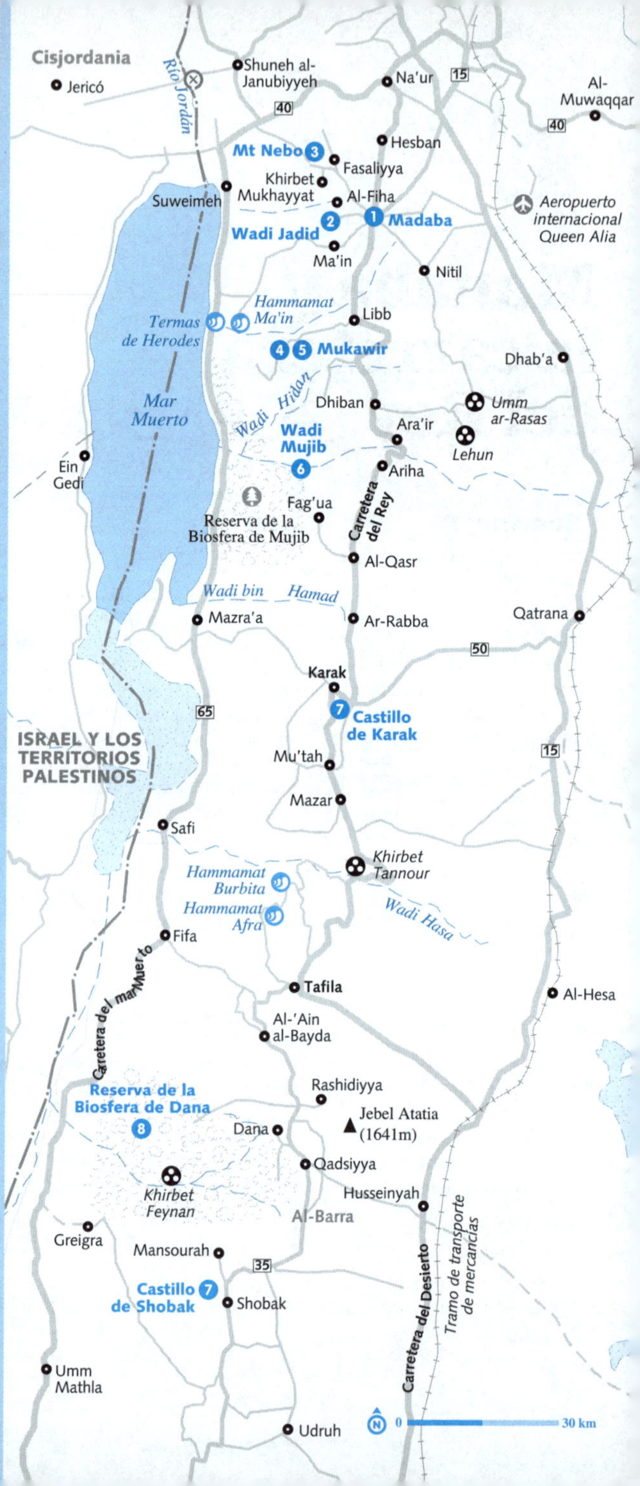

Historia

El paisaje a ambos lados de la gran brecha de Wadi Mujib es idéntico: olivares, alamedas, chumberas, ondulantes colinas, rebaños de corderos y aldeas de azoteas planas. Al norte y al sur de la falla, las comunidades rurales parecen formar parte de un continuo perfecto a lo largo del altiplano superior, y a menos de haber recorrido la carretera del Rey, el *wadi* pasará completamente desapercibido.

Es sin duda la mejor metáfora sobre la continuidad de la vida humana a lo largo de esta antigua ruta comercial. Durante los últimos tres mil años, la carretera del Rey ha sido testigo del paso de israelitas hacia la Tierra Prometida; de los nabateos yendo y viniendo de su ciudad sagrada de Petra; de los fieles cristianos en peregrinaje al monumento a Moisés en el monte Nebo; de cruzados de camino a sus castillos; y, por último, de los musulmanes en devota ruta a La Meca.

En la p. 265 se amplía la historia de esta antigua ruta.

Reservas naturales

La RSCN gestiona dos reservas naturales que se extienden a ambos lados del altiplano central, entre la carretera del Rey y la carretera del mar Muerto. La **Reserva de la Biosfera de Mujib** (p. 126) suele visitarse viniendo del mar Muerto. A la **Reserva de la Biosfera de Dana** (p. 154) se entra pasando por el pequeño pueblo de Dana, junto a la carretera del Rey. En dicha reserva, que protege una rica diversidad de fauna y flora, el visitante puede acampar y practicar el senderismo.

Peligros y advertencias

El peligro de inundaciones repentinas aconseja recorrer con mucha precaución, o evitar por completo entre noviembre y febrero, los *wadis* que entrecruzan la región. Después de las lluvias, el agua cae en cascadas por los barrancos sin preaviso, aunque el día esté despejado, y arranca árboles y arrastra rocas a su paso. Hay que informarse antes de salir, o por lo menos informar a la gerencia del hotel de la excursión prevista.

En invierno puede hacer mucho frío, con nieve y granizo. Muchos visitantes se ven sorprendidos a la intemperie sin la ropa adecuada, ya que las temperaturas diurnas pueden seguir siendo engañosamente altas.

Debido a la interrupción del transporte público en el cruce de la carretera del Rey con el Wadi Mujib, cabe la posibilidad de quedarse inmovilizado a ambos lados del *wadi*. Hay que salir temprano para estar seguro de llegar a la localidad más cercana con luz del día.

ℹ Cómo llegar y salir

De las tres grandes carreteras jordanas que se extienden de norte a sur, la carretera del Rey es, sin duda, la más interesante, con numerosas atracciones históricas a su paso o en las inmediaciones. Esta ruta, que es poco más que una carretera rural en casi toda su extensión, conecta Madaba con Petra pasando por castillos cruzados, fuertes romanos, lugares bíblicos, un templo nabateo y algunos paisajes épicos, incluido el majestuoso Wadi Mujib.

La carretera del Rey está conectada con la carretera del mar Muerto por espectaculares carreteras de cerradas curvas (véase p. 118) que serán un destino turístico por sí solas. Casi todo el transporte público, sin embargo, conecta con la carretera del Rey por la carretera del Desierto. Desde el aeropuerto internacional se puede ir directamente a Madaba, sin pasar por Ammán.

ℹ Cómo desplazarse

No se puede recorrer toda la carretera del Rey en transporte público, debido al obstáculo del Wadi Mujib. Las comunidades a ambos lados del *wadi* cuentan con servicio de microbuses, pero el tráfico principal circula por la carretera del Desierto. Se puede contratar un taxi para todo el día.

La manera más práctica de explorar la carretera del Rey es alquilar un automóvil. En un día se cubrirá toda la distancia entre Madaba y Petra. Si se pretende parar en todos los lugares de interés y regresar por la carretera del mar Muerto, se tardará entre cuatro y cinco días.

Los hoteles de Madaba y el centro de Ammán ofrecen circuitos en microbús que paran en Wadi Mujib y Karak (y a veces en Dana y Shobak) de camino a Petra.

Si todo falla, se puede recurrir al autostop, aunque esto implique largas esperas en tramos desérticos, lo que no es nada recomendable dadas las temperaturas extremas, tanto en verano como en invierno.

Madaba مأدبا

☎05 / 152 900 HAB./ ALT. 800 M

La agradable población comercial de Madaba es conocida por su colección de mosaicos del período bizantino. El más famoso es el mapa-mosaico del suelo de la iglesia de San Jorge, pero hay otros muchos alfombrando diferentes partes de la ciudad.

Madaba

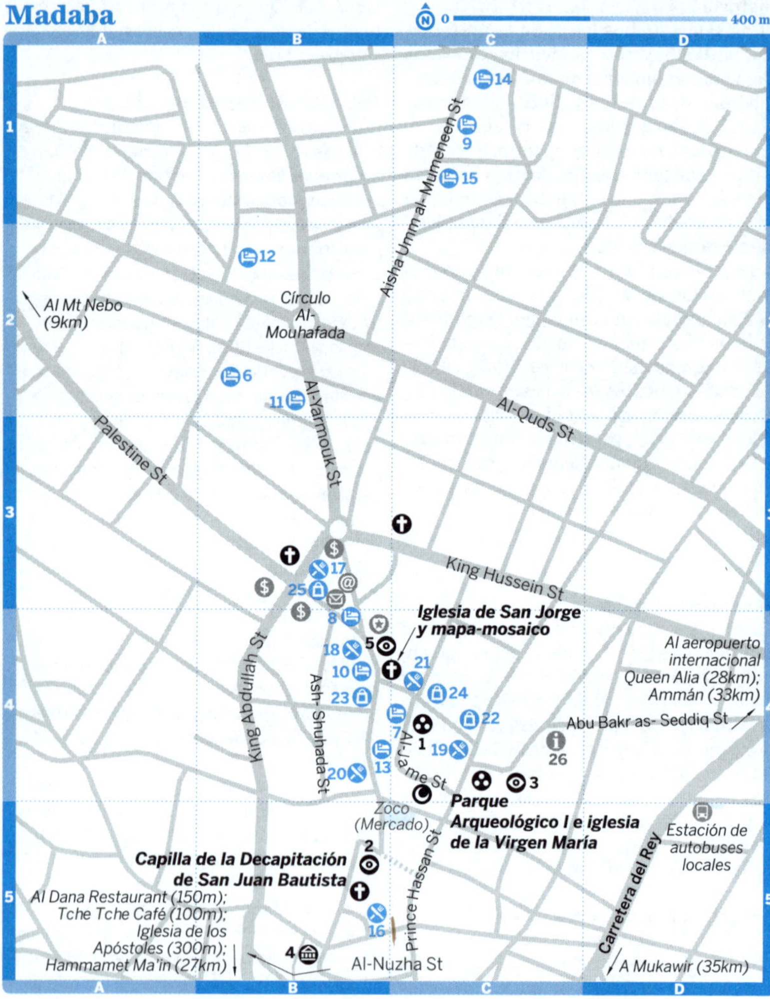

Por maravillosos que sean, los mosaicos no son el único motivo para visitar Madaba. A principios del s. xx, un viajero contó que los habitantes de Madaba le habían disparado para poder llevarlo de regreso a la ciudad "como invitado, para que comiera en su mesa". Nadie correrá esta suerte hoy en día, probablemente, pero la ciudad sigue siendo una de las más hospitalarias de Jordania.

En Madaba hay una interesante mezcla cultural. Una tercera parte de la población es cristiana (el resto es musulmana), lo que la convierte en una de las comunidades cristianas más importantes del país. La larga tradición de tolerancia religiosa de la ciudad se expresa de manera alegre –y ruidosa– cada viernes, un día poco apropiado para dormir. El imán congrega a los fieles justo antes del alba. Luego, las campanas de carillón llaman a los cristianos ortodoxos a levantarse y, finalmente, llegan los ruidos y pitidos del tráfico.

Madaba puede recorrerse mejor y más fácilmente a pie. Con sus animadas tiendas de zapatos, pieles de cabra vigiladas por hombres con botas Wellington blancas, máquinas de coser listas para hacer arre-

Madaba

Principales puntos de interés

Parque Arqueológico I e iglesia de la Virgen María C4
Capilla de la Decapitación de San Juan Bautista B5
Iglesia de San Jorge y mapa-mosaico C4

Puntos de interés

1 Parque Arqueológico II (Palacio Quemado) C4
2 Dar Al-Saraya B5
3 Madaba Institute for Mosaic Art & Restoration (MIMAR) C4
4 Museo de Madaba B5
5 Nueva escuela ortodoxa B4
Centro de Visitantes .... (véase 26)

Dónde dormir

6 Black Iris Hotel B2
7 Madaba Hotel C4
8 Madaba Inn Hotel B4
9 Mariam Hotel C1
10 Moab Land Hotel B4
11 Mosaic City Hotel B2
12 Phoenix Palace Hotel B2
13 Queen Ayola Hotel B4
14 Rumman Hotel C1
15 Salome Hotel C1
Casa de peregrinos de la iglesia de San Jorge .... (véase 5)

Dónde comer

16 Adonis Restaurant & Café B5
17 Al-Baraka Sweets B3
18 Ayola Coffeeshop & Bar B4
Bowabit Restaurant .... (véase 18)
19 Dardasheh Restaurant & Bar C4
20 Haret Jdoudna Complex B4
21 Stop & Go C4

De compras

Librería .... (véase 21)
22 Hanania Silver Shop C4
Haret Jdoudna .... (véase 20)
Holy Treasures Centre .... (véase 10)
23 Madaba Studio & Lab B4
24 Tiendas de alfombras C4
25 Spice B3

Información

Ministerio de Turismo y Antigüedades .... (véase 1)
26 Centro de Visitantes C4

glos en las aceras, pilas de gordos repollos y gigantescas cacerolas y sartenes de aluminio, Madaba es la típica población de la carretera del Rey. Sin embargo, a diferencia de estas, posee una buena selección de hoteles y restaurantes.

A menos de una hora en transporte público desde Ammán, Madaba será una base alternativa para explorar la carretera del Rey y los puntos de interés del mar Muerto. Otra opción es llegar directamente en taxi desde el aeropuerto internacional Queen Alia.

Historia

La región de Madaba ha estado habitada durante unos 4500 años, y fue una de las ciudades dividida entre las 12 tribus de Israel en tiempos del Éxodo. La región pasó de los amonitas a los israelitas, a los nabateos y finalmente, en el 106 d.C., a los romanos, bajo los cuales Madaba se convirtió en una próspera ciudad de provincias con calles de soportales e impresionantes edificios públicos. La bonanza continuó durante el período cristiano bizantino, cuando se construyeron iglesias y exuberantes mosaicos para decorarlas.

Madaba fue abandonada durante unos once siglos tras un devastador terremoto en el 747. A finales del s. XIX, dos millares de cristianos de Karak llegaron aquí tras una sangrienta lucha con los musulmanes de su ciudad. Los recién llegados encontraron los célebres mosaicos de la ciudad cuando comenzaron a cavar los cimientos para las casas. Las noticias de que se había encontrado un mapa-mosaico de Tierra Santa en la iglesia de San Jorge de Madaba llegaron a Europa en 1897, provocando un frenesí de palas y otras herramientas que aún continúa. Varias ONG han colaborado en diversos proyectos de restauración y rejuvenecimiento en Madaba; al tiempo de redactar esta guía, US Aid se mostraba muy activa. Para recabar más información, véase www.jordan.usaid.gov.

Puntos de interés

Madaba se extiende por la cima de una colina. La parte más interesante es el barrio antiguo, en lo alto de la ciudad. Para llegar al centro, hay que seguir las señales que indican "Centro de Visitantes" o cualquiera de los hoteles.

ORIENTARSE CON EL MAPA DE MADABA

Es preciso orientarse para poder "leer" el mapa de Madaba en el suelo de la iglesia de San Jorge. Muchos creerán intuitivamente que el norte está enfrente, hacia el altar. En realidad, el mapa y la propia iglesia están orientados al este. Hay que imaginar, por lo tanto, al acercarse al mapa, que se está en los montes al oeste de Jerusalén, mirando por encima de los almenados tejados de la gran ciudad hacia el mar Muerto, y seguir las indicaciones siguientes para distinguir los puntos de interés.

Norte (izquierda superior)

En el fragmento más conmovedor del mosaico, los peces del Jordán huyen río arriba de las aguas letales del mar Muerto, nadando bajo los *ferries* propulsados por cables que cruzan la corriente (ahora sustituidos por el puente del Rey Hussein). Un león sin cuerpo persigue a una gacela justo encima de Betania, el lugar donde Jesús fue bautizado (marcado como "Sapsafas" en el mapa).

Este (enfrente)

La parte del mapa de un detalle más exquisito describe Jerusalén, con sus murallas, puertas y calzada central (cardo). Calmadas se hallan las aguas del mar Muerto; con los remos listos, dos barcos parecen a punto de zarpar a ninguna parte. Quizá intentaran llevar a Herodes a los baños de Callirhöe (Zara), señalizados con tres manantiales y dos palmeras. La Cueva de Lot, donde el anciano fue seducido por sus dos hijas, se encuentra encima del oasis de Safi (Balak o Zoara). La ciudad amurallada de Karak aparece en la parte superior del mapa, al final de un vertical Wadi Al-Hasa.

Sur (derecha)

El monte Sinaí se reconoce por las multicolores montañas desde las que descendió Moisés con los Diez Mandamientos. Los peces que pueden observarse en los brazos del delta del Nilo nadan hacia el Mediterráneo, del que solo queda un fragmento. También fragmentada del resto de la Tierra Prometida por los daños, pero decididamente conectada a Egipto y el Mediterráneo, está Gaza. Este accidente de la historia otorga al mapa una suerte de presentimiento que concuerda con su visión histórica.

La mayoría de los turistas hacen la obligada visita a la iglesia de San Jorge y prestan poca atención al resto de Madaba. Una entrada combinada para el Parque Arqueológico, el Museo de Madaba y la iglesia de los Apóstoles cuesta 2 JOD. Los menores de 12 años entran gratis. No se aplica descuento a los estudiantes. Con la excepción de la iglesia de San Jorge, todos los lugares de interés siguientes aparecen en orden lógico desde el centro de visitantes y siguen la misma secuencia que el circuito a pie.

Iglesia de San Jorge y mapa-mosaico — IGLESIA

(Talal St; entrada 1 JOD; ⌚8.00-17.00 sa-ju nov-mar, 8.00-18.00 sa-ju abr-oct, 9.30-17.00 vi todo el año) Resulta fácil entender por qué esta modesta **iglesia griega ortodoxa** del s. XIX ejerce tal atracción. Se impone imaginar la emoción que experimentarían los nuevos moradores cristianos en 1884 cuando se toparon con las ruinas de una antigua iglesia bizantina en su solar. Entre los escombros, habiendo sobrevivido a la destrucción intencionada, el fuego y el abandono, este mosaico fue una verdadera revelación, pues, hasta la fecha, se trata del mapa de Palestina más antiguo que se conoce, cargado de valiosa información sobre la región.

Elaborado en el 560 d.C., el mapa posee 157 leyendas (en griego) que representan los principales enclaves bíblicos de Oriente Próximo, desde Egipto a Palestina. Originariamente medía entre 15 y 25 m de largo y 6 m de ancho, y contenía más de dos millones de piezas.

Los viernes y domingos por la mañana, la iglesia abre a las 7.00 para la celebración de misa, cuando no se permite visitar el mapa. Junto a la salida hay una tienda donde venden copias del mapa y reproducciones de iconos ortodoxos.

Antes de contemplar el mapa, hay que echar un vistazo a la copia de tamaño real en las taquillas e identificar los detalles que se pretende ver en la iglesia. Cuando se redactó esta guía, las taquillas se estaban transformando en centro de interpretación, y a su reapertura los precios quizá hayan subido a 2 JOD. El centro ofrecerá a los visitantes la audición de un CD sobre el mapa-mosaico en varios idiomas.

Centro de Visitantes CASA OTOMANA
(☎3253563; abu Bakr as-Seddiq St; ⏲8.00-17.30 oct-abr, hasta 19.00 may-Sep) Este útil centro interpretativo se merece una visita aunque solo sea por la casa tradicional de finales del s. XIX que ocupa, bellamente restaurada, y que perteneció a la familia al-Batjali. Destaca el patio central abierto, algo poco habitual en Jordania, donde la cultura de predominancia musulmana suele dictar un patio cerrado para la intimidad familiar. Dos de las salas contienen interesantes paneles informativos en inglés sobre la historia de Madaba y hay un video de 10 minutos que sitúa la ciudad en su contexto histórico.

El centro de visitantes será un buen punto de partida para visitar los lugares de interés de Madaba.

GRATIS **Madaba Institute for Mosaic Art & Restoration (MIMAR)** TALLER DE MOSAICO
(☎3240723, Abu Bakr as-Seddiq St; ⏲8.00-15.00 do-ju) Fundado en su origen como escuela por el gobierno jordano en 1992, este instituto forma a los artistas jordanos para la producción y restauración de mosaicos, su difusión en el país y su conservación. Sus labores de restauración son evidentes en el Parque Arqueológico, la iglesia de los Apóstoles y en Khirbet Mukhayyat.

Para visitar el taller hay que dirigirse a las oficinas de administración.

Parque Arqueológico I e iglesia de la Virgen María MUSEO
(☎3246681; Abu Bakr as-Seddiq St; entrada combinada 2 JOD; ⏲8.00-16.00 oct-abr, hasta 17.00 may-sep) Cuidadosas restauraciones y excavaciones a principios de la década de 1990 culminaron con la creación de este museo al aire libre, con una colección de ruinas y mosaicos de la zona de Madaba.

Nada más entrar hay un mosaico del s. I a.C. de Maqueronte, que, según dicen, es el más antiguo de Jordania. Se sigue el sendero a la derecha y se continua por encima de la calle romana. En el pasado, esta calle, flanqueada por columnas, se extendía de este a oeste entre las puertas de la ciudad romana. Se continúa por los desvaídos pero elegantes y llenos de detalles (como el bello pájaro verde) mosaicos de la **iglesia del Profeta Elías** (del 607 d.C.), y luego se desciende a la cripta (595 d.C.).

La gran estructura cubierta que aparece enfrente contiene los mosaicos más impresionantes del yacimiento, entre ellos los de la **sala de Hipólito,** una villa de principios del s. VI. No hay que perderse las cuatro estaciones, una en cada esquina, con sus bellas representaciones de flores y pájaros. La sección central muestra personajes de la tragedia edípica clásica de Fedra e Hipólito. En la imagen superior aparece Adonis y una Afrodita desnuda de cintura para arriba azotando al travieso y alado Eros, mientras las Tres Gracias (hijas de Zeus, que representan la Alegría, el Encanto y la Belleza) flotan en las inmediaciones.

La **iglesia de la Virgen María,** englobada en el museo, fue construida en el s. VI y descubierta bajo una casa en 1887. El mosaico central, supuestamente del 767, es una obra maestra del diseño geométrico.

GRATIS **Parque Arqueológico II (Palacio Quemado)** MOSAICO
(Hussein bin Ali St; ⏲8.00-15.00 do-ju oct-abr, hasta 17.30 do-ju may-sep) Unas pasarelas rodean las ruinas de esta mansión privada de lujo, de finales del s. VI, destruida por un incendio y un seísmo hacia el año 749. Desde este punto estratégico se pueden observar varios mosaicos, los mejores de los cuales representan escenas de caza en el ala este, y un león que ataca a un toro en el ala oeste.

En el yacimiento (que exige más imaginación que la mayoría) está la continuación de la antigua **calzada romana** que atraviesa el Parque Arqueológico actual, además de la **iglesia de los Mártires** del s. VI, destruida en el s. VIII. A veces, el guardián de las ruinas aceptará enseñar los mosaicos enterrados de la iglesia: protegidas de la luz por una capa de arena hasta que empiece su restauración, las pocas *tesserae* (teselas) que descubrirá asombrarán por sus vívidos colores.

Dar Al-Saraya MUSEO
(Talal St) Este grandioso edificio, antiguo centro administrativo otomán, sirvió luego como sede de la administración británica en 1922. Todavía cerrado al público, su estructura recién restaurada cerca de la cima de la colina de la ciudad está destinada a albergar el Museo de Madaba.

INICIO: CENTRO DE VISITANTES
FINAL: CENTRO DE VISITANTES
DISTANCIA: 3 KM
DURACIÓN: 3 H

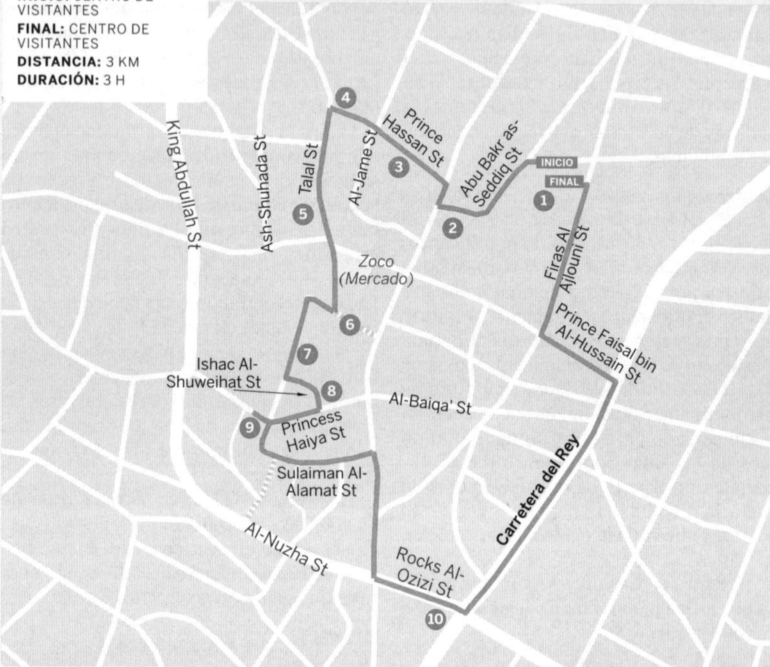

Circuito a pie
Madaba

Desde el 1 **centro de visitantes** se sale por la Abu Bakr as-Seddiq, con una pausa en la curva para admirar las vistas de la ciudad. En el 2 **Parque Arqueológico I,** se pillará in fraganti a una Ariadna en *topless* azotando a Eros. Se gira a la derecha y enseguida a la izquierda por la pintoresca calle peatonal del "Prince Hassan", con sus kilims aleteando al viento. En el 3 **Parque Arqueológico II** se pueden ver mosaicos todavía sin restaurar. El anticuario de enfrente es una cueva de Aladino de cafeteras de cobre.

En el cruce con la calle Talal, se gira a la derecha hacia la 4 **iglesia de San Jorge,** famosa por su mapa-mosaico, con una visita a la acogedora cafetería Ayola de enfrente. De regreso por la calle Talal, se pasará por tiendas de ropa con anticuados maniquíes. El prestigioso restaurante 5 **Haret Jdoudna** ocupa una residencia tradicional a mano derecha; la tienda de artesanías contigua apoya las buenas causas. Por la calle Talal se llega a 6 **Dar Al-Saraya,** que pronto será el principal museo de Madaba. La calle gira cuesta arriba hasta la 7 **Capilla de la Decapitación de Juan Bautista,** una iglesia católica construida con fragmentos romanos.

Desde la iglesia, se gira a la izquierda por la Ishac Al-Shuweihat, pasando por el 8 **Adonis Restaurant,** en una señorial residencia antigua. Se gira a la derecha por la calle Princess Haiya hasta el 9 **Museo de Madaba,** donde absorber a la sombra la compleja historia de la ciudad. Se retrocede hasta la Sulaiman Al-Alamat, y se pasa por una catedral sin excavar y hermosas casas. En el cruce, se gira a la derecha cuesta abajo, y se gira a la izquierda por la Rocks Al-Ozizi. En la diminuta **iglesia de los Apóstoles** se pueden ver mosaicos con fantasiosos animales marinos. En dirección norte por la carretera del Rey, se pasará por ferreterías atestadas de clientes beduinos con tocados tradicionales. Si se gira por la Prince Faisal bin Al-Hussain en subida, se advertirá el majestuoso minarete. En el cruce se gira a la derecha por Firas Al Ajlouni, llena de joyerías, sastrerías y mercerías.

TODO QUEDA EN FAMILIA

¿Sorprende que el hotel más reciente de Madaba haya abierto justo al lado de dos de sus competidores, el Mariam y el Salome? Una foto de la abuela Mariam en el comedor del Rumman Hotel lo explica todo. Esta formidable señora legó sus propiedades a sus cuatro hijos. La nueva generación de primos, todos ellos pertenecientes a la prestigiosa familia Twarl de Madaba, han heredado la pasión por la hostelería y transformado la experiencia de los visitantes.

GRATIS **Capilla de la Decapitación de San Juan Bautista (iglesia latina)** MUSEO

(☎3244065; Talal St; ⊙9.00-17.00) Esta iglesia católica romana de principios del s. XX ha sido transformada recientemente en un interesante destino para visitantes y peregrinos mediante la restauración de las ruinas sobre las que se asentó el edificio. La **fachada de la iglesia** se construyó con piedras antiguas, y columnas romanas con capiteles corintios adornan el patio. En la capilla del s. XIX, ahora centro de visitantes y tienda de regalos, hay una fascinante **exposición de fotografías** de 1902-1911, pero la verdadera joya del conjunto es el **Museo de la Acrópolis,** situado en el antiguo sótano abovedado de la iglesia. Aquí, un pozo de la época moabita, de 3000 años de antigüedad, sigue estando operativo.

Hay que reservar algo de tiempo y energía para escalar el **campanario.** El último tramo es de empinados escalones metálicos con barandilla y hay que sortear las campanas y sus cuerdas, pero vale la pena este esfuerzo para ver el mejor panorama de Madaba.

Los lavabos del centro de visitantes están impecables.

Museo de Madaba MUSEO

(☎3244189; Haya Bint Al-Hussin St; entrada combinada 2 JOD; ⊙8.00-17.00, hasta 19.00 may-sep) Compuesto por varias residencias antiguas, lo más interesante de este museo incluye un mosaico del s. VI que representa un sátiro desnudo; otro parcialmente dañado de una provocativa Ariadna bailando con címbalos en manos y pies, y un tercero, en el patio, con dos carneros atados a un árbol, imagen que evoca el sacrificio de Abraham.

El visitante puede pasar unos minutos en el **Museo del Folclore,** emplazado en el mismo Museo de Madaba e incluido en la entrada, para ver joyas, trajes tradicionales y una copia de la estela de Mesha.

Hace tiempo que hay planes para trasladar el museo a Dar Al-Saraya, pero nada había sucedido todavía al cierre de la edición de esta guía. El patio de palmeras y emparrados es muy agradable.

Iglesia de los Apóstoles IGLESIA

(King's Highway; entrada combinada 2 JOD; ⊙9.00-16.00 oct-abr, 8.00-17.00 may-sep) Este templo de apariencia insignificante contiene un interesante mosaico dedicado a los doce apóstoles. Al estilo de un bordado, fue creado en el 568 d.C. y es uno de los pocos ejemplos en los que figura el nombre de su creador (Salomios). La parte central muestra a Talasa, una personificación femenina del mar, rodeada de peces y resbaladizas criaturas de las profundidades. Las esquinas están decoradas con animales, aves, flores, frutas y rostros angelicales.

Dónde dormir

La ciudad posee buenos hoteles, la mayoría gestionados por familias cristianas, siempre a poca distancia de los principales puntos de interés. Si no se dice lo contrario, las tarifas incluyen baño privado y el desayuno. Aunque los siguientes hoteles están ordenados según las recomendaciones recibidas, cuesta seleccionar un claro favorito puesto que todos ofrecen una excelente relación calidad-precio.

Black Iris Hotel PENSIÓN **$**

(☎3241959; www.blackirishotel.com; cerca de Al-Mouhafada Circle; i/d/tr 22/30/40 JOD; wifi) Resulta difícil batir a este hotel realmente familiar. Las habitaciones son acogedoras, con muchas alfombras, mantas gruesas y toallas recién lavadas. La espaciosa zona de estar es perfecta para tomarse un café y leer tranquilamente. Su "very special breakfast" forma parte de una larga tradición de la pensión e incluye pastel de dátiles y mermelada casera de higos. A petición, el propietario, hotelero profesional y antiguo chef en Suiza, prepara platos jordanos caseros por la noche, acompañados con verduras de su huerto. El trato amable y útil asistencia para continuar el viaje hacen del Black Iris un hotel siempre popular entre los viajeros. Para admirar la flor nacional de Jordania –que da nombre al hotel– hay que estar en primavera. Las mujeres que viajen solas se encontrarán bien en este hotel, fácil de localizar desde la rotonda *(circle)* de Al-Mouhafada.

Mariam Hotel HOTEL $$
(☎3251529; www.mariamhotel.com; Aisha Umm al-Mumeneen St; i/d/tr/c 30/40/48/60 JOD; ❄@📶🏊) Establecimiento de consolidada reputación desde hace años, cuyas instalaciones incluyen un bar, un restaurante junto a la piscina y acceso a internet en una alegre sala de estar común. El bar restaurante en el 5º piso tiene vistas de la ciudad. Se recomienda reservar. El hotel puede encargarse del transporte en taxi a/desde el aeropuerto (12 JOD aprox.) y el transporte hasta Petra, entre otros circuitos. Charl, el dueño, también estará encantado de informar sobre los dólmenes locales (p. 144), un tema que le apasiona.

Salome Hotel HOTEL $
(☎3248606; www.salomehotel.com; Aisha Umm al-Mumeneen St; i/d/tr 24/30/35 JOD; ❄@📶) Pequeño y hogareño, se trata de una buena opción para una estancia tranquila. Cuenta con una acogedora recepción-sala de estar, un restaurante donde sirven alcohol y un dueño siempre encantador. Las pequeñas habitaciones disponen de TV y baños impolutos. El hotel está junto al Mariam Hotel, a 5 minutos andando del centro.

Mosaic City Hotel HOTEL $$
(☎3251313; www.mosaiccityhotel.com; Yarmouk St; i/d 32/44 JOD, cama extra 15 JOD; ❄) Este atractivo hotel familiar ofrece 21 habitaciones alegres y espaciosas, con cortinas y colchas a juego. Algunas tienen balcón que da a la animada calle Yarmouk, pero todas cuentan con cristales dobles para minimizar el ruido. La recepción en la 1ª planta de este recomendado hotel tiene acceso desde la calle de al lado.

Queen Ayola Hotel HOTEL $
(☎3244087; Talal St; i/d/tr JD20/25/30, i/d con baño compartido 10/18 JOD; 📶) Un cosmopolita propietario ruso, ingeniero de profesión, ha transformado este antiguo tugurio en uno de los establecimientos más punteros de la ciudad. Con un bar con *happy hour* y comida excelente, pronto será, sin duda, uno de los más apreciados por los viajeros. Las habitaciones están bien decoradas y dos tienen balcones a la calle, ideales para contemplar la animación en el corazón de la ciudad.

Casa de peregrinos de la iglesia de San Jorge PENSIÓN $
(☎/fax 3253701; pilgrimshousemadaba@gmail.com; Talal St; i/d/tr 25/35/45 JOD; 📶) Para un lugar con personalidad, cabe considerar esta casa adjunta a la iglesia de San Jorge. Aunque acoge fundamentalmente a peregrinos cristianos, el resto de viajeros también puede esperar un cálido recibimiento. Las habitaciones son ascéticas y sencillas. Caso de toparse con el jefe de la casa, el amable y encantador padre Inocente (que según confiesa él mismo, es "inocente" de nombre, pero "culpable" de cualquier otra cosa) la estancia en esta residencia estará doblemente bendecida. Los beneficios se invierten en la vecina escuela de la iglesia. En *Datos prácticos* (p. 322) hay información sobre la posibilidad de trabajar como voluntario.

Rumman Hotel HOTEL $
(☎3252555; info@rummanhotel.com; Aisha Umm al-Mumeneen St; i/d/tr 24/30/38 JOD; ❄@📶) Un nuevo establecimiento con un propietario simpático, habitaciones espaciosas y las únicas bañeras de la ciudad, que parece decidido a estar a la altura de la reputación de la familia Twarl.

Moab Land Hotel PENSIÓN $
(☎/fax 3251318; moabland_hotel@orange.jo; Talal St; i/d/tr 30/35/40 JOD) Con vistas maravillosas de la iglesia de San Jorge y más allá, este hotel regentado por una familia no podría estar más céntrico. Su principal atractivo, aparte de su bienvenida, es sin embargo la fantástica terraza en la azotea donde se desayuna en verano. La recepción está en la 1ª planta.

Madaba Inn Hotel HOTEL $$
(☎3259003; www.madaba-inn.com; Talal St; i/d/tr 45/70/80 JOD; ❄@📶) Aunque necesitaría una reforma, este hotel de 33 habitaciones es muy céntrico y cuenta con aparcamiento. Wifi solo en el vestíbulo.

Phoenix Palace Hotel HOTEL $
(☎3253550; www.palacehotel.com.jo; Hamra Al-Assad St; i/d/tr 25/35/45 JOD) Con un atractivo vestíbulo, situación tranquila, grandes habitaciones y espacioso jardín bajo una parra, este hotel debería ser todo un favorito. Sin embargo, la poca experiencia de la gerencia se nota en la recepción y los servicios en general.

Madaba Hotel PENSIÓN $
(☎/fax 3240643; Al-Jame St; i/d/tr desde 18/25/35 JOD, con baño compartido 15/20/30 JOD) Esta cén-

trica pensión de 8 habitaciones, regentada por una familia, sigue siendo espartana, con camas estilo albergue, a pesar de recientes reformas. En la planta baja hay una sala de estar y una cocina disponibles.

Dónde comer y beber

Madaba es un buen lugar para probar la cocina tradicional jordana. Casi todos los restaurantes sirven cerveza, interesantes vinos locales y el aguardiente local, el *arak*.

Haret Jdoudna Complex JORDANA $$
(3248650; Talal St; principales 8-15 JOD; 12.00-24.00;) Concurrido incluso por enterados de Ammán, y situado en una antigua casa restaurada, es uno de los restaurantes más populares de Madaba. En invierno, el comedor cuenta con una gran chimenea, y en verano se puede comer en el umbroso patio para saborear platos jordanos típicos como *mutaffi bethanjan* (berenjena frita con sésamo), *fatteh* (pan frito con yogur al ajo y *hummus*, a veces con pollo) y *sawani* (carne o verduras al horno de leña). Para llevarse un recuerdo de una buena velada, se puede comprar alguna artesanía en la tienda de la casa, que dejará encima el buen sabor de boca de haber contribuido a una buena causa.

Adonis Restaurant & Café JORDANA $$
(3251771; jehadalamat@yahoo.com; Ishac Al Shuweihat St; parrillada mixta 6 JOD; 11.00-2.00) Situado en una casa típica bellamente restaurada, y regentado por uno de los hijos pródigos de la ciudad, este excelente restaurante se ha labrado pronto una fama como punto de encuentro los fines de semana. La comida tradicional jordana se sirve en un espacio que parece expandirse casi mágicamente formando ocultos recovecos, y las noches de los jueves y viernes hay además el encanto añadido de la música en directo.

Ayola Coffeeshop & Bar CAFÉ $
(3251843; ayola@hotmail.com; Talal St; tentempiés aprox. 2 JOD; 8.00-23.00;) Quien quiera un bocadillo caliente (2 JOD), un café turco (1 JOD), una copa de *arak* con los lugareños o sencillamente pasar un rato tranquilo con otros viajeros, este es el lugar perfecto. Ensalada, patatas fritas y refresco costarán 3,5 JOD. Internet gratis para quienes lleven portátil.

Bawabit Restaurant CAFÉ $$
(3240335; www.bawabitmadaba.com; Talal St; principales 7,5 JOD; 10.00-24.00) Enfrente de la iglesia de San Jorge, con dos mesas que dan a la calle, fotografías antiguas de Madaba y un excelente café italiano (capuchino 3 JOD), se trata de un magnífico lugar para relajarse tras un paseo por la ciudad. También se puede acudir para cenar pollo de Madaba (7 JOD) acompañado de una cerveza (3,5 JOD).

Dardasheh Restaurant & Bar CAFÉ $
(776530034; Al-Hassan bin Ali St; tentempiés 2,5 JOD;) Los cojines de terciopelo rojo y azul y los billetes extranjeros pegados a la pared dan a este pequeño café sin pretensiones un aire confortable y cosmopolita. Hay wifi, un motivo más para que sea un céntrico punto de encuentro para los viajeros.

Tche Tche Café CAFÉ $
(3244416; Rocks Al-Ozizi St; principales 6 JOD; 10.00-24.00) Establecimiento de cadena hotelera de moda, con sucursales por todo Oriente Próximo. Está situado en un luminoso vestíbulo, con una agradable zona al aire libre, y su carta ofrece un "mapa mental" de sabrosas opciones.

Dana Restaurant BUFÉ $$
(3245749; Rocks Al-Ozizi St; comidas bufé 10 JOD; 12.00-15.00) Frecuentado por los grupos organizados, sirve un bufé de buena calidad en un agradable comedor. Será una útil etapa para los viajeros hambrientos después del circuito a pie.

Stop & Go CAFÉ $
(776530034; Al-Hassan bin Ali St; tentempiés 500 fils) Los donuts quizá no sean siempre del día, pero el propietario, sincero y encantador, es el primero en reconocerlo. Una taza de café en la galería superior de este diminuto establecimiento será como tomarse un té en una tienda de alfombras: una experiencia esencial durante una estancia en la ciudad.

Comida rápida

A lo largo de Yamouk St y la carretera del Rey hay varios locales de tentempiés que venden *falafel*, *shawarma* y pollo asado. Quien desee comprar pan árabe recién elaborado ha de acudir a los hornos que hay enfrente de la iglesia de los Apóstoles. Hay varias tiendas de alimentación en el centro. En King Abdullah St se puede comprar fruta y verdura.

No hay que perderse las pastelerías árabes, como **Al-Baraka Sweets** (esq. Sameh al Farah St y King Abdullah Sts) con sus bandejas de pastas empapadas de miel, algunas rellenas de queso local, otras con nueces y azúcar.

Por la noche no hay mucho que hacer en Madaba, excepto tomarse una copa en el bar del Queen Ayola, Ayola Coffeeshop, o junto a la piscina del Mariam Hotel.

De compras

Se pueden visitar los talleres de mosaicos privados (sin compromiso de compra) y comprar una copia del mapa de Madaba o un más modesto Árbol de la Vida (desde 15 JOD, según su tamaño). Otro gran centro de artesanías especializado en mosaicos es el **Jordan Jewel** (☎3241364), situado 1 km antes del monte Nebo, en la carretera que sale de Madaba. El propietario de este gran emporio da empleo a numerosos discapacitados físicos de la ciudad, para contribuir a la integración de los marginados.

La ciudad también es famosa por sus coloridos kílims artesanales (véase p. 288), que cuelgan fuera de las tiendas por toda la ciudad (especialmente entre el Palacio Quemado y la iglesia de San Jorge). Adquirir una de estas alfombras es algo más que una compra; es una excelente manera de establecer contacto directo con la población: la charla y el té con el vendedor son de rigor.

La calle Al-Yarmouk se merece un paseo, para ver sus tiendas de pipas de agua, pañuelos femeninos y dulces jordanos. Esta calle recobra el ajetreo por la noche, y es un buen lugar para charlar con los tenderos locales e imbuirse del espíritu de la ciudad.

En la carretera que va al monte Nebo, hay varios almacenes grandes que también venden artesanía que, aunque carecen del toque personal de las tiendas, son prácticos si se va con prisas.

Haret Jdoudna Complex ARTESANÍAS
(☎3248650; Talal St; ⏲10.30-23.00) Con un amplio surtido de artesanías, que incluyen mosaicos, cerámica, textiles y ropa, esta tienda, anexa al restaurante del mismo nombre, ofrece también bordados exquisitos. Muchos de los artículos en venta están promocionados por la Arab Cultural Society, que apoya a las viudas de guerra jordanas. En efecto, muchas artesanías proceden de ONG locales, como la Jordan River Foundation, dedicada a las comunidades marginales.

Hanania Silver Shop & Rafidi for Silver JOYERÍA
(Al-Hassan bin Ali St) En la ciudad hay bastantes joyerías de calidad, como las de estos joyeros localmente famosos situadas en la misma calle. No hay gran cosa que ver en sus escaparates, pero todas sus piezas están exquisitamente realizadas.

Holy Treasures Centre RECUERDOS
(☎3248481; Talal St) Situado enfrente de la iglesia de San Jorge, esta tienda posee una extensa gama de productos del mar Muerto y agua bendita del río Jordán.

Spice COMIDA
(Sameh al Farah St) Para un regalo original, se puede comprar una selección de especias o café recién molido en este aromático colmado, enfrente del Housing Bank.

Madaba Studio & Lab ELECTRÓNICA
(☎3245932; Talal St; ⏲8.00-20.30) Venden tarjetas de memoria y baterías. Está cerca del Moab Land Hotel.

Información

Se recomienda conseguir el folleto *Madaba and Mount Nebo*, que resume los lugares de interés de Madaba, disponible en el centro de visitantes. Otros buenos folletos del Consejo de Turismo Jordano incluyen el *Madaba Mosaic Map* y el *Mount Nebo*.

El American Center of Oriental Research (Centro Americano de Investigación de Oriente) edita el completo *Madaba: Cultural Heritage* (unos 20 JOD). Menos voluminoso es el *Mosaic Map of Madaba*, de Herbert Donner (10 JOD), con una reproducción desplegable del mapa e información. También se recomienda la publicación de bolsillo *Madaba, Mt Nebo*, editada por Al-Kutba (3 JOD).

La librería que hay enfrente del Palacio Quemado vende prensa internacional.

Arab Bank (Sameh al Farah St) Acepta tarjetas Visa y MasterCard, y dispone de cajero automático.

Bank of Jordan (Sameh al Farah St y King Abdullah Sts) Cambia dinero en efectivo y cheques de viaje.

Housing Bank (Sameh al Farah St) Acepta Visa; con cajero automático.

Jordan National Bank (esq. King Abdullah y Talal Sts) Cambia dinero en efectivo y cheques de viaje.

Ministerio de Turismo y Antigüedades (☎/fax 3252687; www.tourism.jo) Tiene oficinas encima del Palacio Quemado y ofrece información especializada sobre los proyectos conservacionistas de Madaba.

Oficina de correos (Sameh al Farah St; ⏲8.00-17.00) Permite hacer llamadas de larga distancia.

Tour.Dot Internet (Talal St; por h 500 fils; ⏲9.00-2.00)
Oficina de la policía turística (☎191; Talal St; ⏲24 h) Al norte de la iglesia de San Jorge, y en el centro de visitantes.
Centro de Visitantes (☎3253563; Abu Bakr as-Seddiq St; ⏲8.00-17.30 oct-abr, hasta 18.00 may-sep) Práctica oficina de información con una selección de folletos y algunas exposiciones informativas, incluido un vídeo de diez minutos que ubica a Madaba en el contexto de los monumentos de la zona. Tiene lavabos y un práctico aparcamiento.

ℹ Cómo llegar y salir

La estación de autobuses está unos 15 minutos andando al este del centro, en la carretera del Rey. Para visitar casi todos los puntos de interés en los alrededores de Madaba (a excepción del monte Nebo y Mukawir), el transporte público será muy lento, y a veces inexistente. Sin embargo, resulta fácil contratar un taxi en Madaba o apuntarse a uno de los recomendables circuitos del Black Iris Hotel o el Mariam Hotel, ambos con mucha experiencia en la organización de salidas para viajeros independientes.

A/desde el aeropuerto

Para evitar el tráfico de Ammán, se puede llegar a Madaba desde el Aeropuerto Internacional Queen Alia en taxi privado (19 JOD/día) en menos de media hora (15 min cuando abra la nueva autopista). Casi todos los hoteles de Madaba organizan la recogida en taxi (15 JOD) en el aeropuerto si se avisa con antelación.

A/desde Ammán

Desde las estaciones de autobuses Muhajireen de Ammán, al sur (Wahadat) y al norte (Tababoor), salen todo el día autobuses y microbuses regulares (entre 500 y 750 fils, 1 h) hacia Madaba. Los microbuses regresan a la capital hasta aproximadamente las 20.00 (antes los vi). Un taxi cuesta 12/15 JOD de día/noche.

A/desde el mar Muerto

En realidad, no se puede confiar en el transporte público para ir al mar Muerto, puesto que el trayecto implica dos tramos en microbús, poco fiables cuanto menos, y otro en taxi desde Suweimah que puede costar casi tanto como el taxi desde Madaba. Quienes insistan a pesar de todo, deben preguntar en el hotel los horarios y precios de estos servicios. Para visitar el mar Muerto en taxi, con suficiente tiempo para un baño, hay que contar con tres horas de espera. El Black Iris ofrece esta excursión por 28 JOD.

Un popular circuito de Madaba al mar Muerto pasa por el monte Nebo y Betania, y regresa por el Dead Sea Panoramic Complex y Hammamat Ma'in (50 JOD aprox.).

Con automóvil, se puede ir al mar Muerto por el monte Nebo y regresar por la carretera del Dead Sea Panoramic Complex. El desvío hacia Hammamat Ma'in y la nueva carretera de Mukawir será espectacular. Vía Karak (véase p. 118) resulta más largo pero igualmente impresionante.

Hacia el sur por la carretera del Rey

No hay transporte público entre Madaba y Karak por la carretera del Rey, puesto que la escalada de las laderas del Wadi Mujib de forma regular costaría más en el mantenimiento de los vehículos que las ganancias obtenidas por la venta de los billetes. Quien desee poner dicho rumbo, habrá de tomar un microbús a Dhiban (450 fils, 45 min), después un taxi (si se encuentra uno) para cruzar el Wadi Mujib hasta Ariha y allí esperar otro autobús a Karak. Desde Karak, hay microbuses a Tafila, donde se puede encontrar transporte a Qadsiyya (para Dana). El transporte público hacia el sur desde Qadsiyya es infrecuente, por lo que puede necesitarse primero ir en microbús a Ma'an y a allí tomar otro a Wadi Musa (para Petra).

Una opción mucho más fácil será el servicio diario organizado por el Mariam Hotel. Sale a las 10.00 y llega hacia las 18.00 a Petra, parando en Wadi Mujib para tomar fotografías y una hora en Karak. Se puede bajar en Dana, pero quizás haya que pagar el viaje completo. El servicio requiere un mínimo de tres personas (el hotel se encargará de poner en contacto con otros clientes del hotel) y un máximo de cuatro, y vale 54 JOD por taxi. El Black Iris Hotel ofrece un servicio similar por 18 JOD por persona, con un mínimo de tres personas. Otros hoteles ofrecen servicios parecidos pero menos frecuentes. La tarifa habitual de un taxi para este servicio son unos 90 JOD por vehículo.

A/desde Mukawir

Los microbuses que van a Mukavir (castillo de Machaerus; 1 JOD, 1 h) salen de la estación de autobuses de Madaba varias veces al día (excepto los viernes). El último microbús sale hacia las 17.00. No es un servicio completamente fiable, y solo circula cuando hay suficientes pasajeros. Un taxi, con una hora de espera, cuesta 20 JOD.

Para saber cómo llegar y salir del monte Nebo, véase p. 143.

¡MA'AN, NO AMMÁN!

Los valientes que se atrevan a viajar en transporte público por la región deben tener cuidado al pronunciar el nombre del núcleo de transportes de Ma'an. Si no pronuncian bien las guturales, pueden verse de regreso a la capital, un error muy poco gracioso si se ha pasado todo un día intentando avanzar por la carretera del Rey.

Cómo desplazarse

El trayecto entre la estación de autobuses y el centro será toda una caminata con el equipaje, pero abundan los taxis, por cerca de 1 JOD. Quienes conduzcan deben tener en cuenta la imposibilidad de aparcar fuera de los hoteles económicos, dadas las calles estrechas y bulliciosas en las que se encuentran.

Monte Nebo جبل نيبو

Sube a esa montaña de los abarím, al monte Nebo que está en el país de Moab, frente a Jericó, y contempla la tierra de Canaán que yo doy en propiedad a los israelitas. Tú morirás en la montaña a la que vas a subir.

Deuteronomio 32,49-50

El **monte Nebo** (entrada 1 JOD; ⌚ 8.00-16.00 oct-abr, hasta 18.00 may-sep) es donde, dicen, Moisés vio la Tierra Prometida, a la que no se le permitió entrar. Murió supuestamente a los 120 años de edad y reposa por allí, no se sabe bien dónde. El monte fue el centro de todas las miradas cuando Juan Pablo II lo visitó en el 2000.

La región del monte Nebo presenta algunos promontorios rocosos, que incluyen el de Siyagha (nombre local que significa "monasterio"). Aquí es donde se encuentra la iglesia y monumento a Moisés. Será una agradable excursión desde Madaba, a tan solo 9 km, y los mosaicos son magníficos (por desgracia, están cerrados por obras de restauración hasta el 2014). Aparte de su significado religioso, el monte Nebo brinda unas vistas espectaculares de la Tierra Prometida, es decir, los antiguos territorios de Galaad, Judea, Jericó y el Néguev.

Historia

Eteria, una monja griega, se topó con la iglesia original de tres ábsides durante su peregrinación en el año 393 d.C. En el s. v se añadió una nave; la primera capilla con baptisterio (con el mosaico) se agregó en el 530; y la basílica principal, junto un gran monasterio, en el 597.

En esta época, el monte Nebo ya era un importante lugar de peregrinación, ganándose incluso un cartel indicador en la principal carretera romana de la región (en el museo hay un marcador kilométrico romano). Los peregrinos viajaban a Jerusalén, Jericó, Betania, Ayoun Musa y el monte Nebo, para posteriormente descender a Hammamat Ma'in para tomar los baños.

La iglesia fue abandonada en el s. xvi y redescubierta en el s. xx gracias a los diarios de viaje de los peregrinos de los ss. iv y v. Los franciscanos compraron el recinto en 1932, y desde entonces han excavado gran parte de las ruinas de la iglesia y el monasterio y reconstruido casi toda la basílica.

Puntos de interés

El **museo** contiene interesantes mojones, información sobre los mosaicos y un mapa en 3D de la zona.

La **basílica,** construida en el 597 alrededor de unos cimientos del s. iv, está en proceso de restauración, pero contiene importantes **mosaicos** (del 530 aprox.). La obra maestra es una escena de caza y pastoreo con variada fauna africana, que incluye un cebú, leones, tigres, osos, jabalíes, cebras, un avestruz con una correa y una jirafa con forma de camello.

En el patio, un **monumento de bronce** de diseño italiano simboliza la agonía y la muerte de Jesús en la cruz y la serpiente que "Moisés levantó" en el desierto.

Parte del conjunto es un monasterio en activo, cerrado a los visitantes.

Para disfrutar de las vistas lejos de las multitudes, se puede ir de merienda 100 m carretera abajo desde el recinto (hacia el mar Muerto) y tomar el sendero a la izquierda hasta lo alto de la colina cercana.

Dónde comer

Asa Moses Restaurant BUFÉ $$

(☎3250226; bufé 9 JOD; ⌚12.30-16.00; ✎) Caso de encontrarse en el monte Nebo a mediodía, se puede almorzar en este recomendado restaurante con mesas de caballete, también llamado Siyagha Restaurant. Ofrece a diario un excelente bufé que incluye el famoso *maqlubbeh* (plato invertido) y distintas opciones vegetarianas. Los pilares de piedra y el techo de cáñamo le dan un toque de distinción. Tras el ágape, se puede tomar un vino dulce y estirarse en los cojines *majlis*. El restaurante está enfrente del desvío hacia Ayoun Musa, a 1 km en la carretera que va a Madaba.

Nebo Restaurant & Terrace BUFÉ **$$**
(☎3242442; bufé 10 JOD; ⏲11.30-18.00 sa-ju, hasta tarde vi) Nuevo y elegante establecimiento vecino del anterior, con vistas espectaculares desde los ventanales panorámicos y la terraza en la azotea. Prepara su pan árabe en sus propios hornos.

Información

La entrada al monte Nebo está indicada en la carretera de Madaba al mar Muerto, al lado de un centro de visitantes (construido hace años pero que todavía no ha abierto). De momento las entradas se compran al guardia en la entrada. No se permite fumar en todo el complejo. Los lavabos están al lado del museo.

Town of Nebo, de Fr. Sylvestre J. Salter y Fr. Bellarmiro Bagatti, detalla este y otros enclaves cristianos de Jordania. Más llevadera es *Mount Nebo*, de Michelle Piccirillo. Ambas suelen estar a la venta en la iglesia. El Consejo de Turismo Jordano edita el excelente folleto *Mount Nebo*, que resume la importancia del lugar. El enciclopédico *Mosaics of Madaba* también se encuentra dentro de la iglesia.

Cómo llegar y salir

Los taxis compartidos de Madaba al monte Nebo valen 1,5 JOD; un taxi privado desde Madaba, 4 JOD (o 8 JOD ida y vuelta, con una hora de espera).

Desde el monte Nebo, la carretera continúa 17 km hasta el valle del Jordán para encontrarse con la ruta principal Ammán-carretera del mar Muerto, con excelentes vistas de dicho mar. El asfalto discurre desde una zona de olivares y campos de tubérculos, después pasa por un paisaje rocoso lleno de chumberas y más adelante por las colinas de color ocre de la depresión del mar Muerto. El amarillo cambia a rojizo a medida que la carretera serpentea a través de las escarpaduras ricas en hierro para, finalmente, descender al fértil valle del Jordán, salpicado de invernaderos. El transporte público es poco fiable.

RESTAURACIÓN DE LA IGLESIA DEL MONUMENTO A MOISÉS

Cuando se escribió esta guía, el tejado de la iglesia del Monumento a Moisés se estaba reparando en un proyecto cuya duración se estima en tres años por lo menos. La ampliación de la iglesia, al mismo tiempo, impedirá ver los famosos mosaicos hasta el 2014. Aunque la iglesia esté cerrada, la vista de la Tierra Prometida que divisó Moisés desde el mirador (Jerusalén solo está a 46 km) sigue aconsejando la visita al monte Nebo, de camino entre Madaba y el mar Muerto.

Alrededores del monte Nebo

KHIRBET MUKHAYYAT خربة مخيط

Esta población señala el emplazamiento original del antiguo pueblo de Nebo, mencionado en la estela de Mesha (del s. IX a.C.; véase p. 149) y en la Biblia. Cerca del pueblo, la **iglesia de los Santos Lot y Procopio**, construida en el 557 d.C., alberga un interesante **mosaico** con escenas cotidianas de la agricultura, pesca y viticultura (cosecha y transporte de la uva). Por desgracia, los mosaicos han quedado dañados por la lluvia en los últimos años y la iglesia permanece cerrada para su restauración.

El desvío a Khirbet Mukhayyat está señalizado (Al-Makhyt) a unos 6 km de Madaba y a unos 3 km antes de llegar al complejo religioso del monte Nebo. Una carretera de 2,5 km lleva alrededor del pueblo hasta un aparcamiento entre enebros. No hay transporte público.

AYOUN ('AIN) MUSA عين موسى

La Ayoun Musa (Fuente de Moisés) es uno de los dos lugares donde se cuenta que el profeta obtuvo agua al golpear una roca (véase también p. 188). Seis eucaliptos gigantes marcan el lugar, y después de las lluvias se forma a veces una cascada desde lo alto de las rocas. El enclave está lleno de desperdicios y se halla desfigurado por edificios de cemento abandonados; hay poco que ver, a excepción de las **ruinas** de un par de iglesias en las inmediaciones.

Para llegar hasta aquí hay que girar a la derecha en la señal situada 1 km antes de la iglesia en el monte Nebo. La carretera de 2,4 km hasta Ayoun Musa es empinada pero está asfaltada, y permite ver de cerca los campamentos beduinos acurrucados contra los elementos. Los *arums* crecen en abundancia en los huertos entre las rocas, mientras que los pequeños y fértiles *wadis* rebosan de cítricos y olivos.

No hay transporte público. Aunque es fácil bajar a pie desde la carretera principal, el regreso exige mayores esfuerzos.

HESBAN حسبان

Los aficionados a la arqueología disfrutarán en la **Tell Hesban** (gratis; ⏲en las horas de luz solar), 9 km al norte de Madaba. En los últimos siglos, esta estratégica colina ha acogido un poblado de la Edad del Bronce, una capital amorita (900-500 a.C.), una fortaleza helenística (198-63 a.C.), una población romana llamada Esbus (63 a.C.-350 d.C.), un centro eclesiástico bizantino (350-650), una población comercial omeya (650-750), una capital regional de los abasíes (750-1260), otra de los mamelucos (1260-1500) y, por último, una aldea otomana.

El yacimiento está bien señalizado, con indicaciones de los restos de una iglesia bizantina (sus mosaicos están expuestos en Madaba), un templo romano y un fuerte helenístico. Hay muchas cuevas y cisternas, tanto aquí como en el vecino Wadi Majar. La cueva de la Edad del Bronce más grande se puede explorar con una linterna. Para saber más sobre este lugar, consúltese www.hesban.org.

Hay microbuses frecuentes entre Madaba (300 fils, 20 min) y Hesban; en taxi cuesta 5 JOD. Desde Madaba, el *tell* queda a la izquierda de la carretera; conduciendo se ha de girar a la izquierda en el primer semáforo después del puente peatonal de la moderna población de Hesban y seguir hacia la colina.

Wadi Jadid جديد وادي

Wadi Jadid es famoso en la zona por su notable colección de cámaras mortuorias y monumentos en piedra de principios de la Edad del Bronce. Conocidos como **dólmenes,** estas estructuras de piedra datan del 5000 al 3000 a.C. y consisten en dos piedras verticales coronadas por una losa puente. El término "dolmen" significa "mesa de piedra" y sigue siendo un misterio cómo se pudieron colocar las piedras horizontales. Hay unos cuarenta dólmenes desperdigados por este yacimiento sin señalizar, y al menos 12 están en buenas condiciones. Pero Jordania alberga miles de ellos, especialmente en la zona de ar-Rawdah.

Desde la carretera, se tarda unos 30 minutos en llegar andando al dolmen más cercano, y una hora a los grupos más distantes. El yacimiento está cerca del pueblo de Al-Fiha, 10 km al suroeste de Madaba, pero hay que conocer el terreno. La mejor manera de llegar hasta aquí es preguntando por el camino en el Mariam Hotel de Madaba. El propietario del hotel, Charl, es geólogo y un entusiasta de los dólmenes; ha sido él quien ha redescubierto este interesante lugar para los turistas.

En vehículo propio, se puede seguir cuesta abajo hasta el mar Muerto (30 min) después de Wadi Jadid. Hacia el final la carretera es estrecha y bacheada, pero atraviesa un terreno bonito y variado, con campamentos de beduinos y valles con viñedos, olivares y cítricos. Conforme la ruta desciende hacia un terreno más desértico, se pasa por un manantial con una pequeña cascada: casi un milagro entre la aridez del paisaje.

Mukawir (Machaerus)

مكاور(مكاريوس)

☎05 / 5000 HAB./ ALT. 700 M

Después del pueblo de Mukawir y a 700 m de altitud se alza el espectacular bastión de Machaerus, el **castillo de Herodes el Grande** (entrada 1,5 JOD; ⏲en las horas de luz solar), y el lugar donde Salomé bailó para conseguir la cabeza de san Juan Bautista.

La colina con forma de molde de flan se fortificó por primera vez en el 100 a.C., y fue ampliada por Herodes el Grande en el 30 a.C. Las ruinas en sí tienen escaso interés, pero el enclave, con el viento resoplando a través de las columnas como uno de los siete velos de Salomé, es de una belleza inquietante.

El Machaerus es conocido en la zona como Qala'at al-Meshneq (castillo de la Horca), aunque Juan Bautista fue decapitado por Herodes Antipas, el sucesor de Herodes el Grande. Según la Biblia, el santo varón había denunciado la boda del rey con Herodías, su cuñada, ya que la ley judía prohibía que un hombre se casara con la mujer de su hermano mientras aquel viviera. Fascinado por la habilidad de su hijastra Salomé para la danza, el rey prometió otorgarle cualquier cosa que deseara. Como venganza, Herodías dijo a su hija que pidiera la cabeza del Bautista:

> Saliendo ella, dijo a su madre: ¿qué pediré? Y ella le dijo: la cabeza de Juan el Bautista.
>
> *Marcos 6,24*

TEJIENDO UN FUTURO: LAS MUJERES DE BANI HAMIDA

La iniciativa de los telares de Bani Hamida fue fundada en 1985, con la ayuda de Save the Children, para ofrecer empleo remunerado a las mujeres beduinas recién instaladas en la región de Mukawir. El proyecto comenzó con 12 mujeres mayores conocedoras de la técnica de los telares. Una década después, trabajaban en la cooperativa 1500 mujeres de los montes circundantes que lavaban, cardaban, hilaban y teñían la lana de las ovejas, y tejían las alfombras. Todas estas actividades se realizaban junto con sus labores habituales cuidando del marido, la familia y el hogar. Patrocinado ahora por la Jordan River Valley Foundation, el proyecto da trabajo a tiempo completo a 24 personas, responsables de la coordinación, la comercialización a nivel internacional y la promoción de la iniciativa.

Se han presentado dificultades, como la competencia, las importaciones baratas y la disminución del turismo, pero el proyecto sigue siendo un éxito. El trabajo remunerado, por poco que sea, según el grado de compromiso de las mujeres, les ha dado independencia y maniobrabilidad social, la posibilidad de cambiar sus vidas y, todavía más importante, las de sus hijos. Cuando le preguntaron qué significaba el proyecto para su familia, una tejedora de Mukawir explicó que podía comprar nuevas sartenes en Madaba, mientras otra había podido pagar la universidad a su hijo.

Estos cambios se han conseguido al canalizar, en lugar de rechazar, las técnicas tradicionales transmitidas de madre a hija desde los días de Abraham, y que han contribuido a definir la identidad beduina.

Así, a petición de Salomé, Juan fue ejecutado. Esta subyugante mujer ha inspirado a pintores y escritores desde entonces.

Cuando se escribió esta guía no había ningún alojamiento disponible en Mukawir, pero el centro de visitantes del pueblo, a unos 2 km del castillo, abrirá pronto y ofrecerá alojamiento en antiguos edificios restaurados cerca de las ruinas de la iglesia del Obispo Malechios. También se prevé la apertura de un restaurante. Mientras tanto, en una tienda beduina a la entrada del castillo se vende agua, té y café, así como las entradas para ver el castillo.

Puntos de interés y actividades

Desde el aparcamiento, una escalera de piedra desciende al sendero principal, el cual remonta la colina en el sentido de las agujas del reloj. Cerca de la base de la cima, un sendero que se dirige a la derecha por la colina principal pasa por varias **cuevas.** Cuenta la leyenda que fue en una de estas grutas donde tuvo lugar la macabra decapitación.

El camino principal hasta las ruinas del **castillo,** en la cumbre, está sin señalizar. Las columnas reconstruidas al suroeste de la profunda cisterna marcan el emplazamiento del **triclinio del palacio** de Herodes Antipas, donde bailó Salomé. También se distinguen los restos de los **baños** orientales y las **murallas** defensivas.

Los romanos construyeron una **rampa de asedio** en la ladera oeste del monte para conquistar la fortaleza a los rebeldes judíos en el año 72, cuyos vestigios todavía son visibles.

El castillo está unos 2 km pasado el pueblo de Mukawir y resulta fácil de localizar. Merece la pena subir solamente para contemplar la imponente imagen de la fortaleza enmarcada por el mar y el cielo.

También es una zona ideal para hacer **excursionismo,** con cantidad de senderos de pastores que serpentean por los contornos montañosos. Uno especialmente interesante baja por la escarpada falda oeste del monte del castillo desde lo alto y recorre la cresta de la sierra hacia el mar Muerto. Las vistas son espectaculares, en particular a la puesta del sol.

Otras rutas de pastores (o por la carretera para todoterrenos) descienden hasta los manantiales de Hammamat Ma'in. Pero hay que ir con sumo cuidado, ya que la pendiente es muy pronunciada y en muchos casos solo para gente bien preparada. Por otra parte, se recomienda que las mujeres no vayan solas por estos parajes.

Se puede contratar un guía para la caminata desde Mukawir hasta los baños termales de Zara/Herodes, tres horas de excursión exigente. Para un listado de agencias recomendadas, véase p. 316.

De compras

En el pueblo de Mukawir, en la carretera que va al castillo, hay un telar. Esta cooperativa de mujeres está gestionada por el Bani Hamida Centre y los maravillosos kílims y cojines se venden en la **galería** contigua (3210155; www.jordanriver.jo; 8.00-15.00 do-ju). Un elaborado kilim de 100x50 cm rondará los 75 JOD, y los precios son fijos. Las trabajadoras se muestran encantadas de enseñar el taller. Además, pasan un vídeo que explica su trabajo. Para obtener una excelente perspectiva antropológica sobre la historia de Bani Hamida, vale la pena comprar una copia de *A Bedouin Perspective* (5 JOD) en la tienda, de Sue Jones, que trabajó con las mujeres del Jebel Bani Hamida a principios de la década de 1990.

Cómo llegar y salir

Hay microbuses frecuentes (600 fils, 1 h) desde la estación de autobuses locales de Madaba hasta Mukawir vía Libb (el último sobre las 17.00). Desde el pueblo, un agradable paseo cuesta abajo lleva a los pies del castillo, aunque también se puede pedir al conductor del microbús que complete la ruta por unos pocos fils extras. Regresar al pueblo en vehículo desde el aparcamiento del castillo es más difícil, aunque una viajera informó que un amable conductor de autobús se ofreció a esperarla 30 minutos mientras visitaba las ruinas.

En coche, la carretera desde la carretera del Rey serpentea a lo largo de una cresta con vistas espectaculares. Una nueva carretera impresionante conecta Mukawir con Hammamat Ma'in y el mar Muerto.

Umm ar-Rasas أم الرصاص

Umm ar-Rasas es una de esas deliciosas sorpresas que el viajero se encuentra a lo largo de la carretera del Rey, aunque su aspecto exterior no sea muy prometedor. A pesar de haber sido designado como Patrimonio Mundial por la Unesco en el 2004, no tiene tanta fama como otros yacimientos de la ruta. Un nuevo y grandioso centro de visitantes abrió a finales del 2008 pero ya está muy deteriorado y no ilustra demasiado sobre las ruinas. La policía turística acompaña a los visitantes; aunque amables y serviciales, los agentes no pueden ofrecer gran cosa en cuanto a información.

Las ruinas de la **iglesia de San Esteban** (gratis; 8.00-16.00) es una de las cuatro iglesias que hubo en el pueblo. Alberga unos magníficos **mosaicos** que datan del 785 d.C. Aunque se esté un poco cansado de ver tantos mosaicos, no hay que dejar pasar la oportunidad de admirar esta obra maestra, y bien conservada, con representaciones de caza, pesca y agricultura, escenas de la vida cotidiana y los nombres de aquellos que ayudaron a costearlo. En un panel figuran diez ciudades de la región, como Umm ar-Rasas, Filadelfia (Ammán), Madaba, Esbounta (Hesban), Belemounta (Ma'in), Areopolis (Ar-Rabba) y Charachmoub (Karak), y en otro, al norte, Jerusalén, Nablús, Cesarea, Gaza y otras poblaciones.

Más allá están las extensas ruinas de **Kastron Mefaa** (mencionado en la Biblia como asentamiento romano de Mephaath), con otras cuatro iglesias, que incluyen la **iglesia de los Leones** por los impresionantes mosaicos con estos animales, y restos de la muralla. Los arcos se yerguen aleatoriamente entre los restos, y por doquier hay cisternas y dinteles de puertas.

Casi 1,5 km al norte de las ruinas se alza una enigmática **torre de piedra** de 15 m de altura. Su función todavía desconcierta a los arqueólogos, pues, aun careciendo de escaleras interiores, presenta varias ventanas en la parte superior. Seguramente fue un retiro para los estilitas, los primeros ermitaños cristianos que vivían totalmente aislados en lo alto de pilares. El lateral de la torre está decorado con cruces y varios edificios monacales en ruinas se hallan desperdigados por las inmediaciones.

Como parte del desarrollo de instalaciones de Umm ar-Rasas, está planificado un nuevo museo para el yacimiento arqueológico de **Lehun,** que fue una plaza fuerte construida en el 300 d.C. para albergar a la 4ª Legión. El lugar formaba parte de la línea de fuertes romanos llamados "Limes Arabicus", que defendían las fronteras más remotas de Roma. El enclave se halla 7 km al este de Dhiban y merece una visita, no tanto por las desperdigadas excavaciones, sino por el panorama que ofrece del Wadi Mujib.

Cómo llegar y salir

Como en todos los puntos a lo largo de la carretera del Rey, la forma más fácil de llegar a Umm Ar-Rasas o Lehun es en coche o taxi privado desde Madaba, 32 km al norte. El desvío está claramente indicado, tanto en la carretera del Rey como en la carretera del Desierto (Umm ar-Rasas está a medio camino entre las dos).

Hay unos pocos microbuses directos a Umm Ar-Rasas vía Nitil desde la estación de autobuses locales de Madaba. Otra alternativa es tomar cualquier transporte hacia Dhiban e intentar contratar un taxi (no es sencillo) allí (aprox. 10/18 JOD ida/ida y vuelta, el tiempo de espera incl.). También se puede hacer autostop, si bien la carretera a Umm ar-Rasas no está muy transitada.

Wadi Mujib وادي الموجيب

Extendiéndose a través de Jordania desde la carretera del Desierto hasta el mar Muerto (más de 70 km), este *wadi* recibe el orgulloso nombre de "Gran Cañón de Jordania". Además de su espectacularidad, destaca por ser la frontera histórica entre los amoritas (al norte) y los moabitas (al sur). También se cree que Moisés lo cruzó cuando se llamaba valle del Arnón. La carretera del Rey cruza la cuenca alta del *wadi* mientras que la más baja cae dentro de la Reserva de la Biosfera de Mujib (véase p. 126), normalmente accesible desde la carretera del mar Muerto.

El cañón tiene 1 km de profundidad y 4 km de anchura, pero la carretera del Rey ha de sortear 18 km para descender una pared del *wadi*, atravesar el fondo y subir por la otra cara. Desde los pintorescos olivares de la meseta superior, a ambos lados del *wadi*, nada hace presagiar la sublime grieta que se avecina.

Si se viaja hacia el sur, **Dhiban** es la última población que se atraviesa antes de descender al *wadi*. En su día la poderosa capital de un imperio tallado por el rey Mesha en el s. IX a.C., Dhiban es el lugar donde se descubrió la estela de Mesha, aunque nada queda de la antigua ciudad, por lo que resulta difícil abstraerse en el pasado ilustre de esta (hoy) pequeña población.

Aunque no se tenga la intención de atravesarlo, merece la pena llegar hasta el borde del cañón. Después de Dhiban, la carretera desciende hacia un precioso **mirador** (3 km) con varios puestos de fósiles y de minerales extraídos de las paredes del cañón. Es el punto más fácil para detenerse y absorber las vistas, sacar una foto y dar media vuelta si se pretende regresar a Madaba (no hay otros puntos donde girar después de aquí, hasta llegar al pantano del fondo).

Ariha es la población más cercana del borde sur del cañón, aunque el pueblo se halla unos 2,5 km de la carretera del Rey.

Cómo llegar y salir

En Dhiban paran casi todos los vehículos que se dirigen al sur de Madaba. La única manera de atravesar el poderoso Wadi Mujib desde Dhiban hasta Ariha es alquilar un taxi por 12 JOD por trayecto (y regateando duro). Encontrar un taxi en Ariha es todavía más difícil. La alternativa es hacer autostop, aunque las esperas pueden ser largas.

Ar-Rabba عرابة

Esta sagrada e histórica ciudad fue conquistada consecutivamente por el rey Mesha (s. IX a.C.), Alejandro Magno (mediados del s. IV a.C.) y los nabateos (ss. II a.C.-s. II d.C.). Los griegos la llamaron Areópolis en honor al dios de la guerra, y los romanos ubicaron su gobernación árabe aquí.

En el extremo norte de la ciudad están las escasas **ruinas** (gratis; ⏲luz solar) de un templo romano de finales del s. III d.C. (dos hornacinas contenían estatuas de los emperadores

DÓNDE DORMIR Y COMER EN WADI MUJIB

Entre Madaba y Karak no hay ningún alojamiento ni restaurante excepto un establecimiento en lo alto de la pared sur del Wadi Mujib. Estratégicamente situado, el **Trajan Rest House & Restaurant** (☎079 5903302; trajan_resthouse@yahoo.com; cama en habitación compartida 5 JOD, con desayuno 10 JOD) está encaramado como un nido de águilas al borde del barranco; la mayoría de los visitantes vienen por su restaurante, una gruta cavernosa con objetos beduinos, alfombras y cojines tejidos a mano, largas mesas de caballetes y banquillos. Cada día, el hospitalario propietario, el señor Awad, prepara con su familia un **bufé libre** (10 JOD; ⏲11.30-16.30). Destinado sobre todo a los grupos organizados, el generoso bufé incluye platos locales de albóndigas especiadas y pollo con hierbas. El alojamiento 'de emergencia' está en principio reservado a los que se quedan atascados en su camino y es muy básico, con cortinas en lugar de puertas. Las vistas desde el borde del barranco, en un paseo matutino, son espectaculares.

romanos Diocleciano y Maximiliano) y otras construcciones romanas y bizantinas. Las ruinas no están señalizadas.

El yacimiento es accesible en microbús desde Karak, 16 km al sur, aunque lo mejor es visitarlo haciendo una parada de 15 minutos en el trayecto entre Madaba y Karak.

Karak الكرك

☎03 / 28 000 HAB./ ALT. 1000 M

El antiguo baluarte cruzado de Karak (o Kerak), intramuros del casco antiguo, es uno de los principales puntos de interés de Jordania. El legendario castillo fortificado que asistió a las batallas entre los cruzados o francos y los ejércitos de Saladino (Salah al-Din) domina la población. Aunque ahora es uno de los castillos cruzados más famosos, en su día solo era uno más de entre una larga línea defensiva cruzada que se extendía entre Aqaba, al sur, y Turquía, al norte.

A menudo ignorado por los viajeros que van al sur, a Petra, Karak merece una parada.

Historia

Karak se halla en las antiguas rutas de caravanas entre Egipto y Siria que fueron utilizadas por los griegos y los romanos. La ciudad aparece mencionada varias veces en la Biblia como Kir, Kir de Moab y Kir Hares, capital de los moabitas, y más tarde emerge como la romana Charachmoub. También figura en el famoso mapa mosaico de la iglesia de San Jorge en Madaba.

La llegada de los cruzados otorgó al lugar una nueva prominencia, especialmente después de que Balduino I de Jerusalén construyera un castillo en 1142. A medio camino entre Shobak y Jerusalén, la poderosa posición y el valor estratégico de Karak pronto la convirtieron en la capital del distrito cruzado de Ultra Jordania y en fuente económica de Jerusalén, tanto a través de los impuestos que gravaban a las caravanas como por su productividad agrícola.

Los ejércitos de Saladino conquistaron el castillo en 1183, tras un épico asedio. El sultán mameluco Baybars se apoderó de la fortaleza en 1263 y la reforzó, haciendo más profundo el foso y añadiendo el patio inferior, aunque tres de sus torres se derrumbaron a causa de un seísmo en 1293.

Poco más se sabe del castillo hasta que Jean-Louis Burckhardt (el explorador suizo que redescubrió Petra) pasó por allí en 1812; según sus palabras, un lugar "hecho añicos, pero imponente".

En la década de 1880, las contiendas religiosas obligaron a los cristianos de Karak a huir al norte para repoblar Madaba y Ma'in; la paz solo se restauraría después de que miles de soldados turcos se asentaran en Karak.

Puntos de interés

El agradable pero bullicioso y caótico centro de Karak está marcado por la estatua de Saladino. La plaza que hay al lado de la entrada al castillo ha sido remodelada, y la mayoría de los hoteles y restaurantes turísticos se encuentran en sus aledaños. Qala'a St también es conocida por su nombre en inglés, Castle St (calle del Castillo).

Se recomienda buscar los carteles en las afueras que indican dos miradores al sureste y noroeste de la población, ambos con preciosas vistas del castillo.

Castillo de Karak CASTILLO

(☎2351216; entrada 1 JOD; ⏲8.00-16.00 oct-mar, hasta 19.00 abr-sep) La entrada del castillo de Karak está en el extremo sur de la calle Al Qala'a; paneles informativos dan descripciones detalladas de la historia y función de cada estructura. Se recomienda llevar una linterna para explorar las partes más oscuras, además de tener cuidado con los dinteles de las puertas bajas. El lugar todavía está en reconstrucción y excavación.

Para llegar a la entrada principal, la **puerta de los Otomanos,** hay que atravesar un puente sobre un foso seco. La **puerta de los Cruzados** (antigua entrada) no está abierta al público.

Desde la puerta de los Otomanos, hay que pasar por la taquilla y seguir a la izquierda. Se recomienda resistir la tentación de entrar en el corredor abovedado y, en su lugar, torcer a la izquierda y visitar la **galería de los Cruzados** (establos).

Cerca del extremo opuesto de la galería, unas escaleras bajan hasta la puerta de los Cruzados. Antaño se accedía al castillo por un estrecho y tortuoso pasillo, separado de la galería de los Cruzados por un muro. Este acceso restringido, más defendible, era típico de las fortalezas de los cruzados. En la muralla norte, una **figura tallada** (sin cabeza) representa, según la leyenda local, a Saladino. Sin embargo, según los expertos, data del s. II y posiblemente se trata de una talla funeraria nabatea.

Una pequeña escalera asciende al emplazamiento de la **torre noroeste** (en ruinas), mientras un largo pasadizo conduce, al

LA ESTELA DE MESHA

A lo largo de la carretera del Rey se verán repetidas referencias a la estela de Mesha, pero lo más probable es que el viajero no tenga la oportunidad de descubrir de qué se trata. Aquí se presenta una rápida referencia a este importante elemento.

» **¿Qué es una estela?** Es un antiguo monolito, habitualmente decorado.

» **¿Y la estela de Mesha?** Era un monolito de basalto negro, alto hasta el pecho, con inscripciones grabadas.

» **¿Quién la descubrió?** La encontró un misionero en Dhiban en 1868.

» **¿Por qué era tan famosa?** Proporcionaba detalles históricos sobre las batallas entre los moabitas y los reyes de Israel, y era también la muestra más antigua de escritura hebrea descubierta hasta entonces.

» **¿Quién la construyó?** Fue un encargo del rey Mesha de Moab para proclamar sus éxitos contra Israel.

» **¿Qué sucedió con ella?** Nada más encontrarla, el religioso informó a Charles Clermont-Ganneau en el consulado francés de Jerusalén, quien hizo un molde de la gran losa de basalto negro y regresó a la Ciudad Santa para buscar fondos para comprarla. Durante su ausencia, los locales, en plena discusión sobre quién se beneficiaría de la operación, prendieron un fuego bajo la piedra y echaron agua por encima, lo que hizo que se resquebrajara.

» **¿Dónde está ahora?** Aunque se recuperaron la mayor parte de las piezas, algunas se perdieron para siempre. La estela fue reconstruida en Francia y hoy se conserva en el Museo del Louvre. Los museos de Ammán, Madaba y Karak exhiben copias.

suroeste, a los **barracones de los soldados.** Destacan los pequeños lucernarios, los muros de piedra caliza y paja y unas pocas **inscripciones** bizantinas en las paredes. Al otro lado del pasillo se halla la **cocina,** que alberga grandes piedras redondas para moler aceitunas y enormes lagares para guardar el aceite y el trigo. En un oscuro túnel (solo visible con linterna) hay algunas **inscripciones griegas** de significado incierto. Una puerta en la cocina da al inmenso **horno.**

Si se continúa hacia el suroeste por el pasillo principal, se deja la fresca zona cubierta y se vuelve a la luz. Se recomienda asomarse por el parapeto del **glacis,** la empinada pendiente rocosa que evitaba que los invasores treparan al castillo y que los prisioneros pudieran escaparse. Aquí es donde Reinaldo de Chatillon se deleitaba arrojando a sus enemigos.

A continuación se gira hacia el exuberante **patio superior,** que posee una gran **cisterna,** además de los **aposentos** de los criados, prácticamente sin excavar. En el extremo norte del castillo está la **terraza,** sobre la galería de los Cruzados, con un bello panorama. Por encima del extremo opuesto (sur) se yergue la **Umm al-Thallaja** (Madre de las nieves), la colina que constituía la mayor amenaza para la defensa durante los asedios. Al oeste se halla el pueblo de **Al-Shabiya,** antiguamente llamado Al-Ifranj, ya que muchos francos se instalaron tras la conquista del castillo.

Desde el punto de donde se ha salido del largo pasillo, hay que dirigirse hacia el suroeste. A la izquierda se alza una **torre** y la supuesta **mezquita mameluca,** y a mano derecha, la principal **iglesia cruzada** del castillo, con una **sacristía** abajo, al final de las escaleras de la derecha (norte). Las aspilleras en las paredes de esta sala hacen suponer que antaño formó parte de la muralla exterior del castillo.

Se continua hasta el extremo sur hasta la impresionante **torre del homenaje mameluca,** reconstruida. Por su orientación hacia la Umm al-Thallaja, ostenta las mejores defensas, con muros de 6,5 m de espesor, aspilleras en los cuatro niveles y una sección almenada en la parte superior. La torre fue erigida a partir de 1260 por Baybars.

Desde la torre hay una escalera que baja al **palacio mameluco,** construido por el sultán al-Nasir Muhammad en 1311. La **sala de recepción** al aire libre es una variación del diseño islámico clásico de cuatro *iwanes* o cámaras a un lado del vestíbulo principal; en dos lados hay salas con bóvedas de cañón. La **mezquita,** con un mihrab bien visible

Karak

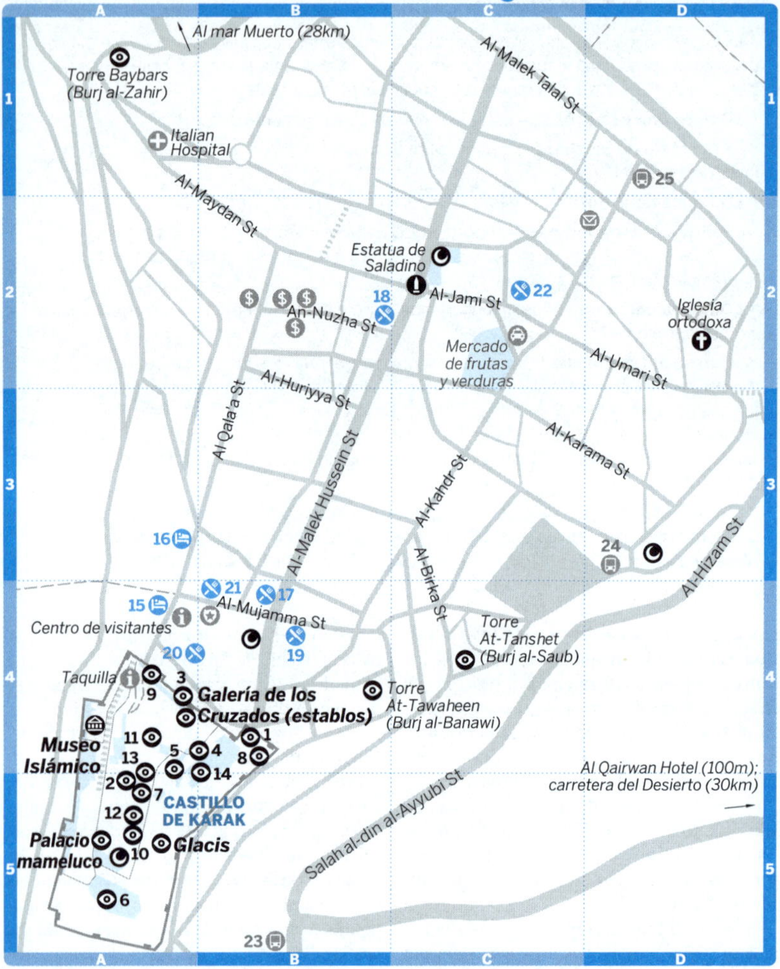

orientado a La Meca, probablemente estaba reservada a los notables.

Se puede hacer una pausa en la parte alta de la escalera para disfrutar de las **vistas** de Wadi Karak y el supuesto enclave de las malogradas Sodoma y Gomorra (véase p. 127). Si se regresa a la iglesia principal de los cruzados, se encontrarán dos corredores. El de la izquierda (este) pasa por delante de siete **celdas** y la **oficina de la cárcel.** El de la derecha (oeste) conduce desde la base de la escalera a la **galería de las Rosetas,** bautizada así en honor de las rosetas de la parte inferior de la escalera.

Los más valientes pueden tomar el tercer pasillo a la izquierda de las escaleras, que discurre hacia el noroeste y atraviesa las entrañas del castillo, más o menos por debajo de la iglesia. Tras doblar a la derecha (norte), se sale a las zonas más iluminadas del magnífico **mercado** subterráneo, con varias **tiendas** y **sótanos.**

En el extremo norte del mercado hay un sendero que regresa a la entrada (y salida); otra alternativa es desviarse bajando la colina hacia las **ruinas mamelucas** y el excelente **Museo Islámico** (8.00 hasta 1 h antes del cierre del castillo).

Karak

Principales puntos de interés

	Galería de los Cruzados (establos)	A4
	Glacis	A5
	Museo Islámico	A4
	Palacio mameluco	A5

Puntos de interés

1	Figura tallada	B4
2	Iglesia cruzada	A5
3	Foso seco	A4
4	Inscripciones griegas	B4
5	Cocina	A4
6	Torre del homenaje mameluca	A5
	Mezquita mameluca	(véase 6)
7	Mercado	A5
8	Torre noroeste	B4
9	Puerta de los Otomanos (entrada principal)	A4
	Horno	(véase 14)
10	Celdas de la cárcel	A5
11	Aposentos	A4
12	Galería de las Rosetas	A5
13	Sacristía	A4
14	Barracones de los soldados	B4

Dónde dormir

15	Karak Rest House	A4
16	Towers Castle Hotel	A3

Dónde comer

17	Al-Fid'a Restaurant	B4
18	Al-Motaz Sweets	B2
19	Supermercado Al-Shubba	B4
20	King's Castle Restaurant	A4
21	King's Restaurant	B4
	Kir Heres Restaurant	(véase 16)
	Shehab Restaurant	(véase 16)
22	Puestos de *shawarma*	C2

Transporte

23	Estación de autobuses	B5
24	Microbuses a Al-Qasr, Ar-Rabbah y Ariha	D3
25	Microbuses a Mu'tah y Mazar	D1

Dónde dormir

Karak Rest House HOTEL $$
(☎2351148; moaweyaf@gmail.com; Al-Qala'a St; i/d incl. desayuno 28/47 JOD) Este hotel con tanto carácter será el alojamiento más práctico donde pasar la noche, justo al lado del castillo. Con fantásticas vistas panorámicas de Wadi Karak desde muchas de sus habitaciones, es un lugar estupendo para tomar un té egipcio bajo la pérgola y observar la animada vida de la calle. El hotel sigue recibiendo cartas de clientes agradecidos.

Al-Mujeb Hotel HOTEL $$
(☎2386090; almujeb_hotel@yahoo.com; King's Highway; i/d/tr incl. desayuno 30/45/55 JOD; ❄) Este extenso hotel de tres plantas acaba de ser renovado. Su heterogénea e interesante clientela le aporta un ambiente singular, especialmente alrededor de la estufa de gas en el vestíbulo, en las frías noches de invierno. Queda a unos 5 km de Karak, junto al cruce de la carretera de Ar-Rabba. En coche propio, conviene quizá aparcar aquí y tomar un taxi (4-5 JOD por trayecto) hasta el centro.

Qairwan Hotel HOTEL-BOUTIQUE $
(☎2396122; fax 2396022; King's Highway; i/d/tr 23/30/38 JOD; suite *jacuzzi* con cocina y 5 camas 44 JOD; ❄📶) También conocido como "Cairwan", este excéntrico hotel regentado por una familia, con su tejado inclinado y acogedoras instalaciones, es la versión local de un hotel-boutique. Cada una de las nueve habitaciones es única, y de original decoración. Sorprendentemente, unas escaleras bajan hasta una discoteca en el sótano. El hotel está a 500 m de la estación de autobuses, en las afueras del núcleo urbano de Karak. El desayuno (4 JOD) no está incluido. El acceso a wifi vale 3 JOD.

Towers Castle Hotel HOTEL $
(☎/fax 2354293; Al-Qala'a St; i/d/tr incl. desayuno 15/25/35 JOD) Cerca del castillo, este simpático hotel económico es un buen lugar de encuentro para los viajeros más jóvenes. No hay que dejarse engañar por la cutre zona de recepción: las habitaciones, con sus motivos florales, están limpias y muchas tienen balcón con vistas del Wadi Karak. Aquí se encontrará también ayuda para seguir el viaje.

Dónde comer

Casi todos los restaurantes están cerca del castillo, en Al-Mujamma St, o cerca de la estatua de Saladino. En las inmediaciones de Al-Jami St se concentran los puestos de *shawarmas*.

Kir Heres Restaurant JORDANA $$
(☎2355595; Al-Qala'a St; principales 5-7 JOD; ⏲9.00-22.00; 🍷) Un escalón por encima del

INDISPENSABLE

CARNICERÍA EN KARAK

Por algún motivo, muchos viajeros hacen el esfuerzo adicional de recorrer la carretera del Rey pero no se paran en Karak. Es una verdadera lástima, puesto que aquí hay uno de los monumentos más interesantes del país, el impresionante castillo cruzado de Karak.

La historia del castillo, construido en 1142, es bastante sombría. Algunos afirman incluso que desde lo alto del parapeto, con el viento en una dirección particular, pueden oír intensos lamentos. Dicen que son los fantasmas de las víctimas de un tal Renauld de Chatillon, un cruzado francés que heredó el castillo al casarse, poco después de su construcción.

De Chatillon, llegado de Francia en 1148, se hizo pronto con el control de las rutas comerciales hacia Egipto y La Meca, afectando así las líneas de abastecimiento de los ejércitos islámicos. Sin embargo, De Chatillon se labró sobre todo una fama por su sadismo. Encerraba a los debilitados soldados en las mazmorras del castillo de Karak, donde disfrutaba torturándolos. Tras contarles lo que les esperaba, los lanzaba desde lo alto hasta el fondo rocoso del *wadi*, 450 m más abajo. Esto era relativamente lo mejor. Lo peor, es que se tomaba la molestia de encerrarles la cabeza en cajas de madera para que no perdieran el conocimiento antes de chocar contra el fondo.

Odiado por Saladino por sus traiciones, De Chatillon fue más tarde ejecutado por el temible guerrero islámico, el único dirigente de los cruzados que encontró este fin. Hoy en día, su inquietante castillo sigue dominando la carretera del Rey, como fascinante testigo de la lucha por Tierra Santa entre cristianos y musulmanes, cuyo eco ha seguido perdurando a través de los siglos.

resto, este restaurante galardonado es todo un hallazgo. El cocinero (y propietario), Saddam, es de Karak y siente pasión por su trabajo, lo que se refleja en la carta. Sirve filetes de avestruz (10 JOD) y platos de pollo preparados con hierbas locales (7 JOD). Los vegetarianos pueden elegir, por ejemplo, entre *haloumi* frito (queso salado; 3,5 JOD) y champiñones con ajo y tomillo (3,1 JOD). Los fines de semana se impone reservar. Además, es el único restaurante local que sirve alcohol. Si se cata el vino blanco dulce (4,25 JOD por copa) en la galería superior a la hora del almuerzo, quizá haya que posponer la visita vespertina al castillo.

King's Restaurant JORDANA **$**
(☎2354293; Al-Mujamma St; *mezze* 2,5 JOD, principales 5 JOD; ⏲8.00-22.00) Enfrente de una zona abierta conocida como Castle Plaza, este restaurante en un bulevar con mesas en la acera atrae a viajeros a todas horas del día y de la noche. Ofrece asados, *pizzas* y sándwiches, además de platos caseros jordanos como *maqlubbeh*.

King's Castle Restaurant BUFÉ **$**
(☎2396070; bufé de almuerzo 10 JOD; ⏲12.00-16.00) Su bufé diario es popular entre los grupos de turistas. Con una terraza agradable, vistas al castillo y más de veinte ensaladas, es fácil entender por qué. Su localización ofrece un impresionante perfil del castillo.

Shehab Restaurant JORDANA **$$**
(☎9513803; Al-Qala'a St; principales 6 JOD; @) Este restaurante ofrece internet y una bebida gratis a los clientes.

Al-Fid'a Restaurant JORDANA **$**
(☎079 5037622; Al-Mujamma St; principales 5 JOD; ⏲8.00-22.00) Otro establecimiento popular con platos típicos a base de pollo, ensaladas y salsas para mojar.

Al-Motaz Sweets PASTELERÍA **$**
(☎2353388; An-Nuzha St; ⏲8.00-22.00) Pastelería árabe de visita obligada para los golosos.

Al-Shubba SUPERMERCADO
(Al-Mujamma St) Permite comprar los víveres necesarios para el siguiente tramo de la carretera del Rey.

De compras

Aunque hay una pequeña selección de recuerdos en la zona del castillo, para hacerse una idea de cómo gasta el dinero la gente de Karak se puede recorrer Al-Malak Hussein St, que va desde la plaza del Castillo a la estatua de Saladino, con sastres cosiendo pieles artificiales; cazadoras de piel y jerséis de lana ondeando al viento; vendedores ataviados con turbantes y zapatos sin talón; ramilletes de cilantro colgados de las carnicerías; hinojo, nabos y zanahorias listas para la cesta del picnic; y, por último, hierbas locales en bolsas de tela colgadas en el exterior de tiendas de especias y café. Hay incluso un pequeño zoco de oro que vende, sobre todo, plata.

Información

En An-Nuzha St, una manzana al sur de la rotonda de Saladino, hay al menos cuatro bancos que canjean dinero; la mayoría tiene cajero compatible para Visa y MasterCard.

Italian Hospital (Al-Maydan St)
Oficina de correos (Al-Khadr St) En la parte baja (norte) de la ciudad.
Policía turística (☎191; Al Qala'a St)
Centro de visitantes (☎2354263; Al Qala'a St; ⏲8.00-16.00 sa-ju)

Cómo llegar y salir

Resulta difícil, aunque no imposible, llegar a Karak en transporte público desde la carretera del Desierto. La estación principal de autobuses se halla fuera de la población, al pie de la colina, junto al cruce de la carretera del Rey. Para quienes conduzcan, hay una carretera muy bonita (ruta 50) que baja de Karak al mar Muerto (véase p. 118).

Autobús y microbús

Desde la estación principal hay varios autobuses directos cada día hasta la estación sur de Ammán (1,65 JOD, 2 h aprox.) por la carretera del Desierto. También hay microbuses que circulan cada hora por la carretera del Rey, de Karak a Tafila (950 fils, 1 h), el mejor lugar para las conexiones hacia Qadsiyya (y la Reserva de la Biosfera de Dana) y Shobak. En cuanto a Wadi Musa (para ir a Petra), hay que tomar un microbús a Ma'an (2,2 JOD, 2 h, diario aprox. a las 13.00) y allí hacer transbordo. Como alternativa, hay microbuses a Tafila, Shobak y de allí a Wadi Musa.

Los autobuses a Aqaba (2,700 JOD, 3 h) salen por la mañana y transitan la carretera del mar Muerto unas cuatro veces diarias. Por la tarde, es mejor tomar el autobús de Ammán a Qatrana en la carretera del Desierto y cambiar a otro que vaya al sur, a Aqaba.

Hay paradas de microbús más pequeñas por todo Karak para destinos como Safi (800 fils) y Mazra'a (600 fils), en la carretera del mar Muerto; hacia el sur, por la carretera del Rey, hasta Mu'tah (400 fils) y Mazar (400 fils); y hacia el norte, hasta Al-Qasr, Ar-Rabba y Ariha.

Taxi

Desde Ammán se puede ir a Karak por la carretera del Desierto por unos 45 JOD la ida. Desde Ammán, vía la carretera del Rey y con paradas en Madaba y Wadi Mujib, el trayecto cuesta como mínimo 75 JOD.

Desde Karak, las tarifas aprox. de taxi son: a Ammám o Madaba (45 JOD), a Dana (40 JOD) y a Petra (60 JOD).

Cómo desplazarse

Resulta fácil recorrer a pie la ciudad vieja de Karak, aunque cuenta con un irritante sistema de calles de sentido único. En coche propio, conviene aparcar en las afueras y tomar un taxi.

Khirbet Tannour خربة التنور

En dirección sur desde Karak, la carretera del Rey desciende lentamente desde una inquietante ladera volcánica negra al impresionante pero árido Wadi Hasa (el bíblico valle de Zered).

La carretera rodea una presa sobre la que se alza una pequeña colina de forma cónica. Un camino que sale a la derecha de la carretera supone una empinada caminata de 15 minutos hasta lo alto de la colina, donde pueden verse las ruinas abandonadas de un templo nabateo de 2000 años de antigüedad: **Khirbet Tannour** (gratis; ⏲en las horas de luz solar). La famosa estatua de Nike que se encontró en el lugar está en EE UU, en Cincinnati (el Museo Arqueológico de Ammán tiene una réplica). También proviene de aquí la estatua de la diosa Atargatis que puede verse en el Museo Arqueológico de Ammán (esta sí, la original).

Solo se puede llegar en transporte privado. El desvío está 36 km al sur de la ciudad de Karak, en lo alto de la colina; a sus pies, puede verse un pantano. Está señalizado como "AT TA NO I QUI ES SI", lo cual no es una inscripción en latín, sino la versión lastrada de "At-Tannour Antiquities Site" (Antiguo Asentamiento de At-Tannour). La carretera de acceso de 1,5 km tiene muchos baches, pero se puede aparcar fácilmente sin estorbar y subir a pie hasta la torre de comunicaciones, desde donde es fácil seguir el sendero hasta lo alto de la colina.

Hammamat Burbita y Hammamat Afra

حمامات بربيتا & حمامات عفرا

Hammamat Burbita (o Burbayta) y Hammamat Afra son dos manantiales termales cerca de Wadi Hasa. Las instalaciones en **Hammamat Afra** (7 JOD por persona) incluyen piscinas privadas para hombres y mujeres, vestidores y zonas de *picnic*. Los fines de semana es un sitio muy popular entre los lugareños, y hay pocas posibilidades de escapar de la muchedumbre, pues los guardas prohíben la salida para explorar el *wadi* corriente arriba. Las mujeres que viajen solas pueden sentirse algo incómodas.

Los dos manantiales están indicados unos 23 km al norte de Tafila. Desde el desvío hay unos 13 km a Burbita, un oasis verde en la base de un *wadi* con una pequeña piscina de roca poco atractiva. La carretera continúa otros 5 km hasta una verja donde hay que pagar la entrada y mostrar el pasaporte antes de completar el último kilómetro hasta Hammamat Afra, más pintoresco.

No hay transporte público hasta los baños, pero, con automóvil, está bien indicado. Un taxi de Tafila a Afra cuesta aprox. 25 JOD ida y vuelta, incluido el tiempo de espera.

Tafila الطفيلة

03 / 85 600 HAB./ ALT. 1050 M

Envuelta en un wadi de escarpadas paredes, Tafila (también escrito Tafileh) es una bulliciosa población mercantil y un nudo de transportes. Aparte de esto, y del decrépito exterior de un **castillo cruzado** en ruinas (cerrado al público), no tiene mayor interés. En Tafila, uno de los emisarios de Mahoma fue decapitado, lo que provocó la conquista militar de los ejércitos islámicos en el 632.

El único motivo para venir hasta aquí es para cambiar de microbús. Salen casi cada hora de Karak (1 JOD, 1 h), y atraviesan el evocador paisaje desértico de Wadi Hasa. También hay microbuses directos a/desde la estación Wahadat de Ammán (2,5 JOD, 2½ h) vía la carretera del Desierto; a/desde Aqaba (1,8 JOD, 2½ h) vía la carretera del mar Muerto; a/desde Ma'an (1,3 JOD, 1 h) vía la carretera del Desierto; y a/desde Shobak (1,2 JOD, 1 h) y Qadsiyya (para la Reserva de la Biosfera de Dana, 1 JD, 30 min) vía la carretera del Rey.

Reserva de la Biosfera de Dana محمية دانا الطبيعية

03 / ALT. 1250 M

La **Reserva de la Biosfera de Dana** (adultos/estudiantes 8,12/4,06 JOD; gratis para los huéspedes del alojamiento RSCN) es una de las joyas ocultas de Jordania. El foco de la reserva es la encantadora aldea de piedra del s. XIV de **Dana,** colgada bajo la carretera del Rey, en un precipicio con excepcionales vistas del valle, que se abre debajo.

Esta reserva es la más grande de Jordania, e incluye hábitats muy diferentes, desde precipicios de piedra caliza de más de 1700 m de altura cerca de Dana hasta el punto más bajo, a 50 m bajo el nivel del mar, en el Wadi Araba. Protegidos entre las escarpaduras de roca roja, hay valles que acogen un ecosistema sorprendentemente diverso. Unas seiscientas especies de plantas (desde cítricos a enebros, acacias del desierto y palmeras datileras) crecen en la reserva, además de 180 de aves. La reserva también da cobijo a más de cuarenta y cinco especies de mamíferos (25 de ellas amenazadas), incluidas el caracal, el íbice, la gacela de montaña, el gato del desierto, el zorro rojo y el lobo.

Las mejores épocas para visitar Dana son la primavera, con las laderas llenas de flores silvestres, y el otoño, cuando el follaje rojizo es menos denso y resulta más fácil ver animales. El invierno puede resultar muy frío, y algunas de las rutas están cerradas; por su parte, el verano es demasiado abrasador en las partes bajas de la reserva.

Historia

El pueblo de Dana data del período otomano, pero fue abandonado en gran parte hace menos de una generación, cuando sus habitantes se mudaron a la cercana Qadsiyya en busca de trabajo. Cultivados por la escasa población restante, los bancales vecinos, donde antaño crecían pistachos, almendros, nogales, granados, limoneros y manzanos, están volviendo lentamente a su estado natural. El pueblo muestra indicios de brotes verdes, gracias a los persistentes esfuerzos de la RSCN y su promoción turística.

Unas 50 familias beduinas transitan por las zonas más bajas de la reserva. Su ganado solo puede pastar en el valle de Dana en ciertas épocas del año, una medida destinada a permitir que la vegetación se recupere.

La Real Sociedad para la Conservación de la Naturaleza (RSCN) asumió el control de la reserva en 1993 en un intento de promocionar el ecoturismo, proteger la vida salvaje y mejorar la vida de los lugareños a través de un proyecto integrado. La reserva da empleo directo o indirecto a los habitantes de los pueblos cercanos, y los beneficios del turismo contribuyen al sustento de numerosas familias fuera de la reserva, además de la educación medioambiental en las escuelas locales. Los lugareños también elaboran productos locales de calidad (hortalizas de cultivo orgánico, conservas de fruta, jabones de aceite de oliva, velas y joyas de plata) que la RSCN vende por todo el país. Así, los objetos de cuero y las velas hechas a mano por las mujeres beduinas locales en el Feynan Ecolodge les proporcionan un grado de independencia económica y son un incentivo para que abandonen el pastoreo, tan perjudicial para este frágil ecosistema.

Dana es única por sus cuatro ecosistemas, desde altitudes de 1700 m hasta -50 m, englobados en un espacio muy compacto. Por este motivo tiene ahora la calificación oficial de “reserva de la biosfera”.

Actividades

Excursionismo

La reserva pide a gritos ser explorada a pie. Solo adentrándose en ella se siente la singular belleza del terreno y se tiene la oportunidad de encontrarse con su diversa fauna.

El centro de visitantes facilita información sobre las diferentes **caminatas**, en su mayoría guiadas. Para partir desde Al-Barra hay que hacer un trayecto corto en automóvil hasta la cabecera (la RSCN cobra 11,6 JOD por el traslado). Entre las principales rutas se incluyen las siguientes.

RUTAS FÁCILES

Rummana Campground Trail CAMINATA

(1-2 h, por cuenta propia; ⏲15 mar-31 oct) Esta espectacular caminata sigue el estriado borde de los cañones del Wadi Dana trazando círculos entre los árboles y las formaciones rocosas que rodean la zona de acampada. No hay que perderse los buitres leonados que sobrevuelan en círculos las torretas de piedra, las agamas turquesas (especie de lagarto) que se calientan sobre las piedras, los escarabajos joya y, con mucha suerte, un íbice al amanecer entre las escarpaduras de los cañones vecinos.

Wadi Dana Trail CAMINATA

(16 km, 6 h, por cuenta propia; ⏲todo el año) A pesar de tratarse del itinerario más popular, es muy probable que no se encuentre a nadie más. La ruta es fácil de seguir; transcurre parcialmente por una carretera en desuso y luego a través de senderos de pastos beduinos. Aunque no hay que trepar, incluye un descenso de una hora al inicio que puede ser duro para los dedos de los pies, las pantorrillas y las rodillas. No es posible hacerla en ambos sentidos en un día a menos que se esté en una forma excelente. Se puede pasar la noche en el Feynan Ecolodge, en la parte baja de la caminata, o contratar un automóvil con la oficina de RSCN (46 JOD) para regresar a Dana vía Tafila (2½ h) o Shobak (2¾ h). Más detalles en el recuadro (p. 160).

RUTAS MODERADAS

Rummana Mountain Trail CAMINATA

(2,5 km, 1-2 h, por cuenta propia; ⏲15 mar-31 oct) Desde la zona de acampada de Rummana hasta el cercano pico de Rummama (Granada), esta ruta brinda unas vistas preciosas sobre el Wadi Araba.

Nawatef Trail CAMINATA

(2,5 km, 2½ h, con guía; ⏲todo el año) Esta preciosa caminata corta va desde Al-Barra hasta los exuberantes manantiales y ruinas nabateas de Nawatef; de regreso a Dana hay una fuerte subida.

White Dome Trail CAMINATA

(8 km, 3 h, con guía; ⏲15 mar-31 oct) Pasa por impresionantes escarpaduras del *wadi* en las inmediaciones de la zona de acampada de Rummana, atraviesa los bellos jardines en bancales de la aldea de Dana y discurre entre vegetación alta hasta la Dana Guesthouse.

RUTAS DIFÍCILES

Fida Canyon Trail CAMINATA

(2,5 km, 2 h, con guía; ⏲todo el año) Esta ruta corta pero exigente va de Al-Barra a Shaq alReesh no es apta para pusilánimes.

Hammam Al-Dathnah Trail CAMINATA

(17 km, 9 h, con guía; ⏲todo el año) Es una ruta espectacular pero muy difícil que lleva desde Al-Nawatef, a través de los valles de Hamra y Palm Tree hasta el Feynan Ecolodge.

Al-Ghuweir Trail CAMINATA

(16 km, 6-7h, con guía; ⏲todo el año) Esta agotadora ruta transcurre por el lecho de ríos y a través de un *siq* y un valle de palmeras hasta llegar al Feynan Ecolodge. Hay que evitarla si se pronostican lluvias o ya ha llovido, por las crecidas repentinas. El transporte hasta el punto de partida de esta ruta vale 25 JOD.

MERECE LA PENA

ANTIGUA DANA

Es algo mágico toparse con un montón de escombros y darse cuenta de que son vestigios de una industria, no de una revolución industrial cualquiera, sino de las actividades de comunidades de hace 6000 años.

En la reserva de Dana hay casi un centenar de yacimientos arqueológicos. Las ruinas de **Khirbet Feynan,** en la entrada de Wadi Feynan y Wadi Ghuweir, son de especial interés: las minas de cobre de 6000 años fueron antaño las fundiciones de metal más grandes de Oriente Próximo, y aparecen en la Biblia. Más tarde, los romanos explotaron las minas mediante esclavos cristianos.

Se pueden explorar los escombros metálicos de las minas principales en Umm al-Amad, junto con las ruinas de tres iglesias y una torre romana, en una fascinante excursión de 13 km desde el Feynan Ecolodge o mediante el más corto **Feynan Ecolodge Copper Mine Tour** (1-2 h, con guía; cerrado jul y ago) que incluye yacimientos de la Edad del Hierro. Hará mucho calor durante el trayecto casi todo el año, por lo que es esencial llevar agua y sombrero.

Los montes de Dana todavía contienen cobre, pero a pesar de las presiones de las empresas mineras, el gobierno jordano ha aceptado prohibir su actividad en la reserva. Una fábrica de cemento en expansión al borde de la reserva es la incursión más cercana permitida en este refugio natural.

Además de las rutas señaladas, hay una excursión de dos días al Feynan Ecolodge, vía Wadi Ghuweir, pernoctando en el hotel y regresando por Wadi Dana. Los hoteles en Dana pueden organizar caminatas más largas hasta Shobak (2 días), pasando por los *wadis* de Feynan y Ghuweir y el pueblo de Mansourah, y hasta Petra (4 días).

Al-Nawatef Camp organiza varias excursiones excelentes con guía por Wadi Ghuweir y Wadi Hamra. Hay que preguntar por el Ali's Walk, una caminata de tres días hasta Petra (180-200 JOD por persona, 6 personas como mínimo), que incluye guía, pertrechos para la acampada, todas las comidas y transporte del equipaje.

Ciclismo

Una **ruta de bicicleta de montaña** (guía posible) ofrece la oportunidad de explorar el parque sobre dos ruedas: una salida de 4 h vale 18/29 JOD sin/con guía; una jornada entera 29/47 JOD sin/con guía). La ruta sale del Feynan Ecolodge y recorre pistas de gravilla que pasan por el yacimiento arqueológico de Khirbet Feynan, para terminar en los pueblos de Rashaydeh y Greigra. Se puede parar en el camino para pasear o tomar un té con los beduinos. **Feynan Ecolodge** (079 9599507; rkhawaldeh@rscn.org.jo) cuenta con 10 bicicletas disponibles; el encargado de turismo del establecimiento ofrecerá más detalles. Cerrada en julio y agosto.

Dónde dormir y comer

La RSCN opera con tres excelentes alojamientos, todos ellos a reservar con antelación en el **Wild Jordan Centre** (4616523; www.rscn.org.jo; Othman Bin Affan St, centro) en Ammán. Además, hay tras hoteles económicos privados en el pueblo de Dana. Todos organizan el transporte y las excursiones, pero hay que asegurarse de que la entrada a la reserva está pagada, puesto que es ilegal recorrerla sin este requisito. Además, el dinero del turismo es la principal esperanza para la supervivencia de la reserva a largo plazo. No se permite acampar en la reserva, excepto en el Rummana Campground.

Dana Guest House ECOLODGE $$
(2270497; dhana@rscn.org.jo; i/d/tr/c con baño compartido incl. desayuno 55/70/85/100 JOD, d con baño privado 80 JOD) Con vistas panorámicas sobre la reserva, una buena chimenea en invierno, entusiastas guardas del parque y una colección de viajeros de gustos similares, este ecolodge está a la altura de su reputación. Gestionado por la RSCN, se halla en una ladera, con la terraza y el comedor en la planta baja y las minimalistas habitaciones, con paredes de piedra, en la planta inferior. A excepción de las dos individuales, todas tienen un balcón en el que estremecerse al amanecer antes de deslizarse de nuevo en la cama hasta la hora del desayuno. Las placas solares proporcionan calefacción y agua caliente. El desayuno, una selección de ensaladas frescas,

queso local, *labneh* y *halva*, así como la cena (11 JOD) se comparten en largas mesas sobre caballetes.

Rummana Campground *CAMPING* **$$**
(i/d/tr/c tienda incl. desayuno y entrada al parque 44/54/64/74 JOD; ⏲15 mar-31 oct) Ubicación, ubicación y ubicación, eso es lo que ofrece esta maravillosa zona de acampada de la RSCN. El precio puede parecer alto si se consideran las instalaciones, pero al levantarse al son de la abundante fauna de Dana se entiende por qué hay que reservar con antelación en temporada alta. Con fantásticas rutas a un paso de las tiendas, el viajero puede despertar de sus sueños y adentrarse entre la bruma cuando esta comienza a levantarse en el valle. Las tiendas tienen colchón, abundante ropa de cama y lámparas de queroseno, y hay un bloque con duchas de agua fría y jabón local de aceite de oliva. La cena (11 JOD) y el desayuno (incl.) incluyen generosas raciones de especialidades jordanas recién preparadas. Se puede llegar en automóvil (véase p. 159) o a pie (3 h) desde el pueblo de Dana (p. 156). Es posible llevar la comida (hay barbacoas) y el combustible. Los estudiantes tienen un 20% de descuento.

Feynan Ecolodge ECOLODGE **$$**
(☎2270497; www.feynan.com; Wadi Feynan; i/d incl. desayuno y entrada al parque 85/95 JOD; ⏲ 1 sep-30 jun; ❄✎) Este *ecolodge* excepcional, propiedad de la RSCN pero de gestión privada, solo tiene acceso a pie desde Dana o en 4 por 4 desde la carretera del mar Muerto. Más información en el recuadro (p. 125).

Dana Tower Hotel PENSIÓN **$**
(☎079 5688853; dana_tower2@hotmail.com; i/d/tr con baño compartido 5/10/12 JOD, acampar en la azotea en verano 2 JOD) Este peculiar conjunto de habitaciones, salas de estar y pequeños patios verdes tiene un encanto especial, con un *majlis* repleto de objetos diversos que incluyen rosas de plástico, botellas de *sheesha* y juegos de *backgammon*. Con nombres como "Alfombra voladora" y "Atardecer real", las pequeñas habitaciones tienen mucho éxito entre los mochileros jóvenes pero no calefacción. Ofrecen té gratis, lavadora, duchas con agua caliente compartidas y una zona para relajarse en la azotea. A petición, se sirven almuerzos y cenas de 22 platos que incluyen pollo, ensaladas y salsas (5 JOD). La pensión ofrece transporte gratuito a/desde la carretera, y transporte a buen precio para seguir el viaje.

Al-Nawatef Camp *CAMPING* **$**
(☎2270413, 079 6392079; nawatefcamp@hotmail.com; media pensión 15 JOD) Si los alojamientos de Dana están llenos, se puede probar en este *camping* privado. Encaramado al borde de un *wadi*, está fantásticamente situado. El camping cuenta con un sencillo módulo para las duchas compartidas, bungalós de pelo de cabra con camas y mantas (pero sin sábanas) y balcones con vistas excepcionales. En primavera, el campamento aparece rodeado de lirios negros. Sirven té y café durante todo el día, preparan deliciosas cenas en un horno excavado en el suelo y ofrecen transporte gratis a la aldea de Dana. Se puede plantar la tienda por 5 JOD y encargar la cena (5 JOD) o el desayuno (2 JOD). El campamento está señalizado a 2 km de la carretera del Rey, 5 km al sur del desvío hacia Dana en Qadsiyya. El propietario puede pasar a recoger en la carretera principal y ayudar a planificar la continuación del viaje con autobuses locales (trasladando al huésped hasta el cruce correspondiente).

Dana Hotel HOTEL **$**
(☎2270537, 079 5597307; www.danavillage.piczo.com; i/d JD12/20) Este sobrio hotel de 17 habitaciones en el pueblo de Dana está regentado por la cooperativa Sons of Dana, que asiste con programas sociales a unos 150 residentes locales. Es el hotel más antiguo de Dana y las habitaciones son espartanas, con camas de metal. Dicho esto, es un establecimiento simpático, y reconforta saber que se apoya un valioso proyecto de autoayuda. Las comidas, que se sirven en un espacioso comedor, provisto de majlis y un lavabo en la primera planta, cuestan 5 JOD.

Dana Moon Hotel PENSIÓN **$**
(☎079 7533581; dana.moonhotel@hotmail.com; media pensión 15 JOD por persona) Las habitaciones sencillas con cuarto de baño compartido caracterizan esta pensión, con el atractivo añadido de un *majlis* bajo los pinos. Este recién llegado entre los alojamientos de Dana necesita más tiempo para consolidarse. Está prevista la apertura de un restaurante.

ℹ Información

El **centro de visitantes** (☎2270497; dhana@rscn.org.jo; www.rscn.org.jo; ⏲8.00-15.00) en el complejo del pueblo de Dana incluye una **tienda de la RSCN,** exposiciones sobre fauna y

DE PRIMERA MANO

MALIK AL-NANAH: ECOGUÍA EN DANA

Licenciado en biología por la Universidad de Ma'an, Malik Al-Nanah conoce y ama a los residentes de la reserva, como el ave llamado avión isabelino, que anida junto al lodge, una adecuada metáfora de la relación entre los humanos y la naturaleza que se cultiva aquí.

¿Cuál es su momento del año favorito? ¡Todo el año! En verano, llegan las aves de paso, los cielos están nublados y las puestas de sol son fantásticas. Se pueden ver hasta cuarenta buitres leonados y búhos de orejas cortas.

¿Y su encuentro más excitante con la fauna salvaje? He visto lobos, linces y víboras cornudas, todas ellas especies raras. Pero lo mejor ha sido probablemente ver una familia de íbices, a las 5 de la madrugada.

¿Qué papel desempeña la comunidad? La filosofía básica de la RSCN es proteger la naturaleza mediante el apoyo a la población local, ofreciendo empleos, el uso de los recursos y los talleres para niños.

¿Algún visitante famoso? Sí, la familia real se ha alojado aquí, en la habitación nº 9, y el rey también nos manda sus invitados.

¿Por qué venir de visita? Aire limpio, despertares tempranos, avistamientos de animales y cantos de las aves: en resumidas cuentas, descubrir el verdadero sentido de la naturaleza.

¿Y si no se consigue llegar hasta Dana? Se puede visitar el Wild Jordan Centre de la RSCN en Ammán; ¡hemos llevado la naturaleza a la ciudad!

flora, talleres de artesanías (cierran a las 15.30) y un centro de secado para la comida de origen orgánico. También es el mejor lugar para informarse sobre la reserva y sus rutas de senderismo, y para conseguir un guía. Los encargados del centro son entusiastas, amistosos y bien informados, y muestran un evidente compromiso por la causa.

El pequeño y maravilloso **museo** (centro de visitantes) se merece una ojeada; ilustra la variada fauna y flora en distintos hábitats: a 1500 m, en la carretera del Rey; a 1100 m, en el pueblo de Dana, y 50 m bajo el nivel del mar en Wadi Araba. También explica los peculiares retos a los que se enfrenta el ecosistema en una reserva que registra 350 mm de lluvia al año en la cumbre de las montañas, y tórridas temperaturas del desierto y 10 mm de lluvia al año al nivel del mar.

Hay guías disponibles (obligatorios en algunas rutas de excursionismo y ciclismo) que darán una visión más profunda de la reserva. Su coste es de 10 JOD por persona (4 mínimo) en salidas de hasta dos horas; 13 JOD para las de 3-4 horas, 16 JOD para las de 5-6 horas. Un guía para toda la jornada (10 personas como mínimo) costará 16 JOD por persona.

En *Datos prácticos* (p. 322) se informa sobre las posibilidades de voluntariado.

ℹ Cómo llegar y salir

El modo más sencillo de llegar a Dana en transporte público es desde Tafila. Hay microbuses aproximadamente cada hora entre Tafila y Qadsiyya (1 JOD, 30 min). El desvío hacia el pueblo de Dana está 1 km al norte de Qadsiyya; desde allí queda una caminata por una empinada cuesta abajo de 2,8 km hasta el pueblo de Dana (no hay autobús). Una alternativa es alquilar un automóvil con un lugareño de Qadsiyya por 4 JOD. Al salir de Dana, se puede pedir transporte en los hoteles para no tener que regresar por la empinada cuesta. Hay 3 autobuses diarios a Ammán (3 JOD, 3 h); el primero sale de Qadsiyya entre las 6.00 y 7.00.

El taxi desde Karak hasta Dana rondará los 25-30 JOD solo la ida. El Dana Tower Hotel recoge a los huéspedes gratis desde Qadsiyya si avisan con antelación. El taxi a Petra vale 36 JOD, o 12 JOD el taxi compartido desde el hotel. El Dana Tower Hotel también organiza un autobús desde la estación sur de Ammán por 5 JOD si se reserva con antelación en el hotel.

Para quienes conduzcan desde Tafila o Karak, el primer desvío a la derecha lleva a la zona de acampada de Rummana. Unos kilómetros más allá del desvío se recomienda aparcar a un lado de la carretera, en un hueco entre los pinos. El desvío a la Reserva de la Biosfera de Dana está señalizado justo antes del pueblo de Qadsiyya. Conviene saber que hay un descenso muy pronunciado: mejor utilizar una marcha corta que recurrir a los frenos.

Para llegar a la zona de acampada de Rummana desde el pueblo de Dana, hay que recorrer 4,5 km al norte de Qadsiyya, vía la carretera del Rey, y girar a la izquierda en la señal. El lugar queda a 6 km por una carretera parcialmente compartida por el tráfico de una fábrica de cemento. La RSCN puede organizar el transporte desde el pueblo de Dana por 10,5 JOD (1-4 personas).

Castillo de Shobak شوبك

☎03

Encaramado sobre un paraje salvaje y remoto, este **castillo** (gratis; ⏲en las horas de luz solar) cautiva incluso a los viajeros más saturados de fortalezas, y a pesar de estar menos completo que sus parientes de Karak. Llamado antes Mons Realis (Mont Real, o Montreal), fue construido por el rey cruzado Balduino I en 1115. El lugar repelió numerosos ataques de los ejércitos de Saladino antes de ser conquistado en 1189, un año después de Karak, tras dieciocho meses de asedio. En el s. XIV lo ocuparon los mamelucos, que edificaron sobre muchos de los edificios preexistentes.

Erigido en un pequeño montículo al borde de una meseta, el castillo resulta especialmente imponente visto de lejos. Se están realizando trabajos de restauración que, con suerte, incluirán algunos paneles explicativos. Entre tanto, el conserje muestra el recinto a los visitantes por unos 1-2 JOD. Se debe llevar una linterna para los numerosos rincones oscuros.

Al subir desde la entrada, se distinguen varios **pozos** a mano izquierda. Poco después, abajo a la izquierda, aparece la **iglesia,** reconstruida, una de las dos del castillo, con un elegante ábside sostenido por dos salas más pequeñas. La sala que se extiende al oeste era el **baptisterio;** en su pared norte hay vestigios de conductos para el agua que procedían de arriba.

De regreso al camino principal y a la izquierda, tras pasar bajo los arcos, una puerta conduce al extenso **mercado.** Se tuerce a la izquierda y se descienden 375 escalones para adentrarse en un increíble **pasadizo secreto** que conduce a un manantial subterráneo, para volver a la superficie a través de una escalera por el exterior del castillo, junto a la carretera de Shobak. Se recomienda andar con cuidado, utilizar una linterna y no entrar si se tiene claustrofobia. Una alternativa es recorrer 50 m tras pasar el túnel para encontrarse con un edificio grande de dos plantas con arcos; construido por los cruzados, fue adaptado por los mamelucos como **escuela.**

En el extremo norte del castillo se levanta la semicircular **torre del homenaje,** con cuatro aspilleras. Afuera, unos oscuros escalones descienden hasta la **cárcel.** Hacia la esquina noreste del castillo, se descubren unas **inscripciones coránicas** que posiblemente datan de la época de Saladino, talladas en caligrafía cúfica alrededor del contorno de la torre. Si se continua hacia el sur a lo largo del perímetro oriental se pasa junto a la entrada que da al **patio de Balduino I,** parcialmente reconstruido. El patio fue más tarde una **escuela mameluca.**

Más hacia el sur (dejando los **baños** a mano derecha), a la izquierda hay una **atalaya mameluca** reconstruida. Poco después de pasar la torre se alza la segunda **iglesia.** En una sala a la izquierda según se entra en el templo, hay una talla erosionada de una **cruz de los cruzados** sobre una puerta en el muro este. Los arcos de la iglesia son una reconstrucción.

Bajo la iglesia, las **catacumbas** cobijan algunas lápidas islámicas, varias tallas cristianas, grandes rocas esféricas para las catapultas y el supuesto trono de Saladino, muy sencillo. Desde ellas, el sendero lleva hasta la puerta de entrada.

El nuevo **centro de visitantes** (⏲9.00-17.00 nov-mar, a 19.00 abr-oct) dispone de unas instalaciones limitadas (no hay teléfono). El guarda puede preparar un café turco en el atractivo patio con excelentes vistas del castillo.

Dónde dormir y comer

Hay pocos alojamientos en el pueblo de Shobak (conocido como Musallath); todas las opciones tienen buenas vistas del castillo.

Montréal Hotel HOTEL $

(☎077 6951714; www.jhrc.jo; h JD20, suites 38 JOD; 📶) Este nuevo hotel, con una vista espectacular del castillo, cuenta con algunos elementos muy atractivos, como una elegante sala de estar alrededor de una estufa de gas. Las habitaciones son sencillas pero confortables. El hotel apuesta por la sostenibilidad, con paneles solares para la electricidad y el agua

UN PASEO POR EL PARQUE

Una de las rutas más populares de Dana es la "caminata fácil" de 14 km del Wadi Dana desde Dana a Feinan Lodge. Pese a ser cuesta abajo, no es tan fácil como parece. Se recomienda partir después de almorzar para llegar a la parte más cálida de la excursión a la hora más fresca del día. No hay que olvidar el sombrero ni la suficiente agua. El regreso a Dana (parte en todoterreno) lleva tres horas.

Lo negativo:

» Descenso inicial interminable por un camino muy accidentado que hace pensar en unos calcetines más gruesos.

» Calor abrasador y poca sombra (durante la primera hora solo hay un árbol).

» Falta de tiempo para charlar con los beduinos (también irían bien algunos billetes de 1 JOD para té).

» El final del *wadi* no está donde se cree.

» Ser adelantados por una animada pareja mayor montada en un burro que dice "*Funduq* (hotel): solo cinco minutos", cuando se está a una hora del Feynan.

» Las comidas sin carne ni cerveza en el Feynan Ecolodge, exclusivamente vegetariano.

Lo positivo:

» Un lagarto al sol entre las cenizas de una fogata apagada.

» Una cresta de cabras colocada en el objetivo de la cámara por un hábil pastor.

» Adelfas rosadas ondeando como una bandera por todo el lecho del *wadi*.

» Jardines secretos de juncos, adelfas y árboles de amplias copas.

» Una carrera de lugareños descalzos.

» Un magnífico sinai agama (lagarto) de color turquesa.

» La susodicha pareja regresando en el burro de "*Funduq* (hotel): solo cinco minutos".

» El agua fresca deliciosa y la fantástica comida vegetariana en el Feynan Ecolodge

¿Vale pues la pena? ¡Sin duda! Incluso en temporada alta, cabe la posibilidad de ser los únicos visitantes. Cualquiera que haya hecho una excursión importante en un destino popular sabrá el regalo que eso supone.

caliente. El desayuno vale 5 JOD y se puede encargar la cena.

Jaya Tourist Camp *CAMPING* $

(☎079 5958958; jayatouristcamp.yolasite.com; 20 JOD) Con 15 tiendas en un lugar elevado y tranquilo, enfrente del castillo, este acogedor terreno de acampada tiene duchas limpias y tiendas beduinas de pelo de cabra para relajarse. Organizan distintas excursiones, como las del Feynan Ecolodge o Pequeña Petra (30 JOD al día por un guía) y pueden encargarse del transporte del equipaje (70 JOD/día). Para comprender mejor el estilo de vida nómada, se puede visitar una familia beduina (5 JOD; 30 JOD con pernoctación). Para llegar al campamento, hay que seguir las señales desde la carretera del Rey. El camino pasa por el Montréal Hotel y termina en el campamento al cabo de 1 km.

Showbak Camp & Caves Zaman Motel PENSIÓN $

(☎077 7996834; showbakcavehotel@yahoo.com; incl. desayuno 12 JOD por persona) La estancia en las cuevas acondicionadas al pie del castillo será toda una experiencia. Las cuevas han pertenecido a la familia del propietario desde hace generaciones; poco profundas, están iluminadas con luz eléctrica y de momento solo cuentan con finas cortinas, aunque está prevista la instalación de puertas para proteger la intimidad. Los cuartos de baño compartidos tienen agua caliente y se puede encargar cena por 13 JOD. Cálidas en invierno y frescas en verano, las cuevas permiten hacerse una idea de cómo era la vida en tiempos antiguos.

En el pueblo hay varias tiendas de comestibles y restaurantes baratos.

Cómo llegar y salir

Autobuses poco frecuentes comunican el pueblo de Shobak con la estación sur de Ammán (4 JOD, 2½ h), Aqaba y Karak. Algunos microbuses que circulan entre Wadi Musa y Ma'an también pasan por Shobak, y otros, menos fiables, van de Shobak a Tafila (1,2 JOD, 1 h).

Para recorrer los 3 km que separan el pueblo de Shobak y el castillo se puede alquilar un taxi (aprox. 6 JOD ida y vuelta, tiempo de espera incl.) o bien caminar.

En automóvil existen dos vías bien señalizadas desde la carretera del Rey hasta el castillo, con indicaciones desde el pueblo de Shobak.

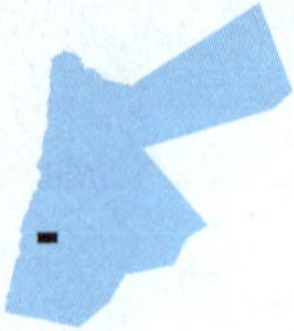

Petra بترا

Sumario »

Los mejores restaurantes y bares

- » Cave Bar (p. 190)
- » Sahtain (p. 189)
- » Petra Kitchen (p. 185)
- » Red Cave Restaurant (p. 190)
- » Basin Restaurant (p. 186)

Los mejores alojamientos

- » Mövenpick Hotel (p. 186)
- » Amra Palace Hotel (p. 187)
- » Taybet Zaman Hotel & Resort (p. 188)
- » Petra Palace Hotel (p. 187)
- » Petra Moon Hotel (p. 186)

Por qué ir

Amanece. El sendero desciende sinuoso hacia el *siq*, la espectacular falla que conduce a la ciudad oculta de Petra. El único ruido que puede oírse es el resonar de los cascos de los caballos sobre las calles empedradas que se adentran por la estrecha garganta. El pasillo de piedra se angosta y los riscos proyectan alargadas sombras sobre este camino sagrado. Finalmente el sendero se desliza hasta la luz del sol y, bañado en el esplendor de la mañana, se alza el Tesoro, símbolo de esperanza para los antiguos y promesa de maravillas para el visitante actual.

Si esta sublime experiencia no es suficiente incentivo para visitar Petra, el magnífico espectáculo de las tumbas de la "ciudad rosa" a la puesta de sol seguramente lo será. Con todo, estas espectaculares muestras de inmortalidad quizá sean menos memorables que un tranquilo paseo entre tumbas olvidadas, descubrir una roca de extraños colores o una gratificante excursión al Altar de los Sacrificios.

Cuándo ir

La temporada alta de Petra es de marzo a mayo, y con razón. Es el tiempo más seguro para hacer excursiones, los *wadis* están surcados de adelfas rosas y las ascensiones a los "puntos altos" se ven recompensadas con floreciente aloe.

De mediados de octubre a finales de noviembre, segunda temporada alta, se tiene la última oportunidad de visitarla con buen tiempo, antes de que la lluvia cierre el acceso a algunas rutas.

Implacablemente fría por la noche y con brillantes cielos azules de día, Petra está prácticamente vacía en invierno, lo que permite mantener una relación más íntima con la "ciudad rosa".

Historia

En los *wadis* y laderas de los alrededores de Petra se han descubierto aldeas neolíticas que datan de unos 7000 años a.C. Los restos del asentamiento más conocido, excavado en la década de 1950, se pueden visitar en Al-Beidha, al norte de Petra (véase p. 194). Coetáneo de Jericó, en Cisjordania, Al-Beidha es una de las comunidades agrícolas más antiguas de Oriente Próximo.

Los nabateos, una tribu nómada de Arabia occidental, se asentaron en esta zona alrededor del s. VI a.C. Eran buenos comerciantes (véase p. 260) y durante los siguientes 500 años invirtieron su riqueza en construir la ciudad de Petra.

En su momento de máximo esplendor, durante el reinado de Aretas IV (8 a.C.-40 d.C.), la ciudad contaba con 30 000 habitantes, incluidos escribanos (los nabateos crearon su propia escritura cursiva, precursor árabe) y grandes ingenieros hidráulicos proyectaron presas, cisternas y canales proteger la ciudad y sus majestuosos edificios de las inundaciones.

En el 106 d.C., cuando las rutas comerciales cambiaron Petra por Palmira y las nuevas rutas marítimas por el mar Rojo a Roma evitaban Petra, los romanos se apoderaron del debilitado imperio nabateo. Sin embargo, en vez de abandonarla, los invasores reestructuraron la ciudad antigua con elementos clásicos romanos como una calle con columnas y baños. Hasta tuvo el honor de recibir la visita del emperador Adriano en el año 131 d.C. En el s. III, Petra recuperó el estatus capitalino, ahora de la nueva provincia de Palaestrina Tertia.

Los terremotos del 363 y del 551 destruyeron gran parte de Petra, que pasó a ser una

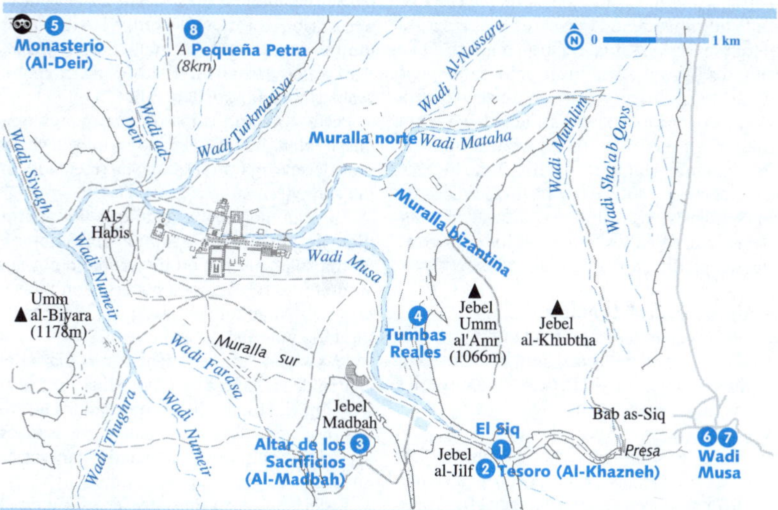

Imprescindible

1. Viajar a través de la historia por el sinuoso **Siq** (p. 166), la sima de escarpadas paredes que conduce a una antigua civilización.
2. Admirar los primeros rayos del sol sobre las columnas del **Tesoro** (p. 168), un sublime espectáculo al final del Siq.
3. Ascender en procesión al **Altar de los Sacrificios** (p. 169), tomar un té con los beduinos y volver al valle por un jardín de flores silvestres.
4. Buscar espíritus en las **Tumbas Reales** (p. 172), un paseo entre nichos con los colores del arco iris.
5. Peregrinar al **Monasterio** (p. 175) y observar la luz del atardecer sobre las piedras gastadas por el tiempo.
6. Deslizarse entre las sombras del Siq siguiendo la música y la luz de las velas con el circuito **Petra by Night** (p. 184).
7. Prepararse una cena tradicional en **Petra Kitchen** (p. 185).
8. Visitar **Pequeña Petra** (p. 193) y disfrutar de las tumbas y templos nabateos en un *siq* en miniatura, sin turistas.

'ciudad perdida', conocida solo por los beduinos, que prefirieron mantener en secreto su ubicación. En 1812 un joven explorador suizo, Jean Louis Burckhardt, acabó con aquel aislamiento al entrar en la ciudad antigua disfrazado de santón musulmán.

A lo largo del s. XIX, Petra fue la punta de lanza de la obsesión europea por el Oriente árabe, y el yacimiento se llenó de arqueólogos, viajeros, poetas y artistas. El primer equipo de excavaciones ingleses llegó en 1929, y desde entonces las palas no han descansado. En 1992 se descubrieron los mosaicos de la iglesia de Petra, y en el 2003, un complejo funerario bajo el Tesoro. Parte del atractivo de la "ciudad rosa" es que, después de tantos años de investigaciones, sigue guardando muchos secretos.

Reservas naturales

Petra es una zona protegida, aunque con distinta administración que el resto de reservas naturales de Jordania. Dado su número de visitantes, la zona sufre sus propios problemas (véase recuadro en p. 171), en especial la erosión y el deterioro de las antigüedades. Para dilatar la longevidad de este extraordinario lugar es importante respetarlo como al resto de reservas y no arrojar basura, salirse de los senderos, coger flores o arrancar plantas, hacer marcas en los monumentos o ir detrás de una piedra en vez de utilizar los servicios.

Peligros y advertencias

Algunos viajeros se han quejado de los precios abusivos y de la insistencia de los vendedores (por no hablar de los incansables niños). Los lugareños no suelen ser agresivos y el grado de perseverancia depende en gran medida de cómo les vayan las ventas. Si se visita la zona en invierno, la gente está demasiado ocupada en resguardarse del frío como para prestar atención a posibles clientes. En la competitiva temporada alta, sin embargo, los vendedores necesitan recuperar el tiempo perdido. Pero si se establece contacto con una sonrisa, un saludo o una conversación informal, casi siempre responden con amabilidad.

Si se va a ir de excursión de noviembre a marzo y en septiembre y octubre, hay que prestar atención a las previsiones meteorológicas, ya que los estrechos *wadis* son propensos a las crecidas súbitas de agua.

Cómo llegar y salir

Petra está a tres horas en automóvil de Ammán, a dos horas de Aqaba y a 1½ horas de Wadi Rum. Para más detalles sobre el transporte, véase p. 192. A/desde el mar Muerto, se recomienda utilizar la espectacular y poco frecuentada carretera que une Pequeña Petra con Wadi Araba (véase recuadro en p. 118).

Cómo desplazarse

Hay abundantes taxis privados (amarillos) sin taxímetro que recorren la carretera principal de Wadi Musa hacia la entrada de Petra, en especial a primera hora de la mañana y última de la tarde. El precio para ir al centro de Wadi Musa es de 2 a 3 JOD; si se va hasta 'Ain Musa cuesta un poco más. Véase p. 181 para el transporte dentro de la ciudad antigua.

La ciudad antigua

La ciudad antigua de Petra está diseminada a lo largo de una extensa zona de montañas y *wadis*, pero solo tiene un punto de acceso. Se recomienda no subestimar el tiempo necesario para moverse entre los distintos puntos de interés ni la vuelta cuesta arriba. Para conocer los tiempos de desplazamiento, véase el recuadro de la p. 177.

Petra abre todos los días, a menos que llueva intensamente, algo poco probable pero muy decepcionante si solo se ha reservado un día en invierno.

En cualquier época del año es imprescindible llevar calzado resistente, un sombrero, crema solar, agua y, en invierno, un abrigo. También se recomienda hacerse con pilas y tarjetas de memoria extras, pues la oferta es limitada más allá del Siq.

La visita a Petra comienza en la plaza del centro de visitantes de Wadi Musa, frente al Mövenpick Hotel. Allí se compran las entradas, se cogen folletos y un mapa, y se usan los servicios (aunque en la actualidad hay varios en el interior de la ciudad antigua).

En el momento de redactar esta guía el centro de visitantes se estaba reformando para albergar más instalaciones y las entradas se compraban en una taquilla portátil enfrente. Se cree que la reforma tardará al menos dos años.

Puntos de interés

Aunque hay más de ochocientos lugares registrados en Petra, incluidas unas quinientas tumbas, los más interesantes se localizan fácilmente y se pueden visitar sin problema. Desde la entrada, un sendero serpentea a lo largo de 800 m colina abajo hasta una zona llamada **Bab as-Siq** (entrada al Siq; plano p. 166), con los primeros restos de la ciudad antigua.

Para una explicación útil sobre la terminología arqueológica empleada en este capítulo, véase el recuadro de la p. 344. Los siguientes puntos de interés se indican en orden siguiendo el sendero más directo por la ciudad. Hay indicadores en inglés que ayudan a identificarlos.

Precaución: la ciudad antigua está llena de "lugares en alto", antaño utilizados para hacer sacrificios o rituales. Todos cuentan con magníficas vistas y son el punto culminante de una visita, pero implican subir una colina sin barandillas ni medidas de seguridad. Algunos lectores han expresado su preocupación al respecto.

Bloques del Djinn — MONUMENTO

Al franquear la entrada se ven tres enormes y achaparrados monumentos conocidos como Bloques del Djinn (plano p. 166) o Bloques de Dios. Los bloques, que custodian el sendero, toman su nombre de la palabra "espíritu" en árabe (de la que deriva el término "genio"). Aparte de que datan de la época de los nabateos, del s. I d.C., se sabe muy poco acerca de su función; podrían ser tumbas, dedicatorias funerarias o incluso monumentos para el culto al agua y la fertilidad. Sea cual fuere su utilidad, hoy son importantes hitos en la visita, pues son el preludio de los monumentos por llegar o el punto final del pesado camino de regreso.

Tumba de los Obeliscos y triclinio de Bab as-Siq — MONUMENTO

Un poco más adelante, a mano izquierda hay una tumba (plano p. 166) con cuatro obeliscos piramidales de índole funeraria erigidos por los nabateos en el s. I a.C. Los cuatro obeliscos y la (erosionada) figura humana central probablemente representan a las cinco personas allí enterradas. El monumento destaca especialmente durante la puesta del sol, a contraluz.

En principio, la tumba de los Obeliscos parece tener varios niveles. En realidad, se erigió sobre una estructura mucho más antigua, con una fachada de columnas dóricas. Esta construcción recibe el nombre de triclinio (o comedor); en Petra hay otras estructuras

CADA CUAL A SU MARCHA

En lugar de intentar ver de golpe todos los principales puntos de interés de Petra y llegar a la saturación, se recomienda ir poco a poco y dedicar algo de tiempo a pasear entre tumbas sin nombre, disfrutar de un *picnic* a la sombra de una adelfa en flor o tomar un té tranquilamente en un puesto del valle.

Las siguientes recomendaciones combinan algunas de las atracciones más famosas con rincones menos conocidos. Para informarse sobre las distancias y los mejores momentos para visitar cada monumento, véase recuadro en p. 177.

» **Medio día** (5 h) Pasear tranquilamente por el Siq, empaparse de su ambiente y saborear el momento de la llegada al Tesoro. Luego, resistir la tentación de dirigirse al teatro y ascender la escalinata hasta el Altar de los Sacrificios. Tras una pausa para degustar un té junto al obelisco, se puede tomar el sendero que se adentra en el Wadi Farasa, admirando por el camino las flores silvestres y la tumba del Jardín. El sendero llega a la calle con columnas a través de un conjunto de formaciones rocosas. Con tiempo, se pueden visitar las Tumbas Reales y luego volver al fondo del valle para departir con los vendedores beduinos y buscar la botella de arena perfecta.

» **Un día** (8 h) Por la mañana se puede realizar el itinerario anterior, pero con comida para un *picnic* en la mochila. Tras visitar las Tumbas Reales, se puede ir hasta el Qasr al-Bint y recorrer el amplio *wadi* que lleva a Jebel Haroun hasta el monumento de la Serpiente, un lugar ideal para comer algo y echarse una siesta. De vuelta al Qasr al-Bint se puede visitar el cercano Museo Nabateo para conocer mejor la serpiente con la que se acaba de compartir el almuerzo. Finalmente hay que reservar energías para la ascensión al Monasterio, una guinda perfecta en cualquier visita a Petra.

» **Dos días** La segunda jornada se puede recorrer el apasionante Wadi Muthlim y recuperar fuerzas con una barbacoa en el Basin Restaurant. Luego, está bien explorar la belleza oculta del Wadi Siyagh, con sus estanques naturales, antes de volver tranquilamente por la calle de las Fachadas. Uno se sienta junto al teatro para ver ponerse el sol en las Tumbas Reales, el mejor espectáculo de Petra.

Petra

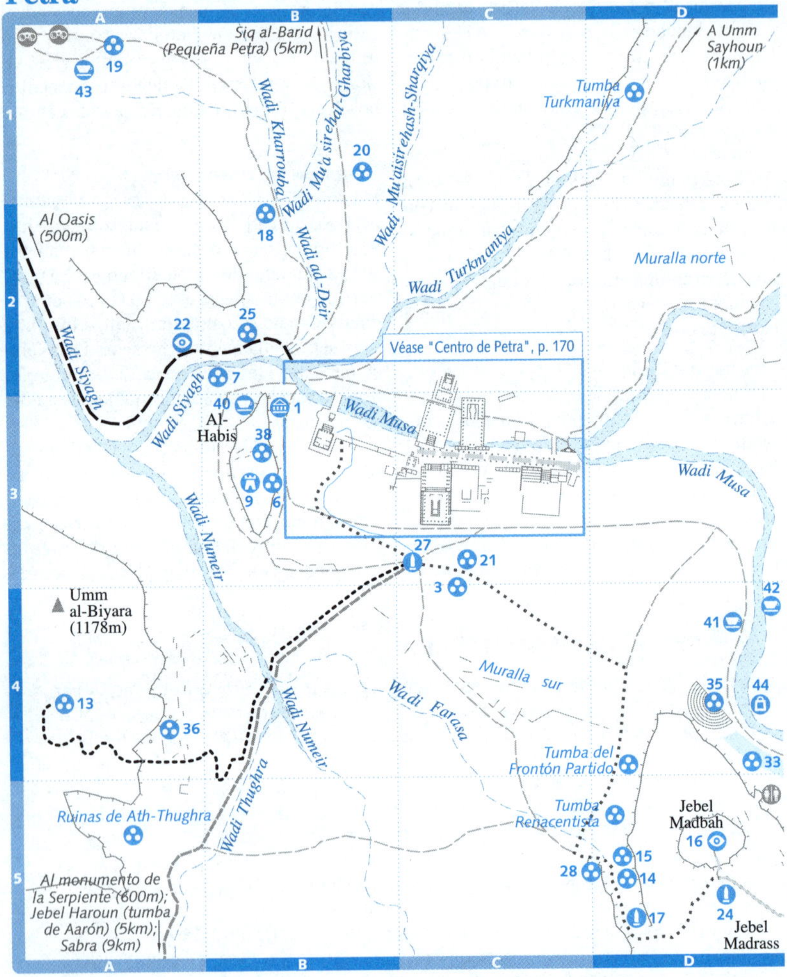

idénticas. El triclinio acogía fiestas donde se rendía homenaje a los fallecidos, aunque cuesta imaginarse un animado festín en un lugar hoy tan silencioso.

Más abajo, a mano derecha, un sendero señalizado lleva hasta unas tumbas escalonadas excavadas en lo alto de unas colinas con forma de cúpula. Un pequeño y tranquilo secreto que casi todo el mundo se pierde con las prisas por llegar al Siq.

El Siq

CAÑÓN

Tiene 1,2 km de longitud (plano p. 166), estrechas y verticales paredes y es uno de los puntos más importantes de Petra. El paseo por este mágico pasillo, que serpentea hacia la ciudad oculta, llena de expectativas ante las maravillas que aguardan y muchos visitantes lo recorren a toda prisa, impacientes por llegar. Es una pena porque merece disfrutarse: cuanto más se tarda en recorrerlo, más se saborea la llegada.

El Siq parte de un evidente puente que hay contiguo a una presa moderna. Esta última se construyó en 1963 sobre otra nabatea del 50 d.C. para evitar que las crecidas del Wadi Musa llegaran al Siq. A la derecha está Wadi Muthlim, que se adentra en un túnel nabateo que marca el inicio

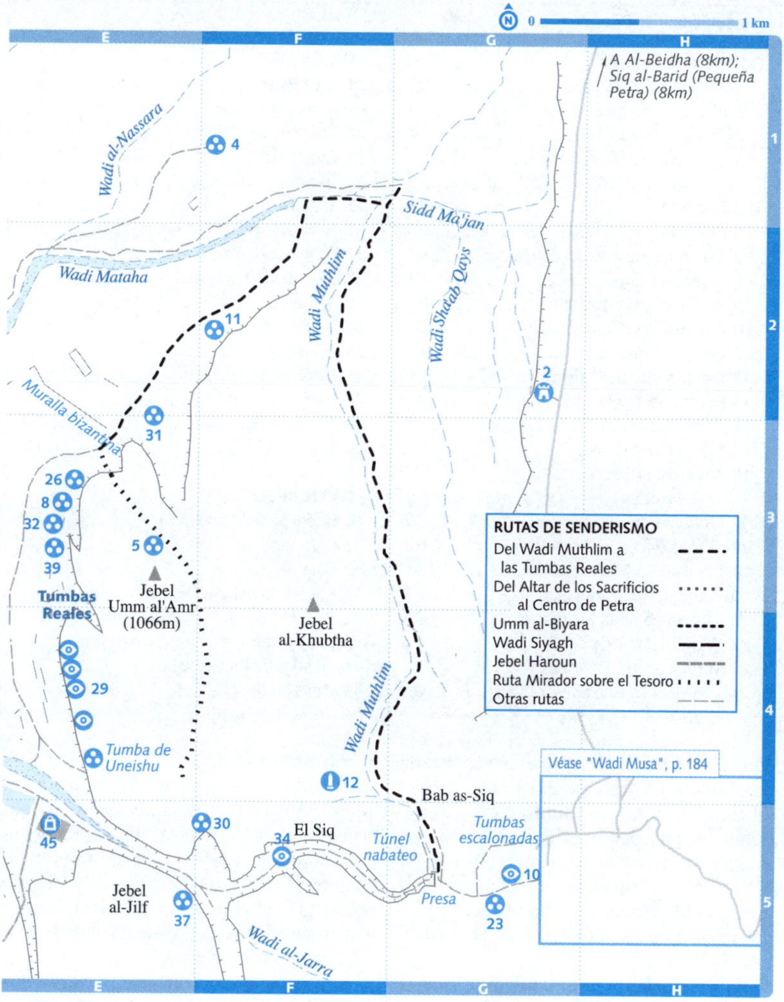

(o el final) de una apasionante excursión (véase p. 176).

La entrada al Siq estaba señalada por un arco nabateo monumental que permaneció intacto hasta finales del s. XIX y del que quedan fragmentos en los nichos gemelos a ambos lados de la entrada.

Técnicamente, el Siq, con sus paredes de 200 m de altura, no puede considerarse un cañón (una garganta creada por el agua), sino un único bloque desgajado por fuerzas tectónicas. En varios puntos se puede ver que los extremos de ambas paredes coinciden, como si se tratara de las piezas de un puzle, perfectamente distinguible cuando se estrecha hasta alcanzar unos exiguos 2 m de ancho.

Todavía se aprecian los canales originales que se tallaron en las paredes para conducir el agua hasta Petra; en algunos puntos se conservan las tuberías de terracota de 2000 años. Un tramo del pavimento original romano quedó al descubierto tras las excavaciones de 1997, en las que se retiraron 2 m de sedimentos.

El Siq llega a un punto donde se ensancha para revelar una tumba cuadrada contigua a una higuera. Un poco más adelante,

Petra

Puntos de interés

1 Museo de Al-Habis ... B3
2 Al-Wu'ira (Castillo cruzado) ... G2
3 Az-Zantur ... C4
4 Tumbas cristianas (Moghar al-Nassara) ... F1
5 Cisterna ... E3
6 Columbario ... B3
7 Grupo de tumbas del convento ... B2
8 Tumba Corintia ... E3
9 Fuerte de los cruzados ... B3
10 Bloques del Djinn ... G5
11 Casa de Dorotheos ... F2
12 Monumento del Águila ... F4
13 Ruinas del pueblo edomita ... A4
14 Tumba del Jardín ... D5
15 Triclinio del Jardín ... D5
16 Altar de los Sacrificios (Al-Madbah) ... D5
17 Monumento del León ... D5
18 Tumba del León (triclinio del León) ... B2
19 Monasterio (Al-Deir) ... A1
20 Tumbas Mu'aisireh ... B1
21 Casas nabateas y romanas ... C3
22 Cantera nabatea ... A2
23 Tumba de los Obeliscos y triclinio de Bab as-Siq ... G5
24 Obeliscos ... D5
25 Casa Pintada ... B2
26 Tumba del Palacio ... E3
27 Columna del Faraón ... C3
28 Tumba del Soldado Romano ... C5
29 Tumbas Reales ... E4
30 Sala sagrada ... F5
31 Tumba de Sexto Florentino ... E2
32 Tumba de la Seda ... E3
33 Calle de las Fachadas (necrópolis) ... D4
34 El Siq ... F5
35 Teatro ... D4
36 Tumbas ... A4
37 Tesoro (Al-Khazneh) ... E5
38 Tumba inacabada ... B3
39 Tumba de la Urna ... E3

Dónde beber

40 Bdoul Mofleh Tea Shop ... B3
41 Café ... D4
42 Café ... D4
43 Puesto de bebidas ... A1

De compras

44 Tiendas de recuerdos ... D4
45 Why Not Shop ... E5

en la pared izquierda, se puede ver la talla erosionada de un camello y un hombre (el canal de agua pasa junto a ella), desde donde las paredes se estrechan hasta casi tocarse en la parte superior, obstruyendo el paso de la luz y el sonido, lo que genera un ambiente idóneo para un primer vistazo del Tesoro: un gran preludio de la entrada a la ciudad antigua.

Hay historiadores que afirman que la principal función del Siq era similar a la de la antigua Vía Sacra grecorromana. Algunos de los rituales más trascendentes de la vida espiritual de Petra empezaban con una procesión por este angosto cañón, que también constituía el punto final de las peregrinaciones nabateas. Muchas de las hornacinas que todavía se aprecian en las paredes albergaban representaciones (llamadas *baetyls*) de Dushara, su principal dios. Estos pequeños "altares" eran referencias de lo sagrado para los peregrinos y sacerdotes, una suerte de vínculo con los ornamentados templos, tumbas y santuarios del corazón de la ciudad, además de un recordatorio de que se estaba en camino a una, para muchos, ciudad sagrada.

Tesoro (Al-Khazneh) TUMBA

Confinado en un espacio tan reducido, el Tesoro (Al-Khazneh, en árabe; plano p. 166) está a salvo de los rigores climatológicos. Es aquí donde la mayoría de los visitantes se enamora de Petra. Su impresionante fachada helenística, cuyo tamaño y grandeza dejan al viajero sin aliento, da fe de la habilidad de los artesanos que la tallaron.

Al pararse a admirar este portento, los detalles cobran intensidad. Las seis columnas a ras del suelo lucen capiteles florales, mientras que el frontón triangular representa la cabeza de una gorgona (furia, divinidad mitológica). Se cree que las figuras talladas a ras de suelo representan a los hijos de Zeus, mientras que las del nivel superior, en los nichos hundidos, son dos victorias aladas y cuatro personajes de origen desconocido. La figura central sobre el frontón de la entrada ha sido objeto de numerosas especulaciones; la mayoría de los expertos cree que se trata de una asimilación de la diosa egipcia Isis y la diosa nabatea Al-Uzza, aunque otros afirman que es Tique, la diosa griega de la fortuna. Dos águilas erosionadas hacen guardia en lo más alto. A ambos lados de la fachada hay varios nichos que sugieren la presencia de un andamiaje.

Aunque se talló en la piedra arenisca repleta de hierro como sepulcro para el rey nabateo Aretas III (c. 100 a.C.-200 d.C.), el Tesoro debe su nombre a la historia que cuenta que un faraón egipcio escondió su tesoro en este lugar (en la urna de la parte central del segundo nivel) mientras perseguía a los israelitas. Algunos lugareños creyeron la historia, pues la urna de 3,5 m de altura está llena de marcas de bala, resultado de un esfuerzo inútil por abrirla y descubrir el secreto.

Como ocurre con todos los monumentos tallados en la roca de Petra, lo más fascinante es su fachada; el interior es solo una sala cuadrada sin adornos con una cámara menor al fondo. El Tesoro, de 43 m de altura por unos 30 m de ancho, es más fotogénico cuando le da el sol de lleno, entre las 9.00 y las 11.00 aproximadamente.

Desde aquí, el Siq vira a la derecha. Enfrente, en diagonal, radica una **sala sagrada** que quizás tuvo algún vínculo ritual con el Tesoro.

En Petra, una de las experiencias más gratificantes es observar las sonrisas de felicidad de los visitantes cuando emergen del Siq, lo que se aprecia perfectamente sentado en los escalones del Tesoro (siempre que no se estropee alguna fotografía) o, aún mejor, desde las alturas del mirador aéreo.

Calle de las Fachadas — VÍA ANTIGUA

Desde el Tesoro, el camino se ensancha para dar paso al llamado Siq Exterior, por cuyas paredes se pueden admirar más de cuarenta tumbas y casas construidas por los nabateos en un estilo de saliente escalonado que recuerda a la arquitectura asiria. Conocido coloquialmente como la calle de las Fachadas (plano p. 166), es un lugar interesante y de fácil acceso, aunque mucha gente lo pasa por alto maravillada por el majestuoso teatro, situado un poco más adelante.

Para los que prefieran disfrutar del momento, hay un par de tumbas que merecen la visita. La primera (nº 67) destaca porque tiene una cámara funeraria en la planta superior. La puerta baja resalta la elevación del nivel del suelo a lo largo de los siglos, debido a los escombros arrastrados por las avenidas súbitas. Cerca, la tumba nº 70 resalta por su tamaño, con la parte superior semejante a un zigurat, por lo que parece una fortaleza en miniatura.

Si se puede aguantar la curiosidad un poco más, vale la pena subir los escalones que conducen al Altar de los Sacrificios (ahora que todavía quedan fuerzas) y dejar el teatro para el descenso o a la vuelta del centro de Petra.

Altar de los Sacrificios (Al-Madbah) — MIRADOR

El más accesible de los emplazamientos en lo alto de las colinas ("lugares altos") de Petra es el Alto de los Sacrificios (plano p. 166), conocido por los lugareños como Al-Madbah (el Altar). Los nabateos nivelaron la cima del Jebel Madbah para crear una plataforma, excavando grandes depresiones con desagües para canalizar la sangre de los animales ejecutados. Aunque parezca que no hay mucho que ver aparte de unos escalones erosionados, se trata de uno de los altares mejor conservados de la zona.

En la entrada, destacan los dos **obeliscos.** Con más de 6 m de altura, estas estructuras son extraordinarias porque se tallaron directamente en la roca de la pared: al observar el vacío que los rodea, es fácil hacerse una idea de las dimensiones de la excavación. Los obeliscos están dedicados

RECORRER PETRA

Wadi Musa es el centro de transporte y alojamiento de Petra, además de otras atracciones cercanas como la Pequeña Petra. Está dividido en tres zonas. En la de arriba algunos hoteles de precio alto flanquean la carretera principal, todos con vistas espectaculares del erosionado paisaje de piedra arenisca. El centro cuenta con la mayoría de los hoteles económicos, la estación de autobuses y las tiendas. La parte baja, 10 minutos a pie del centro, es donde se encuentran la mayoría de los hoteles de precio medio y alto, tiendas de recuerdos, restaurantes y el famoso Cave Bar.

Más allá está el centro de visitantes y la entrada a Petra. A la ciudad antigua se llega por el Siq, o cañón, que comienza unos 15 minutos a pie (o a caballo) de la entrada. Para más detalles sobre la duración de los desplazamientos véase el recuadro en p. 177. Hay otra entrada cerca del pueblo de Umm Sayhoun, pero las entradas solo pueden comprarse en el centro principal de visitantes.

Centro de Petra

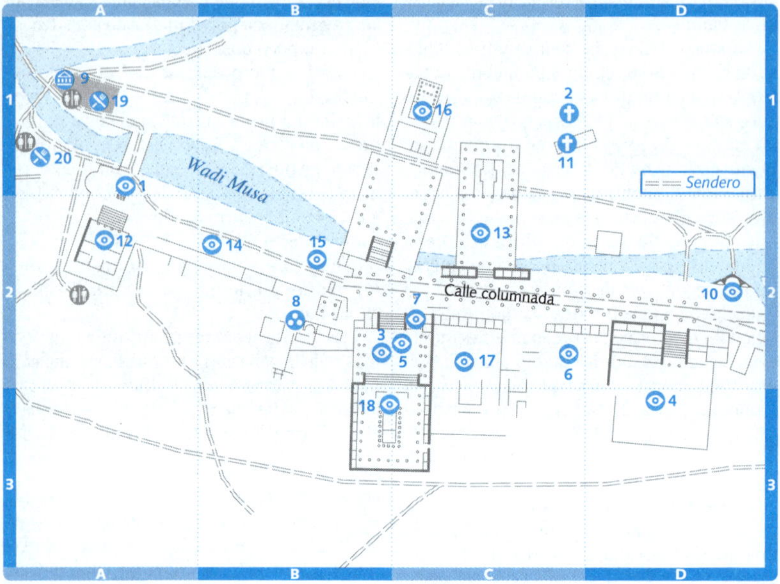

Centro de Petra

Puntos de interés

1 Altar A1
2 Blue Church C1
3 Gran Templo B2
4 Mercado inferior D3
5 *Temenos* inferior C2
6 Mercado del medio C2
7 Propileo monumental C2
8 Baños nabateos B2
9 Museo Nabateo A1
10 Ninfeo D2
11 Iglesia de Petra (iglesia bizantina) C1
12 Qasr al-Bint A2
13 Palacio Real C2
14 *Temenos* B2
15 Portal del *temenos* B2
16 Templo de los Leones Alados C1
17 Mercado superior C2
18 *Temenos* superior B3

Dónde comer

19 Basin Restaurant A1
20 Nabataean Tent Restaurant A1

a los dioses nabateos Dushara y Al-'Uzza, y, al estar hechos de piedra rica en hierro, brillan a la luz del sol.

La zona del altar incluye un triclinio rectangular, donde los participantes en el sacrificio solían compartir la cena. En el centro del altar, hay un gran bloque de piedra precedido de tres escalones. Se trata de un *motab,* o almacén, donde se guardaban las estatuas que se empleaban en la procesión. Al lado se encuentra el altar circular, al que se accede por otros tres escalones; las pilas de piedra cercanas se empleaban para lavar y purificar.

El lejano balido de las ovejas evoca muy bien la antigua escena, si bien en aquella época no se habría permitido entrar aquí a simples mortales. Al observar las preciosas vistas, más allá del ajetreo de la ciudad antigua y moderna, se entiende por qué este lugar parecería estar más cerca del cielo que de la Tierra.

Para llegar al Altar de los Sacrificios se suben unos peldaños señalizado antes del teatro y después de la tienda Why Not. Los escalones están en buen estado, si bien el camino es largo: unos 45 minutos a través de las grietas y los pliegues de la montaña hasta los obeliscos. Desde ellos, hay que torcer a la derecha para llegar a la zona del altar. La ruta es empinada, pero no está excesivamente expuesta, así que es viable (a menos que se sufra de vértigo agudo) sin que provoque mal de altura. Se puede subir en burro (unos 10 JOD la ida), pero se malogra la sensación de coronar la cima y el buen humor del transporte. Desde la zona del altar, si se desciende por los salientes de roca, a unos 50 m hay una explanada con unas vistas espectaculares de las Tumbas Reales.

Merece la pena sentarse un rato. Y alrededor de todo se despliega el gran espectáculo de la vida: camelleros discutiendo con sus monturas, niños conduciendo rebaños de cabras de un yermo rincón a otro o vendedores beduinos reclamando la atención del viajero desprevenido. Todos ellos se mueven entre las lánguidas tumbas de gente corriente, demasiado ocupados por sus quehaceres cotidianos como para preocuparse de las esperanzas olvidadas de los antiguos difuntos.

De vuelta a los obeliscos, se puede continuar hasta el centro de la ciudad pasando por el lado de un conjunto de interesantes tumbas en el precioso Wadi Farasa. Para más información sobre esta excursión sumamente recomendable, véase p. 177.

Teatro ANFITEATRO

Maravillosamente erosionado, este teatro (plano p. 166) fue excavado en la roca por los nabateos (que no los romanos) hace más de dos mil años, seccionando en el proceso numerosas cuevas y tumbas. La gradería tenía capacidad para unas tres mil personas en 45 hileras de asientos, con tres secciones horizontales separadas por dos pasillos. El espacio destinado a la orquesta se talló en la roca, pero el fondo del desaparecido *frons scaenae* (escenario) era una estructura de tres plantas con hornacinas, frescos y columnas revestidas de mármol. Los actores accedían por una de las tres entradas, cuyos trazos aún son parcialmente visibles.

El lugar fue renovado y ampliado (hasta 8500 espectadores, cerca del 30% de la población de Petra) por los romanos, poco después de su llegada en el 106 d.C. Para crear las gradas superiores, seccionaron más tumbas. Bajo el escenario había almacenes y una ranura por la que se bajaba el telón de fondo. Cerca de la ranura se descubrió una estatua de Hércules casi intacta.

El teatro resultó gravemente dañado por un terremoto en el 363, tras lo cual se reutilizaron algunas de sus materiales en otros edificios. Con un telón de fondo digno de un lienzo de David Roberts, el teatro (en ocasiones cerrado) ofrece un punto estratégico desde el cual contemplar la tragicomedia de

AMAR A PETRA

Resulta irónico que tras 1000 años de olvido, si no abandono, Petra deba su actual fragilidad a un renacimiento del interés por verla. En un 'buen' año, recibe medio millón de visitantes, algo que dificulta enormemente su gestión. La combinación de miles de pisadas diarias, el aumento del nivel de humedad debido al aliento de los turistas en las tumbas más populares y la erosión causada por los viajeros que se suben a los monumentos y escarpadas colinas amenazan la supervivencia de Petra.

Conscientes de esos problemas, una serie de organizaciones locales, nacionales e internacionales llevan más de una década cooperando para proteger y realzar los 853 km² del lugar. En su mayor parte Petra está impecable, gracias a un constante mantenimiento, más lavabos y un cambio en la actitud de los visitantes, que normalmente se llevan su basura.

Otras mejoras son el uso de argamasa invisible para conservar piezas de mampostería frágiles y el abandono del antiestético cemento en el apuntalamiento del Siq y la conservación permanente de las fachadas de las tumbas respectivamente. También se ha limitado la urbanización masiva en el Wadi Musa, se ha instalado una infraestructura de drenaje y varios sistemas de alcantarillado, y se ha aprobado una moratoria en las licencias de los hoteles que arruinan el ambiente de aislamiento que se respira en Petra. Aunque aún falta por instalar una mejor señalización e indicadores de los senderos.

Sin embargo, estas medidas de conservación solo salvarán Petra para las generaciones venideras con la cooperación de los visitantes. Todos los turistas pueden contribuir si se mantienen dentro de los senderos, no se suben a los monumentos, no tocan la frágil mampostería, se llevan su basura y utilizan los lavabos. Para muchos, estas medidas pueden resultar obvias, pero, si se considera el grafito de "Daniel 2008" en la cima de uno de los lugares altos, queda claro que lo del turismo responsable todavía no es una realidad.

TUMBAS DE PETRA

Dado que hay más sepulcros que cualquier otra cosa, durante años, los visitantes han creído que Petra era simplemente una vasta necrópolis. Una razón verosímil de por qué se han descubierto tan pocas viviendas es que los nabateos vivían en jaimas parecidas a las de algunos beduinos actuales.

Las tumbas más antiguas de Petra datan del s. III a.C. Su tamaño y diseño dependían de la posición social y los recursos económicos del inhumado: desde simples cuevas hasta las ornamentadas fachadas de las Tumbas Reales, cúspide de la arquitectura funeraria nabatea.

Más escultores que arquitectos, los nabateos pronto se percataron de que era más fácil excavar la blanda arenisca que levantar estructuras exentas, más vulnerables a los terremotos. Las tumbas más grandes se excavaban en la roca de arriba abajo, utilizando andamios. Luego las fachadas se enyesaban y se pintaban, aunque casi no se conserva nada de esta decoración.

Los muertos se enterraban en *loculi* (pequeñas cavidades separadas) tallados en las paredes interiores del sepulcro, mientras que la decoración exterior representaba el alma y, a veces, el aspecto del fallecido. Todas, excepto las más sencillas, tenían salas de banquetes para celebrar los funerales y las fiestas conmemorativas anuales. Algunas cavidades se pintaban al fresco y todavía se aprecian restos de colores en la Casa Pintada de Wadi Siyagh y en Siq el-Barid, en Pequeña Petra.

Los nabateos eran un pueblo nómada sin patrimonio arquitectónico, pero como comerciantes eran lo suficientemente cosmopolitas como para tomar prestados elementos artísticos y arquitectónicos de sus vecinos. Por lo tanto, en Petra pueden distinguirse influencias egipcias, asirias, mesopotámicas, helenísticas y romanas, además de soluciones arquitectónicas propias, como la columna de cuernos. Si se combina este eclecticismo con la naturaleza orgánica de sus tumbas cueva, el sorprendente color natural de la piedra y la majestuosidad del paisaje, resulta fácil entender por qué Petra ha estimulado la imaginación de varias generaciones de viajeros.

la vida moderna con mujeres maldiciendo su incómodo calzado, turistas bostezando ante la tediosa explicación del guía o irritables camellos junto a sus malhumorados propietarios.

Tumbas Reales — TUMBAS

Colina abajo desde el teatro, el *wadi* se ensancha para crear una amplia avenida. A la derecha está el gran macizo del Jebel al-Khubtha, que domina el valle. En sus acantilados occidentales se excavaron algunos de los sepulcros más impresionantes de Petra, conocidos colectivamente como las Tumbas Reales (plano p. 166). Al caer la tarde, bañadas en luz dorada, son especialmente deslumbrantes.

A las Tumbas Reales se llega por una escalinata que parte del valle, cerca del teatro. Una fantástica excursión desde las tumbas recorre los numerosos lugares de culto del Altar de los Sacrificios del Jebel Khubtha y permite disfrutar de espectaculares vistas del Tesoro. Los escalones entre las tumbas del palacio y la de Sexto Florentino se ven con facilidad. También se puede llegar a las Tumbas Reales haciendo una arriesgada excursión por Wadi Muthlim; véase p. 176.

Tumba de la Urna

La más destacada es la tumba de la Urna, reconocible por la enorme arca situada sobre el frontispicio. Fue construida probablemente alrededor del 70 d.C. para el rey Malichos II (40-70 d.C.) o Aretas IV (8 a.C.-40 d.C.). Esta estructura debe parte de su grandiosidad al pórtico dórico tallado en la roca a su izquierda, así como la enorme terraza frontal, un elemento que fomentó su uso como catedral en el año 447, según reza una inscripción griega en el interior de la tumba. La doble capa de bóvedas fue añadida más tarde por los bizantinos. En la parte superior del edificio se pueden ver tres aperturas inaccesibles recortadas entre las columnas. Son tres tumbas; la del centro aún conserva la piedra exterior, donde aparece el rey ataviado con una toga. El interior de la tumba de la Urna mide 18 x 20 m.

Tumba de la Seda y tumba Corintia

También se recomienda visitar la cercana tumba de la Seda, que destaca por su fachada decorada con fascinantes espirales de roca con vetas rosas, blancas y amarillas. Al lado, la dañada tumba Corintia es una mezcla de elementos con influencias helenísticas y nabateas. El pórtico del nivel inferior es de estilo autóctono, mientras que las decoraciones superiores son más de tipo helenístico. Su nombre viene de los capiteles con motivos florales.

Tumba del Palacio

A poca distancia hay una preciosa imitación de un palacio romano o griego; la estructura, de tres plantas, es conocida como la tumba del Palacio. Se cree que esta famosa fachada tallada en la roca, la mayor de toda Petra, lo es más por su exuberancia decorativa que por cualquier significado religioso. Las dos puertas centrales están coronadas por frontones triangulares, mientras que los de las dos que la flanquean son semicirculares. El interior presenta las típicas cámaras funerarias sencillas. Las 18 columnas del nivel superior constituyen el elemento más característico y llamativo de la tumba. Cabe destacar la esquina superior izquierda, pues dado que la pared no tenía la longitud suficiente para completar la fachada, se trata de una pieza añadida.

Tumba de Sexto Florentino

Tras rodear el macizo varios cientos de metros se llega a la poco visitada tumba de Sexto Florentino, construida entre los años 126 y 130 d.C. para este gobernador romano de Arabia, cuyas hazañas están glorificadas en una inscripción sobre la entrada. La cabeza de una gorgona en el centro de la fachada, sobre las columnas, está erosionada, pero todavía se distinguen los zarcillos de vid que emanan de ella. Los capiteles con cuernos es un motivo característico nabateo. A diferencia de muchas de las otras tumbas, su interior es interesante por sus *loculi* (nichos) claramente identificables; hay cinco tallados en la pared posterior y tres a mano derecha según se entra.

Calle con columnas VÍA ANTIGUA

Al regresar a la vía principal desde el teatro, la calle con columnas (plano p. 170) marca el centro de Petra. La vía se construyó alrededor del año 106 d.C. (contemporánea de la calle con columnas de Jerash) sobre una arteria nabatea preexistente. Sigue el patrón romano del *decumanus* (calle principal), de este a oeste, pero sin el habitual *cardo maximus* (de norte a sur). En su día, las columnas de piedra arenisca cubiertas de mármol flanquearon una calzada de 6 m de ancho, con varios pórticos cubiertos que daban acceso a las tiendas.

Al principio de la calle se encuentra el **Ninfeo,** una fuente pública del s. II d.C. cuya agua llegaba canalizada desde el Siq. Actualmente queda poco que ver, aunque es fácil de localizar por el enorme **alfóncigo** de 450 años que en verano ofrece una agradecida sombra.

En esta calle también se encuentran los escasos vestigios del mercado y las irreconocibles ruinas del **Palacio Real.**

La calle termina en el **portal del 'temenos'.** Data del s. II d.C. y originalmente tenía enormes puertas de madera y torres laterales. Marcaba la entrada al *temenos* (recinto sagrado) del Qasr al-Bint, que separaba la parte comercial de la ciudad de la zona sagrada del templo. Los escasos frisos florales que quedan y la figura con una flecha sugieren que se trató de un edificio grandioso. Enfrente (sur) están las decrépitas ruinas de los **baños nabateos.**

Gran Templo TEMPLO

Desde que el Gran Templo (plano p. 170) se comenzó a excavar en 1993 se han obtenido admirables resultados. Se erigió como un importante templo nabateo en el s. I a.C. y, a pesar de que sufrió graves daños poco después por un seísmo, se utilizó hasta finales del período bizantino, aunque con funciones muy diferentes. Frente al primer tramo de escaleras había un propileo monumental, y el patio en lo alto de las escaleras era el *temenos* inferior, bordeado por una columnata triple. El nivel superior albergaba el recinto más sagrado, con cuatro enormes columnas en la entrada, elaboradas con discos de piedra y revestidas de mármol. En el centro se yergue un *theatron* (teatro en miniatura). El templo medía 18 m de altura y el recinto, 40 x 28 m. Albergaba magníficas obras de estuco de color rojo y blanco.

Qasr al-Bint TEMPLO

Uno de los pocos edificios exentos de Petra, el Qasr al-Bint (plano p. 170) fue levantado hacia el 30 a.C. por los nabateos, adaptado luego al culto de los emperadores romanos y destruido hacia el s. III. A pesar del nombre que le dan los beduinos, Qasr al-Bint al-Pharaun (castillo de la Hija del Faraón), estaba dedicado a los dioses nabateos. Fue uno de los templos más importantes de la ciudad antigua. Medía 23 m de altura y tenía escaleras de mármol, imponentes columnas con capiteles florales, una plataforma elevada para rezar, así como recargados relieves y frisos de yeso y piedra, algunos restos de los cuales aún se conservan. El sanctasanctórum central, llamado *aditon*, albergaba una imagen de las deidades. El altar de los sacrificios de enfrente, en su día revestido de mármol, probablemente se trataba del principal lugar de culto de la ciudad nabatea. Su emplazamiento al nivel de la calle sugiere que todo el recinto, y no solo el interior del templo, se consideraba sagrado.

Templo de los Leones Alados TEMPLO

Este templo recién excavado (plano p. 170), construido hacia el año 27 d.C., debe su nombre a los leones tallados que coronaban los capiteles de todas sus columnas. Es probable que el templo estuviera dedicado a la diosa de la fertilidad, Atargatis, esposa de Dushara.

Era un templo muy importante que se alzaba alrededor de un altar elevado. Su entrada con columnas, arcos y pórticos, cruzaba el *wadi*. Los fragmentos ornamentales de piedra y yeso pintado que se encontraron en el recinto (expuestos en el Museo Nabateo) indican que tanto el templo como su entrada estaban bellamente decorados.

Iglesia de Petra IGLESIA

Un techo cubre los restos de la iglesia de Petra, también conocida como la iglesia bizantina (plano p. 170). El edificio nabateo, rediseñado y ampliado por los bizantinos hacia el 530, sufrió algún incendio y fue destruido por varios terremotos, pero ha sido restaurado con esmero por el Centro Americano de Investigación de Oriente de Ammán.

Dentro, los exquisitos **mosaicos** bizantinos del suelo (que en su día también cubrían las paredes) figuran entre los mejores de la región; hay un práctico plano y explicaciones en inglés.

Al-Habis MIRADOR

Más allá del Qasr al-Bint se erige la pequeña colina de Al-Habis ("la Cárcel"; plano

'IBRAHIM' BURCKHARDT, UN EXPLORADOR EXTRAORDINARIO

A lo largo de la historia han habido pocos exploradores que puedan igualar las extraordinarias hazañas de Jean Louis Burckhardt. Nacido en 1784 en Lausana, Suiza, estudió árabe y asistió a clases de ciencia y medicina en la Universidad de Cambridge antes de trasladarse a Aleppo en 1809. Allí se convirtió al islam y tomó el nombre de jeque Ibrahim bin Abdullah. Los dos años siguientes se demostró todo un maestro en el arte del disfraz: adoptó las costumbres locales y puso a prueba su nueva identidad entre los beduinos locales.

En 1812, mientras viajaba de Damasco a El Cairo, oyó hablar de unas fantásticas ruinas en las montañas de Wadi Musa. Decidido a encontrarlas, trazó un plan para evitar levantar sospechas entre el guía y los porteadores:

"Por tanto, pretendí haber hecho la promesa de sacrificar una cabra en honor a Haroun (Aarón), cuya tumba sabía que estaba situada en un extremo del valle, y así pensé que conseguiría ver el valle de camino a la tumba."

Jean Louis Burckhardt, Viajes por Siria y Tierra Santa.

El plan funcionó y poco después ya estaba dentro del Siq. El guía pronto descubrió el engaño y, con la idea de que ese sirio pálido estaba allí en busca de tesoros, le dijo: "Está claro que eres un infiel y [sic] que tienes algún interés en estas ruinas". Para evitar despertar sospechas, tuvo que limitarse a un breve reconocimiento de los monumentos, suficiente sin embargo para llegar a la conclusión de que se trataba de Petra, un lugar que "ningún europeo había visitado jamás". A pesar de ser poco dado a las florituras literarias, sus diarios expresan el entusiasmo que sintió al hacer el descubrimiento:

"[...] su emplazamiento y belleza (el Tesoro) han sido calculados para causar una extraordinaria impresión en el viajero tras haber cruzado [...] un pasadizo oscuro y casi subterráneo (el Siq) [...]. Se trata de uno de los vestigios de la Antigüedad más elegantes que existen".

Para muchos exploradores esta expedición sería el logro de toda una vida, pero no para Burckhardt. Posteriormente encontró el nacimiento del Níger, el magnífico templo de Ramsés II en Abu Simbel en Egipto y exploró disfrazado La Meca y Medina. En 1815 contrajo disentería en El Cairo, con consecuencias fatales en 1817. Fue enterrado como musulmán en el cementerio islámico de El Cairo. Tenía 33 años.

p. 166). Desde el Nabataean Tent Restaurant, una escalinata asciende por ella hasta el pequeño **Museo de Al-Habis** (⏲8.00-16.00), el más pequeño de los dos que hay en Petra. Las estatuas clásicas, las pequeñas figuras y el estuco pintado confieren una dimensión humana a este enorme complejo.

Siguiendo por la escalinata, pasado el museo, un sendero poco transitado rodea la parte posterior de la colina y ofrece fantásticas vistas del fértil Wadi Siyagh y de su intersección con el Wadi Numeir. Más adelante, el sendero bordea una tetería y la acogedora **cueva** de Bdoul Mofleh, uno de los últimos residentes de Petra. Ante la pregunta de por qué no abandonó la ciudad cuando toda su familia fue trasladada a Umm Sayhoun, este contestó: "¿Por qué debería irme? Esta es mi casa, he pasado aquí toda mi vida". Con semejantes vistas y un jardín repleto de jazmines se entiende muy bien esta decisión.

El sendero abraza la colina y, vía el **grupo de tumbas del convento,** llega hasta una escalinata y un puente de tablas de madera que conducen a su cima, otro de los numerosos puntos altos de Petra. Tras 10 o 15 minutos se llega a lo alto, con las escasas ruinas de un pequeño **fuerte de los cruzados,** construido en el año 1116 por Balduino I. Los restos no son nada destacables, pero las vistas de la ciudad son impagables.

Desde aquí se puede continuar al monumento de la Serpiente, en el Wadi Thughra, a través de la **columna del Faraón** (una buena señal orientativa), o al Wadi Farasa para visitar el Altar de los Sacrificios.

Otra opción es completar el circuito por Al-Habis descendiendo por detrás del Qasr al-Bint. En el camino, se puede visitar la **tumba inacabada,** una gran oportunidad para apreciar cómo los nabateos tallaban estas estructuras en la roca, que comenzaban siempre por arriba (con la ayuda de andamios). Cerca se halla el enigmático **columbario,** cuyos numerosos nichos siguen siendo un misterio. Mientras que algunos opinan que albergaban imágenes votivas o urnas, otros aseguran que se trata de un palomar.

Museo Nabateo — MUSEO

(plano p. 170; ⏲ 9.00-17.00, hasta 16.00 oct-mar)
Este pequeño museo muestra una interesante colección de artilugios de la región, incluidos varios mosaicos. Todo está rotulado en inglés. Comparte edificio con el Basin Restaurant y con una tienda donde venden mapas de la zona y joyas artesanales a precio fijo subvencionadas por la Queen Noor Foundation.

> **PETRA POR LA PUERTA TRASERA**
>
> En la década de 1980 muchos de los beduinos bdoul, que habían vivido en Petra durante generaciones, fueron reasentados en poblaciones cercanas como la de Umm Sayhoun. En un extremo de este pueblo hay un acceso por carretera a la antigua ciudad de Petra. Sería una pena entrar de esa forma el primer día (ya que el Siq es espectacular), pero si se desea tomar un atajo al Monasterio, se puede tomar un taxi en esta carretera hasta la puerta. Allí no se pueden comprar entradas ni entrar sin ellas, es mejor no olvidar llevarlas consigo.

Monasterio (Al-Deir) — TUMBA

Pasado el museo, oculto en lo alto de las colinas, se encuentra uno de los monumentos legendarios de Petra: el espectacular Monasterio (Al-Deir; plano p. 166), parecido al Tesoro, pero mucho mayor (50 m de ancho por 45 m de alto). Construido en el s. III a.C., quizás para servir de reposo eterno al rey nabateo Obodas I (96-86 a.C.), el lugar debe su nombre a las cruces talladas en las paredes interiores, lo que sugiere que el edificio funcionó como iglesia durante el período bizantino. El patio frontal estaba rodeado por columnas y tal vez acogiera ceremonias sagradas.

Frente al Monasterio hay un puesto de bebidas dentro de una cueva, con una hilera de sillas perfecta para contemplar la majestuosa fachada helenística del mismo, particularmente bella a partir de media tarde, cuando la caída del sol acentúa el color de la piedra arenisca. Detrás del puesto de bebidas está la tumba 468, con una bella fachada, algunos grabados en mal estado y de nuevo fantásticas vistas.

Más allá del improvisado bar, un sendero conduce a dos miradores, con magníficas vistas sobre el Wadi Araba, Israel y los Territorios Palestinos, al oeste, y del pico del Jebel Haroun, al sur, coronado por un pequeño santuario blanco.

Un **sendero** bien marcado arranca del Museo Nabateo y lleva hasta el Monasterio en unos 40 minutos (en caso de duda, basta con buscar a los agotados excursionistas que lo recorren a la inversa). También se pueden alquilar burros (con guía) por unos 7-12 JOD la ida, dependiendo del poder de negociación; es mejor caminar a la bajada pues los burros van muy rápidos y el camino es empinado y resbaladizo, con lo que el trayecto es incómodo y a veces peligroso para jinete y montura. Se recomienda iniciar el paseo a media tarde, cuando hay más sombra y el Monasterio muestra su mejor perfil. El antiguo sendero tallado en la roca, con más de ochocientos escalones, sigue la antigua ruta procesional y es un espectáculo de extrañas formaciones rocosas. Por la zona hay varios desvíos, como el que conduce a la **tumba del León** (triclinio del León), en un barranco. Los dos leones erosionados que le dan nombre aparecen frente a frente en la base del monumento.

Un apasionante **ruta** de 6 km une el Monasterio con Siq al-Barid (la Pequeña Petra; 2½ h, con algunas cuestas algo peliagudas). Se aconseja contratar un guía en el centro de visitantes de Petra o en una agencia de viajes local, pues no es fácil de encontrar.

Actividades

Excursionismo

Para ver paisajes impresionantes, explorar tumbas sin excavar y conocer más a fondo a los beduinos, solo hay que comprar agua en abundancia y salir de excursión.

Las rutas que se proponen a continuación no son especialmente extenuantes y tampoco requieren pernoctar en el complejo (algo que, de todos modos, está prohibido). Solo las excursiones por Wadi Muthlim y Sabra o la Pequeña Petra requieren guía. Los excursionistas deberían llevar el acotado *Map of Petra* (véase p. 191). La duración de las excursiones es aproximada y no incluye los ratos de esparcimiento.

En el centro de visitantes de Petra pueden contratarse guías multilingües experimentados por 50 JOD (de 1 a 9 personas), o en las agencias de viajes, para hacer una ruta al museo. Los 'guías' beduinos no oficiales cobran mucho menos que los oficiales, pero, aunque algunos son muy buenos, no ofrecen ninguna garantía. Las mujeres que viajan solas deben tener cuidado si organizan una excursión con un guía extraoficial, pues muchas veces se pasa por lugares aislados.

Se aconseja ceñirse a los senderos y no dejar ningún tipo de residuo.

DEL WADI MUTHLIM A LAS TUMBAS REALES

Esta ruta de 1 hora y media a través de un cañón (plano p. 166) es una emocionante alternativa si ya se ha recorrido el Siq o si aún quedan fuerzas para salir del complejo por un camino distinto. No es complicada ni agotadora, pero hay varias rocas que obstruyen el recorrido y en invierno es posible que haya partes encharcadas. Las riadas son una cuestión muy seria y, debido a una muerte mientras se redactaban estas líneas, en la actualidad los guías son obligatorios.

El sendero empieza en la presa, justo antes de la entrada al Siq. Antes de entrar en el antiguo **túnel nabateo,** de 88 m de largo, se puede hacer un breve rodeo (a la derecha y doble vuelta sobre la parte superior del túnel) hasta el **monumento del Águila,** con grabados de esta ave.

De regreso al camino, se atraviesa el túnel hasta el Wadi Muthlim, donde abundan las adelfas. El *wadi* se estrecha gradualmente hasta convertirse en un *siq* de 1 m; más adelante, hay que sortear tres grandes rocas de 2 m de altura que obstruyen el camino. La primera es fácil, las otras dos requieren un poco más de pericia –no son imposibles si hay alguien en quien apoyarse–, pero resultan más complicadas si se intenta subirlas solo. En caso de duda, lo mejor es volver atrás antes de salvar la segunda roca y evitar así quedarse atascado entre esta y la tercera.

Tras 25 minutos de caminata se llega a los restos de la presa nabatea, situada por encima del sendero, y cinco minutos después, a una intersección en T donde se desemboca en el Wadi Mataha. Hay que seguir la flecha pintada hacia la izquierda. Esta parte es la más emocionante de la ruta, pues el cañón se reduce a poco más que una grieta. En este punto se puede apreciar lo traidora que sería esta vía en caso de riada, pues hay muy poco espacio entre las paredes. En determinados momentos del año, puede que se tenga que atravesar algunos charcos para llegar a un rincón perfecto para un *picnic*. Rodeada de nichos nabateos y resguardada del sol durante casi todo el día, esta pequeña plaza de la antigua Petra tiene una presencia mucho más solemne de lo que indican sus dimensiones.

Desde aquí debe seguirse la pared del acantilado hacia la izquierda, vía una serie de tumbas poco visitadas, incluidas la **casa de Dorotheos** y la **tumba de Sexto Florentino,** hasta llegar a las Tumbas Reales. Otra opción es girar hacia el noreste por un estrecho camino de tierra, que parte del *wadi* situado casi enfrente de la tumba de Sexto Florentino, para explorar las interesantes "tumbas cristianas" de Moghar al-Nassara, con excavaciones en marcha.

Cabe mencionar que si se sigue esta ruta en el sentido contrario, la entrada del cañón

DURACIÓN DE LOS RECORRIDOS POR LOS PUNTOS CLAVE

Para sacarle el máximo partido a Petra, hay que caminar mucho, aunque tampoco se necesita ser un experto excursionista con una semana por delante para experimentar un "momento Burckhardt" en la ciudad antigua. Basta con saber dónde y cuándo ir. Los tiempos que se indican en esta tabla son aplicables a trayectos de ida (a menos que se indique lo contrario) a un ritmo pausado. A paso más rápido y sin detenerse se puede ir del centro de visitantes de Petra al Tesoro por la vía principal en 20 minutos y al museo en 40. Hay que contar con el doble de tiempo para el regreso cuesta arriba, en especial si se está cansado después de un día de turismo. Hay distintos tipos de transporte animal para regresar si se está desfallecido: se puede tomar un burro desde el Monasterio al museo, un camello al Tesoro, un coche de caballos a la entrada del Siq y un caballo al centro de visitantes. Véase plano p. 166.

RUTA DIRECTA	DURACIÓN	DIFICULTAD	ALTERNATIVAS Y DESVÍOS INTERESANTES
Del centro de visitantes a la entrada del Siq	15 min	Fácil	**Paseo a caballo** Hay alquiler de ponis para llegar a la presa cercana a la entrada del Siq, útiles en el retorno cuesta arriba.
De la entrada del Siq al Tesoro	20 min	Fácil	**Excursión** Se sube por encima de las Tumbas Reales hasta el mirador del Tesoro y se ve a todos los turistas mirando hacia arriba (1 h; agotadora).
Del Tesoro a las Tumbas Reales	20 min	Fácil	**Excursión** Se suben las escaleras entre las Tumbas Reales y la tumba de Sexto Florentino para disfrutar de una regia vista. Se continúa hasta la cisterna y se baja a la tumba de la Urna (de 1 a 1½ h; agotadora). **Excursión** Como alternativa al Siq, se va por el sinuoso Wadi Muthlim para llegar a las Tumbas Reales (1½ h; moderada, guía imprescindible).
Del Tesoro al obelisco del Altar de los Sacrificios	45 min	Moderada	**Paseo** Se va pasado el Altar de los Sacrificios hasta el extremo de la escarpadura para contemplar una amplia vista de Petra (15 min desde el obelisco; fácil).
Del obelisco al museo (por la vía principal)	45 min	Fácil	**Excursión** En vez de volver por los escalones que se han subido se va por el encantador Wadi Farasa, se pasan rocas de color irisado, el monumento del León y la tumba del Jardín (1 h desde el obelisco; moderada).
Del Tesoro al museo	30 min	Fácil	**Paseo** Se sigue el camino de las Tumbas Reales a la casa de Dorotheos, se exploran las Tumbas Cristianas y se sigue el Wadi Mataha hasta el museo (1 h; fácil)
Del museo al Monasterio	40 min	Moderada	**Paseo** Se acorta por la carretera de Umm Sayhoun para ir al Monasterio, se para en la tumba Turkmaniya, famosa por su inscripción en nabateo (20 min hasta el museo; fácil). **Excursión** Para hacerse una idea de cómo se tallaron las tumbas como las del Monasterio, se pasea por Al-Habis para ver la tumba inacabada (40 min ida y vuelta al museo; moderada).

está pasada la casa de Dorotheos, siguiendo la pared curvada de la derecha; los nichos marcan la entrada al cañón.

Si ha llovido, puede que algunas partes del cañón estén intransitables. En el Wadi Muthlim suele haber riadas repentinas porque la presa situada al principio del principal Siq de Petra desvía el agua por este *wadi*. Por ello, nunca hay que iniciar esta ruta si ha llovido hace poco o si existe previsión de

CONSEJOS PRÁCTICOS PARA APROVECHAR PETRA

Petra al amanecer Por la mañana el Tesoro está bañado en sol; quizá se conozca en fotografía, pero verlo en persona es increíblemente mágico.

Consejo: Llegar antes que los circuitos de las 8.00.

Petra fotogénica A mitad de tarde han desaparecido la mayoría de los visitantes de Petra. Los que permanecen presencian cómo se colorean de rosa las Tumbas Reales a la puesta de sol.

Consejo: El sol se pone a eso de las 6.00 en verano y a las 17.00 en invierno.

Petra desde lo alto El Siq, la calle de las Fachadas y el museo están en el fondo del *wadi*. Si se sube a un lugar elevado y se monta en un camello se descubre una nueva dimensión de Petra.

Consejo: Los asientos del teatro proporcionan unas vistas magníficas.

Petra oculta Petra no muestra sus secretos con facilidad y la mayoría de los visitantes se van sin ver el exquisito Monasterio, en lo alto de 800 escalones tallados a mano.

Consejo: El mejor momento es cuando está inundado de sol por la tarde; 15 minutos a pie los miradores proporcionan unas hermosas vistas de Wadi Araba.

Petra verde Los escondidos *wadis* ofrecen un mundo paralelo, con lagartos, serpientes y escorpiones, unos asustadizos habitantes de los estanques de piedra.

Consejo: En mayo unas magníficas adelfas rosas florecen en los *wadis*.

Petra viva Quizá para algunos Petra son solo ruinas, pero para otros es su hogar; Raami Tours muestra cómo interactúan los beduinos bdoul con sus famosos monumentos.

Consejo: Aceptar el té con los beduinos y participar en el antiquísimo ritual de Petra.

Petra de noche (p. 184) Para ver el espíritu de Petra a la luz de las velas.

Consejo: En invierno se necesita abrigo.

lluvia. El guía debería conocer la última información sobre las condiciones.

DEL ALTAR DE LOS SACRIFICIOS AL CENTRO DE PETRA

Esta imprescindible excursión de una hora (plano p. 166) parte del Altar de los Sacrificios. Para informarse sobre cómo llegar al altar por la escalinata cercana al teatro, véase p. 169. También se puede cubrir la ruta en sentido contrario, mejor por la tarde.

Desde el principio, cerca de los obeliscos, un sendero desciende hacia el Wadi Farasa (valle de las Mariposas). Para encontrarlo, hay que buscar los útiles montones de piedras que lo señalan o preguntar en el puesto de bebidas.

La ruta resulta gratificante desde el primer momento, con preciosas formaciones rocosas veteadas y multitud de flores silvestres. Tras diez minutos de descenso, se llega al **monumento del León,** de 5 m de largo, donde el agua se canalizaba para que saliera por la boca del animal desde la pared de roca situada más arriba; todo un ejemplo del grado de sofisticación de la ingeniería nabatea. Un altar de piedra situado al otro lado, en diagonal, hace pensar que la fuente tenía una función religiosa. Unos sinuosos escalones descienden por el lateral del acantilado hasta la **tumba del Jardín** (es más probable que fuera un templo) y a los restos de una enorme cisterna de agua.

Un poco más abajo, a la izquierda, está la elegante **tumba del Soldado Romano,** así llamada por la estatua que hay sobre la puerta. Casi enfrente, el **triclinio del Jardín** era una sala donde se celebraban fiestas anuales en honor a los que habían sido inhumados allí. Única en Petra, la sala luce tallas decorativas en las paredes interiores. La tumba y el triclinio estaban intercomunicados por un patio con columnas.

A partir de este punto, el sendero vira a la derecha por encima del árido fondo del *wadi*. Aquí hay una tetería donde venden sartas de clavo hechas a mano. Más adelante, el sendero se bifurca en una loma. El camino de la derecha conduce a varias tumbas en su día coloristas, pero en muy mal estado, para desembocar finalmente en la calle con columnas. El camino de la izquierda pasa por el **Az-Zantur,** un palacio del s. I d.C. todavía en excavación. Cerca, una serie de **casas nabateas y romanas** conforma uno de los pocos vestigios de viviendas descubiertos hasta ahora en Petra. El sendero continúa al oeste por la loma hasta la **columna del Faraón,** la única de otro templo nabateo que permanece en pie. Desde aquí se puede ir a la izquierda hasta el monumento de la Serpiente para seguir el recorrido o continuar recto hasta el Qasr al-Bint y Al-Habis. Si se pierde la orientación, hay que buscar la iglesia de Petra, al norte de la calle con columnas: su marquesina de color verde claro es un buen elemento distintivo.

ENCIMA DEL TESORO

Existen dos miradores (plano p. 166) usados durante muchos años para admirar el Tesoro. El primero queda a una empinada subida de 20 minutos por un sendero a la izquierda del Tesoro. En la actualidad ese sendero está cerrado a los visitantes y el diminuto mirador en la pared vertical es extremadamente peligroso.

Para disfrutar de una vista igual de espectacular e inusual del Tesoro se puede hacer una excursión de 1 ½ horas de ida y vuelta desde la tumba del Palacio, con opción de regresar por la tumba de la Urna. Se comienza a primera hora de la mañana para ver el Tesoro iluminado por el sol. Hay unos peldaños muy empinados y recientemente renovados a unos 150 m al noroeste de la tumba del Palacio (señalizados). La subida dura unos veinte minutos y termina en una cisterna nabatea en la cima de la colina. Por el camino hay fantásticas perspectivas del Teatro romano.

Desde la cisterna (actualmente ocupada por una tetería beduina), hay que seguir hacia el sur por un camino de tierra, que desciende por un *wadi* seco durante 15 minutos y luego entra en un pequeño barranco; poco después se llega a un espectacular mirador situado unos 200 m por encima del Tesoro. Se recomienda ir con cuidado y fijarse bien donde se pisa, para volver sin perderse hasta la parte superior de la escalinata.

De nuevo en la cisterna, una pequeña grieta en la roca revela una erosionada escalinata que desciende por un barranco y recorre la pared de roca hasta un punto contiguo a la **tumba de la Urna.** El sendero no está bien marcado y está bastante descuidado, pero es posible orientarse con un poco de sentido común. Quien esto suscribe, como carece de esta cualidad, fue a parar a un sumidero nabateo pendido sobre una caída vertical. La opción más sensata siempre es deshacer el camino.

UMM AL-BIYARA

> Amasías mató asimismo a diez mil edomitas en el valle de la Sal, y tomó Sela en batalla...
>
> *2 Reyes, 14,7*

La Umm al-Biyara (plano p. 166) es una montaña de cima plana (1178 m) situada al suroeste de Petra. Cuenta la leyenda que en su día albergó la capital edomita de Sela, desde donde el rey Amazías de Judá (796-

MERECE LA PENA

UNA DOCENA DE FORMAS INUSUALES DE DISFRUTAR DE PETRA

» Entrar a Petra por el estrecho Wadi Muthlim (p. 176) en vez de por el Siq.

» Observar el Tesoro a vista de pájaro desde el sendero que asciende desde las Tumbas Reales (p. 172).

» Recorrer la meseta a lomos de un caballo por encima del Tesoro (p. 168).

» Descender del Altar de los Sacrificios por el frondoso valle del Wadi Farasa (p. 177).

» Tomar el té con uno de los últimos residentes de Petra detrás de Al-Habis (p. 174).

» Disfrutar de un *picnic* en un triclinio, un salón de banquetes para honrar a los difuntos.

» Ir de excursión con un guía a la Pequeña Petra (p. 193) desde el Monasterio.

» Encontrar un jardín secreto propio más allá del Siq, en la Pequeña Petra (p. 193).

» Alquilar una mula para la excursión de dos días a Sabra vía el Wadi Tibn (p. 181).

» Partir de Petra con los bdoul por la carretera de Umm Sayhoun.

» Caminar entre Umm Sayhoun (p. 186) y Wadi Musa para ver Petra a la puesta de sol.

» Detenerse en el mirador de la escénica carretera a Tayyibeh para gozar de una Petra arrebatadora (p. 188).

81 a.C.) lanzó a 10 000 prisioneros al vacío. En la cumbre se pueden ver las ruinas de un **pueblo edomita** del s. VII a.C., además de varias cisternas. También hay muchas **tumbas** sin excavar a los pies de los acantilados del este.

El trayecto de ida y vuelta entre el Qasr al-Bint y la Umm al-Biyara (la madre de las cisternas) dura unas tres horas y brinda impresionantes vistas de Petra desde arriba (se avista incluso el Monasterio). Es una excursión bastante dura, con cientos de escalones, pero el sendero se puede seguir fácilmente. Se recomienda partir a media tarde, cuando hay más sombra, pero tampoco hay que demorarse demasiado, pues se corre el riesgo de que oscurezca durante el regreso.

Detrás del Qasr al-Bint se va a la columna del Faraón y se desciende por el camino que recorre el Wadi Thughra hasta el monumento de la Serpiente. El sendero que asciende por la pared de roca parte de la mayor de las tumbas talladas, en la cara sureste de la montaña.

WADI SIYAGH

Para una caminata sin demasiado desnivel, se puede hacer esta ruta (plano p. 166) por el lecho seco del Wadi Siyagh, a los pies de la colina de Al-Habis. Antaño un barrio residencial de Petra, este *wadi* y las laderas cercanas albergan tumbas sin excavar y residencias por explorar; también hay tranquilos rincones para hacer un *picnic* más allá del ruidoso generador del restaurante.

La entrada al Wadi Siyagh está frente al Basin Restaurant (plano p. 170). Más adelante, a la derecha, hay unos escalones que conducen a la **casa Pintada,** una de las escasas tumbas de Petra que aún conserva restos de frescos nabateos. Más abajo, en un recodo del valle, hay una **cantera nabatea.**

Más adelante, la principal atracción del valle es un denso oasis con frondosos arbustos, estanques naturales y, en invierno, hasta cascadas. En primavera hay flores preciosas, mientras que en mayo y junio solo se ven adelfas y aloes.

El sendero es fácil de transitar, pero se torna algo duro en determinados puntos, ya que se remonta las paredes del *wadi*. No hay que emprenderlo si hay pronóstico de lluvias, pues existe el riego de riadas repentinas.

JEBEL HAROUN

> "Allí le quitarás a Aarón sus vestiduras y se las pondrás a su hijo Eleazar, puesto que Aarón irá a reunirse con sus padres, allí morirá". Moisés hizo lo que Yahvé le había ordenado. Subieron el monte Hor a la vista de toda la comunidad.
>
> *Números 20,26-27*

Se cree que el Jebel Haroun (1350 m) es el bíblico monte de Hor, donde dicen que está enterrado Aarón (Haroun para los musulmanes), el hermano de Moisés. El pequeño santuario blanco de la cumbre de Jebel Haroun (fuera de plano p. 166) se erigió en el s. XIV, supuestamente sobre la tumba del susodicho, por lo que hay gente que lo considera un lugar sagrado. Para la mayoría, sin embargo, la principal atracción del monte son sus fantásticas vistas cimeras.

El recorrido de ida y vuelta desde el Qasr al-Bint lleva unas seis horas. Hay quien alquila una mula con guía o incluso un camello, pero no es necesario si se está en buena forma y confiado de dar con el camino correcto entre los numerosos senderos de cabras que se dirigen en la misma dirección.

El sendero empieza en la columna del Faraón, cruza varios asentamientos beduinos y llega al **monumento de la Serpiente,** una ensortijada piedra en un pedestal de roca que recuerda a un reptil. Se ha de seguir hacia el suroeste, en dirección al santuario blanco (que no está tan cerca como parece); el sendero tampoco es tan empinado como aparenta. Si se quiere entrar al santuario, al pie de la montaña hay que encontrar al vigilante.

SABRA

Ir y volver a los remotos barrios nabateos de Sabra (fuera del plano p. 166) desde el Qasr al-Bint supone un mínimo de cinco horas de caminata. En esta zona, en los límites de la ciudad, hoy con ruinas de varias murallas, templos, puentes y un pequeño Teatro romano, las caravanas de comerciantes descargaban sus valiosas mercancías. Se necesita contratar un guía, incluso para encontrar el sendero desde el monumento de la Serpiente. También se puede hacer en mula (desde 80 JOD, en función de las dotes de negociación).

Algunas agencias de viajes ofrecen una emocionante excursión alternativa de dos jornadas: la primera desde Tayyibeh, vía el Wadi Tibn (parecido a un *siq),* hasta Sabra, donde se acampa; y la segunda hasta Petra.

Equitación

Los aficionados a los caballos pueden dar un paseo de dos a tres horas por las colinas cercanas, por unos 30 JOD. Un paseo especialmente emocionante lleva de la meseta a la cima del Tesoro, no recomendado para los apocados pues los caballos suben a galope y se detienen al borde del precipicio. Los paseos se contratan en las agencias turísticas del pueblo o, si se prefiere algo más aventurado, se pide a los cuidadores que enseñen sus parajes favoritos.

Información

La **taquilla** (plano p. 182; ☎/fax 2156044; ⏲ 6.00-16.00, hasta 18.00 en verano) está en el centro de visitantes de Wadi Musa. No vende entradas después de las 16.00, pero se puede estar en Petra hasta la puesta de sol (17.00 en invierno).

Los precios de las entradas son 50/55/60 JOD por pases de 1/2/3 días (en moneda jordana). Las de varios días son intransferibles. Los niños menores de 15 años no pagan. No se recomienda intentar entrar sin pagar. La conservación de Petra depende de los ingresos generados por los turistas, uno de los pilares del turismo responsable. Si se hace un viaje de día desde Israel y los Territorios Palestinos la entrada cuesta 90 JOD.

En el centro de visitantes se pueden contratar **guías oficiales** (50 JOD para 1 a 9 personas) que explican los puntos destacados entre la entrada y el museo; conocen bien el lugar, tienen mucha experiencia y aportan una nueva dimensión a la visita. Hay circuitos guiados en inglés, español, francés y árabe.

Lavabos

Hay lavabos de lujo en el centro de visitantes (plano p. 182), antes del teatro (plano p. 166) y junto al Basin Restaurant (plano p. 170). Las teterías cuentan con lavabos portátiles limpios, suele dejarse una propina de 1 JOD. Se ruega encarecidamente utilizar siempre los lavabos públicos.

Información turística

El **centro de visitantes de Petra** (plano p. 182; ☎2156044; ⏲ 6.00-21.00), o la estructura portátil durante las reformas, antes de la entrada, proporciona información. Alberga la taquilla (que cierra a las 16.00 en invierno y a las 18.00 en verano) y su mostrador está rodeado de tiendas de recuerdos.

Webs

Museo Americano de Historia Natural (www.amnh.org/exhibitions/petra) Ofrece una exposición en línea sobre Petra.

Brown University (www.brown.edu/departments/joukowsky_institute/Petra) Con la posibilidad de hacer una visita virtual por las excavaciones del Gran Templo.

Complete Petra (www.isidore-of-seville.com/petra) Excelente recopilación de enlaces actuales y archivados sobre Petra.

Go 2 Petra (www.go2petra.com) Historia e información general para viajeros.

Nabataea Net (http://nabataea.net) Todo lo que se quiera saber sobre el Imperio nabateo.

Cómo desplazarse

Si se compra la entrada en el Centro de Visitantes de Petra, el precio incluye un paseo a caballo de 800 m entre la entrada principal y el comienzo del Siq (la hora de regreso se acuerda con el cuidador de los caballos). Suele darse una propina de 3 o 4 JOD. Si se prefiere caminar se puede hacer el regreso a caballo por unos 5 JOD. Los caballos y carruajes con conductores viajan entre la entrada principal y el Tesoro (2 km) por 25 JOD y al museo por 50 JOD por carruaje (dos personas).

Por otra parte, hay servicios no oficiales de mulas de carga con guía que recorren todo el complejo a precios negociables. Es posible llegar en mula al Altar de los Sacrificios (desde 10 JOD por trayecto) y a lo alto del Monasterio (7-12 JOD por trayecto). También pueden contratarse para paseos más largos al monumento de la Serpiente (desde 35 JOD), Jebel Haroun (60 JOD) y Sabra (80 JOD). Guiar mulas es uno de los trabajos de los beduinos locales y esos animales son parte importante de su sustento, aunque algunos cuidadores jóvenes las golpean innecesariamente con un palo o un látigo, quizá para parecer más hombres. No hay que dejar de intervenir si el tratamiento al animal es inadecuado. Hay una clínica veterinaria junto al centro de visitantes llamada Brooke Hospital for Animals.

También hay camellos fantásticamente engalanados que cubren la distancia entre el Qasr al-Bint y el Tesoro (15 JOD aprox.), con una parada cerca del teatro para tomar fotografías. Por pocos dinares, al final del día se puede tomar cualquier cuadrúpedo que cubra el camino de vuelta por el Siq hasta la entrada.

Wadi Musa وادي موسى

20 000 HAB. / ALT. 1150 M / ☎03

La localidad que se ha formado alrededor de Petra se llama Wadi Musa (valle de Moisés). Es un relajado conglomerado de hoteles, restaurantes y tiendas que se extienden unos 5 km desde 'Ain Musa (manantial de Moisés) a la entrada de Petra en el fondo del *wadi*.

Wadi Musa

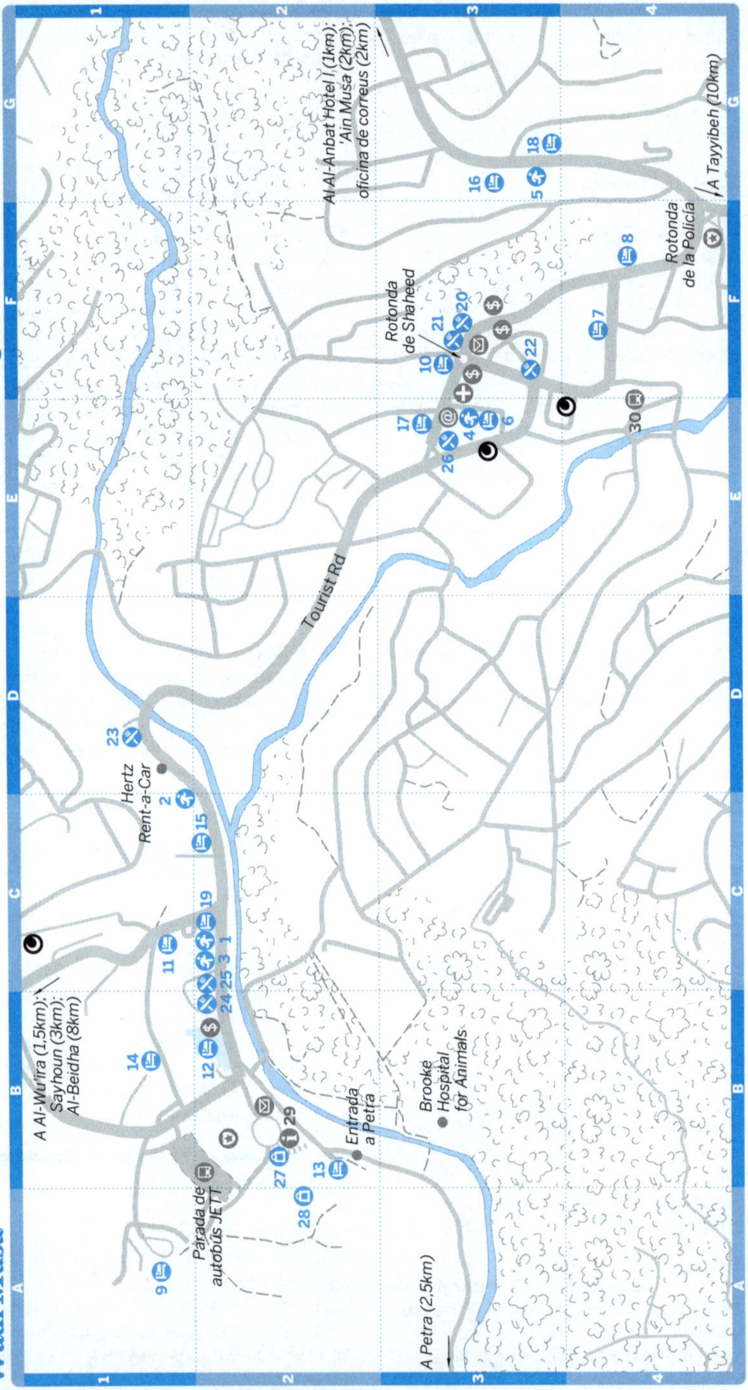

0
400 m
A Al-Wu'ira (1,5km); Sayhoun (3km); Al-Beidha (8km)
Parada de autobús JETT
Entrada a Petra
Brooke Hospital for Animals
A Petra (2,5km)
Hertz Rent-a-Car
Tourist Rd
Rotonda de Shaheed
Al Al-Anbat Hotel I (1km); 'Ain Musa (2km); oficina de correus (2km)
Rotonda de la Policía
A Tayyibeh (10km)
1
2
3
4
5
6
7
8
9
10
11
12
13
14
15
16
17
18
19
20
21
22
23
24
25
26
27
28
29
30
A
B
C
D
E
F
G

Wadi Musa

Actividades, cursos y circuitos

1 Jordan Experience C2
Jordan Travel & Tourism .... (véase 18)
La Beduina .... (véase 25)
Petra Kitchen .... (véase 19)
2 Petra Moon Tourism Services C1
3 Petra Night Tours C2
Petra Turkish Bath .... (véase 19)
4 Salome Turkish Bath E3
5 Sella Turkish Bath G3
Zaman Tours & Travel .... (véase 19)

Dónde dormir

6 Al-Anbat Hotel III E3
7 Amra Palace Hotel F4
8 Cleopetra Hotel F4
9 Crowne Plaza Resort Hotel A1
10 El-Rashid Hotel F3
11 La Maison C1
12 Mövenpick Hotel B2
13 Petra Guest House B2
14 Petra Moon Hotel B1
15 Petra Palace Hotel C2
16 Rocky Mountain Hotel G3
17 Rose City Hotel E3
18 Sella Hotel G3
19 Silk Road Hotel C2

Dónde comer

20 Al-Arabi Restaurant F3
Al-Saraya Restaurant .... (véase 12)
21 Al-Wadi Restaurant F3
22 Cleopatra Restaurant & Coffee Shop F3
23 Land of Peace Shop D1
24 Mystic Pizza B2
Oriental Restaurant .... (véase 25)
25 Red Cave Restaurant C2
26 Sanabel Bakery E3
Sandstone Restaurant .... (véase 25)

Dónde beber

Al-Maqa'ad Bar .... (véase 12)
Cave Bar .... (véase 13)
Wranglers Pub .... (véase 15)

De compras

27 Indiana Jones Gifts Shop B2
Made in Jordan .... (véase 19)
Rum Studio & Labs .... (véase 1)
Society for the Development and Rehabilitation of Rural Women .... (véase 29)
28 Tiendas de recuerdos A2
Wadi Musa Ladies Society .... (véase 29)

Información

Cairo-Amman Bank .... (véase 12)
Oficinas de cambio .... (véase 19)
29 Centro de Visitantes de Petra B2
Taquilla .... (véase 29)

Transporte

30 Estación de autobuses E4

Wadi Musa depende casi por completo del turismo. A finales de la década de 1990, tras la firma del acuerdo de paz con Israel, se levantaron a toda prisa decenas de alojamientos, a menudo sin demasiadas consideraciones estéticas ni sensibilidad social. Muchos lugareños apoyaron las oportunidades que ofrecía el turismo y sufrieron el colapso turístico que produjeron el 11 de Septiembre y la Primavera Árabe del 2011. Se ha establecido una moratoria hasta el 2012 en la construcción de nuevos hoteles, en un esfuerzo por atajar la imparable expansión del lugar y por mejorar los servicios existentes.

Los precios en Wadi Musa son más altos que en otros destinos turísticos de Jordania y reflejan su estatus de guardián de una de las "Nuevas Siete Maravillas del Mundo", elegidas en una encuesta pública internacional en el 2008.

Actividades

Baños turcos

Un baño turco es la mejor forma de relajar los doloridos músculos después de un día paseando por Petra. Para hacerse una idea de cómo son, véase recuadro en la p. 62. El servicio incluye baño de vapor, masaje, losas calientes, restregado y 'acondicionamiento del cuerpo'. Los baños son igual de populares entre turistas y lugareños, y varios hoteles, como el Amra Palace Hotel y el Petra Palace Hotel, ofrecen excelentes *hammam*. Se recomienda reservar con antelación; las mujeres pueden solicitar que las atienda una empleada.

Petra Turkish Bath BAÑOS
(☎2157085; 24 JOD; ⏰3-22.00) En el pasaje bajo el Silk Road Hotel, junto a la entrada de Petra, ofrece una zona separada para mujeres, con empleadas.

…e Turkish Bath BAÑOS

(…57342; 24 JOD; 16.00-22.00) Se entra …vés de una gruta con antiguos aperos agrícolas y ofrece una evocadora sala de relajamiento, con té de hierbas después del baño. Está cerca del Al-Anbat Hotel III.

Sella Turkish Bath BAÑOS

(2157170; www.sellahotel.com; 20 JOD; 5.30-22.00) Ofrece una exhaustiva lista de servicios, incluidos sauna y baños separados para hombres y mujeres. También se venden productos del mar Muerto.

Circuitos

Un par de los hoteles económicos (y varios de precio medio y alto) organizan salidas de un día por Petra y más allá.

En la zona de Petra hay excelentes guías que trabajan por cuenta propia. Uno de los mejores es **Mahmoud Twaissi** (077-254658; mat65petra@yahoo.com), que goza de una merecida reputación no solo como guía, sino también como colaborador en grandes proyectos por todo el país. **Mohammed Al-Hasanat** (2156567; explorerone69@yahoo.com), guía nacional autorizado desde 1979, está igual de bien considerado. Le encanta hacer excursiones y tiene mucha práctica: "Di mis primeros pasos (en una excursión) a los seis años –comenta– y no he parado desde entonces". Ambos guías son de confianza y conocen el contexto histórico y cultural de la zona; también están acostumbrados a adaptarse a los intereses concretos del viajero. Organizan circuitos de acampada de varios días, incluidos safaris en camello y caballo.

Petra by Night CIRCUITO

(adultos/niños menores de 10 años 12 JOD/gratis) Si uno se pregunta cómo será Petra bajo las estrellas, no se es el único. El popular circuito Petra by Night se organizó como respuesta a las numerosas peticiones de visitantes que querían ver Petra a la luz de la luna. Este mágico circuito por la ciudad antigua parte del centro de visitantes de Petra a las 20.30 los lunes, miércoles y jueves (excepto si llueve), y dura dos horas. Recorre el Siq (flanqueado por 1500 velas) hasta el Tesoro, donde se ofrece una actuación musical beduina y té a la menta. El atractivo de los cuentacuentos beduinos depende del humor del artista. Las entradas se pueden adquirir en las agencias de viajes de Wadi Musa o en el centro de visitantes de Petra antes de las 17.00.

Petra Moon Tourism Services CIRCUITO

(2156665; www.petramoon.com) Es la agencia más profesional de Wadi Musa para organizar viajes en Petra y por Jordania (incluidos Wadi Rum y Aqaba). Su oficina está en la carretera principal a Petra. Entre sus servicios se cuentan cabalgatas al Jebel Haroun, expediciones a Dana (de 4 o 5 días), caminatas de Tayyibeh a Petra y paseos en camello al Wadi Rum.

INDISPENSABLE

PETRA DE NOCHE

Como una caravana de camellos resoplando, tosiendo, riendo y tirándose pedos, doscientas personas y un bebé que llora a pleno pulmón recorren el Siq en 'silencio'. Aunque se les pide que se mantengan en fila detrás del guía, algunos rezagados se apartan del grupo para vivir la experiencia 'por su cuenta'. Finalmente, el grupo se sienta asombrado frente al Tesoro y muestra su respeto por la música árabe clásica encendiendo cigarrillos en los farolillos de papel, charlando a viva voz, tomando fotografías sin descanso y tirándose sonoros pedos.

¡Bienvenidos al mundo del entretenimiento en Oriente Próximo! Si el viajero desea recorrer el Siq sin aglomeraciones, las únicas opciones son viajar en invierno, llegar a las 14.00 o hacerlo en un circuito virtual por internet.

Pero, contrariamente a lo que afirma su publicidad, el **circuito Petra by Night** (adultos/niños menores de 10 años 12 JOD/gratis; 20.30 lu, mi y ju) no se reduce al silencio y la soledad. Lo que ofrece este excepcional y memorable circuito es la fantástica oportunidad de experimentar uno de los espectáculos más sublimes en la faz de la tierra, acompañado del fervor entusiasmado de otras personas. Una multitud de susurrantes turistas admiran los bloques de nichos a la luz de las velas; los más jóvenes ayudan a los ancianos a caminar sobre las resbaladizas losas de piedra; y el sonido de una flauta resuena en todos los rincones... Seguro que esto se parece mucho más a la Petra original que un paseo en solitario por el gélido sendero de piedra.

Raami Tours CIRCUITO
(☎2154010; www.raamitours.com) Esta empresa de circuitos en la carretera principal del pueblo de beduinos de Umm Sayhoun, organiza comidas tradicionales para los que quieran probar auténtica comida casera. También ofrecen circuitos adaptados a todo tipo de horarios, intereses y presupuestos (avisando por correo electrónico al menos tres días antes de la llegada). El propietario es el hijo de Marguerite van Geldermalsen, autora de *Married to a Bedouin,* una expatriada que se casó con un bdoul y crió a su hijo Raami en una cueva de Petra los primeros años de su vida. Es difícil encontrar circuitos guiados en Petra más auténticos.

Jordan Travel & Tourism CIRCUITO
(www.jordantours-travel.com) Además de los circuitos locales, organiza circuitos a seis países (incluidos los visados) y viajes de día a Israel, los Territorios Palestinos y Siria (suspendidos en el momento de redactar esta guía). Está junto al Sella Hotel.

Jordan Experience CIRCUITO
(☎2155005; www.jordan-experience.com) En la carretera principal a Petra.

La Beduina CIRCUITO
(☎2157099; www.labeduinatours.com) Junto al Red Cave Restaurant.

Petra Night Tours CIRCUITO
(☎2154010; www.pntours.com) En la carretera principal a Petra.

Zaman Tours & Travel CIRCUITO
(☎2157723; www.zamantours.com) En el mismo edificio que el Silk Road Hotel.

Cursos

Petra Kitchen CURSOS DE COCINA
(☎2155700; www.petrakitchen.com; curso de cocina por persona 35 JOD; 🍸) Perfectos para los que siempre han deseado saber cómo preparar un maravilloso *hummus* o un *baklava* en su punto. Situada 100 m carretera arriba desde el Mövenpick Hotel, esta escuela ofrece una clase cada noche a las 18.30 (19.30 en verano) donde se enseña a preparar *mezze,* sopas y platos principales típicos en un ambiente relajado y familiar. Un chef jordano se asegura de que no se malogren los auténticos platos jordanos. Las recetas (también vegetarianas) cambian a diario. Las clases comienzan a las 18.30 (19.30 en verano) y el precio incluye las recetas impresas, comida y refrescos. Y lo mejor de todo, se puede comprar una botella de vino St George para compartir con el resto de estudiantes. Se recomienda hacer reserva. Para más información véase recuadro en la p. 294.

ORIENTARSE EN WADI MUSA

El centro de la actividad comercial es la rotonda de Shaheed, a unos 3 km de la entrada a Petra. Aproximadamente 2 km colina abajo, más cerca de dicha entrada, hay otro conjunto de hoteles de precio medio y alto, así como restaurantes y tiendas de recuerdos. También hay una serie de hoteles de cuatro y cinco estrellas en los alrededores de Wadi Musa, en la carretera a Wadi Rum, con maravillosas vistas, no de Petra sino del excepcional paisaje que los rodea.

Dónde dormir

La guía *Palestine and Syria,* publicada por Macmillan en 1908, incluía la siguiente recomendación:

> En Petra, no se puede encontrar alojamiento. Por tanto, los viajeros deben llevar equipo de acampada, a menos que prefieran soportar las molestias de dormir en las cabañas beduinas en Elji, a media hora de Petra, o pernoctar en uno de sus numerosos templos. Dicha opción no es recomendable para los viajeros europeos, en especial si en el grupo hay mujeres.

Hasta 1991, oficialmente solo había cuatro hoteles en Wadi Musa. En la actualidad los visitantes pueden elegir entre más de 70 (ninguno en el complejo) y no está permitido acampar.

La temporada alta normalmente es de abril a mediados de mayo y de octubre a noviembre (están instalando calefacción). En otras épocas, los precios oficiales disminuyen, especialmente a partir de dos noches de alojamiento. Casi todos los hoteles ofrecen habitaciones con distintos tamaños y servicios; algunas tienen balcón y otras carecen de luz natural, por lo que conviene ver varias antes de decidirse. Los precios indicados en este capítulo son para alojamiento en temporada alta en una habitación estándar (ni la mejor ni la peor del hotel) con baño (a menos que se indique lo contrario) y desayuno, habitual en Wadi

DE 'PICNIC' EN PETRA

En Petra hay muchas maneras de disfrutar de una comida al aire libre, desde un sencillo *picnic* hasta una buena cena en los dos restaurantes del valle.

Para desayunar se extiende el mantel en el claro al final de Wadi Muthlim; está rodeado de nichos y como es una necrópolis quizá se presenten invitados etéreos inesperados. En la cima de Umm al-Biyara se puede comer con el viento y hacer una merienda de altura (o, al menos, en las alturas) con el beduino del puesto de las Tumbas Reales. Para una cena diferente se recomienda un comedor nabateo (el triclinio del Jardín es una buena opción) o a la luz de las velas. Para esta última hay que hacer el circuito Petra by Night (p. 184) y extender el mantel en el Siq mientras la multitud corre hacia el Tesoro.

Si un *picnic* implica demasiada preparación, los quioscos con mesas en el exterior ofrecen tentempiés (como galletas, fruta y helado). También se puede ir a los siguientes establecimientos:

» **Basin Restaurant** (plano p. 170; comidas bufé 17 JOD, zumo de naranja natural 4 JOD; ⌚11.00-16.00; ✎) Regentado por el Crowne Plaza Resort, sirve una saludable selección de ensaladas, *falafel* y salchichas picantes a la brasa, seguido de fruta y *umm ali* (postre parecido al pudin de pan). Los grupos se sientan junto al barranco bajo lonas y los viajeros independientes en mesas bajo los árboles. En ciertas épocas del año las moscas pueden ser muy molestas.

» **Nabataean Tent Restaurant** (plano p. 166; comidas bufé 10 JOD, bebidas 2 JOD; ⌚11.00-15.00) Similar al Basin, pero con platos menos apetecibles, aunque en un bonito emplazamiento bajo unas jacarandás de flores azules (florecen en mayo).

» **Bdoul Mofleh Tea Shop** (plano p. 166; ☎077-6094797; fiambrera 3 JOD, té, la voluntad) Delicioso y adecuado establecimiento junto a la cueva del propietario.

En el cercano pueblo de Umm Sayhoun, al norte del centro, se pueden probar los auténticos sabores de la cocina de Petra en casa de una familia beduina, preparada por la mujer de la casa (p. 185). Si no se está satisfecho solo con observar, en Petra Kitchen (p. 185), en Wadi Musa, dan clases de cocina.

En todo el complejo, incluidos el Altar de los Sacrificios y el Monasterio, hay puestos en los que venden agua embotellada, refrescos y tentempiés. Lo mejor es el té negro dulce atado con hierbas, es decir, una buena excusa para conversar con los vendedores, ya sean jóvenes o ancianos.

Musa, a diferencia del resto de Jordania. Hay que saber que las vistas que anuncian muchos hoteles son de Wadi Musa y no de Petra.

Las mujeres que viajan solas deben mostrarse más precavidas en los hoteles económicos de Wadi Musa que en otras ciudades (han de cerrar las puertas debidamente y asegurarse de que no hay agujeros por donde puedan mirarlas).

Una multitud de ganchos muy persuasivos rodea a todo el que baja del microbús con una mochila en la rotonda de Shaheed de Wadi Musa. Para evitarlo se recomienda decidir con antelación el hotel en el que se va a alojar uno.

WADI MUSA BAJA

Los siguientes hoteles están situados en la parte baja de la ciudad, a poca distancia de la entrada de Petra.

Mövenpick Hotel HOTEL **$$$**

(☎2157111; www.moevenpick-hotels.com; i/d 155/170 JOD; ❄@📶≋✎) Este precioso hotel de estilo árabe, situado a 100 m de la entrada a Petra, merece una visita aunque solo sea para admirar su mobiliario, fuentes de mármol, mamparas de madera y bandejas de latón. Todos los días ponen pétalos en el agua de las jardineras, un crepitante fuego recibe en invierno a los visitantes de la Burckhardt Library (un salón en el piso superior) y en verano se disfruta de un ambiente muy agradable en el jardín de la azotea. Al estar situado en el fondo del valle no cuenta con buenas vistas, pero sus amplias y lujosas habitaciones disponen de grandes ventanales. El bufé del desayuno y la cena son excepcionales.

Petra Moon Hotel HOTEL **$**

(☎2156220; www.petramoonhotel.com; i/d/tr 60/70/90 JOD; ❄@📶≋) Este acogedor establecimiento detrás del Mövenpick Hotel está regentado por dos hermanos, que han hecho una gran inversión en este modesto hotel y lo han transformado en un lujoso complejo de habitaciones modernas, baños suntuosos, piscina en la azotea y zona de barbacoa con espléndidas vistas de la puesta de sol. Su elegante vestíbulo con columnas es un excelente punto de reunión para los visitantes de Petra, y las cartas de nuestros lectores indican que se está convirtiendo en uno de los hoteles preferidos.

Petra Palace Hotel HOTEL **$$$**
(☎2156723; www.petrapalace.com.jo; i/d/tr 90/120/165 JOD; ❄@📶≋) Ubicado en la calle principal, a 500 m de la entrada de Petra, este atractivo y veterano hotel -con entrada con palmeras, amplio y luminoso vestíbulo y servicial dirección- es una excelente opción. Sus nuevas habitaciones dan a la piscina y su animado bar y restaurante son otros dos de sus atractivos. En temporada baja ofrece hasta un 30% de descuento. También gestiona el Rock Camp, junto a la Pequeña Petra.

Crowne Plaza Resort Hotel HOTEL **$$$**
(☎2156266; www.crowneplaza.com; i/d/tr 140/170/210 JOD; ❄@📶≋🎾) Su localización cerca de la entrada a Petra, con vistas a los peñascos de arenisca, lo convierten en un hotel recomendable en su categoría, aunque las habitaciones no son tan lujosas como cabría suponer. La piscina climatizada es útil cuando no aprieta el calor y en la encantadora terraza se hacen barbacoas en verano. Dispone de *jacuzzi,* sauna, canchas de tenis, cafeteras en las habitaciones y lavandería tipo autoservicio.

Petra Guest House HOTEL **$$$**
(☎2156266; www.crowneplaza.com; i/d/tr 97/105/130 JOD; P❄@≋) No se puede estar más cerca de la entrada de Petra a no ser que se duerma en una cueva y, de hecho, el bar de este hotel (el famoso Cave Bar) está situado en una. Aunque esta pensión no está al nivel de su hotel hermano, el Crown Plaza, permite hacer uso de sus instalaciones. Ofrece chalés tipo motel o soleadas (aunque estrechas) habitaciones en el edificio principal.

La Maison HOTEL **$$**
(☎2156401; www.lamaisonhotel.com.jo; i/d/tr 70/80/90 JOD; ❄) Las jardineras de latón que decoran el vestíbulo marcan la pauta de este hotel con buena relación calidad-precio, subiendo la colina desde la entrada de Petra. Este hotel, con mobiliario de calidad y un estilizado y reciente cambio de imagen en blanco y negro con esponjosos edredones, hace una seria competencia a algunos de los hoteles más grandes. Se recomiendan las del final, más luminosas y con buenas vistas. La terraza de la azotea es perfecta a la caída del sol.

Silk Road Hotel HOTEL **$$**
(☎2157222; www.petrasilkroad.com; i/d/tr 60/70/90 JOD; P❄) El vestíbulo y el restaurante de este hotel, uno de los favoritos de la zona y a 300 m de la entrada a Petra, están revestidos con paneles beduinos pintados a mano. Las zonas comunes se han decorado en tonos lavanda, que quizá no gusten a todo el mundo, pero las habitaciones poseen buen mobiliario y grandes bañeras. Algunas son muy oscuras, se recomiendan las que tienen vistas. El bufé del restaurante exterior (10 JOD) es muy popular entre los grupos de los circuitos.

CENTRO DE WADI MUSA

Los siguientes hoteles son los más cercanos a la estación de autobuses y las tiendas. También se pude ir a pie hasta Petra, pero si se quieren guardar fuerzas para recorrerla se puede solicitar transporte gratis a y desde la puerta (que normalmente ofrecen los hoteles una vez al día en cada sentido).

👍 **Amra Palace Hotel** HOTEL **$$**
(☎2157070; www.amrapalace.com; i/d/tr 44/72/84 JOD; ❄@📶≋) Dirigido por dos hermanos desde hace muchos años, este hotel, uno de los mejores de Wadi Musa, destaca por su atención a los detalles y el buen gusto. Tiene un majestuoso vestíbulo, columnas de mármol, enormes cafeteras de latón y mobiliario de estilo damasceno. Las habitaciones, casi todas con vistas del valle, incluyen ropa de cama impecable (que se cambia a diario; el hotel tiene lavandería), cabeceras de madera, mobiliario tapizado y televisión vía satélite. Sus servicios incluyen piscina climatizada, *jacuzzi,* terraza de verano y unos excelentes baños turcos (13 JOD por persona). También cuenta con un divertido cibercafé tipo cueva con acceso a internet ilimitado y wifi por 3 JOD/h. Todo ello rodeado por unos bellos jardines llenos de rosas y jazmines.

Cleopetra Hotel HOTEL **$**
(☎2157090; www.cleopetrahotel.com; i/d/tr 20/30/40 JOD; 📶) Es uno de los hoteles económicos más acogedores de la ciudad. Recientemente ha realizado una reforma integral y todas sus habitaciones son luminosas y fres-

cas, y disponen de baños con agua caliente. En el vestíbulo hay una amplia zona comunal con asientos, ideal para conocer viajeros y, si apetece, se puede dormir en la azotea por 6 JOD (7 JOD con desayuno). Ofrece wifi por 2 JOD. Otras dos de sus mejoras son el aire acondicionado y los dobles cristales para reducir el ruido de la calle. Organiza excursiones nocturnas en todoterreno a Wadi Rum (40 JOD por persona, con un mínimo de tres pasajeros) muy recomendadas por los viajeros.

Al-Anbat Hotel III HOTEL **$$**
(2157200; www.alanbat.com; i/d/tr 25/40/50 JOD;) El cavernoso vestíbulo y grandes y confortables habitaciones de este añadido al patrimonio Al-Anbat (la familia posee tres hoteles en la zona) empezará a funcionar en serio conforme lo descubran más viajeros. Muchas de sus habitaciones y la terraza de la azotea ofrecen magníficas vistas a Wadi Musa y las colinas cercanas. La opción económica aneja es también propiedad de esta acogedora familia y enfrente hay unos excelentes baños turcos.

El-Rashid Hotel HOTEL **$**
(2156800; wailln@hotmail.com; i/d/tr desde 20/35/45 JOD) Este acogedor y bien regentado hotel cuenta con un atractivo vestíbulo con suelo de mármol y mobiliario elegante. Las habitaciones no son tan atractivas, pero la TV por satélite alejará de la mente las paredes color lima.

Rose City Hotel HOTEL **$**
(/fax 2156440; i/d/tr 15/20/25 JOD) El excelente personal de este raído hotel consigue que se tenga en cuenta. Tiene prevista una renovación, pero con el descenso del turismo es difícil que la haga en breve. Sus habitaciones varían mucho, pero todas disponen de baños y, al menos, son silenciosas.

WADI MUSA ALTA

Los siguientes hoteles de lujo están en el extremo de la ciudad, en la carretera panorámica entre el centro y Tayyibeh, a unos 10-15 minutos en coche desde el centro de visitantes de Petra. A unos 1400 m sobre el nivel del mar, ofrecen buenas vistas del valle del Rift y muchos poseen hermosas terrazas para tomar una copa a la puesta de sol. Por desgracia, aunque son establecimientos con gran encanto, han arruinado las vistas desde el interior de Petra.

MANANTIAL DE MOISÉS

> Y alzando su brazo, Moisés golpeó la roca con su vara dos veces. Brotó agua en abundancia, y bebieron todos y su ganado.
>
> *Números 20,11*

'Ain Musa es uno de los dos posibles lugares en Jordania donde Moisés supuestamente sació la sed de los israelitas (el otro es el monte Nebo). Este modesto lugar está presidido por un edificio moderno de tres cúpulas que visitan a veces los peregrinos locales. Se encuentra cerca del Golden Tulip Hotel, junto a la carretera del Rey, en el cruce principal hacia Wadi Musa desde el norte.

Taybet Zaman Hotel & Resort HOTEL **$$$**
(2150111; www.jordantourismresorts.com; i/d desde 93/104 US$;) La piedra arenisca rosada típica del famoso paisaje de Petra que se extiende bajo los dinteles de este inusual hotel consigue que no importe estar a media hora en coche de la entrada de Petra. De hecho, la remota naturaleza de este alojamiento, en casas del pueblo renovadas, forma parte de su excepcional atractivo. Sus lujosas habitaciones, tiendas de artesanía, piscina y baños turcos en unos tranquilos jardines con higueras y floridos jazmines azules lo convierten en un idílico retiro rural. Ofrece amplias vistas del valle del Rift, en el pueblo de Tayyibeh; un taxi desde Petra (10 km) cuesta unos 15 JOD. Hay que pedir que se detenga en el espectacular mirador junto al desvío al hospital. También cuenta con un restaurante en la terraza, Sahtain, muy recomendado. Si se desea estar más cerca de Petra, se puede ir a su hotel gemelo en Wadi Musa, Beit Zaman.

Rocky Mountain Hotel HOTEL **$**
(2155100; rockymountainhotel@yahoo.com; i/d/tr/c 25/36/45/56 JOD, bufé comidas/cenas 8/8 JOD;) Este delicioso hotel junto al cruce con la carretera principal posee las vibraciones adecuadas para ser un exitoso alojamiento para los viajeros. Está impoluto y dispone de una acogedora zona comunal con té y café gratis. Si se está de viaje de novios se recomienda pedir una cama doble en vez de dos camas, pues se ha puesto un cuidado especial en esas habitaciones (38 JOD). Siete de las habitaciones comparten una terraza desde

la que disfrutar de unas vistas mágicas. El servicio lanzadera a la entrada de Petra que sale a las 7.00 y las 8.00, y regresa a las 16.00 y 17.00, es gratis.

Al-Anbat Hotel I HOTEL $

(☎2156265; www.alanbat.com; i/d/tr 20/35/45 JOD, bufé comidas/cenas 8/8 JOD; ❄@📶🏊) Ubicado algo lejos de la ciudad, en la carretera entre 'Ain Musa y Wadi Musa, este complejo de tres pisos ofrece calidad de precio medio a precio económico. Sus amplias habitaciones (muchas con excelentes vistas de la puesta de sol) disponen de TV por satélite y balcón. Todas se han redecorado y las de la nueva ampliación son especialmente atractivas. Otros de sus atractivos son los baños turcos (15 JOD para los huéspedes) y una pequeña piscina, aunque lo mejor es su nuevo restaurante, colgado como un nido en lo alto del nuevo edificio y con amplias vistas a Petra desde las ventanas. Ofrece transporte gratis a/desde Petra. Los campistas (7 JOD por persona) utilizan una zona con duchas y cocina, donde se pueden aparcar las autocaravanas.

Petra Panorama Hotel HOTEL $$$

(☎2157393; www.petrapanorama.com; h/media pensión 90/100 JOD; ❄@🏊🍷) Está pensado para atender a grupos organizados, con cavernosos pasillos y escaso estilo. Sus habitaciones, que descienden en gradas por la montaña, son luminosas y espaciosas, y cuentan con unas vistas inmejorables. Muchas dan a terrazas en las que disfrutar de la puesta de sol, por lo que es muy recomendable.

Nabataean Castle Hotel HOTEL $$$

(☎2157201; www.movenpick-hotels.com; i/d media pensión incl. 135/160 JOD; ❄@📶🏊🍷) El Mövenpick regenta este hotel a menudo completo. Es una opción de lujo, aunque no deja de ser un segundo plato comparado con su gemelo junto a la entrada de Petra. La mayoría de las habitaciones tienen vistas al valle, pero las ventanas son sorprendentemente pequeñas. Ofrece un servicio lanzadera gratis a/desde Petra.

Sella Hotel HOTEL $$

(☎2157170; www.sellahotel.com; i/d/tr 40/66/85 JOD; ❄@📶) Queda lejos del centro, pero lo compensa con vistas a Wadi Musa. Algunas habitaciones son o ruidosas o estrechas y se recomienda ver varias. Ofrece té y café gratis, y dirige unos impecables baños turcos enfrente.

Petra Marriott HOTEL $$$

(☎2156407; www.marriott.com; i/d 125/140 JOD; ❄@📶🏊🍷) Es uno de los hoteles más elegantes de la zona, aunque remoto en todos los sentidos respecto a Petra. Sus instalaciones incluyen piscina, varios restaurantes, baños turcos e incluso cine gratis.

Dónde comer

Para más detalles sobre dónde comer en la ciudad antigua e información sobre auténticas cenas locales en Umm Sayhoun y Wadi Musa, véase recuadro en la p. 186. La carretera principal que atraviesa Wadi Musa está salpicada de tiendas de ultramarinos en las que se puede encontrar todo lo necesario para ir de *picnic;* también hay un supermercado junto al Al-Anbat Hotel I, a las afueras de la localidad por la carretera de 'Ain Musa. En algunos hoteles se ofrecen cestas para llevar que incluyen un huevo duro, pan y tomate. Los bocadillos de *falafel* aguantan bien y aplacan el apetito. La panadería **Sanabel Bakery** (⏲5.00-24.00), cerca del Rum Internet, ofrece una gran variedad de deliciosos dulces árabes.

Tras un cálido día recorriendo Petra resulta difícil resistirse a un helado Swiss (2,50 JOD) en la cafetería del vestíbulo del Mövenpick Hotel.

Si se asciende a la colina que hay entre el Centro de Visitantes de Petra y la rotonda de Shaheed, se puede hacer una parada en la **Land of Peace Shop** (☎079-5738934; ⏲8.00-24.00), con una pequeña tienda de artesanía, un café con terraza y cuatro lavabos limpios.

Los locales más económicos se sitúan en los alrededores de la rotonda de Shaheed y la Sanabel Bakery. Muchos son similares en carta y precio. Junto a la entrada de Petra hay más opciones de precio medio, con mayor selección de platos. Solo los hoteles de cinco estrellas ofrecen alta cocina.

Al-Saraya Restaurant RESTAURANTE $$$

(☎2157111; comidas/cenas 18/22 JOD; ❄🍷) Este restaurante de alta cocina sirve un bufé internacional de categoría en un elegante comedor y la calidad de sus platos está a la altura de la opulencia del Mövenpick Hotel, en el que está ubicado. Hay que dejar espacio para una copa en su bar forrado de madera, que a menudo tiene un crepitante fuego en la chimenea.

Sahtain RESTAURANTE $$$

(☎2150111; bufé 20 JOD; ❄🍷) Este delicioso restaurante-terraza en el Taybet Zaman es toda una experiencia y ofrece cenas sabrosas. Posee un interior cavernoso y abovedado, y se especializa en platos tradicionales árabes y caseros internacionales. Los platos del almuerzo son más simples, como la ensalada del chef (4 JOD). El bufé de cena permite probar distintos platos locales, incluidas más de 20 ensaladas diferentes.

Red Cave Restaurant RESTAURANTE **$$**
(☎2157799; entrantes 1 JOD, principales desde 5 JOD; ⏲9.00-22.00) Cavernoso, fresco y acogedor, sirve especialidades beduinas locales como *mensaf* y *maqlubbeh* (arroz hervido con carne). Es un popular lugar de encuentro de viajeros y un atractivo local al que acudir una noche fría o disfrutar de la brisa en un cálido día de verano.

Oriental Restaurant RESTAURANTE **$$**
(☎2157087; principales 6 JOD; ⏲11.00-21.30) Junto con su vecino **Sandstone Restaurant** (☎079-5542277; entrantes/principales 2/8 JOD), este favorito de la calle principal ofrece comida sencilla como sabrosas parrillas mixtas, ensalada y *mezze* en unas agradables mesas exteriores. También es un buen lugar para tomar una cerveza tranquilamente, con terrazas agradables.

Mystic Pizza RESTAURANTE **$**
(☎2155757; pizza pequeña/mediana/grande desde 4/8/10 JOD; ⏲8.30-23.00; ✎) Cordial establecimiento que sirve sabrosas *pizzas* recién hechas. También ofrece opciones vegetarianas como sopa de lentejas (3 JOD).

Al-Wadi Restaurant RESTAURANTE **$**
(☎2157151; ensaladas 1 JOD, principales 4-5 JOD; ⏲7.00-hasta tarde) En la rotonda de Shaheed, este animado local ofrece pasta y una serie de platos vegetarianos y especialidades beduinas locales como *gallayah* y *mensaf,* que suelen ir acompañadas de ensalada y arroz.

Al-Arabi Restaurant RESTAURANTE **$**
(☎2157661; principales desde 4 JOD; ⏲6.00-24.00) Junto a la rotonda de Shaheed, ofrece *hummus, falafel* y *shawarma*.

Cleopatra Restaurant & Coffee Shop RESTAURANTE **$**
(☎079-5318775; bufé 6 JOD; ⏲6.00-23.00) Preparan un bufé aceptable, con varias especialidades beduinas.

Dónde beber y ocio

Por las noches no hay mucho que hacer, aparte de tomar un baño en el *hammam* y planear el día siguiente en Petra. Algunos hoteles programan sesiones de DVD, entre otros entretenimientos, si hay suficientes clientes.

Cave Bar BAR
(☎2156266; cerveza/cócteles 6,5/4,5 JOD; ⏲16.00-23.00; ❄) En Petra, es obligatorio visitar este bar de moda, localizado en una tumba nabatea de 2000 años de antigüedad que, a veces, en verano, abre hasta las 4.00. Uno se sienta entre los espiritosos, alcohólicos o de los otros, y pronto nota un sabor de Petra con el que no contaba (incluido el 26% de recargo por impuestos y servicio). Su carta cuenta con deliciosa comida del bienestar como gajos de patata y *fish and chips,* merecidos después de un día de ejercicio en Petra. No hay que desanimarse por la alta música a la entrada: el ruido se queda fuera. Este restaurante y bar está junto a la entrada de la Petra Guest House, detrás del centro de visitantes.

Al-Maqa'ad Bar BAR
(☎2157111; cerveza desde 2,5 JOD; ⏲4-23.00) El bar del Mövenpick Hotel cuenta con un sugerente interior de estilo marroquí a base de celosías de madera tallada y una lámpara de araña. Sus especialidades con helado son inolvidables y merecen el 26% de recargo por impuestos y servicio.

Wranglers Pub BAR
(☎2156723; cerveza 3-5 JOD; ⏲14.00-24.00) Los del Petra Palace Hotel dirigen este animado bar decorado con objetos típicos de la zona.

De compras

Hay numerosas tiendas de recuerdos cerca de la entrada de Petra, así como puestos beduinos dentro del complejo. En Wadi Musa se puede observar a los artesanos introduciendo pacientemente arena de colores en botellas de cristal; con tiempo suficiente, pueden conformar el nombre del viajero. Los hoteles de lujo venden artesanía de gran calidad. Dentro del complejo de Petra hay una sucursal de Umm Raami, la conocida joyería cuyas piezas de plata de estilo contemporáneo se inspiran en antiguos diseños nabateos; las orfebres son las mujeres de la zona, previa formación gracias a un proyecto de la Noor al-Hussein Foundation.

Made in Jordan ARTESANÍA
(☎2155700) Esta excelente tienda vende artesanía de calidad de varias empresas locales. Sus productos incluyen aceite de oliva, jabón, papel, cerámica, tapetes, productos naturales de Wild Jordan de Ammán, joyas de Wadi

LIBROS Y MAPAS

Buena lectura

En las tiendas y puestos de Wadi Musa y Petra venden interesantes obras sobre el complejo, además de fantásticos libros turísticos ideales como recuerdo.

Una de las mejores guías, la estupenda *Petra: A Traveller's Guide*, de Rosalyn Maqsood, incluye cantidad de información histórica y cultural del lugar y describe varias caminatas. La obra de bolsillo *Petra: The Rose-Red City* (Petra: la ciudad rosa-roja), de Christian Auge y Jean-Marie Dentzer, ofrece un excelente contexto histórico de Petra. *Petra*, de Jane Taylor, es otra buena introducción al complejo. Taylor también firma la excelentemente documentada *Petra & the Lost Kingdoms of the Nabataean* (Petra y los reinos perdidos de los nabateos). La publicación *Jordan – Walks, Treks, Climbs & Canyons*, de Tony Howard y Di Taylor, incluye un capítulo sobre Petra.

Married to a Bedouin (Casada con un beduino) es un interesante relato sobre los beduinos de la tribu bdoul, que antaño vivían en las cuevas del valle de Petra y actualmente han sido trasladados a los límites de la ciudad antigua. La autora, Marguerite van Geldermalsen, crió tres hijos entre los bdoul y dirigió la clínica local. Desde la publicación del libro en el 2006, Marguerite se ha convertido en una celebridad local en Jordania, ha recibido a la reina de Inglaterra y la reina Noor en su cueva y su hijo organiza circuitos para los que deseen comprender la vida de los beduinos de la zona (véase "Circuitos", p. 184).

Orientarse

En Petra apenas hay señales o rótulos, por lo que se hace imprescindible disponer de un plano y una buena guía. Para la mayoría de los visitantes, los planos de esta obra deberían bastar.

Si se tiene intención de hacer excursiones largas sin guía, se recomienda el *Map of Petra* (2005; 5 JOD), publicado por el Royal Jordanian Geographical Centre a escala 1:5000. Se puede adquirir en las librerías de Wadi Musa y en el puesto que hay frente al Museo Nabateo.

El folleto *Petra*, publicado por el Ministerio de Turismo y Antigüedades, incluye un sencillo plano con útiles fotografías para identificar determinados monumentos. Lo mejor es hacerse con uno antes de llegar a Petra, pues en el centro de visitantes se agotan rápidamente.

Musa, bordados de Safi, chales de pelo de camello y bolsos de Aqaba, además de artículos de la Fundación Río Jordán. Los precios fijos reflejan la calidad y la exclusividad de cada artículo. Aceptan tarjetas de crédito.

Indiana Jones Gifts Shop REGALOS
(☎2155069; ⏲8.00-22.00) Buen lugar para comprar un vídeo de los puntos destacados de Petra.

Rum Studio & Labs FOTOGRAFÍA
(☎2157467; ⏲8.30-22.00) Frente al Silk Road Hotel, en la carretera principal, suministra accesorios digitales.

La **Wadi Musa Ladies Society** (⏲6.00-21.00) y la **Society for the Development & Rehabilitation of Rural Women** (⏲6.00-21.00) tienen sendas tiendas en el centro de visitantes, con recuerdos, libros y artesanía.

En las tiendas situadas detrás del centro de visitantes y en la carretera principal que cruza Wadi Musa se pueden encontrar libros sobre Petra. Para más información sobre mapas y literatura, véase cuadro arriba.

Información

Urgencias

Comisaría principal (☎2156551, urgencias 191) En Wadi Musa, junto a la rotonda de la Policía.

Comisaría de la policía turística (☎2156441, urgencias 196; ⏲8.00-24.00) Frente al Centro de Visitantes de Petra. En la ciudad antigua, miembros de este cuerpo toman el fresco en rincones sombreados.

Acceso a internet

Hay abundantes cibercafés en el centro, como **Rum Internet** (1 JOD/hora; ⏲10.00-24.00), bajando la colina desde la rotonda de Shaheed.

PETRA: TRANSPORTE PÚBLICO DE UN VISTAZO

A/DESDE	DURACIÓN	FRECUENCIA	OBSERVACIONES
Ammán (210 km) vía carretera del Desierto	4 h	1 autobús diario/11 microbuses diarios	**Autobús de JETT** Sale a las 6.30 de la oficina de los autobuses JETT, junto a la estación de autobuses Abdali. Regresa a las 16.00 desde el Centro de Visitantes de Petra. **Microbús** Sale de 7.00 a 16.00 a/desde la estación de autobuses sur (Wahadat) en Ammán y la estación de autobuses de Wadi Musa. Sale cuando está lleno.
Wadi Rum (90 km)	2 h	1 diario	**Microbús** Sale a las 6.30 de la estación de autobuses de Wadi Musa y a las 8.30 del Centro de Visitantes de Petra. Puede salir solo cuando esté lleno: preguntar en el hotel/*camping* para que contacte con el conductor del autobús.
A/desde Aqaba (120 km)	2½ h	4 diarios	**Microbús** Sale de 6.30 a 8.30, y hay uno a media tarde a/desde la estación de autobuses de Wadi Musa y la estación de microbuses de Aqaba. Sale cuando está lleno.

En el **Seven Wonders Restaurant** (3,5 JOD/hora; ⌚9.00-23.00), cerca de la entrada de Petra y a escasos metros del Mövenpick Hotel, también se sirve un chocolate caliente de lujo (2,5 JOD).

Lavanderías

Muchos hoteles hacen coladas por unos 2 JOD la prenda, a través de la lavandería del Amra Palace Hotel.

Asistencia médica

El Queen Rania Hospital ofrece atención médica de calidad y está abierto para urgencias sin volante médico. Está situado a 5 km de la rotonda de la Policía, en la carretera a Tayyibeh.

La farmacia de Wadi Musa, situada junto la rotonda de Shaheed, ofrece una amplia gama de medicamentos y artículos de tocador.

Dinero

En muchos hoteles canjean divisas, aunque con tipos de cambio desfavorables. Para los cheques de viaje, es mejor cambiarlos antes de llegar a Petra.

El Housing Bank y el Jordan Islamic Bank, más arriba de la rotonda de Shaheed, están bien para cambiar dinero y tienen cajeros automáticos. El Arab Bank queda más abajo de la rotonda. Más cerca de la entrada a Petra están el Cairo-Amman Bank, en el Mövenpick Hotel, y el Arab Jordan Investment Bank; ambos canjean divisas y, por lo general, cheques de viaje sin demasiadas molestias. Las entidades bancarias abren de 8.00 a 14.00 de domingo a jueves y, en ocasiones, de 9.00 a 11.00 los viernes. Un par de oficinas de cambio cerca del Silk Road Hotel ofrecen un horario más holgado.

Correos

Oficina principal de correos (⌚8.00-17.00 sa-ju) En un minicentro comercial en la rotonda de Shaheed.
Correos (⌚8.00-17.00 sa-ju) Pequeña oficina junto al Mussa Spring Hotel en 'Ain Musa.
Oficina de correos del centro de visitantes (⌚ 7.30-17.00) Detrás del centro de visitantes de Petra ("Petra Touristic Post Office").

Teléfono

Se pueden hacer llamadas internacionales desde los locutorios de las calles principales de Wadi Musa. La forma más barata y fácil de llamar es con una tarjeta de prepago.

Información turística

La mejor fuente de información es el **centro de visitantes de Petra** (plano p. 182; ☎2156044; ⌚6.00-21.00), junto a la entrada de la ciudad. La forma más fácil de encontrar información sobre microbuses y otros transportes es preguntar en el hotel o en alguno de los restaurantes cercanos a la rotonda de Shaheed. También se puede entrar en **Jordan Jubilee** (www.jordanjubilee.com); la autora de la página, Ruth, es una antigua residente en Wadi Musa y un oráculo local.

Cómo llegar y salir

Para tratarse del principal reclamo turístico del país, el transporte público a/desde Wadi Musa es menos frecuente de lo esperado. Para más información sobre las conexiones entre Petra y Jerusalén, véase el recuadro de la p. 328.

Autobús y microbús

JETT ofrece un servicio diario entre Ammán y Petra, concebido especialmente para excursiones de un día. Sale a las 6.30 de la oficina de JETT, junto a la estación de autobuses Abdali (ida/ida y vuelta 8/16 JOD, 4 h) y deja a los pasajeros en el Centro de Visitantes de Petra en Wadi Musa. El autobús de vuelta sale a las 16.00 (en verano a veces antes).

Los microbuses suelen partir de la estación de autobuses, en el centro de Wadi Musa. La mayor parte no arranca hasta que están, como poco, medio llenos, por lo que hay que tener paciencia. Si no hay suficiente pasaje, puede que el servicio se suspenda o que se solicite a los viajeros que paguen las plazas libres. No se trata de una estafa, sino de un intento del conductor de cubrir costes. Conviene fijar el precio del viaje antes de partir. Los viernes hay muchos menos servicios.

Hay microbuses regulares diarios entre la estación de autobuses sur de Ammán (Wahadat) y Wadi Musa (5 JOD, 4 h) vía carretera del Desierto. Salen de Ammán y Wadi Musa cuando están llenos, más o menos cada hora de 7.00 a 16.00. Los horarios cambian con frecuencia, es mejor preguntar en el hotel.

También hay servicios bastante frecuentes (más por la mañana) de Wadi Musa a Ma'an (1,5 JOD, 45 min) durante todo el día, con una breve parada en la universidad, a unos 10 km de Ma'an. Desde Ma'an, hay microbuses a Ammán, Aqaba e indirectos al Wadi Rum. También se puede ir de Wadi Musa a Aqaba (5 JOD, 2½ h) a las 6.00, 8.30 y 15.00 aproximadamente (hay que confirmarlo la víspera o preguntar en el hotel).

Para ir al Wadi Rum (5 JOD, 2 h), hay un microbús diario hacia las 6.00. Se recomienda reservar plaza el día anterior; normalmente en el hotel se ofrecen a llamar al conductor. Si se pierde el microbús o el servicio no funciona, hay que tomar otro a Aqaba, apearse en el cruce de Ar-Rashidiyyah y allí esperar otro o hacer autostop hasta el pueblo de Rum. Es posible que cobren por exceso de equipaje (unos 3 JOD), sobre todo si ocupa un asiento que podría utilizar otro viajero. Hay que comprar agua para el viaje antes de salir y reservar un circuito en Wadi Rum, en el hotel, agencia de viajes o a la llegada a Rum para evitar ser víctimas de ganchos oportunistas en la estación. El Cleopetra Hotel y otros alojamientos organizan circuitos al Wadi Rum con pernoctación.

Para Karak, suele salir un microbús hacia las 7.00 (3 JOD), pero la demanda es tan escasa que no suele ser diario, en cuyo caso se puede ir vía Ma'an.

Automóvil

En Hertz Rent-a-Car (☎2156981; ⏲8.00-18.00) se alquilan automóviles desde 30 JOD al día. Un todoterreno cuesta aproximadamente 160 JOD por día.

El acceso a Petra y Wadi Musa está bien señalizado en las principales carreteras. La que une Petra y la Pequeña Petra llega hasta la carretera entre Wadi Musa y Shobak, que es una ruta alternativa recomendable para salir de Wadi Musa. Una espectacular carretera serpentea por el Wadi Araba hasta la carretera del Mmar Muerto (véase recuadro en p. 118). La ruta a Tayyibeh también atraviesa bellos paisajes.

Taxi

En Wadi Musa abundan los taxis privados (amarillos). Algunos taxis todoterreno valen más o menos lo mismo, pero no son muy útiles ya que si se quiere explorar la zona protegida, el circuito desde el centro de visitantes de Wadi Rum se realiza en todoterreno. El trayecto de ida en taxi cuesta 40 JOD al Wadi Rum (1 h) y Aqaba (1½ h); 7 JOD a Shobak (ida y vuelta 12 JOD con una parada de 1 h); y 50 JOD a Karak (1½ h). Para Madaba o Ammán por la carretera del Rey, con paradas en Shobak, Dana y Karak, la carrera cuesta unos 90 JOD.

Siq al-Barid (Pequeña Petra)

(سيق البيضاء (البتراء الصغيرة))

Conocido como la **Pequeña Petra,** el Siq al-Barid (Cañón Frío) bien merece una visita. Se cree que este barrio a las afueras de Petra hizo las veces de centro agrícola y comercial y de puesto de suministros para las caravanas de camellos que pasaban por la famosa ciudad. La zona circundante es pintoresca y divertida de explorar, sobre todo porque alberga algunos de los asentamientos más antiguos del mundo, como Al-Beidha.

Puntos de interés

GRATIS **Siq de la Pequeña Petra** RUINAS

(en las horas de luz solar) Desde el aparcamiento, un sendero perfectamente identificable lleva hasta el Siq, de 400 m de longitud y con varios tramos anchos. En el primero de ellos se yergue un **templo,** del que se sabe poco, y en el segundo, hay cuatro **triclinios** (uno a la izquierda y tres a la derecha) que probablemente se utilizaron como comedores para los hambrientos mercaderes y viajeros. Aproximadamente 50 m más adelante, la **casa pintada** es otro pequeño comedor al que se accede por unos escalones exteriores. Los maltrechos pero aún vívidos frescos de cepas, flores y pájaros en la parte inferior del arco interior constituyen un raro ejemplo de pintura nabatea, aunque las paredes están muy dañadas por el humo de las fogatas de los beduinos. Excavada en la roca, frente a la sala, hay una gran **cisterna,** y canales para el agua en varios puntos a lo largo del Siq.

En el extremo del Siq hay unos escalones. Si se sube hasta lo alto, se gozará de excelentes vistas y se descubrirán muchos rincones para hacer un *picnic*. Con suficiente tiempo e interés, se pueden explorar las canteras y cisternas nabateas de Umm Qusa, poco antes de la entrada al *siq*.

GRATIS **Al-Beidha** RUINAS

(en las horas de luz solar) Las ruinas neolíticas de **Al-Beidha** datan de hace unos 9000 años y, junto a Jericó, constituyen uno de los yacimientos arqueológicos más antiguos de Oriente Próximo. Los restos de unas 65 estructuras redondas (posteriormente rectangulares) son muy significativos porque precisan la transición física de las comunidades de cazadores-recolectores a asentados pastores-agricultores. El asentamiento se abandonó alrededor del 6000 a.C., razón de que esté intacto (las posteriores civilizaciones no edificaron encima). Para quienes no estén acostumbrados a estos yacimientos, se advierte que es necesario recurrir bastante a la imaginación. Debido a la fragilidad del lugar, se impone ceñirse a los senderos marcados.

Se llega por el camino que sale a la izquierda de la entrada a la Pequeña Petra, a unos 15 minutos de caminata.

GRATIS **Al-Wu'ira** CASTILLO

(plano p. 166; en las horas de luz solar) Construido por los cruzados en 1116 d.C., **Al-Wu'ira** fue conquistado por las fuerzas musulmanas 73 años más tarde. Un fantástico puente (antes levadizo) conduce por el cañón hasta la casa del guarda y las escasas ruinas.

DAVID ROBERTS (1796-1864)

Hay algunos rincones en Petra y la Pequeña Petra donde es fácil imaginarse la típica estampa decimonónica de grupos de hombres árabes ataviados con chilabas a rayas descansando tranquilamente en estos pacíficos parajes. En los cafés y vestíbulos de hotel de Wadi Musa se pueden ver esas mismas escenas y personajes plasmados en las paredes, antaño vacías. El culpable de estas idílicas pinturas es David Roberts, un admirado artista y topógrafo escocés del período romántico tardío.

Si se considera la popularidad de su obra entre los viajeros, podría decirse que Roberts tenía un don especial. Esto quizás se debiera a sus siete años de aprendizaje como pintor de casas, o puede que a su breve período como pintor de escenarios en el Theatre Royal de Edimburgo. Sea como fuere, sus composiciones son un alarde de costumbrismo: caravanas descargando mercancías, amigos saludándose a través del *wadi* o disputas entre comerciantes con un paisaje exagerado como telón de fondo.

Roberts visitó la región en 1839 vestido de árabe, tal como había hecho Burckhardt dos décadas antes, y viajó con una caravana de 20 camellos y escolta local. Petra era el destino clave de su viaje, a pesar de que tuvo que acortar su visita debido a los problemas con las tribus locales. De regreso a Gran Bretaña, sus acuarelas, magníficamente litografiadas por el grabador belga Louis Haghe, se exhibieron en 1840 y fueron elogiadas por la crítica.

Las imágenes de Roberts han pasado al vocabulario visual de uno de los más atesorados lugares del mundo. Para ser el hijo de un zapatero sin formación en arte que empezó pintando casas, su legado es formidable.

HUMOR BEDUINO

En Petra hay que ver la parte divertida de la visita. Los lugareños son famosos por su pícaro sentido del humor y ofrecen camellos como taxis con aire acondicionado y burros como Mercedes Benz. La artesanía a menudo se vende diciendo "compre una para su mujer y otra para su novia". Hay que tener cuidado con las *happy hour* para los precios de los recuerdos comprados por la tarde, puede significar que valen el doble.

Hay que buscar un desvío sin señalizar 1,5 km al norte del Mövenpick Hotel y en la parte izquierda de la carretera, que lleva a Siq al-Barid (Pequeña Petra).

Actividades

Si se viene preparado, se puede ir **de excursión** desde el Siq al-Barid hasta el Monasterio de Petra (Al-Deir) o hasta el centro de Petra vía el Wadi Mu'aisireh al-Gharbiya. Esta excursión de cuatro horas (35 JOD, preguntar en el aparcamiento a la entrada de Siq al-Barid o en uno de las zonas de acampada de abajo) precisa de guía, ya que es difícil encontrar la ruta. También hay que tener una entrada válida para Petra (en el Siq al-Barid no las facilitan).

Dónde dormir y comer

En la zona hay varios *campings* que son como un refugio rural del ligeramente claustrofóbico ambiente de Wadi Musa.

The Rock *CAMPING* **$$**
(☎079-777589; www.therockpetra.com; i/d media pensión en tienda beduina 45/66 JOD) Este lujoso y nuevo *camping* en Ba'ja cuenta con una hermosa ubicación en un amplio valle, con las típicas rocas azotadas por el viento como telón de fondo y unas vistas inusualmente verdes (gracias a un proyecto agrícola cercano) que se extienden por la llanura de abajo. Se puede elegir entre tiendas blancas estilo ejército y tiendas más tradicionales de pelo de camello tejido y distintos lugares en alto para hacer cenas tradicionales. Si se toma un vaso de vino del bar (5 JOD) se participa en una antigua tradición, como se verá en el lagar nabateo del *camping*. También son visibles los restos de una presa y de canales de agua. Una excursión de dos horas con subida por el adyacente Siq Ba'ja conduce a las ruinas de un pueblo neolítico bien conservado de 9000 años de antigüedad. Para llegar al *camping* se siguen las señales al Rock Camp, desde la Pequeña Petra hacia Wadi Araba. Los últimos 200 m son solo accesibles a un turismo si se conduce despacio por la pista llena de baches.

Ammarin Bedouin Camp *CAMPING* **$**
(☎079-5667771; www.bedouincamp.net; media pensión por persona en tienda 50 JOD) A 10 minutos de la Pequeña Petra y señalizado en la carretera de acceso, se encuentra en Siq al-Amti, escondido en un espectacular anfiteatro de arena y colinas. Se duerme en colchones con mantas en una tienda beduina dividida con suelo de cemento, pero el edificio de las duchas y lavabos está limpio. Su maravilloso museo etnográfico se centra en la tribu local ammarin; para hacerse una idea sobre la dura vida en el margen se recomienda leer la historia de Torfa Bint Saleh Al-Ammarin. El campamento ofrece excursiones guiadas por las colinas circundantes. Es imprescindible reservar.

Seven Wonder Bedouin Camp *CAMPING* **$**
(☎079-7958641; www.sevenwonderbdeouincamp.com; media pensión por persona en tienda 30 JOD, B&B 20 JOD; ✎) Escondido discretamente en la ladera de una colina, este relajado *camping* es especialmente mágico por la noche, cuando se encienden hogueras y las rocas de detrás se iluminan. Se pernocta en sencillas, pero agradables cabañas con luz eléctrica, alfombras y mosquiteras. Ofrece agua caliente y toallas. Sirve una sabrosa comida tradicional salida de un horno *zerb* y su experimentado chef prepara *mendi* y sopas vegetarianas integrales. Se siguen las señales por la pista que sale de la carretera a la Pequeña Petra.

Little Petra Bedouin Camp *CAMPING* **$$**
(☎079-5300135 o 077-6331431; www.littlepetrabedouincamp.com; por persona 25 JOD, media pensión por persona 40 JOD, mínimo 2 personas) Escondido en las montañas en la carretera entre Umm Sayhoun y la Pequeña Petra, este apartado complejo aporta un toque de elegancia urbana en un refugio rural. Se hace *camping* con estilo en tiendas del ejército con camas de verdad, colchones y espejos de cuerpo entero con marco de madera. La cena se prepara en una cueva y se sirve con estilo en distintos puntos, incluidas varias cuevas de ambiente romántico. Está señalizado saliendo de la carretera principal a la Pequeña Petra.

Cómo llegar y salir

Algunos hoteles de Wadi Musa organizan circuitos a la Pequeña Petra. El trayecto de ida en taxi privado cuesta unos 20 JOD (30 JOD ida y vuelta, 1 h de espera incl.).

Con automóvil, hay que tomar la carretera al norte del Mövenpick Hotel y seguir las indicaciones a "Beda" o "Al-Beidha". En el cruce girar a la izquierda, y está justo a 1 km bajo el aparcamiento.

Como alternativa, esta agradable carretera de 8 km también se puede recorrer a pie. El camino cruza el pueblo de Umm Sayhoun, la 'Roca del Elefante' y 'Ain Dibdibah, de donde procedía gran parte del agua de Petra. Se puede atajar atravesando los campos a la izquierda, casi 1 km antes del cruce de Al-Beidha.

Hacer autostop también es factible, sobre todo los viernes, cuando familias locales salen de *picnic*.

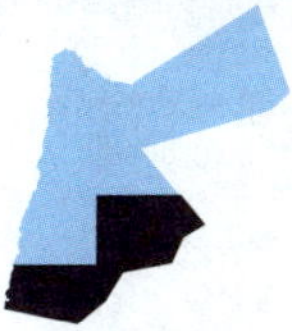

Aqaba, Wadi Rum y la carretera del Desierto

العقبة وادي رم & الطريق الصحراء

Sumario »

Los mejores alojamientos

- » InterContinental Hotel (p. 201)
- » Coral Bay Resort (p. 211)
- » Bait Ali Lodge (p. 224)
- » Rum Stars Camp (p. 224)

Los mejores restaurantes

- » Blue Bay (p. 206)
- » Ali Baba Restaurant (p. 206)
- » Royal Yacht Club Restaurant (p. 206)
- » Captain's Camp (p. 227)

Por qué ir

El sur de Jordania es el hogar de los beduinos, cuyo legendario valor y coraje quedaron reflejados en *Los siete pilares de la sabiduría* de Lawrence de Arabia. Habitan el implacable desierto del sur, un paisaje de dunas, oasis y erosionados riscos, hermoso a la puesta de sol e impresionante en verano. Todos, a excepción de los menos románticos, querrán dejar atrás el mundo moderno y vivir como nómadas en el Wadi Rum. Y es posible, al menos un día o dos en los campamentos de Rum y Diseh, a lomos de un camello, en todoterreno o en globo aerostático.

La cercana Aqaba y los centros de submarinismo vecinos, proporciona acceso a otra de las bellezas naturales de Jordania: los jardines coralinos del mar Rojo. Incluso si no apetece el neopreno, Aqaba es un destino relajado y agradable en el que deshacerse del polvo del desierto y disfrutar de una cena de pescado con los veraneantes jordanos.

Cuándo ir

Aqaba disfruta de tiempo cálido todo el año, incluso en invierno, y de un mar transparente, lo que atrae a gran cantidad de turistas desde las frías tierras altas a la costa, en especial durante las festividades nacionales y los festivales religiosos.

El desierto renace después de la lluvia y consigue que de febrero a mayo y de octubre a noviembre sean los meses perfectos para disfrutar de una aventura en el desierto, en Wadi Rum. Gracias a sus templados días y balsámicas noches, hacer *camping* es fabuloso.

A pesar de las altas temperaturas, el Distant Heat, un festival de música que dura toda la noche, atrae a público a Wadi Rum a mediados de agosto.

¡Atención! Las noches de mediados de invierno en el desierto son gélidas.

Historia y cultura

Con vistas al extenso Wadi Araba al oeste, la magnífica carretera A35 avanza desde Wadi Musa hasta el escarpado Jebel Batra, donde se junta con la carretera del Desierto para peinar también el majestuoso territorio conocido como el Desierto del Sur. Durante siglos ha sido hogar de tribus de beduinos, cuya unión en la Rebelión Árabe del s. xx fue la máxima expresión del ideal panárabe. El grito "Hacia Aqaba" sigue reverberando en las paredes de Wadi Rum, llevado por el silbato del tren que serpentea por las vías del ferrocarril de Hejaz.

Por romántica que parezca la vida nómada, muchas de las tribus beduinas han adoptado una vida más sedentaria en las últimas dos o tres décadas. El desierto, encarnado no por los pintorescos atributos del Wadi Rum, sino por inhóspitas llanuras, no da cuartel. La vida en él es dura incluso para los beduinos y, según Lawrence de Arabia, "una muerte en vida" para los extranjeros. Al viajar por la carretera del Desierto, que bordea el imponente Badia, enseguida se empieza a respetar estos parajes extremos, así como a la gente, fauna y flora que se han adaptado a sus privaciones.

Reservas de la naturaleza

En el sur de Jordania hay dos reservas. En tierra la **zona protegida del Wadi Rum** (p. 212), gestionada por las autoridades de Aqaba, ofrece *camping*, paseos en camello, excursiones, globos aerostáticos y conducción campo a través en un paisaje de hermosas dunas y piedra arenisca.

Frente a la costa, el **Parque Marino del Mar Rojo de Aqaba** se fundó en 1997 para proteger el entorno del mar Rojo en el sur de Aqaba. La mejor forma de acceder es a través de uno de los clubes de submarinismo. Abarca desde la Estación de Ciencias Marinas al Royal Diving Club, unos 350 m frente a la costa. Está vigilado, la pesca está prohibida y la navegación limitada. Los embarcaderos permiten a los submarinistas y buceadores lanzarse al mar en vez de vadear desde la playa.

Peligros y advertencias

Al igual que en el Desierto del Este, las dunas del Desierto del Sur conforman un implacable entorno que ha de respetarse. Es fácil deshidratarse, incluso en invierno, y sin guía, perderse o desorientarse. Uno de los peligros que menos se tiene en cuenta es el frío de las noches de invierno, en las que puede sufrirse una hipotermia en una excursión en vehículo abierto.

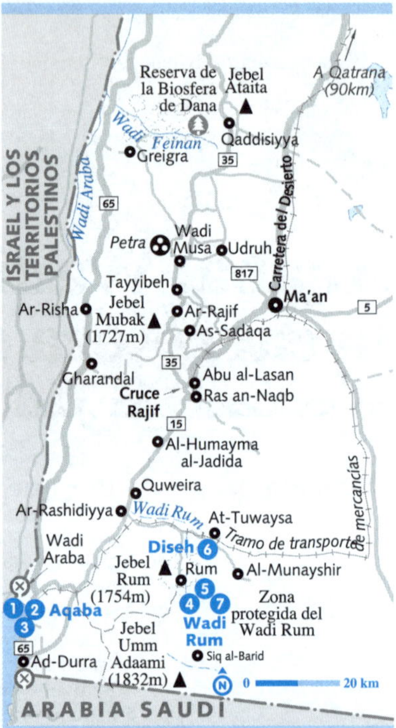

Imprescindible

1. Ponerse gafas y aletas y nadar entre caballitos de mar en los jardines de coral del **mar Rojo** (p. 29).
2. Saborear el atún fresco en los excelentes restaurantes de **Aqaba** (p. 206) y olvidarse para siempre del enlatado.
3. Relajarse en uno de los **complejos turísticos costeros** del sur de Jordania (p. 211) y disfrutar del sol, la arena y el mar.
4. Vivir un 'momento Lawrence' a lomos de un camello por **Wadi Rum** (p. 212), sin olvidarse de visitar los lugares que *Los siete pilares de la sabiduría* hizo famosos.
5. Disfrutar de las bromas entre los conductores beduinos en una **excursión en todoterreno** (p. 221) a través del Wadi Rum.
6. Reservar una tienda privada y una cena a domicilio en una duna de arena de **Diseh** (p. 227), sin duda la velada definitiva a la luz de las velas.
7. Acampar con los beduinos en una tienda de pelo de camello en el **Wadi Rum** (p. 224) y ver el cielo nocturno en todo su esplendor.

El mar Rojo tiene sus peligros. Para una descripción de los principales véase p. 32.

Los submarinistas han de recordar que la mayoría de las carreteras que salen de Aqaba son de subida y las "curvas" son un problema si uno no se ha aclimatado en Aqaba antes de ir a Wadi Rum o Petra.

Cómo llegar y salir

Aqaba está bien conectada por transporte público desde Ammán y posee aeropuerto. También es el punto de acceso a Jordania desde Egipto (normalmente en barco) e Israel y los Territorios Palestinos (a través del cruce fronterizo de Wadi Araba, véase p. 36). Si no se dispone de vehículo o se hace un circuito desde Aqaba o Petra no es fácil llegar a Wadi Rum. Con automóvil se puede ir desde esta región al Desierto del Este por la carretera 5.

Cómo desplazarse

Desde Aqaba puede hacerse un circuito de tres o cuatro días por la parte sureña de Jordania en transporte público. Alquilar un automóvil en Aqaba facilita el acceso a la costa sur y al Wadi Rum, donde no se necesita todoterreno, pues hay asfalto hasta el centro de visitantes. Desde allí, a menos que se sea un experto conductor en arena, se recomienda hacer una excursión con un conductor beduino.

AQABA Y ALREDEDORES

Gracias a su febril desarrollo urbanístico, Aqaba, la ciudad más importante del sur de Jordania, pronto será la segunda ciudad del país, al menos en términos de estatus, ingresos y potencial turístico. En el extremo del golfo de Aqaba, rodeada por las altas montañas del desierto y poseedora de un agradable clima casi todo el año, cuenta con lo necesario para ser un importante *resort,* algo muy presente en las cadenas hoteleras: el glamuroso proyecto Saraya, de 2 500 millones de dólares, que incluye lagunas, puerto deportivo, campo de golf y una universidad británica, está casi acabado y el hotel Tala Bay y una urbanización residencial se aúnan al propósito de Aqaba y su litoral de convertirse en la Eilat de Jordania.

Aqaba العقبة

☎03 / 133 200 HAB. / ALT. 50 M

Dada la radical reestructuración de sus zonas más próximas sorprende que mantenga el relajado ambiente de pueblo de un destino turístico local. Aunque el visitante no pueda 'hacer' gran cosa por aquí, la localidad es un agradable alto en el camino a los clubes de submarinismo y buceo con tubo del sur, a los grandes destinos jordanos del Wadi Rum y Petra, al noreste, y un merecido descanso si se va o se vuelve de Israel y los Territorios Palestinos o Egipto. Hay muchos alojamientos con buena relación calidad-precio y algunos restaurantes excelentes en el centro. El puerto estropea la vista y las playas cercanas no son muy atractivas (excepto las de los hoteles de precio alto), pero en general posee un ambiente vacacional contagioso.

Mientras en Ammán las temperaturas en invierno rondan los 5°C e incluso puede nevar, en Aqaba rara vez se baja de los 20°C al sol. En verano hace mucho calor, con el mercurio superando los 35°C en plena canícula, pero la brisa marina y una buena siesta (todos los establecimientos cierran entre 14.00 y 18.00, aprox.) ayudan a sobrellevarlo.

Historia

> Y el rey Salomón equipó una flota en Ezion-Geber, que está al lado de Eloth (Elat), en la costa del mar Rojo, en la tierra de Edom.
>
> *1 Reyes 9,26*

En el s. xx un viajero musulmán describió Aqaba como "gran ciudad" y lugar de reunión de peregrinos de camino a y desde La Meca. De hecho, desde los ss. xx al v a.C. fue el punto de confluencia de varias rutas de comercio por las que se acarreaba el mineral de cobre de las minas de Wadi Araba que la flota del rey Salomón transportaba a destinos lejanos. La cerámica de China y las monedas de Etiopía encontradas reflejan la naturaleza cosmopolita de este puerto en sus primeros años de existencia. Posteriormente los egipcios, nabateos y romanos se sirvieron de "Ayla", pues así se conoció, y el descubrimiento de una iglesia de finales del s. III sugiere la existencia de una próspera comunidad.

En el 1068 d.C. su suerte cambió cuando un tremendo terremoto partió Ayla en dos. El cambio de las rutas comerciales hacia Bagdad a mediados del s. XVI significó el eclipse final del puerto, que quedó reducido a un insignificante pueblo pesquero durante los siguientes 500 años.

Recuperó su protagonismo durante la Rebelión Árabe de comienzos del s. xx, cuando los árabes (y Lawrence de Arabia) expulsaron a las fuerzas otomanas en 1917. Posteriormente, los británicos utilizaron la ciudad como centro de aprovisionamiento desde Egipto para respaldar el asalto a Damasco.

Tras la I Guerra Mundial, la frontera entre Transjordania y Arabia Saudí aún no había sido definida, así es que Gran Bretaña trazó arbitrariamente una línea a pocos kilómetros al sur de Aqaba. Los saudíes cuestionaron esta decisión, pero no emprendieron ninguna acción opositora. A medida que el puerto de Aqaba crecía, su limitado litoral se demostró insuficiente, por lo que en 1965 el rey Hussein canjeó 6000 km^2 de desierto jordano por 12 km de costa saudí. En la actualidad la aportación del turismo al producto nacional bruto ha demostrado que fue un negocio con visión de futuro.

Puntos de interés

No hay mucho que ver, pues la mayoría de los visitantes acude para relajarse en la playa, bucear o hacer submarinismo (véase p. 29). El par de puntos de interés listados se disfrutan más dando un paseo por la ciudad (véase recuadro en esta página). También se puede subir a un **coche de caballos** (15 JOD/30 min) frente al Al-Cazar Hotel.

King Hussein St (cuyo nombre es King Al-Hussein bin Talal St, aunque también llamada Corniche) es el eje principal. Bordea el golfo desde la frontera con Israel y los Territorios Palestinos hasta los lindes con Arabia Saudí. En el centro, un paseo discurre paralelo a King Hussein St por la playa y termina en una enorme bandera, donde se encuentra el fuerte de Aqaba y la oficina de turismo.

AQABA A PIE

Su compacto centro se presta a un paseo a última hora de la tarde. Se tardan unas dos horas en recorrer esta ruta circular de 3 km. Comienza frente al Al-Cazar Hotel, en la Corniche, donde se puede alquilar un coche de caballos si se prefiere.

Las **ruinas de Ayla** dan una idea de la antigüedad de Aqaba: en el extremo del golfo existió un puerto durante muchos siglos. Se continúa por la Corniche hasta el **puerto deportivo** para comprender la situación estratégica de la ciudad, con las montañas de Israel y Egipto al otro lado del agua y Arabia Saudí 14 km al sur.

Se sigue por la Corniche y se toma el sendero que atraviesa unas bien cuidadas parcelas de espinacas y rábanos hasta la **playa.** Los fines de semana se llena de lugareños que hacen *picnic* y entre semana, en temporada baja, se tiene la arena para uno solo. Más al sur hay una plaza alrededor de la gran bandera. Se dedican 30 minutos a dar un paseo en una **barca con fondo de cristal** y ver el legendario mar Rojo.

Desde la bandera se va hacia el **fuerte de Aqaba** y se rememora el grito de "¡Hacia Aqaba!" cuando se traspasan sus puertas de madera. Es el lugar en el que la Rebelión Árabe, liderada por Lawrence de Arabia, expulsó a los turcos. Para tener un recuerdo se puede comprar algo en la **Fundación Noor al-Hussein,** cuyos beneficios revierten en la comunidad.

Se gira a la izquierda hasta el tramo más animado de la Corniche y se eluden las invitaciones de los vendedores de *shawarmas* para tomar un tentempié. Se tuerce a la derecha, se sube Ar-Razi St y se toma la primera calle a la izquierda para atravesar el **zoco de frutas y verduras,** que vende montañas de berenjenas. Se gira a la izquierda en Zahran St o uno se guía por el olfato, pues las tiendas de frutos secos, café y especias se huelen antes de verlas. En el resto de la calle hay **tiendas de recuerdos,** joyería, abalorios y antigüedades. Para resarcir el estómago se tuerce a la izquierda por una de las callejuelas hasta Raghadan St. La magníficamente reformada **mezquita** es un reciente proyecto del actual rey. Se gira a la derecha por Raghadan St y se compran postres en las pastelerías de la curva de la carretera, después uno se sienta en la terraza de **Ali Baba Restaurant** para tomar un sabroso primer plato.

Se cruza la carretera de Ammán y se pasea por An-Nahda St, el abarrotado centro de la moderna Aqaba. Se elije un **restaurante de pescado** para cenar o se hace una parada para tomar un café árabe y fumar una pipa de agua en As-Sa'dah St, lejos de los jóvenes que ejercitan sus camellos. Se tuerce a la izquierda hasta Ar-Rashid St, junto a las ruinas de una **antigua iglesia;** más adelante está el Mövenpick Resort Hotel, junto a las ruinas de Ayla, un magnífico lugar para tomar un helado al final del circuito.

El molesto puerto queda pocos kilómetros al sur.

GRATIS **Ayla** RUINAS
(Corniche; ⌚24 h) Situado en la misma Corniche, e incongruentemente encajonado entre el puerto deportivo y el Mövenpick Resort, Ayla es el yacimiento del anciano puerto de Aqaba. No queda mucho, pero los tableros informativos en inglés permiten localizar algunos elementos de interés. En la parte trasera de un aparcamiento detrás de la oficina de autobuses JETT hay otra pequeña sección de la ciudad antigua, con restos de las murallas y de una iglesia.

Fuerte de Aqaba FUERTE
(fuera de King Hussein St; entrada 1 JOD, incluye el Museo Aqaba; ⌚8.00-16.00 sa-ju, 10.00-16.00 vi) Esta achaparrada fortificación en un extremo de la Corniche, junto a la bandera, mide unos 50 por 50 m y sus lados son ligeramente desiguales. Se construyó entre 1510 y 1517, como atestiguan las inscripciones en árabe del interior de su puerta de acceso, y se utilizó como *khan* (posada de viajeros) para los peregrinos a La Meca. Los otomanos lo ocuparon hasta 1917, resultando considerablemente dañada por la artillería británica. El escudo de armas hachemita sobre la entrada principal conmemora la expulsión de los turcos de Aqaba durante la Rebelión Árabe.

Museo de Aqaba MUSEO
(Museo de las Antigüedades de Aqaba; al oeste de King Hussein St; entrada 1 JOD; ⌚8.00-16.00 sa-ju, 10.00-16.00 vi) Forma parte del fuerte de Aqaba y fue el hogar del padre del tatarabuelo del actual rey, Abdalá II. Su colección de objetos incluye monedas, cerámica y lápidas islámicas del s. VIII. A los que hayan viajado por la carretera del Rey quizá les interese el mojón inscrito de la vía Trajana (versión romana de esta famosa vía). Cuenta con un pequeño centro de información turística.

Actividades

Playas

Aunque haya buenas instalaciones en los hoteles de lujo y numerosos proyectos en desarrollo, su actual oferta se acerca más a bañarse completamente vestido a bordo de una colchoneta hinchable que a lucir palmito en una moto acuática por playas ribeteadas con palmeras.

La principal **playa pública** gratis es el arenal flanqueado de cafés que se extiende entre el puerto deportivo y del fuerte de Aqaba. Se recomienda olvidarse del baño y unirse a los jordanos que se divierten. Hay jóvenes que se pavonean en la playa con relucientes zapatos en punta; bebés transportados en bolsas de deporte y cestas de mimbre; futbolistas de todas las edades junto a la gigantesca bandera revolucionaria árabe; hombres con chaquetas de pana sentados en el rompeolas; niños con chaquetas de color rosa corriendo entre puestos de algodón de azúcar; jóvenes sentadas recatadamente sobre todo tipo de transporte de cuatro patas e innumerables vendedores que ofrecen tentempiés o baratijas chinas. Como los jordanos son tan locuaces y hospitalarios, resulta imposible sentirse solo.

Si se desea exponer la piel y bañarse, es mejor ir a las playas privadas de los hoteles de cinco estrellas.

Mövenpick Resort Hotel NATACIÓN
(☎/fax 2034020; www.movenpick-aqaba.com; King Hussein St; entrada de 1 día 40 JOD; ⌚8.00 hasta anochecer) Ofrece playa limpia, tres piscinas, gimnasio, sauna y *jacuzzi*; incluye un vale de 10 JOD para bebidas.

InterContinental Hotel NATACIÓN
(☎2092222; www.intercontinental.com; King Hussein St; entrada de 1 día 50 JOD; ⌚8.00 hasta anochecer) Hermosos jardines, piscinas y playa, con vale de 25 JOD para comida y bebida.

Deportes acuáticos

Los hoteles de precio alto están bien equipados para los deportes acuáticos (desde 10 JOD/h) y ofrecen esquí acuático, motos acuáticas, *windsur* y kayaks entre marzo y octubre. Todos los hoteles organizan salidas de buceo con tubo y submarinismo, aunque la oferta es mejor en los clubes de submarinismo del sur de la ciudad (véase p. 30).

Cruceros

Todos los grandes hoteles ofrecen cruceros para nadar y almorzar durante el día o tomar copas con danza del vientre por la noche. Varios barcos aguardan amarrados junto a la oficina del puerto deportivo a que haya suficientes pasajeros para zarpar.

Sindbad CRUCERO
(☎2050077; www.sinbadjo.com; puerto deportivo) Esta compañía local organiza diferentes cruceros populares por el golfo de Aqaba. Los precios van desde los 15 JOD por persona por un crucero de dos horas al atardecer hasta los 29 JOD por una excursión de buceo con tubo de medio día (equipo incl.) con barbacoa. Los cruceros salen a diario desde el final del mue-

Aqaba

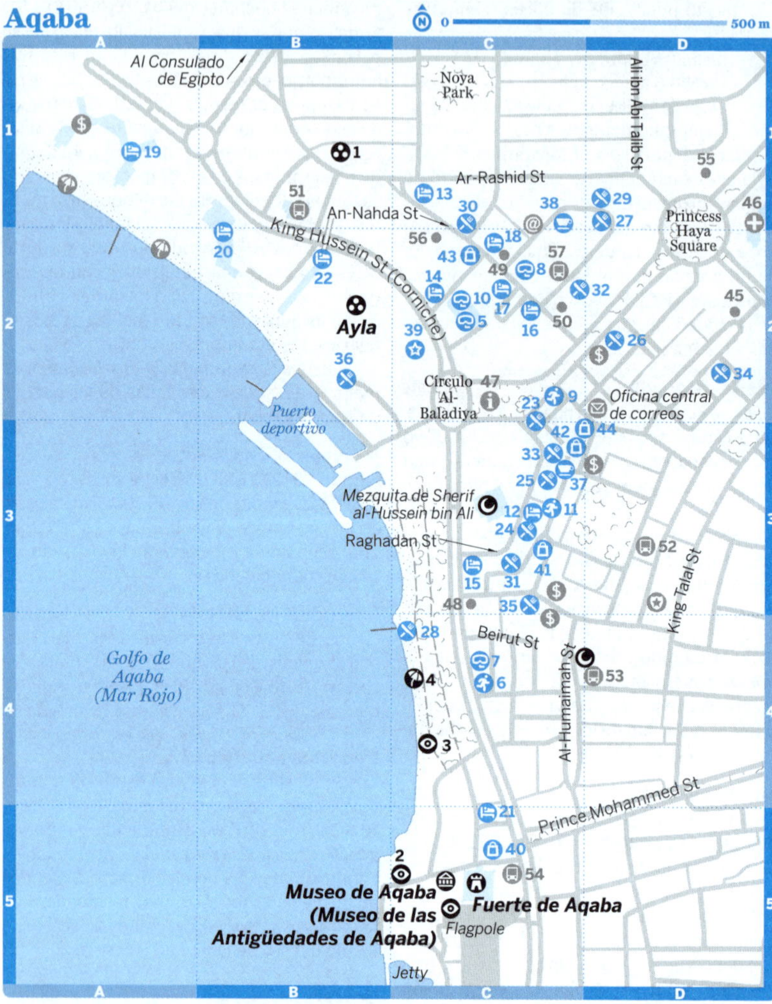

lle. Se puede reservar en casi todos los hoteles o personarse en el muelle 30 minutos antes de que zarpen (13.00 para la salida con barbacoa; 18.00 para el crucero del atardecer).

Saif Marine Transport CRUCERO
(3 h crucero 12 JOD por persona, con cena 25 JOD) Ofrece un crucero de tres horas con cafetería por la noche y otro con cena de barbacoa. No es necesario llamar o reservar, simplemente se va a la puesta de sol.

Barcos con fondo de cristal

Si el tiempo apremia, lo mejor es dar una vuelta en una de estas embarcaciones. El recorrido es divertido, aunque se ven pocos peces y corales a menos que la embarcación se aleje mucho de la ciudad (excursión de 2-3 h como mínimo).

Los barcos, que funcionan entre las 6.00 y la puesta de sol, se congregan en la playa pública central o en un embarcadero frente al fuerte de Aqaba. El precio por barco (con cabida para 10 viajeros) es 15 JOD/20 minutos, 25 JOD/40 minutos y 35 JOD/una hora. Un paseo de tres horas cuesta 100 JOD y de medio día unos 150 JOD. En trayecto, está permitido bañarse, bucear con tubo o pescar (hay que llevar o alquilar el equipo).

Aqaba

Principales puntos de interés

Fuerte de Aqaba C5
Museo de Aqaba (Museo de las Antigüedades de Aqaba) C5
Ayla B2

Puntos de interés

1 Ayla (antigua iglesia) B1
2 Muelle de los barcos con fondo de cristal C5
3 Barcos con fondo de cristal C4
4 Playa pública C4

Actividades, cursos y circuitos

Aqaba Adventure Divers .... (véase 10)
5 Aqaba International Dive Centre C2
6 Aqaba Turkish Baths C4
7 Arab Divers C4
8 Dive Aqaba C2
InterContinental Hotel .... (véase 19)
9 International Traders C2
Mövenpick Resort Hotel .... (véase 22)
Nyazi Tours .... (véase 51)
10 Red Sea Diving Centre C2
Sindbad .... (véase 39)
11 Wadi Rum Desert Services (sucursal) C3

Dónde dormir

12 Al-Amer Hotel C3
13 Al-Cazar Hotel C1
Al-Kholil Hotel .... (véase 12)
Al-Shula Hotel .... (véase 12)
14 Aqaba Gulf Hotel C2
15 Aqaba Star C3
16 Aquavista Hotel C2
17 Captain's Hotel C2
18 Golden Tulip C2
19 InterContinental Hotel A1
20 Kempinski Hotel B2
21 Moon Beach Hotel C5
22 Mövenpick Resort Hotel B2

Dónde comer

23 Ali Baba Restaurant C2
24 Al-Mabrouk Beach Touristic Restaurant C3
25 Al-Tarboosh Restaurant C3
26 Bakery D2
27 Blue Bay D1
28 Cafés C4
Captain's Restaurant .... (véase 17)
29 Eibal Coffee D1
30 Floka Restaurant C1
Formosa Restaurant .... (véase 39)
31 Zoco de frutas y verduras C3
32 Gelato Uno C2
33 Hani Ali C3
34 Humam Supermarket D2
35 Puestos de zumos C3
36 Royal Yacht Club Restaurant B2
Syrian Palace Restaurant .... (véase 12)

Dónde beber

37 Al Fardos Coffee Shop C3
Friends .... (véase 39)
Rovers Return .... (véase 39)
Royal Yacht Club Bar .... (véase 36)
38 Wisalak Café C1

Ocio

39 Aqaba Gateway C2
Jordan Experience Show .... (véase 39)

De compras

40 Noor al-Hussein Foundation Shop C5
41 Photo Hagop C3
42 Redwan Bookshop C3
43 Sam's Jewellers C2
44 Yamani Library C3

Información

45 DHL D2
46 Princess Haya Hospital D1
47 Oficina de turismo C2

Transporte

Al-Cazar Car Rental .... (véase 13)
48 Avis C3
49 Europcar C2
50 Hertz C2
51 Oficina de autobuses JETT B1
52 Estación principal de autobuses/microbuses D3
53 Microbuses/Servicio estación de taxi (a Karak y Safi) D4
54 Microbuses (a la terminal de *ferries*, playas del sur y Royal Diving Club) C5
55 Royal Jordanian & Royal Wings D1
56 Thrifty C2
57 Trust International Transport C2

MERECE LA PENA

UN DÍA QUE LLUEVA EN AQABA...

Se puede ir al **Jordan Experience Show** (☎2022200; Aqaba Gateway; entrada 7 JOD; ⏲pases 12.00, 13.00, 15.00, 16.00 y 17.00) Esta experiencia multimedia de 35 minutos muestra lo más destacado de Jordania, empezando con un desfile estilo Disney por el Siq, seguido de un circuito simulado en alfombra voladora en el que no faltan asientos movibles. Es necesario un mínimo de cuatro espectadores, así que solo abre esporádicamente. A menos que se hable árabe, hay que pedir en el hotel que llamen para informarse de los horarios.

'Hammam'

Aqaba Turkish Baths CASA DE BAÑOS
(☎2031605; King Hussein St; ⏲10.00-22.00) Brindan sesiones completas de masaje, baño de vapor y tratamiento exfoliante por unos muy razonables 12 JOD. Teóricamente, las mujeres son bienvenidas, pero como se han de hacer algunos "apaños especiales" (se desaloja a los hombres solteros para la sesión y se busca a una vigilante), su entrada no está garantizada, aunque puede haber más suerte si se coincide con un día tranquilo y se ha reservado con un par de horas de antelación.

Bab Al-Hara CASA DE BAÑOS
(☎07 99663800; cerca de Petra Moon Hotel; ⏲10.00-22.00) Ofrece servicios similares por el mismo precio. Admite mujeres.

Circuitos

Hay buenas agencias de viajes en la ciudad que ofrecen salidas de buceo con tubo y submarinismo (véase p. 30), circuitos por Jordania (incl. Wadi Rum, véase p. 224) y viajes más largos a los vecinos Egipto, Israel y los Territorios Palestinos. Algunas agencias también organizan excursiones de un día a Petra (40 JOD por persona para 3 como mín.; 80 JOD por persona); estas excursiones merecen la pena si solo se dispone de una jornada y no se quiere pasar media esperando el transporte público. Conviene saber que el precio no incluye la entrada a los yacimientos y que hay poco tiempo para visitarlos. Algunas de las más veteranas son:

International Traders CIRCUITO
(☎2013757; www.traders.com.jo; Al-Hammamat al-Tunisieh St) El precio refleja un servicio fiable y de calidad.

Nyazi Tours CIRCUITO
(☎2022801; www.nyazitours.com; King Hussein St) Recomendable agencia de viajes de aventura que lleva Nyazi Shaba'an, antiguo director de Antigüedades y Turismo de Petra. *Camping*, excursionismo, salidas en todoterreno y recorridos en camello por el Wadi Umran.

Wadi Rum Desert Services CIRCUITO
(☎2063882; www.wadirumdesertservice.tripod.com; ⏲8.30-23.00) Al lado de Al-Shami Restaurant, junto a Zahran St.

Dónde dormir

Aqaba es un destino popular de invierno (oct-mar) para los turistas jordanos y saudíes. La temporada alta coincide con abril, mayo, octubre y noviembre. Los visitantes del norte de Jordania también acuden a Aqaba para los puentes y festividades, sobre todo cuando se aproxima la Eid al-Adha (inmediatamente después del Haj). En estas épocas, los precios pueden incrementarse hasta un 30% y conviene reservar con antelación.

Los entusiastas de la acampada, la exploración y el buceo quizá quieran pernoctar en un campamento de la playa al sur de Aqaba (véase p. 224).

A menos que se indique lo contrario, los hoteles listados cuentan con TV por satélite, aire acondicionado y baño con agua caliente. Casi ningún hotel barato incluye el desayuno, pero todos suelen improvisar algo pasable por 2-5 JOD, aunque lo mejor es ir a por unos garbanzos y un *labneh* al café más cercano. El alojamiento de precio medio en Aqaba tiene buena relación calidad-precio. Los hoteles de precio alto, al igual que en el mar Muerto, poseen un impresionante diseño y bonitos jardines.

InterContinental Hotel *RESORT* $$$
(☎2092222; www.intercontinental.com; King Hussein St; h desde 120 US$; ❄@≋✍) Imponente punto y aparte al final de la bahía, este hotel no cuenta con una piscina desbordante sino con un 'mar que se sale': durante los días plácidos, el golfo de Aqaba se extiende como una balsa de aceite hasta Egipto. Con unos jardines paisajísticos excepcionales, varias piscinas, un riachuelo y una batería de esplendorosas palmeras de terracota, el abanderado de los alojamientos de lujo de Aqaba proporciona el tipo de servicios prácticos

que ha hecho de esta cadena la favorita en todo Oriente Próximo. Seis restaurantes y una galería comercial, entre otras instalaciones, rematan su extraordinaria oferta.

Aqaba Gulf Hotel HOTEL **$$$**
(2016636; www.aqabagulf.com; King Hussein St; h 130 JOD;) Este excelente hotel (el único de Aqaba con pista de tenis) está cruzando la carretera desde Aqaba Gateway. Al ser el primero que se construyó en Aqaba, cuenta con una lista de huéspedes ilustres. El comedor a dos niveles y madera teñida ha quedado algo anticuado, aunque le aportan cierto encanto. Sus amplias y confortables habitaciones (se recomiendan las de las esquinas con doble ventana para contemplar fabulosas puestas de sol), copiosos desayunos y excelente personal lo convierten en uno de los favoritos.

Mövenpick Resort Hotel *RESORT* **$$$**
(2034020; www.movenpick-aqaba.com; King Hussein St; h desde 125 US$;) Desplegado a ambos lados de la calle principal, este elegante hotel cuenta con un suntuoso interior a base de mosaicos y lámparas marroquíes. La enorme piscina y el complejo de playa incluyen tres piscinas, un gimnasio (6.00-22.00), unos bonitos jardines y el Red Sea Grill. Otros restaurantes son el Palm Court, interior, uno italiano y otro libanés, ambos con terraza.

Kempinski Hotel *RESORT* **$$$**
(2090888; www.kempinski.com; King Hussein St; h desde 130 US$;) Suntuoso, sus piscinas en varios niveles, seis restaurantes, bares (incluidos los famosos Fish Inn y Black Pearl) y un *spa,* hacen que merezca la pena pagar su alto precio. A pesar de ser más angular y austero que sus vecinos, el servicio es impecable. Ofrece excursiones de acampada y globo aerostático en Wadi Rum y viajes con pernoctación en Petra.

Captain's Hotel HOTEL-*BOUTIQUE* **$$**
(2060710; www.captains-jo.com; An-Nahda St; i/d 75/85 JOD;) Empezó como restaurante (y aún funciona como tal en la planta baja, con una reputación excelente), pero hoy alberga también un nuevo y elegante hotel de solo un piso, en cuyo vestíbulo reluce un caballo de bronce y unos suelos de azulejos de cobre, algo así como la versión local de un hotel-*boutique.* Las habitaciones, compactas, con TV de pantalla plana, muebles de estilo árabe y unos maravillosos baños con ducha de hidromasaje, lo elevan a opción de categoría por tratarse de un establecimiento de precio medio. Además, tiene una bonita piscina, una sauna y un *jacuzzi.*

Golden Tulip HOTEL **$$**
(2051234; www.goldentulipaqaba.com; As-Sadah St; i/d 65/80 JOD, temporada baja fin de semana 35/50 JOD;) Cómodo, moderno y céntrico, este hotel es absolutamente recomendable. Incorpora un vestíbulo a la última (con un parlanchín loro gris africano) y un bonito bar-karaoke donde el abstemio camarero prepara unos cócteles soberbios. Las habitaciones son acogedoras y luminosas, pero los baños son muy estrechos (ojo con las rodillas y los hombros). El personal de recepción siempre se muestra encantador.

Al-Cazar Hotel HOTEL **$$**
(2014131; www.alcazarhotel.orange.jo; An-Nahda St; i/d/tr desde 35/40/50 JOD;) Con carisma, esta trasnochada y señorial vieja dama de Aqaba presenta dos docenas de desmesuradas palmeras de abanico mexicanas en el jardín delantero, un enorme y despejado vestíbulo y un bar con toda suerte de filigranas en yeso. Las espaciosas habitaciones, con baños de mármol, muestran unos espejos que en su día debieron causar sensación. Un autobús desde el hotel al Club Murjan, un centro deportivo frente a la playa al sur de Aqaba, circula dos veces diarias a las 9.00 y las 13.30 por 9 JOD por persona.

Moon Beach Hotel HOTEL **$**
(2013316; ashrafsaad77@yahoo.com; King Hussein St; i/d/tr con vistas al mar 18/30/35 JOD;) Junto al fuerte, es la mejor opción económica. Su vestíbulo es una mezcla de tosco mobiliario de madera, cortinaje a juego y algunas interesantes fotografías de la antigua Aqaba. Casi todas las habitaciones tienen vistas al mar, aunque los muebles de rojo oscuro, la moqueta gastada, la pintura de color chocolate y los pasillos de extraños paneles de plástico no son para todos los gustos. Afortunadamente, el encantador personal compensa el descuidado interiorismo.

Al-Amer Hotel HOTEL **$**
(/fax 2014821; Raghadan St; i/d/tr 20/25/30 JOD;) No hay que entusiasmarse con la recepción azul pálido y sus bonitas arañas de luces: el rococó francés acaba ahí. Pero sus luminosas y limpias habitaciones –en especial las de la parte delantera– lo convierten en una buena opción económica, aunque les vendría bien un poco de pintura. Si por la noche se tiene hambre, el Syrian Palace Restaurant está al lado.

Al-Shula Hotel HOTEL $

(☎2015153; alshulahotel@yahoo.com; Raghadan St; i/d/tr 22/27/34 JOD; ❄) Se ha redecorado y cuenta con una recepción de mármol blanco y negro. La mayoría de habitaciones tienen vistas al mar a través de la nueva mezquita, buena para una llamada de despertador a las 4.30.

Aquavista Hotel HOTEL $$

(☎2051620; humanehabco@gmail.com; An-Nahda St; incl. desayuno h 50 JOD; ❄) Las habitaciones de este anodino y funcional hotel están limpias y son confortables, si se obvian las paredes color lima y los techos amarillos.

Aqaba Star HOTEL $

(☎2016480; fax 2018147; King Hussein St; i/d 30/35 JOD; ❄) La clientela de este hotel de estilo árabe y dos pisos, con columnas de escayola y baldosas de linóleo azul es mayoritariamente árabe, pero sus habitaciones son razonables, aunque poco decoradas. Mejor optar por una con balcón y vistas al mar.

Al-Kholi Hotel HOTEL $

(☎/fax 2030152; Zahran St; i/d 15/20 JOD, d con balcón 25 JOD; ❄) Es básico, pero céntrico. Sus bajos techos son un inconveniente para las personas altas y si no se presta atención a las manchas de humedad y el olor a comida, es una opción barata lo suficientemente limpia.

Dónde comer

La oferta gastronómica de Aqaba se adapta a cualquier bolsillo. El pescado está verdaderamente rico, especialmente el *sayadieh* (pescado con arroz en salsa de tomate, cebolla y pimiento), la especialidad de Aqaba. Para *shawarmas,* parrillas y tentempiés, los puestos y restaurantes de King Hussein St son muy populares entre los lugareños. Para una mayor variedad de opciones económicas, solo hay que darse una vuelta por Raghadan St, con opciones que van desde sencillos conjuntos de mesas al fresco donde se sirven té, *hummus, fuul* (puré de habas) y *falafel* hasta los restaurantes más grandes recomendados a continuación.

La parte más nueva de la ciudad, sobre todo a ambos lados de As-Sadah St y en el complejo Aqaba Gateway, rebosa de restaurantes modernos y sofisticados. Los incluidos aquí sirven excelente marisco, carne y platos vegetarianos. Muchos no tienen licencia para vender alcohol.

Ali Baba Restaurant JORDANA $$

(☎2013901; Raghadan St; principales 5-12 JOD ⏲8.00-24.00; ❄✍) Con su marquesina de madera, frondosos coyoles y palmeras en macetas, este establecimiento sigue siendo uno de los favoritos de Aqaba. Cuenta con una amplia terraza y ofrece una extensa carta de *mezze,* carnes a la brasa y pescado, como *sayadieh* (8,5 JOD). Es muy agradable para desayunar o tomar un zumo entre comidas, aunque no se anima hasta la noche, cuando se convierte en el afable corazón de la antigua Aqaba.

Captain's Restaurant MARISCO $$$

(☎2016905; An-Nahda St; principales 8-15 JOD; ⏲8.00-24.00; ❄) Todo lugareño con algo que celebrar siempre acude a este restaurante con una carta de calidad, con *sayadieh* y ensalada de marisco entre otras opciones de mar. Este estiloso y grato restaurante tuvo tanto éxito que construyeron un hotel-*boutique* encima.

Royal Yacht Club Restaurant ITALIANA $$$

(☎2022404; www.romero-jordan.com; Royal Yacht Club; principales 8-15 JOD; ⏲12.00-16.30 y 6-23.00; ❄✍) Con vistas al puerto deportivo, este elegante restaurante de paneles de madera es perfecto para disfrutar de un romántico atardecer y mezclarse entre los nuevos ricos de Aqaba. La carta, predominantemente italiana, incluye favoritos mediterráneos tales como ensalada de cangrejo, aguacate, gambas y alcachofas, mejillones a la provenzal y pasta casera vegetariana. Se recomienda reservar.

Blue Bay MARISCO $$

(☎2070755; As-Sadah St; principales 7 JOD; ⏲10.00-1.00; ❄✍) Carta de marisco al gusto y generosos platos de pescado del día excelentemente preparados y presentados. Las elegantes mesas de cristal y el espacioso comedor de la planta superior atraen a una clientela jordana moderna y a grupos de residentes extranjeros. También preparan imaginativas ensaladas vegetales.

Al-Mabrouk Beach Touristic Restaurant MARISCO $$

(Raghadan St; principales 10 JOD; ⏲9.00-23.30; ❄) Es un agradable y popular local para cenar pescado, con mesas con tableros de cristal en el exterior o un comedor interior con aire acondicionado. Uno de los platos favoritos de los lugareños es la cazuela de pescado, mejillones, calamares y tomates Al-Mabrouk (13 JOD).

Floka Restaurant MARISCO $$$
(☎2030860; An-Nahda St; principales 8-15 JOD; ⏲12.30-23.30; ❄) Se puede elegir entre la captura del día (normalmente besugo, pargo, mero y salmonete) y la forma de prepararla. El servicio es un poco lento, pero es un establecimiento cordial y sin pretensiones. Cuenta con comedor interior y exterior.

Formosa Restaurant CHINA $$
(☎2060098; complejo Aqaba Gateway; principales 5-10 JOD; ⏲12.00-24.00; ❄✍) Este agradable e íntimo restaurante ofrece una excelente interpretación china del marisco (con opciones de carne y verdura en la carta).

Syrian Palace Restaurant SIRIA $
(☎/fax 2014788; Raghadan St; principales 3-10 JOD; ⏲10.00-24.00) Como indica su nombre, aquí se sirve buena comida siria y jordana, sin olvidarse del pescado. Está al lado del Al-Amer Hotel.

Al-Tarboosh Restaurant PASTELERÍA $
(☎2018518; Raghadan St; pastelitos por unos 200 fils; ⏲7.30-24.00) Es una de las dos pastelerías cercanas que vende *sambousas* de carne, queso y verdura.

Eibal Coffee FRUTOS SECOS
(☎2035555; As-Sadah St; 1 kg desde 8,5 JOD; ⏲10.00-24.00) Sacan los frutos secos a paladas de los cajones. Se recomiendan los ahumados: la mezcla de pistachos, anacardos y almendras es irresistible. Hay que pedir un kilo en bolsas de 250 g para evitar que se pongan blandos por la humedad.

Comida rápida

Entre el fuerte de Aqaba y el puerto deportivo hay **cafés frente al mar.** Algunas sillas están tan cerca del agua que se pueden mojar los pies mientras se remoja el gaznate. No sirven bebidas alcohólicas.

En los **puestos de zumos** (750 fils-1,5 JOD) de Ar-Razi St suelen reunirse los viajeros.

Cuando el calor aprieta, se puede parar en **Hani Ali** (Raghadan St), un paraíso de dulces tradicionales y deliciosos helados, o en **Gelato Uno** (en una bocacalle de An-Nahda St), detrás de la oficina de Hertz. Para algo más sublime se puede ir a la **heladería** y **pastelería** del Mövenpick Resort Hotel y pedir un "especial" (no hay que entrar en el hotel, tiene acceso por King Hussein St).

Compra de alimentos

El mejor supermercado es **Humam Supermarket** (☎2015721; Al-Petra St; ⏲8.30-14.30 y 16-23.00). **Safeway** (⏲8.00-24.00) queda a 750 m al norte del Princess Haya Hospital. Hay un par de modernos centros comerciales tipo norteamericano en y cerca de la ciudad.

El **zoco de frutas y verduras,** oculto en el extremo sur de Raghadan St, es el mejor lugar para comprar productos frescos locales. Hay infinidad de **panaderías** por los alrededores, como la que está en Al-Hammamat al-Tunisieh St.

Dónde beber

Todos los hoteles de categoría y algunos de precio medio tienen bar, casi todos con una especie de *happy hour* entre 18.00 y 19.30. Por As-Sadah St, una calle en forma de herradura, hay unas cuantas cafeterías al aire libre con sillones en la acera, donde sirven narguiles, café y refrescos.

Al-Fardos Coffee Shop CAFÉ
(Café 500 fils) En este café tradicional, que da a Zahran St, una clientela local masculina bebe *qahwa,* juega al *backgammon* y se embelesa con los vídeos musicales árabes. La terraza es agradable, y las mujeres extranjeras son bienvenidas.

Friends BAR
(☎2013466; piso superior, Aqaba Gateway; cerveza 2,5-3 JOD; ⏲15.30-3.00) Precios razonables y un ambiente relajado y placentero en una terraza donde sopla la brisa del mar. Pruébese el Dizzy Buddah (7 JOD), aunque con dos entra un poco el sueño.

Rovers Return *PUB*
(☎2032030; Aqaba Gateway; cerveza grande 5 JOD; ⏲12.30-24.30) Este *pub* es la versión elevada (situado en un faro falso) preferida por los residentes extranjeros, preferentemente jóvenes, de Aqaba. Si gusta lo británico se puede pedir *fish and chips* o rosbif (9 JOD) y ver fútbol en tres pantallas. Lástima que sea tan pequeño y que se fume tanto.

Royal Yacht Club Bar BAR
(☎2022404; ⏲5-23.00; cerveza 3,5-4,5 JOD) Encima del Romero Restaurant del puerto deportivo, este elegante bar es ideal para una cita, con buenas vistas del puerto al atardecer.

Wisalak Café CAFÉ
(☎2022600; cachimba 3 JOD; batidos desde 3 JOD; ⏲15.00-24.00; ❄) Si se desea alejarse de la carretera y disfrutar de paz y tranquilidad, ofrece mesas en el piso superior.

Ocio

En Aqaba no hay muchas diversiones, pero **Aqaba Gateway** (☎2012200; Al-Baladiah Circle) cuenta con una popular colección de restaurantes, sucursales de comida rápida, tiendas y dos bares.

De compras

Está bien salir de compras por Aqaba, sobre todo por la noche, cuando numerosos grupos de veraneantes jordanos acuden a las tiendas como excusa para disfrutar del ambiente. Se puede ir al *souq* del casco antiguo, con tiendas repletas de esponjas vegetales, pañuelos árabes multicolor, productos del mar Muerto, prendas vaqueras y de algodón, además, claro está, de frutos secos y especias.

Aqaba también es un buen sitio para comprar joyas, con joyerías de oro y plata, algunas en el zoco, donde hacen y venden preciosos abalorios (véase recuadro en esta página).

Sam's Jewellers JOYAS
(☎2012100; entre King Hussein St y An-Nahda St; ⏲9.30-23.00) Este joyero que ofrece diseños "inspirados por mi madre y mis tías" se enorgullece de sus collares de plata, coral, ámbar y piedras semipreciosas, que combinan motivos tradicionales y monturas modernas.

Tienda Noor Al-Hussein Foundation ARTESANÍA
(☎2012601; ⏲8.00-18.00, hasta 19.00 may-sep) En el complejo del fuerte de Aqaba, frente al museo, ofrece una delicada selección de artesanía. Los beneficios se destinan a las comunidades marginadas de Jordania. Entre los artículos que venden, hay joyas de plata de Wadi Musa, diseños con petroglifos del Wadi Rum, kílims, ropa, bordados, cestas y cerámica. Aceptan tarjetas de crédito.

Photo Hagop FOTOGRAFÍA
(☎2012025; Zahran St; ⏲8.30-23.00) Varias sucursales en la ciudad ofrecen accesorios digitales.

Redwan Bookshop LIBROS
(☎2013704; redwanbook@hotmail.com; Zahran St; ⏲7.30-12.30 y 16-21.00) Es una de las mejores librerías de Jordania, con una extensa selección de periódicos, títulos jordanos difíciles

COMPRAR ABALORIOS EN AQABA

Al pasear por el *souq* (zoco) de Aqaba, en el centro de la ciudad, el viajero enseguida se siente intrigado por los caóticos ventanales engalanados con abalorios de alegres colores. Se ven sartas de lapislázuli, ojo de gato, aventurina y cuentas redondas de coral rosa, colgadas junto a sus imitaciones en plástico. Cuentas de ámbar, ágata, turquesa, malaquita, azabache, amatista y jade se guardan en botes, como un surtido en una tienda de dulces. Casi todas estas magníficas piedras provienen de los países vecinos, pero normalmente son los dueños de las tiendas quienes montan los collares, pendientes y brazaletes.

Se puede pedir que confeccionen una pieza con diseño propio. Los típicos "beduinos" añaden piezas de plata entre la piedras, y para un toque "étnico" solo hay que enlazar las piedras al cuero o a unas cuerdas de pelo de camello. El precio depende de la calidad de las piedras y de la dificultad del montaje, pero uno de un solo hilo no baja de los 5 JOD, mientras un collar de varios hilos con buenas piedras puede llegar a los 100 JOD. También hay piezas para hombres a quienes no gustan las joyas: un *misbah* (abalorio para la oración, normalmente en conjuntos de 33, 66 o 99 en honor a los 99 nombres y atributos de Alá) es una buena presentación al mundo árabe. También se puede optar por el siempre popular anillo de ágata. Todas las piezas llevan un cierre de plata, pues se considera *haram* (prohibido) que los hombres musulmanes lleven oro.

Las joyas pueden considerarse mera decoración, aunque los lugareños no lo ven así. Por ejemplo, quien escoja un collar con un medallón central con el nombre de Alá inscrito, deberá quitárselo antes de ir al baño; si alguien admira las joyas de alguien es probable que ese alguien se sienta obligado a regalárselas; los omnipresentes y místicos abalorios con un ojo esquivan el mal de ojo. Si al vendedor le gusta como le sienta la pieza adquirida al comprador, pronunciará las palabras *ma sha'Allah* para protegerlo de la envidia de otras personas. Cualquier persona que entre en una tienda de abalorios jordana se percatará enseguida de que la joyería es más una manifestación del alma que una mera ornamentación del cuerpo.

de encontrar, guías Lonely Planet y novelas en inglés, alemán y francés.

Yamani Library LIBROS
(☎/fax 2012221; Zahran St; ⌚9.00-14.30 y 6-22.00) Unas pocas puertas más al norte, cuenta con una mejor oferta de novelas en inglés.

Información

Peligros y advertencias

Hay viajeras que han denunciado acosos por parte de chavales en las playas públicas. Puede que las extranjeras pasen más inadvertidas si visten camisetas grandes y bermudas por encima del bañador, aunque lo mejor es bañarse en las playas privadas de algunos hoteles.

Urgencias

Comisaría de policía (☎2012411, 191; Ar-Reem St) Enfrente de la estación de autobuses.
Princess Haya Hospital (☎2014111; Ash-Shrif al-Hussein bin Ali St) Moderno y bien equipado. Queda justo al norte de la rotonda de Princess Haya Square.

Acceso a internet

Aqaba cuenta con varios cibercafés, en especial en As-Sadah St. Suelen cobrar de 1 a 2 JOD/h.
10zll Internet Café (☎2022009; As-Sadah St; 1 JOD/h, ⌚24 h) Al lado del Days Inn, en este gran establecimiento sirven cafés y refrescos.

Dinero

La ciudad cuenta con docenas de bancos y cajeros automáticos, muchos de ellos situados en la acera sur de Al-Hammamat al-Tunisieh St.

Las oficinas de cambio de divisas se concentran en la esquina de Zahran St y Ar-Razi St. Tienen un horario más flexible que los bancos, y casi todas cambian cheques de viaje sin aplicar comisión, aunque habría que consultar el cambio primero.

Correos

DHL (☎2012039, 2011385; Al-Petra St)
Oficina principal de correos (⌚7.30-19.00 sa-ju, hasta 13.30 vi) Al final o principio de Zahran St, en el centro de la ciudad.

Teléfono

Hay unas cuantas cabinas delante de la oficina principal de correos y cerca hay algunos puestos que venden tarjetas telefónicas. También hay locutorios en las calles principales, y algunas oficinas de cambio ofrecen servicios de teléfono. Las llamadas desde Aqaba son hasta cinco veces más baratas que desde Wadi Rum.

Información turística

La **oficina de turismo** (☎/fax 2013363; Baladiya Circle; ⌚8.00-14.30 do-ju) está en un quiosco en el centro de un parque nuevo. El cordial personal de la oficina de turismo al este de la rotonda proporciona abundantes folletos y poco más. Hay una sucursal dentro del Museo de Aqaba.

Extensión del visado

Autoridad de la Zona Económica Especial de Aqaba (ASEZA; ☎2091000; www.aqabazone.com; Ash-Sherif al-Hussein bin Ali St-Amman Hwy) Está delante de Safeway. El viajero deberá registrarse aquí si se le ha facilitado un visado gratis al llegar a Aqaba y piensa quedarse en Jordania más de 14 días. Su página web incluye información útil sobre Aqaba.
Comisaría de policía (☎2012411; Ar-Reem St; ⌚7.00-21.00 sa-ju) Enfrente de la estación de autobuses. Tramita ampliaciones de visado hasta tres meses (gratis). Es mejor ir pronto (8.00-15.00). Aqaba es el único lugar fiable fuera de Ammán para conseguir este documento.

Cómo llegar y salir

Avión

Aparte del de Ammán, el de Aqaba es el único **aeropuerto** (☎2012111) comercial de Jordania. Está 10 km al norte de la ciudad, con vuelos diarios a Ammán y algún que otro chárter.
Royal Jordanian (☎2016555; www.rj.com; Ash-Sherif al-Hussein bin Ali St; ⌚9.00-17.00 do-ju) Ofrece vuelos al aeropuerto internacional Queen Alia de Ammán los viernes y sábados. Su oficina del aeropuerto es donde comprar, confirmar o cambiar los billetes de Royal Jordanian o Royal Wings. Los pasajes a Ammán cuestan 37 JOD solo la ida.
Royal Wings (www.royalwings.com.jo) La filial de Royal Jordanian tiene dos vuelos diarios entre Aqaba y Ammán.

Barco

A diario zarpan dos barcos rumbo a Nuweiba (Egipto). Para más información, véase p. 326.

Se pueden comprar los pasajes en la terminal de *ferries* antes de salir, salvo durante el Haj (véase p. 317), cuando se necesita reserva.

Autobús

Desde Aqaba, hay servicios a Ammán e Irbid. Vale la pena pagar por la comodidad, la velocidad y el aire acondicionado de las compañías privadas JETT o Trust, en cuyo caso se aconseja comprar el billete con un día de antelación como mínimo. Los autobuses de ambas compañías salen de fuera de sus oficinas.
Oficina de los autobuses JETT (☎2015222; King Hussein St), junto al Mövenpick Resort Hotel, ofrece seis autobuses diarios a Ammán (7,50 JOD, 4 h), de 7.00 a 18.00. A 10 minutos a pie del centro.

Trust International Transport (☎2032200; da a An-Nahda St) ofrece cuatro autobuses diarios a Ammán (7 JOD, 4 h) a las 7.30, 11.30, 14.30 y 20.30. También tiene autobuses a Irbid (9 JOD, 5½ h) a las 8.30 y 15.30.

Los autobuses públicos circulan entre la estación principal de autobuses/microbuses de Aqaba y la estación sur de Ammán (Wahadat) (5,50 JOD, 5 h) cada hora de 7.00 a 15.00, a veces hasta más tarde.

Automóvil

En Aqaba tienen delegaciones todas las compañías de alquiler de automóviles más importantes. La mayoría cobra una "tarifa de retirada" (35 JOD) si el viajero desea devolver el vehículo en Ammán o en el aeropuerto internacional Queen Alia. Es buena idea alquilar un automóvil en Aqaba, ya que el transporte público en el sur del país escasea y exige más transbordos que en el norte, aparte de que es infinitamente más sencillo circular por Aqaba que por Ammán. Los precios se sitúan entre 25 y 35 JOD al día, más la tasa por exención de responsabilidad en caso de colisión (CDW, Collision Damage Waiver, una media de 8 JOD/día). Pregúntese por los descuentos de temporada.

Al-Cazar Car Rental (☎2014131; An-Nahda St)
Avis (☎2022883; www.avis.com.jo; King Hussein St) En el interior del Housing Bank Centre.
Europcar (☎2019988; www.europcar.com.jo; An-Nahda St)
Hertz (☎2016206; www.hertz.com.jo; An-Nahda St)
Thrifty (☎2030313; An-Nahda St) Enfrente del Al-Cazar Hotel.

Microbús

Los microbuses a Wadi Musa (Petra, 5 JOD, 2½ h) salen cuando están llenos de 7.00 a 14.00; la salida depende del número de pasajeros y quizá haya que esperar, pues pocos lugareños utilizan ese servicio. Los conductores ofrecen salir con cuatro o cinco personas, si se paga un extra.

Dos microbuses salen a Wadi Rum (1,500 JOD, 1 h) a eso de las 6.30 y, de forma más fiable, a las 11.00. A otras horas puede tomarse uno hasta Ma'an, apearse en el desvío al Wadi Rum en Ar-Rashidiyya, y después seguir en autostop hasta el pueblo de Rum (30 km).

Los microbuses a la estación de autobuses sur de Ammán (5 JOD, 5 h) salen cuando están llenos, cada dos horas durante el día.

Todos los servicios citados salen desde la estación principal de autobuses y microbuses de Aqaba, en Ar-Reem St. La excepción son los microbuses hasta Karak (2,5 JOD, 3 h) vía Safi y la carretera del mar Muerto, que operan desde una pequeña estación al lado de la mezquita de Al-Humaimah St.

Taxi y taxi colectivo

Aunque menos regulares que los autobuses y microbuses, desde la estación principal de autobuses y microbuses operan taxis colectivos a Ammán (9 JOD, 5 h). Los que van a Karak (6 JOD, 3 h) parten desde la pequeña estación de Al-Humaimah St. Los vehículos se ponen en cola en cada estación a las 6.00, y muchos a las 8.00 ya no están, por lo que conviene llegar temprano. Un taxi de ida a Petra cuesta unos 50 JOD, y 30 JOD a Wadi Rum (45 JOD con 2 h de espera).

Un taxi entre Aqaba y la frontera de Israel o los Territorios Palestinos cuesta unos 5 JOD. Para información sobre cruzar la frontera del sur a/desde Israel y los Territorios Palestinos, véase p. 321.

ℹ Cómo desplazarse

A/desde el aeropuerto

El **aeropuerto King Hussein** (☎2012111) está 10 km al norte de la ciudad, cerca de la frontera con Israel y los Territorios Palestinos. No hay autobús al aeropuerto, se toma el taxi colectivo 8 (unos 2 JOD, 15 min) desde la estación principal de autobuses/microbuses o un taxi por unos 8-10 JOD.

A/desde la terminal de 'ferries' y costa del sur

De cerca de la entrada del fuerte de Aqaba, en King Hussein St, salen los microbuses (1 JOD) rumbo a la frontera saudí, vía las playas, campamentos, enclaves de submarinismo del sur y el Royal Diving Centre, pasando por la terminal de *ferries* a Egipto. De 14.00 a 15.00, los microbuses de vuelta a Aqaba suelen ir llenos de trabajadores de la construcción que han acabado su turno. Un taxi desde el centro de Aqaba a la terminal de *ferries* cuesta unos 8 JOD (12 JOD a las playas del sur).

Taxi

Cientos de taxis privados (azules y verdes) patrullan las calles de Aqaba y pitan a cualquier turista (jordano o foráneo) que sea tan tonto como para caminar bajo el sol abrasador en lugar de subirse a uno con aire acondicionado. No llevan taxímetro, por lo que hay que negociar el precio, algo que les encanta a los taxistas. La mayoría de los trayectos cuesta entre 1 y 2 JOD. Un paseo de 30 minutos en 'taxi' tirado por caballos, unos 25 JOD.

MERECE LA PENA

EN UN DÍA DE INVIERNO EN EL SUR DE AQABA SE PUEDE...

» Bucear o hacer submarinismo con toda seguridad en el **Royal Diving Club** (véase p. 31). Cobra 15 JOD/día por el uso de la playa, la piscina y el resto de sus instalaciones; gratis si se hace submarinismo.

» Conocer lo que hay bajo el mar sin mojarse los pies en el **Acuario** (2015145; entrada 3 JOD; 8.00-17.00). Forma parte del complejo de la Estación de Ciencias Marinas (7,5 km al sur de Aqaba) y en envejecidos y anticuados acuarios exhiben una colorida fauna de coral, morenas, anguilas, tortugas y peces piedra.

» Relajarse a la sombra en la playa pública del **Centro de Visitantes del Parque Marino** (2035801). Es la sede del Parque Marino de Aqaba (12 km al sur de Aqaba) y cuenta con malecón, museo, café, tienda de regalos y la oficina del parque. Los viernes está muy concurrida y en las fiestas oficiales se llena.

» Meditar sobre historias de pescadores mientras se toma un zumo de menta y lima en el **Club Murjan** (2012794). Este centro de submarinismo (13,5 km al sur de Aqaba) posee una buena playa, piscina, duchas, bar y restaurante.

» Explorar un castillo de los cruzados en la **isla del Faraón**. Los hoteles organizan viajes de un día a la isla (frente a la costa de Egipto) por unos 40 JOD por persona, que incluye entrada, visado egipcio, almuerzo y transporte.

Costa del sur

Solo hay 27 km de litoral jordano entre Israel y los Territorios Palestinos y Arabia Saudí. Gran parte de la sección norte de la costa está asfaltada por el puerto de la ciudad y el de contenedores de Aqaba. La costa sur del puerto está protegida por el Parque Marino para la Paz del Mar Rojo, gestionado en colaboración con Israel y los Territorios Palestinos, y localmente dirigido por el Parque Marino de Aqaba. En esta preciosa costa hay complejos turísticos y centros de submarinismo y los arrecifes están en buen estado.

Aunque sería justo decir que la árida y pelada costa del sur no es el lugar más bonito del mundo, es lo suficientemente agradable para relajarse y disfrutar del sol o bañarse o sumergirse en sus claras y cálidas aguas. El mar Rojo de este extremo norte del golfo de Aqaba es altamente salino; lo que, junto con los vientos del norte y la escasez de mareas hacen que el agua esté cristalina, con una temperatura media de 22,5°C en invierno y de 26°C en verano.

Dónde dormir y comer

En la costa sur hay principalmente tres tipos de alojamiento: el hotel anexo al Royal Diving Club en el extremo sur de la playa; los económicos campamentos cercanos al Bedouin Garden Village y los lujosos hoteles del complejo Tala Bay. Todos incluyen desayuno y cuentan con bares y restaurantes. Normalmente proporcionan transporte gratis a Aqaba.

Coral Bay Resort — RESORT $$
(2017035; i/d entre semana 65/75 JOD; fin de semana 75/85 JOD;) Esta excelente opción de precio medio, parte del Royal Diving Club, es esencialmente un paraíso para submarinistas. No hay mejor base si se ha planeado hacer un curso de submarinismo o una serie más prolongada de inmersiones. Sus sencillas y elegantes habitaciones poseen alegres motivos y cuenta con un agradable bar. El hotel y el complejo de submarinismo están comprometidos con el desarrollo sostenible del turismo en y cerca de las zonas de inmersión.

Bedouin Garden Village — HOTEL DE VIAJEROS INDEPENDIENTES $
(079 5602521; *camping* por persona 6 JOD, caravana 10 JOD, i/d/t/c 26/36/46/56 JOD; comidas 5-7 JOD;) A los adoradores del sol y los fanáticos del submarinismo les encantará este enrollado establecimiento decidido a aportar su granito de sabor beduino estilo Dahab a Jordania. Ofrece agradables habitaciones y parcelas de acampada, aunque no hay nada como intercambiar historias con otros viajeros bajo su tienda beduina. El acceso a internet cuesta 2 JOD/h y el alquiler de equipo de buceo 6 JOD/día. Está a 50 m de una zona de inmersión y los cercanos centros de submarinismo organizan todo tipo de actividades acuáticas.

Marina Plaza Hotel HOTEL-*BOUTIQUE* **$$$**
(☎2092900; www.marinaplazahotel.com; h desde 100 JOD; ❄@📶🏊) Fue el primero en abrir sus puertas en Tala Bay, un amplio proyecto que incluye varios hoteles, como el Radison y el Crowne Plaza, viviendas, puerto deportivo, campo de golf y club de deportes acuáticos. Los promotores se han esmerado en minimizar el impacto medioambiental, exigido por el Parque Marino de Aqaba del Mar Rojo, y el hotel está bien ajardinado. Como suele ocurrir en estos complejos, no se tiene sensación de estar en Jordania, excepto durante las fiestas oficiales, cuando el país se llena de jordanos.

ℹ Cómo llegar y desplazarse

Resulta muy útil un vehículo si se quiere ir a la ciudad desde la costa, aunque se puede llamar a un taxi y los hoteles organizan la recogida en Aqaba si se reserva con antelación. Si uno se aloja en Aqaba y se desea hacer submarinismo, la mayoría de operadores turísticos organizan el transporte a las zonas de inmersión.

Los microbuses (2 JOD) salen junto a la entrada del fuerte de Aqaba, en King Hussein St, hacia la frontera saudí y pasan por las playas del sur, los campamentos, las zonas de inmersión, el Royal Diving Club y la terminal de *ferries* a Egipto. De regreso suelen estar llenos de trabajadores de la construcción que de de 14.00 a 15.00 acaban su turno. Un taxi desde el centro de Aqaba a la terminal de *ferries* cuesta 8 JOD.

WADI RUM Y ALREDEDORES

Los viajeros occidentales se han sentido fascinados por el magnífico paisaje montañoso del Wadi Rum desde que T. E. Lawrence describió de forma tan evocadora sus rocas esculpidas, dunas y campamentos beduinos en *Los siete pilares de la sabiduría* a principios del s. XX:

> Los riscos terminaban en cúpulas, de un rojo menos ardiente que el resto de la montaña, más bien grises y apagadas. Estas cúpulas dotaban a este irresistible lugar de un acabado arquitectónico bizantino: esta senda procesional superaba cualquier cosa imaginada... Nuestra pequeña caravana se empequeñecía cada vez más y quedaba envuelta en un silencio mortal, temerosa y avergonzada de ostentar su pequeñez en presencia de tan majestuosas montañas.

Wadi Rum no es solamente el ancho valle descrito por Lawrence de Arabia, sino toda una serie de colinas y dunas que se extienden unos 100 km de norte a sur. El valle central, a 900 m por encima del nivel del mar, se abre a la inmensidad sobre la que sobresale el Jebel Rum (1754 m), en su día considerado el pico más elevado de Jordania, un honor que recae en Jebel Umm Adaami (1832 m), en la frontera saudí.

Es zona protegida desde 1988 y está controlada por la Autoridad de la Zona Económica Especial de Aqaba (ASEZA), cuyo cometido es promover el turismo en beneficio de las comunidades locales y proteger al mismo tiempo el frágil medio ambiente del desierto. Con más de cien mil visitantes y seiscientos todoterrenos al año, no se les puede acusar de tacaños.

La administración del desierto se comparte con los beduinos locales, que llevan siglos recorriendo la zona. Muchos de los 5000 beduinos que quedan en la zona han optado recientemente por una vida más sedentaria en los pueblos de Rum, Diseh y Shakriyyeh, algo que no los hace menos beduinos.

Aunque no forme parte de la zona protegida del Wadi Rum, el desierto se expande igual de majestuoso hasta las áreas colindantes, entre ellas Diseh. Es más, los monumentos de arenisca y las dunas de arena que median entre ellos son una característica del Desierto del Sur de Jordania, que se extiende hasta la frontera saudí meridional y acaba desembocando en las llanuras del Badia, al noreste.

Se recomienda visitarlo a principios de primavera (mar y abr) o a finales de otoño (oct y nov). En invierno (de dic a feb) es terriblemente frío y en verano (de may a sep), implacablemente cálido. Cuando alcanza temperaturas de 40°C realmente se entiende lo que es un desierto. Por la noche las temperaturas descienden a 0°C durante todo el año, si se acampa o se contempla la puesta de sol hay que ir preparado.

Wadi Rum وادي رم

☎03 / ALT. 950 M

Wadi Rum es el desierto por antonomasia: abrasador en verano y frío en invierno; violento y caprichoso cuando el sol recorta los cincelados *siqs* (cañones) a primera hora de la mañana o disipa la línea divisoria entre roca y arena cuando oscurece; exigente tanto para los beduinos que lo habitan como vengativo con aquellos que desconocen sus peligros. Para la mayoría de visitantes que acuden en una excursión de un día o medio día desde Aqaba o Petra, el Wadi Rum es una carta de presentación sencilla y segura al desierto de la región. Aquellos afortunados que puedan invertir una o dos jornadas en un campamento del desierto, nunca olvidarán la experiencia de exponerse a los elementos naturales.

Historia

Con sus muchos pozos y manantiales, el Wadi Rum ha estado habitado desde la prehistoria. En toda la zona hay petroglifos y túmulos funerarios, prueba de su importancia como territorio de caza y lugar de encuentro en los albores de los tiempos. Los griegos y romanos ya destacaron sus viñedos (hoy desaparecidos), olivares y pinares (algunos de los cuales se conservan en las cimas de las montañas). Algunos eruditos islámicos afirman que aquí se encontraba "Ad" (una antigua tribu), descrita en el Corán. Unas treinta mil inscripciones decoran sus riscos de arenisca. Las primeras fueron talladas por las tribus del sur de Arabia, y más tarde por los nabateos, que se asentaron en Wadi Rum allá por el s. IV a.C. Los dos pueblos vivieron en paz, rindiendo honor a las mismas deidades de Lat y Dushara.

La región debe su fama, a pesar de todo, al incansable T. E. Lawrence, quien instaló aquí su base temporal en 1917 durante la Rebelión Árabe, una campaña liderada por el rey Hussein bin Alí contra los turcos otomanos en un intento por crear una nación árabe independiente. Los escuadrones de caballería reales atravesaron Wadi Rum en dirección a la conquista de Aqaba, y algunos destacamentos (entre ellos los de Lawrence) regresaron a la zona antes de partir hacia el norte hasta Damasco.

En 1933, el descubrimiento de un templo nabateo (detrás de la casa del descanso) devolvió este desierto al candelero. Un equipo francés de arqueólogos completó las excavaciones en 1997.

Flora y fauna

Pese a su apariencia estéril, el Wadi Rum alberga un complejo ecosistema. Está salpicado de pequeñas plantas medicinales que los beduinos siguen utilizando, y durante las poco frecuentes lluvias brotan más de 200 especies de flores y hierbas. Los manantiales perpetuos, los jardines colgantes de higueras, los helechos, la menta y las sandías silvestres que se desparraman por las rocas dan cobijo a pequeños mamíferos, aves y reptiles.

Durante gran parte del año, el extremo calor y la escasez de agua obligan a los animales a salir solo de noche. Con suerte, se pueden avistar erizos, liebres y damanes (un animalito peludo que, por extraño que parezca, se relaciona con el elefante) y posiblemente algún chacal, lobo, caracal o íbice. Desgraciadamente ya es menos probable ver al amenazadísimo oryx de Arabia puesto que, aunque en el 2002 se liberara a una pequeña manada aquí mismo (véase p. 240), los animales desaprobaron su nuevo hogar y huyeron a las llanuras rocosas de la vecina Arabia Saudí. Un nuevo programa de reintroducción en un terreno menos arenoso cercano al Rum, financiado por los emiratos, está teniendo mejores resultados.

Esta tierra de grandes aves suelen sobrevolarla especies de rapiña (entre ellas, halcones pizarrosos, cernícalos y búhos reales), que trazan círculos junto a las corrientes térmicas que emanan del suelo desértico, a la caza de los numerosos tipos de lagartos y salamanquesas. Quien vea un escorpión, serpiente o araña escorpión, puede considerarse todo un afortunado, pues son unos residentes de lo más escurridizos.

Puntos de interés

Para saber la distancia que media entre cada uno de los siguientes puntos de interés y el centro de visitantes, y para el tiempo que se tarda en llegar desde el centro de visitantes en todoterreno o camello, véase p. 221 y p. 223. Estos puntos de interés aparecen en el orden en que los encontrarán los viajeros.

GRATIS Museo del centro de visitantes MUSEO

(8.00-18.00) Mientras se compra la entrada para el Wadi Rum, se puede dedicar media hora al encantador e informativo museo (junto al restaurante), que aporta un contexto humano al desierto. Muestra unos paneles informativos en inglés que explican cuestiones medioambientales y exposiciones sobre historia natural. Se recomienda ver la película de 10 minutos sobre algunos de los puntos de interés del Wadi Rum en su cine.

Siete Pilares de la Sabiduría FORMACIÓN ROCOSA

Esta gran formación rocosa, con siete estriadas torrecillas, debe su nombre al famoso libro de Lawrence y es visible desde la carretera. Si apetece verla de cerca, un gratificante paseo serpentea por la montaña a través del **cañón de Makharas** (véase p. 222).

Jebel Umm Ishrin MONTAÑA

La roca de los Siete Pilares está conectada a la profundamente agrietada "Madre de los Veinte", una montaña de veinte picos que conforma el flanco este de Wadi Rum. Según la leyenda, el monte adquirió dicho nombre después que un mujer matara a 19 pretendientes pero sucumbiera al veinteavo, con quien se casó. La puesta de sol tiñe de color castaño rojizo (con las cimas blancas) todo el macizo.

Jebel Rum MONTAÑA

El flanco oeste de Wadi Rum está formado por Jebel Rum (1754 m), que se alza por encima del pueblo de Rum. Es un destino popular entre trepadores y escaladores que abordan partes del antiguo camino de los thamud hasta la cima (imprescindible un guía; pregúntese en el centro de visitantes). Hay senderos similares, antaño utilizados para cazar íbices y recolectar plantas medicinales, que comunican un macizo con otro por toda la zona, ofreciendo posibilidades ilimitadas de excursionismo, trepa y escalada (véase p. 219).

Pueblo de Rum y Village Plaza POBLACIÓN

Rum, en medio del Wadi Rum propiamente dicho, acoge una pequeña comunidad de beduinos que han optado por la vida sedentaria. El pueblo cuenta con una casa de descanso,

ITINERARIOS A MEDIDA EN WADI RUM

Incluso si solo se dispone de algunas horas, se puede disfrutar de lo que ofrece el Wadi Rum. Más adelante se sugiere qué puede hacerse por medios propios en un tiempo determinado. Para las excursiones en todoterreno y camello de una hora a un día, véanse recuadros en p. 221 y p. 223. Huelga decir que cuanto más se permanezca, más se abrirán los ojos (y el corazón) al desierto.

CON ESTE TIEMPO...	PUEDE IRSE A...	Y HACER ESTO...
De camino a cualquier sitio	Centro de visitantes (p. 226)	Tener una vista panorámica del Wadi Rum (magníficamente iluminado a la puesta de sol).
Una hora	Centro de visitantes (p. 213)	Disfrutar de un relajado almuerzo con vistas al Wadi Rum y visitar el museo.
Dos horas	Pueblo de Rum (arriba)	Pasear por la carretera del Wadi Rum (7 km) hasta el pueblo de Rum, tomar un tentempié en la casa de descanso y volver en autostop.
Tres horas	Manantial de Lawrence (p. 217)	Hacer autostop al pueblo de Rum y caminar hasta el templo nabateo y el manantial de Lawrence.
Medio día	Dunas Al-Hasany (p. 219)	Ajustar el paseo desde el pueblo de Rum a la arena para que coincida con la puesta de sol.
Haciendo noche	Campamento en el desierto (p. 224)	Reservar alojamiento en un campamento del Wadi Rum a través del centro de visitantes (transporte en todoterreno incluido)o pagar un extra para ir en camello.
Dos días	Wadi Rum y zona de Diseh (p. 227)	Elegir un campamento del Wadi Rum cercano al cañón Barrah y recorrerlo (5 km) hasta un campamento en Diseh para pasar la noche siguiente.

LAWRENCE DE ARABIA

No se puede visitar Wadi Rum sin tropezarse con Lawrence. El legado de ese esotérico inglés está en todas partes, incluso hay una montaña llamada *Los siete pilares de la sabiduría,* en honor a su famoso relato sobre la Rebelión Árabe. La omnipresente evocación de Lawrence tiene algo de cínica, es decir, está pensada para sacar provecho de la fascinación de los extranjeros por esa legendaria figura.

La leyenda de Lawrence

Se debe principalmente a la promoción realizada por un periodista estadounidense de *Los siete pilares de la sabiduría* en 1926. En ese innovador relato épico, que en gran parte se desarrolla en el desierto de y cercano al Wadi Rum, Lawrence se muestra a sí mismo como consejero de confianza, valiente soldado y en última instancia como figura mesiánica de la causa árabe. Sin embargo, no es necesariamente así desde la perspectiva árabe. Efectivamente, para algunos Lawrence solo fue uno de los cien mil árabes, el 10% de los cuales murió en su épica lucha por construir una nación.

El hombre detrás del mito

¿Cuáles son los hechos? Nacido en 1888 en el seno de una familia británica acomodada, Thomas Edward Lawrence ("T.E." para sus amigos) sintió pasión por Oriente Próximo desde pequeño. Estudió arqueología en Oxford y se sintió hechizado por la región en 1909, cuando se documentaba para su tesis sobre los castillos de los cruzados. Al estallar la I Guerra Mundial fue elegido por el servicio de inteligencia en El Cairo y adscrito a la fuerza expedicionaria de Hejaz. Sintió una solidaridad natural con la Rebelión Árabe, cuyo objetivo era expulsar a los turcos y crear un estado árabe. Aprendió a montar en camello con los mejores maestros y, vestido de árabe, como muchos otros aventureros ingleses antes que él, en 1917 acompañó a los ejércitos del gran guerrero árabe (y posteriormente estadista) el emir Faisal (p. 266) y se granjeó el respeto de sus camaradas para toda la vida. Murió en un accidente de motocicleta en 1935. Personaje solitario y retraído a decir de todos, en tiempos de paz nunca encontró la sensación de tener una meta ni la pasión que experimentó con sus compañeros árabes en el desierto.

El legado de Lawrence

Hay quien dice que se sentía avergonzado por el estatus de héroe que su devoto público inglés le había conferido (en 1927 cambió su nombre por el de Shaw y se enroló en la RAF); otros aseguran que no hizo nada por ofrecer una perspectiva histórica más precisa de su contribución. El legado de Lawrence no se juzga tanto por sus discutibles logros militares, por muy excéntricos o valerosos que fueran, sino por la manera con la que inmortalizó (como mínimo para los lectores occidentales) a algunos de los grandes personajes de la historia moderna árabe. Pero no son solo los nombres sagrados de Auda y Faisal los que resuenan en el Wadi Rum; a su favor hay que decir que Lawrence también describe con maravillosa ternura a los sencillos soldados rasos árabes que dieron sus vidas por un mundo mejor. Al mismo tiempo inmortalizó para siempre la grandeza de la tierra beduina de la que procedían esos soldados e inspiró a varias generaciones de visitantes para que vieran por ellos mismos la maravilla del Rum.

restaurantes y un par de tiendas de ultramarinos. También presenta el último tramo de carretera de asfalto antes de adentrarse al desierto.

Un centro de artesanía local abre de vez en cuando en la antigua comisaría de policía, que se espera albergue también un pequeño museo. El pequeño y achaparrado fuerte de Rum se ha renovado recientemente.

Templo nabateo TEMPLO

En una pequeña colina del pueblo de Rum, a unos 400 m detrás de la casa de descanso (se siguen los postes telefónicos), se encuentran los restos de un templo de 2000 años dedicado a la deidad Lat. En la casa de descanso un tablero informativo describe el templo y su excavación. Las ruinas son importantes porque prueban la existencia de un asen-

Wadi Rum

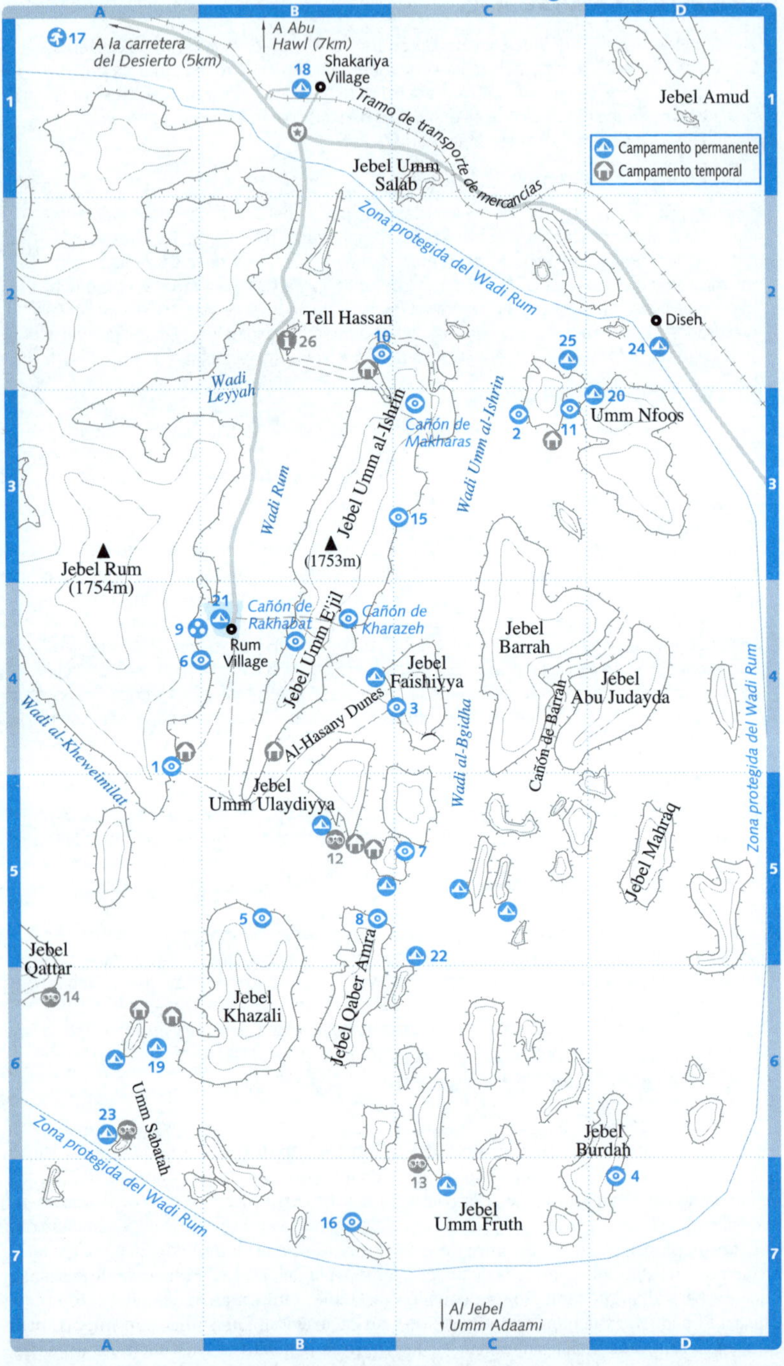
0
4 km
A
B
C
D
1
2
3
4
5
6
7
17
A la carretera del Desierto (5km)
A Abu Hawl (7km)
18
Shakariya Village
Tramo de transporte de mercancías
Jebel Amud
Campamento permanente
Campamento temporal
Jebel Umm Salab
Zona protegida del Wadi Rum
Tell Hassan
26
10
Diseh
25
24
20
Umm Nfoos
2
11
Wadi Leyyah
Cañón de Makharas
Wadi Umm al-Ishrin
Jebel Umm al-Ishrin
Wadi Rum
15
(1753m)
Jebel Rum (1754m)
21
9
6
Rum Village
Cañón de Rakhabat
Cañón de Kharazeh
Jebel Umm E'jil
Jebel Faishiyya
Jebel Barrah
Jebel Abu Judayda
Cañón de Barrah
Al-Hasany Dunes
3
Wadi al-Bgidha
Wadi al-Kheweimilat
1
Jebel Umm Ulaydiyya
Jebel Mahraq
12
7
5
8
22
Jebel Qattar
14
Jebel Khazali
Jebel Qaber Amra
19
Umm Sabatah
23
Jebel Burdah
4
13
Jebel Umm Fruth
16
Al Jebel Umm Adaami

Wadi Rum

Puntos de interés

1 Ain Abu Aineh A4
2 Inscripciones de Alameleh C3
3 Inscripciones de Anfaishiyya C4
4 Puente de roca de Burdah D7
5 Siq Khazali y rocas beduinas grabadas B5
6 Casa de Lawrence (Al-Qsair) B4
7 Manantial de Lawrence (Ain ash-Shallalah) C5
8 Pequeño puente de roca (Rakhabat al-Wadak) B5
9 Templo nabateo A4
10 Siete Pilares de la Sabiduría B2
11 Siq Umm Tawaqi C3
12 Mirador del atardecer B5
13 Mirador del atardecer C7
14 Mirador del atardecer A6
15 Arte tamúdico y cúfico de roca C3
16 Puente de roca de Umm Fruth B7

Actividades, cursos y circuitos

17 Rum Horses A1

Dónde dormir

18 Bait Ali Lodge B1
Captain's Camp .... (véase 25)
19 Mohammed Mutlak Camp A6
Palm Camp .... (véase 25)
20 Rahayeb Camp D3
21 Casa de reposo B4
22 Rum Stars Camp C5
23 Sunset Camp A6
24 Tourist Camps D2
25 Zawaideh Desert Camp C2

Dónde comer

Ali's Place .... (véase 21)
Rum Gate Restaurant .... (véase 26)

De compras

Bedouin Gallery .... (véase 26)
Rum Arts .... (véase 26)

Información

Policía turística .... (véase 26)
26 Centro de visitantes B2

tamiento nabateo permanente, construido sobre los pilares anteriores de un templo de la tribu árabe de Ad. Detrás del templo hay unos baños de una villa que, con diferencia, son los más antiguos de Jordania. Cerca hay algunas **inscripciones** de cazadores y nómadas de hacia el s. II a.C.

Manantial de Lawrence (Ain Ash-Shallalah) MANANTIAL

A un corto paseo del templo, se ve un depósito blanco de agua en la abertura del Wadi Shallalah. Tras el depósito, el sendero que sube a la colina lleva hasta el manantial de Lawrence, llamado así en honor a la evocadora descripción que Lawrence hizo de el en *Los siete pilares de la sabidurías:*

> Ante nosotros se abría un sendero, descolorido por el uso, que ascendía en zigzag desde los pies del risco... De entre los árboles y por las grietas ocultas de la roca emanaban extraños gritos: la música de las voces distantes de los árabes abrevando camellos en los manantiales que brotaban a 300 pies de altura sobre el nivel del suelo.

Junto a otros manantiales de la zona, este chorro de agua natural, que desemboca en un arbolado "paraíso de solo cinco pies cuadrados", permitió que Rum se convirtiera en un importante abrevadero para las caravanas que viajaban entre Siria y Arabia. Conviene fijarse en el pequeño santuario dedicado a Al-lat, en un acueducto utilizado para canalizar el agua desde el manantial, y en las inscripciones rupestres. Pero ¿esa fragancia a menta? La menta silvestre crece a la sombra entre los helechos y los árboles. Ir y volver al manantial (2,5 km) desde la casa de descanso lleva aproximadamente 1½ horas.

Ain Abu Aineh MANANTIAL

A menudo confundido con el manantial de Lawrence, el "manantial del padre de Aineh" está canalizado por la montaña hasta una gran alberca para las ovejas, cabras y camellos de los beduinos. Cerca del abrevadero hay un gran monolito cubierto con inscripciones tamudeas que demuestran que el manantial lleva miles de años utilizándose para fines similares. El Ain Abu Aineh está al sur desde la casa de descanso, a 3 km por el lado este de Jebel Rum (un paseo de 1½ h por la arena blanda). El lugar no tiene nada de especial, pero las vistas a Jebel Khazali son maravillosas, sobre todo a la puesta de sol, cuando el anfiteatro de piedra y arena se tiñe de color naranja.

RECORRER WADI RUM

Para más información sobre cómo ir a/desde el Wadi Rum, véase p. 226.

Carretera al Centro de Visitantes

En la carretera principal del Desierto hay un desvío al Wadi Rum, a una hora en automóvil desde Aqaba. Al principio la carretera aparece flanqueada por campos de sandías, pero tras rebasar la línea ferroviaria de Hejaz empieza un paisaje fabuloso que va ganando en espectacularidad hasta llegar a la desembocadura del Wadi Rum. Pasa por un puesto de policía y el desvío al pueblo de Diseh y continúa hasta el **centro de visitantes** (☎/fax 2090600; www.wadirum.jo; ⏰7.00-19.00). Es el lugar al que deben acudir todos los visitantes del Wadi Rum antes de continuar hacia el valle.

Aunque no se disponga de un día entero, vale la pena ir al centro de visitantes, un complejo desde el que se puede ver los **Siete Pilares de la Sabiduría** de Lawrence (una impresionante formación rocosa al principio del valle), visitar el museo, visionar un corto documental sobre el desierto, almorzar y hacerse una idea de lo que es Rum.

Del Centro de Visitantes al pueblo de Rum

Más allá del centro de visitantes, al comienzo de la carretera se alinea una batería de todoterrenos abollados con sus conductores beduinos a la espera de clientes. La carretera de asfalto sigue otros 7 km hasta Rum. Este pueblo, encasillado entre los espigados pilares del Wadi Rum, cuenta con algunas casas de cemento, una escuela, unas pocas tiendas y el fuerte-cuartel general de las tan fotografiadas Patrullas del Desierto.

Quien no disponga de suficiente tiempo o no pueda permitirse un circuito en todoterreno, debería al menos visitar el pueblo (en automóvil propio, autostop o a pie), que cuenta con una agradable casa de descanso con terraza e instalaciones de *camping.*

Del pueblo de Rum al interior del desierto

Existen tres posibilidades para adentrarse en el desierto allende el pueblo de Rum: participar en un circuito organizado en todoterreno desde el centro de visitantes, alquilar un camello o dejarse los pies en la arena mullida. Con un todoterreno se puede ir por cuenta propia, siempre que se sepa conducir a campo traviesa.

La carretera de asfalto da paso a un sinfín de senderos que atraviesan la arena blanda del Wadi Rum hasta un despliegue de valles convergentes. Desde aquí, los senderos conducen a diferentes puntos de interés, como puentes de roca, setas rocosas del desierto y *yardangs*. Casi todos los circuitos en todoterreno y camello realizan una ruta circular a través de los *wadis* antes de regresar al centro de visitantes.

Además de esta zona tan frecuentada, hay una parte del desierto protegida, la llamada **Zona Salvaje** (Wilderness Area), por la que no se puede circular en todoterreno pero sí a pie si se va con un guía. Hay varias zonas de acampada beduinas con rudimentarias instalaciones en Wadi Rum y la vecina zona de Diseh, en la linde de la reserva.

Libros y mapas

Si se tiene planeado realizar caminatas y algo de escalada, conviene llevar una guía y un mapa detallados; para planear caminatas y escaladas de mayor envergadura, es vital organizarlas por adelantado con un guía.

El escalador británico Tony Howard, gran conocedor del Wadi Rum, es coautor, junto a Di Taylor, de la excelente y exhaustiva *Treks & Climbs in Wadi Rum, Jordan,* y una versión de bolsillo titulada *Walks & Scrambles in Wadi Rum.* Las excursiones y subidas por el Wadi Rum también se citan en *Walking in Jordan,* de los mismos autores.

El folleto gratuito *Wadi Rum,* disponible en el centro de visitantes, incluye un mapa que muestra los lugares más interesantes. El *Map of Rum* de 1997 es topográfico y se centra en una pequeña sección del norte de Wadi Rum (es decir, por el pueblo de Rum). El mapa más detallado e informativo es el *Wadi Rum Tourist Plan,* publicado por la International Traditional Services Corp, pero no se encuentra en todas las librerías.

Casa de Lawrence (Al-Qsair) RUINA

Erigida sobre las ruinas nabateas de una cisterna de agua, no queda gran cosa de ella. Pero como se dice que Lawrence la usó como refugio durante la Rebelión Árabe, esto la convierte en una parada obligada en los circuitos organizados en todoterreno por la zona. Cerca de la casa se halla una inscripción nabatea que menciona Iram, el nombre con el que antiguamente se conocía la zona. Su remota ubicación y las vistas maravillosas de las **dunas rojas de arena** son su principal reclamo.

Dunas de Al-Hasany DUNAS DE ARENA

Aunque las hay en varios puntos de Wadi Rum, las más impresionantes, las dunas rojas de Al-Hasany, se acumulan a los pies de Jebel Umm Ulaydiyya. Si se va en todoterreno, los conductores aparcan cerca de una colina intacta para que el viajero alcance pesadamente la cresta de la duna. Se tardan unas tres horas en llegar a pie a las dunas desde el centro de visitantes; parte del camino se hace por arena.

Inscripciones de Alameleh PETROGLIFOS

Las inscripciones tamudeas y nabateas, que muestran caravanas de camellos, guerreros cazadores y diversos animales, son comunes por todo el Wadi Rum. Por lo completas y bien conservadas, destacan las inscripciones de Alameleh, cerca de los Siete Pilares de la Sabiduría, en los lindes del distrito de Diseh.

Inscripciones de Anfaishiyya PETROGLIFOS

Las inscripciones de Anfaishiyya, que decoran la superficie blanda de una enorme pared de roca vertical, constituyen otro conjunto precioso.

Puentes de roca

En la zona abundan las formaciones rocosas cinceladas, en las que los vientos han arrancado las partes más blandas de la piedra arenisca y han dejado las tortuosas formas de la roca dura. Hay muchas formaciones por toda la zona, siendo las más sorprendentes las que tienden un puente entre dos masas rocosas, como en los tres casos siguientes.

El **puente de roca de Burdah** es el más grande, encaramado de forma precaria a unos 80 m de altura. La excursión a la cima es muy escarpada.

El **puente de roca de Umm Fruth** es más pequeño y está escondido en una remota esquina del desierto. Es fácil de conquistar sin equipo ni guía. A la hora del almuerzo suele haber mucha gente. Se recomienda ir a última hora de la tarde, cuando el sol ilumina completamente la parte trasera del arco.

El **pequeño puente de roca** (Rakhabat al-Wadak) es menos impresionante pero más accesible que el puente de roca de Burdah. Con todo, las amplias vistas del valle son soberbias.

INDISPENSABLE

MIRADORES PARA LA SALIDA Y LA PUESTA DE SOL

El amanecer y el atardecer son los dos momentos más mágicos (y frescos) para estar en el desierto. El mejor mirador depende de la época del año, pero el de Umm Sabatah nunca defrauda. Los conductores de todoterreno pueden llevar al viajero hasta allí y esperar o pasarle a recoger más tarde (son de fiar); también se puede participar en un circuito al atardecer que incluye un cena tradicional beduina (precios negociables). Para más detalles preguntar en el centro de visitantes.

'Siqs' y cañones

La estrecha fisura que escinde el **Jebel Khazali** es un *siq* fácil de explorar. Basta con adentrarse a pie unos 150 m para disfrutar del frescor y la sombra de los que ya gozaban sus antiguos residentes y para ver unas inscripciones muy antiguas: dibujos de avestruces, pares de pies y una mujer dando a luz. Para llegar al *siq* se tiene que ir en todoterreno y para entrar a mayor profundidad se necesitan cuerdas y un guía.

El **Siq Umm Tawaqi** es precioso, con árboles ancestrales que parecen brotar de la pared de roca, y también uno de los mas frecuentados. En una columna de piedra en medio del *siq* los lugareños han tallado un divertido busto de T. E. Lawrence (con el consabido pañuelo árabe) y otras dos figuras destacadas de la Rebelión Árabe.

En la zona no faltan los desfiladeros, entre ellos el **cañón de Barrah,** de 5 km. Son perfectos para realizar excursiones, paseos en camello, escaladas, para echar una cabezadita a la sombra y, en general, para absorber el ambiente especial de las entrañas del Wadi Rum.

Actividades

Se puede disfrutar de un día fabuloso con solo presentarse en el centro de visitantes o paseando tranquilamente por el pueblo de Rum, pero la experiencia resultará más interesante si el viajero se adentra en el desierto. Lo que requiere salirse del asfalto y continuar a campo traviesa. Para hacerlo bien, conviene alquilar un todoterreno con conductor, un camello o un caballo con un acompañante, o salir de excursión, a trepar o a escalar con o sin guía. Para una relación de guías, véase p. 228.

Excursiones en todoterreno

Para ver el mayor número de lugares de interés en el menor tiempo posible lo mejor es participar en una excursión en todoterreno. Basta con apuntarse en la oficina de excursiones del centro de visitantes.

Delante de la oficina hay un tablón con los precios oficiales de las excursiones en todoterreno. Las tarifas son por vehículo, no por persona, por lo que sale a cuenta reunir a un grupo en Wadi Musa o Aqaba (más fácil que in situ). Casi todos los vehículos son para seis personas; algunos tienen asientos al descubierto en la parte de atrás que ofrecen mejores vistas que los vehículos cerrados, aunque también se está más expuesto al frío o al calor en las estaciones extremas.

Si se alquila un vehículo, no hay que olvidar comprar comida y agua, también para el conductor, por ejemplo, en el pueblo de Rum.

La experiencia de los conductores en el desierto hace muy difícil que se presenten contratiempos. Sin embargo, como los vehículos están bastante deteriorados, de producirse alguna avería, habría que evitar las discusiones acaloradas: los beduinos son muy responsables con los visitantes y no tardan en encontrar una solución, por lo que se recomienda mantener la calma.

En el pueblo de Rum suelen ofrecerse guías independientes. Su precio puede ser más barato, pero no hay garantía en cuestión de seguridad o calidad del viaje y, lo que es más importante, engañan a los que aguardan pacientemente en fila a los pasajeros. Además, el 60% de los beneficios de las excursiones se destina a la cooperativa: los que se saltan la cola roban esos ingresos a la comunidad. Por su parte, los guardabosques circulan por todo el Wadi Rum comprobando que los visitantes llevan la correspondiente entrada.

No es complicado incluir en la excursión una noche en un campamento beduino (pregúntese en el centro de visitantes cuando se alquile el vehículo). Los conductores se encargan tanto de acercar al viajero por la tarde como de recogerlo por la mañana.

Excursiones en camello

Si se tiene tiempo, son altamente recomendables. Aparte de ser un medio de transporte ecológico, permite disfrutar del Wadi Rum como lo han hecho los beduinos durante siglos y de la silenciosa gravedad del desierto. Dicho esto, un recorrido de más de cuatro horas en camello dejará doloridas ciertas partes del cuerpo que el viajero no sabía ni que existieran.

Las tarifas oficiales por persona están expuestas en un tablón delante de la oficina de excursiones del centro de visitantes. Se disfruta más si se llevan las riendas del animal; sale un poco más caro porque hay que pagar el camello del guía, pero resulta mucho más gratificante.

Es fácil añadir a la excursión la pernoctación en un campamento beduino (pregúntese en el centro de visitantes cuando se alquile el camello). Si se quiere regresar en todoterreno, habrá que costear la devolución del camello al punto de partida. Quien lleve mucho equipaje debería alquilar un segundo camello (mismo precio) para repartir el peso.

También se pueden organizar excursiones en camello más largas desde el Wadi Rum a Aqaba (de 3 a 6 noches, en función de la ruta); o hasta Wadi Musa (para ir a Petra; unas 5 noches).

El camello ya no es el transporte habitual de los beduinos; la mayoría prefiere la omnipresente furgoneta, de hecho no es raro ver a un beduino llevando un preciado camello en la parte trasera de un Toyota. Sin embargo, estos malhumorados, pero leales animales, siguen formando parte de la cultura beduina y en invierno se celebran carreras semanales de camellos, normalmente los viernes, en la pista cercana a Diseh. Para más información, pregúntese en el centro de visitantes.

Excursiones a caballo

Son una forma memorable y alternativa de deslazarse por el Wadi Rum y las inmediaciones. Alquilar una caballo cuesta unos 25 JOD por hora. Estas excursiones están pensadas para personas que sepan montar, los novicios no deberían subestimar a estos fogosos caballos árabes en campo abierto. La muy recomendada y veterana **Rum Horses** (☎20 33508, 079-5802108; www.wadirumhorses.com) es la agencia más profesional para excursiones y excursiones en camello y caballo. Atallah Swillheen, su propietario, es titulado y está cualificado en el manejo de caballos y carreras de resistencia en Europa. Uno de sus caballos, Sasha, ganó cinco veces la carrera de resistencia FEI de Jordania. Sus excursiones de un día cuestan 90 JOD (140 JOD incluida pernocta en *camping*). Los establos están ubicados en el acceso a la carretera del centro de visitantes del Wadi Rum, a unos 10 km de la carretera del Desierto. Junto a la carretera hay un indicador.

Excursionismo

Aquellos que prefieran hacer uso de sus extremidades, tienen infinidad de lugares maravillosos para explorar a pie, y, con tiempo, se puede ir sin guía a varios de los principales puntos de interés.

En este capítulo solo hay espacio para recomendar un par de itinerarios, pero si de verdad gusta el excursionismo (o trepar y escalar), se puede adquirir alguno de los excelentes estudios de Tony Howard y Di Taylor (véase p. 218).

Conviene evitar el calor sofocante del verano (may-sep). Hay que recordar que es muy fácil desorientarse entre este mar de picos escarpados, que las temperaturas (frío y calor) pueden ser extremas, que no abundan las reservas de agua natural (no siempre potable), que no circulan apenas vehículos, que los mapas a menudo son imprecisos y que caminar por la arena es extenuante.

EXCURSIONES EN TODOTERRENO POR WADI RUM

Cuando se reserva una excursión en todoterreno en el centro de visitantes del Wadi Rum se puede contratar un conductor para todo el día (hay que asegurarse de indicar los destinos antes de salir), o seleccionar un destino en dos rutas fijas. Las rutas "Operador 1" cubren la zona central del Wadi Rum y las "Operador 2", las periféricas (igual de bonitas). Las distancias son desde el centro de visitantes. Se ofrece la duración máxima de los trayectos: se pueden visitar a toda prisa los principales lugares de interés del Wadi Rum en unas horas, pero la excursión cunde más si se baja del vehículo y se explora a pie cada lugar de interés, o sencillamente sentándose y disfrutando de la paz y la quietud. Los conductores se asignan por rotación, así que puede que hablen inglés y sean unos entendidos en el desierto o no. Si se desea un guía hay que preguntar en el centro de visitantes o contratarlo con antelación.

LUGAR	KM	TIEMPO	TARIFA POR VEHÍCULO
RUTAS OPERADOR 1			
Manantial de Lawrence	14 km	1 h	25 JOD
Cañón de Khazali	30 km	2 h	35 JOD
Miradores del atardecer del Rum	35 km	2½ h	44 JOD
Puente Little Rock	35 km	3 h	44 JOD
Dunas rojas	40 km	3½ h	51 JOD
Casa de Lawrence	45 km	3½ h	59 JOD
Puente de roca Umm Fruth	50 km	4 h	67 JOD
Puente de roca Burdah	60 km	5 h	75 JOD
Cañón de Burdah	65 km	8 h	80 JOD
RUTAS OPERADOR 2			
Inscripciones de Alameleh	15 km	1 h	25 JOD
Siq Umm Tawagi	18 km	2 h	35 JOD
Mirador del atardecer de Diseh	20 km	2½ h	44 JOD
Cañón de Barrah	49 km	3 h	51 JOD
Puente de piedra Burdah	50 km	4 h	67 JOD
Circuito día completo	60 km	8 h	80 JOD

EXCURSIÓN POR EL CAÑÓN DE MAKHARAS

Es una excelente excursión para hacer por libre. Parte del centro de visitantes rumbo al sureste, cruza la llanura hasta los Siete Pilares de la Sabiduría y después se enfila hacia el cañón de Makharas (al llegar a la bifurcación hay que tomar el *wadi* de la izquierda). A 1 hora del centro de visitantes el *wadi* se estrecha y se sale de pronto a un fabuloso tramo de arena roja con magníficas vistas del Jebel Barrah y el Umm Nfoos hacia el este. Desde aquí se pueden atravesar las dunas de arena hacia el norte y avanzar pesadamente alrededor de la punta norte de Jebel Umm Ishrin para regresar a los Siete Pilares de la Sabiduría. La excursión se completa en 2½ h.

EXCURSIÓN DE IDA Y VUELTA AL JEBEL RUM

Otro posible itinerario para hacer por cuenta propia. Sale del pueblo de Rum y circunvala la mitad sur de Jebel Rum por Wadi Leyyah, pasando por el manantial de Lawrence y el Ain Abu Aineh. La ruta se completa en ocho horas y ofrece magníficas vistas abiertas del desierto.

SUBIDA AL JEBEL UMM ADAAMI

Una excursión recomendada en todoterreno permite culminar el poco visitado Jebel Umm Adaami (1832 m), el pico más alto de Jordania, en la frontera sur con Arabia Saudí. El ascenso a pie de una hora está señalizado con mojones de piedra y brinda unas vistas soberbias del Wadi Rum hacia el norte y de Arabia Saudí hacia el sur. Conviene contratar a un conductor que ya conozca el trayecto de 45 minutos al sur hasta el Wadi Saabet, donde empieza la cuesta. De vuelta, se puede parar en la rocas cinceladas del cercano Siq al-Barid, un bonito paraje para un *picnic*.

> **POR LIBRE**
>
> Aunque no hay nada que impida conducir un todoterreno por el desierto o recorrerlo a pie, no se recomienda hacerlo a menos que se tenga experiencia. Es difícil conducir por la arena blanda y agotador caminar sobre ella. Si uno se queda atascado o sin fuerzas puede pasar mucho tiempo antes de que alguien acuda con ayuda, un serio peligro si se tiene poca agua en verano o se va poco abrigado en invierno. Resulta muy fácil desorientarse por estos parajes laberínticos, por lo que es imprescindible hacerse con una brújula, agua y un mapa antes de salir por cuenta propia, por sencilla que sea la ruta.

Trepar

Esta modalidad se halla a medio camino entre el excursionismo y la escalada. No se necesita experiencia, pero hay que valerse de los pies y las manos para salvar cortas superficies rocosas.

PUENTE DE ROCA DE BURDAH

Un todoterreno acerca hasta el puente que se culmina a gatas en una emocionante hora. No implica nada técnico, pero se necesita un guía para encontrar la ruta y no padecer de vértigo en un punto antes del puente. Desde la cima las vistas son fabulosas. Para seguir más allá del puente se necesitarán cuerdas y algunas nociones de escalada (un escalador murió aquí en 1999).

CAÑÓN DE RAKHABAT

Con un guía local o un ejemplar de *Walking in Jordan,* de Tony Howard, el viajero disfrutará de una emocionante marcha de medio día por el corazón del Jebel Umm al-Ishrin, entre los laberínticos *siqs* del cañón de Rakhabat. La desembocadura oeste del cañón queda al lado del pueblo de Rum. Desde el extremo este del cañón se puede cruzar el valle hasta la inscripciones de Anfaishiyya, 600 m al sur del campamento beduino, y después regresar a pie hasta Rum por la punta sur de Jebel Umm al-Ishrin, pudiendo desviarse en camino hasta Ain Abu Aineh. Otra opción, con un guía y ciertas nociones de rápel, es volver por el oeste a través de la cadena montañosa que hay junto al cañón de Kharazeh.

Escalada en roca

Wadi Rum ofrece una desafiante escalada en roca (hasta grado 8). Aunque los beduinos lo vienen haciendo desde hace siglos, la escalada deportiva aún está relativamente sin explotar. Para organizar una salida de escalada, hay que contactar con el centro de visitantes con unos días de antelación. Allí facilitan el contacto con un guía con el que habrá que negociar el precio y gestionar el equipo de acampada, el material de escalada y el transporte. Una excursión de uno o dos días cuesta a partir de 200 JOD.

Los guías suelen recomendar el Jebel Rum para los escaladores menos experimentados: se precisa poco equipo y está cerca de la casa

EXCURSIONES EN CAMELLO POR WADI RUM

Las rutas en camello obedecen a dos circuitos según intereses "operacionales". Estas expediciones normalmente salen del pueblo de Rum y las distancias se miden desde la casa de descanso. El precios aumenta según el coste del pienso y las rutas cambian de vez en cuando.

LUGAR	KM	TIEMPO	TARIFA (MÁX.)
DESDE EL PUEBLO DE RUM			
Templo nabateo	1 km	30 min	4 JOD
Manantial de Lawrence	6 km	2 h	10 JOD
Cañón de Khazali	14 km	4 h	20 JOD
Miradores del atardecer	22 km	4 h	25 JOD
Dunas rojas	25 km	5 h	20 JOD
Puente de roca de Burdah	40 km	con pernoctación	60 JOD
Circuito día completo	ilimitados	8 h	30 JOD
Camello de carga		8 h	30 JOD
DESDE ALAMELEH			
Paseo corto	2 km	1 h	10 JOD
Miradores del atardecer	8 km	2 h	15 JOD
Siq Lawrence	9 km	3 h	20 JOD
Circuito día completo	ilimitados	con pernoctación	60 JOD
Camello de carga		8 h	30 JOD

de descanso. El Jebel Barrah también es popular. Para información sobre rutas, deberían consultarse los libros de Tony Howard y Di Taylor o www.wadirum.net.

Otras actividades

Para una perspectiva aérea del Wadi Rum, no hay nada como el globo (130 JOD por persona para un mín. de 2). Los paseos son de un mínimo de dos horas y dependen del tiempo. También se pueden hacer 20 minutos de vuelo en ultraligero. **Bait Ali Lodge** (☎079-5548133; www.baitali.com) es el mediador local del **Royal Aero Sports Club of Jordan** (☎2058052; www.royalaerosports.com), que proporciona la forma más fácil de hacer reservas para esos deportes. También alquilan veleros de arena, bicicletas de montaña y *quads*, además de mapas para posibles rutas por las llanuras de barro seco que quedan al norte del campamento.

El **Maratón Jebel Ishrin** se celebra anualmente en septiembre y la **Wadi Rum Endurance Race** (Carrera de Resistencia del Wadi Rum; www.fei.org), un evento de la FEI de 120 km en un día, puede interesar a los aficionados a las carreras de caballos.

Circuitos

Si se dispone de tiempo limitado quizá sea más fácil contratar un circuito al Wadi Rum desde Aqaba. Los precios empiezan alrededor de unos 70 JOD por persona y día (incluidos transporte, comida y entrada) y pueden incluir dormir en el desierto (15 JOD por las instalaciones y el desayuno). **Wadi Rum Safari** (☎2063882; www.wadirumsafari.com) tiene una de las mejores reputaciones para esos circuitos.

Algunos circuitos hacen noche en Diseh y ni siquiera entran en la zona protegida principal del Wadi Rum. Diseh cuenta con buenos campamentos en bonitos paisajes, pero no forma parte de la reserva y hay que saber dónde se hace el circuito para evitar decepciones.

Dónde dormir

Quien quiera pasar más tiempo en la zona no tendrá más remedio que acampar, ya que no hay ningún hotel en el Wadi Rum, ni siquiera en el pueblo vecino de Diseh. Se puede practicar la acampada de varias maneras: bajo las estrellas con una manta de pelo de cabra en un apartado campamento beduino; en un colchón en una jaima dividida en compartimentos en Diseh; o en una cómoda cabaña en Bait Ali, a la salida del Wadi Rum. También hay zonas designadas para que cada cual plante su tienda (pregúntese en el centro de visitantes). Los campamentos facilitan colchones, mantas y comida, pero hay que llevar las sábanas.

Pueblo de Rum

Casa de reposo *CAMPING* **$**
(☎2018867; colchón y mantas en una tienda de 2 personas 3 JOD/persona) Las raídas tiendas de la parte trasera de la casa de descanso ofrecen el alojamiento más accesible, pero solo se recomiendan si se llega demasiado tarde al Wadi Rum para adentrarse en el desierto. Por 2 JOD se puede plantar la tienda propia, con derecho al aseo y ducha.

En el desierto

Para las personas que se alojen en uno de los campamentos beduinos del Wadi Rum las posibilidades son infinitas y son la mejor forma de conocer el desierto. Se desenrolla la estera bajo las estrella y se deja que los jóvenes que cantan, los resoplidos de los camellos y el silbido de la tetera con menta lo arrullen a uno hasta quedarse dormido.

Los campamentos beduinos están sujetos a una normativa y los inspeccionan con regularidad. Los hay de dos tipos: los permanentes, que normalmente tienen un bloque con aseos y ducha y funcionan durante todo el año; y los temporales, usados de vez en cuando tanto los beduinos como los turistas. Estos campamentos están instalados en zonas concretas del Wadi Rum y en la vecina Diseh. Se recomienda reservar los del Wadi Rum, a través del centro de visitantes, por adelantado (sobre todo si se quiere dormir en uno específico) o al llegar. Para campamentos en la zona de Diseh, véase p. 227.

El precio (unos 30 JOD por persona y noche) incluye la comida, las tiendas y las mantas. En muchas promociones se anuncian en régimen de media pensión, lo cual hace referencia a una cena-barbacoa sencilla, con ensaladas y pan árabe, café o té y una pieza de fruta, y un desayuno a base de mermelada, queso, pan y café. Para los grupos que se alojen en un campamento temporal, se cobra un suplemento diario por el transporte de los enseres de *camping* hasta el lugar de acampada. Si ya se lleva saco de dormir, tienda y comida, lo único que se deberá pagar es el transporte, motorizado o animal.

Es difícil recomendar unos campamentos en concreto, pues hay muchos y todos ofrecen servicios y paisajes similares. Los que se listan a continuación da una idea de los que hay disponibles y están recomendados, lo que no implica que los demás no sean igual de buenos.

Los operadores turísticos dirigen sus propios campamentos, repartidos por el desierto, véase p. 228.

Mohammed Mutlak Camp CAMPAMENTO BEDUINO **$**
(☎077-7424837; www.wadirum.org; media pensión en tienda 30 JOD/persona) En un asentamiento precioso, con vistas al Jebel Qattar. Si se tiene suerte, la cena puede incluir un delicioso cordero cocinado en *zerb* (horno enterrado en la arena). El transporte en todoterreno al campamento es gratis si no se visita nada de camino. Se puede llegar en camello (desde 25 JOD, 2¼ h). Entre sus excursiones hay una de 45 minutos para ver las dunas de arenas blancas y rojas. La iluminación es a gas, nada de electricidad.

Rum Stars Camp CAMPAMENTO BEDUINO **$**
(☎079-5127025; www.rumstars.com; media pensión en tienda 25 JOD/persona) Es uno de los que más se adentran en el desierto y se tardan unos 20 minutos en todoterreno en llegar a él. Su ubicación es magnífica, escondido en la falda de una montaña, con vistas por excelencia al paisaje del Wadi Rum. Es sencillo, pero está bien gestionado por unos hermanos beduinos. El propietario, que habla un inglés excelente y es un apasionado de su herencia beduina, recoge en el pueblo de Rum. Los circuitos en *jeep* de medio día cuestan 50 JOD por un máximo de cuatro personas (todo el día con comida en fiambrera 70 JOD). Las excursiones guiadas de cinco horas cuestan 50 JOD.

Alrededores de Wadi Rum

Bait Ali Lodge ECOCAMPAMENTO **$$**
(☎079-5548133; www.baitali.com; media pensión en tienda 35 JOD/persona, en bungalow pequeño/mediano/grande 45/48/53; 🏊) Una oportunidad para quienes no quieran dormir al raso. Resguardado tras una montaña, con unas vistas fabulosas, este campamento ecológico de primera clase está muy bien señalizado al lado del camino, a 15 km de la carretera del Desierto y a 9 km del centro de visitantes del Wadi Rum. El alojamiento (en tiendas del ejército o en cabañas, algunas con du-

chas y váter) es básico, pero incluye la ropa de cama y hay un bloque separado con duchas de agua caliente para hombres y mujeres. Sus instalaciones incluyen un excelente restaurante con copiosas barbacoas por la noche. La mejor forma de comer carne a la brasa es arropado con una manta, reclinado sobre piel de carnero, mirando a través del fuego a los árabes con su vestimenta tradicional y en compañía de buenos narradores. Hasta tiene una bonita piscina. También se puede plantar la tienda propia (10 JOD) o aparcar la caravana (10 JOD) y utilizar las duchas. Los propietarios son encantadores y aconsejan sobre recorridos en bicicleta y a pie, circuitos en globo y otras actividades. Se recomienda encarecidamente la excursión por el monte del León (12 km, 3 h).

Dónde comer

Aparte del buen Rum Gate Restaurant del centro de visitantes, no hay muchas opciones para comer en Wadi Rum. Las pequeñas tiendas de comestibles de la carretera principal que atraviesa el pueblo de Rum ofrecen provisiones básicas y agua mineral. La zona de Diseh posee de las mejores aguas de acuífero de Jordania. Ya en el desierto, será una suerte degustar la barbacoa beduina por antonomasia, cocinada en un *zerb,* un horno enterrado en la arena.

Casa de reposo BUFÉ **$$**
(☎/fax 2018867; desayuno 3 JOD, comidas 10 JOD, cenas bufé 10 JOD; ⏲7.00-20.30) Para un bufé al aire libre. No hay mejor forma de terminar el día que saborear una gran cerveza Amstel (4 JOD) mientras los rayos del sol tiñen Jebel Umm al-Ishrin.

Ali's Place CAFÉ **$**
(Tentempiés 4 JOD; ⏲6.00-1.00) Junto a la carretera principal en el pueblo de Rum, junto a la tienda de escalada Alfi's (alimentación), sirve té y tentempiés, y es donde se relajan los jóvenes guías beduinos.

Rum Gate Restaurant BUFÉ **$$**
(☎2015995; centro de visitantes del Wadi Rum; almuerzo bufé 10 JOD; ⏲8.00-17.00; ❄☎) Entre el mediodía y las 16.00 ofrece un bufé con una rica variedad de platos (muy popular entre los viajes organizados). Fuera de este horario, el lugar bulle de guías, excursionistas fatigados y viajeros independientes que coinciden para tomarse animadamente una cerveza sin alcohol (2 JOD) y un sándwich de pollo (5 JOD).

De compras

Rum Arts ARTESANÍA
(☎2032918; centro de visitantes del Wadi Rum; ⏲8.00-17.00) Es un buen lugar para encontrar objetos de plata de calidad, bolsos bordados y artículos de cristal. Casi todo lo elaboran las lugareñas, quienes reciben gran parte de los beneficios. Se puede visitar su taller en el pueblo de Rum (cerrado vi y sa); en la tienda o en la casa de descanso se puede preguntar por la dirección. Casi al lado, la **Bedouin Gallery** vende una buena selección de tejidos y mantas de pelo de cabra.

Información

La entrada a la **zona protegida del Wadi Rum** (5 JOD/persona; niños menores 12 años gratis) está estrictamente controlada y todos los vehículos, camellos y guías han de organizarse a través o con la aprobación del centro de visitantes (no es necesario reservar). Se puede reservar un campamento o un guía para hacer excursiones, trepar o escalar (mejor reservar con antelación si se desea un guía en especial).

Se recomienda ir provisto de sombrero, preferentemente con ala o faldón para evitar el sol en el cuello, filtro solar, calzado resistente y agua. En invierno se necesita abrigo, bufanda, gorro y guantes. Si se acampa (incluida la casa de reposo), hay que llevar linterna, un libro y candado (muchas tiendas se pueden cerrar).

Los beduinos son un pueblo conservador, hay que vestirse adecuadamente. Los pantalones cortos y los *tops* para hombres y mujeres se admiten en la casa de reposo, pero los pantalones y faldas holgados y recatadas camisas y blusas evitarán las quemaduras de sol y contarán con la aprobación de los beduinos, en especia en el desierto.

Comisaría de policía (☎2017050) Está instalada en el antiguo fuerte de la policía, 400 m al sur de la casa de reposo. No aceptan quejas (hay que ir a la policía turística), pero socorren si uno se pierde.

Policía turística (☎2018215) En el centro de visitantes.

Centro de visitantes (☎/fax 2090600; www.wadirum.jo; ⏲7.00-19.00) Está situado en la entrada de la zona protegida, unos 30 km al este de la carretera del Desierto y 7 km al norte del pueblo de Rum. Aquí es donde se puede comprar la entrada a la reserva, apuntarse a una excursión en todoterreno o camello, gestionar el alojamiento en un campamento y contratar a un guía.

Cómo llegar y salir

Automóvil

Si se va por libre, la manera más práctica de llegar al Wadi Rum es en coche. Se puede alquilar uno en Aqaba, aunque si se quiere continuar hasta Petra, hay que saber que el vehículo se tiene que devolver en Aqaba. Un automóvil ahorra bastante tiempo y evita la frustración que supone intentar descifrar a qué horas pasa el escaso transporte público.

Quienes ya tengan práctica en conducir por el desierto, pueden alquilar un todoterreno en Aqaba y adentrarse al desierto por cuenta propia, no sin antes notificarlo al centro de visitantes del Wadi Rum y abonar los 2 JOD por persona de la entrada. Si nunca se ha conducido antes por el desierto, ni siquiera hay que intentarlo.

Autostop

Dada la escasez de transporte público a y desde el pueblo de Rum (cuya población es muy reducida), muchos viajeros adoptan una costumbre local y hacen autostop (2 JOD) en el cruce con la carretera del Desierto en Ar-Rashidiyya, 5 km al sur de Quweira. Todos los vehículos que pasan por la carretera se detienen en ese punto, excepto los autobuses JETT. Normalmente se puede conseguir sitio en una camioneta desde el centro de visitantes al pueblo de Rum por unos 5 JOD.

Microbús

Al tiempo de recabar información para esta guía, había como mínimo uno al día a Aqaba (1,5 JOD, 1 h) sobre las 7.00. Puede que haya otro a las 8.30, pero hay que comprobarlo en el cam-

DE PRIMERA MANO

AHMED OGLA AL ZALABEYH: CUIDADOR DEL DESIERTO

Hasta los siete años Ahmed llevó una vida nómada en el desierto del sur de Jordania. Sus padres querían que se integrara en el mundo moderno y él y sus hermanos se pusieron zapatos por primera vez y fueron al colegio. Una década después, tras conseguir una licenciatura en Literatura Inglesa en Ammán, volvió al Wadi Rum. Describe sus cuatro años en la gran ciudad como los peores de su vida y se alegra de haber regresado a su hogar, al desierto, donde quiere quedarse. Recién casado y con trabajo en la industria turística, es un apasionado que se expresa bien sobre sus raíces beduinas, con deseos de educar a su familia con una idea clara de lo que significa ser beduino.

¿Cuáles son los mejores lugares de Jordania para experimentar la vida beduina? Hay mucha gente que dice ser beduina, pero solo con propósitos comerciales. Si se quiere conocer a los verdaderos beduinos hay que ir al desierto, como aquí en el Rum, en Wadi Araba o en pequeñas zonas del Desierto del Este. En esos lugares se encuentran familias que saben lo que es la vida nómada tradicional y se desplazan con las estaciones.

¿Dónde escapan del turismo los beduinos? Eso es más fácil de lo que parece. Lo ponemos todo en la trasera de la furgoneta y seguimos a los camellos hasta el desierto, más allá de los campamentos y las pistas para coches. Es nuestro hogar espiritual, al que regresamos a menudo.

¿Cómo se sustentan los beduinos en el desierto? El ganado es la clave para la supervivencia. Los beduinos comercian entre ellos y cambian camellos y cabras por productos como tiendas de pelo de camello, alfombras, leche y queso, o artículos de ferretería del mercado.

¿Qué significa ser beduino en el mundo moderno? La vida en el desierto tiene relación con el origen de la humanidad. Para nosotros incluye el concepto de hospitalidad, muy enraizado en nuestra cultura. Aunque, cada vez más, debido a la necesidad de la educación y el acceso a mejor transporte, también significa asentarse, normalmente en el borde del desierto.

¿Cómo se asegurará de que sus hijos amen el desierto tanto como usted? Los llevaré a todos los lugares que hablan de nuestra historia, como hizo mi padre conmigo. Saber que nuestros abuelos se sentaron en una roca o bajo un árbol en concreto nos ayuda a conectar con la tierra y asegura que nuestra historia se transmita.

¿Qué consejo daría a los turistas que quieren conocer a los beduinos? No sospechar de nuestras intenciones, que vengan a hablar y tomar un té con nosotros. Queremos ganarnos la vida, pero también que se entienda mejor nuestra cultura.

pamento. Para ir a Wadi Musa (5 JOD, 1½ h) hay un microbús bastante fiable a las 8.30. Cuando se llegue al Wadi Rum, deben verificarse los horarios en el centro de visitantes o en la casa de descanso de Rum.

Para ir a Ma'an, Karak o Ammán, los microbuses que van a Aqaba o a Wadi Musa pueden dejar en el cruce de Ar-Rashidiyya con la carretera del Desierto (1,5 JOD, 20 min), desde donde es fácil continuar el viaje.

Taxi

De vez en cuando hay algún taxi por el centro de visitantes (menos en la casa de descanso) en espera de regresar cargado a su lugar de origen, normalmente Aqaba, Wadi Musa o Ma'an. Cuestan de 25 a 30 JOD a Aqaba y 45 JOD a Wadi Musa (Petra). Un *jeep* taxi desde el pueblo de Rum al cruce de Ar-Rashidiyya con la carretera del Desierto cuesta unos 10 JOD.

Diseh الديسي

Esta localidad está al noroeste del pueblo de Rum, a 12 km en línea recta, pero a 22 km por carretera. El paisaje es casi tan espectacular como el del Wadi Rum, y hay muchos lugares a los que salir de excursión fuera de los límites de la zona oficial protegida del Wadi Rum. Hay siete campamentos en el desierto cerca de Diseh que cuentan con instalaciones básicas. Si se está alojado en uno de ellos, se puede organizar el transporte hasta el centro de visitantes del Wadi Rum y apuntarse allí a alguna excursión por el desierto.

La carretera asfaltada a Diseh desde el desvío a Rum ofrece algunos lugares interesantes que explorar. Por un precio negociable los lugareños llevan a la zona del desierto al norte de la vía férrea, donde hay presas nabateas y romanas, puentes artificiales de roca, petroglifos e inscripciones en roca. El paisaje que rodea el **Jebel Amud** es el más interesante. Un viaje más largo permite visitar las tallas en roca de 2 m de altura de **Abu Hawl** ("Padre del terror"), 7 km al norte del campamento de Bait Ali, y desde allí seguir hasta el puente de roca en el Jebel Kharazeh. Un viaje de tres horas en todoterreno cuesta unos 45 JOD.

Dónde dormir

Varios lectores han recomendado distintos campamentos a las afueras de Diseh. Están al abrigo de un gran colina y los primeros campamentos están contiguos unos a otros y se llega con vehículos con tracción en dos ruedas (a menos que haya habido fuertes tormentas). Ofrecen zonas tradicionales para sentarse, con cojines y camas en tiendas individuales o en tiendas beduinas compartimentadas. Los que aparecen en el siguiente listado cuentan con un edificio limpio de duchas y váteres. Si se busca una experiencia más silenciosa y tranquila, los situados en partes más remotas del desierto, que requieren de todoterrenos para llegar, son una mejor opción; hay que asegurarse de comprobar la ubicación de antemano para evitar decepciones.

Rahayeb Camp CAMPAMENTO BEDUINO **$$**
(☎079-6909030; www.rahayebcamp.com; media pensión/entera por persona 32/38 JOD) Este bonito y nuevo campamento instalado en un apartado recodo de rocas, lejos de los campamentos de Diseh, representa el *camping* con estilo. Dos chefs profesionales preparan una deliciosa comida tradicional en un *zerb* mientras los huéspedes se relajan bajo las estrellas alrededor de una hoguera en el centro. Para los que les gusta el *camping* más como idea que como realidad, hay cinco tiendas VIP (desde 45 JOD) con váter y duchas, agua calentada con energía solar y luz eléctrica. También hay zonas de acampada muy remotas junto a un pequeño *siq* por encima del campamento, donde lo único que rompe el silencio son los propios latidos.

Zawaideh Desert Camp CAMPAMENTO BEDUINO **$$**
(☎079-5840664; zawaideh_camp@yahoo.com; media pensión/persona 20 JOD) Cercano a la carretera y accesible en vehículo, este sencillo campamento, aunque lleno de ambiente, está debajo del precipicio de una escarpada, en el extremo de una llanura. Tiene reputación de aportar una cordial experiencia alrededor de una animada hoguera y es muy popular entre los jordanos de la ciudad que desean reconectar con el desierto.

Captain's Camp CAMPAMENTO BEDUINO **$$**
(☎2016905, 079-5510432; captains@jo.com.jo; media pensión/persona 35 JOD) Bien gestionado campamento de precio medio, con duchas de agua caliente, acogedoras zonas para sentarse y buenos bufés, es muy popular entre los grupos de excursión, ya que es fácilmente accesible desde la carretera. También tiene una romántica tienda para dos (90 JOD por persona) en mitad del desierto, con una cena a la luz de las velas dejada en la puerta de la tienda.

AGENCIAS Y GUÍAS

Los conductores de *jeeps* y escoltas de camellos hacen una fabulosa labor a la hora de cuidar de los visitantes, pero si se desea información más detallada o especializada sobre el Wadi Rum, o ayuda para organizar una actividad en especial, es necesario contratar a un guía. El personal del centro de visitantes ayuda a encontrar uno o se puede contactar con alguno de los que aparecen en el siguiente listado. Hay que avisarles al menos con 48 horas y llevar una copia del intercambio de correos electrónicos por si la pide el personal del centro de visitantes. Las excursiones más largas requieren cierta planificación por parte del guía (p. ej. comprar provisiones y organizar los camellos). Abril, septiembre y octubre son los meses con mayor actividad.

Al-Hillawi Desert Services (☎/fax 2018867, 079-5940117) Agencia con diferentes campamentos en el desierto, gestionados por la casa de descanso.

Attayak Ali (☎079-5899723; www.bedouinroads.com) Guía de escalada y aventura.

Attayak Aouda (☎079-5834736; www.rumguides.com) Guía de escalada.

Eid Mohamed Al-Sowelleh (☎079-5624671) Guía.

Sabagh Eid (☎/fax 2016238; 03-7891243) Guía de escalada.

Palm Camp CAMPAMENTO BEDUINO **$$**
(☎077-7244605; www.jordandesertpalmcamp.com; media pensión 17 JOD/persona) Campamento sociable con una fogata central y zona de descanso, pero con alojamientos más estrechos. Para el transporte por la arena hay que preguntar en el Zawaideh Desert Camp.

Cómo llegar y salir

Es poco probable encontrar un microbús o taxi que llegue hasta Diseh, por lo que se han de seguir las instrucciones para ir al Wadi Rum hasta como máximo el cruce de Diseh (en el control de policía que hay a 16 km después de dejar la carretera del Desierto). Desde allí se puede llamar a uno de los campamentos, en los que no dudan en ir a recoger al viajero. Si uno se queda sin medios puede hacer autostop los 8 km, aunque armado de paciencia; normalmente se dan unos fils al conductor (1 JOD es suficiente).

Hay microbuses habituales de Diseh a la carretera del Desierto (1,70 JOD). Un solo autobús va a Aqaba a diario a eso de las 7.00. Pregúntese por los horarios en el campamento.

LA CARRETERA DEL DESIERTO

La carretera del Desierto, que sigue las legendarias vías del ferrocarril de Hejaz y una nueva tubería de agua, conecta Aqaba, en el sur de Jordania, con Damasco, en Siria. El tramo entre Ammán y Aqaba no tiene mayor interés, no está cuidado, normalmente soporta mucho tráfico y no puede considerarse uno de los puntos de interés de Jordania. Sin embargo, es la ruta más corta entre Ammán y el sur de Jordania y es probable que el viajero la utilice en una dirección u otra. Es la única carretera de Jordania que parece una autopista, con doble carril en gran parte y luces en los principales cruces.

Cuenta con pocos lugares en los que comer o dormir y si se llega a Ma'an, se puede continuar hasta Wadi Musa, Wadi Rum o Aqaba.

Ma'an معان

☎03 / 116 000 HAB. / ALT. 1100 M

En la actualidad una de las localidades y centros administrativos más grandes del sur de Jordania, Ma'an ha sido un nudo de transportes y centro comercial durante siglos. Aunque no ofrece mucho para ver, tiene un núcleo bastante agradable y algunos viajeros quizás tengan que pasar la noche aquí en espera de transporte a Wadi Rum, Wadi Musa (para Petra) o Aqaba. La ciudad está especialmente concurrida durante el Haj, pues queda en la ruta principal de peregrinación desde Jordania y Siria a La Meca (Arabia Saudí). King Hussein St es el eje principal norte-sur de la ciudad, con la mezquita/torre de comunicaciones como indicadores respectivos. En esta calle hay restaurantes y varias entidades bancarias con cajeros automáticos. Desde la estación de autobuses, dos manzanas al oeste y una al norte (5 min a pie) llevan hasta el extremo sur de King Hussein St, en el cruce con

Palestine St. El Hotel Kreashan está cinco minutos más a pie hacia el norte.

Dónde dormir y comer

Los asadores y restaurantes de pollo abundan por King Hussein St, incluido el **Alroz-Al Bokhary** (King Hussein St; platos principales 3-5 JOD). Enfrente en diagonal, en la esquina de King Hussein St y Palestine St, hay una tentadora confitería. También hay fruterías por los alrededores.

Hotel Kreashan HOTEL $

(Hotel Krishan; ☎07-7719308; Al-Bayyarah St; ⏲desde 10 JOD) Si no se consigue transporte para continuar el viaje, este básico hotel cuenta con amplias y soleadas habitaciones y baños compartidos limpios. No se recomienda a mujeres que viajen solas, pues pueden sentirse incómodas ante un propietario que lleva calzoncillos largos en vez de pantalones. El hotel queda al este de la mezquita, al lado del extremo norte de King Hussein St.

Información

Horizon Internet Centre (☎2131700; King Hussein St; 1 JOD/h; ⏲9.00-22.00) Frente al Housing Bank; conexión rápida.

Cómo llegar y salir

Si el viajero no da con un autobús directo a su destino en Jordania, seguro que en Ma'an encontrará conexiones útiles.

La estación de autobuses, microbuses y taxis colectivos está cinco minutos a pie al sureste del centro. Las salidas disminuyen a partir de las 14.00 y cesan a eso de las 17.00.

Hay microbuses regulares (2,75 JOD, 3 h) y taxis colectivos menos frecuentes (6 JOD, 3 h) a/desde la estación de autobuses sur de Ammán (Wahadat). También hay microbuses (2,20 JOD, 80 min) y taxis colectivos (2,50 JOD) frecuentes a Aqaba. Para ir al Wadi Rum se toma un microbús a Aqaba hasta el cruce de Ar-Rashidiyya (1,70 JOD) y después un microbús o se hace autostop. Para Petra, los microbuses a Wadi Musa (1,2 JOD, 45 min) salen con bastante frecuencia en cuanto se llenan, y hacen una breve parada en la universidad. Para Karak, hay algún que otro taxi colectivo (2 JOD, 2 h) y tres microbuses diarios vía Tafila (1,3 JOD).

Un taxi privado a Petra/Wadi Musa cuesta unos 15 JOD, y 30 JOD a Karak o Aqaba.

Qatrana القطرانه

☎03 / 5000 HAB. / ALT. 740 M

Una de las pocas poblaciones que hay en la carretera del Desierto, Qatrana, aproximadamente 2 km al norte del desvío a Karak, es una antigua parada en el camino de peregrinación entre Damasco y La Meca. El único motivo para detenerse aquí (si se va en transporte propio) es echar un vistazo rápido al **castillo de Qatrana** (gratis), construido por los otomanos en 1531. Aunque ha sido aquí restaurado con mucho gusto, no hay ningún tipo de explicaciones.

Azraq y la carretera del Desierto del Este

الأزرق & شرق الطريق الصحراء

Sumario »

Los mejores alojamientos y restaurantes

» Azraq Lodge (p. 236)

» Al-Azraq Resthouse (p. 236)

» Azraq Palace Restaurant (p. 237)

Los mejores castillos

» Qasr al-Azraq (p. 237)

» Qusayr Amra (p. 240)

» Qasr Kharana (p. 242)

» Umm Al-Jimal (p. 245)

Por qué ir

Imagínese un espacio tan desolado que ni una sola roca ni un arbusto rompa el horizonte de 360°. Añádasele una alfombra de antigua piedra volcánica negra, intransitable incluso para los camellos. Y todo ello, en un calor tan apabullante en verano que el suelo parece latir y aparecen espejismos en la distancia... ¡Bienvenidos al Desierto del Este!

¿Por qué, entonces, venir hasta aquí? Pues bien, por inexplorado que parezca, este desierto ha sido habitado por beduinos, cruzado por caravanas y utilizado como escala por aves migratorias desde los albores de la historia. Hoy en día, este tráfico se refleja en una serie de intrigantes ruinas: fortines, pabellones de caza y caravasares, conocidas colectivamente como "castillos del desierto". En los milagrosos oasis de Azraq y Burqu, las aves hacen una pausa en su travesía del inhóspito desierto.

Cuándo ir

El mejor momento para visitar las remotas llanuras de Jordania oriental es de comienzos de marzo a mediados de abril, cuando la moderada temperatura implica que quedarse aislado en un remoto castillo del desierto es meramente incómodo y no conlleva riesgo de muerte.

Si se planifica bien (transporte seguro, suficiente agua y sombrero) mayo es también un buen mes para disfrutar de la gran cantidad de aves rapaces que sobrevuelan la reluciente calima en su emigración anual.

En invierno hay remolinos de polvo en las llanuras mientras las aves hacen escala en los humedales de Azraq, de camino entre Europa y el África subsahariana.

Historia

Un rosario de pabellones, caravasares y fortines en ruinas, conocidos colectivamente como "castillos del desierto", salpica los desiertos del este de Jordania, y es uno de los atractivos más surrealistas del país. Se remontan a los omeyas (661-750 d.C.) en los primeros años del islam, y antaño estuvieron decorados con mosaicos, frescos, mármoles, yeso y estuco pintado. Aquí, la élite podía de-

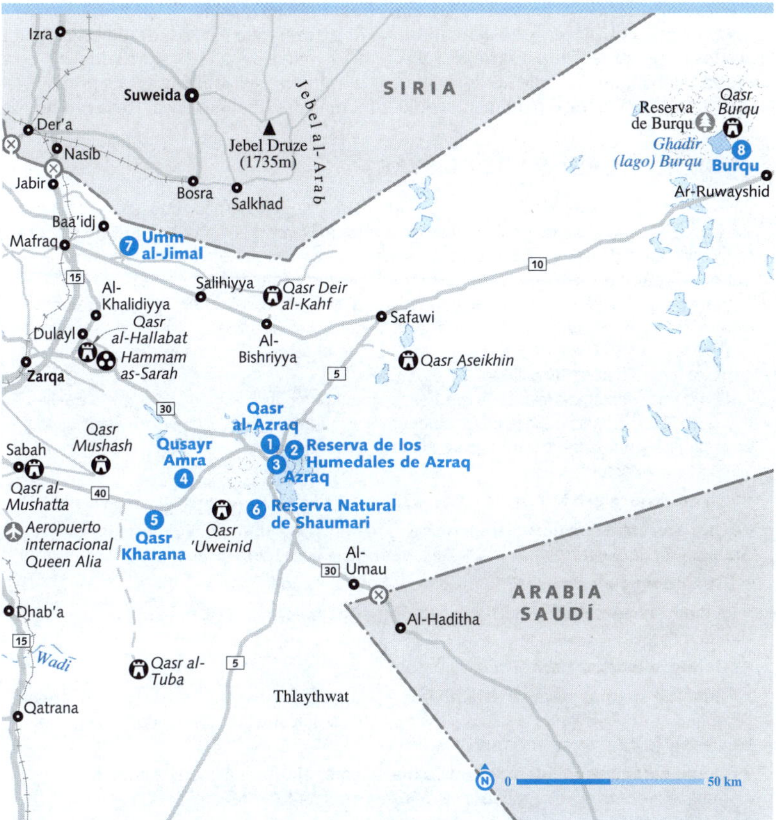

Imprescindible

1. Perseguir el fantasma de Lawrence por **Qasr al-Azraq** (p. 237, cuartel general del enigmático oficial británico.
2. Agacharse en las paranzas de la **Reserva de los Humedales de Azraq** (p. 238) y contemplar la intensa vida en un abrevadero.
3. Conocer a una de las minorías étnicas de Jordania, los chechenos, en el **Azraq Lodge** (p. 236) y disfrutar de una suntuosa cena.
4. Admirar los atrevidos frescos en los baños de **Qusayr Amra** (p. 240), declarados Patrimonio Mundial por la Unesco.
5. Pasear por los laberínticos pasillos de **Qasr Kharana** (p. 242), una impresionante fortaleza en el solitario desierto.
6. Avistar un oryx árabe, especie en peligro de extinción, durante un safari nocturno por la **Reserva Natural de Shaumari** (p. 238).
7. Trepar por las melancólicas ruinas de basalto de **Umm al-Jimal** (p. 245), una antigua ciudad de brillante piedra negra.
8. Ejercitar el talento para la conducción por pista para llegar a **Burqu** (p. 248), un insólito lago en medio de la nada.

dicarse a sus pasatiempos favoritos, la cetrería, la caza y las carreras de caballos durante el día, y desenfrenadas fiestas por la noche, con vino, poesía y música.

Los primeros dirigentes árabes seguían siendo beduinos de corazón, y su querencia por el desierto les llevó quizá a construir estos palacios del placer, que estuvieron rodeados de vergeles y fauna salvaje. Quizá vinieran también huyendo de las epidemias en las grandes ciudades, o para mantener el contacto y dominar a los beduinos. Los castillos del desierto también sirvieron como escalas para los peregrinos hacia La Meca, y a lo largo de las rutas comerciales hacia Damasco y Bagdad.

Reservas naturales

Por extraño que parezca desde la carretera que se adentra en el Desierto del Este desde Ammán, hay aquí tres zonas protegidas. La más desarrollada es la **Reserva de los**

¿QUIÉNES FUERON LOS OMEYAS?

¿Quién diría que el imperio omeya fue el séptimo más grande jamás conocido en el mundo, y el quinto más grande con un territorio contiguo? ¿Por qué, entonces, una dinastía tan importante, decisiva para el islam actual, y responsable del desarrollo de algunas de las expresiones más apreciadas de la cultura árabe, es tan desconocida fuera de la región? Podría ser porque pertenece a la historia de Oriente Próximo, tan a menudo dominada por la historia de los cruzados de las naciones occidentales. Podría ser porque el s. VIII se asocia a menudo, correcta o incorrectamente, con la Edad Oscura que cubrió con una larga sombra las culturas vecinas.

Sea como fuere, los omeyas se merecen salir un poco de la extraña ignorancia que les rodea en la conciencia del mundo occidental. Por lo tanto, y en nombre de la justicia, aquí se reseñan algunos datos para ayudar a comprender quiénes eran los omeyas y por qué fueron tan importantes.

» **¿En qué época existieron los omeyas?** Entre el 661-750 d.C., en los inicios del islam.

» **¿Qué abarcaba su enorme imperio?** Desde Portugal y Marruecos al oeste hasta Arabia y Persia al este, cerca del 9% de la superficie de la tierra firme.

» **¿Cuánto medía entonces?** 13 millones de km^2.

» **¿A cuántas personas gobernaba este imperio?** Cerca del 30% de la población mundial en la época.

» **¿Dónde estaba su capital?** En Damasco.

» **¿Cuál fue su impacto en el islam?** Tanto positivo como negativo: llevaron a cabo una campaña de conversiones masivas al islam, pero su dinastía fue en gran parte responsable de la nefasta división entre suníes y chiíes.

» **¿Cómo estaban considerados en su día?** La minoría chiíta estaba resentida por el cisma que crearon al no seguir la línea de sangre del profeta Mahoma.

» **¿En cambio, los suníes sí les apoyaban?** No exactamente. La opinión pública sunita consideraba a los dirigentes omeyas como pecadores de pocas luces, preocupados por los placeres terrenales.

» **¿Fue este el motivo de su declive?** En parte; una rebelión surgida en el 747 en los lindes del imperio, combinada con un enorme seísmo en la región, permitió que el imperio cayera en el 750 en manos de suníes procedentes de Persia conocidos como abasidas.

» **¿Se les recuerda hoy en día?** ¡Sí! Los omeyas establecieron el árabe como idioma administrativo en Oriente Próximo, su tendencia panárabe sirve a los nacionalistas para evocar una Edad de Oro árabe, y su asociación con el color blanco se refleja en casi todas las banderas de las naciones árabes modernas.

» **¿Dejaron otro legado cultural?** Construyeron la Cúpula de la Roca en Jerusalén y la mezquita de los Omeyas en Damasco, dos de los iconos más grandes del arte islámico.

» **¿Cuál fue su influencia en la zona ahora conocida como Jordania?** La serie de pabellones de caza, casas de baños y palacios del placer conocidos colectivamente como "castillos del desierto" fueron construidos por los omeyas, lúdicas expresiones de su creativo y exuberante reinado.

Humedales de Azraq (p. 238), que atrae a muchas especies de aves alrededor del oasis gravemente menguante. La **Reserva Natural de Shaumari** (p. 238) protege especies en peligro de extinción como el oryx árabe, y aunque esté ahora cerrada a las visitas, quizá se pueda organizar un safari nocturno con la RSCN; en cambio, la **Reserva de Burqu** (p. 248) se encuentra todavía en una fase muy incipiente, en medio del remoto desierto.

Peligros y advertencias

En cualquier momento del año, pero sobre todo en plena canícula, la deshidratación y la amenaza de un golpe de calor, un grave percance que requiere atención médica inmediata, constituyen un riesgo que puede minimizarse llevando y bebiendo agua en abundancia, evitando los esfuerzos a mediodía y planificando una ruta de salida si se viaja en transporte público. Caso de aventurarse fuera de la carretera principal, hay que asegurarse de disponer de todo lo necesario por si se presenta un pinchazo o avería mecánica.

En primavera, moscas y mosquitos son muy molestos. Hay que llevar repelente de insectos si se visitan los oasis.

Cómo llegar y salir

El punto de entrada más fácil en la región es Ammán y las ciudades de Zarqa y Mafraj. La desolada Hwy 5 también entra en la zona desde el sur pasando por Azraq. En el Desierto del Este está el único paso fronterizo con Iraq. Camiones y algunos autobuses entran en Arabia Saudí por el paso fronterizo de Al Umau (véanse restricciones en p. 324).

Cómo desplazarse

Aunque escasos e intermitentes microbuses circulan por la carretera de Azraq desde Ammán, y algunos de camino hacia la frontera iraquí, es muy difícil (y potencialmente peligroso en verano) recorrer la región en transporte público. Una opción mucho mejor será uno de los viajes organizados desde la capital, que siempre cubren los principales castillos del desierto en excursiones de un solo día. Todavía mejor, incluso, es alquilar un coche para dos días, lo cual permitirá pernoctar en Azraq y emprender un safari nocturno en Shaumari. Para una visita más extensa de la región, que incluya Umm Jimal y Burqu, se recomienda encarecidamente disponer de un todoterreno con material de acampada.

CIRCUITOS POR LOS CASTILLOS DEL DESIERTO

Los circuitos organizados para visitar los castillos del desierto desde Ammán son una buena solución, sobre todo si no se dispone de mucho tiempo o dinero. Los hoteles Palace, Farah y Cliff en Ammán (véase p. 60), organizan dichos circuitos, que costarán unos 15 o 20 JOD por persona para una excursión de jornada entera. Difícilmente resultará más barato si se intenta alquilar un taxi en Ammán, y además los taxistas salen a regañadientes de la ciudad. También los hoteles Black Iris y Mariam en Madaba ofrecen este tipo de excursiones.

AZRAQ Y ALREDEDORES

Azraq es la única localidad de cierta importancia en el Desierto del Este, y funciona como un imán para el tráfico transcontinental en busca de descanso y compañía tras largos trayectos por el desierto. El nombre de "Azraq" se aplica a menudo indiscriminadamente a todo tipo de asentamientos al este de Ammán, y a los castillos esparcidos por las llanuras desérticas. Algunos de los atractivos más interesantes de la región están cerca de la ciudad, como es el caso de un castillo y una reserva de humedales. A las afueras de la ciudad, en las dos carreteras principales hacia Ammán, hay varios castillos del desierto, incluidos dos de los más impresionantes, Qasr Amra y Qasr Karana.

Azraq es el único lugar donde alojarse en todo el Desierto del Este. Para vivir realmente el desierto, lo mejor es planificar la visita antes y después de una pernoctación en la ciudad, con un *picnic* en plena naturaleza y alguna excursión a pie entre las visitas a los castillos.

Los lugares de interés siguientes están reseñados en el sentido de las agujas del reloj, saliendo de Ammán vía Zarqa y siguiendo la Hwy 30 hasta Azraq, con regreso a la capital por la Hwy 40. Es la mejor ruta para visitar los castillos si se viaja en transporte público (que sin embargo implica varios retrocesos y algunos trayectos en taxi), y es la que emprenden más a menudo los viajes organizados. No hay que agotar toda la energía al principio de la excursión, ya que dos de los mejores castillos, Qasr Amra y Qasr Kharana, están junto a la carretera de regreso, la Hwy 40.

Zarqa الزرقاء

☎09 / 910 800 HAB. / ALT. 620 M

Tercera ciudad más grande de Jordania después de Ammán e Irbid, Zarqa ha quedado ahora prácticamente engullida por el desarrollo urbano del norte de Ammán. Poco tiene que ofrecer esta localidad de clase obrera que apenas merece una ojeada de paso, pero a veces hay que cambiar de autobús aquí si se pretende visitar el Desierto del Este en transporte público.

En Zarqa hay dos terminales de autobuses, microbuses y taxis colectivos. El transporte a/desde la estación de autobuses del norte (Tabarbour) en Ammán (600 fils, 30 min) utiliza la nueva estación (de Ammán). De la antigua estación, en Zarqa, salen vehículos hacia los pueblos de la región, como Hallabat (para ir a Qasr al-Hallabat y Hammam as-Sarah) y Mafraq. También hay salidas intermitentes de microbuses hacia Azraq (1200 JOD, 1½ h). Entre las dos terminales de Zarqa hay microbuses cada pocos minutos.

Qasr al-Hallabat قصر الحلابات

Con bastantes muros todavía en pie, algunos arcos bien restaurados y un desolado mirador al borde del Desierto del Este, este **fuerte** (gratis; ⏲en las horas de luz solar) es una excelente introducción a los legendarios castillos del desierto de la región. Hallabat se enorgullecía antaño de sofisticados baños, intrincados frescos y mosaicos, una mezquita y varios depósitos, y a su alrededor florecía una activa comunidad agrícola. La restauración del castillo, a cargo de un equipo español, permitirá hacerse una idea de su pasado esplendor, aunque se trate de un proyecto a muy largo plazo.

Como con los demás castillos jordanos, hay que ir retirando las capas de la historia. En el caso de Hallabat, solo hay que concentrarse en tres períodos principales: romanos, bizantinos y omeyas.

Lo primero será encontrar un precioso mosaico, situado encima de una gran cisterna central y las ruinas del **fuerte original.** Construido por los romanos durante el reinado del emperador Caracalla (198-217 d.C.), este bastión, como muchos otros de la región, tuvo en un principio una función defensiva contra las tribus del desierto.

Después, hay que fijarse en las construcciones posteriores en roca basáltica de característico color negro. Más adentro del Desierto del Este, abunda este tipo de roca volcánica esparcida por las vastas llanuras, una buena fuente de material para la construcción. En el s. VI, los bizantinos convirtieron el fuerte en **monasterio** durante un corto período, y utilizaron los bloques de basalto para ampliar la estructura romana.

Finalmente, se pueden admirar las paredes de caliza blanca decoradas con exquisito detalle, las hornacinas, los arcos reconstruidos y un elaborado porche con pilares. Todo ello obra de los omeyas (661-750 d.C.) que reformaron la estructura bajo el reinado del hedonista califa Walid II y transformaron el modesto fuerte en un imponente complejo de tres plantas con cuatro grandes torres. Pueden verse los restos de una **gran mezquita** con arcos lobulados, un recinto agrícola alimentado por un elaborado sistema de irrigación, y las ruinas de un poblado para los sirvientes del palacio que estaba incluido en el ambicioso proyecto de expansión de los omeyas. Los baños, por su parte, están 3 km al este, en Hammam as-Sarah.

ℹ Información

Un incipiente museo tiene prevista su apertura en el 2013 en Qasr al-Hallabat. Mientras tanto, el patio del centro de visitantes adyacente, todavía no operativo, está adornado con pilares y arcos restaurados que dan una idea de los detalles decorativos con que embellecieron el lugar los omeyas. Lavabos públicos disponibles.

ℹ Cómo llegar y salir

Tan cerca de Ammán que puede visitarse en una excursión de media jornada, Qasr al-Hallabat está junto al pueblo de Hallabat y es uno de los pocos castillos que tienen acceso en transporte público. Desde la estación de autobuses norte de Ammán, un microbús lleva hasta la nueva estación (Ammán) en Zarqa, otro microbús hasta la vieja estación, y otro hasta el pueblo de Hallabat. En vehículo propio, hay que seguir la Hwy 30, donde el castillo está señalizado, y aventurarse luego por las carreteras secundarias. Será una primera etapa excelente en el circuito de los castillos del desierto. Para ir luego a Azraq, lo mejor es regresar a Zarqa.

Hammam as-Sarah حمام الصرح

Este complejo de pabellón de caza y *hammam* habría tenido mucho más que mostrar si los habitantes de la zona no se hubieran encaprichado de sus bloques de caliza de alta calidad en la década de 1950. Todavía vale la pena visitar el *hammam* bien restaurado, donde se puede observar el sistema de canalizaciones subterráneas que servían para los baños calientes, templados y fríos. Enfrente del edificio principal hay un **pozo**, de casi 20 m de profundidad, un depósito elevado y los restos de una **mezquita** cercana.

El *hammam* se encuentra junto a la carretera principal hacia el pueblo de Hallabat, unos 3 km al este de Qasr al-Hallabat y 5 km de la carretera principal. El microbús que va al pueblo de Hallabat pasa por Hammam as-Sarah y puede parar allí. Las ruinas no están cerradas, basta con empujar la verja. Queda más de una hora en coche desde aquí hasta Azraq, la población principal en el circuito de los castillos del desierto.

Azraq الأزرق

☎05 / 8000 HAB./ ALT. 510 M

Azraq, que significa "azul" en árabe, hacía honor a su nombre con un reluciente lago y extensos humedales famosos en toda la región. Este mágico oasis era un refugio para la fauna salvaje en medio del árido desierto

INDISPENSABLE

¿QUÉ CASTILLOS VISITAR?

La visita a la región no tiene sentido sin los castillos del desierto. Hay decenas de ruinas dispersas por las pedregosas llanuras del Desierto del Este que se remontan a la dinastía Omeya.

A continuación se incluye un listado de los principales castillos con información sobre su accesibilidad. Los castillos pueden englobarse en dos prácticos conjuntos. Los más famosos están en el llamado "circuito cerrado de los castillos del desierto", y son accesibles en una excursión de un día desde Ammán, vía Azraq, con un viaje organizado o en coche. Algunos en particular pueden visitarse con algo más de dificultad con una combinación de microbús y taxi.

El otro conjunto está situado junto a la llamada "carretera del Desierto del Este", o Hwy 10, que va desde Mafraq hasta la frontera iraquí, y su visita exige mucho más tiempo.

Cada uno de los conjuntos se cubre en un largo día por lo menos. Para combinar ambos, se puede pernoctar en Azraq y utilizar la Hwy 5 para cortar entre los dos. Véase también el recuadro (p. 242) sobre un tercer conjunto, ajeno a los circuitos turísticos.

Conjunto 1: Circuito cerrado de los castillos del desierto

NOMBRE DEL CASTILLO	TRANSPORTE PÚBLICO	4 POR 4	CIRCUITO ORGANIZADO	VALE LA PENA
Qasr al-Hallabat (p. 234)	Sí	No	A veces	✓✓
Qasr al-Azraq (p. 237)	Sí	No	Sí	✓✓✓
Qasr 'Uweinid (p. 239)	No	Sí	No	✓
Qusayr Amra (p. 240)	Taxi desde Azraq	No	Sí	✓✓✓
Qasr Kharana (p. 242)	Taxi desde Azraq	No	Sí	✓✓✓
Qasr al-Mushatta (p. 243)	Taxi desde Ammán	No	No	✓

Conjunto 2: Castillos de la carretera del Desierto del Este

NOMBRE DEL CASTILLO	TRANSPORTE PÚBLICO	4 POR 4	CIRCUITO ORGANIZADO	VALE LA PENA
Umm al-Jimal (p. 245)	Sí	No	A veces	✓✓
Qasr Deir al-Kahf (p. 247)	No	No	No	✓
Qasr Aseikhin (p. 248)	No	No	No	✓
Qasr Burqu (p. 248)	No	Sí	No	✓✓

y un punto de referencia para los peregrinos y caravanas que recorrían las rutas comerciales entre Bagdad y Jerusalén. Pero entonces sobrevino la catástrofe: los humedales se secaron casi por completo al alimentar la creciente demanda de agua de la capital, con el consiguiente descalabro para los habitantes de la zona.

Eso no quiere decir que no valga la pena visitar la ciudad, que se ha reinventado como etapa para los camiones que atraviesan la carretera del Desierto del Este entre Ammán y Bagdad, y para los convoyes procedentes de Arabia Saudí. Los conductores que se desvían en esta encrucijada son todos supervivientes de largas distancias, que en muchos casos no solo se enfrentan a trayectos de un tedio interminable sino también a la amenaza de emboscadas y episodios violentos. Compartir una taza de té con alguno de estos guerreros de la carretera en los restaurantes o talleres mecánicos que bordean las calles de Azraq situará el propio viaje desde Ammán, visto antes tan largo, en una perspectiva mucho más anodina.

Aparte de la realidad moderna de Azraq, la ciudad está muy cerca de uno de los mejores castillos del desierto, **Qasr al-Azraq,** y ofrce el único alojamiento de la región. También está cerca de la **Reserva de los Humedales de Azraq** y la **Reserva Natural de Shaumari,** donde se protege y valora lo poco que queda del patrimonio natural de Azraq, antaño tan glorioso.

Historia

Como cuerpo de agua permanente más importante de la región, y como fuente de malaquita, Azraq ha estado habitada desde el Neolítico. Los romanos, mamelucos y otomanos controlaron sucesivamente la región y en 1917-1918 los soldados de la rebelión árabe de Faisal estuvieron acuartelados en la ciudad. Lawrence de Arabia pasó un invierno en el fuerte, usado como cuartel general temporal.

En la ciudad hay dos comunidades diferenciadas. Tras la I Guerra Mundial, los refugiados drusos que huían de Siria se establecieron en Azraq Norte, y se dedicaron a la producción de sal. Arzaq Sur, por su parte, fue fundado por los chechenos que huían de las persecuciones en Rusia, y que empezaron a ganarse a duras penas la vida pescando y cultivando en los alrededores del oasis. El Azraq Lodge está regentado por personal de esta comunidad y su restaurante sirve consistentes comidas chechenas.

La reciente llegada de emigrantes palestinos y sirios ha diluido las distinciones étnicas, y la práctica desaparición del oasis en la década de 1990 ha empujado a gran parte de la población a buscarse la vida lejos de aquí.

Dónde dormir y comer

En un solo día es casi imposible cubrir más que los principales castillos del desierto más cercanos a la carretera. Con una pernoctación en Azraq se podrá incluir una visita a la Reserva Natural de Shaumari, que en la actualidad solo tiene acceso mediante un safari nocturno. Y lo mejor de todo, se podrá disfrutar de una cena chechena en el Azraq Lodge.

Azraq Lodge HOTEL **$$**
(3835017; i/d incl. desayuno desde 62/73 JOD;) Este antiguo hospital militar británico de los años 1940 en el sur de Azraq ha sido reformado con buen gusto como base para explorar el Desierto del Este. Una antigua ambulancia de campaña está aparcada bajo un toldo, y varias fotos antiguas se exponen junto a lámparas de parafina y máscaras antigás. En cuanto al restaurante, una cantina de hospital modernizada, los platos chechenos serán probablemente una de las mejores experiencias gastronómicas en Jordania. Hay que reservar por teléfono para almorzar o cenar (13 JOD) y presentarse con buen apetito: las ensaladas de granada y platos de carne al aroma de tomillo llegan en generosas porciones en bandejas a compartir. En el hotel hay también un pequeño **taller de artesanías** (3835017; 9.00-17.00) donde las mujeres de la comunidad local producen y venden estampados serigrafiados, huevos de avestruz pintados y productos de papel reciclado.

Al-Azraq Resthouse HOTEL **$$**
(3834006; i/d/tr incl. desayuno desde 40/52/65 JOD;) Establecimiento poco cuidado en general. Teniendo en cuenta la escasez de agua en Azraq, su piscina refleja una falta de sensibilidad, por lo menos. A pesar de todo, el hotel se llena los fines de semana y con la limitada oferta hotelera local, es una opción si el Azraq Lodge está completo. El restaurante sirve comida internacional estándar. El hotel está situado unos 2 km al norte del cruce de Azraq, y a 1,5 km por una pista.

Zoubi Hotel HOTEL **$**
(3835012; h desde 10 JOD) Esta opción económica y absolutamente espartana, regentada por una familia, ha visto mejores tiempos, pero a falta de otros alojamientos, será una

solución práctica para pasar la noche. Está detrás del Refa'i Restaurant, junto a la calle principal, a poca distancia de los restaurantes de *shawarma* y pollo asado, los pequeños colmados y las tiendas de juguetes.

Azraq Palace Restaurant BUFÉ JORDANO $
(☎079 5030356; bufé con/sin ensalada 10/7 JOD, platos 2-5 JOD; ⌚ 11.00-16.00 y 6-23.00) Aparte del Azraq Lodge, es el mejor lugar donde comer en la ciudad, por lo que está muy frecuentado por los grupos de turistas. La comida jordana básica, con arroz, carne a la brasa, ensaladas y salsas, es sabrosa y saciante, y el personal muy servicial.

ℹ Cómo llegar y salir

Hay microbuses que circulan por la carretera a lo largo del norte y el sur de Azraq en busca de pasajeros antes de entrar en la carretera de Zarqa (1,2 JOD, 1½ h). En coche propio, aquí se puede optar por la Hwy 5 en dirección sur, tras 3 o 4 horas de absoluta desolación hacia el sur de Jordania. El trayecto hasta Ammán, por la Hwy 30 o Hwy 40 es de unas 2 horas. No hay que olvidar nunca las reglas del desierto, y llenar el depósito en todas las gasolineras, muy escasas en la región.

Qasr al-Azraq قصر الأزرق

> Sería la primera imagen que Ali tuviera de Azraq, y nos apresuramos a subir por la pedregosa cresta con gran emoción, hablando de las guerras y canciones y pasiones de los antiguos reyes de los pastores, de nombres tan musicales, que habían amado esta tierra; y de los legionarios romanos que languidecieron aquí acuartelados, en tiempos todavía más antiguos.
>
> *T. E. Lawrence,*
> *Los siete pilares de la sabiduría*

A las afueras de la polvorienta ciudad de Azraq, este impresionante **fuerte** (entrada 1 JOD, también válida para Qusayr Amra y Qasr Kharana; ⌚8.00-18.00, hasta 16.00 oct-mar) fue la residencia de T. E. Lawrence y Sharif Hussein bin Ali en el invierno de 1917-1918 durante la rebelión árabe contra los turcos. Lawrence se instaló en la sala encima de la entrada sur, mientras que sus leales seguidores quedaron expuestos a los elementos. Vivieron apiñados aquí durante meses, poco protegidos del intenso frío; los techos derrumbados se reparaban con hojas de palmera y arcilla.

A pesar de las penurias, T. E. Lawrence escribe con afecto sobre el tiempo que pasó aquí con sus tropas. Por las noches se reunían ante una gran hoguera en el patio e intercambiaban historias de guerra, paz y amor.

El fuerte, construido sobre cimientos romanos, quedó casi destruido en 1927 por un violento terremoto. Hoy en día, la transitada Hwy 5 pasa enfrente de la entrada, pero todavía se respira la magia en el aire, sobre todo a última hora de la tarde, cuando el castillo se ilumina con el sol poniente y no cuesta imaginarse a Lawrence, con sus excéntricos ropajes árabes, bajando por las escaleras para cenar junto al fuego.

Historia

La historia de Qsar al-Azraq es relativamente poco conocida, y no ha sido objeto de grandes excavaciones ni restauraciones. Inscripciones en griego y latín sitúan los elementos más antiguos de las ruinas alrededor del año 300 d.C., coincidiendo con la ocupación romana.

El fuerte fue reformado por el califa omeya Walid II, que lo utilizó para cazar y como base militar. Su aspecto actual se remonta a 1237, cuando fue fortificado por los ayubidas para defenderse de los cruzados. Posteriormente, los turcos instalaron aquí una plaza fuerte en el s. XVI. En 1918, sin embargo, la rebelión árabe lanzó un ataque desde aquí contra Damasco, y consiguió expulsar a los turcos de la región.

◉ Puntos de interés

Construido con basalto negro, el edificio constaba en principio de tres plantas. Algunas **losas** en el suelo de la entrada principal presentan pequeñas muescas, talladas por antiguos guardianes que pasaban el tiempo jugando con guijarros en este tablero improvisado. En la entrada del patio, hay animales grabados y varias inscripciones.

Encima de la entrada está la **sala de Lawrence,** estratégicamente situada para vigilar la entrada y con saeteras defensivas. Enfrente de la entrada, y a la izquierda, están los vestigios de un **altar,** construido en el s. III d.C. por los romanos. En medio del **patio** hay una pequeña **mezquita,** orientada como siempre hacia La Meca, que se remonta al período ayubida (principios del s. XIII), pero que fue construida sobre las ruinas de una iglesia bizantina. En la esquina noreste del patio, unas escaleras se hunden en el suelo hasta un **pozo,** lleno de agua hasta hace 20 años. En la esquina noroeste están las ruinas de la **cárcel.**

Las zonas residenciales se encuentran al norte, con las ruinas apenas apreciables de una **cocina** y un **comedor**, con **almacenes** y **establos** cerca. La **torre** de la muralla oeste es la más espectacular, con una enorme **puerta** hecha con una sola losa de basalto. Lawrence describe en *Los siete pilares de la sabiduría* cómo "se cerraba con un estruendo que hacía temblar la pared oriental del castillo".

Cómo llegar y salir

El fuerte linda con Azraq ash-Shomali (Azraq Norte), unos 5 km al norte del cruce de Azraq. Desde el centro, el taxi hasta el fuerte vale cerca de 1 JOD (5 JOD con 30 min de espera), si se consigue que algún taxista acepte una carrera tan corta.

Reserva de los Humedales de Azraq محمية واحة الأزرق

Durante varios milenios, la Qa'al Azraq (Cuenca de Azraq) comprendía una enorme superficie de marismas, estanques y pantanos, que hicieron de Azraq uno de los oasis poblados más importantes del Levante. Aunque la zona fue declarada "humedal de importancia internacional" por el gobierno jordano en 1977, este gesto en gran parte simbólico no detuvo la catástrofe ecológica.

En los últimos años, la RSCN se ha hecho con el control de los humedales y ha establecido una pequeña **reserva natural** (☎3835017; entrada 8,12 JOD; ⏲9.00-18.00) para contribuir a la recuperación de la zona. Las poblaciones de aves han regresado, pero los humedales siguen siendo un pálido reflejo de su pasado esplendor. El centro de visitantes de la reserva presenta exposiciones bien documentadas sobre la tragedia de la cuenca.

Puntos de interés y actividades

La RSCN calcula que unas 300 especies de aves residentes y migratorias utilizan ahora los humedales durante su migración invernal de Europa a África. Incluyen rapaces, alondras, currucas, pinzones, aguiluchos, águilas, chorlitos y patos. Algunos búfalos también se revuelcan en el pantanoso hábitat, y chacales y jerbos se avistan a veces al anochecer. El mejor momento para observar las aves es en invierno (de diciembre a febrero) y a principios de la primavera (marzo y abril). Grandes bandadas de aves rapaces llegan en mayo. En cualquier caso, las poblaciones de aves dependen de los niveles de agua en la reserva, y como el volumen de agua que se extrae es mayor que el que se vierte, el futuro del oasis sigue peligrando.

Ruta de los pantanos CAMINATA

El sendero de 1,5 km a través de la reserva da una idea de la antigua belleza de los humedales. Desde la paranza y con unos binoculares, se podrá ver los patos peleándose entre los carrizos estacionales. En la época de las migraciones, un libro de ornitología permitirá distinguir las especies raras que se acercan a beber antes de cruzar las llanuras desérticas circundantes. Una plataforma domina los manantiales de Shishan, que antaño regaban todos los humedales. Hay que tener el corazón muy duro para no conmoverse ante la escala del desastre ecológico abatido sobre esta antigua maravilla natural.

Información

En la entrada de la reserva hay un centro de visitantes de la RSCN. Contiene una sala de interpretación informativa y es de esperar que la tienda de regalos y artesanías locales vuelva pronto a abrir sus puertas.

Cómo llegar y salir

La Reserva de los Humedales de Azraq está 500 m al este de Azraq, señalizada en la carretera principal

Reserva Natural de Shaumari محمية الشومري

Establecida en 1975 por la RSCN, esta **reserva** (Mahmiyyat ash-Shaumari; www.rscn.org.jo; ⏲8.00-16.00) de 22 km² estaba destinada a la reintroducción de la fauna y flora desaparecida de la región, sobre todo el oryx árabe, en grave peligro de extinción. A pesar de los numerosos vallados, los depredadores naturales y la amenaza constante de la caza furtiva, el oryx, el asno persa salvaje, las gacelas dorcas y subguturosas, y los avestruces de cuello azul se han reproducido en la reserva.

Cuando se redactó esta guía, la Reserva Natural de Shaumari seguía cerrada a las visitas por una exhaustiva renovación. El personal de la RSCN afirma que la reserva presentará un aspecto mucho más atractivo para los visitantes, pero de momento quizá se pueda visitar en un safari nocturno reservándolo con antelación en la RSCN. También se puede preguntar en el Azraq Lodge cuál es la situación actual. El proyecto defiende

DIARIO DE UN DESASTRE ECOLÓGICO

El **oasis de Azraq** y los humedales circundantes cubrían en su origen más de 12 710 km², y estaba considerado como el recurso acuífero más importante de la región. Hoy en día está considerado como uno de los desastres ecológicos más grandes de la región. El diario de esta catástrofe es una trágica lectura.

» **200 000 a.C.** La presencia de asentamientos humanos y elefantes, guepardos, leones e hipopótamos es evidente alrededor del oasis de Azraq

» **8000 a.C.** Edad del "agua fósil" recogida en Azraq

» **1950** Los humedales se llenan con 3000 m³ de agua cada año

» **Década de 1960** Se inicia la extracción de agua fósil de los humedales para las ciudades en expansión de Ammán e Irbid

» **1967** El 2 de febrero, se registra la presencia de 347 000 aves en los humedales

» **1975** La cantidad de agua que se extrae de Azraq, para cubrir una cuarta parte de las necesidades de Ammán, es el doble de la que puede recuperar el oasis

» **1977** El gobierno jordano firma un tratado internacional para proteger los humedales, que conlleva la fundación de la Reserva de los Humedales de Azraq

» **1980** Tan solo 10 m³ de agua al año (comparado con 3000 m³ en 1950) llenan los humedales, afectados además por numerosos pozos privados ilegales

» **1991** El nivel freático cae a más de 10 m bajo el suelo, y los humedales se secan por completo

» **1994** El Programa de las Naciones Unidas para el Desarrollo (PUND), el gobierno jordano y la RSCN intentan detener el desvío del agua de los humedales hacia los centros urbanos

» **Mediados de los años 1990** La extracción abusiva destruye el equilibrio natural entre el acuífero de agua dulce y el agua salada subterránea, con el resultado de un agua inútil para el consumo de animales y humanos, incluso para la irrigación

» **1998** El aphanius *(Aphanius sirhani)*, un pequeño pez de 4 o 5 cm de longitud, endémico de Azraq, está al borde de la extinción

» **2000** El 2 de febrero solo se registran 1200 aves en los humedales, la mitad que en 1967

» **2011** El Ministerio del Agua jordano vierte cerca de 1,5 millones de m³ de agua dulce al año en los humedales

» **2015** Restauración prevista de cerca del 10% de los humedales, suponiendo que se puedan controlar los 500 pozos ilegales que se calculan en la zona

una causa tan noble que se merece todo el apoyo posible.

Cómo llegar y salir

El desvío hacia Shaumari está bien indicado, a 7 km del cruce de Azraq, en la carretera hacia la frontera saudí. Una estrecha calzada llena de baches cubre otros 6 km hasta la reserva. El último kilómetro no está asfaltado, pero es transitable en un turismo normal.

Qasr 'Uweinid قصر عويند

Quien encuentre este retazo de historia en medio del Desierto del Este se merece una medalla. Esta estructura, antaño robusta y práctica, construida por los romanos en el s. III d.C. para proteger el manantial de Wadi as-Sirhan (ahora en Arabia Saudí), fue abandonada menos de 100 años después. Lo único que puede verse hoy es el perfil del fuerte mediante paredes semiderruidas y un par de pozos y cisternas en ruinas.

Pero no se viene a un fuerte como este para ver un montón de piedras antiguas dispersas por el fondo del *wadi*, aunque algunas lleven evocadoras inscripciones, y aunque el visitante sea quizás uno de los pocos en haber cruzado el umbral desde hace siglos. No, la visita será más bien una buena excusa para encontrarse de veras con el desierto. Nadie, probablemente, podrá dar sin ayuda con es-

UNICORNIOS DEL DESIERTO

La última vez que se avistó un oryx en libertad en Jordania fue en 1920, cuando la caza condujo a la extinción a este magnífico antílope de cuernos rectos. En 1972, cazadores de Omán abatieron al último, y las autoridades declararon esta especie extinta en estado natural. Sin embargo, en un considerable esfuerzo conservacionista, se reunieron los nueve ejemplares que se mantenían en cautividad (conocidos ahora como "el rebaño mundial de oryx") y se trasladaron al zoo de Arizona para un programa de reproducción en cautividad.

En 1978, cuatro machos y cuatro hembras de la especie fueron transportados a Jordania para intentar su reintroducción en la zona. Bajo los auspicios de la **Real Sociedad para la Conservación de la Naturaleza (RSCN),** la primera cría, Dusha, nació en la Reserva Natural de Shaumari al año siguiente. Cinco años después, había 31 ejemplares en Shaumari y desde entonces, algunos han sido dejados en libertad en Wadi Rum, una iniciativa no completamente lograda. El siguiente paso es introducir el oryx en zonas protegidas de todo el país. Por ello, la RSCN ha revisado a fondo sus instalaciones en Shaumari con la esperanza de atraer más interés y financiación de los turistas para su vital proyecto de conservación.

El regreso del oryx fue un momento de orgullo nacional en Jordania, con lo que se impone un interrogante ¿qué tendrá este antílope para provocar tanta emoción? Quizá sea su extraño parecido con el mítico unicornio. De hecho, los antiguos egipcios solían atar los cuernos de los jóvenes oryx para que al crecer se fundieran en uno solo, y la imagen de un macho con el pelaje blanco invernal, visto de perfil al enfrentarse con otro macho, permite confundir la realidad con la ficción.

tas ruinas grisáceas, en lo alto de una loma a unos 8 km al suroeste de Shaumari (los redactores de esta guía tuvieron que recurrir a un jeque beduino y un agente de policía). No es estrictamente necesario venir en todoterreno, ya que el suelo de la pedregosa llanura es firme y cuando deja de serlo, se pueden cubrir andando los últimos 500 m.

En un *wadi* poco profundo que bordea el fuerte crecen raquíticos tamariscos y arbustos espinosos. Desde lo alto de las ruinas, el cielo abierto forma un horizonte casi perfectamente llano. El silencio es casi audible y el vacío late en los oídos. Por eso se intenta llegar hasta aquí, para experimentar la ausencia del ruido y ajetreo habituales. Si no se consigue encontrar el castillo, no importa, el visitante comprenderá mejor que tantas personas hayan sucumbido al embrujo ejercido por el desierto, con o sin arena.

Qusayr Amra قصر عمرا

Uno de los edificios omeyas mejor conservados en el desierto, declarado Patrimonio Mundial por la Unesco, Qusayr Amra será el punto álgido de un circuito por el Desierto del Este. Parte de un complejo mucho más extenso, que servía de caravasar, casa de baños y pabellón de caza, el *qusayr* (pequeño castillo) es famoso por sus atrevidos frescos del s. VIII, con mujeres, vino y escenas de desenfreno.

Hoy en día Qusayr Amra parece haber sido construido al azar en medio del desierto, pero en tiempos antiguos su ubicación fue elegida con esmero por su proximidad a un fértil *wadi* famoso por sus pistachos silvestres. Los baños se alimentaban con agua subterránea extraída del nivel freático, menos profundo en la antigüedad. Para llegar hasta ella construyeron pozos con paredes de ladrillos, uno de los cuales todavía puede verse unos metros al norte del edificio principal. Junto a este pozo de 36 m de profundidad, una restaurada *saqiyah* (noria activada por un asno) muestra cómo llegaba el agua hasta una cisterna, que luego alimentaba los baños y se vendía a las caravanas de paso.

La estructura principal con tres bóvedas está bien restaurada, pero lo más interesante son sin duda los grandes frescos tan bien conservados que cubren las paredes en su interior. Un impresionante proyecto de restauración ha avivado los colores de escenas de caza, personajes bañándose desnudos y bacanales diversas.

Historia

Los omeyas construyeron Qusayr Amra hacia el 711 d.C. durante el reinado de Walid I (705-715 d.C.). Walid es famoso sobre todo por lanzar una campaña constructora por todo el Imperio omeya, coronada por la mezquita de los omeyas de Damasco y la Cúpula de la Roca en Jerusalén.

En contraste con la solemnidad religiosa de estos grandiosos proyectos, los baños de Amra están consagrados a temas más carnales. Por supuesto, esto no es Pompeya, un seno desnudo es lo máximo del atrevimiento. El sucesor de Walid, ofendido por este tipo de imágenes, ordenó su destrucción. Por suerte, la lejana mano de Damasco no alcanzó este remoto reducto en el desierto, y el visitante moderno puede apreciar ahora un humor pocas veces asociado con las primeras expresiones de la sociedad islámica.

Las excavaciones de las ruinas se iniciaron a mediados de la década de 1970 bajo un equipo de arqueólogos españoles, y los frescos han sido restaurados con fondos de Austria, Francia y España. En 1985, fueron formalmente reconocidos como "obra maestra del genio creativo humano" y Qusayr Amra fue declarado Patrimonio Mundial.

Puntos de interés

Al bajar desde el centro de visitantes hacia la pequeña y modesta estructura, muchos se preguntarán por qué reviste tanta importancia. Incluso la **sala de audiencias** del edificio principal, donde se celebraban reuniones, fiestas, exposiciones y festines, resulta poco impactante de entrada para el visitante deslumbrado por la luz del desierto.

Pero en cuanto los ojos se acostumbran a la luz, aparecen dos mujeres pintadas en los arcos con los senos desnudos y cuencos de comida (o dinero) en las manos, contra un fondo azul, y vestidas con tejidos representados con exquisito detalle. Cinco siglos antes de que se iniciara el Renacimiento europeo, estos frescos reflejan una conmovedora humanidad: luchadores se calientan antes del combate; una mujer casi desnuda se baña sin pudor en un claro iluminado por el sol; la oreja de una gacela tiembla nerviosa cuando el rebaño sale huyendo de sus cazadores; los perros jadean al correr a lo largo de la **pared oeste,** conduciendo unos asnos salvajes hacia una trampa. Incluso la prosaica construcción de los baños está inmortalizada en los frescos, en las imágenes compartimentadas del techo, que muestran la extracción de las piedras, su traslado en camello, la obra de carpintería y el enlucido de las paredes.

No son las imágenes estilizadas propias de su época, pertenecientes a un cánon religioso de señales y símbolos. En lugar de eso, parecen ser un intento excepcional para captar la realidad cotidiana, a diferencia de la imaginería geométrica normalmente asociada con el arte islámico primitivo.

Eso no quiere decir que los frescos sean ajenos a temas de mayor calado. Por ejemplo, la imagen con la cara borrada del califa omeya está rodeada por **seis grandes dirigentes,** cuatro de los cuales han sido identificados: César, un emperador bizantino; el rey visigodo Rodrigo; el emperador persa Chosroes; y el Negus de Abisinia. El fresco puede implicar que el califa omeya era su igual o mejor que ellos, o reseñar simplemente a los enemigos del islam.

Aparte de la temática cotidiana de la época, también abarcan su simbolismo

LOS FRESCOS DE QUSAYR AMRA

Los paneles informativos en el centro de visitantes de Qusayr Amra aseguran que "ninguna de las pinturas de Qusayr Amra describe escenas de libertinaje". Teniendo en cuenta que en los albores del islam estaba prohibida cualquier representación de seres vivos, cuesta aceptar esta afirmación.

Hasta qué extremo fueron transgresores estos frescos se evidencia en la pared occidental de la sala de audiencias, donde aparece la imagen de una mujer desnuda en el baño. Algunos historiadores sugieren que se trata de la concubina favorita del califa de Amra. Cuanto más se pasea la vista por las paredes, abarcando imágenes de músicos, danzantes desnudos, querubines y cestas de fruta, más obvia aparece la herejía de los frescos.

¿Cuál debió ser el propósito de estas pinturas? Algunos eruditos islámicos culpan a los gasanidas, una tribu árabe pagana que dominó la región en tiempos romanos, otros hablan de heréticos dirigentes, infieles al islam. Pero casi todos admiten en privado que, al parecer, la élite de la época se divertía simplemente lejos de las restricciones cortesanas.

casi olvidado. Un pequeño pasillo lleva a la izquierda a través de las tres pequeñas estancias que componen los baños. El **'apodyterium'** (vestidor) presenta tres caras ennegrecidas en el techo, que según dicen representan las tres etapas de la vida humana. Los cristianos de la zona creen que la figura central representa a Jesucristo. En la pared izquierda hay una alucinógena pintura de un oso tocando el banjo, aplaudido por un mono que sin duda debía sugerir alguna vanidad política de la época.

En el **'tepidarium'** (con agua caliente y aire caliente que circulaba bajo el suelo) unas mujeres desnudas bañan a un niño, mientras que en el vecino **'calidarium'** de agua caliente, más cerca de la caldera, una bóveda celeste cubre el techo en espiral. Este mapa del cielo del hemisferio norte, acompañado por los signos del zodíaco, es uno de los intentos más antiguos conocidos de representar el universo en una superficie que no fuera plana. El centauro de Sagitario, la Osa Mayor y varios otros signos del zodíaco (más detalles en el mapa expuesto en el centro de visitantes) debieron ser muy apropiados para la contemplación por parte de los bañistas de la época.

Información

Las entradas se compran en el **centro de visitantes** (entrada 1 JOD, también válida Qsar al-Azraq y Qasr Kharana; ⏲8.00-18.00 may-sep, hasta 16.00 oct-abr). No hay que perderse el mapa en relieve de las ruinas con descripciones de su historia y el mapa de los frescos que ayuda a identificar los puntos de mayor interés (como la bóveda celeste), difíciles de discernir sin una idea previa de lo que se verá a continuación. Hay lavabos públicos y en una tienda beduina se sirve té de menta y algunos tentempiés, y se venden algunos recuerdos.

Al parecer, se puede fotografiar libremente el interior de Qusayr Amra (quizá debido a la crisis del turismo, ni siquiera había un guardia), pero hay que tener en cuenta el efecto negativo de los *flashes* sobre los frescos, y sobre todo, que no hay que tocar las paredes.

Cómo llegar y salir

Qusayr Amra está en el lado norte de la Hwy 40, a 26 km de Azraq. Solo está señalizado viniendo de Ammán, por lo tanto hay que estar atento si se llega en sentido opuesto, ya que es fácil pasar por alto los pequeños edificios del color de las dunas. No hay microbuses que circulen por esta ruta, y los autobuses no paran en Amra, por lo que es imposible venir en transporte público. Sin coche propio, la única opción es un taxi desde Azraq (desde 15 JOD ida y vuelta, ¡si se consigue convencer al taxista!)

Qasr Kharana قصر خرانة

Situado en medio de una vasta llanura desarbolada, esta imponente estructura de gruesas paredes propició seguramente la adopción del término común de "castillos del desierto". Sin embargo, nada indica que esta construcción de dos plantas tuviera un cometido inicial de fortaleza. De hecho, las torres son totalmente sólidas, por lo que no podían albergar soldados armados, y sería imposible disparar con arco desde las "saeteras" de extrañas formas, por lo que seguramente solo sirvieron para la iluminación y ventilación del edificio.

Aunque es evidente que no se trata de un castillo, Kharana fue un edificio vital para los omeyas, como atestiguan su tamaño y forma espectaculares. A pesar de parecer un *khan* (caravasar), Kharana no estaba situado en ninguna ruta comercial importante, y no parece contar con una sola estructura para almacenar agua. La única explicación plausible, pues, es que se trató de un punto de encuentro para la élite de Damasco y los beduinos locales.

Sean cuales fueran sus orígenes, Kharana ha sido restaurado impecablemente y es sin duda el más fotogénico de los castillos del desierto. Su nombre deriva de la palabra *harra* (llanuras pedregosas circundantes), y domina orgulloso el duro e inhóspito paisaje lunar que parece excluir por completo el asentamiento humano. En su interior, sin embargo, el patio central es un espacio tranquilo y resguardado en el que ni siquiera penetra el viento.

Historia

Poco se sabe de los orígenes de Qsar Kharana, aunque una inscripción pintada sobre el dintel de una de las puertas de la planta superior menciona la fecha del 710 d.C., por lo que se trata de uno de los fuertes más antiguos de la era islámica. La presencia de piedras con inscripciones griegas en la entrada principal también sugiere que fue construido encima de un edificio romano o bizantino, probablemente como residencia privada.

Puntos de interés

Unas 60 **estancias** rodean el **patio** interior, y sirvieron seguramente para recibir las delegaciones visitantes. Las largas salas a ambos lados de la **entrada** abovedada servían de **establos,** y en el centro del patio había una **pila** para recoger el agua de lluvia. Curiosamente, el interior es mucho más pequeño de lo previsto, por el engañoso grosor de las paredes.

Al subir por las elegantes **escaleras** se llega a las salas de la plantas superiores, con techos abovedados. Algunos **medallones de yeso,** alrededor de la parte superior de las paredes, indican al parecer influencias mesopotámicas.

En una de las estancias de la segunda planta hay también unas líneas de **grafito** árabe, cruciales para establecer la antigüedad de la fortaleza. Encima de la puerta, en una sencilla escritura negra, se dice "Abd al-Malik, hijo de Ubayd escribió esto el lunes, tres días antes del Muharram del año 92". Unas escaleras en las esquinas sureste y suroeste llevan hasta la segunda planta y la azotea (cerrada al público).

Información

Al castillo de Kharana se entra por el **centro de visitantes** (entrada 1 JOD, también válida para Qusayr Amra y Qasr al-Azraq; 8.00-18.00 may-Sep, hasta 16.00 oct-abr), donde se exponen varios elementos sobre la historia local. Hay lavabos públicos. El hospitalario propietario de la tienda beduina contigua, que funciona también como café y tienda de recuerdos, prepara té de menta fresco y se toma el tiempo de charlar sobre temas de actualidad. Las visitas se agradecerán especialmente si se prolonga la crisis del turismo actual.

Cómo llegar y salir

Kharana está 16 km al oeste de Qusayr Amra por la Hwy 40. No hay transporte público viable por esta carretera, (aunque la visita podría incluirse en un circuito en taxi desde Azraq; desde 20 JOD) y el castillo solo está señalizado viniendo de Ammán. Es más fácil de encontrar que el vecino Amra, debido sobre todo a su nefasta cercanía a una planta eléctrica.

Qasr al-Mushatta قصر المشتى

De los cinco castillos del desierto principales, el 'palacio de invierno' de **Qasr al-Mushatta** (gratis; en las horas de luz solar) es el de acceso más difícil, y por lo tanto no suele incluirse en los circuitos organizados. Eso no quiere decir que esté en medio de la nada, al contrario, es el que está más cerca de Ammán. De hecho, si se recorre Jordania en coche de alquiler, las ruinas serán quizá lo último que se vea del país, ¡puesto que están justo al lado del aeropuerto internacional Queen Alia!

La construcción de Qasr al-Mushatta se inició al parecer hacia el 743 d.C., bajo el califa Walid II, que pretendía fundar una gran ciudad en la zona. Aunque debía ser el más grande y espléndido de todos los castillos del desierto, el fuerte quedó inacabado. En el 744, Walid II fue asesinado por airados campesinos, muchos de cuyos colegas habían muerto durante la construcción debido a la falta de agua. Si se consigue ignorar el ruido de los aviones, las grandes ruinas transmitirán la grandiosa visión del califa.

A lo largo de los años han desaparecido muchas piezas, que han terminado en los museos del mundo entero. La elaborada fachada esculpida terminó en Berlín (ahora en el Museo Pergamon) después de que el sultán turco Abd al-Hamid se la "regalara" al káiser Guillermo en 1903. Mushatta quedó también parcialmente destruida por seísmos, y casi todas sus columnas y torres de vigía se han derrumbado hace tiempo. A pesar del lento deterioro del castillo, la enorme muralla exterior y las fachadas esculpidas siguen reflejando su esplendor original.

A la derecha de la entrada están las ruinas de una mezquita, con un *mihrab* restaurado (hornacina que indica la dirección de La Meca). Las secciones al norte comprenden los restos de una **sala de audiencias** abovedada y varias **residencias.** Pilares fragmentados por doquier parecen vértebras rotas. Un elemento insólito es la construcción de las bóvedas con ladrillos cocidos (material poco común en edificios de este estilo) en lugar de basalto negro. Y por supuesto, no hay que perderse los antiguos **retretes** (con desagües), en la parte de atrás de la sala.

Cómo llegar y salir

No hay transporte público que lleve hasta Qasr al-Mushatta. Al estar situado cerca de zonas sensibles, sobre todo el aeropuerto, hay que llevar a mano el pasaporte para presentarlo en los controles militares a lo largo del camino.

Viniendo en coche desde Ammán, hay que salir hacia el aeropuerto internacional Queen Alia, girar a la izquierda desde la carretera del Desierto en el desvío hacia el aeropuerto, y luego a la derecha en la rotonda después del Golden Tulip Airport Hotel. Hay que dejar el pasaporte en el

MERECE LA PENA

PARA LOS MÁS ENTUSIASTAS DE LOS QASR...

Si los castillos del circuito Zarqa-Azraq-Ammán han despertado el apetito por la arquitectura omeya, los más entusiastas pueden ahondar en este tema buscando algunos de los *qasr* menos importantes. Aunque las ruinas no sean exactamente espectaculares, siempre ofrecen la oportunidad de adentrarse en el desierto más remoto. Los tres yacimientos siguientes, todos junto a la Hwy 40 entre Azraq y Ammán, pueden verse en un solo día, pero costará incluir su visita en el circuito de los castillos descrito en este capítulo, a menos de que se pernocte en Azraq.

Qasr al-Tuba قصر التوبة

Es probablemente el más impresionante de los castillos menos conocidos, y está unos 75 km al sureste de Ammán. Sus ruinas evocan su función de parada para las rutas del incienso, caídas en el olvido. Tuba fue construido por el califa Walid II hacia el 743 d.C., y abandonado tras su repentino asesinato. La estructura es única por sus ladrillos de barro cocidos al sol, y en el Museo Arqueológico Nacional de Ammán se puede ver una impresionante puerta procedente del castillo. Tuba solo es accesible en todoterreno, al final de 50 km de pistas de tierra al sur de la Hwy 40, o 35 km al sur de la carretera del Desierto. Se recomienda venir con un guía bien informado, aunque casi todos los lugareños indicarán cómo se llega al castillo. El único lugar de Jordania donde anida la rara **avutarda houbara** es en el cercano Thalathwat.

Qasr Mushash قصر موشاش

Este asentamiento omeya, antaño importante, está ahora en ruinas. Sin embargo, todavía se puede intuir su trazado original, y quedan en pie algunos edificios interesantes, que incluyen los restos de un **palacio**, un espacioso patio rodeado por una docena de estancias, con baños, cisternas y muros defensivos contra posibles inundaciones. Solo tiene acceso en 4 por 4, por un desvío desde la Hwy 40.

Qasr al-Muwaqqar قصر الموقر

Poco se sabe de este antiguo caravasar omeya, y apenas se distinguen las formas de antiguos depósitos y un par de columnas. Una **torre de piedra** de 10 m, con inscripciones cúficas, descubierta aquí por los arqueólogos, está ahora en el Museo Arqueológico Nacional de Ammán. Las ruinas están a unos 2 km al norte de la Hwy 40.

primer control de seguridad y seguir 12 km por la carretera que circunda el aeropuerto, girando a la derecha en el segundo y tercer puesto de control.

Otra alternativa es tomar un taxi desde el aeropuerto (15 JOD), una idea estupenda si hay que esperar mucho rato el avión, o combinar el taxi hacia el aeropuerto con una visita a las ruinas. Desde el aeropuerto, bastará una hora para esta visita.

CARRETERA DEL DESIERTO DEL ESTE

Al este de Mafraq, en el norte de Jordania, los dispersos campos y asentamientos drusos van dejando paso a un pedregoso desierto de basalto negro que se extiende intermitentemente hasta Siria al norte e Iraq al este. Esta desolada región ha sido recorrida desde tiempos antiguos por peregrinos y comerciantes dirigiéndose a La Meca y Bagdad, y la sensación de "corredor estratégico" perdura hoy con la presencia del oleoducto transárabe.

La región se define mejor, sin embargo, por la Hwy 10, también conocida como carreteraa del Desierto del Este, que se extiende en una interminable línea recta hasta la frontera iraquí. Atravesando el corredor entre excéntricas fronteras, conocidas como "Hipo de Winston", atrona día y noche con altos camiones que casi siempre viajan en convoyes por motivos de seguridad. Solo a veces se cruza alguna población, surgida para atender el tráfico de paso. Estos dispersos y arenosos asentamientos son prácticamente el único elemento artificial en un desierto solo habitado por los beduinos y sus cabras.

Los duros desiertos jordanos constituyen un 80% de la superficie del país, y sin embargo solo albergan un 5% de su población. Casi vale la pena afrontar el tedio de una excursión por la carretera del Desierto del Este para recordar este hecho. Si se le añaden un par de evocadores castillos del desierto y un fascinante desvío por las tierras fronterizas con Siria, la excursión por este rincón poco visitado de Jordania podría convertirse en uno de los puntos álgidos de la visita al país.

No hay alojamientos disponibles a lo largo de la Hwy 10 y es preciso viajar en todoterreno para llegar a Burqu, en medio del desierto, al este de la carretera. Para ir de Mafraq a la frontera iraquí se tardarán cuatro horas por lo menos, ya que la carretera de un solo carril no permite circular a alta velocidad. En coche propio, se puede emprender un circuito cerrado de un par de días desde Ammán o Irbid, pasando por el pueblo de Sefawi en el cruce con la Hwy 5, y pernoctando en Azraq. El transporte público apenas permite llegar a Umm Jimmal en un solo día desde el alojamiento más cercano, y es inexistente más adelante. Para ir a la frontera iraquí, es mejor coger el autobús en Ammán o Irbid.

Mafraq المفرق

04 / 152 900 HAB./ ALT. 700 M

En realidad, no hay nada que ver en esta ciudad fronteriza, polvorienta y congestionada. Sin embargo, al igual que Zarqa, puede ser necesario cambiar de autobuses aquí, en dirección este o noroeste.

En Mafraq hay dos terminales para autobuses, microbuses y taxis compartidos. De la estación Beduina, más grande, salen microbuses y taxis colectivos hacia la estación de autobuses norte (Tabarbour) en Ammán (1,3 JOD, 1 h) así como hacia Zarqa y Umm al-Jimal. Aunque algunos microbuses circulan por carreteras secundarias hacia Deir al-Kahf (para ir a Qasr Deir al-Kahf), hay que tener en cuenta que no hay ningún alojamiento en la zona. De la misma manera, el microbús que va a Ar-Ruwayshid (localidad más cercana a Qasr Burqu) no servirá de mucho, puesto que desde allí no se podrá llegar al castillo sin 4 por 4.

Desde la estación Fellahin, autobuses, microbuses y taxis colectivos van hacia lugares del norte de Jordania, como Jerash, Irbid y la frontera siria.

Umm al-Jimal أم الجمال

Poco se sabe, relativamente, sobre la ciudad en ruinas de **Umm al-Jimal** (Madre de Camellos; gratis; en las horas de luz solar), calificada por los arqueólogos de "Joya Negra del Desierto". Umm al-Jimal, un extenso asentamiento rural en las tierras de lava al este de Mafraq, está situada al borde de una serie de lenguas volcánicas de basalto que bajan del Jebel Druze, y proporcionan materiales de alta calidad para la construcción.

EL HIPO DE WINSTON

Cuando Winston Churchill servía como Secretario Colonial Británico a principios de los años 1920, se jactó en cierta ocasión de haber "creado Trans-Jordania con el trazo de una pluma una tarde dominical en El Cairo". Churchill tenía cierta fama de regar con abundancia sus almuerzos, por lo que empezó a correr el rumor de que había tenido un ataque de hipo cuando intentaba trazar la frontera, y se había negado tercamente a corregir el trazado posteriormente. En consecuencia, el zigzag que forma la frontera oriental jordana terminó conociéndose como **Hipo de Winston.**

Por supuesto, Churchill no tenía nada de borracho ni de insensato. El zigzag era intencionado, para separar de Jordania el territorio de Wadi Sirhan, una antiquísima ruta del incienso y arteria vital entre Arabia y Siria, bajo control francés. El magistral trazo de su pluma también creó una estrecha franja de territorio entre Azraq e Iraq, que permitió a los británicos controlar un corredor ininterrumpido entre el Mediterráneo y el Golfo Pérsico.

Los imprecisos lindes actuales de Jordania con Siria, Iraq y Arabia Saudí no tienen grandes consecuencias políticas, por lo menos, en comparación con las tensiones que rodean la frontera con Israel. Sin embargo, el Hipo de Winston recuerda unos tiempos en los que la división colonial de tierras extranjeras ocupadas apenas merecía comentario alguno.

Umm al-Jimal

Umm al-Jimal

Puntos de interés

1 Cuartel ... A2
2 Capilla del cuartel ... A2
3 Catedral ... A2
4 Iglesia doble ... B2
5 Casa XIII ... B2
6 Casa XVII ... B2
7 Depósito principal ... B2
8 Templo nabateo ... A2
9 Iglesia Numerianos ... A2
10 *Praetorium* ... A2
11 Casa del jeque ... B2
12 Iglesia oeste ... A1

Umm al-Jimal carece de los elaborados templos, calles porticadas y grandiosos anfiteatros que pueden verse en Jerash, y casi todos sus vestigios pertenecen a una prosaica arquitectura urbana. Quedan en pie, sin embargo, más de 150 edificios de una a tres plantas, que incluyen 128 casas y 15 iglesias. En conjunto, estos edificios ofrecen una fascinante aproximación a la vida rural en la época romana, bizantina y principios de la islámica. Comparado con otros yacimientos de la región, el de Umm al-Jimal apenas ha sufrido saqueos o ataques vandálicos, por lo que se ha conservado gran parte de su trazado original.

El famoso arqueólogo americano H. C. Butler escribió: "Muy adentro del desierto, en medio de la ondulante planicie, hay una ciudad desierta de basalto, que se alza negra e intimidante desde el gris de la llanura". En efecto, Umm al-Jimal es uno de los lugares más seductores de la región, y no hay que perderse la experiencia de explorar entre enormes bloques de basalto caldeados por el tórrido sol del desierto.

Historia

Fundada al parecer en el s. I a.C. por los nabateos, Umm al-Jimal se distingue por sus tejados a dos aguas de basalto negro. Tras conquistar la ciudad, los romanos la incluyeron en su cordón defensivo contra las tribus del desierto, y prosperó como importante eje comercial para los beduinos y caravanas de paso. Desde Umm al-Jimal salían rutas hacia Bosra al norte (ahora en Siria) y al suroeste hacia Filadelfia (la moderna Ammán), consolidando a la ciudad como etapa en las grandes rutas comerciales de la región.

La ciudad floreció durante el período bizantino, con la construcción de iglesias y la desmilitarización de los edificios romanos. En su punto álgido, esta próspera ciudad agrícola contaba con unos 3000 habitantes. Debía en gran parte su prosperidad a sus sofisticados sistemas para el almacenamiento del agua, una necesidad vital durante las prolongadas sequías. Incluso hoy en día, muchos de los antiguos depósitos están prácticamente intactos.

Umm al-Jimal entró en decadencia en el s. VII d.C., coincidiendo con un brote de peste bubónica y un terremoto en el 747 que provocó la huida de los supervivientes.

Las ruinas de Umm al-Jimal estuvieron brevemente ocupadas por refugiados drusos que huían de Siria a principios del s. XX. Hoy en día, ha surgido un pequeño pueblo moderno alrededor de la ciudad fantasma, solo animada ahora por perros vagabundos y niños trotando entre las ruinas con sus cuadernos bajo el brazo, como atajo para ir a la escuela.

Puntos de interés

La gran estructura justo después de la entrada sur es el **cuartel,** construido por los romanos. Las torres fueron una adición posterior, y como el castillo de Azraq, cuenta con una puerta de basalto oscilante que todavía funciona. La **capilla del cuartel** se añadió al este del edificio durante el período bizantino (s. V aprox.) y presenta inscripciones con los nombres de los arcángeles Gabriel, Rafael, Miguel y Uriel.

Unos 150 m a la izquierda (oeste) del cuartel está lo que algunos arqueólogos creen es un **templo nabateo** debido al altar en el centro. Unos 100 m al norte del cuartel está la **iglesia Numerianos,** uno de varios templos bizantinos en ruinas. Cien metros más al noreste, la **iglesia doble,** una maravillosa estructura reformada y ampliada en varias ocasiones a lo largo de los siglos, se distingue por sus dos naves semicirculares. Unos 80 m a la derecha (este) está la **casa XVII,** cuya puerta doble de entrada, patio interior, techos abovedados, puertas decoradas y pilares esculpidos indican su pertenencia a una familia acomodada.

Unos metros al sur está la **casa del jeque,** que se distingue por su espacioso patio, sus establos y escalinatas. Al norte, unas escaleras desafían la ley de la gravedad, al igual que la precaria torre angular. Apenas se distingue una escalinata doble al este del patio. Tras salir del edificio, puede observarse claramente la preciosa ventana arqueada y el sótano semicircular abovedado en la pared oriental exterior.

Unos 150 m al norte de la iglesia doble, unas escaleras bajan hasta el **depósito principal,** uno de varios por toda la ciudad. A menos de 100 m a la izquierda (suroeste) está la **casa XIII,** en su origen un establo para cabras y corderos, y reformada luego como habitáculo para los refugiados drusos. Una celosía de piedra servía para separar el pesebre del espacio habitable.

Al oeste (unos 100 m) está la **catedral,** construida hacia el 556 d.C., pero ahora casi derruida. En su dintel constan los emperadores romanos que reinaron en la región. El **'praetorium'** (cuartel general militar) está a menos de 100 m al suroeste. Construido a finales del s. II por los romanos, fue ampliado por los bizantinos y presenta una entrada triple. Unos 200 m al norte, tras una de las antiguas puertas de la ciudad, está la **iglesia oeste,** fácilmente identificable por sus cuatro arcos y ornamentadas cruces bizantinas.

Información

Hay que contar con una o dos horas por lo menos para explorar Umm al-Jimal, aunque sus enormes dimensiones (800 por 500 m) invitarían a una visita más detenida. Las brillantes piedras negras irradian mucho calor, por lo que conviene venir temprano por la mañana o a última hora de la tarde.

Para más detalles sobre la ciudad, se puede buscar el folleto *Umm el-Jimal* (3 JOD), publicado por Al-Kutba y muy difícil de encontrar; las librerías de Ammán lo tienen a veces.

Cómo llegar y salir

Umm al-Jimal está unos 20 km al este de Mafraq y tan solo 10 km de la frontera siria. Si se sale temprano, se podrá visitar en un día desde Ammán en transporte público. Desde las estaciones de autobuses de Abdali o Raghadan, en Ammán, salen autobuses o microbuses hasta la estación Beduina de Mafraq (con posible transbordo en Zarqa). En Mafraq se toma otro microbús hasta Umm al-Jimal.

En coche propio, se sale de Mafraq por la HWy 10 hacia Safawi, y 16 km al este se sale por el desvío señalizado de 3 km hasta Umm al-Jimal. Si se alquila un taxi en Ammán para un circuito de los castillos del desierto, se podrá incluir la visita a Umm al-Jimal por un poco más (10 JOD aprox.), pero habrá que salir temprano para alcanzarlo todo en un día.

Qasr Deir al-Kahf
قصر دير الكهف

Construido en el s. IV, el "Monasterio de las Cuevas" es un fuerte romano que sirvió sobre todo como puesto de guardia. Como su famosa vecina Umm al-Jimal, Deir al-Kahf también es de basalto negro, aunque sus ruinas dispersas no son tan extensas.

Un elemento atractivo de la visita a Qasr Deir es acercarse por las carreteras secundarias que lo separan con unos 30 km de Umm al-Jimal. En el trayecto, se verán varios poblados drusos con edificios de basalto tradicionales todavía habitados, y pequeñas granjas con palomares en activo.

No hay que confiar en el transporte público para ir y volver el mismo día desde Ammán o Irbid pasando por Mafraq. En coche, lo más seguro es regresar a la Hwy 10 y girar al norte en Salibayyah. Al cabo de unos 5 km, se gira a la derecha en el cruce con la carretera de Umm al-Jimal. Hay señales intermitentes hacia Deir al-Kahf, pero basta con seguir otros 25 km en paralelo con la frontera siria. El fuerte está detrás de una moderna comisaría de policía. Una carretera de acceso de 10 km que sale en dirección desde las ruinas lleva a Al-Bishriyya, en la carretera del Desierto del Este.

El paisaje cambia espectacularmente a partir de aquí, al dejar atrás las últimas granjas irrigadas, reemplazadas por ocasionales tiendas beduinas y rebaños. Al llegar a la Hwy 10, las tolvaneras se apoderan de las llanuras y la tierra se extiende a pérdida de vista, en una nada ininterrumpida.

VISITAR LOS CASTILLOS DEL DESIERTO EN TRANSPORTE PÚBLICO

Aunque en esta región salga realmente a cuenta gastar un poco más para alquilar un coche o contratar un circuito, eso no quiere decir que sea imposible recorrer el Desierto del Este de forma independiente y en transporte público. Sí es cierto que hay que ser selectivo en cuanto a los castillos que se desea visitar y realista en cuanto al tiempo necesario para hacerlo. Los únicos alojamientos de la región están en Azraq, por lo que conviene salir temprano y con tiempo para regresar el mismo día. Si se sale de Ammán (o Irbid) por la tarde, será todo un problema volver a tiempo.

Se pueden visitar los castillos de **Umm Jimal, Hallabat** y **Azraq** en transporte público, aunque es casi imposible ir de uno a otro sin regresar a Ammán, o por lo menos a Zarqa. El escaso tráfico desaconseja el autostop.

El itinerario más gratificante será quizá ir a Azraq en autobús (vía Zarqa) y pernoctar allí dos noches. El día de llegada se puede ir andando hasta **Qasr Azraq;** a la mañana siguiente, se visita la **Reserva de los Humedales de Azraq.** La tarde del segundo día, se puede ir en taxi hasta **Qusayr Amra** y **Qasr Karana** y volver a Azraq por la noche, con regreso a Ammán el tercer día.

Safawi الطفاوي

☎05 / 8000 HAB./ ALT. 700 M

Esta pequeña ciudad será una visión muy bienvenida para los viajeros por la carretera del Desierto del Este. En realidad, este conjunto de talleres mecánicos destartalados no seducirá precisamente, pero permitirá llenar el depósito, comprar agua y algo de comer, y decidir si se tiene la energía necesaria para atacar Qasr Burqu. Ar-Ruwayshid, el cruce hacia Burqu, está más al este, a hora y media por lo menos (cuatro horas y media ida y vuelta, con visita al lago incluida).

Qasr Aseikhin قصرالشيخين

Pequeño fuerte romano de basalto, construido en el s. III sobre las ruinas de un edificio nabateo del s. I. A una hora de Safawi, vale la pena dar este rodeo para disfrutar de las fantásticas vistas de las llanuras, desde el marco de un arco romano de basalto. Será un atisbo de la lucha por la supervivencia de los beduinos de Badia, el nombre local del Desierto del Este, que se extiende hasta Arabia Saudí; hasta los camellos son reacios a abrirse camino por esta rocosa llanura basáltica.

La carretera de acceso a las ruinas, asfaltada recientemente, sale unos 10 km al suroeste de Safawi por la Hwy 5. Por algún motivo, la carretera de 10 km termina a cerca de 1 km del fuerte. El camino restante apenas es transitable en turismo normal, pero vale la pena recorrerlo andando para hacerse una idea de lo remoto de este antiguo reducto militar. Azraq está a 22 km desde el cruce con la carretera principal.

Qasr Burqu قصر بورقو

Hay que estar muy motivado para visitar este melancólico fuerte de basalto negro, que monta la guardia a orillas del Ghadir (lago) Burqu. Por supuesto, es un lugar especial por la aparente incongruencia de un lago en medio del duro desierto. Con una tienda, material de supervivencia básico y un todoterreno fiable, quien venga hasta aquí podrá disfrutar de una verdadera aventura en el desierto. Es precisamente por este motivo que la RSCN se ha esforzado en declarar Burqu como zona protegida, algo que encajaría perfectamente con el proyecto de desarrollar el turismo en el Desierto del Este. Cuando se redactó esta guía, sin embargo, solo se podía visitar Qasr Burqu en circuitos desde la base de la RSCN en Azraq con reserva previa, aunque esto puede cambiar en el futuro.

El lago tiene su origen en un antiguo embalse construido por los romanos en el s. III, para asegurar el suministro de agua a las caravanas entre Siria y Arabia. Para protegerlo, los romanos también construyeron un pequeño fuerte, que se convirtió en monasterio en tiempos bizantinos, y fue más tarde restaurado por los omeyas hacia el 700 d.C. Curiosamente, una inscripción en una de las paredes del fuerte sugiere que quizá estuvo ocupado hasta el año 1409.

El lago en sí es el hábitat de varias especies de aves (pinzones, cigüeñas, lavanderas, alondras, grullas, águilas ratoneras, águilas y buitres) que acuden por la noche puesto que el nivel del agua apenas varía, incluso en verano. Lo inhóspito del paisaje circundante, así como la falta de carreteras en buen estado, ha frenado en gran parte la caza ilegal, aunque los beduinos vienen a veces a hacer volar sus aves de presa. Este pequeño oasis, donde también viven gacelas, liebres, zorros, hienas e incluso caracales, tiene todos los requisitos para convertirse en reserva nacional.

Por suerte para la fauna y flora, y por desgracia para los potenciales visitantes, Burqu solo es accesible en todoterreno. El lago y el castillo están 22 km al noroeste de Ar-Ruwayshid, un trayecto de 45 minutos a través del desierto, por pistas confusas y sin señalizar desde la Hwy 10. El desvío está unos 3 km al oeste de Ar-Ruwayshid, y está señalizado como "Boarg'a".

Aunque la pista esté en bastante buen estado, con una superficie dura hasta pocos metros antes del lago, no se recomienda venir sin guía a menos de tener experiencia en este tipo de trayectos. Los habituados a conducir por el desierto, y a condición de no salirse de la pista principal, a veces oculta bajo montones de piedras blancas, encontrarán el lago sin demasiada dificultad. Más difícil será encontrar el camino de regreso a la carretera principal desde el lago, casi imposible si no se ha tenido la precaución de tomar nota de referencias claras en el camino de ida (las torres de alta tensión pueden ser útiles, así como un muro bajo, de casi un metro, a orillas de un depósito moderno que debería estar siempre a la izquierda del camino a Burqu). La satisfacción de encontrar este pequeño y extraordinario oasis justifica toda la ansiedad y el esfuerzo para llegar hasta aquí.

Se puede practicar la acampada libre, aunque sin plantar la tienda demasiado cerca de la orilla, por el ataque de los mosquitos al atardecer. Sin embargo, la presencia de campistas, no pasará desapercibida para los beduinos de la zona, que acudirán curiosos; por suerte, lo más probable es que insistan en invitarles a un té.

La RSCN, en el Wild Jordan Centre de Ammán (véase p. 75), informará sobre un posible circuito guiado a Qasr Burqu desde Azraq.

Comprender Jordania

Jordania hoy

La séptima maravilla

Que Petra fuese declarada por sufragio popular una de las 'nuevas' siete maravillas del mundo fue un gran honor para un país tan pequeño. Pero Jordania, con parte de la Tierra Santa de los tres grandes credos monoteístas del mundo y otrora importante centro comercial del Imperio romano, tiene experiencia en apuntar alto. El viajero podrá contemplar la tierra prometida a Moisés desde el monte Nebo, consagrado por el papa Juan II; descorrer un velo en Mukawir, donde Salomé hechizó a los hombres a perpetuidad; o flotar en el mar Muerto junto a una columna de sal que, dicen, es la esposa desobediente de Lot. En Jordania, hasta la última piedra atesora una historia.

- » **Población:** 6,5 millones
- » **Tasa de crecimiento demográfico:** 1%
- » **Inflación**: 5%
- » **PIB**: 34,5 mil millones de US$
- » **Principales exportaciones:** ropa, fertilizantes, potasa, fosfatos, verduras
- » **Tasa de desempleo**: 13,4%
- » **Salario medio anual:** 5000 US$

Jordania en el 2011

Con tanta historia, es fácil pasar por alto el lado moderno de este pequeño reino desértico, algo que su Gobierno intenta remediar mejorando la productividad, convirtiéndolo en un país más atractivo para la inversión extranjera, promocionándolo como centro de alta tecnología y construyendo ambiciosos proyectos turísticos, como un parque temático sobre *La guerra de las Galaxias* cerca de Aqaba.

"Ambicioso" es un término apropiado. En un país con tan pocos recursos, donde escasea el agua, la tierra cultivable no llega al 5% y el desempleo ronda el 13%, la inversión en estructuras de recreo en la costa parece descabellada, sobre todo considerando la naturaleza precaria del turismo en Oriente Próximo. No obstante, al contar con lugares de interés de talla mundial y más estabilidad que sus países vecinos, Jordania tiene buenas razones para ser optimista sobre su potencial turístico.

Datos básicos

- » Educación y sanidad de calidad
- » Esperanza de vida media en hombres: 79 años
- » Esperanza de vida media en mujeres: 81 años
- » Índice de alfabetización en hombres: 95%
- » Índice de alfabetización en mujeres: 85%

Literatura de viajes

'Travels in Syria and the Holy Land' (J. L. Burckhardt) El 'redescubrimiento' de Petra.

'The Desert and the Sown' (Gertrude Bell, 1907) El 'cerebro oculto tras Lawrence de Arabia'.

'Los siete pilares de la sabiduría' (T. E. Lawrence, 1926) El clásico. Lugares bíblicos.

Mejores lecturas

'Married to a Bedouin' (M. van Geldermalsen, 2006) Formar una familia en Petra.

'Heroine of the Desert' (Donya al-Nahi, 2006) Reunir a madres e hijos.

'Recorriendo la Biblia: un viaje literario' (Bruce Feiler, 2005)

grupos religiosos
(% de población)

si Jordania tuviera 100 habitantes

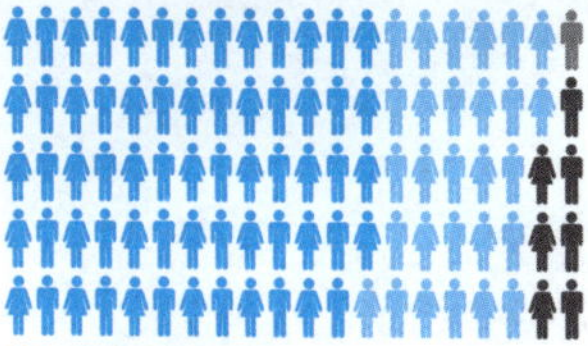

64 serían jordanos
28 serían palestinos
7 serían iraquíes
1 tendría otro origen

Primavera Árabe y dictadura benigna

En el 2011 los jordanos, en su mayoría estudiantes, se unieron con actitud pacífica a las manifestaciones de egipcios, tunecinos, libios y sirios en lo que popularmente se denominó "la Primavera Árabe" y tomaron las plazas de Ammán para pedir sueldos más altos y más democracia. Cuando se escribió esta guía, las protestas se habían reducido a una reunión semanal de radicales tras la oración del viernes y la mayoría de los jordanos habían vuelto a dedicarse a la importante tarea de salir adelante en tiempos difíciles.

Jordania lleva tiempo inmersa en un proceso de reforma democrática. En 1989 se celebraron las primeras elecciones parlamentarias desde 1967 y las mujeres pudieron votar. Cuatro años más tarde se legalizaron casi todos los partidos políticos, que participaron en los comicios municipales y al Parlamento.

Pese a estas concesiones, la democracia sigue siendo algo así como un concepto extraño para el pueblo jordano, que considera que favorece los intereses individuales por encima de los de la comunidad y actúa en detrimento de las tradiciones tribales, que priorizan el respeto a los ancianos. Al igual que otros países de Oriente Próximo, Jordania es partidaria de un gobierno fuerte y centralizado controlado por un líder autocrático, lo que podría llamarse una "dictadura benigna".

Por supuesto, la dictadura será tan benigna como lo sea el líder. El rey Abdalá es ampliamente considerado, en su país y en el extranjero, sabio y diplomático; un monarca modernizador en contacto con los problemas de un mundo globalizado que está a favor de la reforma social y económica, y comprometido con erradicar la corrupción.

Jordania ocupa el puesto 95 de 169 países en el Índice de Desarrollo Humano (Egipto el 113, los Territorios Palestinos el 114, Israel el 17). El turismo supone el 11% del PIB, 900 millones de US$ al año. El 80% de la población usa teléfono móvil (el 25% en Egipto).

Mejores películas

'Lawrence de Arabia' (1962) El clásico de David Lean.
'Un hombre peligroso: Lawrence después de Arabia' (1991) Con un joven Ralph Fiennes como protagonista.
'Indiana Jones y la última cruzada' (1989) Harrison Ford en Petra.

Patrimonio Mundial de la Unesco

Petra (1985) No necesita introducción.
Qusayr Amra (1985) El mejor castillo de Oriente.
Umm ar-Rasas (2004) Mosaicos milenarios únicos.
Zona protegida del Wadi Rum (2011) Desierto imponente.

Libertad de culto

Aunque la mayoría de la población es islámica, Jordania es oficialmente laica, y la Constitución garantiza la libertad religiosa.

Vecinos conflictivos

Como su padre, Abdalá se ha mostrado hábil en el manejo de cuestiones internacionales, algo fundamental considerando quiénes son sus vecinos. Encastrado entre Iraq, Siria e Israel y los Territorios Palestinos, el país ha acogido a millones de refugiados en las últimas décadas, lo que ha supuesto una carga para los sistemas sanitario y educativo y elevado los precios de la vivienda por encima del alcance de numerosos jordanos (que a menudo ganan menos de 155 US$ al mes), ya que han llegado muchos refugiados iraquíes acaudalados que han accedido al mercado inmobiliario.

Además, esto ha cambiado la demografía del país. Mientras que los ciudadanos de origen palestino pertenecen a una mayoría próspera y los iraquíes encuentran su santuario permanente en Jordania, el país está preparándose para recibir la cuarta llegada masiva de refugiados (consecuencia de la Primavera Árabe) en medio siglo (véase p. 283). Por ello, la inmigración es uno de los grandes retos de la década.

Perfil del rey Abdalá

Estudió en EE UU y en Sandhurst, UK; sucedió a su padre, el rey Hussein, en 1999; piloto de aviones y *rallies* y submarinista aficionado; le gusta la comida occidental; habla mejor inglés que árabe; casado con Rania; tiene cuatro hijos

Futuro brillante

Pese a su diversidad de orígenes, las dificultades políticas y económicas y la inseguridad de vivir en una región inestable, los jordanos permanecen unidos en su orgullo nacional, y con razón. Su monarquía sigue mediando entre intereses árabes y occidentales, son líderes regionales en la protección del medio ambiente y la promoción del turismo sostenible y su capital disfruta de un renacimiento moderno.

Como otros países árabes, Jordania se halla en la encrucijada de integrarse en la comunidad global moderna y democrática, pero, a diferencia de muchos de ellos, ha asumido que el pasado forma parte de su futuro. Mientras los políticos idean la manera de maximizar el rico legado del país, los beduinos pastorean sus ovejas en un paisaje inalterado, continuando de forma natural con una tradición milenaria.

Comunicación

» Los medios de comunicación tienen bastante libertad, atenuada por las susceptibilidades locales.

» Jordan Media City emite 120 canales.

» Criticar al rey es ilegal.

» Se puede hablar de todo, salvo de sexo y política.

Protocolo

» Los hombres se estrechan la mano entre sí.

» Tender la mano a las mujeres solo si la ofrecen antes.

» *Baklava* y dátiles son un buen regalo.

» Para dar algo, usar solo la mano derecha.

A evitar

» Comer con la mano izquierda.

» Señalar a alguien con las plantas de los pies.

» Mostrar hombros y rodillas, salvo en *resorts* de playa.

» Entrar en una mezquita o casa con los zapatos puestos.

Historia

Armonizar pasado y presente

Al bajar del burro, en unos bancales cerca de Madaba, un pastor ata las riendas de la bestia a un cardo enorme y busca refugio del sol bajo un dolmen. Tumbado bajo la fresca losa de esta antigua cámara funeraria, el hombre casi se funde con el paisaje... hasta que su teléfono móvil irrumpe con este mensaje: "Le deseamos una feliz Navidad".

En Jordania, la historia no es algo que aconteció "antes", sino que es parte viva y palpitante de la cotidianidad, como se comprueba no solo en el tratamiento utilitarista de los objetos antiguos, sino en el modo de vida. Los jordanos valoran su legado y no tienen prisa por desterrar maneras de vivir cuyo éxito está avalado por los siglos. Por lo tanto, la visión lineal de la historia, en la que un suceso sigue a otro en expectativa del llamado 'progreso', carece casi de relevancia en un país donde el pasado y el presente se funden sin fisuras.

El propio ser de Jordania representa un buen ejemplo de lo antedicho. La entidad política limitada por las fronteras actuales es una creación moderna, aunque comprende una porción de territorio (al este del río Jordán) que ha albergado las civilizaciones más antiguas del mundo. Egipcios, asirios, babilonios, griegos, nabateos, cruzados y turcos comerciaron, levantaron ciudades y libraron batallas en esta región, dejando tras de sí ricas influencias culturales que han servido de base para que los modernos jordanos forjaran una identidad de la que se enorgullecen.

Principales períodos históricos

Nada más poner un pie en Jordania, uno se topa de bruces con la historia. Al visitar los dólmenes próximos a Madaba, del 4000 a.C., se entra en la cuna de la civilización, pues encarnan la sofisticación de las primeras aldeas del planeta. El comercio de cobre y bronce ayudó a enriquecer la región (1200 a.C.); cerca del Feynan Ecolodge hay fraguas

CRONOLOGÍA

c. 250 000 a.C.

Con ayuda de hachas de pedernal, los primeros humanos cazan elefantes por las llanuras, en el templado y lluvioso valle del Jordán.

c. 100 000 a.C.

El mar Rojo, situado en un ramal del Gran Valle del Rift, se retira de Wadi Araba dejando el mar Muerto y el mar de Galilea convertidos en dos lagos separados.

c. 20 000 a.C.

Cazadores y recolectores viven en campamentos estacionales y crían ganado; las cabras forman parte de la dieta de las primeras comunidades asentadas en Wadi, Madamagh.

de las antiguas minas de cobre del país. Al viajar por la carretera del Rey se siguen los pasos de la realeza, pero también se ve cómo esta ruta contribuyó a unificar las ciudades-estado en lo que hoy es Jordania entre el 1200 y el 300 a.C.

Griegos, nabateos y romanos dominaron el período jordano más ilustre (333 a.C.-333 d.C.) y dejaron el magnífico legado de Petra y Gerasa. La llegada de las dinastías islámicas a partir del s. VII dejó una huella que se extiende por los desiertos del este del país en las fascinantes estructuras omeyas que salpican el inhóspito paisaje. El conflicto entre islamismo y cristianismo, evidenciado en los castillos cruzados jordanos de Ajlun, Karak y Shobak, presagiaba lo que sucedería en el siguiente milenio.

El imperialismo británico controló la historia jordana antes de la Rebelión Árabe de 1914. Montando a camello por Wadi Rum, los gritos de "A Aqaba" flotan en el aire, al igual que la figura de Lawrence, el oficial británico cuyas aventuras en el desierto han cautivado la imaginación del visitante hasta el punto de que hay montañas que llevan su nombre. Después, la historia de Jordania habla de independencia, modernización y convivencia con vecinos conflictivos.

El resto del capítulo aborda cada uno de estos períodos con más detalle.

El Creciente Fértil (10 000-4000 a.C.)

Primeros asentamientos

Podría perdonarse al viajero que, situado en lo alto de la loma de Shkarat Msaiad, en la poco transitada carretera entre Siq al-Barid (la Pequeña Petra) y el Wadi Araba (véase recuadro en p. 118), otee los exiguos montículos de piedra y se pregunte el porqué de tanto revuelo. Pese a la aislada belleza del paraje, no hay mucho que ver salvo unos cuantos muros de piedra; sin embargo, este es uno de esos lugares que más entusiasman a los arqueólogos, porque lo que el viajero está contemplando –le dirán en tono solemne– es un "PPN". PPN son las siglas de Pre-Pottery Neolithic (Neolítico Precerámico), unos yacimientos que indican un alto grado de organización entre las comunidades primitivas. De hecho, en este resguardado rincón de las montañas, lo que se contempla son los albores mismos de la civilización.

Jordania posee bastantes asentamientos antiquísimos, gracias en parte a su emplazamiento dentro del Creciente Fértil, el feraz arco de tierra que comprendía Mesopotamia, Siria y Palestina. La fecundidad del suelo de esta región permitió a los primeros humanos abandonar una existencia de cazadores-recolectores y establecerse en las aldeas más antiguas del mundo, fechadas entre el 10 000 y el 8500 a.C. Uno

c. 8000 a.C.

Se establecen algunos de los asentamientos más antiguos del mundo en Ain Ghazal y al-Beidha y en el vecino Jericó; sus habitantes doman, crían y cocinan animales.

c. 6000 a.C.

Las diosas de la fertilidad de Ain Ghazal y las pinturas rupestres de Teleilat Ghassul demuestran que los primeros pobladores de la región valoraban la actividad cultural.

WERNER FORMAN/CORBIS ©

» Estatua, Ain Ghazal.

c. 5000 a.C.

El dolmen monumental próximo a Ar-Rawdah, una maravillosa y misteriosa obra de ingeniería, indica que los enterramientos estaban vinculados a la idea del más allá.

de estos asentamientos fue Al-Beidha, cerca de Petra. Resulta tentador imaginar a estos antepasados como personas sencillas que llevaban vidas sencillas, pero que ya construían casas de piedra y madera; domaban, criaban y cocinaban animales; plantaban semillas silvestres, cultivaban cereales, aplastaban el grano y conservaban la comida en vasijas de barro cocido al sol; y empezaron a portar y a elaborar objetos decorativos, como las impresionantes esculturas de Ain Ghazal, que representan la fertilidad y que datan de hacia el 6000 a.C. También dejaron incluso vestigios de su existencia en pinturas murales como las de Teleilat Ghassul, en el valle del Jordán.

La compleja sociedad primitiva jordana

Para quien todavía albergue dudas sobre el grado de refinamiento de los antiguos, basta que repare en los campos de dólmenes que salpican el país, erigidos entre el 5000 y el 3000 a.C. Si el forastero se topa con algún pastor, puede que le pregunte: "¿Qué hace usted aquí?" o "¿hay algo bueno aquí?". Esa sería una magnífica pregunta para planteársela a los antiguos pobladores, que alinearon cuidadosamente sus últimas moradas a lo largo de las vertientes de aquellas montañas semiáridas. Por lo que respecta a nosotros, los modernos, estos yacimientos obligan a reconsiderar la historia: ¿cómo lograron encajar tan monumentales sillares y qué creencias propiciaron tan ímprobos esfuerzos colectivos?

De los metales a la guerra (4000-1200 a.C.)

Basta con que alguien conceda importancia a un objeto para que otro, inevitablemente, lo desee también. Existen pruebas de que los primeros agricultores intercambiaban cosas mucho antes del 4000 a.C., lo que quizá provocó la rivalidad para fabricar herramientas más precisas y adornos más bellos, y comerciar con ellos. Un material útil tanto para herramientas como para ornamentos fue el cobre, muy abundante en Jordania. Al visitar Khirbet Feinan, en la actual Reserva de la Biosfera de Dana, las vastas extensiones de escoria de cobre negro ilustran la importancia que tuvieron las extracciones de este mineral para los antiguos pobladores de la región.

En menos de un milenio, la experimentación con los metales llevó a alear cobre y estaño para crear bronce, un material más resistente que permitió el desarrollo rápido de las herramientas y, por supuesto, de las armas.

Las excavaciones han descubierto más objetos de lujo, como índigo, sulfuro y azúcar (introducido en Europa desde la zona del mar Muerto), en los asentamientos de la Edad del Bronce (3200-1200 a.C.), lo que coincide con una mayor preocupación por la seguridad, como de-

ASENTAMIENTO

Desde los primeros asentamientos, algunas personas se dedicaron a la cría de animales, ganándose el sustento con la carne, la leche y la lana que estos les proporcionaban; otros plantaron olivos, trigo y cebada y cultivaron la tierra. Esta distinción entre el "desierto y lo sembrado" ha perdurado hasta hoy.

c. 4000 a.C.
Se establecen asentamientos permanentes en la actual Ammán y el sur, y en Khirbet Feynan se extrae cobre. Las artes, como la cerámica, denotan la influencia de vecinos poderosos en Egipto

c. 2900 a.C.
Surgen ciudades-estado por todo el Oriente Próximo. Ammán, Pella, Deir Alla y Tell Irbid son fortificadas y se desarrolla el comercio con Siria, Palestina y Egipto.

c. 2300 a.C.
Sodoma y Gomorra, dos de las llamadas Cinco Ciudades de la Llanura, son destruidas por un cataclismo en el extremo sureste del mar Muerto.

c. 1500 a.C.
Oriente Próximo entra en un período inestable al debilitarse la influencia de Egipto. Los filisteos llegan al oeste del Jordán y dan al territorio el actual nombre de Palestina.

EL GRAN VALLE DEL RIFT Y LA BIOGRAFÍA DE UN MAR

No puede pensarse en la historia de Jordania sin considerar su ubicación al borde del viejo Gran Valle del Rift. De pie junto al hilo de agua que atraviesa hoy Betania más allá del Jordán, es difícil imaginar que hace cien mil años todo el valle del Jordán estaba cubierto por las aguas del mar Rojo. Cuando el mar se retiró, dejó tras de sí dos masas de agua encajonadas en tierra: el mar de Galilea y el mar Muerto.

Pese a su nombre, dado por el geógrafo e historiador griego Pausanias, que reparó en su extrema salinidad, al mar Muerto siempre se le han atribuido propiedades curativas. Si el viajero se aloja en uno de sus balnearios, continuará una tradición que se remonta a tiempos bíblicos. Herodes visitó el balneario de Callirhöe, cerca de la Fuente de Herodes, para tratarse las irritaciones de la piel, y los cristianos bizantinos siguieron su ejemplo en las rutas de peregrinación que conducían a Betania más allá del Jordán, el monte Nebo y la cueva de Lot.

Útil para prolongar la vida, el mar Muerto ha sido útil también en la muerte. Solo hay que fijarse en los ojos de las estatuas de Ain Ghazal en el Museo Nacional de Arqueología de Ammán (c. 6000 a.C.) para ver que están ennegrecidas por el betún. Los griegos y los romanos llamaron al mar Muerto el "mar de la Brea" por el betún que afloraba a la superficie. Esta sustancia era recogida por los nabateos para vendérsela a los egipcios, que a su vez la utilizaban para impermeabilizar las barcas funerarias y momificar. Los barcos cargados de betún surcaban regularmente el mar en tiempos antiguos, como ilustra una sección del mapa-mosaico de Madaba, del s. VI. El último trozo de betún emergió en 1936.

La zona sigue contribuyendo a la salud y el bienestar gracias a los ingresos obtenidos del turismo y la potasa. Parte de su orilla oeste pertenecía a Jordania cuando un pastor beduino descubrió los famosos Manuscritos del Mar Muerto en Qumran en 1947. Israel tomó el control de toda la costa oeste en 1967 tras la Guerra de los Seis Días, dando al término "valle del Rift" (valle de la escisión) una resonancia especialmente moderna.

muestra la construcción de murallas en ciudades como Pella. Entre los primeros invasores estuvieron los amoritas, cuya llegada a la zona suele relacionarse con la destrucción violenta de las Cinco Ciudades de la Llanura (cerca del extremo sur del mar Muerto), incluidas Sodoma y Gomorra (véase recuadro en p. 127).

La invasión no se limitó a las fronteras de la actual Jordania; a fines de la Edad del Bronce (1500-1200 a.C.), todo Oriente Próximo parecía estar en guerra. Las prósperas ciudades-estado de Siria cayeron, los egipcios se retiraron de los puestos avanzados que poseían en el valle del Jordán, y los extranjeros (los Pueblos del Mar) remodelaron el paisaje político del Mediterráneo oriental. Con es-

c. 1200 a.C.

Ammon (Ammán), Moab (Dhiban) y Edom (Buseira) son los reinos dominantes al este del Jordán. A Moisés y los israelitas les niegan el acceso a Edom.

850 a.C.

El dividido Imperio israelita es derrotado por Mesha, rey de Moab, que dejó constancia de sus victorias en la famosa estela de Mesha, en la capital moabita de Dhiban.

582 a.C.

Amón, Moab y Edom disfrutan de un breve período de unidad tras ser casi aniquiladas por los israelitas. Pero la unión dura poco y se convierten en provincias de Babilonia bajo Nabucodonosor II.

c. 500 a.C.

La innovación que supone la silla para montar en camello transforma la vida de los nómadas árabes y trae nuevas caravanas a los desiertos del sur de Jordania, camino de Damasco.

tos últimos llegaron también los filisteos, que se establecieron en la ribera oeste del Jordán y dieron al territorio su nombre actual: Palestina.

Unidad en la adversidad (1200-333 a.C.)

Surgimiento de una Jordania 'reconocible'

Durante la mayor parte de su historia, no se puede hablar de Jordania como una sola entidad política. Ello se debe, al menos hasta la última parte del s. xx d.C., a la ampliación y reducción de sus fronteras y a las idas y venidas de sus pueblos, movidos en gran medida por las ambiciones e intereses políticos de vecinos más poderosos.

Sin embargo, en torno al 1200 a.C., algo parecido a una "Jordania" surgió del caos imperante en la región en forma de tres reinos importantes: Edom al sur, cuya capital estaba en Bozrah (la moderna Buseira, cerca de Dana); Moab cerca de Wadi Mujib; y Ammon al borde del desierto Arábigo, con capital en Rabbath Ammon (la actual Ammán). Es poco probable que estos tres reinos tuvieran mucho que ver entre sí hasta la fundación de la vecina ciudad-estado de Israel.

Según un estudio alemán, las fundiciones de Feynan, de las más antiguas de la región, produjeron 15 000-20 000 t de cobre, lo que dejó 150 000-200 000 t de escoria esparcidas por el árido paisaje.

Sucumbir al poderoso enemigo

Israel se convirtió rápidamente en una potencia militar considerable, llegando a dominar la zona de Siria y Palestina y entrando en un conflicto inevitable con sus vecinos. En tiempos del rey David, los israelitas descargaron una terrible venganza contra Edom, matando a casi toda su población masculina; también Moab sucumbió a los israelitas, y los habitantes de Ammon fueron obligados a realizar trabajos forzados para sus nuevos amos judíos. Pero el poderío israelita fue efímero y, tras el breve pero glorioso reinado de Salomón, el reino se dividió en dos: Israel y Judá.

Mediado el primer milenio a.C., y quizá como respuesta a la agresión israelita, Ammón, Moab y Edom se convirtieron en una sola entidad, comunicada por una ruta comercial que hoy se conoce como la carretera del Rey. Sin embargo, aquella incipiente amalgama de territorios carecía de la fuerza necesaria para oponerse a sus vecinos y pronto se vio dominada por una sucesión de nuevos amos: asirios, babilonios y persas. Tendrían que pasar siglos hasta que Jordania adquiriera una identidad similar dentro de sus fronteras actuales.

Libros sobre historia jordana

» *El Oriente Próximo. Dos mil años de historia* (Bernard Lewis, 1996)

» *History of the Arabs* (Philip Hitti, 1937)

Intermediarios de Oriente Próximo (333 a.C.-324 d.C.)

A diferencia de lo que cabría esperar, las guerras y las invasiones no supusieron el desastre total para los pueblos de la zona. Situadas en

333 a.C.
Alejandro Magno gana la Batalla de Iso, derrotando al rey persa Darío III. Continúa hasta Siria y Palestina, que engrosarán el enorme Imperio griego.

c. 323 a.C.
Alejandro muere en Babilonia. Los griegos permiten acceder a los tesoros de la sabiduría clásica y las ciudades de Filadelfia (Ammán), Gadara, Pella y Gerasa florecen bajo su soberanía.

c. 100 a.C.
Los generales griegos se pelean por el dominio de Transjordania, mientras una tribu de árabes nómadas se enriquece con el paso de las caravanas y fija su capital en Petra.

30 a.C.
Herodes el Grande amplía el castillo de Mukawir, que pocos años después será escenario de la danza de Salomé y la decapitación de Juan Bautista.

el centro del puente terrestre que une África y Asia, las ciudades que rodeaban la carretera del Rey se hallaban especialmente bien ubicadas para atender las necesidades de los ejércitos extranjeros de paso; también se beneficiaron de las rutas de caravanas que cruzaban los desiertos desde Arabia hasta el Éufrates trayendo cargamentos de oro africano e incienso del sur de Arabia a través de los puertos del mar Rojo, en lo que hoy es Aqaba y Eilat. Griegos, nabateos y romanos sacaron provecho de esta pasajera abundancia, dejando a cambio el legado de su cultura y sus conocimientos.

Griegos

Llegado el s. IV a.C., la creciente riqueza de las tierras arábigas atrajo la atención de un tal Alejandro de Macedonia, un joven militar griego. Este precoz caudillo de 21 años, más conocido hoy como Alejandro Magno, pasó por la región como un vendaval en el 334 a.C., conquistando territorios que se extendían desde Turquía hasta Palestina. A su muerte, ocurrida en el 323 a.C. en Babilonia, Alejandro gobernaba un vasto imperio que abarcaba desde el Nilo hasta el Indo, con un comercio de parecidas dimensiones. A lo largo de los siglos posteriores, el griego se convirtió en la lengua franca de Jordania (al menos por escrito), dando acceso a los grandes tesoros intelectuales de la Antigüedad. Las ciudades de Filadelfia (Ammán), Gadara, Pella y Jerash florecieron durante el dominio helenístico y prosperaron gracias al comercio, en particular con Egipto, sometido también a los griegos.

Nabateos

El comercio fue el factor clave del período más vibrante de la historia de Jordania gracias a la creciente importancia de una tribu árabe nómada procedente del sur conocida como los nabateos. Este pueblo solo producía cobre y betún (para impermeabilizar los cascos de las embarcaciones), pero sabían cómo comerciar con las mercancías de sus vecinos. Hábiles intermediarios, se sirvieron de su conocimiento exclusivo de las fortalezas y pozos del desierto para enriquecerse con el tráfico de las caravanas, primero saqueándolas y después imponiendo peajes sobre las mercaderías que circulaban por las zonas bajo su control.

El comercio más lucrativo era el transporte en camello de incienso y mirra por la Ruta del Incienso, desde el sur de Arabia hasta los puestos avanzados del norte. Los nabateos poseían también el monopolio de las especias que viajaban en barco hasta Arabia desde Somalia, Etiopía y la India. Una vez llegadas las caravanas a los arrabales de su capital, Petra, se procesaban los productos y se ofrecían servicios bancarios y animales frescos antes de transportar las mercancías al oeste, a través

9 a.C.-40 d.C.

Aretas IV, el más grande de los reyes nabateos, gobierna una ciudad rica y bella. Su escondido conjunto de tumbas, templos y casas de estilo griego y romano se remodela.

26 d.C.

Jesucristo es bautizado en Betania más allá del Jordán por Juan. La primera iglesia se construye poco después en Rihab y da refugio a los discípulos de Jesús que huyen de la persecución en Jerusalén.

106

El emperador romano Trajano anexiona el Imperio nabateo a la provincia de Arabia Pétrea, lo que pone fin al apogeo de Petra.

111-114

Los romanos construyen la Via Nova Trajana siguiendo el trazado de la antigua carretera del Rey entre Bosra y el mar Rojo, revitalizando así una antigua ruta.

del Sinaí, hasta los puertos de Gaza y Alejandría para embarcarlas a Grecia y Roma.

Los nabateos jamás llegaron a poseer un 'imperio' en el sentido militar y administrativo del término, sino que, más o menos desde el 200 a.C., establecieron una 'zona de influencia' que se extendía desde Siria hasta Roma; al expandirse el territorio nabateo en tiempos del rey Aretas III (84-62 a.C.), controlaban y gravaban el comercio por todo el Hejaz (sur de Arabia), el Negev, el Sinaí y la región de Hauran, en Siria meridional. La influencia de las comunidades nabateas se dejó sentir en puntos tan lejanos como Roma, y todavía se alzan tumbas suyas en el impresionante yacimiento de Madain Salah, en Arabia Saudí.

Principales yacimientos nabateos

- Petra, Jordania
- Siq al-Barid, cerca de Petra, Jordania
- Madain Saleh, Arabia Saudí

Romanos

Bastan cinco minutos en Jerash para comprender la magnificencia de este conjunto de ruinas, que alcanza cotas que raras veces se ven en edificios modernos, e indica la fortuna que invirtieron los romanos en este puesto avanzado de su Imperio. Jerash valía sin duda semejante dispendio; de hecho, fue el lucrativo comercio con los nabateos lo que atrajo primeramente a los romanos a estas tierras, y acaso como justo legado del dominio que allí ejercieron, el nombre de la moneda jordana (dinar) deriva de la voz latina *denarius* (antigua moneda de plata romana).

Los romanos aportaron muchos beneficios a la región, como la construcción de dos nuevas calzadas a través de Jordania: la Via Nova Traiana (111-114 d.C.), que unía Bosra con el mar Rojo, y la Strata Diocleciana (284-305 d.C.), que enlazaba Azraq con Damasco y el Éufrates. También se erigió un rosario de fortificaciones en el Desierto del Este (en Qasr al-Hallabat, Azraq y Umm al-Jimal) para apuntalar los confines del este del imperio.

Los ss. II y III se caracterizaron por una febril expansión del comercio cuando la Via Traiana se convirtió en la arteria principal para las caravanas árabes, los ejércitos y los convoyes de suministros. De aquella prosperidad se beneficiaron Jerash, Umm Qais y Pella, integradas en la Decápolis (véase p. 84), una liga de ciudades de provincias que aceptaron la influencia cultural de Roma pero conservaron su independencia.

Con el posterior derrumbe del Imperio romano, y la atomización de las rutas comerciales al correr de los siglos, el liderazgo mercantil de Jordania en la región nunca llegó a recuperar el mismo rango.

Espectáculos romanos

- Ciudadela, Ammán
- Teatro romano, centro de Ammán
- Plaza oval, Jerash
- Decumano máximo, Umm Qais
- Indicios del antiguo esplendor de Pella

Espíritu de la época (324-1516 d.c.)

Durante mil quinientos años después del nacimiento de Jesucristo, la historia de Jordania se caracterizó por la expresión de una fe organizada de una forma u otra. Bajo la influencia de Roma, el cristianismo sustituyó a las deidades locales de los nabateos, y varios siglos después

c. 200-300

La edad dorada de la Arabia romana está marcada por los majestuosos monumentos de las urbes de la Decápolis. El emperador Adriano visita Gerasa durante su viaje a Palestina.

NICO TONDINI/CORBIS ©

» Columnas en Jerash (p. 85).

c. 284-305

Los romanos construyen la Strata Diocletiana, que une Azraq con Damasco y el Éufrates. Una sucesión de fortalezas en el desierto orienta en Arabia de la que surgirá el islam

VÍA AL MÁS ALLÁ: LA RELIGIÓN NABATEA

Una familia que llegó pronto al Petra Night Tour caminó en solitario por el Siq (barranco), iluminado con velas. Perseguidos por el ruido de sus propios pasos, pronto sintieron que pasaba algo. Cuando llevaban recorrida más o menos una cuarta parte del camino, empezaron a darse cuenta de que algo pasaba; hacia la mitad, la hija, abrumada por las altísimas sombras de esta vía sacra, rogó a los padres que dieran la vuelta. Momentos después, los tres emprendían velozmente la retirada. Únicamente quienes han estado en el Siq de Petra a solas entenderán el poder que este extraordinario pasadizo ejerce sobre el alma; por eso precisamente lo eligieron: porque no era un lugar cualquiera, sino una puerta al más allá.

Sorprende lo poco que se sabe sobre la religión nabatea si se considera que su preocupación por la otra vida dominó buena parte de Petra, su capital. Sí es sabido, en cambio, que la religión politeísta de esta tribu árabe primigenia incorporó creencias egipcias, griegas y romanas, e incluso edomitas y asirias, para conformar una fe única.

La deidad principal nabatea era Dushara, dios de la montaña, que gobernaba el mundo natural. Con los años su figura se asoció al dios egipcio Osiris, al griego Dioniso y al romano Júpiter.

La diosa de la fertilidad, Al-'Uzza, vino a asociarse con Afrodita e Isis. Al-Kutba era el dios de la adivinación y la escritura, vinculado con Hermes y Mercurio. Allat (literalmente "Diosa") estaba asociada con Atenea.

Las primeras representaciones de los dioses nabateos no eran figurativas. Las piedras divinas conocidas como *baetyls* señalaban *wadis*, cruces de caminos, desfiladeros y cumbres, simbolizando la presencia de la divinidad. Las procesiones a los "altos lugares" espirituales de Petra formaban parte importante de la vida religiosa de la comunidad y culminaban con un sacrificio (quizá humano) y una purificación ritual.

el islamismo ocupó su lugar, no sin una lucha que dejó un legado duradero y una cadena de fortificaciones levantadas por los cruzados.

Conversión al cristianismo

Al pensar en la historia de la religión cristiana, casi todo el mundo se centra, comprensiblemente, en la "Tierra Sagrada" que se extiende al oeste del río Jordán. Sin embargo, dando crédito a las pruebas más recientes, la Iglesia cristiana quizás no se hubiera desarrollado nunca de no haber sido por el refugio que se les brindó a los primeros defensores de dicha fe en la orilla opuesta –la oriental– del Jordán.

En el 2008, 40 km al noreste de Ammán, los arqueólogos descubrieron la que consideran como la primera iglesia construida en el mundo. Fechado entre el 33 y el 70 d.C., el templo, que se hallaba sepultado bajo la iglesia de San Jorge en Rihab, parece que acogió a los

324
Constantino se convierte al cristianismo, que pasa a ser la religión dominante del Imperio bizantino. Madaba es el centro de las rutas de peregrinación a Jerusalén.

614
El emperador Heraclio obliga a los invasores persas a firmar la paz. Pese a esta victoria, el dominio cristiano-bizantino en Transjordania finalizará pronto. Se avecina una tormenta en Arabia de la que surgirá el islam.

629
Los musulmanes pierden la Batalla de Mu'tah contra los cristianos. Tras la muerte de Mahoma (632) ganan la decisiva Batalla de Yarmouk (636) y el islam se convierte en la religión dominante de la región.

c. 700
Los omeyas de Siria se apoderan de la región y construyen extraordinarias casas de baños, pabellones de caza y lugares de reunión fortificados (los "castillos de desierto") al este del Ammán.

70 discípulos de Jesucristo. Descritos en las inscripciones de los mosaicos del piso de la antigua iglesia como los "70 amados por Dios", estos primeros cristianos huyeron de la persecución en Jerusalén y vivieron en secreto, practicando sus ritos en esta iglesia subterránea. Las piezas de cerámica, datadas entre los ss. III y VII, revelan que estos discípulos y sus familias estuvieron en la zona hasta las postrimerías del dominio romano.

La conversión del emperador Constantino al cristianismo en el 324 d.C. acabó por legitimar la práctica de dicha fe en toda la región. Al este del río Jordán se construyeron iglesias que se embellecieron con mosaicos todavía visibles en Madaba, Umm ar-Rasas y Petra. Los peregrinos cristianos empezaron a buscar reliquias de Tierra Santa y levantaron iglesias en lugares bíblicos como Betania, el monte Nebo y la cueva de Lot; fue el redescubrimiento de los arqueólogos de estas iglesias 1400 años después lo que confirmó el emplazamiento perdido de estos yacimientos bíblicos al desmemoriado mundo moderno (véase p. 275).

Los patriarcas de la Iglesia ortodoxa describieron el descubrimiento en el 2008 de la iglesia más antigua del mundo como un "hito para los cristianos de todo el mundo". Las autoridades jordanas esperan ahora que el lugar se convierta en un punto de interés turístico.

Auge del islam

El islamismo se halla presente no solo en las mezquitas de Jordania, sino también en las leyes, en las costumbres sociales y en las más puras esencias del modo de vida de la gente. ¿Cómo, pues, llegó el islamismo a estas tierras y sustituyó a la fe cristiana como religión dominante?

A partir del 622 (10 años antes de la muerte del profeta Mahoma), los ejércitos del islamismo viajaron hacia el norte, extendiendo rápida y fácilmente el mensaje de sumisión ("islam") mucho más allá de la península Arábiga; y aunque perdieron su primera batalla contra los cristianos en Mu'tah (cerca de Karak) en el 629, siete años después regresaron para ganar la Batalla de Yarmouk. Jerusalén cayó en el 638 y Siria, en el 640. El islamismo, durante la dinastía suní de los Omeyas, se convirtió en la religión dominante de la región, con su cuartel general en la ciudad de Damasco, y el árabe reemplazó al griego como lengua franca.

El rico legado arquitectónico omeya incluía la mezquita omeya de Damasco y la Cúpula de la Roca en Jerusalén. En el este de Jordania, el apego de esta dinastía al desierto propició la construcción de una cadena de opulentos "castillos del desierto" (p. 235), entre ellos el Qasr Kharana (construido en 710) y el Qusayr Amra (711).

A pesar del florecimiento del saber islámico en campos como la medicina, la biología, la filosofía, la arquitectura y la agricultura a lo largo de los tres siglos siguientes, la zona encajada entre Jerusalén y Bagdad permaneció aislada de la corriente dominante del mundo

El califa Alí, yerno del profeta Mahoma, fue asesinado en el 660; le sucedió Mu'awiyah, fundador de la dinastía de los Omeyas (661-750). La cruenta disputa sobre esta sucesión dividió el islamismo en dos facciones: suníes y chiíes.

747

Un terremoto estremece el norte de Jordania y Siria, debilitando el poder de los omeyas. Los abasíes inician un período de dominio cultural persa y menor tolerancia con el cristianismo.

1095

El papa Urbano II provoca una 'guerra santa' para vengar la destrucción de iglesias por los selyúcidas y proteger la peregrinación a Tierra Santa. Los cruzados toman Jerusalén y causan una gran matanza.

1115

El rey cruzado Balduino I construye Montreal (castillo de Shobak), que aguanta numerosos ataques del ejército de Saladino.

1142

Se erige el imponente castillo de Karak para resistir a las fuerzas de Saladino; en 1148 lo hereda el sádico Reinaldo de Châtillon de Francia, que disfruta torturando a prisioneros.

árabe; este es uno de los motivos por los que Jordania posee muestras relativamente escasas de la exuberancia cultural del islamismo.

Cruzados y Guerra Santa

El ameno ensayo de Amin Maalouf *Las cruzadas vistas por los árabes* desmitifica la imagen occidental de los nobles caballeros con sus brillantes armaduras y los describe como bárbaros despiadados que saquearon Oriente Próximo y perpetraron tropelías cuyo recuerdo perdura aún en la conciencia colectiva de los árabes.

Los ejércitos del islam y de la cristiandad se han medido muchas veces a lo largo de la historia, y sus consecuencias (incl. la terminología misma del conflicto religioso) se dejan sentir todavía hoy en Oriente Próximo y en el mundo entero.

Las cruzadas de los ss. XII y XIII se cuentan entre los primeros enfrentamientos entre musulmanes y cristianos. Las enormes murallas de los castillos cruzados de Karak y Shobak dejan entrever que ambos bandos iban en serio: aquellas fueron guerras santas (pese a la participación de mercenarios) en las que la gente sacrificaba de buen grado su bienestar y su vida por la fe con la esperanza de alcanzar la gloria en el más allá, un lugar que, irónicamente, al menos según el islam, comparten los musulmanes con las Gentes del Libro (judíos, cristianos y sabeos).

Construidos por el rey Balduino I en el s. XII, los castillos formaban parte de una cadena de fortificaciones erigidas para controlar los caminos desde Damasco hasta El Cairo. Parecían inexpugnables, y quizás hubieran permanecido así de no ser por Nureddin y Saladino, que tomaron casi todas las fortalezas cruzadas de la región, entre ellas las de Transjordania (es decir, las situadas "al otro lado del Jordán"). Los ayubíes, miembros de la familia de Saladino establecidos en Damasco, se disputaron su imperio a su muerte en 1193, lo que permitió a los cruzados reconquistar buena parte de sus antiguas posesiones a lo largo de la costa.

Nureddin (literalmente "Luz de la Fe"), hijo de un jefe tribal turco, unificó el mundo árabe y derrotó a los cruzados en Egipto; su campaña contra los cruzados fue rematada por Saladino (el Restaurador de la Fe), sabio y caudillo militar kurdo.

Los ayubíes fueron sustituidos por los mamelucos, que se hicieron con la zona situada al este del río Jordán, reconstruyeron los castillos de Karak, Shobak y Ajlun, y los utilizaron como atalayas y como puntos de escala para las palomas mensajeras.

Romance entre Occidente y Oriente Próximo (1516-1914)

Los turcos otomanos tomaron Constantinopla en 1453 y crearon uno de los imperios más grandes del mundo; derrotaron a los mamelucos en la actual Jordania en 1516, pero concentraron sus esfuerzos en los puntos más lucrativos de la región, como la ciudad santa de Jerusalén y el centro comercial de Damasco. La zona situada al este del Jordán volvió a convertirse en un lugar olvidado; olvidado, entiéndase bien, por el Imperio otomano, pero no ignorado enteramente por los intereses occidentales. De hecho, a lo largo de los siglos siguientes, el período de ocupación otomana, cada vez más débil, se caracterizó también por el

1187

Pese a las formidables edificaciones defensivas de Shobak y Karak, Karak cae tras un épico asedio en 1183; Saladino vence a los cruzados en la Batalla de Hittin.

1193

Muere Saladino y las posteriores luchas internas entre sus familiares permiten a los cruzados reconquistar buena parte de sus antiguos territorios.

1258

Los mongoles asaltan Bagdad y los ejércitos del hijo de Gengis Kan llegan hasta Ajlun y Salt, pero son repelidos por los mamelucos, que reconstruyen los castillos de Karak, Shobak y Ajlun.

HUW JONES/LONELY PLANET IMAGES ©

» Castillo de Karak (p. 148).

HISTORIA DE UNA CARRETERA

Cuando se piensa en la carretera del Rey, la primera y obligada pregunta que viene a la cabeza es: "¿Qué rey?". En verdad, esta carretera no fue fruto del empeño personal de ningún monarca: el nombre le vino por su condición de vía principal, concepto al que en el oriente arábigo se alude como "carretera real".

La carretera discurre a lo largo de 297 km entre Madaba y Petra, y durante mil años antes de Cristo unió los reinos de Amón, Moab y Edom. Una de las primeras referencias aparece en el pasaje de la Biblia en que el rey de Edom le vedó a Moisés el paso por ella. Los nabateos utilizaban esta ruta para transportar incienso del sur de Arabia y otras mercaderías exóticas hasta los importantes puestos comerciales de Siria. Posteriormente, la carretera recibió un oportuno remozado por obra del emperador Trajano, que ensanchó y modificó un parte para facilitar el paso de las tropas.

La carretera reviste una notable relevancia religiosa tanto para cristianos como para musulmanes. Atraídos por los lugares sagrados del monte Nebo y protegidos por los cruzados, los cristianos utilizaban esta ruta como vía de peregrinación, por lo que levantaron muchos templos a lo largo de ella, como la iglesia de San Esteban en Umm Ar-Rasas. Los musulmanes, por su parte, la recorrían para peregrinar a La Meca hasta que en el s. XVI los otomanos construyeron el Tariq al-Bint, cuyo trazado coincide más o menos con el del ferrocarril de Hejaz, tendido en 1900, y el de la moderna carretera del Desierto.

La importancia de la carretera del Rey disminuyó y hubo que esperar hasta las décadas de 1950 y 1960 para que la asfaltaran. Hoy es una ruta rural, a menudo llena de baches, que, pese a que atraviesa algunos de los parajes más hermosos de Jordania, apenas muestra signos de su antiguo rango. Para más información, visítese www.ancienttroute.com.

creciente interés que la región despertó entre los europeos, en especial británicos y franceses.

En el prólogo a *Los orientales* (1829), Víctor Hugo escribió que todo el continente europeo parecía estarse "inclinado hacia el Oriente". Este fenómeno no era nuevo. El comercio entre Occidente y Oriente estaba asentado desde antiguo, y las historias sobre las "bárbaras perlas y el oro" de Arabia no tardaron en despertar el interés de sectores más amplios de la sociedad. A finales del s. XVIII, los europeos realizaban viajes de placer al desierto de Siria, incorporaban a su vestuario prendas árabes y turcas, llevaban ediciones de bolsillo de cuentos persas y escribían sus propios cuadernos de viaje.

El redescubrimiento de Petra por el explorador suizo Johann Ludwig en 1812 exacerbó el interés por la región. Se fundaron sociedades para promocionar la exploración de Oriente Próximo; los estudiosos

1453

El establecimiento de los otomanos en Constantinopla (la moderna Estambul) crea uno de los imperios más vastos del mundo, que se extiende por todo Oriente Próximo.

c. 1516-1916

Los otomanos se prodigan en atenciones hacia Jerusalén y Damasco, mientras la zona situada al este del río Jordán permanece sumida en el atraso cultural y político.

1798

Napoleón Bonaparte invade Egipto, colocando así a Oriente Próximo en la esfera de las rivalidades políticas entre los países occidentales.

1812

Burckhardt redescubre Petra a Occidente, despertando una prolongada fascinación por la Ciudad Rosa, entre los viajeros, arqueólogos, y artistas occidentales.

empezaron a traducir textos persas, árabes y sánscritos, y numerosos aspectos de la región fueron abordados en obras de ficción occidentales, buena parte de las cuales atrajeron y entusiasmaron a un amplio número de lectores. De hecho, la fascinación por el oriente arábigo de finales del s. XIX no fue, tal y como expresó Edward Said, "una etérea fantasía europea", sino una relación altamente compleja definida por científicos, eruditos, viajeros y novelistas.

Este era el escenario cultural donde se desarrollaron las maniobras políticas del s. XX.

El Qala'at ar-Rabad de Ajlun fue construido por los ayubíes, derrocados en 1250 por un grupo de jóvenes guerreros extranjeros que les servían como una casta de soldados-esclavos: los mamelucos, quienes gobernaron durante los trescientos siguientes años.

Lucha por una tierra árabe (1914-1946)

Al escribir sobre la Rebelión Árabe, que estremeció el corazón de Jordania a principios del s. XX, T. E. Lawrence describió el fenómeno como "una guerra árabe librada y dirigida por árabes para la consecución de un objetivo árabe en Arabia". Esta declaración resulta significativa por cuanto identifica un sentimiento creciente de identidad política entre los pueblos árabes surgido durante la segunda mitad del s. XIX y comienzos del s. XX. Esta toma de conciencia panarábiga se desarrolló casi en proporción directa con los intereses territoriales de las potencias occidentales en la zona, o al menos en coincidencia con ellos. Poco a poco, y abandonando los vagos intereses tribales, los árabes acabaron por definirse como una entidad diferenciada y unificada: un "otro" islamismo surgido quizá como respuesta a la amenaza cristiana y europea que latía alrededor del canal de Suez.

Los árabes estaban dispuestos a luchar por este nuevo nacionalismo árabe, como describe Lawrence en *Los siete pilares de la sabiduría:*

> Conforme pasaba el tiempo, nuestra necesidad de combatir por el ideal se incrementó hasta que, una vez nos hallamos en su plena posesión, actuó como acicate hasta disipar todas nuestras dudas. Lo pretendiéramos o no, se convirtió en un artículo de fe.

La historia revela que se necesitó más que el ideal para crear estados árabes viables. De hecho, la compleja diplomacia, tanto entre los países árabes como en sus relaciones con Occidente, caracteriza las aspiraciones nacionalistas de todo el s. XX.

Entre 1775 y 1825, y tan solo en Gran Bretaña, se publicaron 87 volúmenes que abordaban diversos aspectos de Oriente Próximo, y de estos mismos libros aparecieron 46 reseñas en los principales periódicos entre 1805 y 1825.

Rebelión Árabe

Curiosamente, el nuevo movimiento nacionalista árabe no se estrenó combatiendo contra un enemigo cristiano y occidental, sino contra los otomanos, los gobernantes musulmanes que dominaban casi todo Oriente Próximo, incluidos los territorios que se extendían por ambas orillas del río Jordán. En la rebelión participaron gue-

1908

En un intento de recuperar su influencia en la región, el Imperio otomano, a la sazón "el enfermo de Europa", construye el ferrocarril de Hejaz, que enlaza Damasco con la ciudad santa de Medina vía Ammán.

1914-1918

En la II Guerra Mundial, Jordania es escenario de intensos combates entre turcos otomanos (aliados de los alemanes) y británicos, que tienen una base en Egipto y que, en 1917, ocupan Jerusalén y Siria.

1916

La Rebelión Árabe, encabezada por Faisal y apoyada por los británicos a través de T. E. Lawrence, toma Aqaba, corta el ferrocarril de Hejaz y marcha sobre Damasco.

1917

La Declaración Balfour, que concede a los judíos una patria en Palestina, no es lo que se había prometido a los árabes. Tras un arreglo poco satisfactorio, el hermano de Faisal, Abdalá, pasa a gobernar Transjordania.

FERROCARRIL DE HEJAZ

Esta línea fue construida entre 1900 y 1908 para transportar peregrinos desde Damasco hasta Medina, con lo cual se reducía a tres días un viaje que, en camello y a pie, duraba dos meses; para Jordania, y para Ammán en particular, la obra propició un gran auge comercial. Con un trazado de 1462 km, el tren se financió con donativos musulmanes, pero no llegó a funcionar ni diez años, pues quedó parcialmente destruido en la Rebelión Árabe de 1917. La línea fue reconstruida en dirección sur hasta Ma'an, pero hoy solo la utilizan las mercancías, aunque se habla de introducir un servicio para turistas entre Aqaba y el Wadi Rum.

rreros árabes a caballo, vagamente agrupados en ejércitos al mando del emir Faisal, señor de La Meca y custodio de los santos lugares musulmanes, quien había tomado las riendas del movimiento nacionalista árabe en 1914. A Faisal se le unieron su hermano Abdalá y el enigmático coronel británico T. E. Lawrence (véase recuadro en p. 215). Lawrence ayudó a coordinar y garantizar el suministro aliado y a atacar el ferrocarril de Hejaz, controlado por los turcos, en una campaña que se desarrolló a través del desierto desde Arabia y que consiguió arrebatar Aqaba a los otomanos y expulsarlos de Damasco. En 1918, los árabes controlaban la actual Arabia Saudí, Jordania y parte del sur de Siria.

Contentos por el apoyo prestado en la debilitación del Imperio otomano (aliado de Alemania durante la I Guerra Mundial), los británicos prometieron a su vez ayudar a Faisal; sin embargo, esta promesa quedó seriamente devaluada por la Declaración Balfour de 1917:

> El Gobierno de Su Majestad ve con buenos ojos el establecimiento en Palestina de un Hogar Nacional para el pueblo judío, y realizará los máximos esfuerzos para facilitar la consecución de tal objetivo.

En esta contradictoria aceptación de una patria judía y, al mismo tiempo, de la preservación de los derechos de la comunidad palestina originaria, radica la esencia del conflicto árabe-israelí, aparentemente irreconciliable.

Creación de Jordania

Puede que la Rebelión Árabe no lograra su objetivo de inmediato durante las negociaciones de paz, pero condujo directamente (aunque tras más de dos décadas de disputas con los británicos) al nacimiento del moderno Estado jordano.

1923

Gran Bretaña reconoce Jordania como emirato independiente bajo su protectorado y crea la Legión Árabe, fuerza defensiva bajo mando británico y el control nominal del emir Abdalá.

Década de 1930

La persecución nazi de los judíos intensifica su inmigración a Palestina y aviva las tensiones con los árabes. En 1939, la propuesta de crear un estado binacional es rechazada por ambas partes.

1946

Jordania obtiene la independencia de Gran Bretaña. El emir Abdalá, que tuvo un papel destacado en la Rebelión Árabe, es coronado rey.

1947

La ONU vota a favor de la división de Palestina, pero la Liga Árabe rechaza la propuesta argumentando que todo el territorio debería seguir siendo árabe.

La traición a la causa árabe por parte de los aliados de Occidente fue puesta de relieve por el acuerdo secreto de Sykes-Picot de 1916, según el cual Siria (actuales Siria y Líbano) pasó a estar bajo control francés y Palestina (zona que incluye los actuales Israel, Territorios Palestinos y Jordania), bajo el británico.

En la Conferencia de Paz de París, celebrada en 1919, los británicos llegaron a un acuerdo con Faisal, a quien se le entregó Iraq, mientras que su hermano Abdalá fue proclamado señor de Transjordania, el territorio situado entre Iraq y la ribera este. Un joven Winston Churchill trazó las fronteras en 1921 (véase recuadro en p. 245). Abdalá estableció su capital en Ammán. Gran Bretaña reconoció el territorio como Estado independiente sometido a su protección en 1923, y se acordó crear una modesta fuerza defensiva, la Legión Árabe, mandada por oficiales británicos. Una sucesión de tratados firmados después de 1928 desembocaron en la independencia plena en 1946, cuando Abdalá fue proclamado rey.

Problemas con Palestina (1946-1994)

Si hay un elemento que define la moderna historia de Jordania, este es su relación con los pueblos del otro lado del río, no solo con los judíos, sino también (y quizás de manera más especial) con los palestinos, que hoy conforman la mayoría de la población del país.

El conflicto nace en buena medida de la creación de una patria nacional judía en Palestina, donde los musulmanes árabes constituían aproximadamente el 90% de la población; su resentimiento enraizó en los demás países árabes de la región y marcó la pauta de las relaciones entre árabes e israelíes durante el resto del s. XX.

Nuevo Reino Hachemita de Jordania

En 1948 aquel malestar degeneró en un conflicto entre las fuerzas árabes e israelíes, con el resultado de que Jordania obtuvo el control de Jerusalén Este y Cisjordania. El rey Abdalá, incumpliendo sus promesas acerca de la independencia palestina, se anexionó el territorio y proclamó el nuevo Reino Hachemita de Jordania. El nuevo estado consiguió el reconocimiento inmediato de Gran Bretaña y EE UU, pero las potencias regionales desaprobaron la anexión, lo cual, añadido a la ingente riada de refugiados palestinos (un fenómeno sin precedentes), obligó a la nación a forzar al máximo sus limitados recursos.

En julio de 1951 el rey Abdalá fue asesinado a las puertas de la mezquita de Al-Aqsa, en Jerusalén, y en mayo de 1953 el trono pasó a su nieto Hussein, de 17 años de edad. Hussein ofreció a todos los refugiados árabes palestinos una suerte de ciudadanía, pero se negó a ceder territorio palestino. En parte como respuesta a esta decisión, en 1964 se creó la Organización para la Liberación de Palestina (OLP).

Historia moderna de Jordania

A History of Jordan (Philip Robbins, 2004) De la década de 1920 a la actualidad.

The Modern History of Jordan (Kamal Salibi, 1998) Una perspectiva árabe.

Guerra de los Seis Días

Tras un período de paz y prosperidad relativas, el conflicto entre árabes e israelíes volvió a estallar en la década de 1960, culminando en la

1948

Se proclama el Estado de Israel, los británicos se retiran al instante y vuelven a estallar las hostilidades entre árabes y judíos. Medio millón de palestinos irrumpen en Cisjordania.

1950

El rey Abdalá toma Cisjordania y el este de Jerusalén, pese a haber suscrito las declaraciones árabes de apoyo a la independencia de Palestina y rechazo expreso a las anexiones territoriales.

1951

El asesinato del rey Abdalá en la mezquita de Al-Aqsa (Jerusalén) pone fin al sueño, antagonista al de sus vecinos árabes, de un solo estado árabe que incluya Siria, Líbano, Jordania, Israel y Palestina.

1953

Hussein se convierte en rey de Jordania tras diagnosticársele esquizofrenia a su padre. Pese a su formación inglesa, deja su huella expulsando a las tropas británicas.

Guerra de los Seis Días, provocada por las incursiones de guerrilleros palestinos en territorio israelí desde Siria. Cuando los sirios anunciaron que Israel estaba reuniendo tropas para lanzar un ataque, Egipto respondió pidiendo a la ONU que retirara a su Fuerza de Emergencia de la frontera entre Egipto e Israel. Nasser cerró el estrecho de Tiran (la entrada al mar Rojo), con lo que el puerto de Eilat quedó bloqueado. Cinco días después, Jordania y Egipto firmaron un pacto de defensa mutua que involucró a Jordania en las hostilidades que se avecinaban.

El 5 de junio de 1967, antes del alba, los israelíes lanzaron un ataque que acabó con la aviación egipcia en sus propios aeródromos; en los días que siguieron diezmaron las tropas egipcias en el Sinaí y Cisjordania, ocupando además los Altos del Golán, en Siria.

REY HUSSEIN

Desde su muerte, el rey Hussein se ha convertido en una leyenda. Al heredar el trono el 2 de mayo de 1953, con 17 años, Hussein, de formación británica, era conocido sobre todo por su afición a las mujeres hermosas y los automóviles rápidos; 45 años después se le ensalzaba como uno de los grandes supervivientes políticos de Oriente Próximo: rey contra todo pronóstico y artífice de la Jordania moderna.

La lealtad de Hussein a su pueblo era notable. Interpretando un papel que su hijo emuló décadas más tarde, Hussein se disfrazaba de taxista y preguntaba a los pasajeros lo que opinaban del rey.

Pero el legado de Hussein trasciende los éxitos de su política nacional. Durante todo su reinado mantuvo lazos de sincera y estrecha amistad con Gran Bretaña y fomentó el comercio con los países occidentales. Desde sus denodados esfuerzos diplomáticos para evitar la Guerra del Golfo en 1991 hasta su acuerdo de paz con Israel en 1994, el refinado y elocuente monarca de un país situado en una de las zonas más turbulentas del planeta devino un modelo de moderación y perseverancia en una región que las desconoce. Tal reputación se afianzó en 1997 cuando un soldado jordano asesinó a tiros a siete muchachas israelíes en el norte del país; el rey asistió al funeral y expresó públicamente sus condolencias a las familias de las víctimas.

Hussein se casó cuatro veces y engendró 11 hijos; fue un hombre popularísimo, con múltiples intereses, y un piloto consumado. Tras una larga batalla contra el cáncer, durante la cual siguió ejerciendo su función negociadora entre Israel y Palestina, murió en Jordania en febrero de 1999, llorado no solo por quienes le conocieron sino por toda Jordania y gran parte de la región.

Actualmente Hussein tiene fama de ser un hombre que timoneó con pulso firme su joven país, salvándolo de crisis potencialmente devastadoras y conciliando siempre las exigencias del nacionalismo árabe con la conveniencia política de cooperar con Occidente; al hacerlo, contribuyó a allanar el camino para que Jordania hiciera de puente entre dos ideologías.

YADID LEVY/ALAMY ©

1958

Su gesto de independencia no dura mucho. Las tropas británicas son invitadas a regresar tras el intento fallido de Hussein de unirse a Iraq.

1960

Jordania ofrece la ciudadanía parcial a los refugiados árabes de Palestina, pero rechaza ceder territorio palestino. En 1964 se crea la Organización para la Liberación de Palestina con el apoyo de la Liga Árabe.

» Hombres en una mezquita, Ammán (p. 48)

Las consecuencias resultaron desastrosas para Jordania, pues perdió toda Cisjordania y su parte de Jerusalén, que conjuntamente le habían proporcionado sus dos principales fuentes de ingresos, la agricultura y el turismo; además de provocar una nueva y multitudinaria oleada de refugiados palestinos.

Septiembre Negro

Después de la derrota de 1967, los frustrados palestinos de Jordania adoptaron posturas cada vez más beligerantes, y en 1968 los *fedayeen* (guerrilleros palestinos) funcionaban en la práctica como un estado dentro de otro, desafiando abiertamente al Ejército jordano.

En 1970 unos milicianos palestinos abrieron fuego contra la caravana de vehículos del rey Hussein y tomaron como rehenes a 68 extranjeros en un hotel de Ammán, mientras el Frente Popular para la Liberación de Palestina secuestraba y destruía tres aviones occidentales en presencia de los espantados equipos de televisión. Tras estos hechos se declaró la ley marcial y estallaron sangrientos combates que se cobraron 3000 vidas; Yasser Arafat se esfumó de Ammán como por ensalmo, disfrazado de jeque kuwaití, para asistir a una cumbre de la Liga Árabe en El Cairo. Se firmó un frágil alto el fuego, pero no fue hasta mediados de 1971 cuando se apagaron los últimos focos de resistencia (en los alrededores de Ajlun). Las guerrillas se vieron obligadas a reconocer la autoridad de Hussein, y los palestinos tuvieron que elegir entre el exilio o la sumisión; la mayoría optó por irse al Líbano.

OLP

En el momento de su fundación, la OLP contó con las bendiciones de la Liga Árabe para representar al pueblo palestino y entrenar a los guerrilleros. El Consejo Nacional de Palestina (CNP) se convirtió en el órgano ejecutivo de la OLP, con el cometido de gobernar Palestina.

Cesión a las aspiraciones del liderazgo palestino

En 1974 el rey Hussein renunció a regañadientes a las aspiraciones de Jordania sobre Cisjordania al reconocer a la OLP como la única representante de los palestinos con derecho a instituir un gobierno en cualquier territorio liberado. En 1988 el monarca había cortado todos los vínculos administrativos y legales entre Jordania y Cisjordania.

Mientras tanto se estaban produciendo cambios demográficos de profundo calado, entre ellos un notable aumento de la población, en especial de jóvenes, que remodelaron la faz de Jordania. La migración por causas económicas, tanto del campo a la ciudad como de Jordania a los cada vez más ricos países del Golfo, junto con las mejoras educativas, modificaron las estructuras sociales y familiares. Pero lo más relevante de todo es que los palestinos dejaron de formar una crispada minoría de refugiados para ocupar el lugar que les correspondía como mayoría de la población jordana.

1967

Israel se hace con el control de Jerusalén y Cisjordania en la Guerra de los Seis Días, lo que provoca otra gran oleada de refugiados palestinos.

1970

El Septiembre Negro causa miles de heridos tras los enfrentamientos entre el Gobierno jordano y las guerrillas palestinas. La OLP hace estallar tres aviones secuestrados.

1988

El rey Hussein corta todos los lazos que aún mantenía con Cisjordania. El interés está ahora en la política interna: las mujeres pueden votar (desde 1989) y se legalizan los partidos políticos.

1990

La invasión de Kuwait por Saddam Hussein, apoyada por los palestinos, exige malabarismos al rey Hussein, que apoya a Bagdad al tiempo que aboga por la paz.

La plena integración de los refugiados palestinos en todos los aspectos de la vida del país se debe en buena medida a la sagaz intermediación del rey Hussein. A los numerosos intentos de asesinato (al menos 12) que amenazaron los primeros años de su reinado siguió un respeto creciente por su figura, fruto de la sincera y profunda preocupación del monarca por las tribulaciones de los inmigrantes.

La declaración de principios firmada por la OLP e Israel en septiembre de 1993 puso en marcha el proceso de creación de una autoridad palestina autónoma en los territorios ocupados. En virtud de esta declaración, la cuestión territorial casi dejó de constituir un obstáculo para que Jordania e Israel alcanzaran la paz.

Paz con Israel

El 26 de octubre de 1994 Jordania e Israel y los Territorios Palestinos firmaron un tratado de paz histórico en virtud del cual se eliminaban todas las barreras económicas entre los dos países y se promovía una colaboración más estrecha en temas de seguridad, agua y otros.

Pero subsistía un punto oscuro en el capítulo final de las relaciones entre Jordania y Palestina en el s. xx. Una de las cláusulas del tratado reconocía el "papel especial del Reino Hachemita de Jordania en los lugares sagrados musulmanes de Jerusalén". Esta inclusión despertó las sospechas de algunos palestinos con respecto a las intenciones de Hussein, quien desde el principio de su largo reinado había desempeñado algo más que un "papel especial" en la ribera oeste del Jordán. En aquel preciso momento el tratado le granjeó a Jordania la impopularidad entre los países de la región, pero con el paso del tiempo apenas ensombreció el glorioso reinado de uno de los gobernantes más queridos de Oriente Próximo.

Relaciones actuales con Israel y los Territorios Palestinos

Ha transcurrido mucho desde la firma del histórico tratado de paz de 1994, y aún se están evaluando los efectos a largo plazo de la paz con Israel. Aunque el acuerdo fue motejado de traición por algunos palestinos, el grueso de los países del mundo lo consideraron un paso altamente significativo para afianzar los vitales lazos entre Oriente y Occidente. Las fricciones entre ambos países continúan produciéndose, y no solo a cuenta del destino del pueblo palestino, sino también a propósito de materias como el suministro de agua (véase p. 300), que muchos vaticinan que sustituirá al petróleo como la principal fuente de conflictos en la zona durante las próximas décadas.

Dilema iraquí (1990-2008)

Federación árabe

A lo largo de las dos últimas décadas Jordania ha estado más preocupada por sus vecinos del este que por los del oeste: un cambio de ten-

1994
La firma de un tratado de paz con Israel acaba con 46 años de guerra y concede a Jordania un "papel especial" en los santos lugares musulmanes de Jerusalén. Se tensa la relación con sus vecinos árabes.

1999
Muere el rey Hussein (7 de febrero). A su funeral asisten jefes de estado de Israel y grandes potencias mundiales, lo que indica su importancia como mediador por la paz. Accede al trono su hijo Abdalá.

2000
Jordania se adhiere a la OMT y a la AELC. La actividad comercial mejora gracias al acuerdo de libre comercio suscrito con EE UU y a las Zonas Industriales Calificadas (QIZ).

2001
Los países árabes repudian la invasión de Iraq. El rey Abdalá se posiciona públicamente del lado de Bagdad pero, oficialmente, acata el embargo comercia impuesto por la ONU a Iraq.

dencia exigido en primer lugar por la Guerra del Golfo y después por la invasión de Iraq, liderada por EE UU.

Dado que los padres fundadores de los modernos estados de Iraq y Jordania eran hermanos, no sorprende que ambos países hayan conocido períodos de estrecha colaboración. En 1958 el rey Hussein intentó rentabilizar esta vinculación dinástica estableciendo la Federación Árabe, una efímera alianza entre Jordania e Iraq que pretendía servir de contrapunto a la formación de la República Árabe Unida entre Egipto y Siria. Aunque la alianza no duró mucho, los lazos entre los dos vecinos se mantuvieron firmes, sobre todo en el ámbito comercial.

Guerra del Golfo

Cuando Sadam Hussein invadió Kuwait en 1990, Jordania se encontró en un callejón sin salida. De una parte, la mayoría palestina de Jordania apoyaba la invasión de Sadam, pues este les había ofrecido garantías que de aquella confrontación surgiría una solución al problema palestino en Cisjordania; pero por otro lado el rey Hussein era consciente de que su alineamiento con Iraq suscitaría la hostilidad de sus aliados occidentales y comprometería el comercio y ayuda estadounidenses a Jordania. Como solución, el monarca se alió públicamente con Iraq al tiempo que apoyaba, al menos oficialmente, el embargo comercial impuesto a Iraq por la ONU. Como consecuencia de ello, aunque la ayuda estadounidense y saudí quedó temporalmente suspendida, pronto llegarían créditos y asistencia de otros rincones del mundo, en particular de Japón y Europa.

A pesar de estas nuevas fuentes de ingresos, la Guerra del Golfo castigó severamente las finanzas de la pequeña Jordania, relativamente pobre y falta de petróleo. Sin embargo, y por ironías del destino, la tercera oleada de refugiados llegados en 45 años supuso un cierto alivio cuando 500 000 jordanos y palestinos regresaron de los países del Golfo con 500 millones de US$, una lotería que estimuló la economía del país durante la década de 1990 y, de modo particular, ayudó a convertir Ammán en una ciudad moderna y cosmopolita.

2005

Tres hoteles de Ammán vuelan por los aires en un ataque suicida coordinado y dirigido por Al-Qaeda. El turismo, en auge desde el tratado de paz de 1994, sufre un fuerte golpe.

2007

Como uno más de los muchos pasos hacia la modernización del país, el 20% de los escaños de las corporaciones municipales quedan reservados para mujeres.

2008

Iraq contribuye al mantenimiento del medio millón de refugiados iraquíes que viven en Jordania; el cuarto flujo masivo de refugiados de la historia moderna de este pequeño país.

2011

Las protestas de Ammán se suman a la Primavera Árabe, un período de sublevación contra las dictaduras de la región. Jordania se prepara para una quinta oleada de inmigración tras los graves disturbios de Siria.

Arqueología para principiantes

Desenterrando el pasado

Adentrándose por cualquier camino apartado del centro de Jordania, seguramente uno se tropezará con algo antiguo: una columna caída con amapolas en el capitel, las teselas de un mosaico roto o una moneda de alguna época remota. Si se mira con atención, probablemente también se verán los restos de una cerca rodeando un pedazo de terreno que recupera su aspecto silvestre, una prueba, si es que se precisaba, de que Jordania ha sido escenario de un intenso escrutinio arqueológico durante décadas.

Sin necesidad de ser Indiana Jones, cualquiera con un poco de curiosidad por el pasado puede disfrutar hurgando por la cima de Hesban o Khirbet Tannour o por cualquiera de los cientos de yacimientos que motean el país. Y si no se conforma con mirar, el viajero puede unirse a un grupo de expertos que le guíe en el sutil arte de la arqueología. Este capítulo ofrece algunas ideas sobre cómo conseguir participar en una excavación como aficionado y recomienda las de mayor interés.

Excavaciones en la web

» **Madaba Plains Project** (www.madabaplains.org/hisban) Yacimiento en Tell Hesban.

» **Great Temple Excavation** (www.brown.edu/Departments/Joukowsky_Institute/Petra) Excavaciones de la Universidad Brown en Petra.

» **Virtual Karak** (www.vkrp.org) Arqueología en el castillo.

Dos siglos de arqueología en Jordania

En muchos aspectos, la arqueología occidental moderna nació en lo que ahora es Jordania, y surgió de la fascinación por localizar los sitios bíblicos en Tierra Santa, a ambos lados del río Jordán. Durante décadas, esta ocupación atrajo principalmente el interés extranjero, pues la población de la región estaba más pendiente de las necesidades del presente que de desenterrar los restos del pasado.

Pero las cosas han cambiado. Los jordanos ahora tienen tiempo y medios para interesarse más por su patrimonio, y la educación ayuda a las nuevas generaciones a comprender y valorar mejor la posición del país en la cuna de la civilización. Cada año se destinan más fondos a la exploración arqueológica y, de hecho, algunos de los mayores hallazgos, en los que han participado equipos de universidades jordanas y extranjeras, han tenido lugar en los últimos 30 años. El punto álgido fue el descubrimiento en el 2008 de la iglesia más antigua del mundo, un digno culmen para una disciplina que en gran medida nació de la curiosidad cristiana.

Voluntariado en una excavación

El trabajo en un yacimiento arqueológico es un proceso meticuloso pero muy gratificante, sobre todo si se desentierra algo especial como una cuenta de coral de un antiguo collar, una pieza de cobre fundida hace 6000 años o un fragmento de cerámica con el dibujo intacto. No es tanto hallar un objeto sino sentir la conexión con una era pasada lo que hace de la arqueología una disciplina tan apasionante. En Jordania hay numerosos yacimientos, del Neolítico Precerámico a la época de los castillos cruzados.

Si al viajero le apetece formar parte de un equipo de arqueólogos, no le resultará muy difícil trabajar como voluntario en una de estas excavaciones. He aquí algunas pautas:

» Puesto que el número de vacantes para voluntarios de cada yacimiento suele ser limitado, averiguar quién las dirige y solicitar un puesto pronto.

» Contactar con el líder del proyecto y destacar las habilidades y conocimientos especiales, como fotografía o dibujo, que se tengan.

» Mencionar otros viajes por la región o si se habla árabe.

» Recalcar la experiencia previa en proyectos en grupo (la arqueología es básicamente trabajo en equipo, aunque en el cine no lo presenten así).

» Preguntar cuánto costará el puesto de voluntario. El importe ayuda a cubrir el gasto de incluir otro nombre en el equipo.

» Tomárselo con calma. Para obtener acceso a los yacimientos, los directores de proyecto deben conseguir permisos y habilitaciones de seguridad que pueden tardar hasta 6 meses en llegar.

» No desanimarse si no se consigue a la primera; se requiere perseverancia para encontrar un puesto, y para trabajar en una excavación.

Oportunidades de trabajo en yacimientos

American Center for Oriental Research (ACOR; www.bu.edu/acor) Prepara una completa lista anual de vacantes en yacimientos de Jordania y Oriente Próximo.

American Schools of Oriental Research (www.asor.org) Organización que respalda el estudio de la cultura y la historia de Oriente Próximo.

Archaeological Institute of America (AIA; www.archaeological.org) La mayor y más veterana organización arqueológica de EE UU es una buena fuente de información.

Biblical Archaeological Society (www.biblicalarchaeology.org) Edita la revista *Biblical Archaeological Review*, organiza circuitos arqueológicos y publica vacantes para voluntarios.

Council for British Research in the Levant (CBRL; www.cbrl.org.uk) Instituto financiado por la British Academy con centros de investigación en Ammán y Jerusalén.

Universidad de Jordania (☎06-5355000; www.ju.edu.jo) El departamento de arqueología de esta institución en Ammán es un buen punto de contacto.

Universidad de Sídney (www.sydney.edu.au/arts/archaeology) Prestigiosa universidad australiana con un reputado proyecto arqueológico en Pella.

Yacimientos bíblicos

Siguiendo una tradición de dos siglos, muchas excavaciones se sitúan en y alrededor de los lugares bíblicos de Jordania. La orilla este del Jordán acoge un centenar de yacimientos de relevancia evangélica e, inde-

Museos

» **Museo Arqueológico de Salt**, Salt, buena cobertura de la historia del país.

» **Museo de Arqueología y Antropología**, Irbid, incluye exposiciones de numismática.

» **Museo Nacional de Arqueología**, Ciudadela, copia de la estela de Meshe y manuscritos del mar Muerto.

» **Museo de Arqueología**, Universidad de Jordania, piezas de todas las épocas.

Excavaciones (bíblicas) en la web

» **American Schools of Oriental Research** (www.asor.org) Cubre los yacimientos de las escrituras judías.

» **Franciscan Archaeological Institute** (http://198.62.75.1/www1/ofm/fai/FAImain.html) Excavación en torno a Madaba y el monte Nebo.

LA CIUDAD-ESTADO DE ISRAEL

Los reinos de Edom, Moab y Amón se mencionan en la Biblia, sobre todo en relación con los judíos errantes del Éxodo. Según el Antiguo Testamento, Moisés y su hermano Aarón condujeron a su pueblo a través del Sinaí, en Egipto, en busca de un territorio en el que asentarse. Los edomitas les prohibieron la entrada al sur de Jordania, pero reanudaron su camino hacia el norte siguiendo más o menos la actual ruta de la carretera del Rey hacia el río Jordán. Moisés murió en el monte Nebo, con la Tierra Prometida a la vista, y su hijo Josué asumió la misión de llevar a los israelitas más allá del río hacia Cisjordania, donde conquistaron Canaán y fundaron la ciudad-estado de Israel.

pendientemente de si se cree en la palabra de Dios o no, hay pruebas sólidas de que muchos de los lugares citados en la Biblia existieron.

Lugares bíblicos

Incluso si no se es religioso, visitar lugares de importancia bíblica puede resultar una experiencia emotiva, aunque solo sea porque esta es una tierra 'santa' para millones de personas de todo el mundo. De Abraham a Moisés, pasando por Juan y Jesucristo, los padres fundadores de las tres fes monoteístas occidentales están íntimamente ligados al paisaje jordano, por lo que Jordania lleva siglos siendo un destino de peregrinación. La lista que sigue es un resumen de los lugares bíblicos más famosos del país.

'Ain Musa o Ayoun ('Ain) Musa

Referencia bíblica: "*Y Moisés alzó el brazo y golpeó la roca dos veces con su vara. El agua brotó en abundancia y bebió la comunidad y su ganado.*" (Números 20,11)
Documentación histórica: no se conoce con certeza la ubicación exacta del lugar en el que Moisés golpeó la peña; puede ser 'Ain Musa, al norte de Wadi Musa y cerca de Petra, o Ayoun ('Ain) Musa, cerca del monte Nebo (véase p. 143).

Mar Muerto

Referencia bíblica: "*...mientras que las aguas que bajaban hacia el mar de Arabá se separaron por completo...*" (Josué 3,16)
Documentación histórica: también conocido como mar de Arabah o mar de la Sal, aparece varias veces en la Biblia (véase p. 116).

Jebel Haroun

Referencia bíblica: "*Le quitará a Aarón sus vestiduras y se las pondrá a su hijo Eleazar y Aarón se reunirá con los suyos y allí morirá. Moisés hizo como le había ordenado Yahveh. Subieron al monte Hor a la vista de toda la comunidad.*" (Números 10,26-27)
Documentación histórica: se cree que el monte Hor es el Jebel Haroun de Petra, que los musulmanes también consideran lugar sagrado (véase p. 180).

Jebel Umm al-Biyara

Referencia bíblica: "*Él [el rey de Judea, Amasías] fue el que venció a diez mil edomitas en el valle de la Sal y tomó Sela con las armas...*" (2 Reyes 14,7)
Documentación histórica: la aldea de la cima del monte Umm al-Biyara, en Petra, es supuestamente el antiguo asentamiento de Sela (véase p. 180).

Cueva de Lot

Referencia bíblica: "*Lot subió desde Zoar y se quedó a vivir en el monte con sus dos hijas, temeroso de vivir en Zoar. Él y sus dos hijas se instalaron en una cueva.*" (Génesis 19,30)
Documentación histórica: se cree que la cueva en la que Lot y sus hijas vivieron durante años después de que su esposa se convirtiera en estatua de sal, está junto a la carretera del mar Muerto, no lejos de Safi (véase p. 128).

1812

El explorador suizo Jean Louis Burckhardt, con 27 años, 'redescubre' Petra para Occidente y despierta una fascinación por la historia antigua de la región que durará al menos dos siglos.

1868

La preciada estela de Mesha, uno de los primeros ejemplos de escritura hebrea, es descubierta por un misionero en Dhiban y pronto hecha añicos en un rifirrafe entre lugareños.

Década de 1900

Jordania y el Levante son sondeados por topógrafos británicos, americanos, franceses y alemanes, entre ellos un joven estudiante de arqueología de Oxford llamado T. E. Lawrence (de Arabia).

Década de 1920

Tras el protectorado británico de Jordania, se inician por todo el país modestas excavaciones orientadas a consolidar los principales monumentos que quedan en pie.

Década de 1930

Se descubren valiosos mosaicos, considerados hoy entre los más extraordinarios del Levante, en Madaba.

Década de 1940

Un pastor beduino halla los Manuscritos del Mar Muerto en Qumran, en una época en la que parte de la orilla oeste del mar Muerto pertenecía a Jordania.

Décadas de 1950-1960

Las guerras árabo-israelíes y las secuelas de la II Guerra Mundial abren un paréntesis en el estudio arqueológico de Jordania.

Lugares bíblicos de Jordania

Maqueronte

Referencia bíblica: "*El rey estaba triste pero, a causa del juramento y de sus comensales, ordenó que se cumpliese su petición, y Juan fue decapitado en la cárcel.*" (Mateo 14,9-12)

Documentación histórica: Juan Bautista afirmaba que el matrimonio de Herodes Antipas con la esposa de su hermano, Herodías, era contrario a la ley. Por ello, a petición de Salomé, hija de Herodías, fue decapitado (véase p. 144).

Monte Nebo

Referencia bíblica: "*Sube [...] al monte Nebo, que está en la tierra de Moab frente a Jericó, y contempla la tierra de Canaán, que doy a los israelitas en propiedad. Morirás en el monte al que subes.*" (Deuteronomio 32,49-50)
Documentación histórica: Se venera como lugar santo porque fue allí donde supuestamente murió Moisés, aunque su tumba nunca se encontró (véase p. 142).

Tell al-Kharrar

Referencia bíblica: "*Entonces Jesús vino de Galilea al Jordán, donde Juan, para ser bautizado por él.*" (Mateo 3,13)
Documentación histórica: Se cree que es la Betania más allá del Jordán, donde Jesús fue bautizado por Juan (véase p. 111).

Umm Qais

Referencia bíblica: "*Cuando llegó Jesús a la otra orilla del lago, a la tierra de Gadara, salieron dos endemoniados de entre las tumbas y se le acercaron.*" (Mateo 8,28-34)
Documentación histórica: Es la Gadara de la Biblia y otras antiguas escrituras (véase p. 103).

Década de 1970

Excavaciones cerca de Ammán sacan a la luz las estatuas más antiguas del mundo: las figuras a tamaño natural de 8500 años de Ain Ghazal.

Década de 1980

Varios proyectos desentierran los restos del templo de Hércules de la Ciudadela de Ammán, una biblioteca de manuscritos griegos en Petra y un complejo de templos en el valle del Jordán.

Década de 1990

Las primitivas minas al oeste de Karak y el lugar donde fue bautizado Jesucristo en Betania más allá del Jordán son solo dos de los muchos hallazgos del final de siglo.

2008

La iglesia más antigua del mundo, que dio cobijo a 70 discípulos de Jesús, se descubre bajo la iglesia de San Jorge en Rihab, cerca de Ammán.

Gente y sociedad

Raíces beduinas de Jordania

Tradición de hospitalidad

"Ahlan wa sahlan" es uno de los saludos más habituales en árabe y define a la perfección la manera en que los jordanos se relacionan con el prójimo, especialmente con sus invitados. *Ahl* significa "gente" o "familia" y *sahl* "facilidad", así que la expresión podría traducirse por algo así como "siéntete parte de la familia y a gusto". Es un pensamiento muy gentil que en castellano podría reducirse a un simple "bienvenido".

Las tradiciones beduinas de hospitalidad y amabilidad, cuyo origen está en las duras condiciones de vida en el desierto, están profundamente arraigadas en la mentalidad jordana y han sido prácticamente codificadas en toda conducta social. Las nociones centenarias de hospitalidad combinadas con un fantástico sentido del humor hacen del jordano un pueblo con el que es fácil conectar.

El *keffiyah* (pañuelo a cuadros) es un importante símbolo nacional. El de los beduinos es rojo y blanco y el de los palestinos negro y blanco, y se sujeta con una especie de cuerda negra llamada *agal*. No hay restricciones oficiales para la indumentaria de las mujeres; pocas llevan velo y casi ninguna chador completo.

Amor al desierto

Más del 98% de los jordanos son árabes descendientes de diversas tribus que a lo largo de los siglos emigraron a la zona desde todos los puntos de Oriente Próximo, y casi todas ellas tienen orígenes beduinos, los habitantes del desierto de Arabia considerados por muchos como los representantes y guardianes de la auténtica esencia árabe. Los beduinos conforman la mayor parte de la población nativa y, aunque hoy apenas 40 000 pueden considerarse verdaderamente nómadas, se concentran en torno al Badia, las inmensas llanuras desérticas del este de Jordania.

Pese a que algunos se han hecho sedentarios (como los bdoul, que antaño vagaban por las colinas de Petra y ahora viven en el asentamiento moderno de Umm Sayhoun), muchos jordanos conservan un fuerte apego sentimental al desierto.

Los guardianes modernos del desierto

Da igual que sean zawaedha, zalabia or bdoul, que procedan del Wadi Rum, el Wadi Musa o del gran Badia que se extiende más allá, los beduinos están orgullosos de "su" Jordania y dan la bienvenida a todos los que los visitan en sus viejos territorios tribales. Por ello, no sorprende que muchos se ganen la vida con el turismo y que sientan que enseñar las maravillas de su tierra a las nuevas generaciones de viajeros es su misión moderna. En cierto sentido, los beduinos llevan siglos haciendo lo mismo, aunque con propósitos algo diferentes, como ofrecer pan y sal a los que lo necesitan con la condición de que, a cambio, recibirán la misma cortesía. Actualmente esto suele sustituirse por dinero, pero el principio de facilitar el paso de desconocidos por sus tierras permanece inalterado.

Pero no todo en la vida moderna de los beduinos ha sido siempre así. Es fácil idealizar su estilo de vida tradicional (pastorear cabras y ovejas y buscar agua) y describirlo como sencillo y libre, pero la realidad del desierto es muy dura e implica camas de pelo de cabra y escorpiones, calor sofocante y noches heladas, y no tener para comer y estar siempre sediento. Si a esto se le añaden las complejidades del mundo actual (escolarización obligatoria, urbanismo abusivo y exigencia e inconstancia del sector turístico), es fácil entender que no hay nada sencillo o libre en la vida moderna de un beduino.

Por ello no sorprende que, mientras muchos lamentan el fin de la edad dorada de la vida nómada, la mayor parte de la población nativa de Jordania ansíe asentarse y las ventajas que ello conlleva. Así, es normal toparse con un beduino hablando por el móvil en la estación de autobuses o en una vivienda de protección oficial de las afueras de Petra. Tienen nostalgia de las historias de sus abuelos, pero no de sus privaciones. La televisión, internet y los todoterrenos han cambiado sus vidas para siempre, pero si ellos no lo lamentan, por qué iba a hacerlo el visitante.

HUMOR

Los beduinos son famosos por su sentido del humor, que consideran, junto a la valentía, la diligencia y la fe, uno de los secretos de la vida, además de la tolerancia y la humildad.

La herencia beduina

Buenos modales

Son muchas las maneras en las que las raíces beduinas han influido en la psique nacional jordana. Probablemente la más fácil de identificar para el visitante sea el valor que dan a los buenos modales. El protocolo se ha ido refinando a lo largo de siglos de interacción tribal y es una importante expresión de identidad nacional. Las normas de urbanidad cubren todos los aspectos de la vida, desde un simple e introductorio

URBANIDAD Y BUENAS MANERAS

Encajada entre la puerta y la mesa, sin espacio para salir de forma discreta, mi compañera jordana puso cara de horror al ver que un hombre extranjero le estrechaba una mano grande y velluda mientras la saludaba. "¿Te lo puedes creer?", dijo Maryam, "¡y durante el Ramadán!". Le pregunté por qué no se había negado a darle la mano: "No quería avergonzarlo", dijo. Esta es una escena común que pone de manifiesto que conviene aprender unas cuentas normas de cortesía y que los jordanos son tolerantes y amables.

He aquí algunas normas de comportamiento que ayudan a cortar el hielo sin romper amistades. En cualquier caso, no hay nada que no se pueda remediar con una sonrisa, una caja de *baklava* y un cumplido sobre lo adorables que son los niños.

» **Estrechar la mano** Es una parte importante del ritual del saludo pero, en general, solo entre personas del mismo sexo. En caso de accidente, por ejemplo, en los primeros momentos suele haber muchos apretones de mano, saludos y preguntas sobre quién es el hombre de la familia, antes de que empiece la gresca sobre quién tiene la culpa.

» **Muestras públicas de afecto** Ver a dos hombres besándose no da derecho a hacer lo mismo. Todas las muestras de cariño en público, excepto entre miembros del mismo sexo (y de tipo estrictamente platónico), son desaprobadas. Quizá sorprenda, sobre todo viendo la actitud relajada de los urbanitas que caminan de la mano con su pareja.

» **Manos y brazos** Las equivocaciones más usuales relacionadas con estas extremidades son utilizar la mano izquierda para dar algo, olvidar tocarse el corazón cuando se rechaza algo u olvidar rechazar lo que se pretendía acabar aceptando.

» **Pies** Estos apéndices son la peor de las pesadillas, tanto de invitados como de anfitriones. Antes de visitar una mezquita o una casa hay que lavarse los pies, quitarse los calcetines y esconder ambas extremidades debajo de uno al sentarse en el suelo.

"hola" hasta cuántas tazas de café deben ofrecerse y aceptarse o quién ofrece qué y a quién en una cena.

Aprender las sutilezas de las costumbres y modales ajenos es un reto, pero esforzarse por amoldarse siempre es un gesto apreciado, sobre todo si se visita un hogar jordano.

Respeto a la familia real

Otro rasgo característico de claro origen beduino es el arraigado respeto tribal a los ancianos y los jeques, que se extiende a los máximos dignatarios del país. La familia real hachemita, que afirma descender directamente del profeta Mahoma, es una institución querida en todo el país y muy respetada en la región. Todas las monarquías reciben críticas de vez en cuando, particularmente por lo reservado de sus funciones, pero la moderna familia real jordana ha ayudado a redefinir su imagen a través de un gobierno diplomático y benigno, especialmente en lo que respecta a la paz en Oriente Próximo, y de numerosas obras caritativas. Ello quedó patente durante la llamada "Primavera Árabe" del 2011 (véase p. 253), donde, pese a las protestas contra el Gobierno, no hubo una petición popular de república. Los jordanos admiran a su realeza por su liderazgo y por ser un ejemplo de cómo llevar una vida moderna en un contexto de tradición islámica y árabe.

En una región en la que los hombres son la cara pública de las iniciativas reales, Jordania ha sido una excepción por la notoriedad de sus consortes. Si se visitan pequeñas cooperativas de mujeres, como la Bani Hamida de Mukawir, seguro que se escucha alguna mención a la reina Noor o a Rania, que han apoyado y financiado muchos de estos proyectos.

Cruce de culturas

» **'Into the Wadi'** (Michele Drouart) Una australiana casada con un jordano.

» **'Married to a Bedouin'** (Casada con un beduino; Marguerite van Geldermalsen) Ya lo dice el título.

La reina Noor no es la madre del actual rey. Esa distinción pertenece a la segunda esposa del rey Hussein, la princesa Muna, de origen inglés. Estuvieron casados durante 10 años (1961-1971) y se conocieron durante el rodaje de *Lawrence de Arabia*.

Jordania cuenta con un reputado sistema educativo; el índice de alfabetización es del 95% para los hombres y del 85% para las mujeres. Aproximadamente el 97% de los niños acude a la escuela primaria y la escolarización es obligatoria entre los 5 y los 14 años.

Vida cotidiana

Importancia de la familia

Los lazos familiares son algo fundamental, tanto para los jordanos modernos como para los tradicionales, y es en el respeto a los padres donde se engendra el sentido de obediencia a los mayores. La vida social suele consistir en algún tipo de reunión con la familia, dentro de la que se establecen límites entre géneros. Esto se refleja en la división física de la casa, con zonas de estar para hombres y mujeres separadas.

Las comidas suelen hacerse en el suelo, con todos los miembros de la familia reunidos en torno a varias bandejas compartidas. Las familias más tradicionales a menudo son muy jerárquicas a la hora de comer. Los abuelos y el hombre cabeza de familia comen en un círculo, la esposa de este, los hijos mayores y las demás mujeres de la familia en otro, y los niños pequeños en otro más.

Por la noche, los urbanitas miran la TV o salen a mirar escaparates, pasear, disfrutar tranquilamente de una cena o ir al cine. Los hombres pueden pasar el rato en una cafetería jugando a las cartas, fumando narguile o viendo un partido de fútbol europeo televisado, mientras los niños juegan al mismo deporte en la calle o hacen los deberes.

Matrimonio

Los matrimonios reflejan el sentido de lealtad familiar y acostumbran a ser concertados en beneficio de las familias involucradas, a menudo con parejas formadas por primos. Pero es de recibo decir que los padres no suelen obligar a su hija a casarse contra su voluntad. En el 2001, la edad mínima legal para contraer matrimonio se elevó de 15 años para las mujeres y 16 para los hombres a los 18 años para ambos sexos, aunque los jueces islámicos siguen autorizando matrimonios entre menores.

Las bodas suelen celebrarse en la mezquita o en la casa de uno de los novios. Tras el enlace, los hombres de la familia conducen por las calles en un largo convoy tocando los cláxones, con la música a todo volumen. La fiesta se prolonga hasta el amanecer.

La poligamia (para los hombres) es poco habitual, pero legal. Los hombres que se casan más de una vez (el islamismo permite tener cuatro esposas si reciben un trato igualitario) están obligados a informar de tal circunstancia a su ya esposa y a la nueva. Una reforma de la ley del 2002 permite a las mujeres presentar una demanda de divorcio si devuelven la dote aportada por su marido, aunque divorciarse sigue siendo un fuerte estigma social.

Jordania tiene dos minorías étnicas reconocidas, aunque en gran parte integradas a través del matrimonio. En los alrededores de Ammán viven unos 40 000 circasianos (musulmanes del Cáucaso que huyeron de la persecución rusa de finales del s. XIX). Una comunidad de unos 4000 chechenos, emparentados histórica y étnicamente con los circasianos, viven cerca de Azraq.

El concepto de honor

La 'honra' de una mujer sigue valorándose en las sociedades tradicionales y el sexo prematrimonial y el adulterio a menudo provocan reacciones violentas entre sus parientes que, en pocos casos, pueden acabar con víctimas. Cada año, una media (según estadísticas del Gobierno) de 15 mujeres son asesinadas por avergonzar a sus familias por tener relaciones extraconyugales, rechazar un matrimonio concertado, abandonar a sus maridos o, simplemente, por ser víctima de una violación o agresión sexual. Las mujeres de la familia a menudo son cómplices del delito.

El código penal jordano exime a un marido o pariente masculino próximo que haya asesinado a una mujer sorprendida en un acto de adulterio y es bastante indulgente con los asesinatos cometidos en un

UNA DESHONROSA PATRAÑA

En el 2004 llegó a las librerías *Honor perdido,* de Norma Khouri. En pocas semanas, la autora (para deleite de su editorial, Random House) se encontró con que había escrito un superventas. Y más aún: de la noche a la mañana se convirtió en la voz que cierto Occidente quería oír, la de una mujer árabe que hablaba contra la supuesta "tiranía del islamismo". Enseguida empezó a asistir a programas televisivos de debate, se vio cortejada por la prensa y su relato, que asumió cariz de cruzada moral, fue asumido con indignación por personas respetables de todo el mundo.

Su conmovedora historia describe la muerte en Jordania de su amiga de la infancia, la legendaria Dalia, acuchillada por su padre de fe musulmana a causa de un inocente flirteo con un soldado cristiano. Este acontecimiento, junto a la descripción que del mismo hizo, llevó a la autora a huir a EE UU desde su ignaro país natal, pues se había emitido una fetua contra ella. Las comparaciones con Salman Rushdie empezaron a surgir, con la diferencia de que Rushdie nunca dijo que su obra de ficción fuese real.

Un documental del 2008, *Forbidden Lies,* tilda a Khouri de artista del timo y a su libro, de ser un atajo de mentiras. Se cuestiona incluso la verdadera existencia de Dalia y, por ello, el asunto de los crímenes de honor, tema central del libro, está cubierto por una nube de incertidumbre.

Y esto, por supuesto, es la auténtica tragedia que subyace tras de una de las mayores patrañas literarias del s. XXI, pues los crímenes de honor, en los que una mujer es asesinada por su familia para proteger su honra, existen en Jordania, aunque cada vez en menor número. Sin embargo, las historias sensacionalistas que sacan provecho de esta práctica minan la tarea de varios grupos de acción que intentan trabajar discretamente para cambiar actitudes sin comprometer el sentido de orgullo nacional.

Después de unos años ha pasado la tormenta y se ha reanudado la meticulosa documentación de cada crimen, aunque se necesitará algo más que la humillación global de la mayor estafadora de la década para que los jordanos vuelvan a hablar del tema abiertamente.

El documental *Crimes of Honour* de Shelley Saywell, filmado en Jordania y Cisjordania, ofrece más información al respecto.

LAS MUJERES REALES DE JORDANIA

Dos influyentes mujeres han contribuido a dar forma a la Jordania moderna. Ambas han usado su matrimonio con la realeza para impulsar cambios sociales positivos y crear fundaciones benéficas muy respetadas.

Reina Noor

Conexión con la realeza Cuarta esposa del anterior rey, Hussein (ahora difunto); se casaron en 1978.
Nombre anterior Lisa Halaby; adoptó el nombre de Noor tras convertirse al islamismo.
Ocupación anterior Arquitecta y urbanista.
De Washington DC; estudió en Princeton.
Origen Nació en el seno de una distinguida familia árabe-americana (su padre fue miembro de la administración de John F. Kennedy y fue presidente de Pan-Am)
Servicio a la comunidad Fundó su propia organización benéfica, la influyente Noor Foundation.
Relaciones públicas Importante papel en la explicación de la postura de Jordania contra la Guerra del Golfo de 1990 a la audiencia americana y activa defensora de los derechos de las mujeres, el bienestar de los niños y el progreso social.
Más información Web de la reina Noor: www.nooralhusseinfoundation.org.

Reina Rania

Conexión con la realeza Esposa del actual rey, Abdalá; se casaron en 1993.
Nombre anterior Rania Al-Yassin
Ocupación anterior Administración de empresas
De Kuwait; estudió en la Universidad Americana de El Cairo.
Origen Procede de una destacada familia jordana de origen palestino.
Servicio a la comunidad Creó su propia organización benéfica, la influyente Jordan River Foundation.
Relaciones públicas No teme tener un perfil público; se la puede ver haciendo campaña por los derechos de las mujeres o corriendo el Maratón del Mar Muerto.
Más información Web de la reina Rania: www.queenrania.jo.

"ataque de ira". La mayoría de los autores reciben condenas breves, lo que deja ver que el Estado, en parte, condona estas acciones.

La famosa periodista Rana Husseini es una de las personalidades jordanas comprometidas no solo con sacar a la luz los llamados 'asesinatos de honor', sino también con difundir la intolerancia hacia dichas prácticas. El rey Abdalá ha intentado imponer sanciones más duras contra estos crímenes, pero no se ha avanzado mucho. Cambiar radicalmente estos valores tan profundamente enraizados en la cultura para erradicar estas prácticas no es algo que pueda lograrse de la noche a la mañana con una modificación de la ley, sino que requiere un cambio de actitud.

Libros sobre mujeres en Jordania

- **'Un mundo bajo el velo'** (Geraldine Brooks, 1995) De una exco-rresponsal en el extranjero.
- **'West of the Jordan'** (Laila Halaby, 2003) Exploración novelada sobre modernidad versus tradición.

Enfrentarse a la modernidad

Un nuevo papel para las mujeres

El concepto tradicional de honor *(ird)* está muy interiorizado, pero entra en conflicto con las libertades que muchas jordanas acaudaladas esperan, sobre todo gracias al acceso universal a uno de los mejores sistemas educativos de la región. Las mujeres tienen derecho a voto (lo obtuvieron en 1967, pero no pudieron ejercerlo hasta 1989) y un decreto real obliga a que haya un mínimo de seis mujeres en el Parlamento.

En 1991, las mujeres suponían el 14% de la población activa; en el 2010, según datos de la ONU, el porcentaje alcanzaba el 25,5%, sobre todo en los sectores de salud y educación. Muchas mujeres trabajan ahora en profesiones en las que predominan los hombres, como la industria y los negocios, aunque su presencia es menor y, en el caso de los jueces, solo del 1%.

Las mujeres de las sociedades más tradicionales están empezando a lograr cierta independencia económica y más voz y voto, en parte gracias al éxito de varias organizaciones jordanas que potencian la producción artesanal a pequeña escala (véase p. 290) y los proyectos de turismo local.

Urbanización

En la sociedad jordana se está dando una creciente polarización entre el campo y la ciudad. En Ammán, los jóvenes modernos y occidentalizados de la clase media y alta saborean los frutos de una buena educación, compran en centros comerciales, toman café en Starbucks mixtos, están obsesionados con la moda y sueñan con la democracia. Mientras, en las zonas rurales, el desempleo es alto y mucha gente llega con dificultades a fin de mes.

Por ello, la emigración por razones económicas es común en el país y muchas familias de clase obrera tienen al menos un hombre trabajando temporalmente lejos del hogar, ya sea en Ammán, los estados del Golfo o más lejos. Las remesas que envían a casa tienen cada vez más peso en la economía familiar y, de media, cada persona laboralmente activa sustenta a otras cuatro. La ausencia de una figura masculina de mayor edad está cambiando el modelo de familia jordana, y es inevitable que surjan tensiones entre las expectativas de quienes añoran las tradiciones del hogar y las de los familiares que se dejan atrás, que tienen libertad para elegir su camino en un entorno que se está modernizando a pasos agigantados.

La cuestión de los refugiados

El mayor catalizador de cambio social en Jordania es la afluencia de refugiados. Enclavada en el calmo ojo del huracán de Oriente Próximo, el país tiene una larga tradición de acogida de pueblos desplazados provenientes de sus conflictivos vecinos. Tal es así, que la mayoría de la población está formada por ciudadanos que no son de origen jordano.

Las 'primeras' jordanas

» **1995** Alcaldesa (en Ajlun)

» **1996** Jueza

» **1997** Taxista

» **2010** Fiscal general

» **2011** Embajadora en Washington

Según cálculos oficiales, en Jordania hay 1,5 millones de refugiados palestinos, pero según la Oficina de Coordinación de Asuntos Humanitarios de la ONU, esta cifra se aproxima a los 3,5 millones. Además, hay medio millón de refugiados iraquíes (estimación de ACNUR) y se cree que 2000 'invitados' sirios.

REFUGIADOS PALESTINOS

Aproximadamente la mitad de la población jordana, según **Minorities at Risk** (www.cidcn.umd.edu/mar), está compuesta por palestinos que huyeron en su mayoría de Cisjordania, durante las guerras de 1948 y 1967 y tras la Guerra del Golfo de 1990-1991.

Muchos han ejercido su derecho a la ciudadanía jordana y ahora juegan un papel relevante en la vida política, cultural y económica del país. Otros, sin embargo, siguen soñando con regresar a una Palestina independiente. Numerosos tertulianos creen que esto explica por qué tantos palestinos se han resistido a la integración y siguen viviendo en condiciones difíciles en los campos de refugiados que salpican el país.

Alrededor de 350 900 refugiados (17,5% de la población total de refugiados) habitan en 10 campos administrados por la Agencia de Naciones Unidas para los Refugiados de Palestina en Oriente Próximo (UNRWA), responsable de todos los programas de salud, educación y ayuda. En diciembre del 2010, los mayores campos eran los de Baqa'a (con 104 000 hab.), Amman New Camp (51 500), Marqa (53 000) y Jebel al-Hussein (23 000), además de los de Zarqa, Jerash e Irbid. Hace mucho que las tiendas de campaña se sustituyeron por estructuras más sólidas, y a menudo parecen más barrios suburbiales que campamentos de refugiados.

El **Department of Palestinian Affairs** (☎06-5666172; www.unrwa.org), en Jordania, puede ofrecer más información. Sobre la situación de los refugiados iraquíes, véase www.unhcr.org.

Llegadas masivas de refugiados

- » 1948 Palestinos (creación de Israel)
- » 1967 Palestinos (Guerra de los Seis Días)
- » 1991 Palestinos (Guerra del Golfo)
- » 2003 Iraquíes (Guerra de Iraq)
- » 2011 'Invitados' sirios (Primavera Árabe)

A la cabeza de este contingente foráneo están los palestinos, y es el país que los ha acogido en mayor número.

En contraste con la periódica asimilación de palestinos, cuya llegada suele suscitar gran simpatía, la llegada de iraquíes durante las últimas décadas ha provocado el rechazo de la población local. Esto se debe en parte al poder económico de los iraquíes, que se estima que se han llevado consigo 500 millones de US$, lo que ha hecho subir el precio de los inmuebles en Ammán y los alrededores y estimulado la inflación.

Jordania ha pedido ayuda internacional repetidamente. En el 2008, Iraq dio 8 millones de US$ a la agencia de refugiados de la ONU para ayudar a su vecino, más pequeño y pobre, a proporcionar educación y sanidad a sus paisanos, pero esto no contribuye en absoluto a solucionar el problema, pues se estima que la carga sobre la economía jordana supera los 2000 millones de US$.

A diferencia de los palestinos, casi todos (95%) los refugiados iraquíes afirman tener intención de regresar a su país cuando la situación mejore.

Islam

Fe y sociedad en Jordania

El islam es la religión predominante en Jordania, aunque no la única; cerca de un 6% de la población es cristiana. Esta herencia mixta, junto con su inmemorial tradición hospitalaria, ha propiciado la tolerancia jordana hacia otras creencias y costumbres.

Sería justo decir que no profesan la manifiesta devoción que se presencia en países vecinos como Arabia Saudí, ni se es testigo de la exuberante efusión de cultura islámica propia de las mezquitas y las bellas artes de Siria. Sin embargo, eso no significa que el islam no tenga una importancia capital en la vida jordana. El islam dicta lo que viste la gente, cómo planifican sus vidas y cómo solucionan sus disputas y gastan el dinero. Proporciona un propósito para existir y conforma el futuro. En otras palabras, la fe y la cultura se compaginan armónicamente en Jordania y aportan al pueblo la ética compartida en la que se basa su sociedad.

Comprender las raíces predominantemente musulmanas del país ayudará al visitante a entender ciertas costumbres y comportamientos. A su vez, orienta sobre la conducta a seguir y minimiza las posibilidades de ofender a alguien.

La expresión *al-hamdu lillah* (a Dios gracias) normalmente entrelaza frases relacionadas con algo bueno, y las palabras *in sha' Allah* (si Dios quiere) se añaden a las frases que implican algo futuro. No son decoración lingüística, sino que demuestran una profunda conexión entre la sociedad y la fe.

El pueblo del libro

Fundado siete siglos después del nacimiento de Jesucristo, el islam comparte herencia con las otras dos grandes fes monoteístas: el judaísmo y el cristianismo. Para los musulmanes el islam es el apogeo de las fes monoteístas, pero tradicionalmente respeta a los cristianos y los judíos, a los que considera *Ahl al-kitab* (pueblo del libro).

Fundación del islam

Nacido en una familia de comerciantes en la ciudad árabe de La Meca (en la actual Arabia Saudí) en el 570 d.C., Mahoma comenzó a recibir revelaciones en el 610 d.C. y, después de un tiempo, empezó a impartir

EL SAGRADO CORÁN

Los musulmanes creen que el Corán, el libro sagrado del islam, es la palabra literal de Dios, a diferencia de la Biblia o la Tora, que creen que fueron inspiradas por Dios, pero escritas según interpretación humana. Comunicado al profeta Mahoma en una serie de revelaciones a comienzos del s. VII, Corán significa "recitación" y no solo es la principal fuente de doctrina en el islam, sino un éxtasis espiritual por sí mismo. A menudo se recita con euforia emocional, como una bendición para el que lo recita y el que lo escucha. El uso del lenguaje "sagrado" del árabe, con su extraordinario ritmo, proporciona a la recitación una calidad sacramental que escapa a toda traducción, por lo cual muchos musulmanes de todo el mundo siguen aprendiendo grandes trozos del Corán en su forma original para sentirse más cercanos a las palabras de Dios.

el contenido del mensaje de Alá a sus conciudadanos. La llamada de Mahoma a someterse a la voluntad de Dios no fue bien recibida por todos, y tuvo más impacto entre los pobres que entre las familias pudientes, que temían su interferencia en el statu quo.

En el 622 Mahoma se vio obligado a huir con sus seguidores a Medina, una ciudad oasis en el norte, donde continuó predicando. Esta marcha, llamada la Hégira, marca el comienzo del calendario islámico, es decir, el año 1 de la Hégira. En el 630 sus seguidores regresaron para conquistar La Meca y vencieron a muchas de las tribus locales, que juraron lealtad a la nueva fe.

Tras la muerte de Mahoma en el 632, las tribus árabes conquistaron Oriente Próximo, Egipto y el norte de África, España y, más tarde, Francia. La lengua árabe y la fe islámica perduraron mucho después de que las conquistas militares se desvanecieran en la historia, unificando grandes partes de Europa, África y Asia en una ideología cultural y religiosa compartida. Para saber cómo se propagó el islam por Jordania, véase p. 263.

LA MECA

La Meca es la ciudad sagrada del islam y hogar de la sagrada Kaaba, un edificio en forma de cubo supuestamente construido por Ibrahim (Abraham) y su hijo Ismael, que alberga una piedra negra de gran importancia espiritual. Los musulmanes deben mirar a La Meca cuando rezan. Medina es la segunda ciudad sagrada del islam.

Suníes y chiíes

El islamismo se dividió en diferentes sectas poco después de su fundación. Cuando murió el profeta en el 632, no dejó instrucciones sobre quién debía ser su sucesor, ni sobre la manera en que debían elegirse los futuros líderes religiosos (conocidos como califas).

En la consiguiente lucha por el poder, los *shi'a* (partisanos) apoyaban la reivindicación del primo y yerno de Mahoma, mientras otros apoyaban a los umayyas. Desde ese momento, la comunidad musulmana se dividió en dos facciones: los chiíes, leales al descendiente de Mahoma, y los suníes, la facción más ortodoxa.

En Jordania, la mayoría de los musulmanes son suníes que pertenecen a la escuela de pensamiento Hanafi. Una minoría de unos 15 000

LOS CINCO PILARES DEL ISLAM

Un buen musulmán ha de respetar los cinco pilares del islam.

» **'Haj'** El cenit de la vida de un devoto musulmán es la peregrinación a los lugares sagrados y La Meca. Se celebra el último mes del calendario islámico, en el que musulmanes de todo el mundo hacen su peregrinación a Arabia Saudí y participan en la fiesta del *Eid al-Adha*. A los peregrinos de regreso se les llama *Haji*.

» **'Salat'** Es la obligación de rezar cinco veces al día atendiendo a la llamada de los muecines (antes del amanecer, al mediodía, a media tarde, al atardecer y antes de la medianoche). Las oraciones comunales solo son obligatorias los viernes, aunque el profundo sentimiento de comunidad que profesan les lleva en otras ocasiones a reunirse en un *masjid* ("lugar de postración" o mezquita).

» **'Shahada'** Es la profesión de la fe y el principio básico del islam: "No hay más Dios que Alá y Mahoma es su profeta" *(La il-laha illa Allah Mohammed rasul Allah)*. Forma parte de la llamada a la oración y se expresa en otros acontecimientos, como nacimientos y defunciones.

» **'Sawm'** El Ramadán, el noveno mes del calendario islámico, conmemora la revelación del Corán a Mahoma. Como renovación de la fe, los musulmanes deben abstenerse de tener relaciones sexuales y no dejar que nada (incluidos los cigarrillos) atraviesen sus labios del amanecer al anochecer durante ese mes.

» **'Zakat'** Dar limosna a los pobres es una parte esencial de las enseñanzas islámicas, y en algunas zonas del mundo musulmán se ha desarrollado con diversos tipos de impuestos, como una forma de redistribuir el dinero entre los necesitados. La obligación moral hacia los vecinos menos afortunados está muy instaurada tanto a nivel personal como comunitario. Muchos grupos islámicos gestionan grandes instituciones benéficas, incluido el Hospital Islámico de Ammán.

drusos son seguidores de una rama chií en el noreste de Jordania (incluida la población de Azraq).

Enseñanzas

A pesar de las modernas connotaciones con el fundamentalismo y los violentos principios de la fe, el islam es un credo intrínsecamente pacífico. La palabra islam significa sumisión o entrega. También significa paz. En conjunto, el islam es la consecución de la paz, con uno mismo, la sociedad y el entorno, a través de una sumisión consciente a la voluntad de Dios. Someterse a la voluntad de Dios no se reduce a alabarlo de boquilla en las ceremonias, sino a tenerlo presente en todos los pensamientos y hechos del día.

La principal enseñanza del islam es que solo existe un Dios verdadero, creador del universo. Los musulmanes creen que el Dios del islam es el mismo que el de los cristianos y los judíos, pero que no tuvo hijo ni pareja, ni necesita intermediarios (sacerdotes). Creen que los profetas – comenzando con Adán, Abraham y Jesús, y terminando con Mahoma– fueron enviados para revelar la palabra de Dios, pero no eran divinos.

Evidentemente este credo ha tenido siempre un gran atractivo para los pueblos nómadas de la tierra que en la actualidad llamamos Jordania, ya que les proporcionaba el acceso a una rica vida espiritual sin tener que someterse a rituales incomprensibles realizados por intermediarios jerarquizados. Los creyentes solo deben observar los cinco pilares del islam para cumplir con su obligación religiosa. Algo cierto hoy en día y que quizá sea una de las razones por las que es una de las religiones que más rápidamente aumenta en el mundo.

Costumbres islámicas

Los musulmanes han de rezar cinco veces diarias y observar ciertos rituales, como lavarse las manos, boca, orejas, brazos, pies, cabeza y cuello con agua corriente. Si no hay mezquita o agua en las inmediaciones, basta frotarse con arena; si tampoco hay arena, sigue siendo necesario representar los movimientos del aseo.

Si se puede, los musulmanes deben mirar hacia La Meca (el *mihrab* de todas las mezquitas jordanas está orientado al sur-sureste) y realizar unos movimientos y genuflexiones preestablecidos. No es necesario estar a una mezquita para orar, por lo que a menudo se puede ver creyentes rezando en los márgenes de la carretera u otros sitios.

En Jordania, con tradición de dar la bienvenida a los turistas a lugares de categoría mundial de origen pagano, hay quien se sorprenderá si uno se interesa por el islam, pero también estará encantado. Toda discusión tolerante sobre la fe se entiende como una rama de olivo, en una zona en la que la religión ha causado demasiados conflictos, como atestiguan los castillos cruzados de Karak y Shobak y la absolutamente militarizada frontera con Israel.

El islam, el judaísmo y el cristianismo comparten muchos profetas: Abraham (Ibrahim), Jesús (Isa), Juan Bautista (Yahya), Job (Ayyub), Josué (Yosha), Lot (Lut), Moisés (Musa) y Noé (Nuh). No consideran divino a Mahoma, sino el último de los profetas.

Lecturas recomendadas

'El islam' (Karen Armstrong), trata los modernos dilemas a los que se enfrenta el islam.

'Infidels' (Andrew Wheatcroft), trata las turbulentas relaciones del islam y el cristianismo.

'Concise Encyclopedia of Islam' (Cyril Glassé) Una enciclopedia definitiva.

Artesanía tradicional

Al pasear por Madaba, en cuyas calles ondean al viento coloridos kílims, visitando los pueblos fabricantes de jabón de Ajlun u observando a las ancianas beduinas enhebrando abalorios en Petra, es cuando realmente se a precia la importancia de la tradición artesana en el país. El apoyo de las autoridades a esa parte del patrimonio jordano ha propiciado la proliferación de cooperativas que benefician las comunidades locales y aseguran que el rico legado artesano de Jordania perdure durante futuras generaciones.

El Museo del Folclore y el Museo de Tradiciones Populares del Teatro romano de Ammán exhiben exquisitas muestras de joyería beduina, artesanía y trajes tradicionales.

La ubicación del país en la encrucijada de numerosas rutas de caravanas durante siglos convirtió a la artesanía, la más práctica y portátil de todas las artes, en una moneda de mutuo y práctico beneficio.

El visitante que elige las tiendas adecuadas siente un placer especial al comprar algo hecho a mano, práctico y agradable a la vista y el artesano gana dinero que beneficia su comunidad. Por lo tanto, interesarse por la artesanía en Jordania no es una cuestión estética, sino que es la mayor expresión del turismo sostenible.

'Made in Jordan'

Telares

Jordania posee una consolidada industria de la alfombra que se remonta a las comunidades cristianas preislámicas. Las *mafrash* (alfombras) suelen ser lisas y tejidas, no de pelo. En la actualidad todavía pueden verse kílims con antiguos diseños bizantinos, sobre todo en Madaba y Mukawir. Incluso si no se ha pensado en comprar una de estas alfombras de lana, es imposible no dejarse llevar por el entusiasmo de sus vendedores, que las desenrollan afablemente aunque no tengan muchas perspectivas de venderlas.

El coste de un kílim (entre 50 y 500 JOD) depende de si se han utilizado tintes naturales vegetales, de su largura, espesor del tejido, complejidad del dibujo y antigüedad de la alfombra (cuanto más antigua, mejor).

Bordados

Saber bordar es una habilidad muy preciada entre las mujeres jordanas y muchas aprenden de niñas. Las adolescentes tradicionalmente bordan los vestidos que necesitarán cuando se casen. Bordar les da la oportunidad de reunirse, a menudo con una tetera especiada con una pizca de cotilleos. Los bordados palestinos son famosos en toda la zona y las tiendas de Jordania venden el característico punto de cruz rojo en los trajes tradicionales, conocido como *roza*. Los bolsos con intrincados diseños florales en seda son recuerdos muy prácticos.

Mosaicos

El arte de hacer mosaicos posee un noble y distinguido abolengo en Jordania. Los mosaicos se hacen con cuadraditos de rocas de colores llamados teselas; las más pequeñas componen los diseños más intrincados, pero son mucho más difíciles de trabajar y se tarda más en armar los mosaicos. Son como los nudos de un alfombra, cuantas más hay por centímetro, más fino y valioso es el mosaico. Muchos talleres de la zona de Madaba envían sus artículos a los países de los compradores.

Cobre

En Jordania se encuentran algunas de las minas de cobre más antiguas del mundo (en especial cerca de Feinan, en la Reserva Natural de Dana). El cobre se utiliza para confeccionar utensilios de uso diario y otros que se convierten en reliquias de familia, como fuentes, bandejas o cafeteras. Se hacen muchas réplicas de estas piezas para el turismo, pero aún pueden encontrarse artículos genuinos que con una buena limpieza embellecen una habitación cuando se vuelve a casa. Las tiendas de antigüedades de Ammán, muchas contiguas a hoteles de precio alto, venden piezas de calidad. No se encuentran antigüedades de más de 50 años (es ilegal importar algo que tenga más de 100).

Joyería

Las novias tradicionalmente reciben una joya como dote el día de su boda, que sigue siendo de su propiedad. Los diseños más comunes son los amuletos protectores de plata, como la "mano de Fátima" (nuera de Mahoma). Se utilizan como protección contra los malos espíritus, conocidos como *djinn* (de donde proviene la palabra "genio"). Las piezas antiguas, como los tocados de plata decorados con monedas otomanas y las dagas beduinas profusamente decoradas (rectas, en vez de las famosas versiones curvas yemeníes y omaníes), son cada vez más

CREAR MOSAICOS

Abrir las puertas de un taller de mosaicos es como entrar en el salón del rey de la montaña. Nubes de polvo se elevan de las sierras de mampostería, se oye el chirriar del metal en la roca y el continuo chasquido de las pinzas de los trabajadores que cortan barras de piedra en diminutos y coloridos cuadrados. Durante nuestra visita, todos los trabajadores ocupados en esta especializada artesanía (desde los canteros a los grupos de ensamblaje) eran mujeres. Una de ellas se limpió las manos en la bata y, tras dejar el móvil entre las tenazas, la brocha de empastar y el bote de cola, nos ofreció una visita guiada.

Los artistas, explicó Mayzoon, dibujan un diseño a pulso o calcan imágenes de libros, de la misma forma que sus predecesoras copiaban escenas de libros de patrones. Los diseños muestran normalmente imágenes de la vida cotidiana, con representaciones de plantas y animales. Otros temas habituales son la caza y la viticultura, la personificación de las estaciones y las escenas religiosas o mitológicas. Aunque lo que realmente fascina es el detalle: la campanilla en el cuello de una gacela, las palmeras en un oasis o una sonrisa irónica.

Un vez que el diseño está acabado se colocan las teselas minuciosamente, tradicionalmente sobre una gruesa capa de cal y ceniza húmeda, para conformar un soporte permanente. En la actualidad se suelen colocar sobre yeso húmedo y fijarse en madera, para utilizarlos como tableros de mesa o colgarlos en las paredes.

La visita finalizó y Mayzoon regresó a la mesa de montaje. "¿Nos ha hecho una fotografía?", preguntó una de las mujeres. Estaba a punto de pedir disculpas cuando añadió: "Hágala de nuevo, con todas juntas". Un rayo de sol atravesó el polvoriento ambiente e iluminó las ocho caras que se habían reunido y fingían estar muy concentradas en un mosaico sin acabar. El equipo trabajaba al unísono, rítmicamente, golpeando y cortando, avanzando lentamente y seduciendo las piedras para formar un árbol de la vida. Con un poco de nitidez en malaquita y piedra arenisca, aquellas mujeres podrían haber hecho su propia inmortalización en piedra.

difíciles de encontrar. Muchas de las piezas antiguas más bonitas fueron confeccionadas por plateros circasianos, armenios y yemeníes a comienzos del s. xx.

Para conocer mejor el significado cultural de la joyería en Jordania, véase recuadro en p. 208.

Heather Colyer Ross investiga el arte popular en *The Art of Bedouin Jewellery,* muy útil si se quiere comprar alguna pieza.

Artesanía con valor añadido

Algunas ONG como la **Noor Al-Hussein Foundation** (www.nooralhusseinfoundation.org) y la **Jordan River Foundation** (www.jordanriver.jo) han estimulado el renacimiento de la artesanía local como parte de una campaña nacional para elevar el nivel de vida rural, mejorar el estatus de la mujer rural, proporcionar ingresos a las familias marginadas, formar a jóvenes artistas y proteger el medio ambiente local. Para un buen ejemplo de cómo ayudan esos proyectos en la regeneración social véase recuadro en p. 145.

Si se quiere gastar dinero donde realmente ayude, quizá se quiera comprar en las sucursales de los siguientes programas de generación de ingresos con participación de la comunidad:

Beit al-Bawadi (☎5930070; www.johud.org.jo/BaB.html; Fawzi al-Qawoaji St, Jebel Amman; ⏲9.00-18.00 sa-ma) El Fondo Jordano Hachemita para el Desarrollo Humano de Abdoun gestiona esta sala de exposición, un **mercado de productos agrícolas** semanal (Souq al-Ard; ⏲10.00-14.00 sa oct-jul) e iniciativas de desarrollo de la comunidad como reciclaje, erradicación de la pobreza y lucha contra el hambre.

JARA (Jabal Amman Residents Association) Es una iniciativa rural en una ciudad,

CONSEGUIR UN BUEN PRECIO

Los jordanos son compradores entregados y para ellos es un arte. Se pasean por la calle principal y entran en una tienda para fastidiar al propietario, sin intención de adquirir nada. Comprar es un divertimento aparte, centrado en el regateo.

Este implica que los objetos no tienen valor por sí mismos: lo dictamina lo que se está dispuesto a pagar por ellos y el precio por el que el propietario quiere venderlos. Este sutil intercambio, a menudo visto con recelo por las personas provenientes de la cultura del precio fijo, depende de muchos factores, como cuántas ventas ha hecho el vendedor ese día, si el comprador parece una persona que puede pagar algún dinar más e incluso si el vendedor está de buen humor.

Al igual que con toda interacción social, existe un código de conducta no escrito que suaviza las transacciones. Estos son algunos consejos para disfrutar de la experiencia.

» Entender el regateo como una oportunidad para decidir cuánto se quiere pagar por un objeto y utilizar la habilidad personal para intentar persuadir al vendedor de que acepte.

» Entender que regatear es una actividad sociable, que se realiza a menudo tomando un té con menta, hay que evitar la ofensa de rechazar la hospitalidad con demasiada brusquedad.

» No pagar el primer precio ofrecido; a menudo se considera arrogante.

» Empezar por debajo del precio que se quiere pagar, para tener oportunidad de llegar a un acuerdo, aunque no ha de ser muy bajo para que el vendedor no se ofenda.

» No perder nunca la calma: si la negociación no sale como estaba prevista, se sonríe y se dice adiós, uno se sorprende al comprobar lo que puede bajar un precio al decir *ma'a salaama.*

» No comparar precios con otros viajeros; si les parece bien lo que han pagado, no será así si se les dice que se ha conseguido lo mismo más barato.

» Sobre todo, recordar que un "buen precio" en Jordania normalmente significa una buena negociación y no un simple intercambio de dinero. Es uno de los momentos culminantes de viajar por el país.

que estimuló el ahora famoso mercado callejero **Souk Jara** (Fawiz al-Malouf St; ⏲10.00-22.00 vi may-ago).

Jordan Handicraft Producers Association (plano p. 54; ☎4626295; 34 Khirfan St; ⏲8.00-16.00 sa-ma) Posee 500 miembros que trabajan en casa o en pequeños talleres, y expone su producción en un edificio de piedra de 120 años.

Jordan River Foundation (plano p. 54; ☎4613081; www.jordanriver.jo; Bani Hamida House, Fawzi al-Malouf St, Jebel Amman; ⏲8.30-19.00 sa-ma, 10.00-17.00 vi) Su sala de exposición en Jebel Amman muestra el trabajo de tres importantes proyectos: el Proyecto Textil de las Mujeres de Bani Hamida, Centro Al-Karma para el Proyecto de Diseños del Río Jordán (bordados) y Proyecto de Artesanía de Wadi Al-Rayan (objetos tejidos con anea y hoja de plátano).

Madaba Tourism Development Association (www.visitmadaba.org) es una organización de voluntarios de la comunidad que elabora productos para el turismo con técnicas y recursos locales.

Made in Jordan (☎2155700; www.jordanjubilee.com/hcrafts/madeinjordan.htm) En Wadi Musa, vende artesanía de distintas empresas locales. Sus productos incluyen aceite de oliva, jabón, papel, cerámica, tapetes, bordados, chales y bolsos de pelo de camello.

Nature shops Principalmente se encuentran en el **Wild Jordan Centre** (plano p. 54; ☎4616523; www.rscn.org.jo; Othman Bin Affan St, centro) de Ammán y en los centros de visitantes del RSCN de Ajlun, Azraq, Mujib, Dana y Wadi Rum.

Noor Al-Hussein Foundation (www.nooralhusseinfoundation.org) Cuenta con una sala de exposición en Aqaba y conexión con proyectos ahora independientes, que venden productos de NHF en Iraq Al-Amir, Salt y Wadi Musa (Cooperativa de Mujeres Nabateas).

Compra de artesanía

Además del "valor añadido", si se buscan productos de calidad merece la pena ir a centros especializados en vez de a las tiendas de recuerdos. Por desgracia, algunos propietarios se han subido al carro de las cooperativas y aseguran formar parte de organizaciones benéficas sin ser cierto. Hay que comprobar que el cartel indica exactamente que es la tienda que se está buscando.

Regateo

Es imprescindible, sobre todo cuando se compra artesanía, aunque el precio que se suele pedir no es muy superior al real. Algunas cooperativas cobran precios fijos.

Compras libres de impuestos

La mayoría de las tiendas de lujo ofrecen devolución de impuestos. Si se gastan más de 350 JOD, se guardan los recibos, se rellena un formulario de devolución de impuestos y se abandona el país en los 90 días siguientes, se puede conseguir la devolución en la tarjeta de crédito del 16% de impuestos, en un mostrador del aeropuerto, justo antes de la facturación.

Restricción de exportaciones

Es ilegal exportar objetos con más de 100 años, así que no hay que comprar artesanía o artículos (incluidas monedas y lámparas de aceite "antiguas") descritos como "antiguos", aunque solo sea porque seguramente no lo son. Si no se está seguro de su procedencia, es mejor contactar con el **Departamento de aduanas** (☎06-4623186; www.customs.gov.jo) de Ammán.

Buenas compras

- Joyas de plata (Wadi Musa)
- Papel hecho a mano (Iraq al-Amir, Aqaba y Jerash)
- Cerámica (Salt)
- Huevos de avestruz pintados (Shaumari)
- Tejidos (Mukawir)
- Ropa tradicional (Madaba)
- Jabón del mar Muerto (tiendas de las reservas naturales, Ammán)

Sabores de Jordania

> Nuestro anfitrión estaba junto al círculo y estimulaba el apetito con pías exhortaciones. A toda velocidad enrollamos, despedazamos, cortamos y rellenamos sin decir palabra, pues la conversación habría sido un insulto a la calidad de la comida, aunque era apropiado sonreír agradecido cuando un convidado íntimo entregaba un trozo escogido.
>
> *T. E. Lawrence, Los siete pilares de la sabiduría*

Comer en Jordania es ante todo una experiencia social, ya sea conversando en los cafés de Ammán o sentado con las piernas cruzadas en una tienda beduina. Todo el que se aventure más allá de los puestos de kebab de las estaciones de autobuses, descubrirá que no solo la comida es deliciosamente variada sino también la compañía.

Comida

La cocina jordana, en la encrucijada de las caravanas árabes que transportaban especias de la India y arroz de Egipto, ha asimilado incontables tradiciones de sus vecinos, sobre todo de Turquía y Líbano. La fruta y verdura son primordiales y se distinguen dos tipos de cocina, que, por placer de discutir, denominaremos panárabe y beduina.

La palabra *mezze* proviene el árabe *t'mazza*, que significa saborear en pequeños bocados. Los *mezze* de carne normalmente son de añojo, cabra, pollo o cordero, pero nunca cerdo, que es *haram* (prohibido) para los musulmanes. La comunidad cristiana de Jordania puede comprarlos, si los encuentran.

Panárabe

La mayoría de los jordanos desayuna huevos, aceitunas, queso, crema agria, *foul madamas* (habas con aceite de oliva) y, por supuesto, pan. El pan árabe sin levadura, *khobz,* está tan presente en la comida que a veces se le denomina *a'aish* (vida). Uno de los desayunos habituales es pan generosamente rociado con *zaatar* (una mezcla de especias) o roscas de pan con sésamo, que suelen llevar un huevo duro.

El almuerzo es la comida principal del día, lo que quizá explique la costumbre de la siesta. Suele ser arroz o patatas, y alguna verdura de temporada, cocinado a fuego lento con carne con hueso o pollo. En ocasiones especiales, los restaurantes ofrecen *maqlubbeh:* una pirámide de arroz aderezado con cardamomo y pasas, coronado con trozos de cebolla, carne, coliflor y especias como tomillo o perejil.

La cena es más informal: los niños picotean mientras hacen los deberes, las madres preparan platos para posibles visitas y los padres salen a tomar un kebab con los amigos. Los fines de semana las familias suelen cenar fuera. En las ciudades puede ser un *curry* tailandés y en los pueblos la especialidad del chef. En un restaurante árabe la noche se pasa tomando *mezze,* una serie de exquisitas delicias como hojas de rúcula con pimienta, aromáticos higadillos, crema de berenjena picante o almendras recién peladas.

Beduina

Consiste en lo que haya disponible en cada estación. La leche de camello y el queso de cabra son parte esencial de su dieta, al igual que los dátiles secos y el agua. Esta es un bien muy preciado cuando hay que racionarla y los beduinos son famosos por consumir muy poca, sobre todo de día, pues solo toman algún sorbo para enjuagarse la boca.

La especialidad beduina, el *mensaf* –cordero, arroz y piñones, mezclados con yogur y la grasa de la carne cocinada– en tiempos se reservaba para las grandes ocasiones. En la actualidad puede degustarse en Wadi Rum y Wadi Musa. Se cocina en un *zerb* (horno), un agujero en la arena con suficiente leña como para hacer brasa. Se tapa y se deja cocinar la carne durante horas, hasta que está suculenta.

Especialidades de temporada

Primavera El cordero preparado en *zerb* desalienta el consumo de añojo. Abunda la fresca y espumosa leche de camella y las sandías gigantes maduran en los campos que bordean la carretera del Desierto.

Verano La cosecha de fruta aporta granadas, pistachos, melocotones y limas. Durante el Ramadán se ayuna con los lugareños y se comprueba que el hambre realza el sabor de los tradicionales dulces vespertinos.

Otoño Se recogen los higos o las uvas, y se come maíz rociado con aceite de oliva de los olivares locales recién prensado. En el valle del Jordán los plátanos y los mangos maduran al calor subtropical.

QUESOS

Jordania es famosa por sus productos lácteos, sobre todo por su queso blanco salado. El *kashkawan* (o *kishkeh*) es un queso fresco muy popular y el *haloumi* y el *shinklish*, de estilo libanés, tienen una textura más firme.

ETIQUETA

Cuando se viaja por Jordania inevitablemente le invitan a uno a comer en una casa, sobre todo si se va solo y, mucho más si se es mujer. Las costumbres varían según con quién se cena: por ejemplo, los beduinos comparten la comida en grandes fuentes de aluminio en el suelo y las comunidades cristianas de las colinas se sientan alrededor de una mesa. Sean cuales sean sus costumbres, los jordanos se adaptan bien a las de otras personas, pero si se conocen algunas de las siguientes atenciones, se impresionará al anfitrión.

Comer en una casa

» Llevar un regalo, un trozo de *baklava* o, mejor aún, un recuerdo del país de origen.

» Demostrar educación lavándose las manos antes de comer.

» Usar solamente la mano derecha cuando se come o se acepta comida. La izquierda se reserva para las abluciones.

» No volver a poner comida en un plato comunal, se echa en una servilleta.

» El anfitrión ofrece los bocados más sabrosos; lo educado es aceptarlos.

» La mejor parte –de la carne, por ejemplo– se deja para el final, no hay que tomarla hasta que la ofrezcan.

» Si se está sentado en el suelo, no se estiran las piernas hasta acabar de comer.

Comer en un restaurante

» Es aceptable limpiarse los dientes después de comer (a menudo ofrecen palillos).

» La tradición obliga a colmar de comida a un invitado. Aunque se esté lleno hay que intentar tomar otro bocado.

» Hay que dejar algo de comida en el plato, pues según la tradición, un plato vacío atrae la hambruna.

» Es de buena educación aceptar un café después de una comida y nada educado irse antes de que se sirva.

» Evitar comer y beber en público durante el día en Ramadán. Muchos restaurantes cierran durante esas horas.

Invierno Los caquis de color cobre maduran en Navidades, buen momento para probar el "pescado de bautismo" de Betania. En la carretera no ha habido un accidente; ¡son cajas de tomates en los campos cercanos a Safi!

Comida rápida

Es de confianza, sabrosa y abunda en todas partes, normalmente en puestos. Los platos más populares son estos:

'Shawarma' Cordero o pollo cortado con grandes florituras en un asador giratorio, mezclado con cebollas y tomate en pan ácimo

'Falafel' Bolas de pasta de garbanzos fritas con especias, servidas en un rollo de *khobz* (pan) con distintos encurtidos, tomate, ensalada y yogur

'Farooj' Pollo asado en espetones en grandes parrillas frente a los restaurantes, servido con pan, cebolla y encurtidos

'Shish tawooq' Kebab de carne picada de pollo picante, a la parrilla

RAMADÁN

Durante el Ramadán (véase p. 318 para el próximo) los musulmanes ayunan durante las horas de sol. Toman un copioso desayuno antes del amanecer llamado *suhur* y esperan impacientes al *iftar* (romper el ayuno) al anochecer. Ese plato del día, que siempre es una celebración, es una comida divertida para compartirla con los hambrientos clientes de un concurrido restaurante.

Opciones vegetarianas

Al igual que otros países de la zona, la dieta nacional jordana es muy propensa a la carne, al menos en los restaurantes. En casa la gente come verdura y productos lácteos (como queso casero, yogur y *labneh*) y a menudo considera la carne como algo que se come en los *eids* (fiestas religiosas) y en ocasiones especiales.

Muchos restaurantes de Jordania sirven verduras deliciosas y platos de lácteos, sobre todo *mezze*, pero el concepto "vegetariano" todavía no ha calado. Las sopas pueden llevar concentrado de carne y los pasteles grasas animales. El siguiente 'vegetálogo' de restaurantes se recomienda por su variedad de opciones vegetarianas, aunque no por no servir carne. La mayoría de los restaurantes de las reservas naturales ofrecen buenas opciones vegetarianas y Feynan Ecolodge se lleva la palma en cuanto a elección vegetariana.

Ajlun Restaurante de la Reserva Forestal de Ajlun (p. 98)

Ammán Wild Jordan Café (p. 68); Hashem Restaurant (p. 66)

Aqaba Ali Baba Restaurant (p. 206); Blue Bay (p. 206); Formosa Restaurant (p. 207); Royal Yacht Club Restaurant (p. 206)

Azraq Azraq Lodge (p. 236)

Jerash Lebanese House (p. 93)

COCINAR EN PETRA KITCHEN

El comienzo de aquel frío día de invierno fue poco propicio, los cuchillos eran muy largos, las cebollas escocían malévolamente en los ojos y las berenjenas eran demasiado grandes. Pero cuando casi estaba segura de que aquella actividad no era para mí, me fijé en la otra aprendiza. Esbocé una sonrisa confabuladora hacia el cuenco de perejil, me animé y me puse en manos del señor Tariq, el chef profesional de Petra y nuestro profesor aquella noche. En un santiamén estábamos pelando ajos a una velocidad asombrosa y cortando cantidades industriales de tomates, sin destrozarlos.

Petra Kitchen (☎2155700; www.petramoon.com/cuisinetours.htm), en el centro de Wadi Musa es una idea original. En vez de ir a cenar, se paga un poco más y se cocinan los propios *mezze*, sopa y plato principal. Los expertos locales que enseñan a preparar comida jordana proporcionan valiosos consejos durante la velada. La carta cambia de platos cada noche, así que en una semana se puede volver a casa sabiendo un libro de cocina al completo.

La experiencia de cocinar con extraños hace caer en la cuenta que la cocina en Jordania, al igual que comer, no es una cuestión de ingredientes locales o recetas transmitidas: sino de ser sociable. Tal como dijo Sharon Stark, mi compañera aprendiza de Nueva Zelanda: "si hubiéramos probado esa comida en un restaurante, sin la diversión de haberla preparado al tiempo que nos conocíamos y charlábamos con nuestros anfitriones, habría sido deliciosa, pero no tanto como aquella noche".

CAFETERÍAS

Para los viajeros hombres, las cafeterías de Jordania son ideales para ver pasar a la gente, escribir una carta, conocer a los lugareños o jugar a las cartas, acompañados por el incesante tableteo de las fichas de dominó y *backgammon*, y el borboteo de los afrutados narguiles. Normalmente aceptan a las mujeres extranjeras con un poco de valor y vestimenta recatada (véase p. 309). Las cafeterías tradicionales no suelen servir comida.

Karak Kir Heres (p. 151)
Madaba Ayola Coffeeshop & Bar (p. 139); Haret Jdoudna (p. 139)
Monte Nebo Asa Moses Restaurant (Siyagha Restaurant; p. 142)
Petra Basin Restaurant (p. 186)
Reserva de la Biosfera de Dana Feynan Ecolodge (p. 125); Dana Guest House (p. 156); Rummana Campground (p. 157)
Umm Qais Umm Qais Resthouse (p. 106)
Wadi Musa Petra Kitchen (p. 185)
Wadi Rum Bait Ali (p. 224); Rum Gate Restaurant (p. 225)

Los mejores libros de recetas jordanas

- **'Jordanian Cooking Step by Step'** (Lina Baydoun y Nada Halawani)
- **'The New Book of Middle Eastern Food'** (Claudia Roden)

Postres

Los jordanos son muy golosos y en todas sus localidades hay pastelerías dedicadas a la sublime preparación del *baklava*. Las bandejas redondas de hojaldre rociado con miel, almíbar y agua de rosas cortadas en rombos son casi obras de arte.

El momento más dulce del viaje por Jordania es probar un *kunafa*, un postre altamente adictivo de tiras de masa y crema de queso cubierto con almíbar. Los postres normalmente se compran al peso: la porción más pequeña normalmente es de 250 g, así que mejor tener amigos cerca (o un cepillo de dientes).

Té y café

El té y el café son los lubricantes sociales más importantes en Jordania.

El té *(shai)* seguramente es la bebida más popular, con leche o con distintos grados de dulzor: con azúcar *(sukkar ziyada)*, con poco azúcar *(sukkar qaleel)* o sin azúcar *(bidoon sukkar)*. En la mayoría de cafés sirven un refrescante té con menta *(shai ma n'aana)*. Los tés de *za'atar* (tomillo) y *marrameeya* (salvia) son deliciosos en Dana.

El café *(qahwa)* es fuerte, dulce, está condimentado con cardamomo y suele dejar mucho poso. Se puede pedir una taza pequeña *(finjan)* o grande *(kassa kabira)*. En las zonas tradicionalmente beduinas se sirve en pequeños cuencos de porcelana y el anfitrión siempre rellena el cuenco de los invitados. Un buen invitado acepta un mínimo de tres cuencos; balancear la taza de lado a lado suavemente indica que se ha tomado suficiente. Los granos se tuestan y se muelen en un mortero decorado llamado *mihbash*.

El sahlab es una deliciosa bebida de invierno, servida caliente con leche, frutos secos y canela. Lo venden en los puestos de bebidas calientes (reconocibles por los samovares plateados), que también venden café y té Lipton para llevar en vasos de plástico.

Se puede beber agua en hoteles y restaurantes, y en las carreteras rurales se vende en aguamaniles de loza; sin embargo, el agua embotellada minimizará los malestares de estómago. Los zumos recién hechos de granada y melón *(aseer)* son deliciosos. Se acepta una discreta ingesta de alcohol, como vino local o *arak*, por parte de los no musulmanes.

Medio ambiente

> Los auténticos servidores de los misericordiosos son los que pisan la tierra con delicadeza.
>
> *Corán (sura 25, versículo 63)*

Con un poco de esfuerzo, el viajero podrá desayunar en el desierto, almorzar a la sombra de los pinos en lo alto de una colina y cenar plátanos frescos en el subtropical valle del Jordán. No hay muchos lugares en el mundo que gocen de esta extraordinaria biodiversidad en un espacio tan reducido. Por ello, muchos creen que Jordania es un paraíso para los naturalistas. Por suerte, las autoridades jordanas han tomado conciencia a tiempo del atractivo del país y han puesto en marcha varios proyectos de ecoturismo.

El país

Con 91 860 km², Jordania es ligeramente más pequeña que Portugal. Las distancias son cortas, pues únicamente 430 km separan Ramtha, en el extremo norte, de Aqaba, en el sur. Para T. E. Lawrence, era todo un lujo viajar entre Azraq y Ammán en una dura travesía en camello de tan solo tres días. Actualmente se puede cruzar el país en automóvil en unas seis horas. Sin embargo, si se quiere explorar a fondo, el camello sigue siendo una excelente opción.

Jordania puede dividirse en tres regiones principales: el valle del Jordán, la meseta de la ribera oriental y el desierto.

La palabra árabe *jebel* significa "monte" (normalmente árido). Jebel Umm Adaani (1832 m), el pico más elevado de Jordania, encaja perfectamente con esta descripción. *Wadi* significa cauce (normalmente seco) o canal de desagüe de crecidas. Wadi Mujib no encaja con esta descripción, pues goza de un flujo permanente de agua.

Ecosistema del valle del Jordán

Jordania bordea el Gran Valle del Rift, que se extiende entre los lagos de África oriental y el sur de Siria. El Rift se formó cuando la placa arábiga se separó de la placa africana, un proceso geológico que propició la aparición del mar Rojo. Actualmente, el Wadi Araba, el mar Muerto y el valle del Jordán se encuentran en esta falla. Al ver los efervescentes manantiales de Hammamat Ma'in resulta obvio que ese proceso de separación tectónica está incompleto.

El Jordán, que recibe agua del mar de Galilea (lago Tiberíades), el río Yarmouk y arroyos de las montañas, y discurre por la parte norte del valle, es el río más bajo del mundo. Ese flujo constante de agua dulce ha propiciado la aparición de un valle húmedo y subtropical muy fértil, cultivado intensivamente.

Cuando se pasea bajo los árboles de fuego y tamariscos del valle se ven pájaros sol y martines pescadores o alguna nutria en peligro de extinción. Lo que no se ve son los leones, osos, elefantes, rinocerontes y manadas de burros cuyos restos paleolíticos se han encontrado en el país.

Sin embargo, en esta región hay cosas que no han cambiado. El pez del famoso mosaico de Madaba, que aletea intentando escapar de una muerte segura en la desembocadura del Jordán, demuestra que el mar Muerto ha sido siempre un lugar desprovisto de vida.

Ecosistema de la meseta de la ribera oriental

Elevándose sobre el valle del Jordán y atravesada por un conjunto de impresionantes gargantas talladas lentamente por los *wadis* de Zarqa, Mujib y Hasa se encuentra la montañosa meseta de la ribera oriental, de clima templado. Alberga las arboladas colinas del norte de Jordania (menos del 1% del país está cubierto por bosques), en las que abunda el pino carrasco, el roble y el madroño, y habitan jabalíes, mofetas, garduñas y puercoespines.

En primavera, la región se tiñe de multicolor con la eclosión de todo tipo de flores silvestres, incluidas malvarrosas, amapolas y margaritas amarillas. Es la estación de los lirios negros (en realidad morados), flor nacional de Jordania.

La meseta alberga también las principales poblaciones del país (Ammán, Irbid, Zarqa y Karak) y ha sido una importante ruta de caravanas durante siglos. El paisaje, salpicado de olivos e higueras, algún que otro viñedo y pastos bien cuidados, refleja esta interacción humana. En verano se ven beduinos con sus rebaños en las colinas de Madaba; en invierno van a las tierras bajas para escapar de los gélidos vientos.

En el sur de la meseta, alrededor de Dana, quedan restos de primigenia naturaleza. Esos rocosos parajes, poseedores de una extraordinaria biodiversidad, son el hábitat del caracal (lince persa), un felino con mechones de pelo en la punta de las orejas. También alberga íbices, unas cabras de enormes cuernos en peligro de extinción que viven en los rocosos pliegues de piedra caliza.

La meseta, de 600 a 900 m por encima del nivel del mar, termina en el puerto de Aqaba.

Ecosistema del desierto

En el extremo este, la meseta de la ribera oriental desciende hasta el desierto, que ocupa más del 90% del país, pero solo lo habita el 5% de la población. La inhóspita roca volcánica del noroeste da paso a la suavemente tallada piedra arenisca y granito del sur y a los famosos riscos de Wadi Rum. En medio, el rocoso páramo de Badia comprende 1000 km de vacío, interrumpidos por alguna planta, un camello errante o un lagarto camuflado.

Si se viaja por la desolada carretera 10, cuesta creer que pueda haber vida en estos parajes. Entonces, como por un milagro, aparece la Reserva de los Humedales de Azraq, un oasis que atrae innumerables aves migratorias. Garzas reales y garcetas pescan entre los sapos, y zorros

MAR MUERTO

Puede que el mar Muerto esté prácticamente yermo, pero las montañas que lo rodean no lo están: hay pequeños oasis de palmeras y jardines de helechos en los que se refugia el ruidoso estornino de Tristam (autóctono), y las escarpadas de piedra arenisca cobijan al íbice de Nubia, en peligro de extinción.

BIODIVERSIDAD DE JORDANIA

» **Aves** Su ubicación en el extremo del Gran Valle del Rift lo convierte en una importante ruta de aves migratorias. Más de medio millón de ellas transitan entre Rusia, el centro de Europa y África.

» **Animales** En 1989 la RSCN inició un exitoso programa de reproducción del íbice de Nubia en la Reserva Natural de Wadi Mujib. Se han soltado algunos ejemplares en la naturaleza y las manadas aumentan.

» **Peces** El golfo de Aqaba, parte del mar Rojo, contiene 230 especies de coral y 1000 clases de peces.

» **Plantas** Posee más de 2500 especies de plantas silvestres, incluidas 20 de orquídeas. *Wildflowers of Jordan & Neighbouring Countries*, de Dawud MH Al-Eisawi, contiene fotografías muy útiles para identificarlas.

Reservas naturales de Jordania

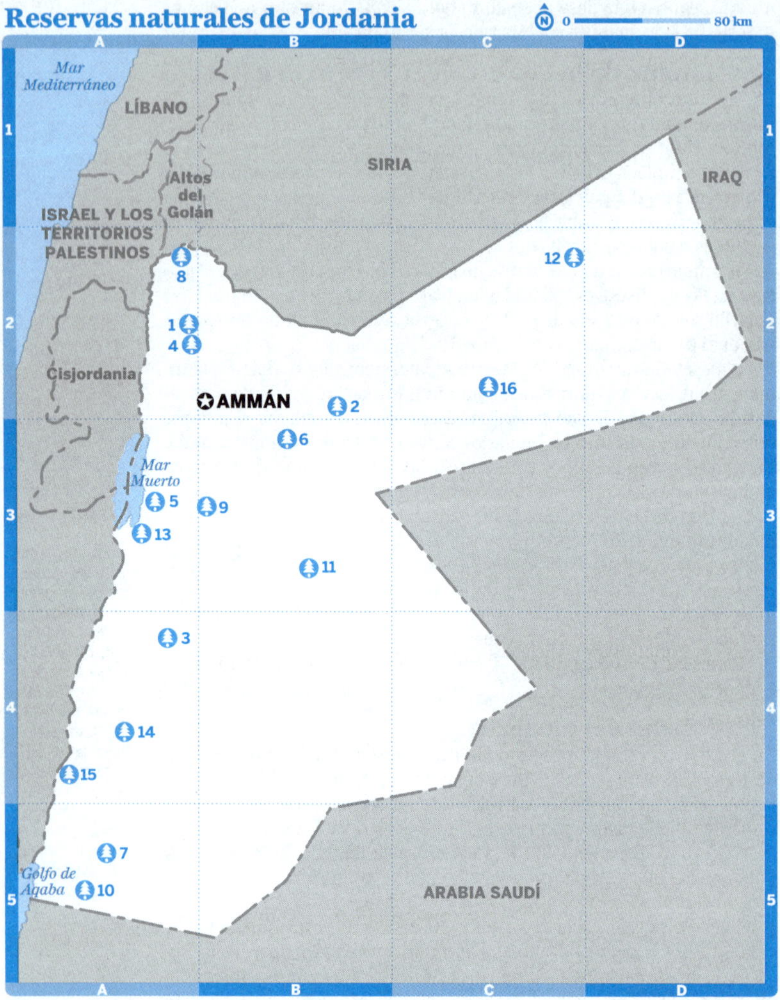

Reservas naturales de Jordania

Reservas naturales

1 Reserva Forestal de Ajlun A2
2 Reserva de los Humedales de Azraq B2
3 Reserva de la Biosfera de Dana A4
4 Reserva Forestal de Dibeen A2
5 Reserva de la Biosfera de Mujib A3
6 Reserva Natural de Shaumari B3
7 Zona protegida del Wadi Rum A5
8 Reserva Natural de Yarmouk A2

Reservas naturales propuestas

9 Reserva de Abu Rukbeh B3
10 Reserva de Aqaba A5
11 Reserva de Bayer B3
12 Reserva de Burqu C2
13 Reserva de Fifa A3
14 Reserva de Jebel Masuda A4
15 Reserva de Qatar A4
16 Reserva de Rajel C2

del desierto, lobos y chacales merodean por la periferia a la espera de una descuidada y desafortunada liebre del desierto.

Algunas especies del desierto desaparecieron hace mucho tiempo por culpa de la caza indiscriminada, antes de que la ecología se convirtiera en un pilar de la sensibilidad moderna. La Reserva Natural de Shaumari brinda la oportunidad de ver los animales que habitaban estas llanuras, antes de reintroducirlos en la naturaleza.

Zonas protegidas

La **Real Sociedad para la Conservación de la Naturaleza** (RSCN; www.rscn.org.jo), fundada en 1966, es una atípica ONG que se encarga de gestionar los proyectos de biodiversidad que se desarrollan en Jordania. A efectos prácticos, es la principal agencia medioambiental del país.

La RSCN ha cumplido con su cometido fundacional: contribuir a evitar la extinción de animales y vegetales y reintroducir varias especies desaparecidas, como el oryx de Arabia (p. 240). En las dos últimas décadas, sin embargo, la organización ha dado un paso adelante al reconocer el papel importante que juega el turismo (véase recuadro en p. 303). El resultado ha sido un programa moderno y muy exitoso de proyectos de ecoturismo centrados en reservas gestionadas por la RSCN.

La RSCN organiza programas de concienciación, en especial entre los niños jordanos; patrocina clubes medioambientales; instruye a guías; combate la caza furtiva y hace presión contra la minería para preservar los tesoros naturales del país para futuras generaciones.

Reservas naturales de Jordania

La RSCN gestiona siete reservas (aunque no la zona protegida del Wadi Rum) y espera fundar tres más (Burqu, Fifa, Rajel). No deben confundirse con los "parques nacionales", que son zonas recreativas sin estructura como el Parque Nacional de Zay, junto a Salt.

Reserva de Burqu (400 km²) Remoto lago en el desierto, que necesita protección urgente.

Reserva de Fifa (27 km²) Vegetación subtropical poco común y hogar de aves acuáticas migratorias.

Reserva de la Biosfera de Dana (320 km², 1989) Espectacular zona natural con senderos, escarpadas montañas y desierto, con 600 especies de plantas, 200 de aves y más de 40 de mamíferos. Véase p. 154.

Reserva de la Biosfera de Mujib (212 km², 1988) Utilizada para la cría en cautividad del íbice de Nubia, cuenta con un impresionante programa de ecoturismo, con excursiones por los cañones y rápel en las cascadas. Véase p. 126.

Reserva de los Humedales de Azraq (12 km², 1977) En primavera y otoño se ven cientos de aves migratorias desde el observatorio y la pasarela que atraviesa este dañado pantanal. Véase p. 238.

Reserva de Rajel (908 km²) Única fuente de agua en una zona desolada, con especies del desierto en peligro de extinción.

Reserva Forestal de Ajlun (13 km², fundada en 1988) Esta bonita reserva cuenta con senderos, bosques de pistachos y robles, flores primaverales e industria artesanal. Véase p. 96.

Reserva Forestal de Dibeen (8 km², 2005) Uno de los últimos bosques de pinos calabreses que se conserva en Jordania; protege a especies amenazadas como la ardilla persa. Véase p. 93.

Reserva Natural de Shaumari (22 km², 1975) Esta pequeña reserva se creó para reintroducir el extinto oryx de Arabia, avestruces, gacelas y onagros. Véase p. 238.

Reserva Natural de Yarmouk (30 km², 2011) Hogar de aves acuáticas, gacelas en peligro de extinción y nutrias.

Zona protegida del Wadi Rum (540 km², 1998) Este bonito desierto, Patrimonio Mundial desde el 2011 gestionado por las autoridades de Aqaba, es el feudo de los beduinos y ofrece *camping*, paseos en camello y excursiones en todoterreno. Véase p. 212.

Guías de la naturaleza

- **'Field Guide to Jordan'** (Jarir Maani) Obligatorio para los aficionados a la naturaleza.
- **'The Birds of the Hashemite Kingdom of Jordan'** (Ian J. Andrews) La guía de aves definitiva.

Jordania verde y ecoturismo

"Verde" es un concepto que no ha tenido tiempo de madurar en Oriente Próximo, así que sorprende que Jordania haya mostrado ingenuidad y compromiso durante más de una década en su adhesión a un planteamiento ecologista, que se extiende a toda una serie de desafíos medioambientales y el turismo, quizá su mayor desafío. Para descubrir cómo minimizar el impacto de una visita a un país que es demasiado popular para su propio bien, solo hay que seguir leyendo.

Cuestiones medioambientales

Agua

Cuando se nada en las innumerables pozas de Aqaba, rodeadas de exuberantes jardines, quizá uno no caiga en la cuenta de que el país sufre una escasez de agua crónica. Los datos son alarmantes. Jordania, que cuenta principalmente con el agua de lluvia y unos acuíferos que en muchos casos están sobreexplotados (véase recuadro en p. 239), es el décimo país con mayor escasez de agua del mundo. Con el 90% de sus ríos desviados, un crecimiento anual de población de casi un 3,5% y persistentes sequías, la situación tiene más posibilidades de empeorar que de mejorar. Actualmente utiliza un 60% más de agua de la que repone por medios naturales y se calcula que se quedará sin ella en 20 años.

Jordania solo cuenta con 140 m^3 de agua renovable per cápita al año, en comparación con los 1500 del Reino Unido, los 340 de Israel y los 70 de los Territorios Palestinos, y se espera que desciendan a 90 m^3 en el 2025. Menos de 500 m^3 se considera escasez de agua.

No solo Jordania padece ese problema. El agua es un tema político candente en la zona, que ha provocado escaramuzas y continúa perturbando las relaciones entre Jordania y sus vecinos. Por ejemplo, desde la década de 1960 Israel y los Territorios Palestinos han extraído un tercio del agua que necesitan del río Jordán, que se ha convertido en un hilillo compuesto por un 50% de aguas residuales y vertidos de piscifactorías. Tras el tratado de paz de 1994, Israel y los Territorios Palestinos permitieron que Jordania extrajera 50 millones de metros cúbicos anuales del lago Tiberíades, pero sigue habiendo disputas sobre si obtiene lo que le corresponde.

Caza

Las reservas naturales de Jordania proporcionan abundante información sobre los huidizos animales que habitan el país, pero lo cierto es que en los últimos 100 años se han extinguido 20 especies de mamíferos. Algunos se cazaron furtivamente hasta acabar con ellos, como los leones, los guepardos, los osos, las gacelas y los asnos salvajes de Jordania. El último leopardo fue abatido cerca de Dana en 1986, aunque ha habido algunos avistamientos no comprobados.

Las continuas amenazas a las aves y animales (24 de las 77 especies de mamíferos de Jordania están en peligro de extinción) son la mala administración de la tierra, como la deforestación; la extracción de agua de zonas vitales como el río Jordán, el mar Muerto y los humedales de Azraq; la expansión urbana; el continuo uso de pesticidas, sobre todo cerca de fuentes de agua del valle del Jordán y la contaminación del aire y el agua.

Pastoreo excesivo y desertificación

Si se observa la tierra prometida de Moisés desde el monte Nebo se verá que ese paisaje semidesértico es poco prometedor, eso si se consigue distinguirla a través de la nube de polvo que levanta el ganado. Esta tierra en tiempos fértil se ha devastado durante siglos por culpa de un pastoreo excesivo que, junto con la erosión y la sequía, han provocado una desertificación masiva. Según la Real Sociedad para la Conservación de la Naturaleza (RSCN), millones de hectáreas de tierra fértil son ahora estériles e inhabitables. Lo que implica que hay menos pasto para el ganado y cultivos, y menos tierra para las plantas y animales autóctonos. Jordania posee unos tres millones de ovejas y cabras, pero ya no tiene suficiente pasto para alimentarlas, con lo que invaden reservas naturales y las periferias urbanas.

Superar los desafíos

En 1995 el Parlamento de Jordania, consciente de los problemas medioambientales del país, aprobó la Ley de Protección del Medioambiente, que incluía medidas para prohibir la caza y restringir el pastoreo. Por ejemplo, en la reserva de Dana, solo se permite pastar en ciertas épocas del año.

Sin embargo, el grueso de la estrategia medioambiental se ha centrado en el problema del agua. Los granjeros de Jordania (cerca del 5% de la población) utilizan el 75% del agua, con lo que la modernización de la agricultura y la reparación de las fugas en las canalizaciones urbanas se han convertido en una prioridad. Otras tácticas más radicales han incluido la extracción de agua fósil no renovable de los acuíferos cercanos a Wadi Rum y los controvertidos planes para construir una serie de plantas desalinizadoras, centrales hidroeléctricas y canales para unir el mar Rojo con el mar Muerto (véase recuadro en p. 121), que elevarían el nivel del mar Muerto y crearían nuevas reservas de agua dulce. Si la

Información ecológica en Jordania

» **Friends of the Earth Middle East** (www.foeme.org) Trata los principales desafíos medioambientales.

» **Ministerio de Medioambiente** (www.moenv.gov.jo) Ofrece información general sobre el medio ambiente, organizaciones e informes regionales.

LAS DIEZ MEJORES ECOEXPERIENCIAS

» Ver trabajar a los fabricantes de jabón de Ajlun (p. 96)

» Saborear un batido de frutas del bosque en el Wild Jordan Centre de Ammán (p. 75)

» Saber más de los chechenos de Azraq mientras se disfruta una comida casera en el Azraq Lodge (p. 236)

» Comprar una alfombra tejida a mano en el taller de Bani Hamida (p. 145)

» Despertarse con los trinos de las aves en el bonito campamento de Rummana p. 157)

» Disfrutar de una cena vegetariana a la luz de las velas en el Feynan Ecolodge (p. 157)

» Adornar las gafas de sol con un bordado de la tienda de artesanía de Dana (p. 158)

» Bañarse en las pozas permanentes de Wadi Mujib (p. 126)

» Hacer un viaje en camello con un guía beduino (p. 220)

» Pernoctar con los beduinos en un campamento de Wadi Rum (p. 224)

inminente crisis del agua no se resuelve rápidamente, muchos analistas predicen que en el futuro las 'guerras del agua' reemplazarán a la crisis del petróleo como mayor fuente de conflictos.

Para el 2013 Jordania espera extraer 100 millones de metros cúbicos de agua al año en el acuífero de 30 000 años de antigüedad de Diseh, junto a Wadi Rum. Este proyecto de casi un millón de dólares tardará cuatro años en completarse y requerirá perforar 55 pozos y construir una canalización de 325 km entre Diseh y Ammán.

Ecoturismo

Efectos del turismo

El impacto del turismo masivo en el medio ambiente es una cuestión en constante análisis. La contaminación causada por automóviles e industrias ha aumentado rápidamente y ha exacerbado la demanda de agua. Además, el vandalismo y el daño involuntario en lugares como Jerash y Petra (véase recuadro en p. 171), las consecuencias de los *flashes* en el frágil arte rupestre y la basura dejada en fuentes y baños termales han conseguido que haya gente que se plantee si el turismo merece la pena.

Aunque no todo es desmoralizador. En una zona que empieza a preocuparse por la conservación, es alentador saber que Jordania lleva la delantera. Las autoridades no solo promueven el turismo sostenible en relación con el patrimonio natural del país, sino que están decididas a mantener su patrimonio cultural amparando los valores islámicos, apoyando iniciativas artesanas y secundando las formas de vida tradicionales (como el empleo de conductores beduinos en Wadi Rum) a pesar de las obligaciones que impone el turismo.

La RSCN ha sido pionera en la promoción de un turismo más responsable gracias a sus proyectos de ecoturismo (para más información, véase p. 299), que suponen una importante fuente de financiación para los programas medioambientales.

Por supuesto, equilibrar la necesidad del aumento turismo con el coste medioambiental que supone tener más visitantes, no es fácil. Por ejemplo, los ingresos del turismo en Wadi Rum son necesarios para mantener esa zona protegida, pero resulta difícil minimizar el impacto de más pisadas y automóviles en un frágil ecosistema del desierto. Con todo, con la cooperación de los visitantes, puede conseguirse.

Impacto neutral

Si se desea minimizar el impacto negativo de una visita al país, este listado ayudará en las elecciones que se toman por el camino.

Ahorrar agua Jordania sufre una escasez de agua crítica.

Utilizar guías y servicios locales Ofrece la oportunidad de conocer una forma de vida única y ayudar a preservar las tradiciones locales.

Comprar con sentido común Los beneficios de los centros especializados de artesanía redundan en las comunidades locales.

Vestirse y comportarse con respeto Muchos jordanos ven la liberalización de las costumbres y comportamientos como un mal hábito importado de Occidente que deteriora su herencia cultural e islámica.

Pagar las entradas Las entradas son el sustento que mantiene las reservas de Jordania.

Gastar dinero... Ayudará a que la visita sea más positiva que si solo se come *muesli* llevado de casa.

... pero sin regalarlo Solo deben darse propinas por servicios prestados (como comprar un recuerdo a los niños de Petra) para desalentar la mendicidad.

Dejar todo como estaba Los extranjeros han estado cortando trocitos, llevándose objetos a casa e inmortalizando su visita con grabados en las rocas desde que empezaron a buscar y encontrar monumentos en Jordania. Se desaconseja integrar sus filas.

No dejar residuos Es en lo único que no hay que imitar a los lugareños; hay que dar ejemplo y llevarse la basura.

Las reservas naturales de Jordania representan el 1% de Jordania, un pequeño porcentaje si se compara con el de Arabia Saudí (9%) y EE UU (11%). Sin embargo, cuando se compara la proporción de tierra habitable respecto a la población, la cifra es mucho más elevada.

Respetar las normas Por tentador que sea llevarse una estrella de mar del mar Rojo, encender una hoguera en una acampada por libre, hacer una foto a alguien sin pedirle permiso o bañarse desnudo en una poza, deteriora la herencia natural y cultural del país.

Hacer que la visita sea provechosa

Hay muchas formas de conseguir que una visita no represente una carga potencial, sino una bendición. Apoyando las siguientes empresas se contribuye positivamente a las comunidades locales. Tampoco hay que olvidar que puede darse un valor añadido a las compras, haciéndolas en tiendas cuyos beneficios se destinan a la comunidad. Para un listado de tiendas de artesanía, véase p. 290.

Qué hacer

Abraham Path Initiative (www.abrahampath.org) Intenta abrir una senda desde Ajlun, en Jordania, pasando por Israel, los Territorios Palestinos y Siria, que conecte las comunidades que pueden beneficiarse del paso de excursionistas.

Jordan Living History Association (JLHA; www.jerashchariots.com) Promociona fieles reconstrucciones históricas en Jerash (de las que viven 65 personas, incluidos veteranos de guerra) y en otras zonas del país.

Neighbours Paths (www.foeme.org) Ofrece cuatro circuitos por el río Jordán que benefician a la comunidad y se centran en cuestiones fronterizas como el agua y el establecimiento de la paz.

Zikra Initiative (www.zikrainitiative.org) Conecta a 'urbanitas' (jordanos e internacionales) con 'ruralitas'. Una pequeña contribución ayuda a proporcionar microcréditos a los empresarios de los pueblos.

Lugares en los que alojarse

RSCN (www.rscn.org.jo) Proporciona un excelente alojamiento ético y sostenible en las reservas de Jordania; es necesario reservar, que puede hacerse por internet.

Ammarin Bedouin Camp (p. 195; www.bedouincamp.net) Junto a la Pequeña Petra, los beneficios de este campamento redundan en la tribu.

Cooperativa de campamentos beduinos Los campamentos de Wadi Rum (p. 224) y Diseh (p. 227) ayudan a conservar la forma de vida beduina.

RSCN, SINÓNIMO DE TURISMO SOSTENIBLE

Trabajo en equipo es una buena forma de describir el plan de gestión medioambiental de la Real Sociedad para la Conservación de la Naturaleza. La RSCN da trabajo a 330 jordanos. Su cometido incluye conseguir el respaldo de empresas para iniciativas ecológicas (como el elegante Wild Jordan Café de la sede de la RSCN en Ammán). También es crucial para las comunidades locales como las de Ajlun o Dana, a través de los proyectos de generación de ingresos que complementan, más que amenazan, el estilo de vida tradicional. Gracias al interés combinado de todos estos "accionistas", la labor de la RSCN goza de gran prestigio en Jordania y los jordanos representan una gran proporción de los 60 000 visitantes anuales a sus reservas naturales.

A pesar de su pasión por lo que describe como el "triángulo de oro del ecoturismo" (Dana, Petra y el paisaje del extremo del Rift en Jebel Masuda), el presidente de la RSCN, Chris Johnson, no es un ecoguerrero de los que abrazan árboles: "No se puede proteger la naturaleza sin contar con el desarrollo económico –explica–. El turismo es la principal fuente de ingresos que mantiene nuestras reservas; los turistas hacen una contribución directa a la conservación del patrimonio natural de Jordania".

Con unos fantásticos alojamientos que sirven una excelente comida en hermosos parajes; paseos, excursiones y ascensos de todos los niveles, y una serie de tiendas que hacen desear haber llevado una maleta más grande, las reservas de la RSCN son lo más destacado en una "visita sostenible" a Jordania.

En 1989 la RSCN puso en marcha un exitoso programa de reproducción del íbice de Nubia en la Reserva de la Biosfera de Mujib. Algunos ejemplares se han reintroducido en la naturaleza y las manadas van en aumento. Recientemente se ha evitado la extinción del pez killi, endémico de los humedales de Azraq, y su población aumenta, aunque lentamente.

Encontrar servicios justos

Jordan Inbound Tour Operators Association (www.jitoa.org) Una organización que aglutina grupos de voluntarios es un buen lugar para buscar operadores turísticos ecologistas.

Fair Trade Jordan (www.fairtradejordan.org) Ofrece una base de datos en línea que evalúa los productos y servicios relacionados con el turismo con un criterio responsable.

Guía de supervivencia

Precauciones

Revuelta democrática

Jordania es un país muy seguro, a pesar del descontento local con cuestiones como la inmigración iraquí, el desempleo y la inflación. La revuelta democrática de la Primavera Árabe del 2011 solo se experimentó fugazmente en el país. En el momento de escribir esta guía, aparte de protestas en algunas localidades tras la oración del viernes, no había mayores problemas. El rey Abdalá es un líder respetado y cuenta con el favor de la opinión pública por sus esfuerzos por introducir reformas democráticas y erradicar la corrupción.

Terrorismo

A Jordania se la considera la Suiza del Oriente Próximo e inspira tranquilidad, aunque se produzca alguna manifestación esporádica en apoyo de los palestinos en Karak, Tafila y Ma'an, y en los distritos universitarios de Irbid, Mu'tah y el norte de Ammán. Otros incidentes que han puesto en duda la reputación de Jordania como país seguro han sido:

2010 El 22 de abril y el 2 de agosto unos ataques con cohetes en Aqaba causaron una víctima jordana.
2010 El 14 de enero, hubo una explosión en la carretera entre Ammán y el mar Muerto, al parecer dirigida contra un convoy diplomático israelí; no hubo víctimas.
2006 El 4 de septiembre un hombre armado, Nabil Ahmad Jaoura, que no estaba vinculado a ninguna organización terrorista, abrió fuego contra unos turistas en el Teatro romano y mató a un británico e hirió a otros seis. Se le declaró culpable en diciembre y fue sentenciado a morir ahorcado.
2005 El 9 de noviembre unos terroristas suicidas mataron a 60 personas e hirieron a otras 115 en unos ataques a tres hoteles de Ammán. La sección iraquí de Al-Qaeda asumió la responsabilidad.

Compromiso con la seguridad

A pesar de ser deplorables, los ataques terroristas que se han mencionado no son más numerosos que los que se producen en la mayoría de los países de Occidente y en cualquier caso han conseguido que el país sea más seguro. En la actualidad, con tanto en juego en cuestión de ingresos, entre los jordanos se respira un deseo colectivo de mantener la reputación del país como destino seguro. Algunas de las medidas tomadas (véase recuadro en p. 72) son:

» Gran presencia de fuerzas de seguridad en muchos hoteles turísticos de Jordania.

» Detectores de metal en hoteles y edificios públicos.

» Policía turística en las grandes ciudades.

» Controles en todas las zonas fronterizas.

Estar prevenido y evitar problemas

Qué hacer...

» Estar alerta en las ciudades y alejarse de las grandes concentraciones.

» Cooperar con educación en los controles en los hoteles y en las carreteras.

» Mantenerse al día de las noticias en los periódicos publicados en Ammán.

» Comprobar en internet las últimas advertencias sobre viajes del ministerio del país de origen.

» Inquirir sobre preocupaciones concretas en la embajada o consulado.

» Inscribirse en la embajada o consulado al llegar si ha habido desórdenes públicos recientes.

» Confiar en la policía, el ejército y las fuerzas de seguridad. Son absolutamente cordiales, honrados y acogedores, al igual que sus compatriotas.

Qué no hacer

» No ponerse paranoico, la posibilidad de tener problemas no es mayor que en el país de origen.

» No implicarse en protestas políticas o disturbios.

» No entablar conversaciones sobre política con personas recién conocidas.

Consejos gubernamentales para viajeros

Las siguientes webs gubernamentales ofrecen información sobre seguridad.

US State Department (☎888-407 4747; http://travel.state.gov)

Ministerio de Asuntos Exteriores y Cooperación Internacional de España (☎913799700; www.maec.es)

Otros peligros

Campos de minas

En 1999 Jordania firmó el convenio de la ONU para la prohibición de minas y desde entonces se ha esforzado por erradicarlas. El campo de 86 756 minas en la frontera con Siria queda muy lejos de las rutas turísticas, pero si se está cerca hay que hacer caso a los avisos de no entrar en él. Ha habido informes no comprobados de que recientemente se han colocado más minas en la parte siria, pero el Gobierno jordano planea hacerlas desaparecer a finales del 2012.

Robos y delitos

Los delitos en Jordania están menos extendidos que en muchos países occidentales. Dejar las bolsas al cuidado de un miembro del personal de una estación de autobuses o un hotel es seguro, así que hay que evitar precipitarse si se pierde algo, los lugareños tienen mucho que perder en un país en el que robar a los invitados está muy mal visto. Los castigos son muy severos y, en un país con alto índice de paro, hay muchas posibilidades de perder un trabajo sin grandes esperanzas de conseguir una forma de ganarse la vida en el futuro. Sin embargo, inevitablemente, hay alguna estafa de la que hay que estar al tanto.

ALGUNAS ESTAFAS HABITUALES

Llevar al huerto El taxímetro es en fils, no en dinares, algunos visitantes lo confunden a la hora de pagar. Comprensiblemente, es extraño que un taxista indique el error.

Negocios con arte Algunos dueños de tiendas aseguran que su artesanía es local y los beneficios redundan en la comunidad, cuando en realidad es importada.

Dinero regalado Las presuntas 'antigüedades' a menudo son existencias del año anterior cubiertas de una convincente capa de polvo. Las lámparas de aceite y monedas 'antiguas' rara vez son lo que parecen.

ALGUNAS SENCILLAS PRECAUCIONES

» Acordar el precio antes de subir a un taxi.

» Documentarse sobre auténticos establecimientos de comercio justo si se quiere que las compras tengan valor añadido (véase p. 290).

» Pagar el precio de un objeto por cuánto gusta y se desea, y no por cuánto se cree que vale (véase p. 290).

» Llevar la cartera y el monedero en un bolsillo delantero y no llevar mucho dinero en efectivo.

» Guardar una copia del pasaporte en la maleta.

» Tener cuidado en las cercanías de los locales nocturnos de Ammán por la noche: los extranjeros embriagados atraen a carteristas y atracadores.

PARARSE A HABLAR

¿El taxista no usó el taxímetro? ¿Se ha pagado más que un amigo por el mismo objeto? Quizá parezcan estafas habituales, pero siempre comportan una razón. Los jordanos están orgullosos de su modelo de conducta y en general tratan con respeto y ecuanimidad a los turistas. Estos son algunos puntos de vista aportados por proveedores de servicios que pueden arrojar otra luz sobre las supuestas 'estafas'.

» **¿Tarifa de los taxis?** La tarifa la impone el Gobierno y no se ha ajustado a la inflación; los taxistas normalmente acuerdan tarifas justas con los lugareños, pero les resulta más difícil negociar con turistas que no hablan árabe.

» **¿Precio de las habitaciones?** Los hoteles pequeños tienen que reaccionar ante la fluctuación de turistas o se arruinan. Para algunos implica ofrecer precios poco realistas en temporada baja y para otros subir los precios para cubrir la inversión realizada anticipando una buena temporada.

» **¿Cobro de más en un microbús?** A los extranjeros no les gusta esperar a que el microbús esté lleno. A los conductores no les importa salir antes, pero a cambio de cobrar el pasaje completo; también cobrarán por el equipaje que ocupe un asiento.

» **¿Doble rasero?** En el regateo, un objeto vale lo que el vendedor acceda a cobrar y el comprador esté dispuesto a pagar. Comparar las experiencias de otros viajeros no tiene sentido. Más información en p. 290.

Mujeres viajeras

Actitud adecuada

Muchas mujeres viajan por Jordania, a menudo solas (autora incluida), y disfrutan la experiencia plenamente, aunque en ocasiones se tiene una compañía masculina de la que se preferiría prescindir, que puede implicar algo más que una molesta broma, proposiciones de matrimonio y declaraciones de amor. En ocasiones se traduce en miradas lascivas y leves contactos físicos, como toqueteos en el autobús. Siempre que sea posible, es mejor no prestar atención a esos comportamientos o interpretarlos como parte de la experiencia, o unos pocos y penosos individuos arruinarán el viaje.

Actitudes hacia las mujeres

Los jordanos, un pueblo muy gregario, se sorprenden de que alguien quiera viajar solo. Los hombres, con escaso o nulo contacto con las mujeres (y no digamos vida sexual) antes del matrimonio, pueden malinterpretarlo como una invitación a que les hagan compañía. Los estereotipos de las mujeres extranjeras basados en las películas y la televisión occidentales han convencido a algunos hombres de que todas las mujeres extranjeras son promiscuas y se van a la cama con cualquiera. El hecho de que algunas mujeres lo hagan contribuye a perpetuar esa creencia.

Evitar problemas

Vestirse adecuadamente

Nada ofende más en Jordania –un país mayoritariamente conservador e islámico– que exhibir demasiada carne. Para minimizar el acoso y respetar las costumbres locales es imprescindible vestirse de forma adecuada, sobre todo en pueblos pequeños y zonas rurales.

En los modernos distritos de Ammán, como Abdoun y Shmeisani, en los grandes hoteles y complejos turísticos, o incluso en Petra (donde los grupos que hacen circuitos normalmente visten lo que quieren) una se siente cómoda vistiéndose como en su país de origen. Fuera de esos lugares, es mejor ponerse vestidos hasta la rodilla o pantalones holgados, y cubrirse hombros y brazos.

En las playas públicas del mar Muerto y Aqaba se recomienda llevar bañador (y preferiblemente camiseta y pantalones cortos) para bañarse y guardar el bikini para los complejos turísticos de precio alto. No se debe hacer *topless* nunca, sobre todo en los *wadis*, donde bañarse desnudo en las pozas de agua dulce nunca pasa tan inadvertido como se cree.

Algunas mujeres extranjeras llegan al extremo de cubrirse la cabeza, algo que no es apropiado para los no musulmanes en Jordania y puede malinterpretarse, en especial por parte de las mujeres de las comunidades cristianas, que no llevan pañuelos en la cabeza.

Consejos de otras mujeres viajeras

Los siguientes consejos de otras viajeras pueden ser vitales para mantener la cordura cuando se viaja sola.

QUÉ HACER...

» De ser posible, sentarse junto a una mujer en el transporte público.

» Tener cuidado si se va sola a partes remotas de Petra, Jerash y Wadi Rum.

» Comprobar que no hay mirillas en las habitaciones y baños (sobre todo agujeros de cigarrillos en las cortinas).

» Colocar una silla contra la puerta cerrada de una habitación de hotel para prevenir visitas 'accidentales'.

» En los buenos hoteles suele haber menos acoso.

» Recelar de los guías enamorados, sobre todo de los guapos.

» Preparar una coartada, a los jordanos les desconcierta que no se tenga familia o amigos con los que viajar.

» Hablar con hombres acompañados de mujeres, no todos son unos obsesos.

» Llevar alianza, aumenta la respetabilidad ante los ojos

árabes. Una foto de marido e hijos la remacha.

» Llevar tampones y anticonceptivos, son difíciles de encontrar y embarazosos de comprar fuera de Ammán.

QUÉ NO HACER...

» No ir a un bar sola.

» No mirar a los ojos a desconocidos, las gafas oscuras vienen bien.

» No sentarse en el asiento delantero de un taxi o taxi colectivo.

» No salir con el pelo mojado; al parecer, implica que se acaba de tener sexo.

Lugares públicos

No es fácil encontrar sitios para comer o beber, o siquiera sentarse, en público sin ser el centro de atención. Estas son algunas pautas.

Cafeterías y bares Normalmente se consideran reductos de hombres; en algunos sitios las miradas echan del local aunque el dueño no lo haga.

Bares y cafés de precio medio Casi siempre reciben bien a las mujeres en Ammán y Aqaba; en ciudades más pequeñas, se muestran menos 'comprensivos' cuando se va sola.

Playas públicas Son imanes para un atención no deseada; mejor restringirse a los complejos turísticos.

Restaurantes La mayoría tiene sección para familias, donde las mujeres pueden comer solas y en paz.

Lavabos En los restaurantes y bares pequeños solo hay uno; hay que evitarlos siempre que sea posible.

Lugares turísticos En contra de lo que se pueda pensar, son los mejores sitios para estar sola.

Cómo reaccionar

Ante un acoso continuo, vale la pena montar una escena: los transeúntes ayudan rápidamente si alguien se pasa de la raya. Gritar *imshi* (¡lárgate!) disuade la mayoría de las insinuaciones indeseadas. Hay que mostrarse firme pero calmada. Blasfemar o perder los estribos menoscaba el apoyo público.

Qué hacer en caso de emergencia

Las agresiones y violaciones son muy poco frecuentes en Jordania, pero si se tiene un problema grave es mejor seguir estos consejos:

» Ir a una comisaría de policía o puesto de la policía turística; estos últimos suelen encontrarse en la mayoría de los lugares turísticos.

» Ser sincera: la policía turística se toma muy en serio las denuncias.

» Llamar al **teléfono de urgencias** nacional (☎911); dispone de personal que habla inglés.

¿QUÉ HA DE HACER UNA CHICA PARA CONSEGUIR UNA CERVEZA?

Diario de la autora, 1995, cerca de Jerash

Por suerte, las cosas han cambiado desde mi primer viaje a Jordania y las mujeres que viajan solas ya no son algo fuera de lo común. ¿O será que me he hecho mayor y ya no le intereso a nadie? En cualquier caso, cuidado, chicas: comer sola puede llevar a la mesa más (o menos) de lo que se esperaba. El lado bueno es que si se viaja sola los lugareños pueden compadecerse de una y ofrecer comidas caseras.

20 de abril de 1995 A pesar de las pulcramente preparadas mesas no había clientes que justificaran preparar comida, excepto yo. Me armé de valor y me senté temblando en una esquina. Al rato, un camarero me saludó y me trajo café. Sorprendido porque me bebiera toda la leche caliente, ya no volvió, y el tiempo que puedo pasar mirando las bombillas intermitentes de colores que iluminaban un santuario de cemento tiene un límite. Vino otro camarero. "¿Quiere comprar monedas romanas?", preguntó (yo estaba pensando más en un kebab con patatas). "¿Quiere un guía para mañana?", continuó, y finalmente, agarrándose la entrepierna con entusiasmo dijo: "¿Necesita un hombre?". "No, gracias", contesté, "pero no me importaría tomar una cerveza". Ya no volví a verlo; ni a él, ni a nadie más.

21 de abril de 1995 Bajo a desayunar con renovada esperanza de comer algo y me alegro de que la sirvan sin mayores complicaciones. Podría haber pasado sin el servicio del gerente del hotel, que creyó necesario dejar la mayoría de los ingredientes sobre la mesa de forma que tuviera que rozar mi pecho izquierdo para cambiarlos de sitio. Al tercer 'accidente' lo fulminé con la mirada y se fue rezongando. Tomé unas aceitunas, intenté mezclar la mermelada de fresa con la leche de cabra cortada y me comí un trozo de mantequilla creyendo que era queso local. ¡Otra comida memorable en Jordania!

Datos prácticos A–Z

Accesso a internet

Jordania tiene numerosos proveedores de servicios de internet (ISP), entre ellos **Cyberia** (www.cyberia.jo).

En casi cada localidad jordana habrá un cibercafé público por lo menos. Con un ordenador portátil, es posible conectarse a internet en los hoteles de precio alto y medio con wifi.

Aduanas

» 1 l de alcohol

» 200 cigarrillos o 25 puros o 200 g de tabaco

» Una cantidad razonable de perfume para uso personal

» Regalos por un valor de hasta 50 JOD o el equivalente de 150 US$

» Las prohibiciones incluyen drogas, armas y películas y revistas pornográficas.

» La exportación de cualquier objeto de más de 100 años es ilegal, por lo que no hay que comprar ningún recuerdo calificado de 'antigüedad'. En caso de duda sobre la procedencia de algún objeto, hay que dirigirse al **Departamento de Aduanas** (☎06-4623186; www.customs.gov.jo) en Ammán.

Alojamiento

Jordania posee alojamientos para casi todos los bolsillos, aunque fuera de los principales centros turísticos las opciones son limitadas. No obstante, el país es tan compacto que la mayoría de los lugares de interés pueden visitarse fácilmente en excursiones de un día desde las poblaciones importantes.

Los precios son más altos durante las dos temporadas altas: de septiembre a octubre y de marzo a mediados de mayo. Los fines de semana también son temporada alta en Aqaba y los complejos hoteleros del mar Muerto.

El aumento de la inflación y los impuestos contribuyen a la escalada de los precios. Aunque realistas cuando se escribió esta guía, hay que contar con aumentos significativos en el precio de los alojamientos.

Acampada

Para muchos, pasar una noche bajo las estrellas –o al menos en una tienda– es un momento importante de su viaje a Jordania. Una opción popular es dormir en una "casa de pelo" tradicional en los campamentos beduinos de Wadi Rum.

Acampar con la tienda propia está permitido en unos pocos lugares del sur de Jordania, especialmente en el desierto que rodea al Wadi Rum. La acampada libre en el norte es más problemática, en parte porque los mejores lugares están ocupados por campamentos beduinos.

Llevar una tienda para ahorrar dinero no sale a cuenta, pues resulta casi imposible moverse sin transporte propio. Además, en las inmediaciones de los principales lugares de interés abundan las habitaciones económicas.

Pernoctar en las reservas naturales de Jordania

Existen distintos tipos de alojamiento, desde parcelas de acampada y cabañas hasta habitaciones de lujo en establecimientos ecológicos. La web de la **RSCN** (www.rscn.org.jo) detalla la oferta en cada espacio protegido, y permite reservar alojamiento en ellos.

Acampar en estas reservas no es una opción económica, destinada más bien a quienes estén dispuestos a pagar por el privilegio de despertar en plena naturaleza y que además quieran contribuir a la ética de turismo sostenible de la RSCN. El **Wild Jordan Centre** (plano p. 52; ☎4616523; www.rscn.org.jo; Othman Bin Affan St, centro) en Ammán también tramita las reservas para acampar.

PRECIOS

Los precios en esta guía indican el coste de una habitación doble en temporada alta. Si no se indica lo contrario, cuentan con cuarto de baño privado.

$	< 40 JOD
$$	40-90 JOD
$$$	> 90 JOD

Hoteles

Desde pensiones regentadas por familias hasta opulentos palacios junto al mar Muerto, Jordania ofrece interesantes opciones de alojamiento. Durante la temporada alta, se recomienda reservar con antelación, especialmente en el mar Muerto, en Jerash, así como en hoteles de precio medio y alto de Aqaba y Wadi Musa.

Los precios en esta guía no incluyen el desayuno, a menos de que se indique lo contrario. El desayuno varía, desde un humilde panecillo con un triángulo de queso procesado, hasta un delicioso surtido de yogur casero, *hummus, fuul* y aceitunas en los hoteles de precio medio.

ECONÓMICO

Las habitaciones económicas, presentes en la mayoría de las poblaciones, van de desnudas y básicas a sencillas y acogedoras. Casi todas están impecables.

En las poblaciones menos frecuentadas, las habitaciones valen a partir de 10/15 JOD las sencillas/dobles, con otras menos espartanas y con cuarto de baño privado por unos 20/35 JOD. Los precios son negociables, especialmente durante las épocas más tranquilas. Los dormitorios colectivos no son habituales, pero casi todos los alojamientos económicos poseen triples (habitaciones con 3 camas) que se pueden compartir con otros viajeros. En verano, algunos lugares ofrecen la posibilidad de dormir en la azotea por unos 3 JOD. En Jordania no hay albergues.

Hay que tener en cuenta que muchos establecimientos económicos están situados sobre tiendas y cafés, por lo que pueden resultar ruidosos por la noche. En verano, se recomienda evitar las sofocantes habitaciones sin ventanas; y en invierno, cuando normalmente hace frío, asegurarse de que funciona la calefacción.

Por lo general, se paga en efectivo y en dinares jordanos.

PRECIO MEDIO

Con la mejor relación calidad-precio de Jordania, estos alojamientos suelen estar en manos de familias, normalmente buena gente que conoce bien la zona y siempre dispuesta a ayudar. Algunos lugares organizan incluso circuitos. La mayor parte de las opciones familiares ofrecen un desayuno casero y, a veces, los huéspedes se unen a la familia si han encargado la cena.

En las poblaciones más visitadas siempre hay al menos un hotel de precio medio, con una buena selección en Ammán, Madaba, Wadi Musa (cerca de Petra) y Aqaba. Las habitaciones suelen tener TV en color (a veces vía satélite), nevera, calefacción (esencial en invierno), teléfono, agua caliente y baño privado.

Los precios rondan los 35/50 JOD para las habitaciones individuales/dobles. Suele ser posible negociar,

DATOS PRÁCTICOS

Periódicos y revistas disponibles en Jordania

» *Jordan Times* (www.jordantimes.com)

» *The Times* (www.thetimes.co.uk)

» *Guardian Weekly* (www.guardian.co.uk/weekly)

» *International Herald Tribune* (www.global.nytimes.com)

» *Time* (www.time.com)

» *Newsweek* (www.thedailybeast.com/newsweek)

Radio

» Radio Jordan (96.3 FM)

» BBC World Service (1323 AM)

» Popular hits (99.6 FM)

TV

» Jordan's Channel 2 (francés e inglés)

» Canales por satélite (BBC, CNN, MTV, Al-Jazeera) disponibles en casi todos los hoteles de precio medio y alto

Tarjetas con descuentos

» Carné Internacional del Estudiante (ISIC) en algunos enclaves turísticos

» Las tarjetas universitarias no se aceptan

Fumar

La prohibición oficial de fumar en lugares públicos pocas veces se hace respetar, con las siguientes excepciones:

» Los hoteles más selectos de Ammán, el mar Muerto y Aqaba reservan algunas habitaciones para no fumadores.

» Algunos restaurantes de primera prohíben fumar en ciertas mesas.

Pesos y medidas

En Jordania rige el sistema métrico decimal. Tabla de conversión en la portada interior.

ADVERTENCIA - AUMENTO DE PRECIOS

Si hay un tema controvertido es el de los precios. Muchos viajeros esperan encontrar precios exactamente iguales a los de esta guía, y sospechan enseguida de hoteleros y taxistas que pidan más. Al mismo tiempo, muchos de estos últimos se sienten frustrados cuando los viajeros insisten en pagar unos precios que pueden haber perdido su vigencia incluso al poco de publicarse la guía.

El rápido aumento de los precios tiene varios motivos. En los últimos cinco años, por ejemplo, los precios volátiles del petróleo, la inestabilidad en los países vecinos y el flujo continuo de inmigrantes han disparado la inflación. Por supuesto, también influye el volumen del turismo que llega a Jordania. Para algunos, su disminución, sobre todo tras la Primavera Árabe del 2011, ha implicado la necesidad de incrementar los precios. Para otros, la de ofrecer descuentos poco realistas.

Resumiendo, aunque se haga todo lo posible para que los precios publicados en esta guía sean acordes con la realidad, solo deben considerarse orientativos.

Quienes intenten calcular el coste de su viaje a Jordania pueden por lo menos contar con que los precios de los transportes públicos, fuertemente subvencionados por el gobierno, solo han registrado un aumento mínimo desde la última edición de esta guía, y no parece anunciarse una subida inminente en este sector.

sobre todo en estancias de varios días. Muchos de estos hoteles ya aceptan el pago con tarjeta de crédito, aunque conviene confirmarlo antes de registrarse.

PRECIO ALTO

Hay varios hoteles de primera excelentes en Ammán, Wadi Musa (ceca de Petra) y Aqaba, con personal en librea, copas de bienvenida, vestíbulos de mármol y habitaciones de lujo. La mayoría posee una agencia de viajes a través de la cual se puede alquilar un automóvil y reservar alojamiento para el resto del viaje.

Casi todos pertenecen a cadenas internacionales, aunque siempre adaptados a la personalidad local jordana, con un interiorismo de estilo árabe, opciones gastronómicas orientales de calidad, tiendas que venden buena artesanía del país y librerías con una selección de títulos sobre Jordania.

Los viajeros independientes a menudo pueden negociar las tarifas a la baja al presentarse en el hotel. Fuera de la temporada alta y días festivos (cuando se impone reservar), es posible encontrar una habitación de primera clase a precios medios.

Estos alojamientos suelen añadir un 26% en concepto de impuestos y servicio, aunque merece la pena comprobar si esta cantidad ya figura en la tarifa con descuento. Todos aceptan las principales tarjetas de crédito.

Alquiler

En Ammán, los mejores lugares para buscar apartamentos y casas de alquiler son los listados inmobiliarios de los periódicos en inglés, los tablones de anuncios de los centros culturales y el del Books@café en Ammán. Véase también www.expatriates.com/classifieds/amm/housingavailable. En el University of Jordan Language Center también hay un tablón de anuncios que puede resultar práctico. Para estancias más largas, se recomienda recorrer el barrio de Shmeisani, o la zona entre el 1er y el 5º círculo: a menudo se ven carteles de "se alquila" en las ventanas de las casas o en los escaparates de las tiendas.

Un apartamento de alquiler en un barrio razonable de Ammán costará entre 500 y 1000 JOD al mes; algo menos si no está amueblado. Un apartamento amueblado o una casa pequeña en un barrio menos recomendable quizá solo cueste de 300 a 500 JOD al mes, pero por este precio, no hay que esperar que todo funcione.

'Resorts'

Si el viajero solo puede permitirse una noche de lujo en Jordania, valdría la pena reservarla para un complejo hotelero del mar Muerto. Estos *resorts* modernos no solo merecen la visita por si mismos, sino que además ofrecen el mejor acceso al mar Muerto, aunque hay pocas alternativas. Los huéspedes de estos centros también pueden utilizar las instalaciones de los hoteles vecinos, lo que anima algo la escasa oferta local de ocio nocturno.

Aparte del mar Muerto, también hay complejos turísticos en Aqaba y sus inmediaciones, incluidos los de las famosas cadenas Mövenpick e Intercontinental. Su acceso directo a las tranquilas aguas del mar Rojo, múltiples piscinas, gimnasios y buenos restaurantes aportan un toque de clase a la segunda ciudad jordana.

Comida

En la p. 292 se da una idea de la cocina jordana y la gastronomía en general.

Comunidad homosexual

La homosexualidad es ilegal en la mayoría de los países islámicos de Oriente

Clima

Ammán

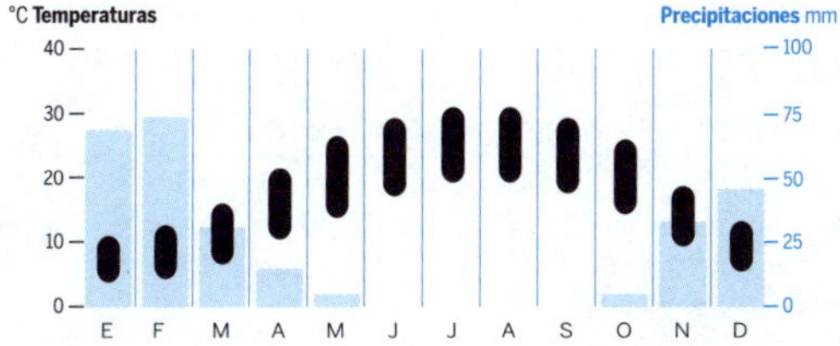

Aqaba

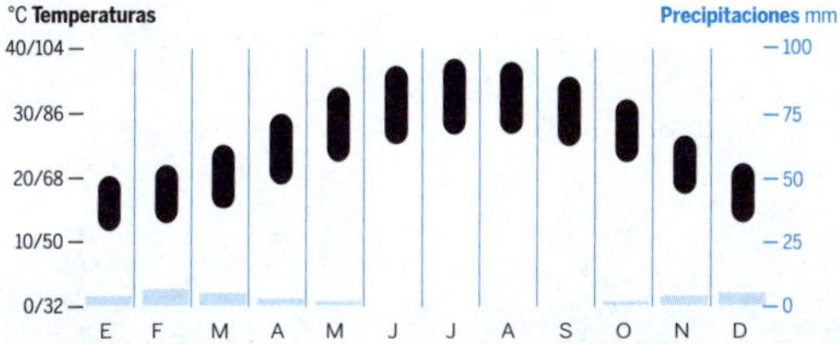

Próximo, pero en Jordania (de acuerdo con la mayoría de las fuentes) el sexo homosexual es legal y su edad de consentimiento es de 16 años. Las muestras públicas de afecto entre heterosexuales no son bien recibidas, al igual que con los gays y lesbianas; sin embargo, es común que personas del mismo sexo se den la mano como signo de amistad.

En Ammán hay una frágil y oculta escena gay, accesible si se pregunta discretamente. Entre los locales mixtos frecuentados por gays se incluye el versátil Books@café y el Blue Fig Café de Ammán.

Ojear www.gaymiddleeast.com y la sección para gays y lesbianas del Thorn Tree de lonelyplanet.com para más información.

Correos

Los sellos se venden en las tiendas de recuerdos que tienen postales, y los buzones se encuentran repartidos por las poblaciones. Todas las poblaciones tienen una oficina de correos, pero para enviar paquetes, es mejor Ammán o Aqaba. La web de **Jordan Post** (www.jordanpost.com.jo) ofrece más información.

Dos empresas de mensajería fiables son **FedEx** (www.fedex.com/jo), con una oficina en Ammán, y **DHL** (www.dhl.com), con sucursales en Ammán y Aqaba. Enviar 1/2 kg a la mayoría de los países cuesta 50 JOD, aunque esta proporción se reduce drásticamente a medida que aumenta el peso.

Cuestiones legales

El sistema legal jordano ha evolucionado a partir de la tradición. El derecho civil y mercantil se basa en gran parte en una ley consuetudinaria de estilo británico, mientras que los asuntos religiosos y familiares los resuelven los tribunales islámicos, que aplican la *sharia*, o sus equivalentes eclesiásticos para los no musulmanes. En pocas palabras:

» La edad legal para conducir y beber es de 18 años.

» La edad de consentimiento para hombres y mujeres es de 16 años.

» Las leyes sobre la edad de consentimiento del país de origen deben respetarse, bajo pena de enjuiciamento, incluso en un país extranjero.

» Los viajeros deben respetar las leyes jordanas.

» El consumo de drogas de cualquier tipo está duramente castigado.

» Está prohibido criticar al rey.

» No se toleran el exceso de velocidad, la conducción bajo los efectos del alcohol o no llevar el cinturón.

» Si el viajero transgrede la ley, su embajada solo podrá contactar con parientes y recomendar a abogados locales.

Cursos de idiomas

Quienes queden seducidos por el mundo árabe y deseen aprender el idioma tienen varias opciones en Ammán:

British Council (☎06-46033420; www.britishcouncil.org/jordan.htm) Pueden poner en contacto potenciales alumnos con tutores privados.

University of Jordan Language Center (☎06-5355000, ext 2370; www.ju.edu.jo; Universidad de Ammán) Ofrece cursos personalizados con enseñanza privada para individuales y pequeños grupos, según sus intereses especiales.

PRECIOS

Las categorías de precios en este libro indican el coste de un plato principal, a menos que se indique otra cosa. El plato principal suele ir acompañado por una ensalada y varios tipos de encurtidos y guarniciones (como *hummus*). Todo ello es gratuito y se sirve siempre con pan árabe.

$	< 5 JOD
$$	5-10 JOD
$$$	> 10 JOD

ACTIVIDADES

Jordania ofrece algunas de las mejores actividades al aire libre en Oriente Próximo, como el senderismo y la escalada en parajes maravillosos, o la exploración del pasado en unas excavaciones arqueológicas. Más información sobre submarinismo y buceo en la p. 29.

QUÉ	DÓNDE	CÓMO/CUÁNTO	VÉASE TAMBIÉN...	NOTAS
Excavaciones arqueológicas	En los alrededores de Madaba, monte Nebo, Karak y Petra	Contactar con una organización involucrada con la arqueología en Jordania antes de llegar al país	p. 274	Actividad posible incluso sin mucha experiencia.
Paseos en camello	Petra y Wadi Rum	30 JOD/2 h	p. 184 y p. 220	Los guías montados ofrecerán una experiencia más auténtica que los que van a pie.
Ciclismo	Dana y carretera del Rey	**Cycling Association** (www.cycling-jordan.com)	p. 327	Se puede traer la bicicleta propia, con piezas de recambio.
Excursionismo	Reservas naturales de Jordania	**RSCN** (☎06-4616523; www.rscn.org.jo)	p. 316	No hay que contar con una red organizada de rutas, señalizaciones y abrevaderos en el camino: casi siempre, es una actividad ad hoc, que incluye el tránsito entre localidades.
Equitación	Petra y Wadi Rum	**Rum Horses** (☎20 33508, 079-5802108; www.wadirumhorses.com)	p. 184 y p. 220	Oportunidad excepcional de montar un semental árabe. Es preciso tener experiencia ecuestre, y se monta sin casco.
Fuentes termales	Mar Muerto y carretera del Rey	El precio de la entrada varía	p. 21	Las aguas termales contienen potasio, magnesio y calcio, entre otros minerales de efectos benéficos.
Escalada en roca	Wadi Rum	Las siguientes webs detallan rutas: www.rumguides.com y www.wadirum.net.	p. 222	En los excelentes libros escritos por Tony Howard y Di Taylor se detallan las rutas de escalada más populares en Jordania.
Footing	Ammán, mar Muerto y Wadi Rum	**Hash House Harriers** (http://hashemitehhh.googlepages.com)	p. 23 y p. 24	Autocalificados de "bebedores adictos al *footing*", los HHH organizan salidas cada lunes desde Ammán.
Baños turcos	Ammán, Madaba, Wadi Musa y Aqaba	Unos 25 JOD, masaje incluido	p. 62	Las mujeres deben llamar con antelación para contar con una asistenta.

Dinero

Conocida como *jay-dee* entre los jóvenes, la divisa de Jordania es el dinar (JOD); 1 dinar equivale a 1000 fils. A veces se oye el término *piastre* o *qirsh*: se refiere a 10 fils (10 qirsh es igual a 100 fils). Cuando se da un precio suele omitirse la unidad; así, si dicen que algo cuesta 25, solo resta adivinar si se trata de fils, piastres o dinares. Aunque suene confuso, a la mayoría de los jordanos ni siquiera se les pasa por la cabeza timar a un extranjero (puede que con la excepción de los taxistas; véase p. 307.

Hay monedas de 10, 25, 50, 100, 250 y 500 fils y de 1 JOD. En cuanto a los billetes, los hay de 1, 5, 10, 20 y 50 JOD. Se recomienda cambiar los billetes grandes siempre que sea posible, pues los establecimientos pequeños quizá no tengan cambio.

Cajeros automáticos

Es posible viajar por Jordania dependiendo casi exclusivamente del dinero de plástico, pues, salvo en los pueblos pequeños, los cajeros abundan en todo el país.

No se aplican comisiones locales por el anticipo de efectivo con cargo a tarjeta, aunque la cantidad máxima diaria que se puede obtener es de unos 500 JOD, dependiendo de las condiciones de cada tarjeta.

La tarjeta más aceptada en los cajeros automáticos es la Visa, seguida de la MasterCard. Otras, como Cirrus y Plus, también se aceptan en muchos cajeros (p. ej., en el Jordan National Bank y HSBC).

Cambio de dinero

Resulta fácil cambiar dinero. Casi todas las monedas principales se aceptan en efectivo y en cheques de viaje. Los dólares USA, libras esterlinas y euros son más fáciles de cambiar que los dólares australianos o neozelandeses.

No existen restricciones sobre la cantidad de dinares que se pueden introducir en Jordania. También se pueden cambiar dinares por otras monedas extranjeras.

Las divisas siria, libanesa, egipcia, israelita e iraquí pueden cambiarse en Ammán. La egipcia y la israelita también pueden canjearse fácilmente en Aqaba. Bancos y casas de cambio cobran casi lo mismo por cambiar dinero en efectivo (algo más por los cheques de viajes), pero los grandes hoteles cobran más. En las fronteras y los aeropuertos hay pequeñas sucursales de los bancos más importantes.

Tarjetas de crédito

En casi todos los hoteles y restaurantes de precio alto, agencias de viaje, tiendas grandes de recuerdos y librerías aceptan las más comunes. En ocasiones añaden comisiones que pueden alcanzar el 5% de la cuenta, por lo que puede ser mejor sacar dinero y pagar en efectivo. Conviene anotar aparte los números de emergencia del revés de las tarjetas de crédito, por si se pierden.

'Duty-free'

Hay tiendas en el aeropuerto internacional Queen Alia y junto al hotel Century Park de Ammán, así como en los tres pasos fronterizos con Israel y los Territorios Palestinos.

Casi todas las tiendas de lujo ofrecen rebajas de impuestos. Si se gastan más de 350 JOD, se guardan las facturas, se llena un formulario, y se abandona el país antes de 90 días, se obtendrá una devolución del 16% ingresado en la tarjeta de crédito en un mostrador del aeropuerto, justo antes de facturar.

Transferencias internacionales

Algunos bancos importantes (como el Arab Bank o el Jordan National Bank) realizan transferencias internacionales de dinero. El Cairo-Amman Bank forma parte del servicio internacional de **Western Union** (www.westernunion.com). **MoneyGram** (www.moneygram.com) tiene acuerdos con varios bancos locales. Las tasas son elevadas en ambos casos, por lo que puede ser preferible obtener un adelanto en efectivo.

> **DINERO IRAQUÍ**
>
> En cualquier esquina del centro de Ammán se venden antiguos billetes y monedas iraquíes con la imagen de Saddam Hussein; aunque sean falsos, interesarán quizá a los coleccionistas, y en todo caso permitirán entablar conversación con los refugiados iraquíes que los venden.

Impuestos

En Jordania se aplica un impuesto del 16% sobre las ventas, aunque normalmente solo ocurre en restaurantes de precio medio y alto, los cuales, junto con los hoteles de idéntica categoría, pueden añadir otro 10% en concepto de servicio. La Zona Económica Especial de Aqaba carga un impuesto sobre las ventas de solo un 5%, por lo que muchos jordanos viajan hasta allí para adquirir bienes de consumo.

Para información sobre el reembolso de impuestos para los turistas, véase "Duty-free".

Propinas

En los mejores restaurantes se suelen dar una propina del 10% del montante. En otros lugares, especialmente en gasolineras y taxis, aprecian que la cifra se redondee en 250 fils o se dejen las monedas pequeñas.

Cheques de viajes

Las casas de cambio aceptan casi todo tipo de cheques de viajes, sobre todo los de American Express (Amex).

EXCURSIONISMO

Es emocionante, sobre todo por la belleza y variedad del paisaje jordano, además de por las alusiones históricas que esconde cada ruta. Hay que tener en cuenta que tanto GPS como teléfonos móviles no funcionan a veces en los barrancos profundos. Siempre hay que confirmar las condiciones meteorológicas antes de partir, pues, en primavera, existe el riesgo de torrentes repentinos que pueden impedir el acceso a los *wadis*.

Cuándo ir

» **Ideal** De mediados de marzo a mediados de abril, cuando no hace demasiado calor, ya no llueve, estallan las flores y los pozos están llenos.

» **Bueno** De finales de septiembre a mediados de octubre, con tiempo seco y cálido.

» **A evitar** De noviembre a marzo, por el peligro de lluvias y crecidas inesperadas al acampar o recorrer angostos *wadis*. Los caminos suelen desdibujarse, por lo que las rutas cambian con frecuencia. También hace demasiado frío para acampar.

Dónde ir

Las mejores zonas para el excursionismo son la Reserva Natural de Ajlun, la de Dana y la de Wadi Mujib, donde casi todas las rutas requieren ir con guía. Otras opciones independientes son las emocionantes excursiones por Petra y Wadi Rum. Los guías beduinos también se ofrecen para recorrer las antiguas rutas de caravanas que comunican estos dos fantásticos lugares. Varias rutas más largas serán factibles con una tienda. Concretamente, el trayecto de Dana a Petra será una excelente excursión de cuatro días que pasa por Wadi Feinan, Wadi Ghuweir y Pequeña Petra.

Qué traer

Los pantalones ligeros y las camisas de manga larga son culturalmente respetuosos y apropiados para la zona. Otros artículos esenciales incluyen un sombrero, protección solar, cantimplora y repelente de insectos. Las botas de excursionismo ligeras son ideales, al igual que las sandalias para andar y una bolsa impermeable para andar por los húmedos *wadis*.

Cómo organizar una excursión

Lo mejor es dirigirse a la RSCN, el centro de visitantes en Petra o Wadi Rum, o a una agencia de viajes privada, especializada en excursionismo (véase abajo). Si se contrata un guía beduino, conviene acordar qué servicios ofrece para evitar decepciones. Las tarifas varían (y son negociables): entre 30 y 100 JOD, en función de las habilidades requeridas para la caminata o escalada.

» **Real Sociedad para la Conservación de la Naturaleza** (RSCN, ☎06-4616523; www.rscn.org.jo) Variedad de rutas de senderismo con guía; avisando con antelación, pueden organizar salidas de larga distancia. Los precios oscilan entre 30 JOD por un circuito de dos horas con guía, hasta más de 100 JOD para toda una jornada.

» **Terhaal Encounters** (☎06-5813061; www.terhaal.com) Para actividades de aventura, individuales o en grupo, que incluyen rápel y barranquismo, con un impacto ambiental mínimo y en beneficio de las comunidades locales.

» **Desert Guides Company** (☎06-5527230; www.desertguidescompany.com) Especializada en deportes de aventura, senderismo y escalada por todo el país.

» **Yamaan Safady** (☎077 7222101; www.adventurejordan.com) Organiza salidas semanales para expatriados y autóctonos hacia lugares como Wadi Yabis y Wadi Hasa, como parte del Adventure Jordan Hiking Club.

Dónde encontrar más información

Lo mejor es comprar tanto los mapas como los libros en el extranjero, pues su disponibilidad en Jordania no siempre está garantizada.

Trekking & Canyoning in the Jordanian Dead Sea Rift, de Itai Haviv, contiene numerosas rutas de senderismo y barranquismo por los *wadis* del centro del país.

Hay que verificar la comisión antes de cambiarlos.

Electricidad

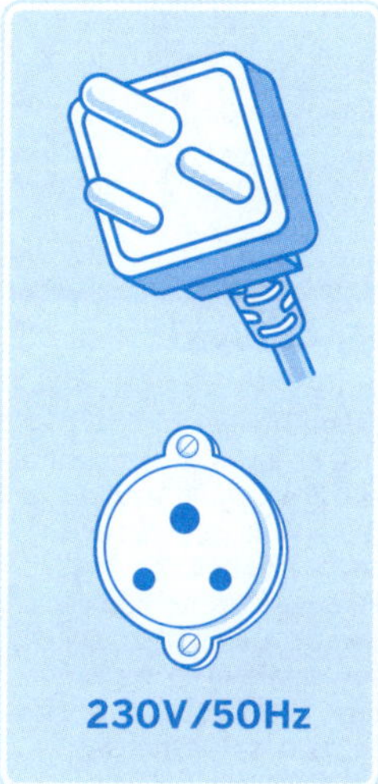

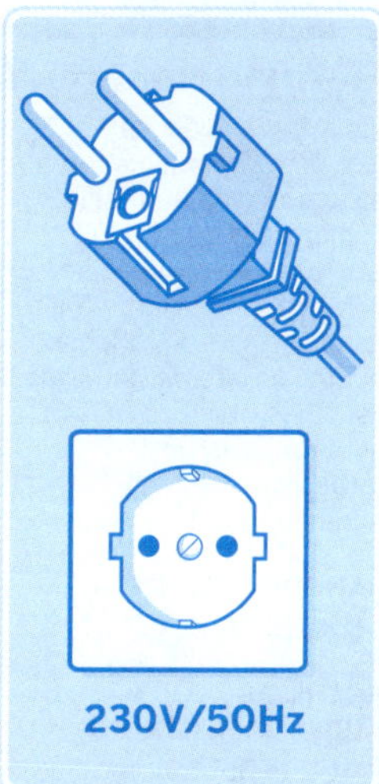

Embajadas y consulados

En general, los horarios para solicitud de visados son de 9.00 a 11.00 de domingo a jueves, y de 13.00 a 15.00 para la recogida de los mismos.

Arabia Saudí Consulado (☎06-5924154; fax 5921154; 1er círculo, Jebel Amman)
Argentina Embajada concurrente en Egipto (☎011-3334167/4168, fax 3327326; Ziad Ben Abi Soufian, Coin Fauzi Al-Ghazzi, El Cairo)
Colombia Embajada concurrente en Egipto (☎02-736 4203; eelcairo@cancilleria.gov.co; Guezira, 6, Zamalek, El Cairo)
Chile (☎06-5923360; echile@batelco.jo; 28 Hussein Abu Al-Raghib St. Abdoun, Ammán)
EE UU (☎06-5906000; http://jordan.usembassy.gov; 20 Al-Umawiyeen St, Abdoun)
Egipto Consulado (☎03-2016171; Al-Isteglal esq. Al-Akhatal Sts, Aqaba; ⏲ 8.00-15.00 do-ju) embajada (☎06-5605175; fax 5604082; 22 Qortubah St, Jebel Amman; h9.00-12.00 do-ju) Entre el 4º y 5º círculo.
España (☎06-4614166; www.maec.es/subwebs/embajadas/amman; embespjo@mail.mae.es; Zaharan St-Jabal., PO Box 454, 11118 Ammán)
Iraq (☎06-4623175; fax 4619172; Al- Kulliyah al-Islamiyah St, Jebel Amman) Cerca del 1er círculo.
Israel Consulado (☎06-5503529; Maysaloon St, Shmeisani)
Líbano (☎06-5929111; fax 5929113; Al-Neel St, Abdoun).
México Embajada concurrente en Egipto (☎02-358 0256; www.sre.gob.mx/egipto; Port Said 17, 5º, Maadi, 11431, El Cairo)
Siria (☎06-5920684; Abdoun Prince Hashem bin Al-Hussein St, Jebel Amman) Cerca del 4º círculo.
Venezuela (☎06-5851704; www.embavenezjordania.com; Dimashq 58, Abdoun)
Yemen (☎06-5923771; Al-Ameer Hashem bin al-Hussein St, Abdoun)

Fiestas oficiales

Durante las fiestas oficiales siguientes, los bancos y oficinas del Gobierno están cerradas. Tiendas, casas de cambio y restaurantes suelen permanecer abiertos, y los transportes públicos funcionan con normalidad. Durante los días del Eid al-Fitr y el Eid al-Adha muchos comercios cierran, pues son festividades de carácter familiar.
Año Nuevo 1 de enero
Viernes Santo Marzo/abril
Día del Trabajo 1 de mayo
Día de la Independencia 25 de mayo
Día del Ejército y aniversario de la Gran Rebelión Árabe 10 de junio
Navidad 25 de diciembre

A renglón seguido se citan las principales festividades musulmanas. Véase la tabla de fiestas islámicas para las fechas equivalentes en el calendario del mundo occidental.
Año Nuevo islámico Primer día de MoHarram.
Nacimiento del profeta Mahoma El 12 de Rabi' al-Awal.
Eid al-Isra Wal Mi'raj Conmemora la visita nocturna del profeta Mahoma al cielo.
Ramadán Noveno mes del calendario musulmán.
Eid al-Fitr Comienza al inicio del Shawwal y señala el final del ayuno del Ramadán.
Eid al-Adha Conmemoración del momento en el que Alá evitó que Ibrahim (Abraham, en la Biblia) sacrificara a su hijo Isaac. También marca el final del Haj.

Ramadán

Durante el sagrado mes del Ramadán, los musulmanes se abstienen de comer, beber, practicar sexo y fumar durante las horas de sol, de acuerdo con el cuarto pilar del islam. Incluso mascar chicle está considerado *haram*.

Aunque muchos musulmanes jordanos no siguen el mandamiento al pie de la letra, la mayoría lo cumple en mayor o menor medida. En cuanto a los extranjeros, no se espera que lo cumplan, pero es de mala educación comer, beber o fumar en público durante dicho período.

Durante el Ramadán, los horarios comerciales son

FIESTAS ISLÁMICAS

AÑO DE LA HÉGIRA	AÑO NUEVO	ANIVERSARIO DEL PROFETA	INICIO DEL RAMADÁN	EID AL-FITR	EID AL-ADHA
1433	26.11.11	04.02.12	20.07.12	19.08.12	26.10.12
1434	15.11.12	24.01.13	09.07.13	08.08.13	15.10.13
1435	04.11.13	13.01.14	28.06.14	28.07.14	04.10.14
1436	24.10.14	03.01.15	18.06.15	18.07.15	24.11.15

muy erráticos y, especialmente a final de mes, los nervios están a flor de piel. Después de las 18.30, muchos pueblos se convierten en lugares fantasmas, pues la gente corre a sus casas para romper el ayuno. Las atracciones turísticas y los restaurantes de los hoteles permanecen abiertos y, por lo general, el transporte público funciona con total normalidad; no obstante, la oferta de alcohol puede quedar restringida al servicio de habitaciones o, sencillamente, desaparecer.

Fotografía

Seguridad aeroportuaria

Todos los aeropuertos de Jordania tienen máquinas de rayos X para chequear los equipajes. Las imágenes digitales no sufren ante este control, pero es mejor llevar los carretes antiguos en un bolso de mano y mostrarlos directamente al personal de seguridad. Lo dicho también vale para el equipaje facturado.

Equipo

Los accesorios digitales y las tarjetas de memoria se venden en muchos lugares; una tarjeta de memoria de 1 GB cuesta alrededor de 20 JOD. Muchas tiendas del sector pueden pasar fotografías a CD e imprimir imágenes digitales.

Fotografías de personas

Algunos jordanos, en especial las mujeres y personas mayores, rechazan ser fotografiados, por lo que siempre es mejor pedir permiso. Insistir en tomar una instantánea contra la voluntad de alguien puede provocar una escena desagradable, por lo que siempre es mejor recurrir a la cortesía y el sentido común. Los niños normalmente se pegan por salir en las fotos.

Los jordanos se sienten muy orgullosos de su país y pueden ofenderse si observan que los objetivos de las cámaras enfocan algo negativo o indicativo de pobreza y miseria, lo que puede incluir la actividad de un mercado.

Restricciones

Está prohibido fotografiar zonas militares y áreas estratégicas, como puentes y edificios públicos. Hay que tener especial cuidado en el Desierto del Este, ya que hay varias zonas militares no muy lejos de los castillos. También hay que ser prudente en la carretera del mar Muerto, donde hay numerosos controles que protegen la delicada frontera con Israel y los Territorios Palestinos.

Hora local

Jordania va dos horas por delante respecto al GMT/UTC en invierno y tres entre el 1 de abril y el 1 de octubre (horario de verano, que no concuerda del todo con el europeo). No hay diferencias horarias dentro del país. Jordania está en el mismo huso horario que Israel y los Territorios Palestinos, Siria y Egipto.

Horario comercial

Varía entre ciudades y oficinas, pero la siguiente tabla da una idea de los horarios comerciales de Jordania. Las reseñas solo señalan los horarios de apertura si difieren de esta norma. Muchos puntos de interés, oficinas estatales y bancos cierran antes en invierno.

Durante el Ramadán los horarios se reducen mucho.

BANCOS

» 8.30-15.00, do-ju

AGENCIAS GUBERNAMENTALES

» 8.00-15.00, do-ju

TARIFAS POSTALES DESDE JORDANIA

	ORIENTE PRÓXIMO	EUROPA	EE UU/ CANADÁ
Carta/postal	600	800 fils	1 JOD
Paquete 1 kg	9 JOD	18,6 JOD	15,3 JOD

CASAS DE CAMBIO

» 9.00-21.00, diario

OFICINAS DE CORREOS

» 7.00-18.00, sa-ju

» Algunas abren vi hasta 13.00

TIENDAS Y NEGOCIOS

» 9.00-20.00, sa-ju

» Algunos cierran de 14.00 a 16.00

ZOCOS (MERCADOS)

» 9.00-20.00, diario

OFICINAS DE TURISMO

» 8.00-15.00, sa-ju

CENTROS DE VISITANTES

» 8.00-18.00, diario

» Más información en reseñas de cada punto de interés

Información turística

Jordania posee una buena red de oficinas de turismo y centros de visitantes. La oficina principal de turismo de Ammán está en la planta baja del **Ministerio de Turismo y Antigüedades** (www.tourism.jo), en Jebel Amman.

La completa web del **Consejo de Turismo Jordano** (JTB; en español: http://sp.visitjordan.com/) ofrece información actualizada regularmente. El JTB también edita excelentes folletos en varias lenguas disponibles en sus oficinas del país y el extranjero. Para obtener un paquete con mapas y folletos, se puede contactar con las siguientes oficinas: **España** (✆932073232; avenida Diagonal, 339 bis, entlo. 4ª, 08037 Barcelona; ✆914475087; General Martínez Campos, 25; 28010 Madrid). **EE UU** (✆1877-7335673, 703-2437404; contactus@visitjordan.com; Suite 102, 6867 Elm St, McLean, VA 22101)

Lavabos públicos

Casi todos los hoteles y restaurantes, excepto los económicos, tienen váteres al estilo occidental. En el resto hay retretes a la turca, con una manguera para lavarse y un cubo de agua a modo de cisterna.

El papel higiénico (cuya utilización se considera insalubre en la mayoría de los países de Oriente Próximo) suele brillar por su ausencia, excepto en los hoteles y restaurantes de precio medio y alto. Los lugareños prefieren usar la manguera y depositar el papel (que utilizan para secarse) en la cesta que hay junto al retrete; estas cestas deben usarse para evitar atascos, pues el sistema de alcantarillado no está pensado para el papel. Quienes no puedan pasar sin papel, pueden comprarlo en casi todas las tiendas de ultramarinos de todo el país.

Mapas

El *Map of Jordan*, gratis, publicado por el Consejo de Turismo Jordano, resulta práctico para conducir. El Royal Geographic Centre of Jordan también edita buenos mapas, incluido uno de senderismo de Petra.

Fuera de Jordania, pueden encontrarse varios mapas detallados: *Jordan*, a escala 1:700 000, del ITMB, es probablemente el más fácil de conseguir; *Jordan*, de Kümmerly y Frey, es el mejor para conducir; y la última edición de *Jordan*, de GEO Project (1:730 000), incluye un excelente plano de Ammán.

Seguro de viajes

Es esencial contar con un seguro en caso de robo, pérdida e incidencias médicas. La póliza debería cubrir las ambulancias y las repatriaciones urgentes en avión.

Algunas pólizas excluyen específicamente las actividades de aventura, como el motociclismo e incluso el senderismo. Se debe tener un seguro para practicar submarinismo en Aqaba (el tratamiento de cámara de decompresión es muy caro).

Hay pólizas que gestionan los gastos médicos u hospitalarios directamente, mientras que con otras es el asegurado quien paga primero y luego lo arregla con la aseguradora, en cuyo caso hay que guardar todas las facturas y documentación. Algunas compañías piden que se llame a cobro revertido al país de origen, donde se evalúa inmediatamente el problema. Véase también "Seguro" en p. 333.

Teléfono

La telefonía en Jordania está en manos privadas, con la posibilidad de poder llamar desde una agencia de teléfonos privada, hotel o tienda, y comprar una tarjeta de teléfono para usar en los más de mil teléfonos de pago que hay por todo el país.

Las llamadas locales cuestan alrededor de 150 fils por tres minutos. El lugar más sencillo para telefonear es el propio hotel, donde a menudo no cobran por las llamadas locales. El coste de las llamadas desde Jordania al extranjero varían mucho: hay que preguntar al servidor telefónico.

Las llamadas al extranjero pueden hacerse desde cualquier teléfono de tarjeta u hotel, aunque salen bastante más caras. Por lo general, no es posible llamar a cobro revertido.

Teléfono móvil

Jordania utiliza el sistema GSM. Los dos servidores principales son **Zain** (www.zain.com) y **Orange** (www.orange.jo), y ambos ofrecen una amplia variedad de planes y tarjetas SIM de prepago.

Prefijos telefónicos

Para llamar desde un teléfono fijo hay que marcar un prefijo de zona de dos dígitos antes del número de seis o siete dígitos del abonado.
☎962 Prefijo nacional de Jordania
☎00 Prefijo internacional

Los siguientes prefijos preceden los números del abonado, de seis o siete dígitos:
☎02 Norte de Jordania
☎03 Sur de Jordania
☎05 Valle del Jordán, distritos centro y este
☎06 Distrito de Ammán
☎07 Prefijo para números de ocho dígitos de los móviles
☎0800 Prefijo para llamadas gratuitas
☎1212 Información para llamadas locales (Ammán)
☎131 Información para el resto del país
☎132 o ☎133 Información para llamadas internacionales

Teléfonos de emergencia

☎911 Ambulancia
☎911 Bomberos
☎911 Policía

Trabajo

En Jordania no abunda el trabajo temporal, pues tales puestos están muy demandados entre los refugiados palestinos e iraquíes. Si se está interesado en permanecer más tiempo en el país y se tiene alguna habilidad o cualidad específicas, lo mejor es solicitar trabajo antes de salir de casa. De esta forma, el empleador se hará cargo también del billete de avión y el permiso de trabajo.

Submarinismo

Los instructores o personas cualificadas en submarinismo quizás encuentren un puesto en la zona de Aqaba, especialmente durante la temporada alta (sep-mar), aunque la competencia es fuerte.

Enseñanza de idiomas

La sede del Instituto Cervantes de Ammán puede ser una salida laboral para profesores titulados en español para extranjeros (☎962 6 46 10 858; amman.cervantes.es; Mohammad Hafiz Mu'ath, nº 12).

Viajeros con discapacidades

Maha Barghouthi consiguió la primera medalla olímpica de oro para Jordania en los Juegos Paralímpicos de Sídney, a finales del 2000. Fue un momento de orgullo para Jordania, y una llamada de atención sobre las personas con discapacidades... por poco tiempo. Una década después, Jordania sigue siendo un país problemático para los viajeros con discapacidades. Aunque los jordanos siempre se muestran dispuestos a ayudar, las ciudades están repletas de gente y el tráfico es caótico; además, la visita a las atracciones turísticas, por ejemplo a los vastos yacimientos arqueológicos de Petra y Jerash, implican largos paseos por terreno irregular.

Aunque algo si ha cambiado:

» Con carácter de ley, todos los edificios públicos nuevos deben tener acceso para silla de ruedas.

» En Petra, se ofrecen carros de caballos para que los visitantes con movilidad limitada puedan acceder a los lugares principales.

» El Royal Diving Club es miembro de **Access to Marine Conservation for All** (AMCA; www.amca-international.org), una iniciativa que posibilita a la gente con discapacidades disfrutar del submarinismo.

Visados

Todos los extranjeros necesitan un visado para entrar a Jordania (20 JOD). Este puede obtenerse a la llegada al país, tanto en el aeropuerto como en la mayor parte de las fronteras terrestres. El visado turístico es válido para tres meses, es decir, que se puede entrar a Jordania durante tres meses desde la fecha de emisión del visado, para una estancia máxima de un mes desde la fecha de entrada. El pasaporte debería tener una validez de seis meses por lo menos después de la llegada a Jordania.

En el aeropuerto

En los mostradores de inmigración del aeropuerto de Ammán se expiden los visados sin necesidad de rellenar ningún formulario. Se paga en dinares jordanos. Hay oficinas de cambio al lado de los mostradores, pero como a veces están cerradas y los cajeros automáticos solo están disponibles después de inmigración, vale la pena llevar encima la cantidad correcta de dinares jordanos.

En las fronteras terrestres

Los visados jordanos se tramitan con un papeleo mínimo en cualquier frontera terrestre del país, con la excepción de la del puente del Rey Hussein.

Más información sobre el cruce de fronteras en la p. 35.

Por Aqaba

Si se llega a la ciudad meridional jordana de Aqaba en un vuelo internacional, en barco desde Nuweiba (Egipto) o por tierra desde Eilat, se tiene derecho a un visado gratis como parte del acuerdo de libre comercio con la Zona Económica Especial de Aqaba (ASEZA). Si se permanece en Jordania más de 15 días, hay que registrarse en las oficinas de **ASEZA** (☎03-2035757; www.aqabazone.com) en Aqaba.

Visado múltiple

Los visados de entrada múltiple (60 JOD) deben obtenerse con antelación en las embajadas o consulados jordanos fuera del país. En Oriente Próximo, Jordania tiene embajadas en todos los países vecinos, incluido Israel y los Territorios Palestinos. No obstante, si se planea viajar por otras zonas de la región, quizás sea mejor evitar sacar un visado múltiple jordano en Israel, pues muchos países árabes rechazan la entrada a quienes tengan sellos israelíes en sus pasaportes (véase recuadro en p. 39).

Extensión del visado

En Ammán y Aqaba puede conseguirse fácilmente una extensión sin cargo adicional para estancias de hasta tres meses. El proceso es sencillo pero comporta cierto ajetreo, aunque pocas veces se tardará más de 30 minutos en cada oficina.

» Pedir al personal del hotel que escriban una breve carta confirmando que el solicitante se aloja allí.

» Pedirles que rellenen dos copias de una pequeña tarjeta (o fotocopia) con todos los detalles del hotel.

» Rellenar el formulario de solicitud de una extensión del visado en el revés de esta tarjeta (está en árabe, pero el personal del hotel podrá traducirlo, y se puede cumplimentar en inglés).

» Entregar en la comisaría de policía correspondiente el formulario, la carta, fotocopias de las páginas principales del pasaporte y la página con los visados jordanos, así como el pasaporte (véase p. 75 la dirección en Ammán y p. 209 la dirección en Aqaba).

» Dirigirse a la comisaría de policía entre 10.00 y 15.00 de sábado a jueves (mejor llegar temprano).

» Esperar la extensión (que suele concederse al momento).

Tras reunir la documentación necesaria, el proceso de inscripción en una comisaría de policía es cuestión de 1/2 hora. Puede que pidan un análisis de VIH, que suele tardar 24 horas. La estancia máxima permitida a través de la extensión del visado son seis meses. Cada día que se permanece en el país sin formalizar el visado se multa con 1,5 JOD.

Para las largas estancias o cualquier problema relacionado con el visado, quizá sea preciso dirigirse al **Directorate of Residency & Borders** (☎06-5505360; Majed al-Idwans St, Shmeisani, Ammán; ⏲8.00-15.00 do-ju, hasta 13.00 sa). Los taxis colectivos nº 6 o 7 llevan desde el centro hasta Shmeisani; desde allí queda un paseo de 15 minutos. La oficina está junto a la comisaría central de policía de Shmeisani *(markaz mudiret ash-shurta)*.

Visados para otros países de Oriente Próximo

EGIPTO

Los viajeros de casi todas las nacionalidades obtienen el visado (20 US$, a pagar en dólares) en el barco desde Jordania o al llegar a Egipto.

Si solo se pretende visitar la península del Sinaí, se puede pedir un "visado de entrada al Sinaí" gratuito, válido para 15 días.

Para viajar más allá de Sharm el-Sheikh será preciso solicitar un visado egipcio completo al llegar (no disponible en la frontera de Taba). Los visados sencillos o de entrada múltiple (20/25 JOD) pueden obtenerse por adelantado en el consulado egipcio de Aqaba o la embajada egipcia en Ammán.

IRAQ

Hoy por hoy, no es aconsejable viajar a Iraq. La solicitud de visado tarda entre dos y tres semanas en ser aprobada por el Ministerio del Interior en Bagdad.

ISRAEL Y LOS TERRITORIOS PALESTINOS

Se pueden obtener visados en las fronteras abiertas actualmente a los extranjeros: el puente del Jeque Hussein, el puente del Rey Hussein y Wadi Araba, y muchas nacionalidades no los requieren.

LÍBANO

Los visados libaneses son fáciles de obtener en la frontera, pero no en la embajada libanesa de Ammán. Si se pretende llegar a Líbano pasando por Siria, hay que tener en cuenta que es preciso obtener el visado sirio antes de entrar en Jordania.

ARABIA SAUDÍ

No se puede visitar Arabia Saudí como un viajero cualquiera. Para entrar en el país, se ha de tener un visado de residencia o, si se está de viaje entre Jordania y Kuwait o Yemen y se puede probar que no hay otra forma de llegar (p. ej., si se va en automóvil propio), puede que concedan uno de tránsito válido para tres o siete días. Hay que solicitar el visado con mucha antelación, en el país de residencia, y los visados están sujetos a muchas estipulaciones adicionales. Antes de intentarlo, es mejor informarse en la embajada saudí del país de origen.

SIRIA

Para entrar en Siria hay que obtener un visado antes de llegar a Jordania. Solo los residentes extranjeros en Jordania (es decir, trabajadores y diplomáticos) y los residentes de un país sin representación diplomática siria pueden obtenerlo en la embajada de Ammán. Aunque algunos viajeros han obtenido un visado en la frontera, no hay que contar con ello.

Es importante recordar que no se puede entrar en Siria desde Jordania si se tiene un sello de Israel y los Territorios Palestinos en el pasaporte (véase recuadro en p. 39).

Voluntariado

El listado siguiente destaca algunas oportunidades. Más ideas en www.goabroad.com/volunteer-abroad/search/jordan/volunteer-abroad-1.

RSCN (www.rscn.org.jo) Para involucrarse en los proyectos ecológicos del país, hay oportunidades limitadas de trabajar dentro de algunas de las reservas naturales a través de un programa de voluntariado de tres meses. Suelen ofrecer alojamiento y manutención a cambio de diferentes servicios, como trabajar en los centros de visitantes. Los jordanos tienen preferencia, pero si se tiene alguna habilidad especial en dirección o conservación, puede que haya suerte.

Agencia de la ONU para los refugiados de Palestina (UNRWA; ☎06-5609100, ext 165; jorpio@unrwa.org) Para trabajar con los refugiados palestinos hay que dirigirse a la oficina de información pública de la UNRWA. No hay ningún programa organizado de voluntariado, pero en caso de permanecer en Jordania unos meses (prefieren compromisos de largo plazo, mejor que solo de unas semanas) y se cuenta con cierta formación en educación, salud o ayuda internacional, quizá sea posible colaborar con ellos. Hay que contactar con ellos al menos tres meses antes.

Transporte

el trámite de visados y para cambiar divisas disponibles en todas las fronteras.

Siempre hay que llevarlo encima cuando se viaja por zonas sensibles, como las inmediaciones de la frontera con Israel y los Territorios Palestinos, la carretera del mar Muerto y las vías que conectan esta carretera con las poblaciones interiores, donde hay habituales controles policiales.

Conviene recordar que no se puede entrar en Siria (ni ciertos países de Oriente Próximo) desde Jordania si el pasaporte lleva el sellado de Israel y los Territorios Palestinos; véase el recuadro (p. 39).

CÓMO LLEGAR Y SALIR

Desde que Jean Louis Burckhardt redescubrió Petra para el mundo occidental en el s. XIX, los turistas han encontrado la manera de visitar Jordania, creando así rutas consolidadas y eficientes de llegada y salida, que incluyen las fronteras jordanas con Siria, e Israel y los Territorios Palestinos. Otra opción es la travesía en barco del mar Rojo hasta Nuweiba en Egipto. Cuando se redactó esta guía, estas rutas estaban restringidas por los disturbios relacionados con la Primavera Árabe del 2011, pero se espera que vuelvan a abrirse en un futuro.

También se puede combinar la visita a Jordania con la de otros países vecinos volando de Ammán a las capitales regionales; como Ammán está bien conectada con otros países árabes, también se puede combinar con una visita a Dubái (un destino de creciente importancia) en los Emiratos, y otros destinos en la península Arábiga.

Llegada al país

Entrar en Jordania es sencillo, ya sea por aire, tierra o mar, con instalaciones para

Avión

Aeropuertos y líneas aéreas

En pleno proceso de exhaustiva renovación, el **aeropuerto internacional Queen Alia** (☎06-4452700), unos 35 km al sur de Ammán, es la principal puerta de entrada al país. Hay dos terminales: la Terminal 1 para casi todos los vuelos de Royal Jordanian y la Terminal 2 para las demás líneas aéreas. Las agencias de alquiler de coches están en el edificio de las llegadas.

Golden Tulip Airport Hotel (☎06-4451000; www.goldentulip.com; h desde 80 JOD), el único hotel en el aeropuerto, está a 2 km de la

EL CAMBIO CLIMÁTICO Y LOS VIAJES

Todos los viajes con motor generan una cierta cantidad de CO_2, la principal causa del cambio climático provocado por el hombre. En la actualidad, el principal medio de transporte para los viajes son los aviones, que emplean menos cantidad de combustible por kilómetro y persona que la mayoría de los automóviles, pero también recorren distancias mucho mayores. La altura a la que los aviones emiten gases (incluido el CO_2) y partículas también contribuye a su impacto en el cambio climático. Muchas páginas web ofrecen "calculadoras de carbono" que permiten al viajero hacer un cálculo estimado de las emisiones de carbono que genera en su viaje y, si lo desea, compensar el impacto de los gases invernadero emitidos participando en iniciativas de carácter ecológico por todo el mundo. Lonely Planet compensa todos los viajes de su personal y de los autores de sus guías.

terminal. El otro aeropuerto internacional del país está en Aqaba, utilizado por algunas aerolíneas internacionales de camino a Ammán. Los vuelos a Sharm el-Sheikh (Egipto) operan desde aquí, y también recibe algunos chárteres europeos.

La línea aérea nacional **Royal Jordanian** (☎06-5100000; www.rj.com) está bien consolidada y presenta un buen historial de seguridad. Tiene vuelos directos con casi todas las grandes ciudades europeas y todas las capitales de Oriente Próximo. **Royal Wings** (www.royalwings.com.jo), filial de Royal Jordanian, vuela con aviones más pequeños y en trayectos más cortos de Ammán a Aqaba (2 diarios).

Las siguientes aerolíneas vuelan a Jordania y tienen oficinas en Ammán:

Air France (☎06-5100777; www.airfrance.com)
British Airways (☎06-5828801; www.britishairways.com)
Emirates (☎06-4615222; www.emirates.com)
Gulf Air (☎06-653613; www.gulfair.com)
KLM (☎06-655267; www.klm.com)
Kuwait Airways (☎06-5690144; www.kuwait-airways.com)
Lufthansa Airlines (☎06-5200180; www.lufthansa.com)
Qatar Airways (☎06-5679444; www.qatarairways.com)
Turkish Airlines (☎06-5548100; www.turkishairlines.com)

Billetes

Jordania no es un destino aéreo barato, pero en internet suele haber ofertas para temporada baja (nov-feb y med may-fin ago). Algunas aerolíneas ofrecen billetes *open-jaw*, que permiten llegar a Ammán y regresar desde Beirut (Líbano) o Damasco (Siria).

Hay unas pocas compañías, sobre todo Gulf Air, que aún requieren reconfirmación de los vuelos internacionales (tanto para la continuación del viaje como para el vuelo de regreso) 72 horas, como mínimo, antes del despegue.

Comprar billetes en Oriente Próximo

Para comprar billetes de avión baratos en Ammán y otras capitales regionales, se puede probar en los siguientes lugares o agencias:

Ammán A lo largo de Al-Malek Al-Hussein, cerca del paso elevado.
Tel Aviv **Israel Student Travel Association** (ISSTA; ☎03-7777316; www.issta.com)
Estambul Lado norte de Divan Yolu en Sultanahmet, se recomienda **Orion-Tour** (☎212-2326300; www.orion-tour.com)
El Cairo Alrededor de Midan Tahrir. Una de las mejores es **Egypt Panorama Tours** (☎02-2359 0200; www.eptours.com) enfrente de la estación de metro Al-Ma'adi.

Por tierra

Es fácil llegar a Jordania vía terrestre desde Siria o desde Israel y los Territorios Palestinos. Los residentes extranjeros en Arabia Saudí (y los pasajeros en tránsito que pueden demostrar que no tienen otra manera de llegar a Jordania) también podrán cruzar Arabia Saudí y entrar en Jordania por tierra. Para más información, véase p. 35.

Casi todos los viajeros por tierra llegan a Jordania en autobús o taxi colectivo. También se puede entrar con vehículo propio (véase p. 329).

Abandonar Jordania por tierra requiere algo más de planificación, debido a ciertas estipulaciones referentes a los visados. Particularmente por Siria, en cuyo caso se recomienda leer la información sobre visados para otros países de Oriente Próximo del recuadro en p. 321.

> **TASA DE SALIDA**
>
> Los extranjeros deben pagar una tasa de salida de Jordania de 4 JOD por tierra, 6 JOD por mar y 15 JOD en avión. Si se sale en avión, suele estar incluida en el precio del billete.

A/desde las fronteras de Jordania

EGIPTO

La mayoría de la gente viaja entre Jordania y Egipto en barco (véase p. 326). Es más rápido y barato, sin embargo, viajar por tierra pasando por Israel y los Territorios Palestinos vía Wadi Araba (véase sin embargo el recuadro de la p. 39 sobre el estigma de los sellados israelíes antes de tomar una decisión). Caso de elegir esta ruta:

» Hay que tomar un taxi hasta Wadi Araba y otro entre Yitzhak Rabin y Taba en la frontera egipcia.

» Hay taxis que van desde ambas fronteras hasta Eilat, y autobuses desde Eilat hasta ambas fronteras.

» El trayecto completo es de unas 1½ horas.

IRAQ

En la actualidad no se recomienda viajar a Iraq, aunque, a veces, hay taxis colectivos que se atreven a hacer el trayecto entre Bagdad y la estación de autobuses Abdali de Ammán. Estos utilizan el paso fronterizo de Al-Karama-Tarbil, a 330 km de Ammán. Pero, hoy por hoy, se trata de un viaje extremadamente arriesgado, pues atraviesa el famoso "Triángulo suní".

Si la situación mejora, la forma más fácil de llegar a la capital es el autobús con aire acondicionado de **Jordan Express Tourist Transport** (JETT; ☎06-5854679; www.jett.com.jo; Al-Malek al-Hussein St, Shmeisani) que sale hacia

Bagdad los sábados y miércoles a las 14.30 (28,4 JOD).

ISRAEL Y LOS TERRITORIOS PALESTINOS

En varias ciudades jordanas hay autobuses directos hacia Israel y los Territorios Palestinos. Un autobús directo entre Ammán y Tel Aviv permite ahorrarse el lío de llegar a/desde las fronteras por cuenta propia, pero sale más caro y supone esperar a que todos los pasajeros pasen la aduana e inmigración.

Desde Ammán, **Trust International Transport** (☎06-5813427) ofrece autobuses que salen desde su oficina, en el 7º círculo (p. 76), a Tel Aviv (6 h), Haifa (7 h) y Nazaret (7 h), con salidas diarias (excepto sa) a las 8.30. Los horarios cambian con frecuencia, por lo que se debe comprobar las salidas y reservar (y recoger) los billetes con antelación en la estación de autobuses. Hay un autobús de **Jordan Express Tourist Transport** (JETT; ☎06-5854679; www.jett.com.jo) hasta el puente del Rey Hussein (7,250 JOD 1 h, 7.00).

Para ir de forma independiente, léanse las siguientes notas.

Puente del Rey Hussein (puente de Allenby)

» Taxi desde la estación Abdali (Sur) de Ammán hasta el puente del Rey Hussein (8 JOD, 45 min); también hay un autobús diario de JETT (7,250 JOD, 1 h, 7.00).

» Autobuses lanzadera (2 JOD, entre 10 min y 1 h, según el tiempo de espera) conectan las dos fronteras (con prolongadas retenciones). No se puede cruzar esta frontera andando, en autostop ni en vehículo privado.

» Para ir a Jerusalén desde la frontera, se puede tomar un *sherut* (taxi colectivo israelí; unos 50 US$ por coche, 30 min) hasta la puerta de Damasco en Jerusalén.

» En sentido contrario, hay que pagar una tasa de salida de Israel de 167 ILS (en otras fronteras es de unos 96 ILS). Si se pretende regresar a Israel, hay que conservar el formulario de entrada a Jordania, que habrá que presentar al cruzar la frontera de salida.

Puente del Jeque Hussein (puente del Jordán)

» Servicio regular de taxis entre la estación de autobuses oeste de Irbid y la frontera (1 JOD, 45 min).

» Desde el puente hay que andar 2 km hasta el lado israelí. No hay transporte alternativo si se cruza esta frontera de forma independiente. Hay taxis hasta la estación de autobuses Beit She'an (10 min) con transbordos para seguir viaje.

» En sentido contrario, hay que tomar un autobús hasta Tiberias, y hacer transbordo en Beit She'an (a 6 km de la frontera). Desde allí, se toma otro autobús hasta la frontera israelita (conviene llegar temprano, hay pocos autobuses).

» En esta frontera la tasa de salida de Israel es de 96 ILS.

Wadi Araba (Yitzhak Rabin)

» Hay taxis entre Aqaba y la frontera (8 JOD, 15 min).

» La corta distancia a través de la frontera se salva en pocos minutos.

» Hay autobuses hasta el centro de Eilat, a 2 km (5 min).

» En sentido contrario, los autobuses de Jerusalén a Eliat paran en el desvío hacia la frontera (5 min andando).

» En esta frontera la tasa de salida de Israel es de 96 ILS.

ARABIA SAUDÍ

Conseguir un visado, ni que sea de tránsito, para Arabia Saudí es toda una proeza; véase p. 321 para más detalles. Si se tiene derecho al visado, la principal ruta terrestre de transporte público se halla en Al-Umari, al sur de Azraq. Los otros dos puestos fronterizos son Ad-Durra, al sur de Aqaba, y Al-Mudawwara, más al este. Autobuses de varias empresas van a/desde Yedda y Riyad desde la estación Abdali (Ammán).

El autobús con aire acondicionado de **Jordan Express Tourist Transport** (JETT; ☎06-5854679; www.jett.com.jo; Al-Malek al-Hussein St, Shmeisani) lleva hasta Jeddah, Riad y Dammam.

SIRIA

Para entrar en Siria desde Jordania, hay que obtener un visado sirio antes de llegar a Jordania (véase recuadro en p. 322), sea en el país de origen, en Estambul, en Ankara o El Cairo.

En la actualidad no se aconseja visitar Siria. Si la situación mejora, será más rápido y barato tomar un autobús directo o un taxi compartido entre Ammán y Damasco para no tener que lidiar en solitario con el transporte público ni los trámites aduaneros.

El autobús con aire acondicionado de **Jordan Express Tourist Transport** (JETT; ☎06-5854679; www.jett.com.jo; Al-Malek al-Hussein St, Shmeisani) conecta Ammán con Damasco (8 JOD, 7 h, 2 diarios). La terminal internacional de JETT está cerca de la estación de autobuses Abdali en Ammán. Los horarios de los autobuses varían a menudo, por lo que hay que informarse previamente (y a ser posible comprar los billetes) en la estación.

Desde Ammán, hay taxis colectivos que salen hacia Damasco (10 JOD, 3 h) durante todo el día desde el extremo inferior de la estación de autobuses de Abdali; desde Damasco, salen del Baramke Garage. Tardan menos en cruzar la frontera que los autobuses, por llevar menos pasajeros, y los conductores saben ayudarles a cumplir las formalidades de inmigración y aduana. También hay taxis colectivos entre Damasco y la estación de autobuses sur de Irbid (5 JOD, 2½ h).

El Palace Hotel en Ammán (p. 61) ofrece a veces circuitos en microbús hasta Damasco, con parada en Jerash, Bosra y Shaba.

Para ir hasta la frontera de forma independiente, léase la siguiente información.

Jabir (Nasib)

» Casi todos los taxis entre Ammán y Damasco utilizan este paso.

» Si se procede de Siria y se quiere visitar el este de Jordania (p. ej., Azraq), este cruce es práctico para las conexiones a Zarqa o Mafraq.

Ramtha (Der'a)

» Hay autobuses a Ramtha desde la estación de autobuses norte de Ammán (1 JOD, 2 h) e Irbid (1 JOD).

» En Ramtha, taxis colectivos y microbuses regulares circulan hasta la frontera.

» Si se hace autostop, se puede pedir en la oficina de inmigración del lado jordano que paren un vehículo para llegar hasta el lado sirio.

» También hay transporte directo entre Irbid o Amman y Damasco, sin escala en Ramtha.

Otros destinos en Oriente Próximo

Se necesitará tiempo, paciencia y, lo principal, los necesarios visados. La mayoría de los trayectos implican largos y tórridos viajes con frustrantes retrasos, por lo que la gente acaba por recurrir a los aviones.

JETT tiene servicios directos a El Cairo (25 JD), cuatro veces por semana, con salida de la oficina internacional de autobuses en Ammán. Se recomienda contactar con la oficina de JETT antes, pues los horarios y precios cambian con frecuencia.

Por mar

Visitar Egipto puede significar un viaje complementario desde Aqaba o la continuación de las vacaciones. Sin frontera terrestre con Egipto, el barco es un medio práctico. Durante la mayor parte del año, se trata de aparecer y comprar el billete. Sin embargo, durante el Haj, el viajero puede encontrarse con que la travesía adquiere tintes épicos. La mayoría de las nacionalidades pueden obtener el visado turístico egipcio a bordo del barco o a la llegada a Nuweiba (antes de hacer planes, véase p. 321).

Hay básicamente dos servicios de barco a Nuweiba, en Egipto, que salen de la terminal de pasajeros situada justo al sur de Aqaba. Los horarios varían a menudo, por lo que hay que llamar a la **terminal de pasajeros** (☎03-2013236; www.abmaritime.com.jo) antes de salir.

El barco rápido (75 US$, 1 h) sale cada mediodía excepto los sábados. Los menores de 8 años pagan 60 US$. El *ferry* de regreso sale de Nuweiba a las 15.30.

También hay un *ferry* más lento (65 US$, 3 h o más) que en principio sale a medianoche, pero a veces no sale en absoluto. Los menores de 8 años pagan 55 US$. El servicio sale de Nuweiba hacia las 14.00, pero suele haber retrasos.

El precio de los billetes no incluye la tasa de salida (6 JOD). Para comprarlos hay que enseñar el pasaporte, y no se puede comprar el regreso. El billete desde Nuweiba debe pagarse en dólares USA, pero se puede cambiar dinero en las terminales de Aqaba y Nuweiba. En el caso jordano ofrecen un cambio correcto, aunque es mejor evitar los cheques de viaje, penalizados con una comisión enorme.

Los pasaportes se recogen en el barco en ambos sentidos y se devuelven a la llegada a Inmigración. Hay que tener en cuenta que viniendo de Egipto se llegará a Aqaba demasiado tarde para encontrar transporte público hacia Petra o Wadi Rum, por lo que habrá que pernoctar en Aqaba o tomar un taxi desde el centro de la ciudad.

Circuitos

Los organizados desde el extranjero suelen ser de tipo cultural/histórico, aventuras por tierra que combinan varios países de Oriente Próximo o vacaciones que incluyen propuestas de tipo excursionista y montar en camello.

Véase la otra sección de "Circuitos" (p. 332) para información más detallada sobre las compañías jordanas que pueden organizar circuitos e itinerarios individuales.

España

Añosluz (☎902 522 555; www.aluz.com) Viajes en grupo e individuales de 8-15 días por Jordania y Siria.

Bidon 5 (☎91 547 61 26; www.bidon5.es) Rutas por el país con extensiones a otros de la región.

Catai (☎91 409 11 25; www.catai.es) Agencia mayorista con ofertas de rutas desde 7 días por Jordania.

Club Marco Polo (☎91 634 11 46 y 93 412 25 50; www.clubmarcopolo.es) Circuitos de 8 y 15 días.

Kananga (☎93 268 77 95; www.pasaporte3.com) Viajes a medida en grupo de 15 días por Siria, Líbano y Jordania.

Nubia Tours (☎95 815 03 17; www.nubiatours.com) Agencia especializada con diferentes rutas por Jordania.

Transrutas (☎93 231 50 11; www.transrutas.com) Circuitos en Jordania y combinados con Siria o Jerusalén.

EE UU

Archaeological Tours (☎1866-7405130; www.archaeologicaltrs.com; 271 Madison Ave, Suite 904, NY, NY 10016) Un circuito de catorce días en compañía de arqueólogos.

Jordan Tourism Board

North America (☎1877-7335673; www.visitjordan.com) Diferentes circuitos organizados profesionales.

Israel y los Territorios Palestinos

Desert Eco Tours (☎972-5227 65753; www.desertecotours.com) Especializado en circuitos en camello, caminatas y rutas en todoterreno; con base en Eilat.

CÓMO DESPLAZARSE

Jordania es un país relativamente pequeño, lo que posibilita completar los 430 km que hay desde la frontera siria, en el norte, hasta la frontera saudí, en el sur, en tan solo cinco horas al volante. La mayor parte de los puntos de interés de Jordania no se encuentran a lo largo de las arterias principales (como la carretera del Desierto), sino por las espectaculares y serpenteantes carreteras de montaña del norte, o de la histórica, tranquila y rural carretera del Rey.

El transporte público está destinado principalmente a la población local, y como llega con muchas dificultades a muchos de los puntos de interés (especialmente el mar Muerto, los castillos del desierto y la carretera del Rey), lo mejor será un coche de alquiler o algún circuito organizado por los hoteles de Ammán y Madaba. Otra alternativa es contratar un taxi privado; a menudo, el taxista será un valor añadido como útil fuente de información local y cultural.

Avión

Solo hay una ruta de vuelos nacionales, entre Ammán y Aqaba. Los billetes se compran en cualquier agencia de viajes o en las oficinas de Royal Jordanian. Más detalles en la p. 209.

Royal Jordanian (☎06-5100000; www.rj.com) Dos vuelos diarios (37 JOD por trayecto, 1 h).

Royal Wings (www.royalwings.com.jo) Filial de Royal Jordanian, tiene vuelos diarios.

Bicicleta

Puede resultar divertido o una locura, dependiendo de la época del año. Los mejores meses para pedalear son de marzo a mayo y de septiembre a noviembre, cuando no hay que lidiar con el tórrido calor estival ni sufrir los duros vientos del invierno. Los recambios no abundan en Jordania, por lo que se impone llevar un neumático extra, eslabones de cadena, radios de rueda, dos cámaras y un juego de llaves. También hay que traer una bicicleta con marchas cortas para las montañas y un par de

EN BICICLETA PROPIA

No todo el mundo estará preparado para recorrer Jordania en bicicleta, pero algunos intrépidos se lanzan por la pintoresca carretera del Rey.

Lo malo...

En las carreteras hay pocos lugares donde parar; el tráfico es impredecible; los conductores no están acostumbrados a los ciclistas; muchas poblaciones principales, como Ammán y Karak, se hallan en empinadas colinas; y, por último, resulta difícil encontrar repuestos, pues no es una actividad popular. Si todo esto no es suficiente para desanimar al viajero, quizá lo haga esa mala costumbre local de apedrear a los ciclistas:

"Es imposible ir en bicicleta por la carretera del Rey sin ser apedreado. Lo habíamos leído en la guía Lonely Planet antes de partir, pero pensábamos que los niños no se atreverían con tres hombretones barbudos con pantalones largos y pinta de malas pulgas. Nos equivocamos. Y no es que sean solo algunos chavales quienes lo intentan, sino que se está convirtiendo en un pasatiempo popular entre todos los varones de entre 3 y 20 años. Conviene pedalear por la mañana, cuando los niños están en la escuela."

Bernhard Gerber, Suiza

Lo bueno...

Las carreteras suelen estar en buen estado y las atracciones turísticas se hallan señalizadas en inglés. Con algo de preparación, y algún trayecto ocasional en autobús, se puede recorrer una media de 40 km diarios. Casi todos los puntos de interés se hallan a menos de un día en bicicleta los unos de los otros: en dirección sur desde la frontera siria la secuencia es Irbid-Ammán-Madaba-Karak-Dana-Petra-Ma'an-Wadi Rum-Aqaba. En todos ellos hay algún tipo de alojamiento y restaurante, por lo que no es preciso cargar con tiendas, sacos de dormir o aperos para cocinar. El resto de las atracciones se pueden visitar fácilmente en excursiones en el mismo día, en bicicleta o en transporte público.

TRANSPORTE RÁPIDO POR TIERRA

La siguiente información indica hasta dónde se puede llegar en una jornada de viaje.

Petra y Jerusalén vía Ammán y Cisjordania

Tomar esta ruta significa que el viajero pueda querer evitar la evidencia de una visita a Israel en su pasaporte. En la frontera suelen producirse grandes retrasos. No se puede llevar vehículo propio. Desde Petra, se toma un autobús hasta la estación sur de Ammán (3 h), un taxi colectivo o autobús hasta el puente del Rey Hussein (puente Allenby; 1 h), un autobús para cruzar la frontera (retención de 3 h; frontera cerrada desde las 12.00 los viernes y sábados) y un taxi colectivo o autobús hasta la Puerta de Damasco en Jerusalén (30 min). Véase también "Cómo llegar y salir" (p. 160), "Visados" (p. 320) y "Pasos fronterizos" (p. 325). De Jerusalén a Petra, es la misma ruta en sentido contrario.

Petra y Jerusalén vía Aqaba y Eilat

Puede cubrirse en vehículo privado. Caso de llegar a Jordania por Wadi Araba (Yitzhak Rabin), quizá no sea preciso pagar el visado jordano, puesto que se entra por la zona franca de Aqaba. Esta ruta implica menos esperas.

Desde Petra, se toma un autobús hasta la estación principal de Aqaba (2½ h), luego un taxi colectivo o autobús hasta la frontera de Wadi Araba (Yitzhak Rabin; 15 min). Se cruza la frontera a pie (30 min; abierta a diario), y luego se toma un taxi colectivo o autobús hasta Eilat (15 min) y un autobús hasta la Puerta de Damasco de Jerusalén (5 h). Véase también "Cómo llegar y salir" (p. 164), "Visados" (p. 320) y "Pasos fronterizos" (p. 325). De Jerusalén a Petra, será la misma ruta en sentido contrario.

Petra y Damasco vía Ammán

Este trayecto requiere comenzar temprano en ambos sentidos. El ferrocarril de Hejaz ya no opera con el transporte de viajeros, y no se prevé su recuperación en un próximo futuro. Además, la escalada de la violencia en Siria desaconseja visitar el país.

Desde Petra, se toma el autobús de JETT hasta la estación de JETT en Ammán, o un autobús hasta la estación sur (3 h). Luego, se toma otro autobús JETT hasta Damasco (4 h; el autobús espera que los pasajeros crucen la frontera). Véase también "Cómo llegar y salir" (p. 78), "Visados" (p. 320) y "Pasos fronterizos" (p. 325). Para ir de Damasco a Petra, es la misma ruta en sentido contrario.

Petra y Sharm el-Sheikh vía Aqaba y Nuweiba

Para ir de Sharm el-Sheikh o Nuweiba a Wadi Rum o Petra hay que pernoctar en Aqaba. Desde Petra, se toma un autobús hasta la estación principal de autobuses de Aqaba (2½ h), luego un taxi colectivo o autobús hasta la terminal de *ferries* (30 min) y luego un barco a mediodía hacia Nuweiba (1 h). Allí se toma un autobús hasta Sharm el-Sheikh (2½ h). Véase "Cómo llegar y salir" (p. 209), "Visados" (p. 320) y "Pasos fronterizos" (p. 325).

El trayecto de Sharm el-Sheikh a Petra no es factible en un día mediante transporte público, puesto que se llega demasiado tarde a Aqaba. Primero, hay que tomar un autobús de Sharm el-Sheikh a la terminal de *ferries* de Nuweiba (2½ h), y luego el barco de las 15.30 hasta la terminal de pasajeros Sur en Aqaba (1 h), seguido por un taxi colectivo o autobús hasta Aqaba (30 min). Se puede ir luego en taxi privado hasta Petra o pernoctar en Aqaba y tomar el autobús a Petra al día siguiente (2½ h).

Petra y monte de Santa Catalina vía Aqaba

En el paso fronterizo de Taba solo se puede obtener un visado para la península del Sinaí, por lo que si se quiere ir más lejos de Sharm el-Sheikh hay que planificar mejor este trayecto; los visados completos pueden conseguirse previamente en el consulado egipcio de Aqaba o la embajada egipcia de Ammán.

Desde Petra, se toma un autobús hasta la estación principal de Aqaba (2½ h), luego un taxi colectivo hasta la frontera de Wadi Araba (Yitzhak Rabin; 15 min) y se cruza a pie la frontera (30 min). Se toma un taxi colectivo o autobús hasta Taba (15 min) y un taxi colectivo hasta el monte de Santa Catalina (3 h). Véase "Cómo llegar y salir" (p. 209), "Visados" (p. 320) y "Pasos fronterizos" (p. 324). Aunque en sentido contrario no se pueda cubrir este trayecto en transporte público, se puede evitar la pernoctación en Aqaba mediante un taxi privado.

cantimploras; las alforjas no deben superar los 15 kg. Para recabar algunos consejos antes de partir, está bien contactar con la **Cycling Association** (www.cycling-jordan.com).

Autobús

Autobuses locales

Las dos ciudades principales, Ammán e Irbid, cuentan con redes de autobuses metropolitanos eficientes y baratas, aunque pocas veces se anuncien sus horarios en las caóticas estaciones. Los jordanos, sin embargo, ayudan siempre de buen grado al extranjero.

Microbuses

Los microbuses públicos son la forma más común de transporte público. Por lo general, no parten hasta que se llenan, por lo que las esperas de una hora o más son inevitables, especialmente en zonas rurales. Los billetes suelen comprarse en el mismo vehículo. Generalmente no está permitido ir de pie, y a menudo se forma cierto barullo a la hora de sentarse para asegurarse que los hombres o mujeres extranjeros que viajan solos no se sienten al lado de lugareños del sexo opuesto. Los locales indican que desean apearse golpeando la ventana con una moneda.

Autobuses turísticos

Los grandes autobuses con aire acondicionado ofrecen un servicio rápido y fiable, con horarios fijos de salida. No paran en el camino para embarcar pasajeros. Lo ideal es comprar los billetes la víspera.

La compañía nacional de autobuses **JETT** (☎06-5854679; www.jett.com.jo; Al-Malek al-Hussein St, Shmeisani, Ammán) opera con el servicio más confortable de Ammán a Aqaba. También circula con algunos autobuses hasta el paso fronterizo del puente del Rey Hussein, Petra y el mar Muerto. Otras compañías recomendables con servicios regulares desde Ammán:

Trust International Transport (☎06-5813427) Hacia Aqaba.

Hijazi (☎06-638110, 02-7240721) Hacia Irbid.

Automóvil y motocicleta

Jordania es un país fácil de recorrer para los conductores (excepto en Ammán) y hay algunas rutas espectaculares entre las tierras altas y el valle del Jordán, bajo el nivel del mar (véase recuadro p. 118). Esta particular altitud hace que para llegar al mar Rojo por la carretera del mar Muerto se deba conducir cuesta arriba.

En sentido estricto, a menos que se planee atravesar fronteras, el viajero no necesita un Permiso de Conducción Internacional en Jordania, aunque podría ayudar en caso de accidente.

En vehículo propio

Caso de viajar en vehículo propio, conviene atenerse a la siguiente lista de elementos necesarios (la asociación automovilística del país de origen dará más detalles) y consultar el apartado de "Seguro" (p. 330):

» La documentación del coche y el seguro a terceros

» El *Carnet de passage en douane* (pasaporte para el vehículo que actúa como eximente temporal de los impuestos de importación)

» Especificaciones de cualquier repuesto caro, como caja de cambios (para evitar las estafas de los importadores de coches)

» Piezas de recambio y ciertos conocimientos mecánicos para las motocicletas

Royal Automobile Club of Jordan (☎06-5850626, para carnés 4622467; www.racj.com) Puede tramitar un carné.

Controles

En las carreteras jordanas hay muchos controles, sobre todo en la carretera del mar Muerto cerca de la frontera con Israel y los Territorios Palestinos, o en las carreteras que suben desde el valle del Jordán. Siempre hay que detenerse. Normalmente suelen dejar pasar a los extranjeros, aunque tal vez pidan mostrar el pasaporte. Por lo tanto, hay que llevar siempre a mano el pasaporte, carné de conducir, contrato de alquiler o documentación del vehículo.

Gasolina y piezas de recambio

Las gasolineras se encuentran casi siempre en las afueras de las principales ciudades, y en algunos cruces. En la carretera del Desierto (la única calzada de dos carriles) hay muchas gasolineras, pero menos en la carretera del Rey, y todavía menos en la carretera del mar Muerto. La gasolina sin plomo (*khal min ar-rasas*) solo se consigue en algunas gasolineras de Ammán.

Todoterreno

Solo son necesarios para recorrer enclaves remotos del desierto como Burqu. Se recomienda encarecidamente tener experiencia en la conducción por pista antes de adentrarse en las de arena blanda; caso contrario, quedarse tirado con temperaturas de 45°C, por ejemplo, será un desastre seguro.

Los vehículos todoterreno pueden alquilarse en compañías acreditadas de Aqaba (p. 210) y Ammán (p. 77); salen mucho más caros que los turismos normales, por unos 150 JOD al día por lo menos.

Alquiler

Los coches de alquiler permitirán aprovechar al máximo la visita a Jordania, especialmente para recorrer la carretera del Rey o la zona del mar Muerto.

QUÉ HACER EN CASO DE ACCIDENTE

» No mover el vehículo.

» Buscar un policía local para que acuda de inmediato.

» Conseguir un informe policial (esencial para el seguro, puede ser en árabe) y llamar a la agencia de alquiler de coches.

» Si hay heridos graves, llamar a los servicios de emergencia ☎911; el personal habla inglés.

» Contactar la aseguradora en el país de origen y su embajada o consulado en Ammán.

» Si está involucrado el vehículo privado, la policía retendrá el pasaporte y carné de conducir hasta que el caso comparezca ante un tribunal local, algo que puede tardar semanas.

» Atención: el conductor se considerará siempre culpable si atropella a un peatón, sean cuales sean las circunstancias.

Hay muchas agencias de alquiler de coches en Ammán, unas cuantas en Aqaba y una o dos oficinas, no siempre bien atendidas en el aeropuerto internacional Queen Alia y la frontera de King Hussein con Israel y los Territorios Palestinos. La mayoría de las empresas fuera de estos puntos suelen consistir en una oficina con un hombre, un mostrador, un teléfono y un vehículo para alquilar (por lo general, el suyo). Las mejores ofertas se encuentran en Ammán (véase la p. 77), debido a la fuerte competencia.

A continuación se enumeran algunas de las agencias más fiables. Los precios oscilan entre 40 y 50 JOD al día, y suelen incluir kilometraje ilimitado. Normalmente se puede entregar el coche en otra ciudad, con un suplemento. Todas las empresas piden un depósito de hasta 400 JOD que se paga al recoger el vehículo (casi siempre con tarjeta de crédito) y se devuelve al entregar el coche.

Avis (☎06-5699420, 24hr 777-397405; www.avis.com.jo; jardines del Rey Abdalá, Ammán) Con oficinas en el puente del Rey Hussein y en Aqaba, y sucursales en el aeropuerto y en Le Royal Hotel y el Jordan InterContinental Hotel. Es la compañía del sector más importante de Jordania.

Budget (☎06-5698131; www.budget.com; 125 Abdul Hameed Sharaf St, Ammán)

Europcar (☎06-5655581; www.europcar.middleeast.com; Isam Al-Ajlouni St, Ammán) Sucursales en el Radisson SAS, los jardines del Rey Abdalá y Aqaba.

Hertz (☎06-5920926; www.hertz.com; jardines del Rey Abdalá, Ammán) Con oficinas en el aeropuerto, en el Grand Hyatt Amman, el Sheraton y en Aqaba.

Reliable Rent-a-Car (☎06-5929676; www.rentareliablecar.com; 19 Fawzi al-Qawegli St, Ammán) Hay que contactar con Mohammed Hallak.

Las agencias de alquiler no proporcionan mapas de carreteras, pero sí suele tener asientos para niños por un extra.

La mayoría de las empresas solo alquilan a conductores mayores de 21 años, con casos que exigen un mínimo de 26 años.

Seguro

Casi todas las tarifas de alquiler de vehículos incluyen un seguro básico con un importe deducible de hasta 400 JOD. La mayor parte de las agencias ofrecen un seguro adicional de exención de responsabilidad en caso de colisión (CDW, *Collision Damage Waiver*) por entre 7 y 10 JOD al día, lo que exime al conductor de todos los costes que se deriven en caso de accidente (a veces con un máximo de 100 JOD).

Entre los seguros que ofrecen las principales compañías figuran el personal de accidentes (PAI, *Personal Accident Insurance*) y el de protección contra robo (TP, *Theft Protection*), que podrían estar cubiertos por el seguro de viajes del visitante. Se ha de solicitar una traducción al inglés y leer detenidamente las condiciones del contrato antes de firmarlo.

Si se entra en Jordania con vehículo propio, hay que adquirir un seguro obligatorio a terceros en la frontera (aprox. 35 JOD, válido para un mes). También se paga una tasa aduanera simbólica de 5 JOD para "el registro de coches extranjeros", que se obtiene en las fronteras con Jordania y el terminal de *ferries* de Nuweiba, Egipto.

Estado de las carreteras

El estado de las carreteras varía; abundan los topes reductores de velocidad sin señalizar, casi siempre en la entrada de las poblaciones, pero también en muchas carreteras principales. Hay que tener en cuenta que el término "autopista" no implica una calzada de dos carriles en Jordania, simplemente una carretera principal.

Si se va a conducir por Jordania, hay que leer detenidamente los siguientes puntos:

» La señalización es errática: por lo general, suficiente para seguir el camino pero no para llegar sin algún problema al destino.

» Muchas señales están en inglés, pero a veces la

transliteración deja mucho que desear (por ejemplo, "Om Qeis" en lugar de "Umm Qais".

» Las señales marrones indican puntos de interés turísticos; las azules, los nombres de las carreteras; y las verdes, cualquier lugar islámico, como una mezquita.

» Hay que tener cuidado si llueve: el agua, la arena y, a veces, el aceite, constituyen una mezcla letal en la calzada.

» Las carreteras jordanas tienen más giros de 180° que pasos elevados.

» Atención con los rebaños de cabras y camellos que se cruzan en el camino, incluso en las carreteras principales.

» Las gasolineras no abundan en todo el país, por lo que hay que llenar el depósito cada vez que aparece alguna.

» Muchos conductores pisan ambos carriles, o utilizan el carril lento para adelantar.

Peligros en la carretera

A pesar de su pequeña población y de unas carreteras relativamente bien mantenidas, los accidentes en Jordania son demasiado frecuentes.

Normas de tráfico

El visitante de cualquier país donde las normas se obedezcan de forma rigurosa quedará fuertemente impresionado con el tráfico en Jordania, especialmente en Ammán: los indicadores apenas se usan, el claxon se impone a la aminoración de la velocidad y los peatones no tienen más remedio que arriesgarse a cruzar las vías. No obstante, quien hayan conducido por otros países de Oriente Próximo, se alegrará de estar en Jordania. Si se intenta minimizar los desplazamientos por Ammán y se conduce con razonable sensatez, no deberían producirse demasiadas dificultades.

En Jordania se conduce por la derecha. El límite de velocidad en zonas urbanas es de 50 km/h; en las calzadas capitalinas de varios carriles, de 70 km/h; y en las carreteras nacionales, entre 90 y 110 km/h.

Usar el cinturón de seguridad es obligatorio, aunque muchos jordanos no lo hacen. La policía de tráfico está apostada a intervalos en las carreteras principales.

Autostop

Hacer autostop

Esta práctica nunca es del todo segura en ningún país del mundo. Quien haga autostop debe asumir que corre cierto riesgo, pequeño pero real. Dicho esto, se puede hacer autostop en Jordania, en las zonas donde el transporte público es limitado o inexistente, como tramos de la carretera del Rey y la zona de los castillos del desierto al este de Ammán. Los policías estacionados en los principales cruces y puestos de control ayudan a menudo a parar a los conductores y pedirles que lleven al autostopista, y a veces incluso lo llevan en su coche patrulla.

Algunos consejos a tener en cuenta:

» Evitar hacer autostop de 13.00 a 16.00, cuando disminuye el tráfico.

» Para parar un coche, hay que alzar el dedo índice en la dirección deseada.

» Hay que estar preparado para pagar, y preguntar al conductor cuánto pide.

» Si no piden un pago, se puede ofrecer una cantidad simbólica al bajar del coche; a menudo será rechazada.

» Hay que llevar sombrero y agua en abundancia.

» Conviene tener un aspecto correcto y no hacer autostop en grupos de más de dos.

» Las mujeres no deberían hacer autostop solas.

» Evitar montar en camiones en carreteras empinadas y ventosas (p. ej., entre el desvío al Wadi Rum y Aqaba), que pueden hacerse eternas.

Recoger autostopistas

Aunque nadie está obligado a recoger pasajeros, cuesta no sentirse culpable al pasar sin detenerse ante los jordanos de aspecto cansado al borde de la carretera. En los tramos más remotos, como el del Wadi Mujib en la carretera del Rey, donde el transporte público es tan limitado, o simplemente inexistente, se suele ofrecer transporte a los peatones. Además, es una forma excelente de conocer a lugareños. Nunca hay que cobrar por este servicio. Los locales sobreentienden –seguramente con razón– que un extranjero que conduce un vehículo privado o alquilado no padece grandes necesidades económicas.

Taxis

Taxis privados

Los taxis privados amarillos funcionan como taxis normales y pueden contratarse para todo el día. En Ammán casi todos funcionan con taxímetro; los precios están anunciados en fils, no en dinares. Fuera de Ammán conviene negociar un precio razonable antes de salir. Las mujeres no deberían sentarse al lado del conductor.

Taxis colectivos

Los colectivos *(servees)*, de color blanco, siguen recorridos fijos interurbanos, entre casi todas las poblaciones y entre Jordania y los países vecinos. Lo comparten varios pasajeros y suelen anunciar su ruta en letras y números (árabes). Normalmente solo salen cuando están llenos. Cuestan cerca del doble que un microbús y cerca de un 50% más que un autobús local, pero son más rápidos. Para evitar esperar a otros pasajeros o disponer de más espacio, una opción es pagar por un asiento más. Las mujeres que viajan solas deberían sentarse al lado del conductor si el vehículo está abarrotado de hombres.

Circuitos

Una alternativa a las caras propuestas en grupo desde el extranjero es diseñarse un minicircuito privado a través de una agencia de viajes jordana. Muchas de ellas sugieren circuitos arqueológicos o de senderismo, y pueden conseguir un vehículo con conductor.

Para excursionismo y otras actividades en las reservas naturales, es preferible contactar con el departamento de turismo de la **RSCN** (www.rscn.org.jo), con programas puntuales o itinerarios completos (véase p. 299). Para un viaje largo a Wadi Rum, la mejor opción son las agencias beduinas locales, como **Wadi Rum Mountain Guides** (www.bedouinroads.com).

Si se viaja por libre y con poco presupuesto, unirse a un circuito económico organizado desde Ammán a lugares remotos, como los castillos del desierto, resulta mucho más sencillo, y a menudo sale más barato, que hacerlo por cuenta propia. Véase p. 59.

Las siguientes agencias son fiables:

Alia Tours (☎06-5826426; www.aliatours.com.jo) Circuitos estándar.

Atlas Travel & Tourist Agency (☎06-4642034; www.atlastours.net) También propone viajes a Israel y los Territorios Palestinos, Siria y Líbano.

Desert Guides Company (☎06-5527230; www.desertguidescompany.com) Senderismo, bicicleta de montaña y aventuras.

Golden Crown Tours (☎06-5511200; www.goldencrowntours.com) Circuitos arqueológicos, religiosos y de aventura.

Jordan Beauty Tours (☎079-5581644; www.jordanbeauty.com; Petra)

Jordan Direct (☎06-5938238; www.jdtours.com; Boumedien St, Ammán) En el Amin Marie Complex.

Jordan Inspiration Tours (☎03-2157317; www.jitours.com; Petra)

Jordan Select Tours (☎06-5930588; www.select.jo) Circuitos de gama alta.

La Beduina (☎03-2157099; www.labeduinatours.com)

Petra Moon (☎03-02156665; www.petramoon.com; Wadi Musa) Agencia profesional que también monta caminatas interesantes en zonas remotas de Petra y Dana.

Royal Tours (☎06-5857154; www.royaltours.com.jo) Perteneciente a Royal Jordanian. Interesantes paquetes con escalas.

Zaman Tours & Travel (☎03-2157723; www.zamantours.com; Wadi Musa) Circuitos de aventura, de acampada, excursiones en camello y senderismo.

Salud

La prevención y el sentido común serán la clave para cuidar la salud al viajar por Jordania. Las enfermedades infecciosas existen, pero pueden evitarse con algunas precauciones sencillas. Si hay que vacunarse, debe visitarse el médico unas ocho semanas antes de salir, puesto que algunas precisan varias inyecciones; esto permitirá también asegurarse la inmunidad al llegar, puesto que algunas vacunas tardan en hacer efecto. La causa más común para que los viajeros precisen atención médica son los accidentes de tráfico, que pueden evitarse fácilmente cruzando la calzada con precaución, llevando abrochado el cinturón, aunque nadie más parezca hacerlo en Jordania, y ateniéndose al límite de velocidad en las carreteras jordanas, no precisamente perfectas. Las instalaciones médicas suelen ser muy buenas, sobre todo en Ammán, donde hay algunos hospitales modernos excelentes. En caso de emergencia, hay que llamar a la embajada o consulado donde como mínimo ofrecerán útiles consejos.
Es imprescindible viajar con seguro médico.

ANTES DE PARTIR

Seguro

Se recomienda encarecidamente contratar un seguro (véase la sección "Seguros" en *Datos prácticos* para más información) antes de viajar a Jordania. Hay que comprobar que cubre lo siguiente:

» Pago directo a los proveedores (o reembolso posterior) de los gastos médicos incurridos en Jordania

» Asistencia para localizar el lugar más cercano donde recibir ayuda médica

» Urgencias dentales

» Repatriación o transporte aeromédico hasta hospitales mejores

Botiquín

Se recomienda llevar en el equipaje:

» Acetaminofeno/paracetamol

» Pomada antibacteriana para cortes y rasguños

» Antidiarreico

» Antihistamínico (para la fiebre del heno y las reacci[ones] alérgicas)

» Repelente de insectos [con] DEET (para el cuerpo).

» Espray contra insectos que contenga permetrina (para la ropa, tiendas y mosquiteras)

» Pastillas de yodo u otras tabletas para purificar agua.

» Sales de rehidratación

» Protección solar

Vacunas

Algunas vacunas no deben administrarse en caso de embarazo, a los pacientes con alergias y a los niños muy pequeños; a consultar con el médico de cabecera.

Vacunas necesarias y recomendadas

Las siguientes vacunas se recomiendan a la mayoría de los viajeros que visitan Jordania:

» Difteria y tétanos: una sola inyección; recomendada si no se ha recibido ninguna en los últimos diez años

» Hepatitis A: una sola dosis al menos entre dos y cuatro semanas antes de partir. Ofrece hasta un año de protección; una inyección doce meses después garantiza otros diez años o más de protección

» Hepatitis B: una vacuna rutinaria para la mayoría de los viajeros

» Sarampión, paperas y rubéola: se recomiendan dos dosis de la vacuna triple vírica, a menos que ya se hayan padecido estas enfermedades. Los adultos jóvenes pueden necesitar una inyección

» Polio: suele administrarse en la infancia y debe renovarse cada diez años.

» Tifus: recomendada si se va a viajar más de dos semanas

» Fiebre amarilla: obligatoria para todos los viajeros mayores de 1 año que viajen a Jordania desde países o áreas afectados, como el África subsahariana y Sudamérica.

Viajar con medicación

La medicación debe llevarse con su envoltorio donde se especifica claramente su contenido. También es buena idea llevar una carta del médico de cabecera, firmada y fechada, que describa las dolencias concretas del paciente y los medicamentos que implican, incluidos sus nombres genéricos. Caso de llevar jeringas o agujas, hay que asegurarse de llevar también una carta del médico confirmando su necesidad y tenerla siempre a mano al entrar o salir de cualquier frontera jordana.

Información en la red

Se aconseja consultar la web del Gobierno del país de origen sobre la salud en los viajes antes de salir.

Argentina (www.msal.gov.ar)
Chile (www.minsal.gov.cl)
España (www.msc.es)
EE UU (www.cdc.gov/travel)
México (www.insp.mx)

Además de estas webs gubernamentales, las siguientes ofrecen útiles informaciones sanitarias:

Centre for Disease Control (www.cdc.gov) Información general sobre los problemas de salud que puedan afectar a los visitantes de Jordania y países vecinos.
Lonely Planet (www.lonelyplanet.com) Consejos generales.
MD Travel Health (www.mdtravelhealth.com) Completas recomendaciones sobre la salud y los viajes para cada país, gratuitas y actualizadas a diario.
World Health Organization (www.who.int/ith) Publica un libro gratuito en línea, *International Travel and Health*, revisado cada año.

Otras lecturas

Healthy Travel – Asia & India (Lonely Planet) Repleto de útil información sobre la planificación, los primeros auxilios, la inmunización e información sobre las enfermedades, y qué hacer si se cae enfermo durante el viaje
International Travel Health Guide (Stuart R. Rose, MD)
The Travellers' Good Health Guide (Ted Lankester) Guía de salud especialmente útil para voluntarios y residentes extranjeros de larga estancia en Oriente Próximo.
Traveller's Health (Dr. Richard Dawood)
Travel with Children (Lonely Planet) Incluye consejos sobre la salud en el viaje para niños.

EN JORDANIA

Disponibilidad y coste de la atención médica

Los servicios sanitarios son de alta calidad en Jordania, y todos los que se precisen de urgencia, sin hospitalización, serán gratuitos. La disponibilidad de la asistencia médica puede resumirse así:

» Hospitales públicos y privados, modernos y bien equipados, en Ammán, Irbid, Aqaba y Karak.

» Buenos hospitales regionales en Madaba, Ramtha y Zarqa.

» Centros de salud básicos (todas las localidades).

» Clínicas dentales bastante modernas y bien equipadas en las ciudades.

» Farmacias bien surtidas (en casi todas las ciudades) que ofrecen consejos además de medicinas.

» Todos los médicos (y casi todos los farmacéuticos) hablan inglés; muchos han estudiado en el extranjero.

» Los teléfonos de farmacias y hospitales en todas las ciudades aparecen en la prensa en inglés.

» Teléfono para llamar a una ambulancia: ☎911.

SI TE MUERDE UNA SERPIENTE...

» No dejarse llevar por el pánico: la mitad de las personas que sufren una mordedura de serpiente venenosa no resultan en realidad envenenadas.

» Inmovilizar el miembro mordido con un palo o una tabla.

» Aplicar una venda sobre la mordedura, bien apretada, como si se tratara de un esguince.

» Nada de aplicar torniquetes ni cortar y succionar la herida.

» Hay que buscar asistencia médica lo antes posible, para que se suministre un suero si procede.

Comida y agua

Agua

Normalmente es seguro beber agua del grifo en Jordania, pero si se trata de un viaje corto es mejor comprarla embotellada. Es bastante fácil de conseguir, pero hay que comprobar que no se ha roto el precinto. Otras alternativas son hervir agua del grifo durante 10 minutos, o utilizar pastillas depuradoras o un filtro.

El agua del grifo en el sur del país, en particular en Wadi Rum, proviene de los manantiales naturales de Diseh y, por tanto, es extremadamente pura. No hay que beber el agua de los *wadis* en plena naturaleza, puesto que el ganado puede haber abrevado en ellos. En el valle del Jordán, la disentería amebiana puede ser un problema.

Caso de quedarse tirado en el desierto y sin agua, hay que recordar que es más probable enfermar de gravedad (o incluso morir) por culpa de la deshidratación que por un problema del aparato digestivo, por desagradable que sea. Es decir, si hay agua disponible, mejor beberla y preocuparse luego por su procedencia.

Evitar la diarrea

En Jordania hay poco peligro de enfermar por culpa de la comida preparada con pocos cuidados higiénicos, sobre todo si se siguen estos consejos:

» Evitar consumir el agua de grifo, a menos que se haya hervido, filtrado o depurado con agentes químicos (pastillas de yodo).

» Tener cuidado con los helados, que pueden haberse derretido y vuelto a congelar (p. ej., por un corte de electricidad prolongado).

» Atención con el marisco, en particular los bivalvos, especialmente fuera de Aqaba, así como con los platos de carne cruda de los restaurantes libaneses.

» Comer solamente en restaurantes populares y ser precavido con los bufés que pueden llevar expuestos más de un día.

Enfermedades infecciosas

Difteria y tétanos

La primera se transmite por vía respiratoria y provoca fiebres altas y fuertes dolores de garganta. A veces se forma una membrana en la garganta, lo que requiere una traqueotomía para evitar la asfixia. La vacuna es recomendable para quienes vayan a estar en contacto con lugareños en zonas infectadas. Consiste en una sola inyección, a menudo combinada con la del tétanos (de hecho, quizás ya se esté vacunado desde niño), y que previene por diez años.

Hepatitis A

Se transmite a través de la comida (en particular el marisco) y el agua infectadas. Provoca ictericia y, aunque no suele ser letal, puede causar letargo prolongado y su recuperación es lenta. Entre los síntomas figuran una micción oscura, un tono amarillo en el blanco de los ojos, fiebre y dolores abdominales. La vacuna de la hepatitis A se administra por vía intravenosa; las vacunas contra la hepatitis A y el tifus también se pueden recibir en una sola dosis.

Hepatitis B

Se transmite a través de sangre infectada, agujas contaminadas y relaciones sexuales. Puede provocar ictericia y afecta al hígado, ocasionando a veces el fallo de este órgano. Todo viajero debe vacunarse contra esta

PROBLEMAS DE SALUD EN EL VIAJE Y SU PREVENCIÓN

PROBLEMA	SÍNTOMAS	PREVENCIÓN /TRATAMIENTO
Trombosis Venosa Profunda (DVT) – formación de coágulos de sangre en las piernas durante largos viajes en avión; algunos pueden soltarse y desplazarse a través de los vasos sanguíneos hasta los pulmones, donde pueden causar complicaciones potencialmente letales.	Hinchazón o dolor en el pie, tobillo o pantorrilla, casi siempre en un solo lado. Dolor en el pecho y dificultad para respirar; hay que buscar atención médica de inmediato.	Andar por la cabina. Llevar a cabo presiones isométricas de los músculos de la pierna (contraer los músculos en posición sentada). Beber abundantes líquidos. Evitar el tabaco y el alcohol.
'Jet Lag' habitual cuando se cruzan más de cinco husos horarios.	Insomnio, cansancio, malestar, náuseas.	Beber abundantes líquidos (sin alcohol) Comidas ligeras. Al llegar, buscar la exposición a la luz solar y ajustar los horarios (para comer, dormir, etc.) lo antes posible.
Mareo	Náuseas	Antihistamínicos como dimenidrinato (Dramamine) y meclizine (Antivert, Bonine) La alternativa herbal es el jengibre.

PELIGROS AMBIENTALES

PROBLEMA	SÍNTOMAS	TRATAMIENTO	PREVENCIÓN
Diarrea Suele ocurrir tras ingerir comida preparada con poca higiene	Deposiciones muy fluidas.	Tomar una solución oral de rehidratación que contenga sal y azúcar; tomar té negro ligero con azúcar; beber refrescos desbravados y diluidos al 50% con agua limpia.	Beber muchos líquidos; comer en restaurantes muy concurridos; lavarse las manos con frecuencia.
	Más de cuatro o cinco deposiciones fluidas.	Antibiótico (normalmente quinolonas); agente antidiarreico (como la loperamida).	Como arriba.
	Diarrea con sangre durante más de 72 horas; acompañada de fiebre, escalofríos o fuertes dolores abdominales.	Buscar atención médica; en caso de emergencia, preparar una solución de seis cucharaditas de azúcar y media cucharadita de sal en 1 l de agua hervida o embotellada.	Como arriba.
Agotamiento por el calor Se produce tras una intensa sudoración y excesiva pérdida de líquidos, sin la reposición adecuada de líquidos y sales.	Dolor de cabeza, mareo y cansancio; deshidratación; orina color amarillo oscuro.	Recuperar líquidos con agua o zumo de fruta; refrescarse con agua fría o ventiladores; tomar líquidos salados (caldos); añadir a la comida algo más de sal de lo normal.	Prepararse antes de una larga excursión; aclimatarse al calor antes de hacer ejercicio; llevar sombrero y taparse la nuca; evitar el sol de mediodía en verano; usar filtro solar.
Insolación Ocurre cuando se deteriora el mecanismo que regula la temperatura del organismo.	Aumento excesivo de la temperatura corporal; cese de la sudoración; comportamiento irracional e hiperactivo; Posible pérdida de la conciencia y muerte.	Enfriar rápidamente el cuerpo con agua y aire; aplicar fluidos de emergencia y reposición de electrolitos vía intravenosa.	Como arriba.
Picadura de mosquito Puede transmitir dengue pero no malaria.	Irritación; infección.	No rascarse las picaduras; aplicarles antisépticos.	Utilizar repelentes con DEET; dormir con mosquitera.
Chinches	Picaduras muy irritantes y abultadas.	Aplicar loción comprada en farmacia.	Rociar el colchón con insecticida.
Sarna	Erupción irritante, a menudo entre los dedos.	Aplicar loción comprada en farmacia; tratar a todas las personas en contacto con el afectado.	Como arriba.
Mordedura de serpiente	Dolor; hinchazón.	Buscar atención médica; véase recuadro (p. 334).	Llevar botas, calcetines y pantalones largos en excursiones; precaución al manipular grietas y leña.
Picadura de escorpión	Dolor intenso.	Buscar atención médica.	Mirar en el interior de los zapatos por la mañana.

dolencia. Muchos países la incluyen en las vacunas infantiles rutinarias. El Centro Estadounidense para el Control de Enfermedades afirma que el nivel de hepatitis B es alto en Jordania. La vacuna se administra sola o junto a la de la hepatitis A (hepatyrix), en un período de cuatro semanas o de seis meses, y protege, al menos, durante cinco años.

VIH

Se contagia a través de la sangre o por contacto con productos sanguíneos infectados, por mantener relaciones sexuales con personas afectadas y por vía directa de la madre al feto. También se puede propagar por el contacto de sangres, como en el caso de instrumentos contaminados durante tratamientos médicos, dentales, de acupuntura, de *piercing* o si se reutilizan agujas intravenosas.

No existen cifras fiables sobre la incidencia del VIH o SIDA en Jordania, pero dados los estrictos tabúes existentes en este país respecto a las drogas, la homosexualidad y la promiscuidad, la verdad es que esta enfermedad no es frecuente. Contraer el VIH vía transfusión de sangre es tan poco probable como en la mayor parte de los países occidentales y, en cualquier caso, si el viajero ha de ser operado de gravedad, le enviarán de vuelta a su país.

Quizá se solicite una prueba de VIH negativa a la hora de expedir una segunda extensión del visado (para una estancia superior a tres meses).

Poliomielitis

Suele transmitirse a través de la comida y el agua contaminadas. Es una de las vacunas que se administran en la infancia y que debe renovarse cada diez años, por vía oral o intravenosa. Se puede ser portador y asintomático, aunque puede provocar fiebre pasajera y, en casos excepcionales, debilidad muscular o parálisis potencialmente permanentes. La polio no se ha detectado en Jordania, pero es común en algunos países vecinos.

Rabia

Se transmite si un animal infectado muerde o lame la herida de una persona. Es letal, por lo que los viajeros que estén en contacto con animales y los que vayan a visitar zonas remotas (donde no exista un centro fiable con tratamiento antirrábico a menos de 24 h de distancia) deben vacunarse. La dosis consta de tres inyecciones administradas en un mes. Si alguien está infectado y no se ha vacunado, deberá recibir cinco inyecciones; la primera antes de 24 horas después de haber estado en contacto con el animal o tan pronto como sea posible. La vacuna no ofrece inmunidad, solo prolonga el tiempo para buscar la asistencia médica apropiada.

Tuberculosis

Se transmite por vía respiratoria y, en ocasiones, a través de la leche o productos lácteos contaminados. Para quienes vayan a convivir con la población local, se recomienda la vacuna BCG. Es especialmente importante para aquellos que visiten a familiares o planeen quedarse una temporada larga en el país, así como para los que trabajen como maestros o como voluntarios médicos. La enfermedad puede ser asintomática, si bien podría provocar pérdida de peso, tos o fiebre, a veces meses o incluso años después de la exposición. Los rayos X es el mejor medio para detectarla. La vacuna BCG protege en un grado moderado y deja una pequeña cicatriz permanente en el lugar del pinchazo. Esta vacuna suele administrarse solo en clínicas especializadas y no está disponible en todos los países. Como se trata de una vacuna viva, no debe administrarse a mujeres embarazadas ni a personas inmunodeficientes.

Tifus

Se contrae a través de comida o agua contaminada por heces humanas infectadas. El primer síntoma suele ser fiebre o un sarpullido rosa en el abdomen. También puede provocar una septicemia (envenenamiento de la sangre). La vacuna tifoidea protege al paciente durante tres años. En algunos países también la aplican por vía oral.

Fiebre amarilla

Esta vacuna no es necesaria para Jordania, pero se necesitará un certificado de fiebre amarilla de una clínica designada si se procede de una zona infectada o se ha estado en un área de riesgo durante las dos semanas anteriores a la llegada a Jordania.

Peligros ambientales

Jordania no es un país peligroso para los visitantes, pero sí correrán ciertos riesgos propios de entornos desérticos, y algunos tendrán problemas al recorrerlos en las horas de más calor, sobre todo alrededor de Wadi Rum. Mientras que los problemas relacionados con el calor no son demasiado frecuentes, algunos olvidan que el desierto puede resultar helador en invierno: si se acampa entre diciembre y febrero sin sacos o ropa adecuados, el riesgo de hipotermia es real. Para informarse sobre las amenazas relacionadas con la natación y el submarinismo, véase p. 32.

Idioma

PARA SABER MÁS

El idioma oficial de Jordania es el árabe. Hay diferencias significativas entre el árabe estándar moderno (MSA, Modern Standard Arabic) la lingua franca oficial del mundo árabe, que se emplea en los ámbitos escolares, administrativos y de los medios de comunicación, y el idioma coloquial, es decir, la versión oral de la vida cotidiana. La variedad del árabe que se habla en Jordania (y se indica en este capítulo) se conoce como árabe levantino.

CONVERSACIÓN

Hola.	مرحبا.	mer·ha·ba
Adiós.	خاطرَك.	khae·trak (m)
	خاطرِك.	khae·trik (f)
Sí.	ايه.	'eeh
No.	لا.	laa
Por favor.	اذا بتريد.	'i·za bit·reed (m)
	اذا بتريدي.	'i·za bit·ree·dee (f)
Gracias.	شكراً.	shuk·ran
Disculpe.	عفواً.	'af·wan
Lo siento.	آسف./آسفة.	'aa·sif/'aas·fe (m/f)

¿Cómo está/s?

	كيفك؟/كيفِك؟	kay·fak/kay·fik (m/f)

Bien, gracias. ¿Y usted?

	منيح./منيحة.	mneeh/mnee·ha (m/f)
	وأنت/أنتي؟	oo 'ent/'en·tee (m/f)

Cómo se/te llama/s?

	شو اسمَك؟	shoo 'es·mak (m)
	شو اسمِك؟	shoo 'es·mik (f)

Me llamo...

	اسمي ...	'es·mee ...

¿Habla/s inglés?

	بتحكي إنكليزي؟	btah·kee 'inj·lee·zee

No comprendo.

	ما فهمتْ.	maa fa·he·met

¿Puedo hacer una foto?

	بتسمحني اخذ صورة؟	btsa·mah·nee 'aa·khud soo·re

ALOJAMIENTO

¿Dónde hay un/una ...?

	وين ...؟	wayn ...
'cámping'	مخيّم	mu·khay·yam
casa de huéspedes	بيت الضيوف	bayt id·du·yoof
hotel	فندق	fun·du'
albergue	فندق شباب	fun·du' sha·baeb

¿Tiene una... habitación?	في عندكن غرفة ...؟	fee 'ind·kun ghur·fe ...
individual	بتخت منفرد	bi·takht mun·fa·rid
doble	بتخت مزدوّج	bi·takht muz·daw·wej
con dos camas	بتختين	bi·takh·tayn
¿Cuánto cuesta por...?	قديش لـ...؟	'ad·deesh li·...
noche	ليلة	lay·le
persona	شخص	shakhs

¿Puede darme otra (manta)?

	اعطني/اعطيني (بطانية) تاني.	'a'·ti·nee/'a'·tee·nee (ba·taa·nee·ye) tae·nee (m/f)

El (aire acondicionado) no funciona.

	(المكيف) مانه شغال.	(il·mu·kay·yef) mae·nu sha·ghael

Señales

Entrada	مدخل
Salida	مخرج
Abierto	مفتوح
Cerrado	مغلق
Información	معلومات
Prohibido	ممنوع
Lavabos	دوراتُ المياه
Hombres	الرجال
Mujeres	النساء

DIRECCIONES

¿Dónde está el/la...?	وين الـ...؟	wayn il·...
banco	بنك	bank
mercado	سوق	soo'
oficina de correos	مكتب البريد	*mak*·tab il·ba·*reed*

¿Puede indicármelo (en el mapa)?
بتورجني (عالخريطة)؟ btwar·*ji*·nee ('al·kha·*ree*·te)

¿Cuál es la dirección?
شو العنوان؟ shoo il·'un·*waen*

¿Podría escribírmelo, por favor?
اذا بتريد/بتريدي اكتبه/اكتبيه؟ '*i*·za bit·*reed*/bit·*ree*·dee '*ik*·*tu*·bu/'ik·tu·*beeh* (m/f)

¿Está muy lejos?
قديش هو بعيد من هون؟ 'ad·*deesh* *hu*·wa ba·'*eed* min hoon

¿Cómo se llega hasta allí?
كيف بوصل لهناك؟ kayf *boo*·sal la·hu·*naek*

Está...	هو/هي ...	*hu*·we/*hi*·ye ... (m/f)
detrás ...	خلف ...	khalf ...
delante ...	قدام ...	'ad·*daem* ...
cerca de ...	قريب من ...	'a·*reeb* min ...
al lado de ...	جنب ...	jinb ...
en la esquina	عند الزاوية	'ind az·*zae*·wi·ye
enfrente ...	مواجه ...	mu·*wae*·jeh ...
todo recto	للقدام	lil·'ad·*daem*

Gire a la izquierda/derecha.
اتجه ليسار/لشمال. '*it*·*ta*·jih li·ya·*saer*/li·shi·*mael* (m)
اتجهي ليسار/لشمال. '*it*·*taj*·hee li·ya·*saer*/li·shi·*mael* (f)

COMIDA Y BEBIDA

¿Puede... recomendarme un...?	بتوصي بـ...؟	*btoo*·see bi·...
bar	بار	baar
café	مقهى	*ma'*·ha
restaurante	مطعم	*mat*·'em

Quisiera una/la ...por favor	بدي ...، لو سمحت.	*bid*·dee ... law sa·*maht*
zona de no fumadores	قسم غير المدخنين	'ism ghayr il·mu·dakh·khi·*neen*
mesa para (cuatro)	طاولة لـ(أربع اشخاص)	*tae*·wi·le li·('*ar*·ba·'at 'esh·*khaes*)

¿Qué me recomienda?
بشو بتوصي؟ *bi*·shoo *btoo*·see

¿Cuál es la especialidad local?
شو الوجبة الخاصة؟ shoo il·*waj*·be il·*khae*·se

¿Sirven comida vegetariana?
في عندكن طعام نباتي؟ fee '*ind*·kun ta·'*aem* na·*bae*·tee

Quisiera (la)..., por favor.	بدي ...، لو سمحت.	*bid*·dee ... law sa·*maht*
cuenta	الحساب	il·hi·*saeb*
lista de bebidas	قائمة المشروبات	'*ae*·'i·met il·mash·roo·*baet*
menú	قائمة الطعام	'*ae*·'i·met it·ta·'*aem*
este plato	ذالك الوجبة	*zae*·lik il·*waj*·be

¿Podrían... preparar una comida	بتقدروا تحضروا وجبة	bta'·*de*·roo tu·had·*de*·roo *waj*·be
sin...?	بدون ...؟	bi·*doon* ...
mantequilla	زبدة	*zeb*·de
huevos	بيض	bayd
carne	مرق لحم	mir' lahm

Soy alérgico a...	أنا عندي حساسية من ...	'*a*·na '*in*·dee ha·sae·*see*·ye min ...
lácteos	الألبان	il·'al·*baen*
gluten	الغلوتين	il·ghloo·*teen*
nueces	المكسرات	il·mu·kas·si·*raet*
marisco	الطعام البحري	it·ta·'*aem* *bah*·ree

cerveza	بيرا	*bee*·ra
café	هوى	'*ah*·way
zumo de naranja	عصير برتقال	'*a*·seer bur·te·'*ael*
agua mineral	مياه معدنية	mee·*yaah* ma'·da·*nee*·ye
vino tinto	نبيذ احمر	nbeez '*ah*·mer

té	شاي	shaay
vino blanco	نبيذ ابيض	nbeez *'ib*·yad

URGENCIAS

¡Ayuda!	ساعد!	*sae*·'id (m)
	ساعدي!	sae·*'i*·dee (f)
¡Déjeme en paz!	روح!/روحي!	rooh/*roo*·hee (m/f)
¡Llamen a...!	اتصل بـ...!	'it·*ta*·sil bi·...
un médico	دكتور	duk·*toor*
la policía	الشرطة	ish·*shur*·ta
Me he perdido.	أنا ضائع.	'a·na *dae*·'i' (m)
	أنا ضائعة.	'a·na dae·*'i*·'e (f)

¿Dónde están los lavabos?
وين الحمامات؟ wayn il·ham·mae·*maet*

Estoy enfermo.
أنا مريض. 'a·na ma·*reed* (m)
أنا مريضة. 'a·na ma·*ree*·de (f)

Soy alérgico a los (antibióticos).
أنا حساسي/ حساسية من (مضاد حيوي). 'a·na ha·*sae*·see/ ha·sae·*see*·ye min (mu·*daed* ha·*ya*·wee) (m/f)

COMPRAS Y SERVICIOS

¿Dónde hay una/un/os...?
وين ...؟ wayn ...

grandes almacenes	محل المنوعات	*ma*·hal il·mu·naw·wa·*'aet*
tienda de alimentación	بقالة	ba·*'ae*·le
agencia de prensa	وكالة الأنباء	wi·*kae*·let il·'en·*baa'*
tienda de recuerdos	محل التذكارات	*ma*·hal it·tiz·kae·*raet*
supermercado	سبر مركت	*su*·ber·markt

Estoy buscando ...
بدور عن ... bi·*daw*·wer 'an ...

¿Puedo verlo?
ورجني ياه؟ *war*·ji·nee yaah (m)
ورجيني ياه؟ war·*jee*·nee yaah (f)

¿Tiene otros?
في عندكن غيره؟ fee *'ind*·kun *ghay*·ru

La calidad no es buena.
هو خربان. *hu*·we khar·*baen*

¿Cuánto vale?
قديش هقه؟ 'ad·*deesh ha'*·'u

¿Puede escribirme el precio?
اكتب الهق. *'ik*·tub il·*ha'* (m)
اكتبي الهق. 'ik·*tu*·bee il·*ha'* (f)

Es demasiado caro.
هيدا غالي اكتير. *hay*·dae *ghae*·lee 'ik·*teer*

¿Cuál es su último precio?
شو احسن سعر طبعكن؟ shoo *'ih*·sen si'r ta·*ba'*·kun

Hay un error en la cuenta.
في خطأ بالحساب. fee *kha*·ta' bil·hi·*saeb*

¿Dónde hay un cajero automático?
وين جهاز الصرافة؟ wayn je·*haez* is·sa·*rae*·fe

¿Dónde hay una oficina de cambio?
وين مكتب صرافة؟ wayn *mak*·teb sa·*rae*·fe

¿Cuál es el tipo de cambio?
شو سعر التحويل؟ shoo si'r it·tah·*weel*

¿Dónde hay un cibercafé?
وين أقرب مقهى الانترنت؟ wayn *'a'*·reb *ma'*·ha il·'in·*ter*·net

¿Cuánto cuesta por hora?
قديش بتكلف لساعة وحدة؟ 'ad·*deesh* bit·*kal*·lef la·*sae*·'a *wah*·de

¿Dónde está el teléfono público más cercano?
وين أقرب تلفون عمومي؟ wayn *'a'*·reb te·li·*foon* 'u·*moo*·mee

Quisiera comprar una tarjeta telefónica.
بدي اشتري بطاقة تلفون. *bid*·dee *'ish*·ta·ree bi·*tae*·'e te·li·*foon*

HORAS Y FECHAS

¿Qué hora es?
كم الساعة؟ kam 'is·*sae*·'e

Es la una.
الساعة وحدة. 'is·*sae*·'e *wah*·de

Son las dos.
هي (تنتين). *hi*·ye (tin·*tayn*)

Las dos y media.
(تنتين) ونصّ (tin·*tayn*) oo nus

¿A qué hora...?
امتى ...؟ *'em*·ta ...

¿Dónde...?
في ... fee ...

ayer...	مبارح ...	*mbae*·reh ...
mañana...	بكرة ...	*buk*·ra ...
mañana	صبح	*su*·beh
tarde	بعد ظهر	ba'd zuhr
noche	مسا	ma·*sae*
Lunes	يوم الأتنين	yawm il·'it·*nayn*
Martes	يوم التلات	yawm il·ta·*laat*
Miércoles	يوم الاربعة	yawm il·*'ar*·ba·'a
Jueves	يوم الخميس	yawm il·kha·*mees*

Preguntas

¿Cuándo?	امتى؟	*'em*·ta
¿Dónde?	وين؟	wayn
¿Quién?	مين؟	meen
¿Por qué?	ليش؟	leesh

Números

1	١	واحد	*waa*·hed
2	٢	اثنين	'it·*nayn*
3	٣	ثلاثة	ta·*laa*·te
4	٤	اربع	*'ar*·ba'
5	٥	خمسة	*kham*·se
6	٦	ستة	*sit*·te
7	٧	سبعة	*sab*·'a
8	٨	ثمانية	ta·*maa*·ne
9	٩	تسعة	*tis*·'a
10	١٠	عشرة	*'ash*·re
20	٢٠	عشرين	'ish·*reen*
30	٣٠	ثلاثين	ta·laa·*teen*
40	٤٠	اربعين	'ar·be·*'een*
50	٥٠	خمسين	kham·*seen*
60	٦٠	ستين	sit·*teen*
70	٧٠	سبعين	sab·*'een*
80	٨٠	ثمانين	ta·ma·*neen*
90	٩٠	تسعين	tis·*'een*
100	١٠٠	مية	*mi*·'a
1000	١٠٠٠	الف	'elf

Hay que tener en cuenta que los numerales árabes, a diferencia de las letras, se leen de izquierda a derecha.

Viernes يوم الجمع yawm il·*jum*·'a
Sábado يوم السبت yawm is·*sabt*
Domingo يوم الاحد yawm il·*'a*·had

TRANSPORTES

¿Es el... que va a (Petra)? هيدا الـ... لـ(بيترا)؟ *hay*·dae il· ... la·(*bee*·tra)
barco سفينة *sfee*·ne
autobús باص baas
avión طائرة *tae*·'i·re
tren قطار 'i·*taar*

¿Cuándo sale el... autobús? أمتى الباص...؟ *'em*·ta il·*baas* il·...
primer اول *'aw*·wel
último اخر *'ae*·khir
siguiente قادم *'ae*·dim
Un... billete (a Beirut), por favor. تذكرة ... (لبيروت) اذا بتريد. *taz*·ki·re ... (la·bay·*root*) *'i*·za bit·*reed*
solo ida ذهاب za·*haeb*
ida y vuelta ذهاب واياب za·*haeb* oo *'ee*·*yaeb*

¿Cuánto tiempo dura el viaje?
الرحلة, كم ساعة بتاخذ؟ ar·*rih*·le kam *sae*·'a bi·*tae*·khud

¿Es una ruta directa?
الطريق مباشر؟ it·ta·*ree'* mu·*bae*·shir

¿En qué estación/parada estamos?
شو هيدا المحطة/الموقف؟ shoo *hay*·dae il·*mhat*·te/il·*maw*·if

Por favor, indíqueme cuando lleguemos a...
اولي/اوليلي لما منوصل عند ... *'oo*·lee/'oo·*lee*·lee *lam*·ma *mnoo*·sal 'ind ... (m/f)

¿Cuánto vale hasta...?
قديش الاجرة لـ ...؟ 'ad·*deesh* il·*'uj*·re la ...

Por favor, lléveme a (esta dirección).
اوصلني عند (هيدا العنوان). *'oo*·*sal*·nee 'ind (*hay*·dae il·'un·*waen*)

Por favor ... اذا بتريد ... *'i*·za bit·*reed* ...
pare aquí قف هون 'if hoon
espere aquí استنّا هون *stan*·naa hoon

Quisiera alquilar un... بدي استأجر ... *bid*·dee 'is·*ta*·'jir
todoterreno سيارة ذات الدفع الرباعي say·*yae*·re zaat id·*daf'* er·ru·*bae*·'ee
coche سيارة say·*yae*·re

con conductor ومعها سائق oo *ma*·'aa *sae*·'i'
con aire acondicionado بالمكيف bil·mu·*kay*·yef

¿Cuánto vale... el alquiler? قديش الاجرة لـ...؟ 'ad·*deesh* il·*'uj*·re la·...
por día يوم yawm
por semana أسبوع 'us·*boo'*

¿Es la carretera hacia (Tiro)?
هيدا الطريق لـ(صور)؟ *hay*·dae it·ta·*ree'* la·(soor)

Necesito un mecánico.
لازمني ميكانيكي. lae·*zim*·nee mee·kaa·*nee*·kee

Me he quedado sin gasolina.
خلص البنزين بسيارتي. *kha*·las il·bi·*trool* bi·say·*yae*·re·tee

Tengo un pinchazo.
اطار السيارة ما فيه هواء. 'i·*taer* is·say·*yae*·re ma *fee*·hu ha·*wae*

ALFABETO ÁRABE

El árabe se escribe de derecha a izquierda. La forma de cada letra varía según su posición al principio, en medio o al final de una palabra, o si está aislada.

Final	Media	Inicial	Aislada	Letra
ـا	ـاـ	اـ	ا	alef'
ـب	ـبـ	بـ	ب	'ba
ـت	ـتـ	تـ	ت	'ta
ـث	ـثـ	ثـ	ث	'tha
ـج	ـجـ	جـ	ج	jeem
ـح	ـحـ	حـ	ح	'ha
ـخ	ـخـ	خـ	خ	'kha
ـد	ـد ـ	د ـ	د	daal
ـذ	ـذ ـ	ذـ	ذ	dhaal
ـر	ـرـ	رـ	ر	'ra
ـز	ـزـ	زـ	ز	'za
ـس	ـسـ	سـ	س	seen
ـش	ـشـ	شـ	ش	sheen
ـص	ـصـ	صـ	ص	saad
ـض	ـضـ	ضـ	ض	daad
ـط	ـطـ	طـ	ط	'ta
ـظ	ـظـ	ظـ	ظ	'dha
ـع	ـعـ	عـ	ع	ain'
ـغ	ـغـ	غـ	غ	ghain
ـف	ـفـ	فـ	ف	'fa
ـق	ـقـ	قـ	ق	kuf
ـك	ـكـ	كـ	ك	kaf
ـل	ـلـ	لـ	ل	lam
ـم	ـمـ	مـ	م	mim
ـن	ـنـ	نـ	ن	nun
ـه	ـهـ	هـ	ه	'ha
ـو	ـوـ	وـ	و	waw
ـي	ـيـ	يـ	ي	'ya
			ء	hamza
ـأ	ـئَـ ـؤَ	أ	أ	a
ـأُ	ـئُـ ـؤُ	أُ	أُ	u
ـإ	ـئِـ ـؤِ	إ	إ	i
ـأْ	ـئْـ ـؤْ	أْ	أْ	' (oclusión glótica)
ـآ	ـآـ	آ	آ	aa
ـُو	ـُوـ	أُو	أُو	oo
ـِي	ـِيـ	إِي	إِي	ee
ـَوْ	ـَوْـ	أَوْ	أَوْ	aw
ـَيْ	ـَيْـ	أَيْ	أَيْ	ay

Glosario

GLOSARIO GENERAL

El presente glosario recoge términos utilizados en esta guía que pueden no ser familiares para quienes no vivan en Jordania. La mayoría son palabras árabes, incluidas algunas abreviaturas. Para la terminología de arquitectura que puede resultar práctica en Petra o Jerash, véase recuadro en p. 344.

'ain (ayoun) – manantial o pozo
abeyya – abrigo negro femenino, largo hasta el suelo
abu – "padre de..."
agal – cordón de color negro que se utiliza para sujetar el *keffiyeh*
alminar – torre de las mezquitas
amir – véase *emir*
arak – licor árabe
ASEZA – Aqaba Special Economic Zone Authority (Autoridad de la Zona Económica Especial de Aqaba)
bab (abwab) – puerta
Badia – desierto pedregoso
beduino – nómada del desierto
beit ash-sha'ar – jaima beduina de pelo de cabra
beit – casa
bin – "hijo de..."; también *ibn*
califa – gobernante islámico
caravasar – gran posada en torno a un patio que proporciona alojamiento y un espacio de intercambio de mercancías a las caravanas
circasianos – musulmanes del Cáucaso que emigraron a Jordania en el s. XIX
cúfico – ciertos caracteres estilizados de la escritura árabe antigua
Decápolis – (latín) literalmente "Diez ciudades"; este término se refiere a un número de ciudades antiguas del Imperio romano, incluidas Ammán y Jerash
deir – monasterio
dinastía Ayyubid – la dinastía fundada por Saladino (Salah ad-Din) en Egipto en 1169
dinastía Omeya – primera gran dinastía de gobernantes musulmanes árabes
eid – fiesta islámica
Eid al-Adha – Fiesta del Sacrificio; marca la peregrinación a La Meca
Eid al-Fitr – fiesta del final del ayuno, celebrada en todo el mundo islámico al acabar el Ramadán
emir – gobernante, líder, jefe del ejército o gobernador islámico; literalmente, "príncipe"
Haj – peregrinación a La Meca
hammam(at) – aguas termales; también un baño de vapor turco
haram – zona prohibida
hiyab – pañuelo con el que las mujeres se cubren la cabeza
ibn – "hijo de..."; también *bin*
il-balad – centro urbano, el centro de la ciudad
imán – hombre que dirige la oración comunitaria; en el islamismo chií, descendientes del Profeta
jebel – colina o monte
jeque – venerado estudioso, dignatario o anciano
JETT – Jordan Express Travel & Tourism, la mayor compañía de autobuses privados de Jordania
JTB – Jordan Tourism Board (Consejo de Turismo Jordano)
keffiyeh – pañuelo a cuadros con el que se cubren los hombres árabes
kílim – alfombra lisa tejida
mafrash – alfombras
maidan – plaza de un pueblo o ciudad
malek – rey
malekah – reina
mamelucos – Dinastía musulmana que lleva el nombre de una antigua clase de esclavos y soldados; *mamluk* significa literalmente "esclavos"
Medina – antiguo centro amurallado de cualquier ciudad islámica
mezze – entrante, aperitivo
mihrab – en las mezquitas, nicho u hornacina que señala la dirección de La Meca
minarete – véase *alminar*
mu'azzin – muecín o almuédano; miembro de una mezquita encargado de llamar a los fieles a la oración, normalmente desde el alminar
nabateos – antigua civilización de comerciantes que vivieron en la zona de Petra
narguile – pipa de agua utilizada para fumar tabaco (usada sobre todo por los hombres)
OLP – Organización para la Liberación de Palestina
oud – laúd árabe
qala'at – castillo o fuerte
qasr – castillo o palacio

qibla – dirección a La Meca; alquibla
qusayr – pequeño castillo o palacio
Ramadán – mes musulmán de ayuno
Saladino – (Salah ad-Din in Arabic) líder militar curdo que retomó Jerusalén para los cruzados; fundador de la dinastía Ayubí
servees – taxi colectivo
sheesha – véase *narguile*
siq – garganta o cañón (por lo general formado por fuerzas tectónicas, menos por obra del viento o el agua)
tell – montículo artificial formado por la superposición de ruinas de edificaciones en diferentes épocas
Transjordania – antiguo nombre de Jordania
umm – "madre de..."
UNRWA – siglas inglesas de la Agencia de Naciones Unidas para la Ayuda a los Refugiados Palestinos en Oriente Próximo
wadi – valle o lecho de un río, seco excepto después de fuertes lluvias (plural: *widyan*)
zerb – horno beduino bajo la arena
zoco – mercado

GLOSARIO DE COMIDA Y BEBIDA

Hay que tener en cuenta que debido a lo imprecisa que suele ser la transcripción del árabe, la ortografía puede variar. Por ejemplo, lo que aquí consta como *kibbeh* puede aparecer como *kubbeh, kibba, kibby* o incluso *gibeh*.

'MEZZE'

baba ghanouj – (literalmente "el favorito de papá"), puré de berenjena con *tahini*
balilah – legumbres hervidas y saladas para picar
basterma – pastrami, popular desde Armenia hasta el Líbano
buraik – pastel de carne o queso
fatayer – empanadillas de queso fresco o espinacas; también llamadas *buraik*
fatteh – yogur con ajo y *hummus*, a veces con pollo
fattoosh – ensalada con *sumach* (mezcla de especias rojas), tomates y tiras de pan frito
fuul medames – puré de habas con chiles, cebolla y aceite de oliva
gallai – pan árabe con un sofrito de tomate, ajo, cebolla y pimientos, y cubierto de queso y piñones
hummus – puré de garbanzos cocidos y mezclados con *tahini* (pasta de semillas de sésamo), ajo y limón
kibbeh – *kofta* al estilo libanés hecho con carne picada de cordero, *bulgur* y cebolla; se sirve crudo o frito
labneh – puré de yogur
makdous – puré de berenjena encurtida, con nueces y aceite de oliva

UN TRICLINIO ES...

Leer una guía de algunos de los lugares de interés más famosos de Jordania puede parecer un ejercicio lingüístico, pues incluye latín, nabateo, griego, árabe y los idiomas de la geografía y la arquitectura clásicas. Si el viajero escucha a cualquier guía turístico, especialmente en Petra y Jerash, asumirá que son expertos en todas las disciplinas. Pero no se necesita ser políglota para entender las maravillas jordanas. Solo hace falta echar una rápida *shoofti* al glosario de terminología arquitectónica recogido a continuación para diferenciar los pedimentos de los pórticos.

ágora – espacio abierto para el comercio
betilos – piedras divinas
capitel – parte superior de las columnas
cardo maximus – calle principal romana que se extiende de norte a sur
columna corintia – columna estriada con capitel de hojas
columnata – hilera de columnas
decumanus – calle principal romana que se extiende de este a oeste
dóricas – columnas rectas, con capiteles sencillos "con forma de libro"
estela – piedra o columna conmemorativa con inscripciones
foro – espacio abierto y público para las reuniones
hipódromo – estadio que solía emplearse para las carreras de caballos y cuadrigas
jónicas – columnas con gálibo y dos volutas encaradas en los capiteles
loculi – tumbas
lugar alto – lugar sagrado en lo alto de una montaña
macellum – mercado cubierto
necrópolis – cementerio
ninfeo – literalmente "templo de las Ninfas"; baños, fuentes y piscinas públicas
pedimento – elemento triangular en la parte delantera de un edificio
pórtico – estructura sujetada por columnas
propileo – gran puerta o entrada
temenos – patio sagrado
tetrapylon – arco con cuatro entradas
triclinio – comedor romano

manaqeesh – pan árabe con hierbas
manoucha/manaqish – tartas o panes horneados con tomillo *(zaatar)* y queso
mosabaha – *hummus* con garbanzos enteros
mouhamara – puré de nueces, aceite de oliva y comino
muttabal – puré de berenjena parecido al *baba ghanouj* pero más cremoso
sambousek – pasta de carne y piñones
shanklish – queso fresco seco y salado, a veces asado, a veces en ensalada
tabbouleh – ensalada de *bulgur* (trigo partido), perejil y tomate
treedah – huevo, yogur y carne
yalenjeh – hojas de parra rellenas

PLATOS PRINCIPALES
fareekeh – parecido al *maqlubbeh* pero con trigo partido
fasoolyeh – estofado de alubias
gallayah – plato beduino tradicional de pollo con tomates, otras verduras, ajo y especies árabes
kofta – albóndigas de carne, a menudo en estofado
maqlubbeh – arroz al vapor coronado con rebanadas de carne o berenjena asadas, tomate asado, coliflor y piñones
mulukiyyeh – estofado de espinacas con trozos de pollo o de carne
musakhan – pollo asado servido con pan y cebolla, aceite de oliva y piñones
sawani – parrilladas de carne o verduras al horno de leña
sawda dajaj – higadillos de pollo con almíbar de granadina y limón
shawarma – carne de cordero o pollo cortado en lonjas muy finas de un asador vertical, servida dentro de un pan de pita con tomates picados y guarnición
shish tawouq – pollo deshuesado y asado, servido con pan y cebolla

POSTRES
ftir jibneh – pastas grandes
haliwat al-jibneh – pasta blanda rellena de queso cremoso
halva – pasta blanda de sésamo parecida al turrón
kunafa – tiras de masa encima de queso cremoso y empapadas de almíbar
ma'amoul – galletas rellenas de pistachos y empapadas de agua de rosas
m'shekel – una especie de *baklava*
muhalabiyya – pudín de arroz, preparado con agua de rosas
wharbat – empanadillas de crema

PRODUCTOS BÁSICOS
beid – huevo
ejja – tortilla
jibna – queso
khobz – pan
labneh – yogur
makarone – todo tipo de pasta
ruz – arroz
shurba – sopa
sukkar – azúcar

CARNE Y PESCADO
farooj – pollo
hamour – pescado del mar Rojo, parecido al mero
kibda – hígado
samak – pescado

VERDURAS
adas – lentejas
banadura – tomate
batata – patata
khadrawat – hortalizas
khiyar – pepino

FRUTA
battikh – sandía
burtuqal – naranja
inab – uva
mish-mish – albaricoque
moz – plátano
rumman – granada
tamr – dátil
tin – higo
tufah – manzana

OTROS PLATOS Y CONDIMENTOS
fil fil – chiles
sumach – mezcla de especias rojas
tahini – pasta de semilla de sésamo
torshi – verduras encurtidas de color rosado
tum – ajo
zaatar – mezcla de tomillo
zayt – aceite de oliva
zaytun – aceitunas

BEBIDAS
asir – zumo
karkade – té de hibisco azucarado
maya at-ta'abiyya – agua mineral
qahwa – café
sefeeha – bebida de limón y menta
shai – té

entre bastidores

LA OPINIÓN DEL LECTOR

Las cosas cambian: los precios suben, los horarios varían, los sitios buenos empeoran y los malos se arruinan. Por lo tanto, si el lector encuentra los lugares mejor o peor, recién inaugurados o cerrados desde hace tiempo, le agradeceremos que escriba para ayudar a que la próxima edición sea más útil y exacta. Todas las cartas, postales y correos electrónicos se leen y se estudian, garantizando de esta manera que hasta la mínima información llegue a los redactores, editores y cartógrafos para su verificación. Se agradece cualquier información recibida por pequeña que sea. Quienes escriban verán su nombre reflejado en el capítulo de agradecimientos de la siguiente edición.

Puede ocurrir que determinados fragmentos de la correspondencia de los lectores aparezcan en nuevas ediciones de las guías Lonely Planet, en el sitio web de Lonely Planet, así como en la información personalizada. Se ruega a todo aquel que no desee ver publicadas sus cartas ni que figure su nombre, que lo haga constar.

Toda la correspondencia debe enviarse, indicando en el sobre Lonely Planet/ Actualizaciones, a la siguiente dirección de geoPlaneta en España: Av. Diagonal 662-664, 7º. 08034 Barcelona

También puede remitirse un correo electrónico a **viajeros@lonelyplanet.es**

Para información, sugerencias y actualizaciones, véase www.lonelyplanet.es

NUESTROS LECTORES

Muchas gracias a los viajeros que consultaron la última edición y escribieron a Lonely Planet para enviar información, consejos útiles y anécdotas interesantes: Obada Almaitah, Marc Almodovar, Mahed Alnazer, Goli Amin, Karin Amnå, Tracey Anderson, Sabine Bauer, Linda Bauman, Les Bell, Rein Berkers, Lotte Bokkers, Daniel Bourne, Tim Brookes, Yuliono Budianto, Chloe Burnens, Ian Cameron, Nelly Camporeale, Julian Caruana, Ines Chabbi, Charline, James Cheng, Wouter Coppens, Fernanda Da Cruz Moscarelli, Brenda Dejager, Richard Demeester, Sandra Dietze, Sandra Eigenmann, Fabrizio Eva, Tom Gelade, Lia Genovese, Ada Gillissen y Koen Van Deudekom, Andrea Grajcar, Maud Guillet, Joshua Haber, Ofer Hadad y Hanna Lomeland, Thomas Halliday, Helen Haworth, Jimmy Hideaki, Theresa Hoelzel, Lisa Hofmann, Paul Hopkins, Luisa Houck, Montse Icart, Ahlam Idrees, Chabbi Ines, Klaus Jensen, H. Detlef Kammeier, Fadila Kettaf, Katherine Knight, Magnus Köhler, Steve Kraus, Stasja Krzeminski y Guglielmo Ravalli, David Leith, Chengxuan Liu, Bill Mania, James Merriman, Kathryn Mills, Karmen Modrijancic, Ana Moya, Serhat Narsap, Kars Neven, Thao Nguyen, Anne Og, Dek Pean, Chrissie Pegg, Cynthia Petersen, Katharina Piechocki, Gemma Pirnie, Larisa Plotnikova, Maarten Pullen, Torben Retboll, Lizzie, Richard, William y Lucy Iron, George Roach, P. Michael Rhodes, Paul Rulkens, Frieda Rusheidat-harrison, James Ryan, Yamaan Safady, Ulrike Schneider, Jeni Smith, Neil Spofforth y Emma Wilkinson, Ruth Steiner, Padraig Sweeney, Adem Terry, Denise Turcinov, Alberto Ugartemendia, Annemarike Van Egmond, Petra Van Grieken, Rob Van Elburg, Albert Verleg, Harriet Waldegrave, Jeffrey Walker, David White, Sjoerd Wiemer Sjoerdsma, Robert Wilkinsonfujii, Brent Woods and Kai Xue.

AGRADECIMIENTOS

Jenny Walker

Ha sido un placer enorme reencontrarme con los jordanos pare este proyecto. Quisiera extender mi gratitud a Su Excelencia Nayef Hmeidi Al-Fayez, Ministro de Turismo y Antigüedades, por compartir su valioso tiempo, y a Xavier Hay por facilitar este encuentro. Agradecimientos especiales a Chris Johnson (director de la RSCN) y otras personas involucradas en esta excelente ONG.

Las guías de viajes son el resultado de un esfuerzo colectivo: muchísimas gracias al personal de la sede principal de LP en Melbourne por su apoyo siempre cordial, especialmente a Kate Morgan que asumió la tarea de editora general y a Brigitte Ellemor, editora ejecutiva, por su generosa asistencia.

Mi agradecimiento más profundo es para mi querido marido, Sam Owen, y su paciencia ilimitada, que superó con creces sus deberes conyugales durante el proceso de varios meses de documentación y escritura de este proyecto. No habría podido completar esta edición sin su contribución. Cada uno de nuestros viajes a Jordania fue como un emocionante regreso a casa: gracias de corazón a todos los que nos ayudaron.

RECONOCIMIENTOS

Los datos de los mapas climáticos se han extraído de Peel MC, Finlayson BL & McMahon TA (2007) 'Updated World Map of the Köppen-Geiger Climate Classification', *Hydrology and Earth System Sciences*, 11, 1633–44.
Ilustraciones pp. 14 -15 por Michael Weldon

Fotografía de cubierta: Tesoro de Petra a la luz de las velas, Sean Caffrey/Lonely Planet Images
Muchas de las imágenes de esta guía están disponibles con licencia de Lonely Planet Images: www.lonelyplanetimages.com.

Gracias a Sasha Baskett, Lucy Birchley, Laura Crawford, Brendan Dempsey, Ryan Evans, Larissa Frost, Yvonne Kirk, Alison Lyall, Trent Paton, Kirsten Rawlings y Gerard Walker.

VERSIÓN EN ESPAÑOL

Esta es la traducción al español de la octava edición de Jordania de Lonely Planet, escrita y documentada por Jenny Walker. La anterior edición fue escrita por Jenny Walker y Matthew D. Firestone.

GeoPlaneta, que posee los derechos de traducción y distribución de las guías Lonely Planet en los países de habla hispana, ha adaptado para sus lectores los contenidos de este libro. Lonely Planet y GeoPlaneta quieren ofrecer al viajero independiente una selección de títulos en español; esta colaboración incluye, además, la distribución en España de los libros de Lonely Planet en inglés e italiano, así como un sitio web, www.lonelyplanet.es, donde el lector encontrará amplia información de viajes y las opiniones de los viajeros.

* Petra → 2d
* Mar Muerto
* Mar Rojo buceo
* Desierto Wadi Rum
* Castillo de Karak

NOTAS

	Precio	Inc.		
~~JORDAN EXPLORERS~~	900 $/pers.	· Airport · medium car · eng-driver · 4* (B+B) · (local guide @ Petra)	· Camping Wadi Rum · Entrance to Um Qais, Ajiloun, Jerash, Mt. Nebo, Madaba, Kerak, Petra, Wadi Rum	8
JORDAN BEAUTY TOURS	660 $/pers	· Transp. · Entrance fees · Hotels dinner + breakfast · Private beach in dead sea · Horse ride @ Petra · Jeep safari @ Wadi Rum	¿ No guía ?	12 exc. 2 vg 1 av
GOLDEN CROWN	975 $/pers si todo tiempo guía: 175 $ ⟷	· Private car w/ driver · Entrance fees · Hotels 4* dinner + breakfast · Guía local en Petra y Jerash · 4x4 Wadi Rum		
~~JORDAN SELECT TOURS~~	~~1125 $ guía 4*~~	ZAMAN TOURS	2 noches Amman 4* medio grupo y con Petra de noche 2 noches Mar Muerto 1 noche en desierto	849 $

Índice

A

La **negrita** indica los mapas
El azul indica las páginas de color

B

C

D

La **negrita** indica los mapas
El **azul** indica las páginas de color

La **negrita** indica los mapas
El **azul** indica las páginas de color

Q

R

S

La **negrita** indica los mapas
El **azul** indica las páginas de color

357

cómo utilizar esta guía

Simbología para encontrar el tema deseado:

- Puntos de interés
- Actividades
- Cursos
- Circuitos
- Fiestas y eventos
- Alojamiento
- Dónde comer
- Dónde beber
- Ocio
- Comercios
- Información/ transporte

Simbología de información práctica:

- Teléfono
- Horario
- Aparcamiento
- Prohibido fumar
- Aire acondicionado
- Acceso a internet
- Acceso wifi
- Piscina
- Buena selección vegetariana
- Menú en inglés
- Apto para niños
- Apto para mascotas
- Autobús
- *Ferry*
- Metro
- Subway
- London Tube
- Tranvía
- Tren

Las reseñas aparecen en orden de preferencia del autor.

Atención a estos iconos:

- Recomendación del autor
- GRATIS Gratis
- Propuesta sostenible

Los autores han seleccionado lugares que han demostrado un gran sentido de la responsabilidad, apoyando a comunidades y productores locales, habiendo creado un entorno laboral sostenible o llevando a cabo proyectos de conservación.

Leyenda de los mapas

Puntos de interés

- Playa
- Templo budista
- Castillo
- Templo cristiano
- Templo hindú
- Templo islámico
- Templo judío
- Monumento
- Museo/Galería de arte
- Ruinas
- Lagar/viñedo
- Zoo
- Otros puntos de interés

Actividades, cursos y circuitos

- Submarinismo/buceo
- Canoa/kayak
- Esquí
- Surf
- Natación
- Senderismo
- Windsurf
- Otra actividad/ curso/circuito

Alojamiento

- Alojamiento
- *Camping*

Dónde comer

- Lugar donde comer

Dónde beber

- Lugar donde beber
- Café

Ocio

- Ocio

De compras

- Comercio

Información

- Oficina de correos
- Información turística

Transporte

- Aeropuerto
- Puesto fronterizo
- Autobús
- Teleférico/ funicular
- Ciclismo
- *Ferry*
- Metro
- Monorraíl
- Aparcamiento
- S-Bahn
- Taxi
- Tren
- Tranvía
- Estación de metro
- U-Bahn
- Otros transportes

Red de carreteras

- Autopista
- Autovía
- Ctra. principal
- Ctra. secundaria
- Ctra. local
- Callejón
- Ctra. sin asfaltar
- Zona peatonal
- Escaleras
- Túnel
- Puente peatonal
- Circuito a pie
- Desvío del circuito
- Camino de tierra

Límites

- Internacional
- 2º rango, provincial
- En litigio
- Regional, suburbano
- Parque marino
- Acantilado
- Muralla

Núcleos de población

- Capital (nacional)
- Capital (2º rango)
- Ciudad/gran ciudad
- Pueblo/aldea

Otros

- Cabaña/refugio
- Faro
- Puesto de observación
- Montaña/volcán
- Oasis
- Parque
- Puerto de montaña
- Zona de *picnic*
- Cascada

Hidrografía

- Río/arroyo
- Agua estacional
- Pantano/manglar
- Arrecife
- Canal
- Agua
- Lago seco/ salado/estacional
- Glaciar

Áreas delimitadas

- Playa, desierto
- Cementerio cristiano
- Cementerio (otro tipo)
- Parque/bosque
- Zona deportiva
- Edificio de interés
- Edificio de especial interés

LOS AUTORES

Jenny Walker

El primer contacto de Jenny Walker con el mundo árabe fue cuando, siendo estudiante, se dedicó a recoger mariposas para el libro de su padre sobre la entomología en Arabia Saudí. Convencida de que, junto con su madre, eran las primeras mujeres occidentales que preparaban té y comían bocadillos de sardinas en el desolado desierto, regresó a la universidad para comprobar si era cierto.

Sus estudios culminaron con una disertación sobre Doughty y Lawrence (BA Hons, Universidad de Stirling) y una tesis titulada *Perception of the Arabic Orient in British Literature 1780-1820* (MPhil, Universidad de Oxford). En la actualidad trabaja en un doctorado sobre el papel del desierto en la literatura moderna durante el período de 1950-2000, a través del Centro de estudios sobre la escritura de viajes de la Universidad de Nottingham Trent en UK.

Miembro de las asociaciones británicas de escritores y fotógrafos de viajes, ha escrito a menudo sobre Oriente Próximo para Lonely Planet y otras editoriales. Junto con su esposo Sam Owen, teniente coronel retirado de las Fuerzas Aéreas, ha escrito *Off-Road in the Sultanate of Oman,* acerca del país donde han residido durante los últimos 14 años. Dicha obra, de la que se está imprimiendo la tercera edición, cubre todo tipo de temas sobre Omán, con especial énfasis en la geología, botánica, zoología y entomología (entre otras "logías") de los salvajes y variados paisajes desérticos del país.

Aunque profundamente vinculada con Arabia, Jenny ha viajado por más de 100 países, desde Panamá hasta Mongolia, en distintos proyectos. Tras ocho años redactando cursillos sobre escritura para el Ministerio de la Salud de Omán, Jenny ha trabajado como Decana Asociada para el Desarrollo Profesional en el Colegio de Ingeniería de la Caledonian University de Muscat durante los tres últimos años.

El Dr. Alon Tal ha escrito el recuadro "El mar Muerto se está muriendo" (p. 121). Es el fundador de la Asociación Israelí para la Defensa del Medio Ambiente y el Instituto Arava de Estudios Medioambientales, que engloba las organizaciones ecologistas del país. Profesor del Departamento de Ecología del Desierto en la Universidad de Ben-Gurion, dirige el comité de desarrollo sostenible de la Jewish National Fund, y todavía encuentra tiempo para recorrer Israel a pie o en bicicleta con su mujer y sus hijas.

geoPlaneta
Av. Diagonal 662-664 08034 Barcelona
viajeros@lonelyplanet.es
www.geoplaneta.com - www.lonelyplanet.es

Lonely Planet Publications (oficina central)
Locked Bag 1, Footscray, Melbourne, VIC 3011, Australia
☎ 61 3 8379 8000 - fax 61 3 8379 8111
(oficinas también en Reino Unido y Estados Unidos)
www.lonelyplanet.com - talk2us@lonelyplanet.com.au

Jordania
4ª edición en español – noviembre del 2012
Traducción de *Jordan*, 8ª edición – julio del 2012
1ª edición en español – abril del 2001

Editorial Planeta, S.A.
Con la autorización para la edición en español de Lonely Planet Publications Pty Ltd A.B.N. 36 005 607 983, Locked Bag 1, Footscray, Melbourne, VIC 3011, Australia

ISBN: 978-84-08-01316-7
Depósito legal: B. 29.131-2012
Impresión y encuadernación: Liberdúplex.
Printed in Spain – Impreso en España